U0814368

谨以此书

庆祝中央教育科学研究所成立70周年

暨更名为中国教育科学研究院

当代中国德育研究新进展

中国德育杂志社
教育研究杂志社 组编

人民教育出版社
·北京·

图书在版编目（CIP）数据

当代中国德育研究新进展/中国德育杂志社，教育研究杂志社组编.
—北京：人民教育出版社，2011
ISBN 978-7-107-23707-2

Ⅰ. 当…
Ⅱ. 中…
Ⅲ. 德育—研究进展—中国
Ⅳ. G41

中国版本图书馆 CIP 数据核字（2011）第 140570 号

人民教育出版社出版发行
网址：http://www.pep.com.cn
人民教育出版社印刷厂印装　全国新华书店经销
2011 年 8 月第 1 版　2011 年 8 月第 1 次印刷
开本：787 毫米×1 092 毫米　1/16　印张：33
字数：540 千字　印数：0 001～4 000 册
定价：56.00 元
如发现印、装质量问题，影响阅读，请与本社出版科联系调换。
（联系地址：北京市海淀区中关村南大街 17 号院 1 号楼　邮编：100081）

前言：当代中国德育研究的“地形草图”

青少年强则国家强，青少年兴则民族兴。培养什么人、怎样培养人，事关党和国家的长治久安，事关中华民族的前途命运。当今世界正处在大发展大变革大调整时期，政治多极化、经济全球化深入发展，国与国之间思想文化交流、交融、交锋；我国经济体制深刻变革、社会结构深刻变动、利益格局深刻调整，国内社会思想多元、多样、多变。青少年健康成长面临新的形势。党的十六大以来，以胡锦涛同志为总书记的党中央，高度重视未成年人思想道德建设和大学生思想政治教育工作，指出“培养什么人、怎样培养人，是我国社会主义教育事业发展中必须解决好的根本问题”；强调“教育的根本目的是培养德智体美全面发展的社会主义建设者和接班人，必须全面贯彻党的教育方针，把促进学生健康成长作为学校一切工作的出发点和落脚点”。这些思想从确保党的事业后继有人、社会主义事业兴旺发达的高度，为加强和改进德育工作，为促进青少年健康成长，提出了明确要求，指明了正确方向。

近年来，广大德育科研工作者，牢记使命、心怀责任，总结经验、厘清认识，分析挑战、探索规律，取得了丰硕成果。由中央教育科学研究所主办的杂志《中国德育》和《教育研究》刊发的有关文章，就是这些成果的重要组成部分。本书选取了其中的优秀论文，并大致分成总论、德育理论、价值观教育、多元文化与德育、师德师风建设、公民教育、网络与德育、课程育人、德育心理、儿童发展 10 个板块。

这些成果体现了当代中国德育研究的新进展和发展趋势，为我们展示了当前我国德育研究的主要领域和基本思想。

一、德育走向以人为本

对这个问题的讨论，是与对现代教育的反思联系在一起的。现代教育在促进教育规模化、正规化、高效化上是积极的。但同时也暴露出很多问题，其中最要害的就是在工具理性支配下“见物不见人”。在这种制度化教育下，德育也出现了“人学空场”。在我国，对现代教育的集中反思，始于 20 世纪 80 年代初。当时一场轰轰烈烈的关于教育本质的大讨论，引发了对“人”的问题的持续关注。在随后的三十年中，“人”、人的主体性、人的生命价值等，一直是教育研究的中心话题，并逐渐形成共识。尤其是到了 21 世纪初，“以人为本”成为党和国家工作的指导思想后，整个教育（包括德育），从思想到制度，都发生了积极的转变。教书育人、育人为本，德智体美、德育为先。教育的根本任务是立德树人。德，是做人的根本。以人为本的的德育，就是用“人”的方式理解人、对待人、关怀人，促进人的生命价值最大化。这是当前德育理论的基调。主体德育、生活德育、生命德育、审美德育、情感德育、体验德育等学说，都是在这个基调下的积极探索。这些学说，或强调学生主体人格的养成，或重视德育与生活的密切关系，或彰显促进学生生命价值的实现，或主张德育的审美特性，或侧重学生道德情感的培养，或注重以体验增强德育实效性，共同装点出了当代中国德育思潮和理论的绚丽图像。

二、在文化多样、价值多元中实现主导成为时代课题

当今时代，文化越来越成为民族凝聚力和创造力的重要源泉、越来越成为综合国力竞争的重要因素。随着改革开放的深入，我国社会思想意识日益活跃，人们思想活动的独立性、选择性、多变性、差异性明显增强。文化多样性、价值多元化，既表现在传统与现代之间，也表现在中外之间，还表现在代际或不

同社会阶层之间。如何在多元文化、价值中立中实现主导，是学校德育工作面临的重大挑战。一方面，要分析不同文化、价值得以存在的必然性和合理性，尊重差异、包容多样，借鉴人类文明共有的发展成果。另一方面，更重要的是要引导青少年学生树立社会主义核心价值观。历史经验表明，任何一个国家要把全社会的意志和力量凝聚起来，都必须有一套与经济基础、政治制度相适应的核心价值体系，都必须靠统一的指导思想、共同的理想信念、强大的精神支柱和基本的道德规范。对于我们这样一个有着13亿人口、56个民族的大国，那就是建设社会主义核心价值体系，巩固马克思主义指导地位，用马克思主义中国化最新成果武装全党、教育人民，用中国特色社会主义共同理想凝聚力量，用以爱国主义为核心的民族精神和以改革创新为核心的时代精神鼓舞斗志，用社会主义荣辱观引领风尚，不断增强人们对中国共产党领导、社会主义制度、改革开放事业、全面建设小康社会目标的信念和信心。教育担负着培养社会主义事业建设者和接班人的重任，德育关系着人才培养的方向。党的十七大报告和《国家中长期教育改革和发展规划纲要（2010—2020年）》提出把社会主义核心价值体系融入国民教育全过程，对学校德育工作提出了明确要求。目前，关于社会主义核心价值体系的研究，已经非常充分，但关于如何把这个体系融入国民教育全过程的研究，尤其是长效机制研究，还很不够。这将是当前和今后一个时期德育研究和德育工作的重大课题和长期任务。

三、师德师风建设常说常新

教师是学生健康成长的指导者和引路人。国家、社会、学校、学生和家长都对教师有很高的期望。可以说，对教师的言行，关注度高、容忍度低。但据有关调查，当前师德师风建设不容乐观：一些教师职业信念不够坚定；一些教师自身价值冲突严重，对学生的价值引导不全面、有偏差；一些地方推进教师专业发展时，把师德师风建设割裂出来，片面注重业务素质的提高；师德师风建设机制建设薄弱；师德师风优秀代表评选，持续产生作用的机制不健全；一些违反师德师风规范的事件时有出现，教师整体形象有所矮化；等等。学者们始终关注师德师风建设，在理论创新、制度建设、工作机制等方面提出了若干新思想、新思路。

四、公民教育研究更加务实求理

我国公民教育研究起步较晚，但势头迅猛。这一方面是我国经济社会发展的需要，另一方面是中西方学术交流的结果。胡锦涛总书记在党的十七大报告中指出，要“加强公民意识教育，树立社会主义民主法治、自由平等、公平正义理念”。《国家中长期教育改革和发展规划纲要（2010—2020年）》也重申了这个思想。国内学者从多个角度对公民教育开展了研究，对于要不要开展公民教育，大家似乎已没有争议；但对于什么是公民教育、怎样开展公民教育，分歧不小。粗略来看，出现了两种取向：一是政治取向，主张培养“好公民”；一是道德取向，主张培养“好人”。经过一段时间的讨论，甚至争论，学者们已经把焦点聚到了“中国的公民教育是什么、怎么做”上来了。显然，中国的公民教育，与西方的公民教育肯定是不同的，与传统意义上的道德教育也应是不同的。这一次聚焦更加务实求理。回到事情的本质看，学者们提出，我国公民教育要处理好几对关系：就公民与国家的关系而言，公民教育的第一要义是爱国主义教育和理想信念教育；就公民与社会的关系而言，公民教育应当培养青少年学生的权利与责任意识、遵纪守法的品质；就公民与他人关系看，公民教育应当培养学生团结互助、理解宽容等品质；就公民与自身关系看，公民教育要培养青少年学生自尊自爱、爱岗敬业、诚实守信等品质。还有学者提出了要加强公民教育政策和法律的研究。另外，在我国一些地方和学校，规模或大或小在实践着公民教育，加强对这些实践的总结和引导，也将是德育研究的重要内容。

五、网络德育考验着教育者和受教育者

随着信息技术的广泛应用，学校不再是知识创造和传播的唯一阵地，书本和课堂不再是学生获取知识的唯一渠道，现实生活不再是学生唯一的生存空间。学校里的知识观、学习观，青少年学生的世界观、人生观、价值观，都在发生着深刻变革。网络德育及其研究应运而生。学者们的研究主要有两个路向：一是关注网络对青少年学生健康成长的影响；二是研究如何利用网络更好地开展德育工作，探索网络环境下德育工作的新规律。如何占领网络这个阵地、如何

准确把握青少年学生网络生活和交往方式、如何克服网瘾、如何丰富网络教育资源、如何引导青少年发展亲社会行为、教育者如何提高网络育人能力等，成为网络德育研究回答的主要问题。但在这个过程中，一些现象，如教育者的网络与受教育者的网络不对应、教育力量遭遇反教育力量的消解或抵消、教育“反哺”等，考验着教育者和受教育者，影响着网络德育的效果。

六、课程育人有共识但任重道远

课堂是德育的主阵地，课程是德育的重要载体。课程育人，一是通过德育课程育人，二是通过其他课程育人，即常说的学科德育。相关研究更为侧重前者。在新一轮课程改革中，对德育课程从标准到教材都有了很多的研究。这些研究有一个突出的特点，那就是主张品德培养重在养成孩子的价值观和生活态度，以生活事件为素材组织教材，强调生活逻辑而不是学科逻辑，更加尊重儿童文化和儿童身心发展规律。应该说，新的德育课程拉近了与孩子们的距离，凸显了德育的实效。另一方面，学科德育研究也在推进。但无论是研究力量，还是研究深度，都明显不如德育课程研究。在一些人眼中，学科教学的主要任务还是学科知识和技能的学习。真正的课程育人，任重而道远。

七、以促进德育心理研究增强德育科学化水平

西方关于德育心理的研究起步早、影响大。比如，皮亚杰基于儿童的社会认知发展，揭示了儿童道德发展的趋势，即儿童的品德发展是从“他律”到“自律”的过程。在这个基础上，柯尔伯格运用“道德两难法”，提出了“三水平、六阶段”的儿童道德认知发展理论。“三水平”指前习俗水平、习俗水平和后习俗水平；“六阶段”分别是惩罚与服从；个人的工具主义目的与交易；相互性的人际期望、人际关系与人际协调；社会制度和良心；维持至上的权利、社会契约或功利；普遍性伦理原则。这些研究大大提高了道德研究的科学化水平。在我国，德育心理研究是一个新的研究点。大家对此有两种理解：一是用心理学的方法研究德育；二是研究德育中那些属于心理学范畴的东西，如认知、情感、人格、心理规律和机制等。相对来说，研究者对情感、人格等的研究成果多一些。也有研究者开始运用脑科学的最新成果研究德育心理问题。但由于

研究方法的局限，相关研究还需进一步深入。如要进一步增强德育工作的针对性和实效性，就必须对学生品德发展规律进行更加透彻的研究。因此，迫切需要更多的、用科学方法支撑的德育心理研究。

此外，我国德育政策研究也随着教育政策研究的勃兴，有了明显进步，对于推动德育政策的完善作出了贡献。但在德育理论成果向德育政策转化、基层德育经验总结、德育工作机制完善等方面，还有很多工作要做。

中国德育杂志社

教育研究杂志社

2011 年 8 月

目 录

【总论】

【德育理论】

【价值观教育】

【多元文化与德育】

【师德师风建设】

【公民教育】

【网络与德育】

【课程育人】

【德育心理】

【儿童发展】

【总论】

做成一个人

——道德教育的根本指向

鲁　洁[*]

“道德教育要把人引向何方”，这一根本指向性的问题，无论是在道德教育的理论还是实践中，都是一个不可回避的核心问题。不同的人学观和德育观在这个问题上作出了不同的回答。引导和促使人去做成一个“人”，是生活论德育观所作出的回答。

一、人曾经有过的追寻

人曾经将自己与神相攀附，把自己看做“神人”，是一种能够与神相通的、并最终能够成为神的特异存在。“成为一个神”曾经是人的追求，也是道德、道德教育的指向。“人的特征正是其超人、神人的性质。人不仅知道神，同时这种意识——宗教意识——又是他的本质特征，因此，完全可以把人定义为一个与神有着有意识内在联系的生物”。①西方从古希腊时代开始，这种“神人观”就已现端倪。在柏拉图的理念王国里，那最高等级的理念被他直接称为“神”，只有“哲学王”才能达到对它的真正把握，因为“哲学王”是摆脱尘世束缚的人，只有他才有资格与理念“居住在一起”，也就意味着“哲学王”是与理念一样纯粹、一样神圣的存在，是达到真正觉悟的、与“神”同在的“通体透明”的非凡存在，很显然，这样的人就是“神人”，就是“圣贤”，是人生最高境界的体现者。②

* 鲁洁，南京师范大学道德教育研究所教授、博士生导师。

中国虽然不曾经历过宗教完全统治的时期，但也同样存在这种“神人”的人学观。自汉代“罢黜百家，独尊儒术”之后，儒家思想成为正统的意识形态，虽然没有西方宗教那种对于彼岸世界的追寻，也没有对于上帝的绝对献身，但儒家却在引导人们走向神圣性的超越。这种神圣性表现为对于“人欲”的绝对克制与消弭，将“灭人欲”神圣化为“天理”、“天德”——“人心莫不有知，惟蔽于人欲，则忘天德也”（程颐）。儒家所推崇的“圣人”就是一种能与天地合德，与大道同行的人，凌驾于一般人之上的非凡之人。

基于“神人观”的道德教育，是一种“神化”的教育，换句话说，也即是教育要将人提升为“神”。在对于人的理解上它所持的信念是：人是可以达到神的境界，拥有完全的神性的。教育的根本使命就是要帮助人去听从自己最高层的本性——神性之召唤，努力摆脱自然性，跳出自己作为人的生活经验，脱去“人”的帽子，也就是在“神人”中去除掉“人”的因素，实现完全的神性而“修成正果”，化成一个“神”。教育既以教人“成神”、“成圣”为其根本的取向，也就必然要人去否定和背离身在其中的、现实的世俗生活。它教导人把这种生活看做没有价值的乃至是堕落的，把现实生活经验、生活欲求视为不洁的乃至是邪恶的。这种“神化”教育在历史上曾经是道德教育存在的普遍形式。直至今日，我们还不敢说已经完全摆脱了种种神化教育的影响。

在历史的涌动中，人开始从向神攀登的天梯上跌落，跌进了他的作为物质存在的血肉之躯。这时的人又开始把自己归属于自然，将自己比附为“物”。人的自我认识实现了从出世的“神化”境界转向入世的“物化”状态。这种转变在思想根源上，缘自于统一自然观的建立。这种自然观，一方面把上帝、神灵等的神圣性从自然界驱逐出去；另一方面又把人归属于自然之中，将之还原为一个物质的实体，人性被归结为自然性。人或是被视为机器，或是被当做整个机器上的一个零部件，人只是为机器这具“物”所支配和指使的另一具“物”；人又或是被等同于其他动物，认为人和其他动物一样，他的本性只是满足生理的、物质的需要。人生的目的就是去追寻物质享受的快乐，认为这种追寻既是人之所需，它就必然是善的。

这种“物性化”的人性观、道德观在西方源远流长。古希腊哲学家阿里斯底波认为，人是宇宙的一部分，因此人性与自然本性相一致。德性就是要按照人的自然本性去生活。人和其他动物一样，生活的目的就是追逐快乐，不论使用什么手段，追逐快乐就是善。而他所认定的快乐是肉体上的快乐远胜于灵魂的快乐，肉体上的痛苦远远比灵魂痛苦难受。

自文艺复兴以来，众多的思想家们都在高扬与神性相对立的人之自然属性，把人的自然性视为人的本质。他们之中有的认为，人是自然的一部分，人应当按照自然本性去生活，尽情享受现世生活（瓦拉）；有的说，人首先是一种“自然物体”，人的自然本性就是自我保存、自私自利，基于这种本性，他不惜采取一切手段去占有一切，这是天赋于人的“自然权利”，“人对人像狼”，这就是自然状态下人与人的关系（霍布斯）。一直到当代还有人认为，“人类不过是复杂一点的动物”，人和园丁鸟、食蚁兽之间并不存在本质的差别（罗蒂）。这种种把人和自然相等同、将人消融于物质世界、使人无条件服从于本体世界必然性的人性论，深深植根于资本主义生产和消费的制度，它是这种制度下人的物之依赖性的现实反映。而它得以广泛地影响人的自我认识，还因为有相应的道德观为之辩护。在现代主义文化道德所高举的“人性化”旗帜下，无节制地释放人的自然冲动、满足人的自然需要、追寻物质享受的生活方式获得了伦理上的合理性——凡是顺乎自然的就是善的。“资本主义的文化正当性已经由享乐主义取代，即以快乐为生活方式……它的意识形态原理就是把冲动追求当成了行为规范”。③而“要做到伦理上的合理，人们必须把自己的行为当做绝对必需进行‘普及’”④。正是这样，享乐主义的人生观、道德观以其不可阻挡之势席卷全世界。当今时代，人性被湮没在物性之中，已是一个不争的事实。

二、人要成为他自己

（一）人的自我回归

人不是来自于神的世界，人不是神造的，相反，神倒是人造的。人造就了一个高高在上的神，它成了绝对自由、创造性和目的性的化身，是绝对的完满和统一，但它却是人自己不可能企及的。人永远也成不了神，成为神只是一种妄想。不可否认，这种投向于彼岸世界的“妄想”，也曾赋予人以某种终极的关怀，给人超越自我的道德力量。但它却也使人性遭到扼杀，人的正常需要和生活被否定，神圣的追求和现实的生活处于两极对立之中，这种追求也必然从虚妄转向虚假。

人来自自然，是自然的一部分，这是人必须承认的事实。但是人既从自然中脱颖而出，也即意味着他实现了对自然的超越和否定，已经具有了其他自然物所不具有的本质属性。人的追求不是要再回到自然中去，去成为一具“物”。这已是被自然史和人类成长史所证明了的，同样也是马克思主义和众多人学理论所确认的。尽管至今犹有人尚把自己寄存于物的世界，把对物的追逐看成是人的本质属性，将自己从人的世界中放逐，然而，人既具有成为与其他自然物不同存在之可能，他终归要从物的沉沦中挣扎出来。

人性的回归是对神性的渎犯，是对物性的抗争。“人要追求成为人”，这是当代人的觉醒，是人类在长期历史实践中所找到的结论，所获得的智慧。在人们的日常生活中，在一般人的心目中，也常把“成人”视为最高的价值追求。“人要活得像个人的样子”，是人们普遍寄予人自身的期待。这表明，在现实生活中“人”在人的心中所具有的崇高价值，被他人认为“像样的人”是很光荣、很有尊严的，成为“一个真正的人”、“一个纯粹的人”是人心之所向，是人的根本需要和追求。

马克思说，“人本身是人的最高本质”，又认为人总是“使自己成为衡量一切生活关系的尺度”，⑤人是衡量一切价值之价值，人是至高的价值。理所当然，人也总是要以自己的尺度来衡量、估价、安顿人自身。“成为人”是人的终极价值追求，人的其他一切价值追求都是为了把自己创造成为真正的人。人的最根本的需要不是别的，而是要去做成一个人，成为一个配称之为人的人，也即要去获得人的本质，实现人的价值，完成人的使命。马斯洛从心理学的角度把人的自我实现需要视为人的最高需要。在哲学的视域中，“自我实现”也即人的本质特征之实现。人的生活实践之全部指向就在于满足实现人的本质特征之需要，也即成人之需要。正是这种需要促使人在生活中、实践中不断完善、提升自己，使得自己活得更像一个人。

（二）人的本质规定：实践性

马克思主义的观点认为，人的本质规定性就是实践性。马克思是从人的活动来规定人的本质的，他把“自由自觉的活动”——对象化的实践看做人与其他动物的根本区别。正是实践，使人兽相揖别。其他动物靠自然本性而生存，它们的一切活动都不能超出其本性，而人则能在他的自由自觉的活动——实践中实际创造一个对象世界，改造无机自然界，进而创造人自身。实践是一种活动，但却不是一般意义的活动，它规定着人类特征，规定人的本质的活动。人在实践中与世界、与他人发生着各种各样的关系，随着实践的进展，关系的丰富和扩大，人性的全面性随之而发展，人的能力和智慧也随之而提升，人在实践中不断生成。人的本质特征在历史性的实践中日益显示。实践是人的存在方式，是人所特有的存在方式。实践这种存在方式的特征就在对于给定性（包括自然和自身）的否定与扬弃，在于对人自身和人的世界的创造和再创造。实践是人生存生活的基础，人不需要从实践之外，也即从人之外去寻找生存的根据和追求的目标。在实践中生成为一个具实践本性的“人”，这就是“成为人”的基本含义。

（三）“做”才能成人

人与生物不同，他不是因为仅仅具有了人的遗传素质就可以成为“人”的，人并非天生的。人所具有的本质属性（或称之为人性）不是与生俱来的，而是由他自己造就的。人的遗传生命只为他“成人”提供了可能，由可能的人转化为现实的人，要通过人的实践。人们常说“做人”，说明人是在“做”中才成就为人的。人不是命定成为“人”的，在成人的路上是充满着随机性、复杂性和偶然性的。人的生命活动并不是遵循着事先规定的路径去行进的。自然的造就只是使人走完了他一半的路，另一半则要人自己去走，这另一半路也就是生活实践之路。只有通过生活实践，人才可能找到“成为人”的生活目标，把自己当做人来期待；也只有通过生活实践，人才能不断地去达成“成人”的目标。

人不同于动物之处就在于人要成为一个人不但要经历第二次生成，而且还必须去“做人”才能真正成为人，人是要去做的。作为一个“人”，是很高贵、很荣耀的，但要做成一个人、做好一个人也是很难、很辛苦的一件事。⑥在中国人的话语中，“做人”包含着深刻的意思：第一，人要意识到自己是个人，自觉按照人的样子去“做”才能成人，“做人”是人的一种目的性活动，是主体意识支配下的活动，而不是自然状态下的客体性的运动，“做人”就是要把自己当做人来看待，把“做人”当做目的来追求；第二，“做人”是人的意志性的活动，在成人的路上人会遭遇到各种矛盾和冲突，要尽力去“做”，付出意志的努力才能实现“成人”的目的，通常说“做人难”，它所隐含的意思就是，不付出意志的努力是成不了人的；第三，“做人”是人的践行活动，要成为一个人，不仅要有“成人”的意识（表现为目的、意向、认识等），更为重要的是要去“做”，要有相应的行动、行为表现，是在主客体相互作用的现实活动中才得以成就的，人只有在他自己的生活实践中才能成为人。

（四）永无终极的“终极”追求

人具有其本质规定性，成为人是人的终极追求。人的本质规定也就是他的实践性，以实践的方式存在是人的类特性，这是不变的。就此而言，成为一个实践的人就是人的终极追求。这样的终极追求应该在人们的生活和思想中确立起来，它为我们设置了一则不可逾越的“人之为人”的基本价值标识，这样的价值追求是建立在人类生成发展的千百万年事实基础之上的，是在历史中得到确证的。终极性的关怀是人的生活和心灵必不可少的关怀。它使人的生活具有明确的方向、准则和动力，帮助人们去克服各种相对主义和虚无主义。它可以使飘泊无根的心灵找到自己精神的家园。

然而，实践本身的含义却在于它既是现实生活的创造和建构，又是一切可能生活的开启和显示，它永远在超越着现实，包括对人自身的超越。就整个人类而言，社会的实践在广度和深度上总是在不断拓展和深化着的，人也总是在这种不断拓展和深化的实践中重新塑造自己，不断地再生产、再创造自己。而人的非特性化、可塑性、未完成性，又决定着人永远不会停留在某种已经完成的东西上，也不会总是按照某种现成的特性来再生产自己，而总是力求在世世代代的历史进步中，不断丰富和发展自己，人性永远处于历史的变动之中，永远处于生成之中。就每个个体而言，成为一个人的过程也不会是封闭的、完成的，而是永远开放、不断生成的，在这个过程中，人总是要去不断超越和扬弃已经形成了的种种给定性，赋予自己以新的形象、新的意义和价值。因此，不论是类或个体，“成为人”的追求是永无止境、永无终极的。从某种意义来说，人只能是永远走在成人的路上，这是一种永无终极的追求。

三、道德：成人之道

当人们企望自己成神时，他所遵行的是“天道”，而要成为人，当然就要走在“人道”——“成人之道”上，而道德则是人走上成人之道的应有之义。中国古代道家经典中的“道”意味着一种本然的存在方式。在《道德经》中“道”就是天地万物的本体，它是有所积聚而形成的，是积万物之理而成就的，“德”则是道的功能的体现。许慎在《说文解字》中对于“道德”的解读则是“道，所行之道，从行从首”，“性之德也，合内外之道也”。古人在“道德”一词中所指涉的是一种人的本体性的存在方式，它关系到做人的根本目的和方向。

为此，孔子教学生要“志于道，据于德”。亚里士多德也把道德理解为与人的终极意义相关联的东西，他认为，道德所导向的是人的目的的实现。亚里士多德在道德上所提出的是，什么是人的目的，何种生活才是人类最好的生活等关系到人生的根本问题。从上述道德的本意来看，道德就是要人按照人的本然存在方式去存在，而人的本然就是人自己，人不是神，不是物，人只能成为人。为此，道德就是要人循着做成一个人的目的去生活，就此而言，道德就是成人之道。道德所关注的是怎样使人活得更像一个人，它所确定的是人的生活原则、生活的根本方向，它所涉及的是整体生活的善。“怎样去做成一个人”的根本生存方式问题是道德的核心问题，而不只是“应该怎样去行动”的具体规范问题。西方伦理学曾经舍弃古希腊的道德传统，将“应该怎样行动”的规范问题作为道德的根本问题。生活论的回归既在使人回到人之为人的原点，也在使道德回到成人之道的原点。

在生活论的视域中，道德就是人们所选定的特定的生活价值，为的是要用它作为参照点来确定生活的方向和道路，使人能够生活得“更像一个人”。其实，在道德产生以前，人已经在以各种方式生活、生存着，道德只在于通过它所赋予的意义对人的某种存在方式和生活方式作出肯定或否定的评价。凡经标定为道德的，则是为人们所肯定了的存在和生活方式，反之，则是被否定的。这样，处于社会无意识状态的人的种种存在和生活方式转化为具有道德意义的存在和生活方式，在它的导范下，人们选择去做某一种人，走某种生活的道路，摈弃和否定另外的选择。应该看到，以评价和反思方式反映生活的道德，它的肯定或否定、它的辩护或批判往往赋予人和生活以特殊的意义，这种意义经常会超越生活的现实意义。志士仁人们为了过有道德的生活、做有道德的人可以将生死置之度外，“人生自古谁无死，留取丹心照汗青”就是这样的选择。可见，道德在思想心理层面对于人们选择自己存在方式和生活道路起着十分重要的作用。

道德将它自己的意义赋予某种存在方式，意味着它把自己的规定性给予了这种存在方式，道德曾经把它的规定性给予“神性”的存在方式，也曾经把它给予“物性”的存在方式，它们都曾经被标定为“道德的”。“道德的”也就是人的意志所规定的，它成了人的生活和行为的一种定在。生活论道德观要赋予道德规定的是人的实践性的存在。实践性是人之所以为人的本质属性，是人之存在的本体性结构。这种本质和本体性结构原是本然的、自然的，然而当它一旦成为“道德的”，就超乎了本然与自然，成为人的自觉设定的存在。人自觉设定和筹划自己，原本自然的、本然的人由于有道德灵魂的附体而成为自觉和自为。客观的、自在的善和主观的、自觉的善相统一。人从自然性中走出来，走上了道德为他们铺设的成人之道，偶然的人成了必然的人。就每个个体而言，就是要使道德对于人性的自觉设定植根于个体内在的良心和人生信仰，把一条成人之路构筑在人的心中。使人从内心感受到“成为一个人”是自己值得追寻的目的，做成一个人是十分崇高和有尊严的事。对于自己的人生追求树立起价值的确定性和道义上合理性的信仰，并能从中产生恒久的精神动力。对于整个社会而言，要使这种自觉的人性设定成为衡量是非善恶的根本尺度，促使整个社会生活秩序都能朝着有利于人的生成发展、自由解放的方向运行，而要达成这样的目的必须有道德教育的参与。

生活论理念中的“成人之道”决不是背离人的生活和存在建构起来的先在的、外在的决定人生活和存在的、绝对的、终极的理性命令，它源自于人的存在和生活，是在关于生存和生活的批判与反思中探寻人之生成之可能；它是人的实际生成发展、人的自我完善的自觉显现和澄明；它的着眼点是人的生存的觉醒与展开，而不是人的行为和活动的统治与束缚；它的目光投向的是人的现实意义和价值创造的生活世界，而不是某种抽象的、与生活无涉的虚幻世界；它的宗旨是人的自由和解放，是人的自由联合体的建立。为此，生活论意义中的“成人之道”是使道德从远离人的存在和生活世界的抽象理性的规范体系重新回归为人类生存的自觉意识，它呵护人的实践的、自由的本性，为人的生成发展的可能生活提供终极关怀和安身立命的精神。

注释：

①C. 谢·弗兰克. 社会的精神基础［M］. 北京：生活·读书·新知三联书店，2003. 92.

②高清海，等. 人的“类生命”与“类哲学”［M］. 长春：吉林人民出版社，1998. 150.

③④丹尼尔·贝尔. 资本主义文化矛盾［M］. 北京：生活·读书·新知三联书店，1989. 67－68、69.

⑤马克思恩格斯全集（第1卷）［M］. 北京：人民出版社，1956. 469.

⑥高清海. 哲学的奥秘［M］. 长春：吉林人民出版社，1997，383.

（原载《教育研究》2007年第11期）

改革开放30年学校德育政策回顾

卓晴君*

改革开放30年，我国学校德育工作紧跟时代的步伐，坚持正确的方向，使学生良好行为习惯的养成和道德、思想、政治等方面素质的提高得到保证。现对30年来中央发出的有关德育工作的文件作一追溯，即可见一斑。本文的德育是指对学生的道德、思想、政治等教育的统称；涉及的是大、中、小学的德育工作。

本文将按改革开放30年教育事业发展的历程，分三个阶段进行追溯。

第一阶段，从中共十一届三中全会到1982年中共十二大召开以前，是社会主义教育历史性转折的阶段

从中共十一届三中全会到1982年中共十二大召开以前这一阶段，广大教育工作者积极学习和贯彻中共十一届三中全会精神，在邓小平的直接领导下，进一步认真进行教育战线上的拨乱反正，教育工作得到全面恢复。同时教育战线在进行“调整、改革、整顿、提高”的过程中，事业有了明显的发展，教育改革初步迈出了步伐。教育实现了由突出为“以阶级斗争为纲”服务向为以经济建设为中心的社会主义现代化建设服务的历史性转变。在教育的历史性转变过程中，学校德育工作得到逐步恢复并着手改革。这一阶段中央在恢复学校德育工作和着手改革方面主要有以下一些指导。

* 卓晴君，中央教育科学研究所原所长、研究员。

（一）正确估计和对待学生

要恢复学校德育工作，首先必须对教育对象有个正确估计，这是德育工作的基点。中央十分重视这个问题。据《关于中央书记处对教育工作指示精神的传达要点》文件记载，在1980年5月8日和12日中央书记处两次开会讨论教育工作时，书记处的同志都强调："这一代青年，主流是好的。有些问题也是存在的，但原因是复杂的。绝大部分青年是好的和比较好的。""现在读书之风盛行，钻研精神强了。""另一方面，也要看到，远大理想，又红又专的思想少了，政治工作确实要加强。""不好的学生是可以改造的。"[1]1812—1814对于违法犯罪的青少年，中央则强调，"我们的方针应着眼于教育、挽救和改造"[1]1718。国务院也发文强调，要坚持"挽救孩子，造就人才，立足教育，科学育人"的指导思想。[1]1933

当时对学生的估计存在着两种偏向：有的认为青年学生一切都好，没有必要加强思想工作；有的则把学生中的问题看得过重，忽略了他们的主流。中央的上述指示对于统一当时的思想起了重要的指导作用。

（二）明确德育工作的方向和目标任务

十一届三中全会后中央向全国发出的第一个有关教育青少年的通知，是转发宣传部、教育部等八个单位《关于提请全党重视解决青少年违法犯罪问题的报告》。[1]1718中央在通知中明确指出：要按照德育、智育、体育全面发展的要求，把青少年培养成为有社会主义觉悟的有文化的劳动者。要根据青少年的特点，采取生动活泼的方法，经常地有针对性地对青少年进行坚持社会主义道路，坚持无产阶级专政，坚持党的领导，坚持马列主义、毛泽东思想的教育。还要进行社会主义法制教育，使青少年充分认识社会主义制度的优越性，正确理解民主与法制、自由与纪律、权利与义务的关系。树立起一个新时代的中国青年献身社会主义现代化建设的责任感和光荣感。

1980年书记处会议对学校德育工作的方向和目标任务也明确指出："培养青年，要讲究规格，给以真才实学，培养好的道德风尚，还是德、智、体三好。"

早在1978年4月邓小平在全国教育工作会议上就指出："我们的学校是为社会主义建设培养人才的地方。"培养人才的质量标准，"应该使受教育者在德育、智育、体育几方面都得到发展，成为有社会主义觉悟的有文化的劳动者"。"学校应该永远把坚定正确的政治方向放在第一位。""革命的理想，共产主义的品德，要从小开始培养。”他要求“大力在青少年中提倡勤奋学习、遵守纪律、热爱劳动、助人为乐、艰苦奋斗、英勇对敌的革命风尚，把青少年培养成为忠于祖国、忠于无产阶级革命事业、忠于马克思列宁主义毛泽东思想的优秀人才，将来走上工作岗位，成为有很高的政治责任心和集体主义精神，有坚定的革命思想和实事求是、群众路线的工作作风，严守纪律，专心致志地为人民积极工作的劳动者”[2]。邓小平还强调，要加强各级学校的政治教育、形势教育、思想教育，包括人生观教育、道德教育。

邓小平特别重视对学生进行坚持四项基本原则教育。1979 年 3 月 30 日，邓小平在党的理论工作务虚会上指出，要向人民和青年进行坚持四项基本原则的教育，努力克服一小部分群众特别是一小部分青年中的混乱。邓小平还特别重视教育与生产劳动相结合的方针，他在上述教育工作会议上专门讲述了教育与生产劳动相结合方针的重要性，指出：“各级各类学校对学生参加什么样的劳动，怎样下厂下乡，花多少时间，怎样同教学密切结合，都要有恰当的安排。”后来国务院专门发出文件，[1]2074 要求学校开展勤工俭学活动，指出，这是全面贯彻教育方针，加强对学生的劳动观点教育和劳动技能训练，提高教育质量，培养全面发展的社会主义一代新人的重要途径之一，也是促进教育结构、教育制度改革，发展我国教育事业的一个有效措施。

上述指示具有十分鲜明的针对性。当时除了有一种看法认为思想政治工作不值得那么重视以外，有的对是否还要提又红又专、“三好”产生了怀疑，还有的对少数青年中出现的反对四个坚持、企图摆脱共产党领导的新情况新问题要认真对待、研究解决的态度持不同意见。上述指示的传达贯彻，使大家普遍认识到：我们办的学校是社会主义学校，必须不断加强和改进学校的德育工作，把德育工作放在重要的位置；对学生的培养目标是又红又专，德智体全面发展，学生应该做到“三好”，能否培养出拥护共产党领导、热爱社会主义祖国、积极为人民服务的德才兼备的学生，是关系到国家前途命运的大事；要对学生进行四项基本原则的教育，要加强集体主义和共产主义道德教育、劳动教育和民主法制教育等。

（三）改革政治课和政治课教材

在“文化大革命”中，政治课长期处于无固定课时、无稳定教材、无专职教师的“三无”状态。“文化大革命”结束后，不少学生对政治课仍然没有兴趣，政治课和政治教材的改革势在必行。1979 年 4 月，胡耀邦在听取教育部负责人关于中小学德育工作的汇报时指出：当务之急就是总结建国三十年政治课的经验教训，改革课程设置，编出一套适合中小学生用的较好的教材。有了课本，才有章法，这是一项基本建设。他要求教育部尽快组织力量在一两年内付诸实施。在1980年的上述中央书记处会上有些同志再次强调了要改革政治课，指出："学生不愿意上政治课，政治教育本身也要改革。""政治教育脱离实际，不联系学生将来的工作和现在的思想。""政治课教材的改革，这个任务只靠教育部不行，中央宣传部应该投入一定的力量。"

根据以上指示，小学四、五年级的政治课改为一至五年级的思想品德课，正式下发了该课程的教学大纲。中学则恢复了政治课，1980年提出初、高中开设《青少年修养》《社会发展简史》《法律常识》《政治经济学常识》和《辩证唯物主义常识》五门课的新课程设置，并编写出了相应的教学大纲和教材及教学参考书。高等学校的政治理论课得到改进和加强，重新修订并出版了《中国共产党历史》《政治经济学》《辩证唯物主义与历史唯物主义》和《国际共产主义运动史》四门课的教学大纲。

（四）加强对学校德育工作的领导

中央文件多次指出：青少年是我们的希望，是我们的未来。十年树木，百年树人。各级党委都要把加强对青少年的培养教育，放到重要议事日程上来。主要领导同志要亲自过问，要督促、帮助共青团组织并统一组织宣教、政法、财经等部门和工会、妇联等人民团体齐心协力，切切实实抓出成效来。

有一段时间，学校急于把教学质量搞上去，一度放松了对学生的德育工作，加之林彪、"四人帮"流毒的肃清尚需时日，社会上极少数人掀起的资产阶级自由化思潮使少数学生受到一定影响。因此，1980年11月3日中央书记处第61次会议就加强和改善党对高等院校的领导作出决定，认为："目前个别高等院校出现学生闹事问题，要引起当地的党委和有关学校的党委重视。解决这类问题的关键，是加强和改善党对高等院校的领导，加强和改善党同群众的联系。要向学生说明，党组织有缺点错误可以批评，领导人不称职可以向上级党委提出以至建议撤换，但是任何企图摆脱、取消和推翻党的领导的行为，都是违反宪法的，要依法劝阻、制止……决不允许从根本制度上反对党的领导的活动。"[1]1872

在上述中央文件的指导下，在教育行政部门的领导下，这一历史阶段的学校德育工作从"文革"遗留下来的混乱状态转向逐步正常。教育工作者对学校德育工作的方向和目标任务的认识有了一定的提高；对德育工作初步作出了规范要求，颁布了大、中、小学的暂行工作条例，其中对学校德育工作的指导思想、目标任务、内容、方式方法、队伍建设和领导管理等方面作出了规定，还颁发了学生守则，规定了学生应遵守的最基本的行为规范和道德纪律；着手政治课的改革；重新组织起德育工作队伍；加强了对学校德育工作的领导；等等。但是，这一阶段学校德育工作的特点更多是带有恢复性的。

第二阶段，从1982年中共十二大召开至1992年中共十四大召开以前，是社会主义教育全面改革与发展的阶段

中共十二大确定了走建设中国特色社会主义的发展道路，郑重提出，在建设社会主义物质文明的同时，一定要努力建设社会主义精神文明。中共十三大作出了我国正处在社会主义初级阶段的正确论断，并提出了社会主义初级阶段党的基本路线。根据十二大和十三大的战略部署，经济体制改革在全国范围内全面展开。

在这一阶段，教育在社会主义现代化建设中的重要战略地位被确定。随着经济体制改革的进展，教育改革也全面展开，形成了教育思想、观念的转变是前提，教育体制改革是关键，教育教学改革是核心，从体制改革入手推进教育全面改革的改革思路。在教育全面改革的进程中，学校的德育工作从整体上得到进一步改革和完善，开创了新时期学校德育工作的新局面。

（一）进一步明确学校德育工作的指导思想

1982年邓小平提出“搞社会主义精神文明，主要是使我们的各族人民都成为有理想、讲道德、有文化、守纪律的人民”的论断。1985年他强调要“教育全国人民做到有理想、有道德、有文化、有纪律”。此后，培养“四有”新人被明确写入了党的历次代表大会的报告和有关决议之中。[3] 1983年邓小平提出了“教育要面向现代化，面向世界，面向未来”的战略指导方针。1985年5月中央发布了《关于教育体制改革的决定》，1986年9月中央颁布了《关于社会主义精神文明建设指导方针的决议》。上述论断、战略指导方针和《决定》及《决议》是这一阶段加强和改进学校德育工作的总的指导方针和纲领性文件。

在上述指导方针和纲领性文件的指引下，一是学校德育工作的方向得到进一步明确。《决定》的基本精神是：遵循教育要面向现代化，面向世界，面向

未来的指导方针，解决教育同社会主义现代化建设特别是同经济建设相互协调发展的问题。也就是说，社会主义现代化建设要依靠人才，依靠教育；教育要为以经济建设为中心的社会主义现代化建设服务，要更好地适应建设社会主义物质文明和精神文明的要求。《决定》指出的教育体制改革的根本目的是，提高民族素质，多出人才、出好人才。上述基本精神和改革的根本目的，正是学校德育工作应该认真贯彻并时刻把握住的大方向。

二是学校德育肩负的任务和培养目标得到进一步明确。1985 年的《决定》指出：我们“要为 90 年代以至下世纪初叶我国经济和社会的发展，大规模地准备新的能够坚持社会主义方向的各级各类合格人才”。“所有这些人才，都应该有理想、有道德、有文化、有纪律，热爱社会主义祖国和社会主义事业，具有为国家富强和人民富裕而艰苦奋斗的献身精神，都应该不断追求新知，具有实事求是、独立思考、勇于创造的科学精神。”这个《决定》十分强调要把学校办成社会主义精神文明建设的坚强阵地。除了上述引文中指出的学校培养的各级各类人才必须能够坚持社会主义方向以外，《决定》还指出了学校存在着“生动活泼地用马克思主义思想教育学生很不够”的问题，提出了要“在辩证唯物主义和历史唯物主义的思想指导下，改革教学内容”等。1986 年的《决议》明确提出：社会主义精神文明建设的根本任务是用现阶段共同理想团结教育全国人民。这些都向学校德育工作提出了伟大而又艰巨的任务。

在贯彻上述指导方针和《决定》《决议》的过程中，每当学校德育工作遇到困难和曲折时，中央都及时发文进行指导。例如：在 1986 年学潮和 1989 年政治风波对学校德育工作造成严重干扰和冲击后，1989 年 7 月中央及时下发了《关于当前高等学校工作中几个问题的意见》，要求各级党委、政府和教育行政部门要切实加强对高等学校工作的领导，把坚定正确的政治方向放在教育工作的第一位，坚持社会主义方向，坚持马列主义、毛泽东思想教育，加强思想政治工作，严格校纪、校风管理，搞好教育改革，真正把高等学校办成培养社会主义建设者和接班人的坚强阵地。

（二）整体推进学校德育工作改革

1984 年 6 月，中央召开了全国高等学校思想政治工作会议，从整体上研究高校思想政治工作，并于 1987 年 5 月 29 日发出了《关于改进和加强高等学校思想政治工作的决定》。1988 年 6 月，召开了全国中小学德育工作会议，这是一次动员全党和全社会关心青少年儿童健康成长，推动中小学德育工作整体改革的会议。之后，中央于1988年12月25日发出了《关于改革和加强中小学德育工作的通知》。这两个文件的发布，标志着学校德育工作整体改革的开始。

前一个文件涉及改革开放的新形势下高等学校思想政治工作的各个方面。主要内容有：要进一步明确办学指导思想，坚持高等教育的社会主义方向。要使培养出来的学生具有坚定正确的政治方向，爱祖国、爱社会主义，拥护共产党的领导，努力学习马克思主义；热心于改革和开放，有艰苦奋斗的精神，努力为人民服务，为实现有中国特色的社会主义现代化而献身；自觉地遵纪守法，有良好的道德品质；勤奋学习，努力掌握现代科学文化知识。要努力改进学生思想政治工作的内容、形式和方法，加强教职工队伍的思想建设，大力提倡教书育人、服务育人，从中培养出一批具有共产主义觉悟的先进分子。要建设一支坚强的马克思主义理论队伍和思想政治工作队伍，要提高高校领导班子的思想政治水平，加强和改善对思想政治工作的领导。全党全社会都应当关心青年学生的健康成长。

后一个文件对中小学德育工作包括中小学德育工作的战略地位和指导思想，中小学德育的基本任务和内容方法，德育队伍的建设和领导管理体制，党政领导和社会各方面的责任都作出了明确规定。关于中小学德育工作的战略地位和重要作用，文件指出：中小学“德育即思想品德和政治教育，对坚持学校的社会主义性质，促进学生德智体美全面发展，具有重要的作用”，“现在的中小学生是二十一世纪社会主义建设的生力军，他们的思想道德和科学文化素质状况，不仅是当前社会文明程度的重要体现之一，而且对我国未来的社会风貌、民族精神有着决定性的影响”。关于改革和加强中小学德育工作的指导思想，文件指出：“中小学德育工作必须坚持以马克思主义为指导，认真贯彻党在社会主义初级阶段的基本路线，遵循党关于社会主义精神文明建设的指导方针。”“要在继承和发扬好传统、好经验的基础上，适应不断发展的新情况，赋予德育具有时代气息的新内容和新方法”。强调“要坚持实事求是的思想路线，从我国社会主义初级阶段的实际出发，从中小学教育工作的实际出发，从青少年儿童的实际出发”。文件还回答了围绕德育目标、内容存在的争议，指出：“要用共同理想教育全体学生。在共同理想的旗帜下振奋中华民族的民族精神。”“中小学德育工作的基本任务是，把全体学生培养成为爱国的具有社会公德、文明行为习惯的遵纪守法的好公民。在这个基础上，引导他们逐步确立科学的人生观、世界观，并不断提高社会主义思想觉悟，使他们中的优秀分子将来能够成长为坚定的共产主义者。”该文件把中小学德育工作的任务、目标、内容定位在社会主义初级阶段，把普遍性的培养要求与对先进分子的要求加以区别，这是指导思想的重要突破，对中小学德育工作的改革产生了深远影响。

（三）全面部署政治课改革

1985 年 8 月 1 日中央发出《关于改革学校思想品德和政治理论课程教学的通知》。这是改革开放后中央发出的第一个全面部署改革政治课的文件。该《通知》指出：从小学的思想品德课、中学的思想政治课到高等学校的马克思主义理论课的课程设置、教学内容和教学方法都必须进行认真的改革，以适应社会主义现代化建设的需要，适应现代科学技术和现代经济政治的巨大发展变化，适应新时期青少年心理发展的具体情况，以及各方面改革的需要。《通知》分别对小学、初中、高中和大学的思想品德和政治理论课程的主要内容和要求作了规定。《通知》还提出：要改变注入式的教学方法，尽量实行启发式的教学方法；要编写出几套具有较高水平的新教材；各级党委和政府部门要切实加强对此项工作的领导并要充分调动广大教师从事此项改革的积极性。

上述《通知》发出后，便开始了新时期政治课的全面改革。在中学方面，虽然 1980 年开设的五门政治课，对于当时拨乱反正、稳定教学秩序起了积极作用，但其内容还不能适应改革开放和现代化建设的需要。后经过多方讨论，1986 年开始进行《公民》《社会发展简史》《中国社会主义建设常识》《科学人生观》《经济常识》《政治常识》六门新课程的改革实验。到 1991 年，中学全部完成了新旧课程与教材的过渡。1992 年秋季后这六门课程统称为思想政治课。在高等学校方面，国家教委 1986 年规定，政治理论课开设《中国革命史》《中国社会主义建设》和《马克思主义原理》三门必修课以及《世界政治经济和国际关系》一门选修课。1987 年在总结经验的基础上国家教委规定，大学生的思想教育课（思想品德课）开设《形势与政策》和《法律基础》两门必修课以及《大学生思想修养》《人生哲理》和《职业道德》三门选修课。这就形成了高等学校的“两课”制度。上述改革对于打破传统的政治课课程设置和教学内容，探索具有时代特色的更符合学生身心发展需要的新的政治课的课程与内容体系以及带动该课程的教学方法和考试方法等方面的改革，发挥了重要作用。

（四）加强社会实践和劳动教育

1987 年《中共中央关于改进和加强高等学校思想政治工作的决定》突出地提出：“积极引导学生参加社会实践。青年学生只有在学习科学文化知识的同时积极参加社会实践，更多地了解国情，了解社会主义建设和改革的实际，了解人民群众的思想感情，才能树立起为建设社会主义祖国而献身的信念，逐步锻炼成为有用人才。”“应根据不同学科、不同年级的特点，采取不同的内容和方法组织学生参加社会实践。业务学习、军事训练和公益劳动、生产劳动都要纳入教学计划，还要鼓励学生利用假期进行各种有益的社会实践活动。有条件的高等学校逐步建立起业务实习和社会实践的基地。”1987 年 9 月，国务院批转了国家教委《关于改进和加强高等学校生产实习和社会实践工作的报告》，要求中央和地方有关部门等支持学生的社会实践、业务学习和军事训练等活动。

1988 年中央《关于改革和加强中小学德育工作的通知》在“实事求是地确定中小学德育工作的任务和内容”部分，除了指出要对学生进行爱国主义教育、集体主义教育、社会主义民主和遵纪守法的教育、道德教育和良好心理品质的培养以外，专门写了一段劳动教育。《通知》指出：“认真培养学生的劳动观点、劳动习惯和勤俭节约、艰苦朴素的精神，不仅是实现学校教育目标的重要方面，而且关系着我们民族的优良传统的发扬光大。要认真纠正当前一些学校忽视劳动教育的现象，从鼓励小学生参加力所能及的自我服务性劳动和家庭劳动开始，把劳动和劳动技术教育作为中小学教育的一个重要内容，列入教学计划并进行考核。”

根据上述指示精神，高等学校的生产劳动列入了教学计划，高等学校的社会实践活动也有组织、有领导地开展了起来，还建立了一批学生社会实践活动基地，其中有革命传统教育基地、兴教助学基地、学工基地、学农基地、学军基地等。在中小学，劳动教育和劳动技术教育也分别列入了教学计划，并提倡开展有益的课外活动，要求对社会调查和实践活动安排固定的时间。中小学也建立了许多校外德育基地和各类活动基地。

（五）加强德育工作队伍建设

这一阶段，中央的有关文件均强调，在学校教育工作中，要把“教书”和“育人”统一起来，全体教师和职工都要在不同的岗位上担负起育人的职责。同时，文件特别注意到对德育工作骨干队伍的培养。

在中小学方面，班主任、思想品德课和政治课教师、共青团专职干部和少先队辅导员是德育工作中的骨干。国家出台了多项措施促进德育骨干队伍的发展，例如：为了促进班主任队伍的建设，早在 1978 年，就建立了授予“模范班主任”荣誉称号的制度；1979 年，经国务院批准，实行中小学班主任岗位津贴制度；1988 年还制定了中学班主任工作的暂行规定等文件。

在高等学校方面，马克思主义理论课教师和思想政治工作人员，是高等学校进行思想政治教育的骨干力量。但在很长一段时间里，高校的思想政治工作人员没有教师的资格和职称，没有接受业务培训的机会，待遇也较其他教师低。为了加强德育工作队伍建设，中央《关于改进和加强高等学校思想政治工作的决定》明确指出："思想政治教育是一门以马克思主义理论为基础、综合性和实践性都比较强的科学，必须有专职人员作为骨干，并且要培养和造就一批思想政治教育的专家、教授和理论家。因此，一定要将一些品学兼优的教师和毕业生选拔到思想政治工作队伍中来。专职思想政治工作人员，要以主要精力从事思想政治工作，也要承担一定的教学任务。从事学生思想政治教育的专职人员，是教师队伍的组成部分，应列入教师编制，实行教师职务聘任制。"[1]2619 据此，开展了高校学生思想政治教育专职人员教师职务评聘工作。这是加强高校思想政治教育队伍建设的一项重要措施，对提高思想政治教育工作人员的素质和推动思想政治教育工作起了积极作用。

此外，鉴于改革开放的新形势，中央文件多次强调，全党全社会都应当关心青少年儿童的健康成长，要优化社会环境，要推动学校教育与家庭教育、社会教育相结合，要把德育工作的力量组织起来，形成科学的合力。这样，德育由单一学校教育渠道变为多种教育渠道的整合。在这方面尤其是中小学方面创造了许多经验，如成立家长委员会、社区教育委员会，建立校外辅导员队伍，开展军民、警民、厂校共建精神文明活动等。

（六）加强和改善对德育工作的领导

1988 年中央《关于改革和加强中小学德育工作的通知》明确提出："中小学校长对德育工作负有领导责任。校长不仅应当精通教学业务，而且应当具有正确的教育思想，重视学生的全面发展，保证党和国家教育方针的贯彻执行。德育工作状况应作为考核校长工作成绩的重要依据。"从此，在中小学建立起校长负责德育工作的体制。

在高等学校方面，1987 年中央《关于改进和加强高等学校思想政治工作的决定》指出：学校党委对思想政治工作负有领导责任。校长要对学生的德智体全面发展负责，结合各项业务做好思想政治工作，推动教职工教书育人、服务育人。同时指出，要继续进行校长负责制的试点工作。高等学校的这种领导管理体制，在 1990 年 7 月中央发出《关于加强高等学校党的建设的通知》后，有所改变。该《通知》对加强高等学校党的建设提出了以下要求：明确高等学校的领导体制，坚持党委的领导地位；加强领导班子建设，保证学校领导权掌握在忠于马克思主义的人手中；把思想建设放在高等学校党的建设的突出位置，不断提高党员的政治素质；切实搞好党支部建设，增强党组织的凝聚力、吸引力和战斗力；建设一支素质较高，以精干的专职人员为骨干、专兼职结合的党务工作队伍；加强对入党积极分子的培养教育，做好发展党员工作；加强对工会、共青团和学生会的领导，充分发挥群众组织的作用；地方党委要加强对高等学校党的工作的领导，中央国家机关有关部委党组（党委）对所属院校党的工作要予以指导。[4]该《通知》发布前，1990 年 4 月，经中央批准，中央组织部、宣传部和国家教委党组联合召开了首届全国高等学校党的建设工作会议。《通知》肯定了上述高校党建工作会议，并从此形成了每年召开一次高校党建会议的制度。《通知》发布后，一些试行校长负责制的高校，大部分转换为党委领导下的校长负责制；加强了高校领导班子的建设，提高了领导班子的政治理论水平；高校的党务和思想政治工作队伍建设得到加强；在学生中发展党员的工作开始恢复；整个学校的思想政治工作水平得到提升。

在这个历史阶段，通过中央和国务院的有关文件指导，在教育行政部门的领导下，随着教育改革的全面启动，中小学和高等学校德育工作的方向进一步明确，学校德育工作的培养目标、内容、方式方法、队伍建设、制度建设和领导管理体制等方面的改革获得了整体推进。其中特别值得一提的是 1988 年 8 月国家教委发出了试行《小学德育纲要》和《中学德育大纲》（统称德育大纲）的通知。德育大纲的制订和发布，是新中国成立以来的首次，改变了学校其他学科都有大纲，唯独德育没有大纲的局面。经过试行，这两个大纲分别于 1993、1995 年正式颁布。高等学校的试行德育大纲也于 1995 年颁布。总之，这一阶段的学校德育工作在全面恢复的基础上得到了整体推进，初步形成了适应新时期需要的德育新格局。

但是，这一阶段的学校德育工作的改革也不是一帆风顺的。社会大环境的干扰比较大，资产阶级自由化思潮一度对学校特别是对高等学校的侵蚀比较严重；有几年从中央到地方在政治思想战线上存在着软弱混乱现象，以致邓小平在 1989 年 3 月指出，我们最大的失误是在教育方面，思想政治工作薄弱了；在教育内部也存在着不同意见，一度放松了德育工作。这种状况在一定程度上影响了德育工作改革的进程，直到中共十三届四中全会召开以后才有所改变。

第三阶段，从1992年中共十四大召开至今，是社会主义教育深化改革与加速发展的阶段

在这个阶段，我们是在实行改革开放、发展社会主义市场经济新的复杂环境里，在面临着国际上综合国力的激烈竞争和国际形势复杂多变的形势下，肩负着把伟大的中国特色社会主义现代化建设事业继续又好又快地推向前进的历史新任务。面对国内外的新形势，党和国家始终把提高全民族素质作为关系中国特色社会主义现代化建设全局的一项根本性的战略任务，把教育视为在经济、社会发展中具有先导性、全局性和基础性的事业，始终把它放在优先发展的重要战略地位，郑重提出实施科教兴国和人才强国的战略。为适应这两个战略的需要，中央发布了一系列有关加强精神文明建设的纲领性文件；并在召开有关会议和调查研究的基础上出台了一系列指导教育深化改革和加速发展的政策。

在教育深化改革和加速发展的过程中，中央还不失时机地专门对学校德育工作作出新的部署和指导，促进了学校德育工作地位的再次提升、内容的进一步充实、政治课的进一步改革、德育途径和方法的进一步创新和德育工作条件的进一步得到保障，从而使德育工作的针对性、实效性和主动性得到显著加强。

（一）学校德育工作地位得到再次提升

1994年8月31日，中央发出了《关于进一步加强和改进学校德育工作的若干意见》，强调在我国改革开放和社会主义现代化建设事业进入新的发展阶段的条件下，必须克服“一手硬，一手软”的状况，把学校德育工作放在重要地位，使德育工作更好地发挥对青少年学生健康成长和对学校工作的导向、动力、保证作用。1999年6月13日，为全面贯彻落实中共十五大精神，中央发布了《关于深化教育改革全面推进素质教育的决定》，提出了培养适应21世纪现代化建设需要的社会主义新人，全面推进素质教育的任务。《决定》指出：“实施素质教育，就是全面贯彻党的教育方针，以提高国民素质为根本宗旨，以培养学生的创新精神和实践能力为重点，造就‘有理想、有道德、有文化、有纪律’的、德智体美等全面发展的社会主义事业建设者和接班人。”“必须把德育、智育、体育、美育等有机地统一在教育活动的各个环节中。学校教育不仅要抓好智育，更要重视德育。”为了更好地贯彻这个《决定》，中央于1999年6月召开了改革开放以后的第三次全国教育工作会议。江泽民总书记在会议的报告中特

别提出："思想政治教育，在各级各类学校都要摆在重要地位，任何时候都不能放松和削弱。要说素质，思想政治素质是最重要的素质。不断增强学生和群众的爱国主义、集体主义、社会主义思想，是素质教育的灵魂。"2000 年 12 月 14 日，中央发出了《关于适应新形势进一步加强和改进中小学德育工作的意见》。《意见》充分体现了江泽民的上述讲话精神，明确提出，坚持把学校德育工作摆在素质教育的首要位置，树立育人为本的思想。从此，德育为首的提法便确定下来。

进入新世纪，以胡锦涛为总书记的党中央同样高度重视学校德育工作。2004 年 2 月 26 日，中央发出了指导新时期中小学德育工作的纲领性文件——《关于进一步加强和改进未成年人思想道德建设的若干意见》（简称 8 号文件），并于当年召开了全国加强和改进未成年人思想道德建设工作会议，胡锦涛在会上作了重要讲话。8 号文件和会议及讲话从全面建设小康社会的战略高度，对新世纪新阶段加强和改进未成年人思想道德建设作出了新的重要部署。明确了新时期未成年人思想道德建设的指导思想、基本原则和主要任务；提出了加强和改进未成年人思想道德建设工作的重大政策措施；再次强调，要"把德育工作摆在素质教育的首要位置，贯穿于教育教学的各个环节"。这对促进新时期加强和改进德育工作具有巨大的推动作用和深远影响。

2004 年 8 月 26 日，中央发出《关于进一步加强和改进大学生思想政治教育的意见》（简称 16 号文件）。2005 年 1 月 17—18 日，中央召开全国加强和改进大学生思想政治教育工作会议，研究部署大学生思想政治教育工作，胡锦涛在会上作了重要讲话。16 号文件和会议及讲话，从四个方面指出了加强和改进大学生思想政治教育的重要性和紧迫性：一是实现全面建设小康社会的宏伟目标的需要；二是意识形态领域斗争的新形势的需要；三是提高党的执政能力和巩固党的执政地位的需要；四是实现人民群众对子女教育的期望的需要。还提出了加强和改进大学生思想政治教育的指导思想、基本原则和主要任务；明确指出加强和改进大学生思想政治教育的主要渠道、主要途径和主要方法；提出加强和改进大学生思想政治教育的保障措施。其中重要精神之一是，继续强调要把大学生思想政治教育摆在学校教育的首要位置，贯穿于教育教学的全过程。这些构成了新世纪全面加强和改进大学生思想政治教育的行动纲领和指导方针，具有划时代的战略意义，对指引高等教育乃至整个教育事业的改革和发展的方向具有深远影响。在德育的地位问题上，再次引导人们落实以人为本的科学发展观，牢固树立“育人为本，德育为先”的观念，真正把德育放在各项教育工作的首位上来。

（二）德育内容得到进一步充实

1. 加强了道德建设内容

自江泽民在2001年1月全国宣传部长会议上提出“把依法治国与以德治国紧密结合起来”的治国方略以后，中央把公民道德建设放在突出位置来抓。当年9月，中央印发了《公民道德建设实施纲要》。《纲要》提出了“爱国守法、明礼诚信、团结友善、勤俭自强、敬业奉献”20字的基本道德规范；并指出，“提高公民道德素质，教育是基础”，“高尚品德必须从小开始培养，从娃娃抓起”。根据中央上述《纲要》精神，教育部党组于当年11月发出了《关于教育战线学习贯彻〈公民道德建设实施纲要〉的通知》。《通知》指出：青少年学生是公民道德教育的重点人群，学校是对青少年学生进行系统道德教育的重要阵地，加强公民道德教育是学校德育的重要内容。《通知》还指出：要在师生员工中广泛宣传20字的公民基本道德规范；要根据中央要求，把爱国主义作为青少年学生思想道德建设的主题，联系不断变化的国际国内形势，在广大青少年学生中突出宣传好“爱国”的重要意义和深刻内涵。《通知》还要求：各地和学校在研究制订具体实施方案和措施时，必须坚持解放思想、实事求是的思想路线，坚持继承与创新的统一，不仅要继承和发扬我国学校道德工作优良传统，同时要积极借鉴世界各国青少年学生道德建设成功经验和先进文明成果，适应新形势，开辟新途径，努力增强学校德育工作的时代感以及针对性、实效性和主动性。要整体把握好学校德育的科学体系，做到大、中、小学德育区分层次、整体衔接。要进一步发挥课堂教学在青少年学生道德建设中的主阵地和主渠道作用，增强课程的渗透性。要进一步加强青少年学生社会实践教育环节，加强制度建设，加强对教职员工的思想道德建设和与家庭、社会的紧密联系。

为配合学校实施《纲要》，2002年2月，中宣部和教育部等六部委提出了实施《中国“小公民”道德建设计划》，并为此发出了通知。在实施《公民道德建设实施纲要》的过程中，在社会风气不断改善和公民文明素质不断提高的同时，不守承诺、欺骗欺诈等失信现象也侵蚀着校园，给中小学生健康成长带来了不利影响。为此，2004年3月，教育部发出进一步加强中小学诚信教育的通知，对加强诚信教育的原则、主要内容、途径和方法、领导和制度等方面提出了要求。

2. 加强了民族精神培育内容

在我国学校德育内容中，对学生民族精神的培育一直是比较重视的。在不同历史时期，我们党对弘扬和培育民族精神都有精辟的论述。在中共十六大报告中指出“在五千多年的发展中，中华民族形成了以爱国主义为核心的团结统一、爱好和平、勤劳勇敢、自强不息的伟大民族精神”，“必须把弘扬和培育民族精神作为文化建设极为重要的任务，纳入国民教育全过程”。以后，此项教育内容得到进一步加强。2004 年全国中小学德育工作会议研究部署了以弘扬和培育民族精神教育为重点的中小学思想道德建设工作。根据中共十六大和 8 号文件精神，2004 年 3 月，中宣部和教育部制定并印发了《中小学开展弘扬和培育民族精神教育实施纲要》，对在中小学开展此项教育的重要意义、指导思想和实施原则、主要内容、实施途径、保障措施等都提出了要求。为配合此项教育，中宣部和教育部等单位还先后对在少年儿童中开展“民族精神代代传”活动以及运用传统节日弘扬民族文化的优秀传统提出了指导性意见。在大学的有关课程和活动中也加强了此项教育内容。

3. 加强了法制教育内容

从 1985 年开始，随着中央颁发的“普法”五年规划的执行，各级各类学校都在德育中加进了法制教育内容。中共十五大提出“依法治国，建设社会主义法治国家”的基本方略以后，青少年学生的法制教育进一步得到重视。在执行“四五”普法规划时，要求推进青少年学生法制教育工作的科学化、制度化、规范化建设。为此，2002 年 10 月，教育部、司法部等四个单位联合发出了《关于加强青少年学生法制教育工作的若干意见》，分别对大、中、小学生法制教育的指导思想与目标、主要内容、基本要求、方法与途径、保障措施等作出了规定。在执行“五五”普法规划时，2007 年 7 月，中宣部、教育部、司法部和全国普法办联合制定和印发了《中小学法制教育指导纲要》。该《纲要》对中小学法制教育的总体要求、基本原则和主要任务，中小学法制教育的内容、实施途径和措施等，分别作了新的规定。该《纲要》不仅促进了各地中小学全面、规范地开展法制教育，而且指导学校将法制教育进一步融入课堂教学和学校教育活动的各个环节，提高法制教育的针对性和实效性。

4. 加强了社会主义荣辱观教育

2006 年 3 月 4 日，胡锦涛在看望出席全国政协十届四次会议的委员时，发表了关于树立社会主义荣辱观的重要讲话。他在讲话中提出：在我们的社会主义社会里，要引导广大干部群众特别是青少年树立社会主义荣辱观，坚持以热爱祖国为荣、以危害祖国为耻，以服务人民为荣、以背离人民为耻，以崇尚科学为荣、以愚昧无知为耻，以辛勤劳动为荣、以好逸恶劳为耻，以团结互助为荣、以损人利己为耻，以诚实守信为荣、以见利忘义为耻，以遵纪守法为荣、以违法乱纪为耻，以艰苦奋斗为荣、以骄奢淫逸为耻。八荣八耻概括精辟，内涵深邃，融道德、思想、政治教育于一体，具有很强的民族性、时代性和针对性，体现了中华民族传统美德与时代精神的有机结合，体现了社会主义基本道德规范和良好社会风尚的本质要求，体现了社会主义价值观的鲜明导向，对于提高整个国民素质、构建社会主义和谐社会具有重要意义。为引导青少年学生树立社会主义荣辱观，教育部党组于当月专门发出《关于学习贯彻胡锦涛总书记讲话精神切实加强社会主义荣辱观教育的通知》。《通知》强调：对学生进行社会主义荣辱观的教育是坚持党的教育方针，全面推进素质教育，培养社会主义建设者和接班人的需要；是加强和改进中小学生思想道德建设和大学生思想政治教育的需要；是落实科学发展观，办好人民满意的教育的需要。《通知》要求把此项教育引入课堂，与社会实践结合起来，与校园文化建设结合起来，与学校教师队伍建设结合起来，因材施教、因地制宜、注重实效；并要求对此项教育切实加强领导，把工作抓实抓好。

5．加强了心理健康教育

在20世纪90年代上半时期颁布、试行的《中小学德育大纲》和《高等学校德育大纲》都明确把学生的心理健康教育纳入德育目标和内容。1999年中央在关于全面推行素质教育的决定中提出要加强学生的心理健康教育以后，教育系统对此项教育更为重视起来。2002年教育部专门印发了《中小学心理健康教育指导纲要》，对中小学心理健康教育的指导思想和基本原则、目标与任务、主要内容、途径和方法、组织与实施，一一作了规定。对大学生的心理健康教育，教育部于2001年起多次或单独或与有关部门联合下发文件，如《关于加强普通高等学校大学生健康教育工作的意见》《关于进一步加强高校学生管理工作和心理健康教育工作的通知》《关于进一步加强和改进大学生心理健康教育的意见》和《普通高等学校大学生心理健康教育工作实施纲要（试行）》等。这些文件阐述了加强大学生心理健康教育工作的重要性；明确了此项工作的主要任务和内容，工作的原则、途径和方法，工作队伍的建设以及工作的领导和管理等，要求把此项工作纳入学校德育工作管理体系中。教育部还组织编写了教师用书，并组织专家围绕大学新生适应性、人生困惑及应对、恋爱、人际交往、学习、择业、理想和人格八方面编写了学生读本。心理健康教育在大、中、小学普遍开展起来。

6. 加强了大学生的理想信念教育

2004 年 8 月 26 日中央发出的《关于进一步加强和改进大学生思想政治教育的意见》和 2005 年 1 月 17—18 日中央召开的全国加强和改进大学生思想政治教育工作会议以及胡锦涛在会上的重要讲话，鲜明地提出了对大学生的思想政治教育要以理想信念教育为核心，把理想信念教育放在最为重要的位置。同时，严肃指出：这块阵地，无产阶级不去占领，资产阶级就会去占领；由于种种历史和现实的原因，教育界还存在着少谈点理想，少谈点“太远的”信仰的倾向，要认真予以纠正。对于理想信念教育提出了两个层面上的要求：对全体大学生，要确立在共产党领导下走中国特色社会主义道路、实现中华民族伟大复兴的共同理想和坚定信念；同时，要积极引导大学生不断追求更高的目标，使他们中的先进分子树立共产主义的远大理想，确立马克思主义的坚定信念。

除以上内容外，中小学还增加了一些专题教育，如可持续发展和环境教育、毒品预防教育、预防爱滋病教育、反邪教和宗教渗透教育、安全教育等。德育内容的进一步充实，显示了德育工作的与时俱进。

（三）政治课得到进一步改革

1996 年和 1997 年小学思想品德课和中学思想政治课《课程标准》的制定和颁布，使上述两课的课程体系初步确立。此次制定《课程标准》的总体思路是：把实施九年义务教育的小学和初中作为一个阶段，高中作为一个阶段，整体规划教育教学目标、课程结构和教学内容。小学重点进行以“五爱”为中心的公民品德教育；初中重点进行健康心理品质、法律常识、社会发展常识和基本国情教育；高中进行以邓小平理论为中心的经济常识、哲学常识和政治常识教育。2001 年 6 月颁布的《基础教育课程改革纲要（试行）》中，把小学思想品德课改设为小学低年级《品德与生活》、小学中高年级为《品德与社会》课，初中为思想品德课，高中仍为思想政治课。2007 年小学《品德与生活课程标准（实验稿）》中规定的课程总目标为：培养具有良好品德和行为习惯、乐于探究、热爱生活的儿童。小学《品德与社会课程标准（实验稿）》中规定的课程总目标为：促进学生良好品德形成和社会性发展，为学生认识社会、适应社会，成为具有爱心、责任心、良好的行为习惯和个性品质的社会主义合格公民奠定基础。2003 年初中《思想品德课程标准（实验稿）》中规定的课程总目标为：以加强初中学生思想品德教育为主要任务，帮助学生提高道德素质，形成健康的心理品质，树立法律意识，增强社会责任感和社会实践能力，引导学生在遵守基本行为准则的基础上，追求更高的思想道德目标，弘扬民族精神，树立中国特色社会主义共同理想，逐步形成正确的世界观、人生观和价值观，为使学生成为有理想、有道德、有文化、有纪律的好公民奠定基础。2004 年《高中思想政治课程标准（实验稿）》中规定的课程总目标为：知道中国共产党是中国特色社会主义事业的领导核心，马克思列宁主义、毛泽东思想、邓小平理论和“三个代表”重要思想是马克思主义在中国发展的最新成果；了解中国特色社会主义现代化建设常识；学习运用马克思主义基本观点和方法观察问题、解决问题；具备在现代生活中应有的自主、自立、自强的能力和态度；具有爱国主义、集体主义和社会主义思想情感；初步形成正确的世界观、人生观和价值观。中共十七大以后，教育部于 2007 年 11 月发出关于《初中思想品德课、高中思想政治课贯彻党的十七大精神的指导意见》，总体上要求采用符合学生能接受的方式，把十七大的有关内容，贯穿在初中思想品德课和高中思想政治课之中，使学生知道党的十七大的主题、明确高举中国特色社会主义伟大旗帜的深远意义、领会科学发展观的科学内涵和精神实质、了解全面建设小康社会奋斗目标的新要求和中国特色社会主义事业的总体布局。据此，在初中和高中课程中增加了十七大的内容。

在高等学校政治理论课的改革方面，主要变化包括以下两方面。一是根据 1998 年 4 月中宣部和教育部关于普通高等学校开设《邓小平理论概论》课的通知，对“两课”课程设置进行调整，单独开设《邓小平理论概论》课。同年 5 月教育部编写了《邓小平教育理论学习纲要》后，高等学校把《纲要》的学习与有关政治理论课的学习结合起来。2002 年 11 月，中共十六大把“三个代表”重要思想和马克思列宁主义、毛泽东思想、邓小平理论一道确立为党的指导思想以后，2004 年教育部编写了《“三个代表”重要思想教育理论学习纲要》，此《纲要》也列入了高等学校政治理论课的学习之中。要求各高等学校认真做好邓小平理论和“三个代表”重要思想进教材、进课堂、进学生头脑的“三进”工作。二是提出了政治理论课改革的新的历史任务。2004 年 3 月胡锦涛曾批示，力争几年内使思想政治理论课有明显的改善。为了落实批示精神，教育部会同中宣部在调查研究的基础上，形成了《关于进一步加强和改进高等学校思想政治理论课的意见》。该《意见》经中央政治局常委会审议并原则通过后，以中宣部和教育部的名义于2005年2月印发。《意见》明确提出了新形势下加强和改进思想政治理论课的指导思想、基本原则、总体要求和主要任务。所提出的主要任务有六个方面。(1) 大力推进学科建设。强调马克思主义一级学科是思想政治理论课的学科支撑。(2) 完善课程体系。提出了四年制本科的思想政治理论课的课程设置是：必修课四门，即《马克思主义基本原理》《毛泽东思想、邓小平理论和“三个代表”重要思想概论》《中国近现代史纲要》《思想道德修养与法律基础》；选修课有《形势与政策》《当代世界经济与政治》等课程。(3) 抓紧编写教材。(4) 改进教育教学方式方法。(5) 造就一支高素质的教师队伍。(6) 加强和改进党对高校思想政治理论课的领导。从2007年春季开始，全国高校在2006级本科学生中普遍开设了上述必修课。

（四）德育的途径和方法得到进一步创新

这里涉及的是政治课课堂教学以外的途径和方法，主要是指社会实践、校园文化建设、加强校园网建设和管理、开展深入细致的思想政治工作和心理健康教育、努力解决大学生实际问题五个方面。

1. 进一步重视社会实践

中共十六大报告对教育方针提出了新的表述：坚持教育为社会主义现代化建设服务，为人民服务，与生产劳动和社会实践相结合，培养德智体美全面发展的社会主义建设者和接班人。这个表述不仅加了“为人民服务”一句，而且将“教育与社会实践结合”提高到教育方针的高度。此后，学校对学生的社会实践活动更为重视，认真把它纳入教育教学计划。高等学校开展了各种各样的社会实践活动，引导学生走出校门，到基层去，到工农群众中去，诸如组织大学生参加军政训练、社会调查、生产劳动、志愿服务、公益活动、科技发明、勤工助学等实践活动等。教育部和团中央还共同发布了《关于加强和改进大学生社会实践的意见》，探索建立社会实践的长效机制，使社会实践制度化、规范化。中小学则开展了各种各样的校外活动。为了保证社会实践活动的开展，中央于2000年6月3日发出《关于加强青少年学生活动场所建设和管理工作的通知》，要求各级党委和政府认真加强青少年学生校外活动场所的建设和管理，全社会也要积极支持这项工作。为落实此项工作，有关单位还联合成立了“全国青少年校外教育工作联席会议”，制定了《2000—2005年全国青少年学生校外活动场所建设与发展规划》。2001年国家扶持中、西部地区160个青少年校外活动场所的建设；在整个“十五”期间，国家坚持采取这种扶持计划，到“十五”末期，使全国10万人口以上的县，90%至少拥有一个综合性青少年学生校外活动场所。此外，还加强了校外爱国主义教育基地建设。

2．大力建设校园文化

校园文化是学校教育的重要组成部分，是全面育人不可或缺的重要环节，是德育体系中亟待加强的重要方面。2005年和2006年，教育部与团中央发布了《关于加强和改进高等学校校园文化建设的意见》，教育部发布了《关于大力加强中小学校园文化建设的通知》和《关于在全国中小学开展创建和谐校园的意见》。对高校校园文化建设的要求是：以实施人文素质和科学精神教育为基础，以建设优良的校风、教风、学风为核心，以优化校园文化环境建设为重点，以树立正确的世界观、人生观、价值观为导向，弘扬主旋律，突出高品位，加强管理，注重积累，不断满足大学生日益增长的精神文化需求，为培养社会主义合格建设者和可靠接班人提供强大的精神动力。要大力加强人文素质教育，注重开展丰富多彩、积极向上的学术、科技、体育、艺术和娱乐活动，把德育与智育、体育、美育有机结合起来，寓教育于文化活动之中。要加强学校宣传文化阵地建设与管理，决不给错误观点和言论提供传播渠道，坚决抵制各种有害文化和腐朽生活方式对大学生的侵蚀和影响。禁止在学校传播宗教。中小学创建和谐校园活动的目标和任务是：做到师生和校园安全、健康的各项规章制度和机构基本完善，校园安全卫生设施达到国家规定要求，师生的法制观念、安全防范和卫生保健意识进一步增强；校园刑事治安案件和安全卫生事故的发生次数显著下降，重大刑事治安案件、重大安全事故、重大食物中毒和传染病流行得到杜绝；校园秩序井然、环境优美，以育人为本的校园文化建设取得显著成效，大力加强社会主义荣辱观教育，校园文明程度明显提高；弘扬中华民族传统美德，师生良好的道德风尚、和谐的人际关系基本形成。

3．全面加强校园网建设

随着信息技术的飞速发展，互联网作为信息传播新的媒体，越来越成为师生获取知识和各种信息的重要渠道，并对师生的学习、生活和思想带来广泛深刻的影响。这对德育工作来说，既是一个很好的机遇，同时又是一个很大的挑战。在2000年6月中央思想政治工作会议上，江泽民提出“要重视和充分运用信息网络技术，使思想政治工作提高实效性，扩大覆盖面，增强影响力”。此后，教育部于当年9月发出《关于加强高等学校思想政治教育进网络工作的若干意见》，其中提出六点意见：一是要进一步增强用马克思主义占领高校思想文化阵地的政治意识，提高对思想政治教育进网络重要性和紧迫性的认识；二是要切实加强对思想政治教育进网络工作的领导，进一步理顺管理体制，扎实推进思想政治教育进网络的各项工作；三是要根据教育环境和教育对象的变化情况，充分运用网络手段拓展思想政治教育的视野，用正确、积极、健康的思想文化占领网络阵地；四是进一步健全有关管理办法，加强对上网师生的自律教育；五是采取切实措施，大力加强队伍建设；六是要切实落实所需的人员、经费和设备等的保障。此《意见》标志着对加强高校思想政治教育进网络工作作了具体部署。2001 年，教育部又印发了《高等学校计算机网络电子公告服务管理规定》，对高校校内计算机网络管理提出了规范性意见。此后教育部和团中央又颁发了《关于进一步加强和改进校园网络管理工作的意见》。根据中央的精神和教育部的具体部署，各高等学校按照“积极发展，加强管理，趋利避害，为我所用”的原则，加强了高校思想政治教育进网络的工作，取得了较好的成效。与此同时，中小学在贯彻中央《关于进一步加强和改进未成年人思想道德建设的若干意见》等文件的过程中，也加强了对校园网的管理和建设，主动开展网上思想道德教育活动，在网上不断提供健康向上的内容，引导学生文明上网，自觉抵制不良信息。

4. 开展深入细致的思想政治工作和心理健康教育

各高等学校针对大学生因学习、就业、经济和情感等方面压力增大出现的思想问题和心理问题，进行了深入细致的思想政治教育工作。同时，重视和加强大学生心理健康教育和心理咨询工作，帮助大学生培养良好的心理品质。关于心理健康教育的有关内容，在前面“德育内容进一步得到充实”部分已有专题涉及。

5. 帮助学生解决实际问题

中央领导同志对解决好大学生面临的实际问题极为重视，强调要把解决思想问题与解决实际问题结合起来，特别是要解决好贫困家庭大学生的资助问题。胡锦涛在 2005 年 1 月召开的全国加强和改进大学生思想政治教育工作会议上强调指出：“对大学生进行思想政治教育，既要摆事实、讲道理，以理服人，耐心细致，循循善诱，进行疏导、开导、引导，不断提高他们的思想认识和精神境界；又要关心人、办实事，以情感人，春风化雨，润物无声，帮助大学生处理好成长过程中学习成才、择业交友，健康生活等方面的具体问题。”根据上述讲话精神，教育部着重做好三个方面工作：一是根据国务院办公厅发出的《关于切实解决好高校贫困家庭学生困难问题的通知》做好贫困家庭学生的资助工作，帮助他们顺利完成学业；二是根据国务院办公厅《进一步做好2004年普通高等学校毕业生就业工作的通知》做好毕业生就业工作，帮助大学生成才立业；三是做好后勤管理和服务工作，为大学生学习生活创造必要的条件。此外，加强对大学生的管理，以使管理育人、服务育人真正成为加强和改进大学生思想政治教育工作的重要组成部分。

（五）德育工作条件得到进一步保障

1. 辅导员和班主任队伍得到加强

在高等学校，辅导员和班主任是学校德育工作的骨干力量，是大学生健康成长的指导者和引路人。为了更好地适应新形势下加强和改进大学生思想政治教育的需要，必须进一步采取切实措施，加强对这支队伍的建设。因此，根据中央16号文件的精神，教育部于2005年1月13日发出了《关于加强高等学校辅导员、班主任队伍建设的意见》。其中提出了要加强对辅导员、班主任队伍建设重要意义的认识；要认真做好辅导员、班主任队伍的选聘配备工作；要大力加强辅导员、班主任队伍的培养培训工作；要求切实为辅导员、班主任工作和发展提供政策保障等意见。2005年12月7日，胡锦涛对辅导员队伍建设工作作出重要批示，要求从思想认识、体制机制、明确政策、培养人才等方面采取有利措施，调动广大辅导员的积极性，提高辅导员工作的水平。2006年4月27—28日，教育部在上海召开全国高校辅导员队伍建设工作会议，这是新中国成立以来的第一次。2006年7月23日，以中华人民共和国教育部令的形式，发布了《普通高等学校辅导员队伍建设规定》。《规定》共有5章26条，除总则以外，分别对辅导员工作的要求与职责、配备与选聘、培养与发展、管理与考核等作了明确规定。这项《规定》，是在总结新中国成立初期建立辅导员制度以来的丰富经验和分析了不同意见的基础上，根据改革开放和建设社会主义现代化的新形势需要，所作出的在全国推进辅导员队伍建设规范化、科学化、制度化的一项重要措施。这对于高等学校进一步坚持育人为本、德育为先，加强大学生的思想政治教育，促进学校的改革、发展和稳定，培养造就有理想、有道德、有文化、有纪律的社会主义建设者和接班人，具有重要的现实意义和长远意义。

班主任是中小学教师队伍的重要组成部分，是班级工作的组织者、班集体建设的指导者、中小学生健康成长的引领者，是中小学思想道德教育的骨干，是沟通家长和社区的桥梁，是实施素质教育的重要力量。长期以来，我国在班主任队伍建设方面，积累了丰富的经验，形成了有效的工作机制。但是，进入新世纪，经济社会的深刻变化，教育改革的不断深化，学生成长中的新特点，使班主任工作面临许多新挑战。进一步加强班主任队伍建设，对于落实新世纪中小学德育新任务具有十分重要的意义。因此，在8号文件发布不久，2004年6月1日，教育部在发出的《关于学习贯彻〈中共中央国务院关于进一步加强和改进未成年人思想道德建设的若干意见〉的实施意见》明确指出：要完善班主任制度；推广先进典型和先进经验；加大对班主任的培训和深造力度，在教育硕士学历教育中增设中小学德育研究方向；采取切实措施提高班主任的待遇。6月4日，教育部发出了《关于进一步加强中小学班主任工作的意见》，提出了四点要求：一是要充分认识加强中小学班主任工作的重要意义；二是要进一步明确中小学班主任的工作职责；三是要认真做好中小学班主任的选聘和培训工作；四是要切实为中小学班主任工作提供保障。根据6月4日的《意见》，教育部制订了全国中小学班主任培训计划并发往各地，要求各地结合当地实际，研究制订具体实施方案。在中央有关精神的指引下，在教育部具体部署和指导下，中小学班主任队伍建设有了新的发展。

2．学校党团和少先队组织得到加强

学校德育工作队伍的重要组成部分——高等学校的党团组织和中小学的团队组织都得到进一步加强。2005年，中组部、教育部党组和共青团中央发出了《关于加强和改进在大学生中发展党员工作和学生党支部建设的意见》，要求学校坚持把优秀大学生吸纳到党的队伍中来，把党支部建在班上，努力实现本科学生班级“低年级有党员、高年级有支部”的目标。同时，高等学校还充分发挥共青团和学生组织的作用，注意把党的工作、团的工作和学生组织的工作结合起来，使之形成一个有机整体，形成合力，以切实有效地加强和改进大学生思想政治教育工作。在中小学方面，各级教育行政部门和学校进一步重视共青团和少先队的工作，将团队工作纳入学校德育工作总体规划和督导评估体系，选派优秀青年教师担任少先队辅导员。2005年共青团中央和教育部等八部委专门联合下发了《关于进一步加强少先队工作的意见》，要求按照“全队抓基层，全队抓落实”的工作要求，提高少先队辅导员素质，进一步加强少先队辅导员队伍建设，推进少先队事业发展。2007年6月，共青团中央和教育部等四部委印发了《少先队辅导员管理办法（试行）的通知》。《办法》共有八章，除总则和附则外，各章对辅导员的任职条件、配备与管理、职责、培训、业绩考核、奖励等都作了明确规定。这对于促进少先队辅导员组织的发展，规范辅导员的工作，引导辅导员努力做好少先队员人生追求的引领者、实践体验的组织者、健康成长的服务者、合法权益的保护者和良好发展氛围的营造者，推动未成年人思想道德建设工作，具有十分重要的现实意义和长远意义。

3．德育工作的组织领导得到加强

在中央 8 号和 16 号文件发出后，成立了全国学生思想道德建设工作领导小组，统筹、协调和指导大、中、小学生思想道德建设工作。同时，建立健全了学校德育工作的责任制。各地教育行政部门主要负责人对本地区青少年学生思想道德建设工作负总责，坚决纠正德育工作“说起来重要，做起来次要”的现象。中小学校长在学校德育工作中负领导责任，主持制订切实可行的学校德育实施方案，通过各种途径，真正落实育人为本、德育为首的办学指导思想。中小学党组织充分发挥政治核心作用，把师德建设和青少年学生思想道德建设作为重要职责，教育党员教师在德育工作中发挥先锋模范作用。高等学校在各地党委、政府的领导下，建立和完善党委统一领导、党政齐抓共管、专兼职队伍相结合、全校紧密配合、学生自我教育的领导体制和工作机制。高校党政主要领导有责任切实把大学生思想政治教育工作摆在突出位置，把思想政治教育与教学、科研、社会服务工作紧密结合起来，同时部署，同时检查，同时评估。

4．师德建设得到加强

学校的各门课程都具有育人功能，所有教师都负有育人职责。因此，加强师德建设成为贯彻中央 8 号、16 号文件精神，进一步加强和改进青少年学生思想道德和政治教育的一项迫切要求。教育部于 2005 年 1 月发出了《关于进一步加强和改进师德建设的意见》。《意见》对加强和改进师德建设的总体要求规定为：以马克思列宁主义、毛泽东思想、邓小平理论和“三个代表”重要思想为指导，紧紧围绕全面实施素质教育、全面加强青少年思想道德建设和思想政治教育的目标要求，以热爱学生、教书育人为核心，以“学为人师，行为世范”为准则，以提高教师思想政治素质、职业理想和职业道德水平为重点，弘扬高尚师德，力行师德规范，强化师德教育，优化制度环境，不断提高师德水平，造就忠于人民教育事业、为人民服务、让人民满意的教师队伍，为培养德智体美全面发展的社会主义建设者和接班人作出新贡献。《意见》还对加强和改进师德建设的主要任务、主要措施和切实加强对师德建设的领导等方面作出了规定。上述《意见》的执行，促进了新时期教师队伍的师德水平和全面素质的提高、师德建设工作的加强和师德建设的制度环境的改善。

总之，在这个历史阶段，中央站在世界正在发生广泛而深刻的变化、当代中国正在发生广泛而深刻变革的时代高度，站在确保党的事业后继有人、巩固党的执政地位、提高党的执政能力和国家长治久安、中国特色社会主义事业兴旺发达的战略高度，站在实现全面建设小康社会和中华民族伟大复兴目标的全局高度，通过一系列文件、会议和讲话，深刻阐明了学校德育工作的重要性和紧迫性，明确了工作的指导思想、重要原则和主要任务，号召全党全社会和学校都要高度重视学生的道德思想政治教育。在中央的指导下，在教育行政部门的贯彻落实下，通过学校全体师生员工的努力，学校德育工作进一步得到全方位的加强。特别是在人才大计教育为本，学校教育育人为本、德育为先，素质教育是德智体美全面发展的教育，德育工作要增强针对性、实效性和主动性等方面，提高了认识，统一了思想。德育内容得到充实，德育途径和方法得到改进和创新，德育规章制度和运行机制进一步健全，德育工作队伍和领导得到加强。学生的精神面貌发生了可喜的变化。正如16号文件和全国教育工作会议所肯定的那样：当代大学生思想政治状况的主流积极、健康、向上，他们热爱党、热爱祖国、热爱人民、热爱社会主义，坚决拥护党的路线方针，高度认同邓小平理论和“三个代表”重要思想，充分信赖以胡锦涛为总书记的党中央，胸怀远大理想，勇于自立自强，富于探索精神，乐于接受新事物，对坚持走中国特色社会主义道路、实现全面建设小康社会的宏伟目标充满信心。今年广大青年在抗雨雪冰冻灾害、抗特大地震灾害和反藏独斗争中的令人刮目相看的积极主动的表现，充分证实了这一点。

但是，也必须清醒地看到，我国青少年的道德思想和政治素质还需要进一步提高。部分青年中还存在着政治信仰迷茫、理想信念模糊，社会责任感不强、团结协作意识较差，艰苦奋斗精神不足、心理素质脆弱，受拜金主义、享乐主义、极端个人主义影响较深等问题。其原因是多方面的，有国际的挑战：随着经济全球化和我国加大对外开放，各种思想文化相互激荡，特别是西方敌对势力有组织有计划地对我们下一代进行西化、分化的图谋长期存在；也有国内的挑战：计划经济向社会主义市场经济的转变，伴随着巨大的阵痛，必然反映在思想道德领域，其负面影响不可低估。同时，学校的德育工作还存在一定的问题和不足，一些地方和学校对德育重视不够，未把德育放在学校工作的首位，一些德育工作措施还没有落实，德育的长效机制尚未完全形成。因此，加强和改进学校德育工作是一项长期的艰巨的战略任务。

综观改革开放30年的德育工作，有以下几点是过去坚持和今后必须长期坚持的：德育是以道德、思想、政治教育为核心的多元素的教育；学校要坚持育人为本、德育为先的理念；要用马克思主义作为根本指针，保证工作的正确方向；培养有理想、有道德、有文化、有纪律的公民是德育的最基本目标；广泛深入地进行爱国主义、集体主义、社会主义教育，引导学生树立正确的世界观、人生观和价值观是德育的根本任务；坚持与生产劳动和社会实践相结合是德育的根本途径；针对学生的思想特点，紧密联系实际，是增强政治课的吸引力、感染力和说服力的关键；不断改进德育工作的方式方法和手段，以学生乐于接受的形式进行教育，有利于把工作做到学生的心坎上并有利于提高学生的自我教育能力；把德育贯穿于学校的教育、教学、管理和服务的全过程，是形成德育长效机制的基础；不断提高德育工作队伍的素质和能力以及教师的职业道德水平，是落实教书育人的先决条件；全党重视、各有关部门共同参与、全社会支持，是形成德育合力的保证。

参考文献：

［1］何东昌．中华人民共和国重要教育文献（1976—1990）［M］．海口：海南出版社，1998.

［2］邓小平．邓小平文选：第2卷［M］．北京：人民出版社，1994：103－106.

［3］中华人民共和国教育部．邓小平教育理论学习纲要［M］．北京：北京师范大学出版社，1998：48.

［4］何东昌．中华人民共和国教育史：下卷［M］．海口：海南出版社，2007：739.

（原载《中国德育》2008年第7、8期）

加强青少年思想道德教育的思考

吴德刚 *

伴随着我国全面建设小康社会、构建社会主义和谐社会的伟大历史进程，青少年思想道德建设已经成为全党和全社会普遍关注的重大理论和现实问题。党的十六大提出，要“切实加强思想道德建设”；十六届六中全会强调，要加强社会主义思想道德建设，努力构建和维护共同理想和精神支柱，为全面建设小康社会提供强大的思想保证和精神动力；党的十七大进一步提出，要“加强社会公德、职业道德、家庭美德、个人品德建设”。落实党中央的要求，加强思想道德建设，教育肩负着神圣而艰巨的历史使命，特别是加强青少年的思想道德教育，对于全民思想道德建设具有重要的基础性作用。

一、思想道德素质是国民素质的核心，加强青少年思想道德教育具有重大现实意义

从教育的本质看，加强青少年思想道德建设是我国公民道德建设的基础性工程。教育的目的在于通过有意识地向年轻一代传授生产经验和社会经验以及约定俗成的道德规范，使其成为社会发展所需要的人。当代教育的责任是要注重最基础的公民素质教育，不仅重视提高年轻一代的文化素养、身体素质，更着力于年轻一代的人格发展，尤其是促进其道德品质的发展。人类教育史反复证明，培养什么人，怎样培养人，始终是教育工作永恒的主题。而思想道德教育则是其最重要的组成部分。当今世界，无论是社会主义国家还是资本主义国

* 吴德刚，教育部人事司司长、教育学博士。

家，无论是发达国家还是发展中国家，都把对青少年的思想道德教育作为本国教育工作的重要任务和内容。我国《宪法》明确规定："国家通过普及理想教育、道德教育、文化教育、纪律和法制教育，通过在城乡不同范围的群众中制定和执行各种守则、公约，加强社会主义精神文明的建设。国家提倡爱祖国、爱人民、爱劳动、爱科学、爱社会主义的公德，在人民中进行爱国主义、集体主义和国际主义、共产主义的教育，进行辩证唯物主义和历史唯物主义的教育，反对资本主义的、封建主义的和其他的腐朽思想。"1986 年 4 月颁布的《中华人民共和国义务教育法》明确规定："义务教育必须贯彻国家的教育方针，努力提高教育质量，使儿童、少年在品德、智力、体力等方面全面发展，培养有理想、有道德、有文化、有纪律的社会主义建设人才。"新修订的《义务教育法》又对加强道德教育做了进一步的规定。2004 年颁发的《中共中央国务院关于进一步加强和改进未成年人思想道德建设的若干意见》强调指出：从未成年人抓起，培养和造就千千万万具有高尚思想品质和良好道德修养的合格建设者和接班人，既是一项长远的战略任务，又是一项紧迫的现实任务。

从社会思想道德现状和存在的问题看，加强青少年思想道德教育是我国当前加快经济改革与发展、促进公民道德建设的迫切要求。改革开放以来，我国经济发展取得了举世瞩目的成就。这为青少年开阔视野，增长见识提供了更加有利的条件。但也应清醒地看到，各种敌对势力与我们争夺接班人的斗争依然严峻和复杂，社会转型、经济快速发展中影响青少年思想道德建设的现实因素仍然存在。在各种消极因素影响下，少数未成年人出现精神空虚、行为失范现象，有的甚至走上违法犯罪的歧途。这些新情况的出现，使未成年人思想道德建设面临新的挑战。也应当承认，旧中国是一个半殖民地半封建社会的落后国家，我国现行的社会主义初级阶段正是由半殖民地半封建社会脱胎而来的。那些不适应社会主义市场经济的封建残余思想以及丑恶的习俗，还在一定程度上影响着社会主义市场经济的健康发展。有的人面对社会主义市场经济的发展，表现出因循守旧、安于现状、墨守成规甚至惧怕改革的传统观念和保守心理状态；有的人取得一些成就便失去了继续创业、奋斗的勇气和锐气；有的人利用自己劳动所创造的财富，吃喝玩乐大肆挥霍，少数人甚至道德堕落。我们应该清醒地看到，我国社会现实生产力仍然落后于发达国家，现代化和市场经济的发展任务还十分艰巨。为此，加强公民思想道德教育，培养公民的创新意识，强化人们改革落后面貌的决心和信心，对于建设和谐社会和创新型国家具有重要的现实意义。

从“以人为本”的全面发展观看，加强道德教育是当代青少年学生发展健全人格的迫切需要。当今正在接受教育的青少年一代，将成为21世纪前半叶我国社会主义现代化建设的生力军和主力军。他们的政治思想、道德素质状况将直接影响我国现代化建设的成败。目前，处于基础教育阶段的中小学生正是长身体、长知识的时期，也是他们形成正确的思想政治观点，树立正确的世界观、人生观以及健全人格与良好道德品质的奠基期，是人生启蒙与可塑性最强的时期。因此，加强青少年学生思想道德教育，对于他们形成良好的品德及健全人格，保证社会健康和谐发展，都具有十分重要的意义。

二、当前青少年思想道德教育中存在的问题

思想道德教育本身是一个涉及面非常复杂的社会活动。思想道德教育的成败取决于多种社会因素。但是对于接受教育的广大青少年学生来说，学校德育的作用却是无论如何不能低估的。近年来，学校德育改革与发展取得了长足的进展，但和社会发展的总体进程相比，青少年思想道德教育工作还存在诸多亟待加强的环节。

（一）对青少年思想道德教育重要性的认识还不到位，有待进一步提高

当前，一些地方、部门和学校对德育工作的重要性认识不足，还没有把德育工作放在学校工作的首位。还有一些学校片面追求升学率的倾向依然严重，学校教育中重智育轻德育、重课堂教学轻社会实践的现象依然存在，实施素质教育的力度明显不足，有些学校在实际工作中仍然抱着“智育是硬指标、体育是软指标、德育是空指标”的想法，还有一些学校对待德育工作是“说起来最重要，干起来次要，忙起来可不要”，美育、体育与劳动教育更无暇顾及。

（二）思想道德教育方法的科学化程度不高，有待不断改进

当前，一些学校思想道德教育工作的方法脱离了学生思想实际和青少年儿童的心理特点，主要表现为三个方面。一是空洞说教多，感情触动少。很多教师在进行思想道德教育时，采取“我说你听”的空洞说教式的做法，忽略了师生之间民主、平等的思想感情交流。二是封闭式的思想道德教育多，开放式思想道德教育少。学校德育与其他方面的教育一样，都忽视了理论与社会实践的联系，没有关注和有效指导学生的生活，学生难以接受。三是缺乏感动生命的

体验性活动。现有的不少活动一般化，针对性不强，趣味性不浓，吸引力不足。

（三）思想道德教育的内容不能完全适应形势的变化，有待充实和优化

一方面，近年来一些学校思想道德教育中劳动观念、群众观念、集体主义观念的教育以及社会主义理想信念的教育有所放松，特别是劳动教育以及社会实践的基本条件得不到保障；另一方面，一些传统的道德规范已经失去了对人们的约束力和引导力，而一些能够适应现时代需要的道德规范，在理论上缺少总结和研究，还没有完全得到人们的普遍认可。此外，面对快速发展的社会生活，青少年的心理健康问题也日趋明显。

（四）教师队伍建设特别是教师职业道德建设力度不大，有待进一步加强

由于历史的原因，现有教师和德育工作者队伍中，有的教师只顾教学，不管育人，还有个别教师用消极的思想观点影响学生。这些教师的自身思想道德素质还有待于进一步提高。

（五）学校德育与社会教育、家庭教育尚未形成有机的整体合力，有待进一步加强和进行机制创新

长期以来，我国思想道德教育大多采取以学校德育为唯一途径的封闭形式，而学校、家庭、社会德育之间协调不够，全社会关心和支持未成年人思想道德建设的风气尚未全面形成，还存在种种不利于未成年人健康成长的社会环境和消极因素。由于青少年学生思想品德形成的复杂性，以及受多种条件的制约，要求学校德育工作必须与社会教育、家庭教育之间形成有机的联系，从而有力地促进学生思想品德的形成与发展，而目前这种有机的联系在很多学校却非常薄弱。学校道德教育、家庭教育、社会教育三者之间缺乏默契配合。一方面，学校教育与社会教育及家庭教育之间主动联系不够；另一方面，随着人员流动性加大，一些家庭放松了对子女的教育，还有的家长在教育子女尤其是独生子女的观念和方法上存在误区，给未成年人教育带来了新的问题。社会教育尤其一些家庭教育的负面影响也不能低估，在一定程度上抵消着学校教育的成效，使学校德育的主导作用得不到充分发挥。另外，全社会都关心和支持青少年健康成长的风气还有待进一步形成。

青少年思想道德教育工作中存在的上述种种问题，影响了学校德育工作的成效，再加之社会大环境中的种种不正之风的影响，在青少年思想道德的发展上也有所体现。当前少数青少年学生中，在学习上存在目的不明确、动力不足的现象；有的学生缺乏远大理想和社会责任感；在生活上过分追求物质享受，羡慕西方物质生活方式；还有的学生缺乏社会公德、缺乏勤俭节约的习惯，劳动观念、集体主义观念淡漠，一些独生子女存在着任性、娇气、懒散等不良习惯。这些都反映了当前思想道德教育工作存在不足，需要切实予以重视和改进。

三、加强新时期青少年思想道德教育的几点思考

无论是从我国青少年思想道德教育状况来看，还是从社会主义市场经济发展以及构建和谐社会的需要来看，加强青少年思想道德教育工作已是迫在眉睫的大事，必须从确保党的事业后继有人和社会主义事业兴旺发达的战略高度，从全面建设小康社会和实现中华民族伟大复兴的全局高度，从树立和落实科学发展观，坚持以人为本，执政为民的高度，充分认识加强和改进未成年人思想道德建设的重要性和紧迫性，并不断创新工作思路。

（一）必须从中华民族复兴的战略高度进一步提高对加强青少年思想道德建设重要性的认识

思想道德素质是民族的活的灵魂，是一个民族发展进步水平的最重要标志。进一步提高对加强青少年思想道德建设重要性的认识，首先，要克服以往存在的把德育与教学工作割裂、对立起来，忽视德育的倾向，把德育工作真正放在一切教育工作的首位，并落到实处；其次，中小学要认真学习贯彻中共中央国务院《关于进一步加强和改进未成年人思想道德建设的若干意见》，切实抓好青少年思想道德形成的基础性环节，把思想道德教材建设和教师培训工作作为战略性工作；再次，学校领导要切实提高对德育工作重要性的认识。党支部必须发挥其政治核心作用，教师要牢固树立教书育人的思想，班主任、思想品德课教师、共青团和少先队负责同志应当发挥德育工作的重要作用，做到全员育人、全程育人。

（二）根据青少年认知和情感意志成长变化的规律，切实改进思想道德教育的方法和手段

第一，德育工作的方法应根据青少年学生的年龄特点和需要，灵活多样，生动活泼，科学有效。

第二，德育工作要坚持理论与实践结合，切实加强社会实践环节。列宁在《青年团的任务》中指出：“必须使共产主义青年团把自己的训练、学习和教育同工农的劳动结合起来，不要关在自己的学校里，不要只限于阅读共产主义书

籍和小册子。只有在劳动中同工农打成一片，才能成为真正的共产主义者”。[1]鉴于我国基础教育长期受应试升学的影响，各级各类学校都应安排一定的时间，有计划、有组织地保障青少年学生参加社会实践，组织学生进行走访、参观调查、劳动锻炼，进而加深他们对社会的了解，对生活的认识，对人生的理解。

第三，坚持以引导、疏导为主的方针，采取正面灌输与说理疏导相结合的方法。首先，要采取科学的正面灌输的方法。列宁曾经指出，科学共产主义思想不能从工人运动中自发产生，而需要从外部教育和灌输。同样，我们认为学生的社会主义思想品德也是不能完全自发形成的，需要教育者根据整个社会对青少年的要求，从外部进行必要灌输。教育者必须有目的、有计划、有意识地将德育内容从外部灌输给学生。其次，要采取说理疏导的方法。说理疏导作为我国社会主义德育的基本方法，要提高其应用中的科学性和艺术性，其中，一是要有问题的针对性，二是要有情绪感染力，三是要有逻辑说服力，四是理论要有思想穿透力。

第四，要采取富有民主精神的思想道德教育方法。长期以来，我国中小学在德育工作中采取“我说你听”的单向式空洞说教法。这种方法不仅使学生的主观能动性被忽视，而且影响了师生间的双向交流，缺乏民主和自主创新精神，必须坚决摈弃。应当在民主、平等和双向互动的气氛中增强德育效果，思想道德教育只有做到了以理服人和以情感人，才能取得实效。

（三）根据社会主义市场经济建设的内在要求和时代需要，与时俱进，不断丰富思想道德教育内容

思想道德教育，在内容安排上必须与时俱进。关于思想道德教育的内容，首先，要适合我国社会主义初级阶段的基本国情。其次，要适应新一代青少年儿童的身心特征、需要及其接受能力，根据不同年龄学生的实际特点，确定德育内容。再次，要适应我国新时期社会经济文化以及观念的变迁。从以上原则出发，当前丰富我国德育内容体系必须从以下方面入手。

第一，道德是在人与人的交往中形成的，应进一步强化集体主义教育。集体主义是社会主义道德的基本原则，是青少年学生应当具备的基本的思想品德素养。进行集体主义教育，要教育青少年学生尊重他人、理解他人、帮助他人，牢固树立“心中有他人、心中有集体、心中有人民、心中有祖国”的思想观念。对学生进行集体主义教育，要引导他们逐步学会正确处理个人利益同集体利益、国家利益的关系。

第二，加强民主理念的教育。当今人类社会正处在民主、和平与发展的时代。青少年思想道德教育中加强对学生民主素质的培养和教育，不论对于社会政治体制的民主化建设还是对于整个社会市场经济的健康发展都具有重要的现实意义。不断提高公民的民主素质，有利于社会主义的民主化建设，有利于构建社会主义和谐社会，有利于实现社会的公平、公正。民主素质的教育包含着丰富的内容，如公民的公平意识、参与意识、竞争意识与合作意识等。

第三，德育内容中要强化与现代化建设相适应的新的思想道德规范。要注意对学生成就动机、开拓进取精神和信心以及守时、守信、讲求效益、忠于职守等观念的培养。成就动机对学生的学习及将来的工作都有很大的影响。成就动机不仅能激发学生的学习兴趣，而且是鼓励学生积极上进的内在动力。

第四，提高抵御腐朽现象和思想的能力。要提高青少年对腐朽现象和观念的判断力，对于改革开放中出现的不道德现象，如“金钱至上”、“个人第一”、“见利忘义”、“损人利己”、“以权谋私”等要有清醒的认识。自觉抵制封建社会遗留下来的腐朽思想和行为，从小树立健康进步的思想道德意识。

（四）根据人性发展诉求和心灵净化需求，坚持实践第一的历史唯物主义观点，切实加强青少年学生的劳动教育

实践是人的基本存在方式，实践使人性饱满，使人的心灵返本归真。毛泽东曾把人类社会的主要实践方式概括为阶级斗争、生产劳动和科学实验。事实上，教育也是人类社会生活中永恒的实践活动，道德教育更是目的性、导向性很强的实践活动。而教育实践的目的，在于升华人类社会年轻一代的精神境界，打造美好的心灵，促进人自身尽其所能的发展。在马克思看来，教育同生产劳动相结合，是造就人的全面发展的基本途径。[2]这已成为马克思主义教育的基本原理。进行劳动教育，要培养学生勤俭节约、艰苦朴素的精神，培养学生自理自立的能力，培养他们全心全意为人民服务的思想意识。

（五）根据生态整合理念，坚持系统的观点，多种途径、三教协同实施思想道德教育

随着我国各项改革的深入和市场经济的发展，社会的变迁日趋加快。同时，由于现代生活的多元性，文化信息、环境变化的多样性，青少年一代的思想道德教育环境日趋扩大和丰富。因此，当今社会，思想道德教育目标的实现已经不能仅仅依靠学校的德育工作来完成，而是应当通过多种途径、多种力量来共同实现。学校道德教育、社会道德教育（包括社会大众传播媒介）和家庭道德教育应密切配合，相互协调，综合施教，形成育人的有机合力。

马克思主义认为，社会存在决定社会意识。道德的形成和巩固是需要相应的外部环境的，良好的道德品质只有在与社会环境的相互作用下才能形成。青少年思想品德的形成，学校教育固然起主导作用，但还受家庭和社会的影响，只有当三者密切结合，协调一致地对青少年进行教育，才能收到更好的效果，培养的人才也才能符合社会发展要求。要使学校、家庭、社会德育协调一致，形成对青少年进行教育的复合网络，就必须优化各自的思想道德教育环境。

（六）根据法制社会建设新要求，切实加强法制建设，使青少年思想道德教育工作法制化

要根据《教育法》《义务教育法》等法律中关于学校思想品德教育的有关内容，通过法制的力量，有效地推动学校思想品德教育。并且要通过教育法规的完善，来体现思想品德教育对象、目标以及要求的层次化。根据学生身心发展规律和特征，对不同年龄青少年学生区别对待，分层次、有差别，方能做到因材施教。

（七）根据教师专业化发展新要求，切实重视和加强德育工作者队伍建设，优化教育者与受教育者的人际关系

第一，应当保证学校德育工作者队伍的数量，在稳定现有队伍的基础上不断扩大数量。第二，必须提高德育工作者的素质，加强对广大德育工作者的体验式培训，切实有效地提高其职业道德水平，使他们能够做到以身作则、为人师表，又有能感动生命的德育艺术。第三，要优化德育工作者与学生之间的人际关系。德育的过程十分复杂，良好的德育过程以良好的人际关系和相互激励的道德关系为基础。德育工作者与学生之间的良好人际关系是保证德育工作顺利实施的有效条件。只有建立在彼此尊重、相互信赖基础之上的互励性人际关系，才能收到最佳的德育效果。

（八）根据实践工作需求和国际经验，切实加强对思想道德教育工作的科学研究，重视理论创新和实践指导

加强青少年的思想道德教育，必须加强科学理论指导。客观而又准确地把握当前青少年儿童的思想变化及品德形成的基本特点与规律，是德育工作走向科学化的出发点，也是德育工作改革的前提条件。正如乌申斯基所说："如果教育者希望从一切方面去教育人，那么就必须首先从一切方面去了解人。"[3] 青少年思想品德因时代不同而不断变化与发展，当前加强思想道德教育研究，一是应有长期性的规划，二是应有稳定的研究队伍、研究机制和研究成果。

加强青少年的思想道德教育，是关系国家前途和民族命运的希望工程，也是关系上亿家庭切身利益的民心工程。一切关心祖国未来前途、命运和发展事业的人，都应当齐心协力、同心同德，并饱含思想、情感和智慧为之付出自己的努力。

参考文献：

[1] 列宁选集（第四卷）[M]. 北京：人民出版社，1972. 358.
[2] 马克思恩格斯全集（第23卷）[M]. 北京：人民出版社，1972. 530.
[3] 乌申斯基. 人是教育的对象 [M]. 北京：科学出版社，1956. 11.

（原载《教育研究》2008年第7期）

【德育理论】

学生道德社会化内容的应有之义：“共享”抑或“多元”

张人杰*

一、在界说上的演变：“多元”说的兴起

在结构功能论的观照下，社会化内容（又称社会化媒介）的定义或表述虽是林林总总，却万变不离其宗。实际上，社会化内容长期而又广泛地被界说为“社会成员所共享的规则、价值和意义”①，用来说明社会化内容之性质的一个关键词是其中的“共享”（有时也用“共认”或“共有”表示）。

恰恰就是这一“共享”，近几十年来已被重新定位。此间，随着我国改革开放的进展，特别是随着社会经济成分、组织形式、就业方式、利益关系和分配方式多样化的趋势越来越明显，过去被视为社会成员所“共享”“共认”或“共有”的规则、价值和意义已日益被付诸争议。1980 年 5 月，有读者致信《中国青年》杂志，提出“主观为自己，客观为别人”的人生见解，从而引发了全国性的人生问题大讨论。另外，在社会化内容中的人际交往观上，直到 20 世纪 70 年代末期占主导地位的仍是“友谊第一，比赛第二”；自改革开放后，这方面已逐渐变得“模糊部分和有争议问题增多”，关于竞争和合作已有种种不同的看法。②在社会多元化进程中，价值观念的多元并存已经是不容置疑的客观事实。

面对中西道德文化各自所具有的特质以及当今伦理学派并存的事实，我国有些论者对于是否能够达成全面的道德共识也有疑虑。③西班牙学者坎普斯更直

---

* 张人杰，广州大学教育科学研究所教授、博士生导师。

接地指出，目前有明确的证据表明存在着这样一种趋势：人们同意放弃为支持普遍权利而作出的任何努力，其理由是普遍权利已没有任何真正的或理性的基础，我们现在生活在其中的这个世界——一个多侧面、多样化的世界——已不再有可能建立任何普遍有效的原则。对于人的构成因素已不再存在过去那样的统一意志，致使我们现在不能认清好人可能具备的性格特点。④

鉴于此，中外不少学者在否定“共享”说的同时极力主张或支持“多元”说。当然，“多元”在教育领域中的应用不是单一的。“多元”现在已相当广泛地被视为重建教育应有的一个理念，认为：由于后工业社会的经济、文化、社会转型……以往作为社会团结基础的共享文化的观念也正在受到各种群体的质疑，他们都要求这样一种权利，亦即其后代的教育应该依据各自特有的宗教和文化价值来进行。⑤

第二种“多元”说特指社会化内容，本质上是关于道德价值多元有其正当性的主张。显然，“多元”说也含有此意。笔者将道德价值多元的正当性予以单列，主要是考虑到它系本文讨论的重点，且常见其专论。至于这种“多元”说的主要含义，有学者指出，“绝大多数的自由主义者并不排斥道德，只不过，他们倾向于将道德个人化、相对化，要持守什么样的道德，完全是个人的选择。道德不再被视为社会整体共有、共享、具有一定程度神圣性的事物，反之，那种集体共享的道德常被疑惧为经过伪饰了的宰制工具。”⑥

这两种力图用“多元”来取代“共享”的主张，含有驳杂的理论取向。仅就其中的道德价值“多元”说而言，被用来支撑它的理论也不易一言以蔽之。然而，个案分析却不失为一条可予考虑的途径，以了解道德价值的“多元”说背后之不同的学术立场。

以个体社会化研究为例，以往社会学家一般都认为，社会化是指我们理解、同化和复制“社会成员所共享的规则、价值和意义”的过程；现在，越来越多的社会学家针锋相对地指出，在社会化过程中理解、同化和复制的，乃是支配、歧视弱势群体的优势群体的规则、价值和意义，亦即实为优势群体文化。后一种观点或明或暗地都持有批判取向的理论。关于这种支配、歧视和“社会化”，有学者解释为：“某些社会群体总是被剥夺其他群体所能享受的平等的社会福利和社会资源。这些弱势群体还要忍受各种歧视以及意识形态上占统治地位的价值观念的支配。其次，他们还必须学会承认他们‘特定’的社会地位。这一过程被称为‘社会化’。”⑦

具体地说，将“课程计划的统一”看成是确保机会均等的手段的这一策略在20世纪80年代的国际教育界已深受质疑。⑧同时，国家介入教育内容所形成的“官方知识”更多地受到批判理论的考问，持是论者告诫应提防它转变为一种文化霸权。有学者依据批判论者在这方面提出的问题对现代学校课程中的“官方知识”已作如下的解析：统治阶级的意识形态、优势群体的文化霸权、市场经济的竞争法则、科技崇拜的工具理性和学科专家的知识结构。⑨

简言之，社会化内容经过上述这样的重新定位后，结构功能论长期一统天下的局面在总体上业已被打破，而今已形成结构功能论的“共享文化”与含有驳杂的理论取向的“多元文化”两说并存的格局。

“多元”说的兴起，具有明显的积极意义。首先，这种“多元”说能够弥补“共享”说之缺失。“共享”说毕竟未充分顾及不同群体之间存在的文化差异和文化冲突，也未充分考虑到群体与个体的关系。与之相反，对于价值多元和选择的多样性的提倡，却正是为了适应多元的社会客观现实的需要，为了符合个别差异及适性发展的要求，或者为了维护个人心灵的自由与尊严，故应予以肯定。其次，则集中在被我们纳入“多元”说范畴的批判理论对于抗拒的大力推进。关于这种弱势群体对于优势群体文化宰制的抗拒，有学者在解析“官方知识”后给出的阐释相当有参考价值：“抗拒的最后理由是，不认为政治上或学术上拥有权力者就必然拥有真理。抗拒的最高目的是，为了破除威权、彰显主体。遭受打压的边缘群体必须了解抗拒的可能性与必要性。”⑩

诚然，当今许多批判取向的教育社会学作品都犯了一个毛病，亦即它们很重视要改变现状的可能性，却缺乏对造成教育领域的不平等及压迫的具体事实的分析。⑪但是，看来不能不肯定批判理论在否定“共享文化”时所强调的对弱势群体的关注。正因为如此，批判理论遂有别其他否定“共享文化”的“多元”说，从而显得更有意义。

由此看来，应当承认道德价值“多元”说的兴起是在社会化内容界说上的一个突破，还应当承认结构功能论的“共享”说确有修正的空间。

难道“共享”说真的一无是处而应予以全盘摒弃吗？“共享”说而今或者在可预见的未来真的应由“多元”说所取代吗？“多元”说真的可爱到成了唯一的抉择吗？诸如此类的问题都是急需深究的。

二、在演变中的困惑：普遍伦理的去向

当“多元”说将矛头直指“共享”说所涵盖的普遍伦理⑫，并使之成为问题（issue）的时候，“共享”说需要维护的当首推此伦理。普遍伦理可谓“共享”说能够坚守的最后一个主阵地。普遍伦理的论证和辩驳，已见诸宗教学、伦理学、哲学、政治学、文化学、社会学和教育学等诸多学科，且已从学术界内部走向社会、走向世界。笔者把普遍伦理粗略地分解为两个问题来加以讨论。

（一）在多元化的情境中普遍伦理为何必要

笔者认为，必须重新思考普遍伦理，这是因为现有的各种伦理观念都无法单独满足需要。有学者已明示，当代一些学科的学者提出“普世伦理”问题是以一个基本的事实判断作为其共同的价值判断的前提的。这一事实判断乃是现代社会和现代人已陷入了一场深刻的道德危机，它已使得“普世伦理”成为人们必须重新思考的一个时代性课题。因为现实越来越清楚地表明，大量的社会问题和全球问题都纠缠于现代人类的价值判断，而现有的各种伦理观念都无法单独满足现时代的道德文化需要。⑬

自由主义的伦理观念，在普遍伦理的支持者看来，会部分地损毁社会结构的整合功能。有学者指出，“自由主义为反对宰制而兴，但是，他们在大力消除宰制、维护个人心灵的自由与尊严之余，却可能同时在无意中部分损毁了社会结构应有的整合功能。”⑭

旨在消除共识的后现代主义，则会助长相对主义和虚无主义，“从尼采、萨特到福科、德里达，还有一些‘后现代主义’的鼓噪者，他们所做的主要工作就是解构一切他们认为是‘虚假的’共识、常识乃至一切坚硬、稳定、有厚度的东西，他们使人们充分认识和感觉到多元的事实，但同时也把人们抛入无可无不可的相对主义乃至虚无主义的绝望和放纵。”⑮

在这方面，巴西学者弗雷尔是一例外。他晚期思想中的后现代主义在伦理学方面尤其凸显，却主张一种“普遍的人类伦理”（a universal human ethic），以回应全球资本主义的新形式。对弗雷尔而言，全球性的失业是毫不遵守人类共同的伦理守则的结果。⑯这样，也就从另一侧面对于普遍伦理为何必要作出了回答。

尤其不要忘记普遍伦理的支持者在“共享文化”与“多元文化”的关系上所强调的着重点，他们并不抹杀“多元”。有学者认为，普遍伦理的核心内容正是在承认和接受一切合理多元的前提下，如何平等地对待与自己异质的“他元”。[17]但在普遍伦理的支持者看来，考虑多元文化的基本前提是承认普遍伦理。在“共享文化”与“多元文化”的关系上，后一观点已越来越明确地得到强调。1973 年，法国学者迪韦尔热在涉及多元化的西方文化时就曾指出：“西方文化从理论上讲是多元化的，因为它正式承认各种见解、信仰和意识形态。但这种文化如果不包括为大家公认的一整套标准和价值，就不成其为真正的文化。它的多元化也总是有限的……实际上这种情况在美国司空见惯。”[18]1993 年，美国学者罗尔斯也声称，若想确保多元化社会的稳定，就必须找到各种信念的重叠部分，或各种信念都可接受之共识。罗尔斯称此共识为“交叠共识”（overlapping consensus）。[19]1997 年，西班牙学者坎普斯更直截了当地重申：“我认为我们至少在承认人权的普遍性时必须积极主动、直率明确。只有承认它是个基本前提，尔后才有余地考虑不同意见……有一些事是不可讨价还价的。”[20]

这里所强调的对普遍伦理“不可讨价还价”、考虑多元文化有其“基本前提”“多元化也总是有限的”等见解，并非只见于国外学界。笔者和学者黄书光先生已先后指出，越是在一个价值互渗、文化多元的时代里，越要注意普遍伦理的基础性或德育的导向性。笔者虽然也坚持“考虑多元文化的基本前提是承认普遍伦理”，却毫不怀疑对于“不可讨价还价”的伦理进行文化适应时是完全可以作出多样性选择的。[21]

（二）在多元化的情境中普遍伦理如何可能

这是“共享”说受到的又一重大冲击，普遍伦理是否存在及如何表述首当其冲。

在普遍伦理的支持者关于普遍伦理的多种表述中，有三个是特别值得一提的。其一，通常使用的表述——普遍伦理是指超越于各个自我、各个团体、各个民族和各种文化的，有关社会制度和个人行为的一些普遍的、最基本的规范。其二，突出重点的表述——普遍伦理中的“黄金律”即第一道德律是“己所不欲，勿施于人”。[22]其三，赋予新内涵的表述——已提及的罗尔斯给出的“交叠共识”之表述。他认为，“交叠共识”包含人人拥有平等的公民自由、机会均等、相互尊重、经济互利与尊重公共理性等内容，“交叠共识”并非是相关者

都必须放弃一些坚持之后的妥协，而是寻求可同时被所有人接受的部分，以此作为协议的结果，因此这是一种双赢的局面。㉓

在历史上，关于所有人共同接受的原则，涂尔干早就有明示："尽管有各种分歧，在我们的文明基础中，从现在起毕竟已有若干为所有人明确地或不言明地共同接受的，不管怎样很少有人敢于公开否认的原则：尊重理性，尊重科学，尊重思想和情感。这些都是民主道德之基础。"㉔阿根廷学者泰德斯科在1989年指出，目前经常被提及的价值观念是团结一致、创造性、参与和效率，因为它们既与内源性发展策略息息相关，又与教育系统似乎应该促进的传播息息相关。㉕1991年，根据《十国的公民教育》一书，我国学者欧阳教归纳出一些共同重视的内涵，从认知、情感和行为诸领域发展公民的个性与群性。㉖1996年，联合国教科文组织在《国际理解教育：一个富有根基的理念》报告书中指出："有着几百年乃至几千年的传统所宣扬的价值观念和态度，并不因为现代社会的动荡而遭受破坏，至少避免沦落到不可补救的地步。这些价值观念包括诚实、尊重他人、和平反战、公民意识、忠诚、负责、同甘共苦、团结一致、默契和公正等。"㉗2001年，我国学者万俊人将普世伦理的基本理念总结为道德人权、伦理正义、自由、平等和宽容。㉘此后，在教育期刊上对这一见解有专门的评介。㉙2006年，亚太国际教育与价值教育联合会进行的道德/公民教育的教材开发与人员培训，便是旨在推进"四大教育支柱"所倡导的平等、和谐共处、合作等人类共同价值。㉚

据此，立即得出现在就应予施行的普遍伦理也许过于仓促，但至少可以看到这种伦理倒也不是不存在的，更不是没有途径可寻的。上文表明的途径便有理论探索、实践总结和对各种传统文化的提炼等。仅就其中的对各种传统文化的提炼而言，依据精义论的观点，人类文明是与时俱进的，但在变迁中有其永恒不变的核心价值的存在，而这些核心价值是保存在千古绝唱的经典作品中的。

"假如道德观念不能够从大家共识的真理……中衍生出来，那么，我们就要在构成全球社会的人们所持的一致意见的基础上加以构建。"㉛实践证明，此举也是可行的。20世纪90年代，全球公认的品德是讲究礼貌、责任感、容忍和尊重别人、注重学识、与他人沟通、独立、敬业精神。㉜最近，全球伦理机构进行的一项调查结果又显示，全球对于什么是好的道德品质有共同的理解，这包括尊重他人、责任感、诚实、公正和同情等。如果这些价值缺失，没有社会能够很好地运行，也没有个人能够快乐地生活。不培育学生建立在这些核心价值基础上的良好品格，对任何社会而言都是一个严重的道德失败。[33]概言之，经由这样一些途径，建立全球道德观念的希望就没有破灭。

不必讳言，对普遍伦理的探索也使我们产生了一些困惑。上述对于普遍伦理的种种坚挺，只是在努力说明它是社会存活下去所不可或缺的，但并没有真正触及，更没有根本解决伦理的多样性与统一性之间可能存在的矛盾。换言之，如何在界说上使之相结合呢？有论者认为，世界伦理不是书中一些共同条文，而是多元伦理文化交往的态度与规则，这种规则是在平等、公正的交往中逐步形成的共识。[34]那么，最终形成可普遍化的伦理规范的主要途径究竟是什么呢？再者，普遍性的伦理一旦建立后如何转化为人们的行动呢？有论者认为，这一理论上的普遍性是能够转化为实践中的普遍性的。在笔者看来，这很可能是一篇很不好写的“大文章”，决不可掉以轻心。

更大的困惑还在于“共享文化”是否等于“共同文化”？被称为英国新左派的文化理论领导者的威廉斯强调：必须将“共享文化”与“共同文化”加以区分。在他看来，一种文化是“共同的”，这不仅是指该文化为人们所共有，而且是指该文化由人们共同创造、共同合作及参与。因此，认为共同文化就是所有人接受相同的事物、重视同样的东西或拥有同等的文化资产，乃是相当危险的想法，这种所谓的共同文化只能称为“共享文化”。[35]进言之，要想一想“共同”说有什么启迪与意义的何止是“共享”说。

由此可见，即使在多元化社会中，普遍伦理依然有其建立的必要性和可能性。在这一意义上，“共享”说无论如何不应当被全盘摒弃。关键的问题在于使之更为合理、更为适切，并识别、解决其困惑。

三、结语

可以断言，最近几十年来，在社会多元化进程中，随着以价值多元和选择的多样性为主要诉求的“多元”说的兴起，结构功能论关于社会化内容为社会成员所“共享”的假设长期一统天下的局面已被打破，“共享”与“多元”两说并存和较量的格局已经形成，如下表所示。

在社会化内容上“多元”说与“共享”说的对照

学说 / 要件	“多元”说	“共享”说
社会脉络	社会多元化趋势	
思想渊源	驳杂的理论取向	结构功能论
基本理念	道德多元有其正当性	“普遍伦理”具有基础性或导向性
主要假设	可以适应多元化社会的现实，且可以符合个别差异及适性发展的要求，或维护个人的自由与尊严，而集体共享的道德常是宰制工具	可以使人类社会持久生存和协调发展，而道德价值个人化、相对化则会将人们抛入相对主义乃至虚无主义的绝望之中

“共享”与“多元”两说并存和较量的格局的形成标志着社会化内容在界说上的一大进展。“共享”说必须从根本上进行反思，但决不意味着“共享”说应该由带着致命伤的“多元”说所取代。

面对这种较量，而今更多的思想者可能还是在艰难地寻求一种中道。这就是说，他们一方面承认和接受多元的事实，甚至承认多元在道德上的正当性；另一方面又坚称仍然有一些普遍的基本规范，并且强调这些规范在人类社会持久生存和协调发展中的重要性。[36]如果对研究现状的这一评鉴属实（且不说持此论者的数量是否“更多”），我们可以追问：“寻求中道”究竟是代表着正确的探索方向，抑或将会有“此路不通”的结局呢？

现在至少可以认定，不偏不倚的“中道”恐怕并不存在。道德多元与普遍伦理固然都有其正当性，但是，普遍伦理却具有基础性或导向性。承认普遍伦理是考虑道德多元的基本前提，何况普遍伦理是可寻求的，对于这种“不可讨价还价”的伦理进行文化适应时也完全可以作出多样性的选择。因此，基于普遍伦理的并且使伦理的多样性与统一性相结合的伦理，也许才是当今学生道德社会化内容的应有之义。

至于如何使伦理的多样性与统一性得以结合，乃是“共享”说、“多元”说和“共同”说的主张者及支持者都未解决而又绕不过去的一大难题。如果同意上述看法，便可以寄希望于社会化内容诸说共同去破解这一难题，而不是寄希望于诸说的此消彼长。

注释：

①⑦罗宾·科恩，等. 全球社会学［M］. 北京：社会科学出版社，2001. 146、146.

②吴康宁教授曾将竞争与合作问题上的不同看法总结为：学校必须培养学生的竞争观念，以有助于他们将来适应社会竞争；学校不宜在学生中提倡竞争，因为竞争不利于他们现在和今后所必备的互助精神；学校既要培养互助精神，也要培养竞争观念；学校应以培养互助精神为主，培养竞争观念为辅；培养互助精神抑或竞争观念因时代要求而异，等等。笔者与人合作撰文参与了这一讨论，详见《对目前流行的竞争观的再审视》，载《上海高教研究》1997 年第 1 期。

③彭定光，等. 当代道德教育的困惑与出路——访万俊人教授［J］. 现代大学教育，2003，(4).

④⑳维多利亚·坎普斯. 教育为民主服务［J］. 教育展望（中文版），1998，(4).

⑤布朗，等. 教育与社会的转型［J］. 国外社会学，2003，(4)、(5).

⑥⑭齐力. 从反对心灵改革之议谈到政府在教改中的角色（四）［J］. 教育社会学通讯，1998，(6).

⑧㉕泰德斯科. 国家在教育中的角色［J］. 教育展望（法文版），1989，(4). 最近，我国有论者如贺武华则认为："国家统一课程……应该是在没有其他更好办法情况下的最好办法。尤其是像我们这样的教育发展极度不均衡的教育人口大国，没有更高级政府尤其是中央政府的宏观调控，显然是不行的。"

⑨⑩张建成. 批判的教育社会学研究［M］. 台北：学富文化事业有限公司，2002. 50 -56.

⑪迈克尔·阿普尔. 市场、标准与教育不平等［J］. 教育社会学通讯，2000，(23).

⑫"普遍伦理"（the universal ethics），又被称为或译为"普世伦理""全球伦理"或"世界伦理"。

⑬万俊人. 普世伦理及其方法问题［J］. 哲学研究，1998，(10).

⑬㊱赵景来. 关于"普遍伦理"若干问题研究综述［J］. 中国社会科学，2000，(3).

⑯李奉儒. Paulo Freire 批判教学论的探索与反思［A］. 李锦旭，王慧兰. 批判教育学——台湾的探索［C］. 台北：心理出版社，2006. 118 - 120、117 - 118.

⑰何怀宏. "普遍伦理"如何可能［N］. 文化时报，1998 - 6 - 20.

⑱莫里斯·迪韦尔热. 政治社会学［M］. 北京：华夏出版社，1987. 99.

⑲㉓张源泉. J. Habermas：批判理论之集大成者［A］. 谭光鼎，王丽云. 教育社会学：人物与思想［C］. 台北：高等教育文化事业有限公司，2006. 361、361 - 362.

㉑张人杰. 若干德育问题上经由比较后的发现［J］. 华东师范大学学报·教育科学版，2002，(12)；黄书光. 变革与反思：共和国德育的历史走向［J］. 华东师范大学学报·教育科学版，2006，(3).

㉒关于普遍伦理中的"黄金律"，赵敦华教授已有重大修正。详见余冠仕《当今世界需要什么样的道德律令》，载《中国教育报》2001年11月1日。

㉔埃米尔·涂尔干. 教育及其性质与作用［A］. 教育与社会学（法文第四版）［C］. 上海：华东师范大学出版社，1980. 60.

㉖欧阳教. 谈公民教育［J］. 现代教育，1991，(3).

㉗㉛赵中建. 全球教育发展的研究热点——90年代来自联合国教科文组织的报告［C］. 北京：教育科学出版社，1999. 340、337.

㉘万俊人. 寻求普世伦理［M］. 北京：商务印书馆，2001. 303－439.

㉙欣心. 寻求"普世伦理"［J］. 北京教育，2001，(7).

㉚胡玲. 联合国教科文组织亚太国际教育与价值教育联合会［J］. 中国德育，2006，(9).

㉜凌月. 全球调查：你向下一代灌输什么样的价值观?［N］. 光明日报，1995－10－6.

㉝张艳敏. 美国中小学品格教育的现状和启示［J］. 世界教育信息，2004，(10).

㉞景崇. 中西伦理对话［J］. 国外社会科学，1999，(1).

㉟方佳惠. R. Williams：英国新左派的文化理论领导者［A］. 谭光鼎，王丽云. 教育社会学：人物与思想［C］. 台北：高等教育文化事业有限公司，2006. 155－156.

（原载《教育研究》2007年第6期）

“道德”是道德教育有效性的依据

陆有铨*

每一种生物在其生命的活动中，总是表现出区别于其他物种的特性。人类的活动也有某些类似之处。在人类各种各样的实践活动中，都表现出各不相同的特殊本质或特性。不同之处在于，人类以外的各种生物，其活动特性决定于自身独特的本能，而人类则不完全取决于主观意志。人类任何实践活动，如果要取得预期的效果，其目标、手段、过程等都要充分考虑活动的对象。木匠和铁匠的活动表现出各不相同的特征，不是出于两种匠人各自的意愿，而是由各自活动的对象——木头和铁块——的特性所决定的。因此，对于诸如特征、特性、规律等有关实践活动对象的认识和把握，并在此基础之上，审慎地确定活动的目标、规划活动的过程、选择活动的手段，乃是使活动达到预期目标，或落实活动有效性的一个不可或缺的重要因素。事实上，人类实践活动的不断展开和深入，往往是以人们对于活动对象认识的逐步拓展和深刻为前提的。

学校道德教育的活动也不例外。当前，我们经常听到有关学校道德教育工作没有达到预期目标，或学校道德教育工作“低效”甚至“失效”的议论，究其原因，恐怕不能完全归咎于教育工作者的主观努力。事实上，对于受教育者的道德发展，无论教育行政部门或是学校的实际工作者，不仅在思想上非常重视，而且在实际上也付出了大量的人力和物力。在学校道德教育领域，教育者付出的努力和得到的收获不成比例，原因固然很多，其中一个重要原因，可能是教育者对于道德教育活动对象——道德——的认识有待于进一步深入。

---

* 陆有铨，华东师范大学教育学系教授、博士生导师。

学校道德教育预期的目标或效果，不管如何具体表述，可以简要地概括为“使受教育者有道德”。这就是说，制约学校道德教育实施的活动对象是“道德”。因此，教育者对于“道德”特征的认识和把握，潜在地决定了学校道德教育特殊的性质以及活动的效果，这也是这篇文章的题目想要表达的意思。本文拟在讨论道德有哪些需要注意的特性（在此只涉及几个特性，并不穷尽所有特性）的基础上，对学校道德教育活动的有效性，谈几点看法。不言而喻，道德是指人的道德，而且，归根到底，人是道德教育活动的终极对象，所以，叙述中不可避免地也要涉及有关人的特性。

一、道德教育要适合个人生存、生活实践的需要

关于道德的发生、发展，不同学说曾经有过多种不同的说法。有的把它归之于神的意志或戒律；有的把它归之于某种天赋的力量或能力；有的把它归之于感觉、欲望等人的自然本性。这些对道德的看法没有顾及人自身生存和生活经验的事实，以及制约人生存和生活的外部环境，同时也没有考虑到“道德”发生、发展的具体历史条件，因而难以充分说明“道德”作为历史范畴的一切。

恩格斯《在马克思墓前的讲话》中说道：“马克思发现了人类历史的发展规律，即发现了直到最近还被思想体系的积淀所掩盖的一个简单事实：人们首先必须吃、喝、住、穿，而后才能从事政治、科学、艺术、宗教等等。”[1]接着他还明确地指出，包括国家组织、法律观点以及宗教观念等必须由人类“直接物质生活资料的生产”所形成的经济基础来加以说明。虽然恩格斯在这篇讲演中没有明确地列举到“道德”，但显然它是包含在“等等”之中的。事实上，同宗教、艺术一样，道德也是人类为满足自己生存、生活共同需要而产生的伟大创造物。事实表明，人们所创造的一切无论从动机或结果来看，都同他们的利益有关。道德之被创造，也不例外。需要强调的是，人是群集的动物，人具有社会性，所以，人的利益并非纯粹是单个自我的事情。“对自己来说，人是不充分的，如果生命不为我以外的目的服务，如果生命对别人没有价值，那么生命就没有意义。”[2]不言而喻，这里的“利益”，同个人的自私自利无关。事实上，人类之所以创造出道德，其目的就在于，同时既满足自己的需要，又满足别人的需要。因此，离开了人的生存和社会的需要，就无法理解“道德”，乃

至文明世界的一切。

既然学校道德教育目的就是要使人有道德，而道德的产生和发展在于满足人的生存、生活需要，这一基本事实，就决定了道德教育活动的一个基本特征，即不能离开人的生存、生活和发展的需要来谈道德，也不能离开人的生存、生活和发展来进行道德教育。当然，人的需要是多方面的，除了物质的需要（吃、喝、住、穿等）之外，还有社会的需要（归属、角色认可、尊重、爱和被爱等）和精神的需要（审美、探究、创造等）。不言而喻，作为个人物质生活、社会生活、精神生活之总和——生活品质或生活质量的高低，是与道德密切相关的，因为个人往往是在对其他人的道德义务的承担中认识到自我或自我价值的。对这一点必须给予充分肯定。但是，这只是问题的一个方面。在学校的道德教育活动中，存在着一个值得注意的地方，这就是教育者往往专注于“满足别人的需要”，而忽略“同时也满足自己的需要”。这可能是由于对“道德”本性理解的偏颇。

对于学校的道德教育来说，这一“忽略”所造成的后果是非常严重的。抽去道德“同时也满足自己的需要”这一特性，就会把“道德”同作为道德行为主体的个人隔离乃至对立起来。对于“道德”的倡导者或教育者来说，往往会把“道德”同“付出”“奉献”“牺牲”联系起来，甚至还会把后者误解为前者的条件或前提。在学校道德教育的活动中，常常会出现倡导“牺牲的道德”或为道德而牺牲的情况。对于受教育者而言，往往会产生对道德的消极情绪，似乎道德就是某种外在的约束或规范。与此同时，教育者为了使这些约束或规范有效，往往会辅之以奖励或惩罚。在这种情况下，即使受教育者接受了它，其行为充其量也只是为“道德”而道德。

不顾个人的需要，倡导“牺牲的道德”、为道德而牺牲的道德教育割裂了义务和权利的关系。事实上，没有权利的义务，同没有义务的权利一样，都是难以持久的。因为这不仅违背公正的原则，而且也不符合人的本性，而任何违背人性的教育都不可能取得成功。无根的玫瑰，枯萎只是迟早的事情，这乃是命运的必然。

辩证唯物主义经典作家从需要的角度看人的本性，明确提出“他们的需要即他们的本性”，并且把人的需要看成是支配人的行为的内在动机。[3]经验的事实告诉我们，在现实生活中，人努力追求的，既是能满足人的需要的，又是对人有利益的。所以，需要往往具体体现为利益。在《自私的德性》一书的

“导言”中，安·兰德说，“道德的目的是阐述适合于人类的价值和利益；人关心自己的利益，这是道德生存的本质；人必须受益于自己的道德行为。”[4]应该指出，在谈到个人利益和道德的关系时，辩证唯物主义经典作家强调的是，个人利益必须“符合”全人类的利益，而“正确理解的利益是整个道德的基础”[5]。因此，道德教育的一个目标，就要使受教育者“正确理解”个人的利益。所谓“正确理解”，不是以道德的名义蔑视或“消退”个人的利益，而是使个人利益“符合”全人类的利益。这应该是衡量学校道德教育是否“有效”的一个重要标准。

二、道德教育的目标应该是“道德”

所谓“道德”，是指“不是不道德”，它区别于无休止的“更道德”。这应该是判断学校道德教育是否有效的标准。

学校道德教育就其“内容”来讲，乃是使受教育者养成一系列良好的品质，就其“形式”来讲，无疑是促进道德的发展。这就要涉及发展的动力问题。黑格尔、恩格斯、列宁、毛泽东都把矛盾看做一切运动和生命的根源或动力。道德的发展也不能例外。

作为道德发展动力的基本矛盾的双方是“道德”和“不道德”，还是“道德”和“更道德”？答案应该是前者。在人的道德发展方面，体现于矛盾体系发展全过程的是“道德”和“不道德”的斗争，道德教育或道德发展的目标就是使“道德”成为矛盾的主要方面，而不是“更道德”克服了“道德”。也就是说，道德发展的动力，乃是道德与不道德，而不是更道德与道德的矛盾运动。

之所以强调这一点，是因为这与学校道德教育目标的定位和道德教育效果的衡量，有着内在联系。《教育大辞典》对“道德教育”的解释是，“在社会主义中国，学校道德教育以共产主义道德原则为思想基础，其教育内容包括共产主义道德理想、社会主义公民道德规范……”[6]98。共产主义道德教育的基本原则是，“集体主义，人民利益高于一切，全心全意为人民服务。”[6]122为了达到这个目标，便要使“德育内容序列化”，“按由低到高，由浅入深，由个别到一般，由简单到复杂，分层次分阶段、连续有序地排列，呈螺旋式上升趋势”，在“要求上略高于学生已有发展水平”。[6]120上述解释给人一种强烈的印象：道德是分层次的；道德教育的任务是不断地“更道德”。这些不断“更道德”

的要求是否具有可操作性，是否真能落到实处，是需要讨论的。在这方面，宗教的律令对学校道德教育或许有一些启发。不同宗教的律令，除了本教的法规之外，也体现了对教徒生活方式的规范，其中包含了道德的要求。这些要求往往都以“不……”来体现。佛教对沙弥有“十戒”，对在家男女教徒则要求守“五戒”；基督教有“上帝十诫”；伊斯兰教伦理道德所不容的大罪也只有几种。哪一种律令都没有体现“更道德”的要求。宗教的影响之所以如此巨大，这或许是一个原因。

“道德”是否能分层次，是否有比道德还道德的“更道德”，以及与此相关的是否有“道德底线”？我觉得，道德没有层次。如果“道德”有层次，那么，区别不同层次的标准是什么？“道德”具有同质性，凡是真正称得上“道德”的，都没有本质的区别。换言之，它们之间没有上下、高低的差别。如果只有一个儿童落水，当然只能救起一个人；如果同时有两个儿童落水，就有可能救起两个人。这两种情况，我们如何判断哪一种“更道德”？类似的情况可以说不胜枚举。我承认，从修辞的角度来说，任何德行都可以用不同的辞藻加以修饰，以表示区别。例如，关于职业道德，我们在汉语词典中可以找到诸如守职、称职、尽职、忠于职守、爱岗、敬业等一系列词汇来表示。我在列举上述词汇时也曾努力使它们序列化，但感到实在难以定夺，不能确定哪一个比另一个更道德。我甚至认为，同样都用这些词汇，同样都从道德的角度，不同的人，很可能会排出不同的由低到高的“序列”。如果认为这些辞藻分别体现了不同的职业道德的层次，则更不能成立。因为即使说它们之间还有一些差异，那也只是“程度”而不是“层次”上的差别。

不可否认，不同人的不同道德行为，产生的作用各不相同，于是，人们很容易将作用或影响大的行为判断为“更道德”。这其实是一种误解。作用或影响不是判断道德与否的依据。道德行为作用或影响的大小，往往与一个人拥有的资源（社会地位、权力、财富、能力等）有关，甚至由一个人拥有的资源决定，但是，这与道德本身无关。只有“小善”与“大善”之分，没有“低善”“低级善”与“高善”“高级善”之别。所谓“高尚的道德”就是“平凡的道德”。在道德问题上，“高尚”与“平凡”是统一或同一的。每个学生并不都可能成为专家、学者，因为这受制于各人拥有的资源而不完全取决于自身的愿望；但每个人都可以成为有道德的人，因为这无关乎个人拥有的资源。就算是沦为乞丐，尚有“善丐”“恶丐”之别。毛泽东曾诗意地说过“六亿神州尽舜尧”

"遍地英雄下夕烟"。他树立的榜样，解放前有愚公、张思德、白求恩，解放后有王进喜、陈永贵、雷锋、焦裕禄等。这些人除了焦裕禄是县级干部外，其余都是普通的人。这种情况，是值得道德教育工作者思考的。

既然道德具有同质性，没有层次，那么，如何理解"道德发展"？我觉得，道德认知的发展不等于道德的发展。所谓道德发展，不是由道德的低层次向高层次的纵向攀升，而是处理、对待不同领域（物质领域、社会领域、精神领域）道德问题的横向拓展。不管是哪个领域的问题，"道德"都应该具有相同的特性，即同质性。孔子曾经讲过，他是三十而立，四十不惑，五十知天命，六十耳顺，七十从心所欲不逾矩。在孔子看来，他所讲的那些关键词不仅是历时态的，而且是攀升、发展的。我觉得，它们应该是共时态的，是道德的一些特性。

既然道德具有同质性，所谓"道德底线"的说法就需要加以讨论。在我看来，"道德底线"只是道德和不道德的界线。如果将它看做道德具有的若干层次中最低层次的界限，就会引发一系列难以回答的问题。除了"底线"之外，还有哪些"线"？是不是还有"中线""高线"？至少还应该有一个"上线"或"高线"。接下来的问题是，划分这些线的标准是什么？等等。如果将"小善"误解为"底线"，将"大善"误解为"高线"，把个人拥有的资源作为划线的标准，容易使人产生道德高不可攀，远离普通人平凡生活的感觉，我们通常所讲的"莫以善小而不为""人皆可为尧舜""达则兼济天下，穷则独善其身"等古训，就会成为空话。

三、道德教育要慎用奖励

在我国学校道德教育实践中，奖励是"学校德育方法之一"，经常被教育者加以使用。《教育大辞典》不仅具体列举了奖励的种种方法，而且，为了使这种方法发挥应有的积极作用，还详细说明了这种方法的"实施要求"[6]135。应该说，辞典的编纂者对这个词目的解释非常准确，而且，辞典的解释中，明确说明它们乃是一种"德育"方法，这也是正确的。问题在于，"德育"的内涵非常丰富。就行为规范这一个方面来说，除了纪律教育、法制教育之外，道德教育也包含其中。如果说，奖励和惩罚对于遵纪守法的教育是必要的，那么，对于道德教育来说，是不是行之有效的方法，我觉得有讨论的必要。

新行为主义心理学对于动物的大量实验结果表明，外部环境的直接刺激能够有效地改变动物的行为，并努力把“强化耦合”的原理用于人的学习领域，对教育产生了很大影响。我们知道，所有的道德各自都有一套规则体系，而且，人必须通过对规则的尊重和理解，才能把握道德规则体系之灵魂的道德的实质。不可否认，奖励对于习惯和服从规则意识的养成，具有效果，对于学龄前的年幼儿童来说，更是如此。正因为它在这方面的确有“立竿见影”的效果，所以受到普遍重视，甚至常常可以听到“以表扬为主”的说法。应该指出，这种服从规则的行为或许是合乎“道德”，但绝不是“出乎”道德。规则毕竟不能等同于道德，而且，人的行为并不等同于动物的反应。人的行为不是由环境因素直接决定的；人的主体性不仅仅表现在主动规避惩罚、获取奖励方面，真正的道德行为更是如此。

无论奖励或是惩罚，都是控制的手段，都是对受控者的驾驭和支配，都是为了使受控者顺从、驯服，都要以受控者自主性的丧失为代价。为了避免惩罚而甘为奴隶固然可悲，但为了奖励而争做奴隶则更可耻。不管用奖励还是惩罚的手段，充其量只能使受控者谨慎，而不是道德。换言之，控制只能培养谨慎的人，而不能培养道德的人。所谓“谨慎”，是以外部控制为条件的，是不可能做到“慎独”的。这些不能“慎独”的人，往往就是人们深恶痛绝的伪君子。

奖励是人为的强化物，学校道德教育活动中往往巧妙地加以使用，并认为是一种有效的方法，而忽略了它对于道德的消蚀作用。退一步来讲，即使这类强化物不会造成任何负面影响，那也是不可取的。因为人不可能永远生活在“学校”这个在很大程度上是人为设计的环境之中。如果说在学校里我们可以努力做到“好人不吃亏”，但谁敢保证在社会中“好人一生平安”。在现实生活中，道德的行为有时不仅不能得到积极强化，甚至受到惩罚和打击。在这种情况下，指望依靠人为强化维持的“道德”不发生“消退”，是难以想象的。事实上，实际生活中不乏这样的实例。

不慎用奖励，不但不能使学生有道德，还可能会助长不道德，因为它可能演变为“需要”，或成为某种交换物。为了得到老师的表扬，或为了表现自己不落后，小学生在捡不到钱的情况下，拿出自己的钱作为捡到的失物交给老师或警察；做了一件好事，唯恐别人不知道，采用种种“巧妙”的手段扩大其影响，恐怕并不是“孤证”。这是不是“以表扬为主”的产物，我觉得是需要深思的。

在我看来，之所以要慎用奖励，根本的原因在于：奖励与道德的本性不相匹配。道德出于人的自觉、自愿。它是基于对他人或公共需要的感受而产生的对于个人责任和义务的认同，是“应该”如何行为的压力感受。这种压力感受是积极的责任感，不同于消极的“羞耻感”“耻辱感”“犯罪感”，其基础是个人对自我、他人、群体的认识和理解。因此，道德的行为是自足的。所谓“自足”，它的发生和维持无需外在的控制力量（奖励或惩罚），它就是它发生和维持的力量。任何控制都是道德的大敌，把它作为实现道德教育“有效性”的手段，可能会适得其反。

参考文献：

［1］马克思恩格斯全集：第19卷［M］. 北京：人民出版社，1963：374.

［2］A. J. 赫舍尔. 人是谁［M］. 隗仁莲，译. 贵阳：贵州人民出版社，1994：52.

［3］马克思恩格斯全集：第3卷［M］. 北京：人民出版社，1960：514.

［4］安·兰德. 自私的德性［M］. 焦晓菊，译. 北京：华夏出版社，2007：4.

［5］马克思恩格斯全集：第2卷［M］. 北京：人民出版社，1957：167.

［6］教育大辞典：第1卷［M］. 上海：上海教育出版社，1990.

（原载《中国德育》2008年第10期）

“道德”与“更道德”的区分之辩

——与陆有铨教授商榷

但昭伟*

我读了陆有铨教授在《中国德育》2008年第10期刊载的《“道德”是道德教育有效性的依据》一文，有些感想，也有些意见。我很同意陆先生一文中的许多观点；但他的核心主张，我则不完全同意。先说我同意他的地方。

一、教育工作者对“道德”应有清楚的掌握

我同意陆先生的观察，今天道德教育成效不彰的一个原因，可能是教育者对“道德”的认识不够深入。“道德”是个既复杂且抽象的概念，古今中外对“什么是道德”的讨论简直可说是汗牛充栋。可能正因为如此，在莫衷一是的情况下，就会产生一般老师弄不清楚“什么是道德”的情形；这种情形会使教育工作者基于对道德的不同认知，而采取不同的教育目标和教育作为，教育现场的混乱就是很自然的了。再者，若教育活动所设定的目标过于广泛和抽象（如道德教育的目标是使教育对象成为道德的人，公民教育的目标是培养公民，生命教育的目标是使学生尊重生命），不免就会让教育工作者摸不着头脑，到头来也就很难达成预期的目标。基于此，我也曾呼吁道德教育的切入点应是老师，一定要先让老师了解“什么是道德，道德在人类社会活动中扮演着什么功能，道德的具体要素为何……”只有老师在这些问题上有最基本的掌握，道德教育才可望进行，否则就会流于空洞、盲目和不知所终的窘境。

---

* 但昭伟，台北市立教育大学教育系教授。

我也同意陆先生认定道德关切的是个人的利益、社会生活乃至人类生存的福祉。我认为道德关切的是人类社会活动的合理、圆满和顺当。道德的要求在第一步对每一个人都是一种规范或束缚，正因如此，道德才会开展出一个大家都能营生的社会空间，而在这社会空间中，每一个人才都能试着去满足自己的各种需要。基于这种观点，我主张道德是通过对人的约束来解放人的。我认为这种认知在道德教育中非常重要。我们要让学生知道，排队的习惯会让每一个人在相对短的时间内达成个人的目的；在一般情况下，遵守交通规则会让道路使用人安全迅速地到达目的地；爱护公物会让我们充分且长期的享用到公共设施的便利；见义勇为的举动，以长期的眼光来看，也会保障到自己的安全；孝顺父母的美德，到头来会让我们大家在老的时候可以得到他人的照顾。假如我们让受教者清楚地认识到，“道德的实践”是“以义为利”“利人利己”，而不是“损己利人”的行为，那么掌握这种认知的人一定会比较容易产生道德的行为。大体而言，道德的作为与个人幸福生活有密切关联是对的；不管是从正面或反面来看，“天道无亲，常与善人”“多行不义必自毙”都是对的。

说了我同意陆先生的两点之后，我接着要表达几点不同意他的地方。

二、道德本质与奖励不相匹配？

在陆先生对“道德教育要慎用奖励”的论述中，陆先生指出，奖惩运用于道德教育中，顶多教会学生谨慎（即自保或自利的态度或行径），而不会让他们学会“道德”。此外，陆先生也告诉我们，在道德教育中依据奖惩手段，会让学生把“道德”当做一个工具，而当外在的诱因不足时，学生就不会产生道德的行为了。陆先生特别提醒我们：学校是一个“人为设计的环境”，所以可以做到“善有善报、恶有恶报”；但在现实社会中，“善有善报、恶有恶报”不仅可能不会出现，更有可能出现“善有恶报、恶有善报”的情况。言下之意，陆先生告诉我们，假如学生在学校学到的东西在社会中不管用，那么学生到了社会之后，很快就会把在学校中学到的东西弃如敝屣，道德教育的作用因此也就会失灵。陆先生更进一步指出，须慎用奖励的根本原因，在于奖励与道德的本性不相匹配。我对陆先生“慎用奖励”的见解大体接受，但对他“道德的本质与奖励不合”的认定则不以为然。根据我在本文上一小节中的说明，陆先生及我个人都认为，道德关切的是个人与社会整体的福祉，那么道德实践自然有其内在的酬偿与奖励，反之亦然。假如这个看法成立，那么陆先生一方面认定“道德的行动不仅可满足别人的需要，也可满足自己的需要”，但在另一方面却认定“道德的本质与奖励不相匹配”，就是一种矛盾。因为道德的作用既然有利于自己和他人，道德的实践自然会获得好处，只不过这种好处有时候不会在当下或短时间内彰显；道德的行为在长时间累积下，应该是可以获得酬偿和奖励的。当然，我也必须承认，陆先生在使用“奖励”一词时，所意指的内涵可能与我的想法有些不同。陆先生文章中的“奖励”一词指的应该是教育工作者的特定行为，比如说，给表现出道德行为的学生口头肯定或实质肯定（加分、物质报酬），也就是有形的外在之善的给予；而我所指的奖励（酬偿）不仅包括有形的外在之善，也包括无形的内在之善，如自我肯定、个人内心的满足、人际关系的良好、他人善意的回馈、稳定的社会生活空间的获得等。

我以为，道德的行为获得奖励，本是天经地义的事，两者之间可以匹配。只要我们不要给学生“道德的行为每一次都可以获得奖励”“道德的行为一定可以获得有形奖励”“道德的行为马上可以获得奖励”的印象就可以了。

三、在“道德”与“更道德”之间

我最不同意陆先生的地方在于他对“不道德”“道德”与“更道德”之间的说明。在他文章中的第二节“道德教育的目标应该是‘道德’”中，他的论点大致如下。第一，与“道德”相对的是“不道德”，而这种相对矛盾的状态就正是道德发展的动力；但一般人却以为道德发展的动力是“道德”与“更道德”的矛盾，因为一般人有这种想法，所以他们就误以为道德教育的任务是在追求“更道德”。第二，道德没有层次；道德具有同质性，凡是真正称得上“道德”的，都没有本质的区别，如果道德有层次，那么我们就得替不同的层次找到标准，但我们无法找到这些标准；一般人所谓的“道德底线”就只是“道德”与“不道德”的分野，所谓高尚的道德就是平凡的道德。第三，有些人把道德行为的作用或影响当做“不道德”“道德”与“更道德”之间的差别标准，但这些人的认定是不对的，这是因为道德行为作用或影响的大小与我们拥有的资源有关，但个人拥有资源的多少与道德本身无关；每个人，不管他拥有资源的多寡，都可以成为道德的人。第四，道德认知的发展不等同于道德的发展，所谓道德发展，不是由道德的低层次向高层次的纵向攀升，而是处理、对待不同领域道德问题的横向拓展。不管是哪个领域的问题，“道德”都应该具有相同的特性，即同质性。我希望我正确地勾勒了陆先生的主要论点，在这个前提下，我要提出一些不同于陆先生的看法。

整体而言，陆先生的观点与我们一般人的常识相左。在我们一般人的想法中，道德与不道德的区分固然是可能的（虽然有时不是那么容易，如向路边乞丐施舍，我就不太能判断是不是道德，但大体而言，济贫扶弱的举动是道德的，这一点应该没有疑问），在道德的行为或状态中，我们也还可以更进一步分出高低层次。我要说的是，在我们一般人的想法中，不仅道德的行为或状态有高低层次，不道德的行为或状态也有高低层次。我举几个例子来支持我的说法。

在儒家的伦理学系统中，存在的层级与道德的层级往往是同一回事，我们经常会以存在层次或道德层次来定位一个人。简略地说，根据存在层级的高低或道德修养的高低，中国人会把天地间的人和物划分为：圣、贤、君子（士、大丈夫、仁人志士）、常人、小人、乡愿（伪君子）、动物、植物、无生物（东西）等几个层级。我们在谴责或推崇一个人的时候就大致按照这种层级来进行。说一个人是圣人，就表示这个人的存在层级或道德修为的状态高于另一个是君子的人；说一个人是乡愿，就表示这个人比真小人还糟；说一个人是“禽兽不如”，就表示这个人的道德行为连禽兽或小人都比不上。即便是在某一特定的道德层级上，中国人还是会再细分。如在《论语·子路》中，孔夫子就把“士”这一层级又分为三个层级，分别是能“行己有耻，使于四方，不辱君命”的士，“宗族称孝，乡党称弟”的士及“言必信，行必果，硁硁然小人哉”的士。这样的分法，就使我们很自然的会去认定“道德”之上有个“更道德”的东西。同样的，在一般中国人的认知中，不道德的状态或行为也可再细分为诸如“小奸小恶”和“大奸大恶”，在此不须多说。

假如陆先生没有完全否定我的看法，他仍然可以反驳我道：即使在道德或不道德的行为或状态中，可以再区分出几个“等第”，也不足以否定道德（或不道德）是同质性的概念；道德与不道德的差异是本质上的差异，而在道德与不道德中的高低等第其实只是“程度”的差别而不是“层次”的差别，更何况这种“程度”的差别并没有什么客观的标准，所以道德教育的发展动力仍然是“道德”与“不道德”两个矛盾的双方，而不能把“道德”与“更道德”当做矛盾的双方。面对如此可能的反驳，我的响应则是：道德（或不道德）的行为或状态中又可再分为几个等第，这种不同等第的差别究竟是“程度”的差别或“层次”的差别其实并不重要，重要的是，在道德教育的活动中，我们总是希望学生能朝道德行为或状态中的高等第方向去发展。比如说，我们会希望学生不仅展现出诚实的行为，更希望学生能基于正确的动机来展现出诚实的行为；更进一步的，我们希望学生在大部分甚至所有的场合中，都能通过道德智慧的运作产生正确的动机，然后表现出诚实的行为。同样是诚实的行为，但依其动机的发动或实践的困难程度，我们仍然可以区分出不同的等级；道德教育的目标不仅在于培养学生产生诚实的行为，更希望这诚实的行为是基于正确的动机，也希望如此的诚实行为能够在不同情况下持续出现。说道德教育的目标应是“道德”是一个简略的说法，说“道德教育的目标不仅在于追求道德，更在于追求道德领域或状态中较高等第的状态或行为”才是较精确的说法。在日常语言中，我们若把道德领域或状态中较高的等第看做“更道德”，也应该不是不可以的事。

另外，陆先生似乎认为我们无法找到不同道德层次的标准，因此我们无法区分出“道德”与“更道德”。针对陆先生的看法，我认为在道德领域中，即使我们对道德层次的标准没有共识，也不表示没有不同层次的标准。不同的理论凭据会让我们订出不同道德层次的标准；这就好像不同的理论会在道德与不道德的区分上采取不同的标准。假如我们可以在道德与不道德的区分上找到客观的标准，我们当然也可以在道德领域中找到高低层次的标准，因此也可以有个客观的基础来说，某种道德行为或状态比其他的道德行为或状态“更道德”。

四、在康德与非康德之间

我认为陆先生在伦理学上的立场上比较接近康德。我之所以如此猜测，是因为康德在他的伦理学名著《道德形上学基础》中，很清楚地告诉我们，凡具有道德价值的行为（也就是说，可以称得上是道德的行为），一定是出于善意，假如行为没有出于善意，但却表现出“合乎”道德标准，这样的行为也绝不能称得上是道德行为。

假如我上述的揣度是正确的，那么陆先生在那篇文章中的前后立场可能就有矛盾之处。在本文的一开始，我提到我赞成陆先生认定道德关切的是个人生活需求的满足和社会的生存及圆满。依照这个立场，任何称得上是道德的行为或原则，都必须紧扣着是否能促进个人需求或整体社会的生存。换言之，道德与否的标准在于我们的行为或原则是否可以促成个人需求或整体社会的生存。假如我的推理是有些道理的话，如此的主张，在路数上就比较接近效益论、德行伦理学、演化论的伦理学或儒家伦理学……而不可能是康德伦理学的路数，因为康德伦理学根本就把道德判断和行为与其之所能产生的结果做了切断。依此而言，陆先生在文章中第一节和第二节的观点之间有矛盾的地方。他在第一节说明道德的作用时采取了非康德伦理学的观点，但在第二节论述没有“更道德”的观点时，却又采取了康德伦理学的观点。再者，假如陆先生在第一节中对道德的说明是可以接受的话，那么在道德与否的标准紧扣着个人生活需求的满足和社会生存的认定下，某些行为或判断所造成的结果可能比另外一些行为或判断所导致的结果更好、更适切、更能满足个人的需求和社会的需要，这样的行为或判断就会被我们一般人认定是“更道德”的。

五、道德发展是横向的拓展吗？

至此，我试图指出陆先生的文章的内容前后之间有矛盾的地方，而这个矛盾牵涉到大的伦理系统之间的冲突和矛盾，不是可以忽视的矛盾。

最后，我再简单表达一下我对道德发展的看法。陆先生在他文章中指出，道德发展不是纵向攀升，而是横向拓展，意指一个人能将道德的行为或判断由某一特定领域发展到其他领域。陆先生的这个看法再度与一般的看法不同。一般而言，在道德发展的认知上，我们或者依皮亚杰的看法，认为道德发展指的是一个人由无律、他律终而达到自律的过程；或者依郭尔堡的看法，指的是超越成规的道德发展，而不是陆先生所谓的横向发展。陆先生所谓的横向发展的概念，我觉得有些问题。因为假如我们掌握了最基本的道德观念或原则，我们会很自然的在社会生活的各个场域中加以运用，不会经历到发展过程中基模（或感知方式）转变的痛苦历程。我们一般所谓的道德发展，一定会牵涉到认知基模或感知方式的根本转变，从皮亚杰或郭尔堡的理论中我们都可以看到这一点。陆先生的看法也许因为有新意，很难为我所了解；陆先生也许是因为篇幅有限，而没有把意思说清楚。不管如何，我寄望陆先生能拨冗另作鸿文，以解我心中种种的疑惑。

（原载《中国德育》2009 年第 10 期）

“冲动形态的伦理”与道德教育的哲学范式

樊　浩*

无论是道德哲学体系还是道德教育体系，都存在一个容易被忽视然而却十分重要的形而上学问题：伦理精神至少有两种形态——思维形态或认知形态的伦理和冲动形态的伦理。遗憾的是，在理性主义哲学的影响下，道德哲学和道德教育的研究过于关注认知形态的伦理，而对冲动形态的伦理采取冷落甚至蔑视的态度。这种倾向导致的直接后果是，伦理道德只是滞留于思维和理性的知识层面，而缺乏走向行为和生活的动力；道德教育缺乏自我生长的“否定性辩证法”（恩格斯语）。如果伦理要成为一种真正的精神，如果道德教育要培养具有实践品质和实践能力的人，就必须在道德形而上学体系中通过现象学向法哲学的辩证转换，在道德教育的哲学体系中通过伦理精神由认知向冲动的辩证运动，培育“冲动形态的伦理”。

一、认知形态的伦理与冲动形态的伦理

在《实践理性批判》中，康德发现，人的心灵有两种能力：认知能力与欲求能力。它们各有不同的应用条件、范围和界限，对它们的概念规定分别构成理论哲学和实践哲学的基础。[1]黑格尔在《法哲学原理》中将康德的这“两种能力”发展为“两种态度”，即“理论的态度”与“实践的态度”。他认为，人的精神有两种结构：思维和意志。思维和意志不是两种特殊官能，而是精神

＊ 樊浩，东南大学人文学院院长、教授、博士生导师，中国伦理学会副会长。

的两种不同态度。然而，无论是“两种能力”还是“两种态度”，都在试图给两种不同形态的哲学即康德所说的理论哲学与实践哲学以概念基础，并没有在“一种哲学”尤其是实践哲学或道德哲学中将二者真正地统一起来，更没有在作为实践哲学的重要结构的道德教育哲学中实现这种统一。现代道德哲学和道德教育哲学研究的重要课题之一，就是通过对源头性传统的回归，在道德哲学和道德教育哲学的体系中实现二者的辩证统一。

如果对中西方传统道德哲学体系尤其是传统道德规范体系进行考察，就会发现在这些体系中都存在两种结构，即“知”的结构与“行”的结构，或用康德的话说，认知的结构与欲求的结构，它们之间的区别只是二者的文化构造尤其是人性机制有所殊异。两种结构或两种品质构造的统一，用王阳明的概念表述，就是“知行合一”。如此，我们可以假设，事实上存在两种形态的伦理，即认知形态的伦理与冲动形态的伦理。认知形态的伦理基于人的“认知能力”，是精神的“理论的态度”；冲动形态的伦理基于人的“欲求能力”，是精神的“实践的态度”。现代道德哲学和道德教育哲学的难题是：认知形态的伦理如何向冲动形态的伦理过渡？冲动形态的伦理如何培育？

在现代学术话语中，也许一提起“冲动”，就会将它与心理学相联系，并在心理学意义上加以探讨和研究。作为人性的一种表达方式，冲动当然具有心理意义，或者说，冲动最初的自然基础是植根于生理的心理。但是，有一个事实必须引起重视：在古典哲学尤其是德国古典哲学中，“冲动”是作为伦理学与道德哲学的概念而被讨论的。虽然还没有足够的证据说明“冲动”的概念在伦理学中早于心理学出现，不过有一点比较清楚，至少在心理学还没有充分发展的那些时期，“冲动”已经成为道德哲学关注和研究的对象。在已经习惯于用心理学解释人的一切动机与行为的时代，让“冲动”的概念还原复归于道德哲学体系，应该说是有意义的。

指证“冲动”是一个道德哲学概念并不是一项困难的工作。在中国传统伦理中，虽然没有“冲动”的语汇，但其语义指谓古来就有。王阳明演绎孟子的思想说：“见父自然知孝，见兄自然知悌，见孺子入进自然知恻隐。”[2]这里的关键词有两个：“知”和“自然”。“知”显然不仅指思维、理性和知识，而且包括“行”，甚至主要是“行”。“知孝”“知悌”“知恻隐”的真义是“知行孝”“知行悌”“知行恻隐”，或者说“行孝”“行悌”“行恻隐”。“自然”的本义是说无需思维和反思，不需任何中介，直接诉诸本能行为。这样，“知”

在道德形而上学意义上，与“行”直接同一。“自然”的意思显然是说“知孝”“知悌”“知恻隐”不是一种间接性，而是一种直接性，是出自生命本能的冲动。于是“知”既具有思维形态又具有冲动形态，“自然”与“知”的结合就是生命本性的伦理冲动和道德冲动。黑格尔将意志当做“冲动形态的思维”，认为思维和意志不是两种官能，而是对待同一事物的两种不同态度的观点，与孟子的“知”的意蕴正相契合。应当注意的是，黑格尔认为，“从意志的概念上来把握冲动”[3]，是法哲学的内容。相应地，如果从理智或历史的概念来把握冲动，它们就是现象学或历史哲学的内容。因此，道德哲学的内容一定意义上也可以说是对“冲动”的概念把握。在现当代道德哲学家中，丹尼尔·贝尔等就直接使用“道德冲动”的概念。在《资本主义文化矛盾》中，丹尼尔·贝尔将宗教冲动力或道德冲动力与经济冲动力相对应，虽然未对道德冲动作概念规定，但对它的确认却是无疑的。

“冲动”概念回归道德哲学体系的形上意义在于，“冲动”是一个道德哲学的概念，道德哲学体系不仅应当而且必须以“冲动”为重要研究对象。

二、伦理冲动的两种精神哲学形态

心理学在人的本性中诠释冲动的方法对伦理冲动的研究具有启发意义。不过，伦理冲动的人性基础，应当是伦理性的文化本性而不是心理性的生物本性。

从逻辑和历史的意义上讲，伦理冲动的人性机制有两种：意志和情感，更准确地说，是伦理意志和伦理情感。但到底是以意志还是情感作为伦理冲动的基地和形态，则与民族的文化传统紧密关联。确证这个假设的最简捷途径，是对中西方伦理精神和道德哲学的德性体系，尤其是作为其基础的基德或母德的人性结构进行分析。

如果从源头性传统进行分析，中西方伦理的基德或母德恰好都是四个德目。理智、正义、节制、勇敢是由柏拉图提出，在亚里士多德那里得到系统阐发的“希腊四德”，它们是日后西方伦理精神的基德或母德；仁、义、理、智的德目在孔子那里已经被提出，孟子将四者并列并形成严密的德性体系，从而成为日后中国伦理精神的传统，可谓之“中国四德”。对“希腊四德”（或“西方四德”）、“中国四德”的研究在道德哲学中已基本达成共识，就本文的研究主题来说，还需进一步探讨的是，这两个德性体系的人性基础有何精微的文化差异？

仔细分析就会发现：“西方四德”的人性结构是“理性 + 意志”；“中国四德”的人性结构是“理性十情感”。理性是它们的共同要素，但在二者的德性体系和人性结构中的地位不同；意志与情感分别构成二者的冲动机制或非理性结构。这两种人性结构在文化功能上相同相通，在文化性格上则彼此殊异。

亚里士多德认为，德性的主体是灵魂。灵魂有两个部分，一部分是理性，另一部分是非理性。灵魂的德性有两种：理智的德性与伦理的德性。①伦理德性是“关于感受和行为的”，它的主要内容是勇敢、节制、公正，对象是欲望，人性基础是意志。“勇敢”的意志意义最明显，“勇敢就是如何对待忍耐和痛苦”[4]，“勇敢的意义就在于能忍受痛苦”[5]。节制是灵魂非理性部分的德性，“是在快乐方面的中道（与痛苦联系较少并且不是同样的）”[6]，同样基于意志。理智是思考的德性，它既有别于伦理的德性，又与之紧密相联，因为理性与欲望应该是一致的。“如果选择是一种真诚的选择，那么理性与欲望都应该是正确对待的。它既是一种肯定，也是一种追求。”[7]所以，伦理的德性既需要实践，即意志行为；也需要思辨性的思考，即理智。理智的德性，既是不同于伦理的德性的特殊德性，又内在于伦理的德性之中。理智的德性，不仅要进行真假和善恶的判断，而且要保证选择的真诚。关于公正，柏拉图与亚里士多德的观点似乎存在细微的差异。柏拉图将它放在理智、勇敢、节制之上，是灵魂的两个部分（即理智的德性与伦理的德性）的协调者；而亚里士多德把它放在勇敢、节制与理智之间。这种做法可以有两种解释：一是将公正归结为伦理的德性，属于意志范畴；一是将它作为联贯伦理德性与理智德性的纽带，像柏拉图所说的那样，协调灵魂的两种德性。后一种解释可能更审慎。但无论如何，有一点可以肯定：公正具有意志的品质，或至少兼具意志和理性双重品质。

由此，便可以演绎出“希腊四德”或“西方四德”的基本道德哲学原理：德性的主体是灵魂。德性的对象有两个——理性和欲望。德性有两方面的本性，“既是一种肯定，也是一种追求”[8]，“肯定”是思考，“追求”是行为实践。德性有两种：理智的德性和伦理的德性。理智的德性以理性为基础，伦理的德性以意志为基础。理智是理智德性的内容，是思考或思辨的德性；勇敢、节制是伦理的德性，是“追求”或行为实践的德性；而公正兼具两种德性或介于两种德性之间。因此，“希腊四德”或“西方四德”的人性结构便是：理性 + 意志。理性是本体，意志是主体，四者中有三者基于意志。意志，是伦理德性与伦理冲动的人性机制。

“中国四德”与“希腊四德”在德目结构方面惊人契合，但在具体内容及其文化性格上却大相异趣。从字面上看，两者中直接相近的是“义”与“公正”（或“正义”）、“智”与“理智”。当然，“礼”与“节制”、“仁”与“勇敢”也有相通之处。“智”也可以被指认为一种理智德性，而且正像《尼各马科伦理学》中将“理智”放于勇敢、节制、公正之后那样，“智”在“中国四德”的体系中也位于仁、义、礼之后，是关于道德肯定即知仁行义的德性和能力。“智之实，知其二者弗去是也。”[9]在中国传统伦理话语中，“智”的本体状态就是道德良知。“仁”是德性的起点和本体，其基本内容是爱人，“仁者爱人”[10]。“义”是爱人的正道，其要义是符合伦理地爱人，因而是一种伦理的正义。“义，人之正路也。”[11]“礼”的本性是节制文饰，“礼之实，节文斯二者也”[12]。这样，“中国四德”的体系便是：仁，宅也；义，路也；礼，门也；智，知也。其基本原理是：“居仁由义”“礼门义路”“必仁且智”。

“中国四德”与“希腊四德”最深刻的差异，在于它们所植根的人性结构。在孟子看来，仁义礼智四德，为人性所固有，它们分别对应四种人性：恻隐之心、羞恶之心、恭敬之心、是非之心。“恻隐之心，仁之端也；羞恶之心，义之端也；辞让之心，礼之端也；是非之心，智之端也。人之有是四端也，犹其有四体也。”[13]“恻隐之心，仁也；羞恶之心，义也；恭敬之心，礼也；是非之心，智也。仁义礼智，非外铄我也。我固有之也，弗思耳矣。”[14]从四德的人性基础来考察，“四心”之中，恻隐之心最根本，是道德的本源，它是一种与同情、怜悯同类的道德情感；羞恶之心、恭敬之心，严格说来都是情；是非之心可以说是理，但不是希腊式的思辨之理，而是性之理、情之理。“四德”—“四心”之中，四分之三是情感，四分之一是理性，因而是一种“理性＋情感”并以情感为主体的特殊人性结构。

但值得注意的是，“理性＋意志”的“希腊四德”与“理性＋情感”的“中国四德”在文化功能上却是一致的，它们的道德哲学的形而上结构都是亚里士多德所说的“肯定”—“追求”体系。“肯定”即它们的“理性”结构，“追求”即它们的“冲动”结构。因此可以认为“肯定＋追求”或“理性＋冲动”是德性的一般形而上学结构。灵魂的德性与伦理的精神，既需要理性也需要冲动，冲动的非理性结构是德性中比重最大的构成。中西方德性在理性结构方面相似，最大的区别在于它们的冲动结构的性格，由此造就了中西方伦理精神的殊异品质。尤其需要探讨的是，意志与情感都是德性的冲动结构，这两种不同的冲动结构及其与理性的结合，到底给中西方伦理精神带来什么样的影响？

谈到概括意志、情感及其与理性相结合所形成的伦理精神的特殊文化性格和文化气质的哲学概念，就不得不提康德的“绝对命令”和孟子的“自然”。康德把道德理解为“绝对命令”。他的道德哲学体系也确实需要“绝对命令”，因为他将理性区分为纯粹理性（或哲学理性）与实践理性；纯粹理性要确证自己的全部实践能力，就需要发展为实践理性；道德既是纯粹理性的实践能力的确证，也是纯粹理性的实践能力的合理性所在。然而，实践理性如何从理性发展为实践？理性与实践之间过渡的中介是什么？这就需要“绝对命令”。理性向意志下达绝对命令，要求意志无条件地执行并诉诸行动，由此，理性就实现了向实践的过渡转化，真正成为“实践理性”或实践了的理性。所以，“理性+意志”的德性结构需要“绝对命令”作为过渡与中介。但“理性+情感”的德性结构却不需要这个中介，因为在这种结构中，理性向实践的转化，是无需反思、无需过渡的“自然”。“见父自然知孝，见兄自然知悌，见孺子入井自然知恻隐。”理性直接转化为冲动，甚至与冲动直接合为一体，即所谓“知行合一”。

之所以如此，根本上是因为冲动的情感机制及其与理性的关系。与意志相比，情感的最大特点在于其直接性和非反思性。意志与情感都具有冲动的品质和行为的功能。但意志的任务是将理性转化为行为，因而有待理性下达命令；情感则是基于生命直觉或良知直觉而引起的整体性反映，它直接见诸行为，其向行为的转化往往不需要任何中介，甚至是一种“身不由己”的反射，是一种“自然”。比较两种冲动机制，意志具有更明确的目的性与合理性，而情感则表现出更大的直接性和执著性。因而，中国伦理精神与西方伦理精神相比，具有更直接的实践性。“知行合一”就是“理性+情感”的德性结构“自然”的逻辑命题和道德哲学结论。

需要辩证认识的是，以情感为冲动结构的人性机制，是否具有合理性？实际上，以情感为道德冲动的根源，并不只是中国伦理的传统，西方伦理中也不乏学术资源。亚当·斯密在《道德情操论》中就把道德情感作为人类行为的驱动力。美国生物学家和伦理学家麦特·里德雷认为，道德的产生要求人类天生就具有负罪感和移情能力（即中国传统伦理所说的“羞恶之心”与“恻隐之心”）。杰洛姆·卡根强调：“人类情感，而不是理智，应成为人类行动的动因和力量的源泉。”[15]“除非他们意识到了中国哲学家们许久以前就已领悟到的原理，否则他们仍将不知悔改。这一原则就是：感觉，而非逻辑，才是超我的支撑力量。”[16]正如心理学家们所指出的那样，如果缺乏情感，人类将成为“理智的傻瓜”。

如果情感是冲动的直接机制，那么黑格尔在《法哲学原理》中关于思维和意志不是两种形态，而只是对待同一对象的理论态度和实践态度的区分的观点，就应当被拓展甚至被修正。因为情感也是冲动的主体和人性基础。在《历史哲学》中，黑格尔将意志理解为最广义的人类活动，将“观念”和“热情”作为历史哲学考察的两个对象，认为“热情”使“意志之所以为意志”[17]，是观念与意志或理性与意志之间的中介。黑格尔将意志分为两种：客观的意志与主观的意志。客观的意志是行动，主观的意志是热情。情感只是一种特殊意志——主观的意志。意志与情感，只是“达到定在的冲动”的两种不同态度或不同形态。于是，不只是思维和意志，包括情感，它们是对待同一对象的三种不同态度。由此，情感作为冲动，同样应当也是法哲学研究的对象。

三、谁偷走了伦理

美国伦理学家麦特·里德雷在《美德的起源》一书的最后提出了一个饶有趣味而又令人深思的问题：“谁偷走了社会?”效颦里德雷，这里也进行一个类似的诘问：谁偷走了伦理?

对道德危机及其造成的严重后果的忧患与反思，不仅是中国，而且是整个世界20世纪的一块心病。无论在现象学还是法哲学的意义上，道德与伦理都具有因果性的生命关联，道德危机的背后是伦理的放失。如果像黑格尔所说的那样，伦理是人作为人存在的一种“自然”的共体，家庭作为这种共体的基本形态，就是自然的伦理实体；如果像孟子所说的那样，伦理是人的一种“自然”能力，那么必须严肃反思的问题就是：人这种自然的良知与良能到底是如何放失的?我们又如何像孟子所说的寻找“鸡犬之放”[17]那样寻找人的良知良能之放?

我们已经习惯于从社会、经济、文化的变化及其冲突中寻求伦理道德危机产生的根源。但是，作为伦理学工作者和道德哲学理论的研究者，我们的努力不能仅局限于此。因为这种思考的结果可能是：既然危机是“客观”后果，我们便无能为力，也难以作为，于是便可以心安理得地置身于危机之外，尤其是将自己排除于危机的责任主体之外。久而久之，我们逐渐习惯于这种思维定势，不仅会消解了对伦理道德生活的责任意识，更严重的是，我们将逐渐丧失责任能力。这是一种可怕的职业本性能力的退化。狙击这种退化、恢复职业良知和职业良能的重要学术工程之一，就是在洞察时变以推动伦理道德与时俱进的同时，深刻而彻底地反思我们这些因享受社会的恩惠而有闲暇思考道德哲学和道德教育问题，并且已经过着“优雅生活”的伦理学家和道德教育学家们，为社会所提供的可资充饥解渴的理论资源及其理论体系是否有足够的养分，是否健康，是否健全与合理，从而严肃地回归和对待我们所应当担负的那份学术责任。

仅仅从以上对伦理冲动的讨论考察中就可以发现，社会的与个体的道德能力在学术方面至少与三个因素有关：第一个是伦理形态的健全，即认知形态的伦理与冲动形态的伦理必须兼备且形成有机的体系；第二个是推动道德行为的、与民族的文化传统息息相通的人性结构、品质结构、能力结构的自觉与合理；第三个是构成伦理精神体系的那些文化要素和文化结构的健全及其自我生长能力的旺盛。围绕这三个要素，便可以从学术研究状况出发简单地回答“谁偷走了伦理”这一发问。

第一个方面的原因是显而易见的。在现代性的理性主义的诱惑和左右下，无论道德哲学还是道德教育，对道德认知与道德理性都表现出过高的热忱和太多的执著。现实的状况是，无论是现代人还是现代道德哲学和道德教育哲学，都不乏对伦理道德的认知过程与理性能力的思考。但是，现实生活中的许多道德作为，其实并不需要太高的理性和认知能力。诸如孝亲友朋、扶危帮困，并不需要经过哲学的理性训练，而只需诉诸生命本性的良知良能就可以“自然”地作出判断和选择。在现代性诱惑下，不仅是西方人，而且越来越多的中国人尤其是伦理学者和道德教育学者，已经过深地迷恋于理性主义的道德哲学游戏，消解或丧失了道德直觉能力。其结果是，不仅品质结构，而且道德哲学和道德教育哲学的体系，已经畸形地发育和发展。无论在中国还是西方，古典的和经典的道德哲学家们都指出，伦理和道德的精神结构与理论体系，最重要的是它的冲动形态，认知形态的伦理只是它的基础，孔子、孟子、亚里士多德、康德、黑格尔都这样认为。因此，现代道德哲学和道德教育哲学必须给“冲动形态的伦理”以充分的文化地位和学术地位。唯有如此，才能恢复伦理的实践本性与价值本性，也才能真正康复现代人身上已经十分孱弱却是根源于生命本性的那份伦理元气。

其次，它与我们对民族文化的反思及其态度、深度相关。20世纪中国文明发展的主题之一，是文化批判。可以说，作为社会精英的当代中国知识分子，已经把五四以来的那种反传统的批判精神发展、衍生为一种批判性格，因而对本土的文化传统缺乏“敬意的理解”，对中西方文化、中西方哲学缺乏生态的把握和比较。道德哲学和道德教育哲学的研究同样存在这一偏向。在上文对“中国四德”的讨论中已经指出，中国道德哲学与中国文化传统下的伦理冲动的最重要机制是情；道德哲学的基本结构是“理性+情感”，以情感为统摄，是“情理”的冲动结构与道德哲学体系。这种结构与西方道德哲学的“理性+意志”结构，具有相同相通的文化功能，不仅具有民族性，而且具有理论合理性与实践合理性。事实上，即使是西方的道德哲学体系，也对情感的伦理功能尤其是在冲动形态的伦理形成过程中的文化意义，在形而上学的层面上给予了充分的关注和肯定。但是，在现代道德哲学体系和通过道德教育所建构的现代人的品质构造中，情或被沦为道德中立的放任，或被道德所驱逐。于是，全部的希望被放在了意志听从理性的“绝对命令”上。而当理性的上帝缺少伦理含量，或者这个上帝不再对伦理表现出热忱和关注时，就会不可避免地出现：“绝对命令”从人的意义世界中退隐甚至永远消失，剩下的就只是永无止境的本能冲动。“情理”的机制，是冲动形态的伦理中良知与良能的结构。没有“情”，就难以形成“理”的良知；“情”只有与“理”结合，才是伦理冲动的良能。中国道德哲学中没有“绝对命令”的形而上学，中国文化的传统也没有在人性结构中选择这一结构和概念，但它有自己的伦理冲动形态，这就是情与理相结合而形成的良知良能。所以，无论我们试图在道德哲学体系中恢复冲动形态伦理的形而上学地位，还是在人性中复苏伦理冲动的良知良能，都必须扎根于中国文化尤其是中国道德哲学的传统，并在此基础上“返本开新”“综合创新”。

最后一个原因，是因为构成当代中国伦理精神体系的文化要素和文化结构不够健全且缺乏自我生长的能力。为解决这个问题，我们不仅要对伦理道德的概念进行形而上学地分析与把握，更重要地在于把伦理道德作为文化设计和文明体系中有机而辩证的生命过程进行生态地把握。首先必须克服道德哲学研究和道德教育中“伦理”与“道德”不分的粗枝大叶的做法。缺乏深入而细致的概念分析，是不可能真正把握对象和建立缜密的道德哲学体系的。中西方文明、中西方传统道德哲学体系中，之所以出现“伦理”与“道德”两个概念，是因为二者有不同的指谓和对象。在道德哲学体系和道德教育中对两者不加以区分，只能说明我们没有足够的概念辨析能力和敏锐的哲学洞察力。现代道德哲学，不仅要仔细探讨和研究伦、理、道、德、得这五个要素的概念结构及其发展变化，更重要地是要把握伦—理—道—德—得这个辩证过程的转换条件以及由前者向后者转换的动力。唯有如此，伦理精神和道德哲学，才不仅是一个有机的体系，而且具有自我生长、自我发展的内在动力。

总之，现代道德哲学和现代道德教育要找回放失的伦理，在学术上至少需要进行三种努力：建立认知形态的伦理与冲动形态的伦理二位一体的健全体系；对冲动形态伦理给予真诚而肯定的关注及充分的研究，尤其要重视对伦理冲动的民族机制与民族文化结构的回归；道德哲学概念体系和道德教育的健全与完整。

断言生活的危机根源于理论的危机当然失之公正，但理论至少应对生活危机承担一份严肃的责任。否则，不仅理论研究，而且理论研究者自身，都将成为社会文明体系中的多余者甚至是寄生物。

注释：

①“我们就把灵魂的德性加以区别，有一些我们称之为伦理的德性，另一些我们称之为理智的德性。”（见亚里士多德：《尼各马科伦理学》，苗力田译，中国社会科学出版社 1999 年版，第 122 页。）

②孟子曰：“仁，人心也。义，人路也。舍其路而弗由，放其心而不知求，哀哉！人有鸡犬放，则知求之；有放心而不知求。学问之道无他，求其放心而已矣。”（《孟子·告子上》）

参考文献：

[1]［德］康德．实践理性批判［M］．韩水法译．北京：商务印书馆，1999．9－10．

[2]（明）王守仁．传习录上［M］．

[3]［德］黑格尔．法哲学原理［M］．贺麟译．北京：商务印书馆，1996．29．

[4]［5］［6］［7］［8］［古希腊］亚里士多德．尼各马科伦理学［M］．苗力田译．北京：中国社会科学出版社，1999．37、65、66、123、123．

[9]［10］［11］［12］《孟子·离娄上》．

[13]《孟子·公孙丑上》．

[14]《孟子·告子上》.

[15][16][美]麦特·里德雷. 美德的起源[M]. 刘珩译. 北京：中央编译出版社，2004. 148、149.

[17][德]黑格尔. 历史哲学[M]. 王造时译. 上海：上海书店出版社，1999. 23.

（本文系全国哲学社会科学2005年重大招标项目“构建社会主义和谐社会进程中的思想道德与和谐伦理建设的理论与实践研究”（05&ZD040）以及东南大学“985”项目成果。原载《中国德育》2006年第5期）

当前中国道德教育的文化困惑与文化选择

戚万学*

百年来，文化发展中的危机和困惑繁不胜数，关乎中国文化发展和文化建设的思考和讨论也层出不穷，这些困惑和思考为学校道德教育理论建设和实践改革提供了直接的文化土壤和思想源泉。直至今日，一些文化上的困惑依然存在，而且，随着全球化、信息化时代的到来和改革开放的深入，这些文化上的困惑乃至危机更加明显。对学校道德教育而言，精神和文化上的困惑是当前道德教育的最大困惑，精神和文化价值层面上的危机乃是道德教育最深层次的危机。从文化的角度来看，目前我国的学校道德教育正面临着一些困惑和难题，这些难题能否得到有效的破解，学校道德教育能否作出合乎历史和逻辑的文化选择，将是制约未来道德教育改革成效的关键。

一、文化路向的迷失与重建

基于道德与文化之间天然的、本体意义上不可分割的联系，道德和道德教育始终存在于一定的文化谱系之中；道德和道德教育的价值理想体现了文化的内在精神和价值理想，其具体内容也反映了某种文化类型所要求的人伦规范。或者说，作为生活样式、生活范型的文化从更上位、更宽广、更基础的层面对道德、道德教育具有引领、规约和协调作用，特定社会与时代的文化理想、文化追求与文化发展方向也势必从根本上规约和引导着人的道德追求和理想人格

* 戚万学，山东师范大学副校长、教授、博士生导师。

的塑造。离开了文化的路向和谱系，道德和道德教育就成了无源之水。在此意义上，当一个社会已有的文化传统发生变更，文化谱系发生紊乱，而新的作为引领整个时代的精神文化系统尚未得到整合与重建，新的文化路向并不十分清晰的时候，无论是作为社会意义上的伦理建设，还是作为个体的道德选择，进而作为有明确目的性、方向性和系统性的学校道德教育则必然面临方向性的迷惑。因而，从社会文化的转型与困惑之宏观层面来看待学校道德教育，审视遭遇文化路向迷失的学校道德教育到底何去何从，就成了一个不可回避的重大时代课题。

在传统社会，伦理建设和道德教育文化路向比较清晰，大体上在儒家文化的框架内（尽管儒家文化也并非是一成不变的）运行，并从根本上反映了儒家文化的人文理想与文化追求。在近代以来外域文化的冲击和我国急剧的社会转型条件下，儒家文化遭受重创，各种外源性的文化观念和生活方式扑面而来，本土的、传统的文化的发展脉络被打乱。历经百余年来的冲突与砥砺、实践与选择，单就文化的发展来说，无论在专业的学术层面，还是在现实生活领域，还没有整理出一个清晰的、应有的发展脉络和努力方向。我们依然盘旋在传统与现代、本土与外来、东方与西方、先进与落后等一系列文化冲突的困惑与纠缠中。一般来说，中国文化在历史上曾遭受过两次重大的、具有本体意义的外来文化的冲击：第一次是佛学传入中国，第二次是近代西学的引入。与佛学的影响相比，近代以来的西学冲击影响更大，中国文化的调整和回应并没有像第一次融合那样取得成功，后一次的文化转型仍然在途中。我们安身立命的文化之根究竟何在，到底以什么为根基整合陷入混乱的文化，又该如何整合，等等，一直在困扰着中国的文化建设和人们的生活世界，文化未来的发展方向一直处于模糊状态。文化路向是否清晰不仅表明国人的精神状态如何，事关国人的特质或国人特有的文化和精神追求，而且，对中国的教育、道德教育来说，这种文化路向的长期困惑和模糊，其致命的危害就在于：它可能使学校教育失去应有的文化敏感、文化传承和创造的自主性和生命力；文化的空场其实意味着教育灵魂的缺失。或者说，若不立足于对文化发展、精神文明的脉络及其现状的把握，不着眼于文化的未来发展方向，则既脱离了原有的文化范型，也不可能在新的历史条件下建立起新的可以依赖的文化范型。其结果只能是：文化要么变成了意识形态的附庸，完全依托于政治，以政治的逻辑和运作方式来代替精神世界的生产；要么就是回绝了实质性的道德内容和文化精髓，而一味沉沦于道德教条的传输和思维能力的训练。诚然，人们也在用各种新的思维方式和价值追求来重新审视我们的文化和价值传统，检讨当前的文化状态，并力图对道德和道德教育作出新的诠释，但从系统的文化脉络、深层的文化根基和方向性的文化重建的意义上自觉考量学校道德教育的追求和变革的，并不多见。这样，道德教育应有的文化品位、文化追求和文化路向就被遮蔽了，在实践中，则导致了道德教育的技术化、空壳化、相对化、外在化，既不能培养精神丰裕之个体，也不能承载传承文化之重任。

当然，对于文化的重整，尤其是重建一个时代和民族的文化路向这样一个艰深的社会性的重大课题，并非一时一事之功。它不仅需要理论探索与创新的巨大勇气和继往开来的历史使命感，同时更需要从现实经济社会生活的变革中汲取养料，以时代的变革作为土壤和支撑，创新性地进行实践的检验与尝试。如果要从最宏观的层面上确立中国文化的发展方向的话，现代化仍然是当前中国社会文化建设和发展的根本方向，而且是未来长时间内的努力方向。“中国的未来将是中国古典传统的现代化……中国现代化运动是一庄严神圣的运动，它不只忠于中国的过去，更忠于中国的将来。它不只在解救中国历史文化的危亡，更在把中国的历史文化推向一更成熟的境地。”[1]对于这一点，尽管有不少人提出质疑，如认为西方的发展证明，现代化本身存在各种问题，已经过时了；现代化解决不了中国的问题等。然而，尽管现代化并非尽善尽美，尽管文化上的现代化比器物、制度层面的现代化更加复杂和艰难，尽管历史的逻辑和道德的逻辑未必一致，但现代化却是我们必需的历史任务，“中国的现代化，在心态上、精神上，应该成为中国新知识分子的理性的宗教”[2]。其中一个重要的原因就是，当前的文化、道德建设必须建立在现代生活的根基之上，现代社会生产和社会生活是探讨文化发展路向的基本前提。[3]正是这一基本前提，才决定了中国社会和文化必须实现且尽可能快地实现现代化，否则，就会在全球化、全球现代化的浪潮中落伍。问题在于，如何实现中国的现代化，特别是中国文化的现代化，这才是人们思考的重心所在。

以中国现时代的社会生活为根基，以现代文化及其所蕴涵的价值观为根本指向，应该是当前中国道德教育的理论建设和实践改革的努力方向。不过，一系列需要解决的问题也接踵而至。比如：现代文化及其价值观究竟意味着什么？它们是普适性的还是具有特殊性的？如何看待现代文化和价值观的利弊？在道德教育过程中如何处理与传统文化之间的关系？等等。这些都是需要进一步回答的时代性问题。

二、文化传统的断裂与新生

如果说文化路向的选择与重建主要是指向未来，解决新时期的集体文化认同，抑或如何重新塑造自我、文化要到哪里去的问题，那么，文化传统的追溯和承接则要回答的是我们来自何方，我们曾经怎样走过的问题。我们都不可避免地生活在一定的文化传统之中，这些文化传统既蕴涵着我们的文化基因，标识着我们的文化根性，也是我们以后继续选择、寻找和创造新的自我的前提，离开了这些前提和与生俱来的文化基因，继后的创造就会变成无根的游离和漂泊。“文化虽然永远在不断变动之中，但是事实上却没有任何一个民族可以一旦尽弃其文化传统而重新开始”。[4]文化的重建，“事实上可以归结为中国传统的基本价值与中心观念在现代化的要求之下如何调整与转化的问题”[5]。实际上，各种各样的文化传统不只是静态的存在或已经流失的符号，还是活生生的现实，是动态的生活，它以这样或那样的方式流淌在我们的血脉中，绵延在我们的生活世界里，直接或间接地影响着我们的思维方式、价值选择，影响到我们生活的一切。我们不应该拒绝、也无法彻底拒绝我们所生活其中的文化传统——尤其是在精神价值的内核层面，它无时无刻不环绕在我们周围，发挥着某种隐性的规范作用，支配着在这一文化背景下的教育精神及其发展模式。

可是，回顾20世纪中国的思想历程以及相应的文化和教育实践，不难看出，在列强入侵、中西文化落差、传统积弊彰著、富国强民的救赎心态等种种因素的影响下，激进主义思潮时时登台亮相，甚至在长时间内占据主流地位。这一思潮对中国的传统文化采取了极为偏激、全盘否定的态度，认为只有彻底抛弃传统文化，另起炉灶，再造另外一种新的文化，从根本上更新中国人的精神世界，才能拯救国家和民族。这种态度必然导致文化传统的割裂或淹没，致使儒家文化所积累的道德资源几乎丧失殆尽。诚然，我们文化传统中有一些劣根性的、违背人性和负面的东西，对这些东西应该予以抵制、排斥和清理，但无论从伦理、审美还是其他文化向度上，中华文化传统对社会权威的认同、对整体利益的关切、对和谐及宽容的追求、对个人需要和个体价值的谨慎态度以及所达到的心灵自由、精神高度和人文理想都令世人慨叹，并展示着其不可替代的存在价值。随着世界整体历史的发展和现代化进程的推进，中华文化日益散发出其光芒夺人的历史魅力，显示出对于全人类的独特贡献。激进主义的观点及其所体现的思维模式把传统与现代置于二元对立、非此即彼的位置，在急功近利的现代化心态中，异样的声音基本被淹没，不是在原有的基础上进行适宜的改造与重组，丰富与更新，而是简单地照搬别人的东西，其结果是，延续数千年的文化传统被人为地割裂，传统文化及其所体现的价值观没有得到应有的批判和继承。失去了对传统的自觉体认和本土文化资源的支撑，就使得在许多方面变得面目全非、无法辨认自我。考察百年来的学校教育和道德教育，对待传统伦理、传统文化的态度，也可见一斑。在急切的现代化心态中，文化、精神领域也自觉或不自觉地沿用了技术领域的逻辑，忙于接轨和赶超。一方面，忽视了那些“先进道德”是植根于其特定的文化传统和文化土壤之上的，所以，我们拿来的似乎总是皮毛和空壳，无法真正生根发芽，更谈不上枝繁叶茂；另一方面，忘记了对自身的那些正面的、积极的文化传统、伦理价值资源的挖掘和培育，甚至以一味排斥的姿态而出现，导致我们的文化生命日渐枯萎，从而失去我们的价值根基。事实上，传统在保障文化的生命力方面是不可或缺的，它不仅使得我们的记忆连贯，而且时时提示我们先人们是如何处理同样的生存困境的。在现代教育、现代生活中成长起来的现代人，若舍弃了自己的文化根基，就会产生一种异乡漂泊的无助感。人们在拒斥传统、颠覆文化谱系的道路上走得越远，就越难以找回自我。

在教育、道德教育领域，究竟如何看待文化传统，尽管也是一个老生常谈的话题，但在经历了20世纪的风风雨雨，经历了数次的激进主义浪潮，尤其是经历了并不成熟和稳健的现代化的初步洗礼之后，再来审视那些已经变得千疮百孔、曾经集毁誉于一身的文化传统，我们就不得不以更理性、更全面、更冷静的态度来反思曾经走过的路，反思我们对待传统的态度以及在割裂传统后正在尝受的一切，真正把文化传统的传承和发扬作为考量一切伦理和教育问题，谋求教育、道德教育现代化之不可回避的维度。这就意味着：道德教育改革或者道德教育的现代化绝不是与自身文化传统、文化谱系的彻底断绝或革命；它一定是植根于自身文化脉络中的再造，新的道德和道德教育一定自觉地融入文化传统的因子；它是自我的文化生命的延续和成长，是更高层次上的一种自我确认和调整，而不是完全变成了另外一个人。如果说道德教育的改革在本质上是文化的变革，是文化传统的自我更新，那么，它就不可能是一次性的，而是渐进的，并且，这种文化承续也只能通过文化的手段即文化精神、文化氛围的浸染和生活实践的锤炼，而不能依赖其他的手段，如政治的规训、技术的操练等实现。另外，对文化传统的自觉并不意味着固守传统或者坠入复古主义的情结中一味地美化传统。如何赋予文化传统以新鲜血液，使文化传统获得新生，更是一项横亘世纪的大课题。这就需要我们不断对传统作出新的更富有时代气息和现实需要的解释，或者从根本上对传统文化作结构性的调整和变革。所幸的是，相关的探讨和尝试已初现端倪，比如：返本开新说、创造性转换说、转换性创造说，等等。在文化和教育实践中，经典和传统又逐渐吸引了人们的目光；在个体心性修养、道德操守的层面，儒家文化又逐渐受到重视；在世界范围内，中华文明及其文化传统也别开生面，从一味遭受指责和鄙视到开始赢得人们的尊重……无论如何，问题已不在于要不要传统，而是如何要，如何使传统获得新生的问题。在现代化的缺陷日益彰显、人们也亲身经历了现代化的福祉和苦痛之后，我们的文化传统在某些方面还是显示了独特的或者说永恒的魅力。也正因为这样，尽管走出有中国特色的文化传承之路依然任重道远，但在伦理和道德教育领域，我们还是充满信心。我们要在树立道德教育的文化本土品格、找寻道德教育的文化根基，以及在确立新的文化立场中确证自己道德教育的文化合理性。

三、文化多元化的挑战与应对

尽管中华文化自古以来并非铁板一块，在文化生态上也展示出了多样性与丰富性，但两千多年来，儒家文化无论在民间还是意识形态领域都占据着无可撼动的正统地位，其他文化样态要么被儒家文化所涵化，要么在总体上处于被遮蔽、被压抑的边缘。近代开启的社会转型使得儒家文化居于一尊的格局被打破，各种文化风气、思潮和社会实践你方唱罢我登场，在一个变革的时代孕育了新的文化丛林。特别是30年的改革开放，促成了文化多元时代的来临，在思想学术、日常生活等层面上，那种一元主导、独霸天下的文化格局一去不返，人们有了更多的选择机会。如果说，千百年来的文化总是彰显着一枝独秀，那么，“当今文化真正进入了一个众生喧哗的部落时代”，[6]从历史发展的角度来看，多元文化的出现，无疑体现了历史的进步和人类的解放，标志着人类在自主、自由和自觉的道路上又前进了一步。多元文化的浮现也给教育，尤其是直接指向人的精神成长、价值选择和实现的道德教育以新的生机——在很大程度上，只有在多元文化的氛围和前提下，真正的教育才成为可能。但正如任何事物都具有两面性一样，多元文化的生成在给社会和教育制造新的机遇的同时，也带来了新的挑战和问题。譬如：文化多元化的边界何在？如何避免相对主义和虚无主义的困扰？如何在多元文化之间寻求统一？多元文化给社会伦理以及当前青少年的道德发展带来了哪些问题？对于学校道德教育而言，如何看待不同文化、不同价值观之间的关系？如何看待多元文化给青少年的道德发展带来的影响？应该持守什么样的立场来对青少年进行引导和教育？在多元文化环境之中，学校道德教育到底应该发挥和能够发挥什么样的作用？如何发挥这样的作用？等等。“我们越来越清楚地看到，当代各种文化和教育的所有层面上所面临的最大挑战是如何创造性地对付多元的世界观和视角彼此相撞而产生的强大的影响。”[7]这些问题都是学校道德教育在价值多元的世界中所必须加以正视和回答的。

面对多元文化的现实，国内外理论界也出现了各种不同的声音，概括起来，主要有三种代表性的观点。第一种是反对和敌视文化的多元化，认为不同文化不应该同台登场甚至平起平坐，那些劣等、次要、落后的文化应该服从于优等文化的领导，甚至应该予以清除，应该继续坚持文化一元论的立场，文化多元化是文化走向没落的表现。持这种观点的人大多带有种族主义、宗教极端主义、文化和民族优越论的倾向。第二种认为，世界和文化的多元化、多样化既是既成的事实，也是未来的大趋势，但文化之间的差异和隔阂将使不同的文化之间不再信任甚至无法沟通，文化冲突和不可协调不可避免，文化之间的相互抵制、对立和争斗将主宰整个世界，世界将陷入由文化的分裂而带来的分裂和痛苦之中。持该观点的人要么从过分悲观和片面的角度来看待文化差异，要么就是仍然存在单一文化至上论的情结，无法以平和、冷静和宽容的心态来看待异己的存在，比如持“文明冲突论”的美国学者亨廷顿等人即是其中的代表。第三种从乐观的、积极的角度看待多元文化，并支持和推动文化的多元化走势。所谓积极、乐观的态度是指认可并肯定多元文化的历史价值和现实意义，认为不能仅从悲观、负面的角度来评价文化之间的关系，不同文化间确有差异和隔阂，但也有互补、互鉴和共通的一面，有着可以对话和共同繁荣的一面，完全可以化干戈为玉帛。

笔者原则上支持第三种观点。就目前的形势看，回避或抵制多元文化的态度显然是不明智的，文化多元化是历史的发展大势。事实上，不同文化间的冲突与隔阂、交流与对话同在。问题是，如何在尊重与鼓励多元、倡导个性的基础上，寻求最起码的共识、合作和互惠。“不遵循一个允许社会地位和文化背景不同的个人与集团之间相互沟通的普遍主义原则，就不可能有多元文化的社会。”[8]在明了了这一基本的判断或立场的前提下，在一个多元文化的社会中，无论是对于促成健康、良性的多元文化环境，还是对于启迪和引导个体的文化选择，学校道德教育都是大有可为的。首先，作为教育工作者，应树立开放、宽容的心态，以海纳百川、兼容并包的心胸来审视形形色色的文化样式和价值需要，以多种方式来展示文化的丰富性、多样性。同时，鼓励学生作出自己的选择，引导学生反省和确认自己的文化归属，传承和弘扬自己的文化个性。必须反对一刀切或人为地将文化和价值等级化的简单做法，真正告别各式各样的“中心主义”——种族、民族、性别、阶层、职业、年龄、区域中心主义等。此外，还应该以温和的、理性的方式让学生学会尊重，欣赏不同的文化，寻找文化的共性，学会如何与不同的文化价值观进行友好相处、取长补短。

四、文化殖民的压力与自省

按照后殖民理论的观点，在世界步入现代化、全球化的今天，那些先发展起来的、在经济科技等方面占绝对优势的国家对后发的现代化国家的帝国主义行径仍然没有停止，并事实上造成了另外一种形式的殖民——文化殖民。“在我们这个时代，直接的控制已经基本结束；我们将要看到，帝国主义像过去一样，在具体的政治、意识形态、经济和社会活动中，也在一般的文化领域中继续存在。”[9]后殖民理论认为，无论是出于何种原因，如西方发达国家和社会基于自身的经济和力量优势主动对发展中国家进行有意识的文化传输和同化，或者发展中国家出于加速现代化的谋划而不得不对来自先进国家的文化自动缴械，进而丧失文化和民族自信心等，还是由于其他不可抗拒的原因，文化帝国主义和文化殖民都是不可避免的逻辑事实。具体来讲，在全球交往的时代，发展中国家不得不按照事先制定好的符合发达国家利益需求的规则和价值观、审美观来行动，发达国家则通常把这些规则和价值观美化成全世界通用的普适规则和价值观。处于落后地位的国家和民族则常常由于自卑、盲目和认识上的模糊等原因，对这些规则全盘接受，以至顶礼膜拜，从而丧失了自我，失去了个性发展和原动力，最后在文化上沦为发达国家的精神奴隶，在经济和政治上成为发达国家的牺牲品。“世界历史中从未有过像今天这样，一种文化对另一种文化实行如此大规模力量与思想上的干预，像美国对世界的干预一样……我们总的来说从未像今天这样，在我们真正（与强加给我们的相对而言）的文化属性是什么的问题上感觉如此支离破碎，被如此贬低或完全抹杀”。[10]这样，发达国家则不知不觉地变成了新的统治者和吸血虫。而这种新的殖民较之传统的殖民形式更加可怕，它不仅兵不血刃就获取了自己想要的一切，而且亦使弱势群体失去了反抗的意识和斗志，永远丧失了发展的可能。

文化殖民理论一经提出，就在广大发展中国家，甚至在世界范围内都产生了广泛的影响。姑且不论文化殖民理论的是非曲直，毫无疑问的一点就是，在全球化时代，处于经济、科技优势地位的国家和地区与相对落后的地区比较起来，其文化输出的成分更多一些，世界通用的各种标准和规则无疑也是发达国家先期制定的，在许多国家也的确存在“现代化就是西方化、美国化”的潜规则和集体无意识。“站在21世纪门口的绝大多数民族，完全有理由担心，操纵在西方特别是美国手中的全球化力量，终将并且已经成为他们推行新型殖民主义的新式武器……人们不能不承认，所谓全球化，实际上必将成为美国化，成为按美国意志塑造全球的运动”。[11]对于中国来说，在进行快速的现代化转型，迫切希望融入全球化的大家族中，但是，对照后殖民理论的观点和提示，再来反思我们在现代化过程中的种种思想和行为，就不难发现，我们对待西方文化——尤其是其中的伦理、审美层面的态度，还是需要推敲的。在西方强大势力的推动下，以美国文化为代表的西方文化席卷全球，从衣食起居到人际交往，从生活方式到语言表达，从科技和制度到价值和审美，西方文化无时无刻不在浸染着人们的身心。在学校教育中，对外来文化的观念和思维方式照搬有余，而本土化的改造、适应与承换则明显不足。从这个角度讲，说我们正面临着新的殖民——文化殖民的压力，可能并不为过。也正是在此意义上，不少有识之士敏锐地看到，经济、科技的全球化逻辑并不天然地适用于文化，文化应该有自己特有的逻辑和追求，所以，在积极响应全球化进程的同时，必要的文化自觉、自省和自立就成为许多发展中国家、地区和民族的基本任务。

所谓文化自觉，用费孝通先生的说法，就是“生活在一定文化中的人对其文化有‘自知之明’，明白它的来历，形成过程，所具有的特色和它发展的趋向，不带任何‘文化回归’的意思，不是要‘复旧’，同时也不主张‘全盘西化’或‘全盘他化’。自知之明是为了加强文化转型的自主能力，取得决定适应新环境、新时代文化选择的自主地位。”[12]也就是说，文化的自觉是为了加强文化转型、文化选择和文化改造的自主能力，而这一点，既不能通过文化回归也不能通过全盘西化或他化的方式来实现，而是要对文化传统的形成、发展，它的规律和特点，它的优势和不足，它在世界多种文化中的地位和作用有全面的把握，对其他文化有深入的了解并能吸取其精华。在这里特别需要注意的是，虽然现代化和现代性具有其普遍性、普适性的一面，全球化把世界变为一体，也理所当然要求世界享有包含伦理、法理在内的最起码的、最低限度的公共准则，同时，西方文化作为现代化的先行者作出的表率是值得借鉴的，但是，这并不意味着西方就是世界，西方的文化就是最好的文化，西方的价值观就是最好的价值观，那种试图站在“山巅之城”来统帅世界，为人类提供标准和楷模的思想不过是一厢情愿。面对现实中强势文化的巨大压力，面对民族文化可能被同质化的危险，面对新的文化殖民，道德教育领域的文化自觉一方面固然应继续以开放的视野、宽广的胸怀来接受外来文化的冲击和碰撞，故步自封、我族为大、各自为政的时代已经一去不复返，今天的文化建设和心灵修行应继续站在全人类的文明成果之上，接受全世界文明的洗礼和冲刷，才能博采众长、永葆青春；但另一方面，更要树立坚强的民族自信心，要始终确信自己的民族和民族文化存在的价值，民族的才是世界的，失去了自己的民族和本土文化特色，就等于失去了自我。另外，还必须确立一种信念，即文化建设和道德教育的改革，要始终立足于我国当前的现代化实践，植根于自身的文化传统和社会实际，最终建立起一套我们自己的文化系统和价值体系。这套体系肯定要融合和吸收各种域外的因素，但外来文化只能是强身健体，为我所用，而不可全盘照搬。在当前学校道德教育的改革中，人们已从理念、课程、策略与途径等多方面进行了深入的探讨和实践，但对一个不可回避的问题似乎还未作正面的回答，那就是：我们究竟应该培养和能够培养什么样的道德人格？具体来讲，在全球化带来的强势文化挤压下，道德教育的目标除了要培养世界人、个性化的自我之外，从民族、国家的角度来看，做一个现代中国人究竟意味着什么？只有对这些问题作出合理的回答，才能赋予道德教育改革以实质性的内容，而只有具备充分的文化自觉和自省，才能对此问题作出合理的思考。

以上只是从几个不同的侧面论述了当前中国学校道德教育面临的文化困惑或文化上的难题：文化路向的叩问旨在展示当前学校道德教育应该确立的主导性的文化追求和文化使命，它既来自对社会现实的把握和对社会发展方向的判断，也来自对文化传统和当前文化境遇的厘定；文化传统的追索旨在从纵向的、历史传承的角度来审视学校道德教育的文化根基；多元文化碰撞的辨析主要是从现实文化生态的角度来分析学校道德教育文化选择的困惑及可能存在的问题；文化殖民压力的揭示主要是从全球化的角度和弱势文化的立场来探讨当前我国的文化建设和道德教育正在遭遇的困惑。这些文化上的困惑相互交织在一起，共同构成了新世纪学校道德教育必须解决的基本文化问题，在经历了百年的文化冲突和嬗变之后，学校道德教育作出清明而合理的文化自觉就成了人们的共同心愿。毕竟，道德教育并不只是现有文化和社会信息的被动接收者，它应该成为文化的检视者与开拓者，应该以特有的姿态回应文化上的难题，承担起自己应有的历史使命。

参考文献：

［1］［2］金耀基．从传统到现代［M］．北京：中国人民大学出版社，1999．13、13．

［3］李泽厚．论语今读［M］．北京：生活·读书·新知三联书店，2004. 429.

［4］［5］余英时．文史传统与文化重建［M］．北京：生活·读书·新知三联书店，2004. 429、430.

［6］陈晓明．思亦邪——当代博士生导师思辨集粹书系（第四辑）［C］．济南：山东友谊出版社，2006. 55.

［7］L．斯维德勒．全球对话的时代［M］．北京：中国社会科学出版社，2006. 331、330.

［8］阿兰·图海纳．我们能否共同生存——既彼此平等又互有差异［M］．北京：商务印书馆，2003. 227.

［9］［10］爱德华·萨义德．文化与帝国主义［M］．北京：生活·读书·新知三联书店，2000. 10、454－455.

［11］庞朴．文化一隅［M］．郑州：中州古籍出版社．2005. 330.

［12］费孝通．反思·对话·文化自觉［J］．北京大学学报，1997，(3)．

（原载《教育研究》2009 年第 10 期）

雷锋精神的现代意蕴

扈中平*

自1963年3月5日毛泽东的题词“向雷锋同志学习”发表以来，雷锋逐渐成了国家伦理的典范，成了中国人心中的精神偶像和道德神话，他是那么的完美无缺，令人震撼。“全心全意为人民服务”“毫不利己，专门利人”“艰苦奋斗，勤俭节约”“公而忘私”“对业务精益求精”“一颗永不生锈的螺丝钉”等，都是对雷锋精神的经典表述。渐渐地，雷锋离大众越来越远。改革开放后，年轻人开始认为雷锋是不真实的，他们不相信世界上会存在这样一个如此完美的人。有的人甚至认为，对于现代社会而言，雷锋精神过时了，因为在现代社会中，像雷锋那样不计报酬地做事，无异于是个“傻子”，不符合中国目前正在进行的市场经济运作伦理。由此，学雷锋在一定程度上成为一种轰轰烈烈的外在形式，人们可以敬重雷锋，可以因雷锋事迹而感动，却不愿真正去学雷锋。

其实，雷锋是一个优秀而又普通，传统而又现代，离大众并不遥远且十分可爱的人。从越来越多关于真实雷锋的文献中能够清晰而真切地感受到雷锋身上所蕴涵的现代气质，这不能不让人感到有些惊奇。可以毫不夸张也不牵强地说，雷锋在那个时代的同龄人中是相当现代的一个。发掘雷锋精神中的现代意蕴有着重大的价值，它不仅有助于还原一个真实的雷锋，拉近他与大众的距离，大大增强雷锋精神的“可学性”，而且有助于深刻反思我们的道德教育。

---

* 扈中平，华南师范大学教育科学学院教授、博士生导师。

一、雷锋具有主动的人生态度并热衷于社会流动

社会流动是现代社会的一个重要标志，也是现代人的一个重要特征。传统人往往株守一隅，消极被动，随波逐流，活动空间狭小。在现代社会，人往往是在流动以及流动所带来的新的机遇中去寻求自己的最佳位置、提升自己的个人价值和改善自己的境遇的。

在雷锋短短的一生中，他始终具有一种积极主动的生活态度，尽可能自己把握自己的命运，不断寻求更好的发展机遇，从不满足于现状。如果说雷锋把自己看成是“一块砖”，哪里需要哪里搬，那么雷锋更多的是按其意愿自己主动地搬，而不是被动地任由他人搬。这一点，仅从雷锋在追求社会流动中所描绘的人生轨迹里，就可以得到充分证明。在雷锋那个年代，面对现实和命运，受动性几乎是人的全部特性，而雷锋却是一个典型的主动进取、不断改变自己人生命运的人。从1956年小学毕业到1959年底入伍短短的三年多中，雷锋频繁流动，共换过七次工作。在雷锋的多次职业流动和人生转折中，最能体现他主动精神的有两次，一次是去县委机关当通讯员，一次是参军。

1956年，由于县委机关的一名通讯员参军，需要一人来顶替。县委组织部干事黄菊芳到各个乡去物色，但一直都没找到合适的。一天，黄菊芳来到雷锋工作的安庆乡政府，在等待乡长时，她发现一旁桌子边的几个青年正在做“秋征花名册”，气氛很活跃。笑容可掬、机灵可爱的雷锋引起了黄菊芳的注意，于是两人聊了起来。在谈到家庭情况时，雷锋的笑容消失了，流着泪告诉黄菊芳自己写过一本苦难家史的小册子，想给她看看。这本以“苦难的家史，我的理想”为主线的小册子打动了黄菊芳，她很是喜欢雷锋。后来，雷锋正好撞见黄菊芳与乡长谈话，听乡长说黄菊芳很关心、同情他，雷锋流下了感动的眼泪，带着几分恳求、几分焦虑的心情说：“老黄，请你一定要帮我介绍一个工作，我不愿一个人呆在屋里，我要参加革命工作，报答毛主席和共产党的恩情。”[1]第二天一大早，雷锋又专门找到黄菊芳，表达了自己很想早些参加革命工作的愿望，请求黄菊芳为他做推荐。这年11月，在黄菊芳的极力推荐下，雷锋终于实现了他人生的一次决定性转折。

雷锋参军的曲折过程也很能反映他积极的人生态度和主动精神。雷锋报名参军后，在兵役局和接兵部队的目测中就因身材矮小被淘汰了。雷锋很沮丧，但当满载具备体检资格的应征青年的汽车开动时，不死心的雷锋紧追汽车硬是

爬了上去。到了体检站，雷锋为了表达自己参军的决心和引起部队首长的注意，送水、打扫卫生，到处抢活干，还拉着接兵部队的参谋苦苦哀求，终于得到一个体检机会，结果身高体重都不合格。雷锋仍不放弃，又几次去找辽阳市武装部的余新元政委，每次要走几十里路，有一次甚至在值班室等了一宿，连续几天，总算见到余政委。雷锋发挥优势，缠着他大讲自己的苦难家史，结果政委被感动，答应给雷锋争取一次复检的机会。没想到第二天雷锋就拎着一只小皮箱跑到兵役局来对余政委说："我把这点家当都带来了，这回我走定了，叫当不叫当都这样了。"[2]81这种少有的固执与坚决让部队对他不得不重视起来，为他说情的人也越来越多，甚至确定雷锋身体不合格的医生也替他说情。最厉害的是雷锋竟拎着家当跑到余政委的家里，扫地、打水、擦玻璃、生炉子……与余政委的爱人处得跟母子似的，结果余政委的爱人也为他求情。这件事甚至通过余政委惊动了辽阳市委书记，并得到他的支持。后又经过诸多曲折，雷锋终于获得了一个宝贵的候补名额。在新兵营当便衣通讯员期间，雷锋每晚都给军官们在铺位前放上一盆热腾腾的洗脚水，第二天一早又在脸盆里盛满温水，把毛巾、牙刷放好，每天还积极整理内务，打扫卫生，件件事做得让人无可挑剔，给人留下深刻印象。最后雷锋终于在自己的努力和他人的帮助下如愿以偿，参了军，实现了人生的又一次重大转折。

二、雷锋善于交往并有良好的人际关系

雷锋性格外向开放、单纯友善、谦和宽容、乐观阳光，十分惹人喜爱，这种性格和品质使他非常善于与人交往，而良好的性格和人际关系又为他提供了不少发展机遇和人缘支持。雷锋天性活泼开朗，走路也时常连蹦带跳，每天乐呵呵的，几乎没人见他愁过脸，大家都很喜欢和他交往，觉得与他在一起很受感染，很愉快。

雷锋善于交往，还体现在对他人的大度宽容上。在部队，雷锋一开始并不顺利。由于雷锋喜欢学习毛主席著作，在班务会上经常直截了当地批评他人，渐渐得了个"马列主义者"的外号，一些战友甚至连队干部说他爱出风头，做好事是专门给别人看的，风言风语不少。有时雷锋还被"穿小鞋"、遭挤兑，比如该轮到他练习开车时常被班长派去搞卫生或去菜地除草，失去了一些学车的机会，导致驾驶技术不太好。[2]148一个战友为雷锋鸣不平，问他为什么不提

意见，雷锋回答说，搞卫生、拔草总是要有人去做，别的同志多上车先学好，也对连队有好处，自己慢慢学还是赶得上的，不应该为此对班长有意见。1962年3月，雷锋所在部队在一地施工，驻地附近有个村子的二十来岁、长得挺漂亮的妇女队长常带着一帮姑娘来部队做好事，看上了已是班长的雷锋，但雷锋一点都不知道妇女队长的心事。按部队纪律，战士不能随便与地方女性谈恋爱，否则就属大错。有人向指导员反映说雷锋和妇女队长谈恋爱，指导员没了解情况就把雷锋批了一通。雷锋感到十分委屈，但他并没有埋怨和记恨任何人，而是大度地对指导员说："没有这些事，请领导放心，我不会给部队丢脸。"雷锋在1962年7月29日的日记中写下了自己的心里话："从内心往外说，我没有和哪个女同志谈情说爱。指导员提出这个问题，不知风从何起……现在，有同志说我谈情说爱，没有任何根据，完全是误解。我是个共产党员，对别人的反映和意见不能拒绝，哪怕只有百分之零点五的正确，也要虚心接受。现在有的同志还不了解我，冤枉了我，使我受点委屈。这也没什么……'没做亏心事，不怕鬼敲门。'我没有这回事，就不怕人家说。'有则改之，无则加勉。'事情总会清楚的，让组织考验我吧。"[2]200雷锋1959年底入伍，当年就已成为沈阳军区的名人，这场冤枉的恋爱风波发生在雷锋牺牲前不到半年，那时的雷锋在全军都已是很有影响的人物了。但就是这样一个人物，面对无中生有的冤枉，不摆谱，不以势压人，始终谦虚谨慎、宽容大度，有这样的品质，自然容易与人相处。

值得一提的是，雷锋尽管谦虚谨慎、大度宽容，但也不是逆来顺受、事事从众。对于有些风言风语，雷锋坦然面对，坚持己见，不为左右，多少有一点"走自己的路，让别人说去吧"的勇气和个性。他不会因为有人议论他做好事是给别人看的这类风言风语而不再做好事；不会因为留刘海被人看不惯而放弃。

善于交往与良好的人际关系，是现代人不可或缺的品质，雷锋尽管生活在传统社会，但他却有着这方面的良好素养。这种素养不仅增强了雷锋个人的幸福感，而且为他的个人发展也增添了诸多机会。我们通常只是说机会总是青睐那些有准备的人，这话不错，但并不透彻。因为这话并未言及机会的来源，而且我们往往夸大了机会的偶然性，强调的只是个人对机会的准备。尽管机会有一定的偶然性，但更多的还是在社会生活中，在人际交往中获得的，故此，交往广泛和人际关系好的人相对更容易成功。

三、雷锋好学上进并善于表现自己

雷锋是一个十分好学上进的青年，他有一种孩子般的心态和强烈的好奇心，见到新鲜的事情总想去尝试和学习。读小学时，活泼好动的雷锋就喜欢动手制作一些东西，想在集体活动中积极地展现自己，他学过在木头上刻章，参与研制矿石收音机等。在县委机关工作期间，雷锋积极报读业余文化补习学校，并恳求插入初中班学习，白天工作，晚上读书。有时随领导下乡，他就坚持出差前“领课”，回来就“补课”。雷锋最终完成了初中学业，这为他后来创作出短篇小说《茵茵》和《南来的燕子啊》等十来篇新体诗歌以及写出具有相当文采的《雷锋日记》打下了较好的基础。雷锋在《望城报》发表自己第一篇文章《我学会开拖拉机了》后，产生了强烈的创作冲动，他还曾对县委组织部一干部谈起过自己的作家梦。“雷锋去世后，从他留下的文字和文笔风格中，可以明显地感觉到他是一个有潜质的文艺爱好者。”[2]48 雷锋不仅学文化、学写作，而且还学过理发、吹口琴、拉手风琴、说普通话，朗诵、歌舞、说快板、办墙报，样样都能来几下，一直是个文艺骨干。

雷锋从小就比较喜欢抛头露面，积极表现自己。他刚从上车庙小学转到向家冲小学时，发现学校最重要的集体活动是腰鼓队，便主动要求参加。起初学校因为他个头太矮，怕影响队列的整齐，没有选他。雷锋很着急，就反复要求，后来终于成为腰鼓队里最活跃的分子。每次校外活动，人们都能看到个子矮矮的雷锋背着一面皮鼓，挺得意地走在队列中。在学校组织的跳舞、学普通话、演讲比赛、打球、上台献花、政治学习等各种活动中都能见到雷锋的身影，同学们形象地用当地一种“浮头鱼”来称呼他，这个外号得名于他活泼开朗、喜欢表现。

到了部队，雷锋一有机会就主动指挥大家唱歌，上台发言，做忆苦思甜报告，参加各项集体活动，尽情地展示自己、完善自我。

四、雷锋热爱生活并追求时尚

在政治上让人如雷贯耳的雷锋，在生活上可不是一个“老土”，而是一个充满幻想的阳光青年。他总是那么朝气蓬勃、意气风发、青春激扬。他热爱人生，积极融入主流生活，无论是在政治上还是在生活上，都算得上是那个时代领先潮流的时尚青年。

雷锋在生活上有着浪漫的情调。他是一个爱花的人。望城农民喜欢种红花草（学名紫云英）肥田，每到阳春三月，红花草盛开，如火如霞，雷锋喜欢到田野里观赏这种美景，还采一些回来养在盛水的小玻璃瓶里。据雷锋的干姐姐冯健回忆，她去北京开会时，雷锋还特意采来一束红花草送给她。冯健发现雷锋其实是个很爱漂亮的小伙子，他疏着整齐的发型，每当走到能照见人影的玻璃窗前、清水池边，都要拉拉衣襟，理理头发，掸掸尘土，做出一副精神百倍的样子。[2]37雷锋穿着时尚，喜欢把白衬衣的领子翻出来，明显与众不同。雷锋很喜欢照相，这也体现了他爱美的性情。

令人惊讶的是，雷锋还有一些相当高档的个人用品。雷锋 16 岁一开始工作工资是 23 元，后来涨到 28 元，与同龄人比，收入算是不错的，到鞍钢后工资又有提高。他平时比较节约，又无任何其他负担，自然有些存款，所以也算得上是比较有钱的人。他平生最大的几笔消费，都是在鞍钢时期。雷锋上下班总是穿着一套工作服和大头鞋，同事们都劝他去买件流行的皮夹克，他开始不同意，后来在几个女老乡的再三鼓动下，便一次性去买了一套豪华新装：一件 44 元的“光荣花”牌皮夹克，一条深蓝色的华达呢裤子，一双黑皮鞋，还买了一瓶“友谊牌”雪花膏。更叫人惊奇的是，雷锋还有一块瑞士产的“英纳格”牌手表。在上世纪 50 年代末 60 年代初，一个普通士兵拥有一块进口表意味着什么，这是今天的年轻人很难想象的，因为直到 70 年代末，手表都还是值得炫耀的紧俏货和奢侈品。正因为如此，当 1980 年有人提议将雷锋戴手表的照片予以展出时，遭到了绝大多数人的反对。随着时代的进步，在 2003 年初完成扩建工程的沈阳军区雷锋纪念馆终于展出了这幅照片，那块令当时许多人想都不敢想的瑞士名表“英纳格”原物也同时展出。雷锋有手表的事实之所以过去要隐瞒，无非是怕有损雷锋艰苦朴素的形象，令典型不够完美。这必然会使人们产生疑问：雷锋不是“毫不利己，专门利人”吗？雷锋不是“公而忘私”吗？他怎么不把买这些高档品的钱都捐给灾区人民或交党费呢？我们过去树典型就近乎于在“造神”，得不偿失。难怪到了上世纪 80 年代，已有相当独立性的一代年轻人就难以理解雷锋了，他们看雷锋就像是在看一个遥远的神话，直到他们了解到雷锋原来也是一个穿皮夹克和戴手表的时尚青年，才似乎找到了与雷锋对接的接口。

雷锋总体上也的确是一个艰苦朴素的人。在收入较高的鞍钢时期，雷锋把生活安排得井井有条，月月有剩余。每月发工资前，都事先计划好，先留出伙食费、看一次电影钱和必要的生活用品费，余下的全部存银行。雷锋在经济上帮助过不少人，还捐献过200元钱，但如果要求一个高尚的人就不应该有自己的一点享受，那就是一种不合人性的怪异心态了。

五、雷锋一定意义上在践行着利他与利己的统一

现代道德在本质上追求的是利他与利己的尽可能统一，它既坚决反对损人利己，也不提倡利人损己，而是更赞赏人与人之间的互利共赢。现代社会也是一个更加追求公平的社会，即追求机会的人人均等和权利与义务、付出与所得的大致统一，并以此为目的来构建一个“我为人人，人人为我”的良性互利机制和“善有善报，恶有恶报”的赏罚机制，将此视为一个社会公理。一个社会中，如果好人总是吃亏，小人总是得利，那就没有公平可言，也没有道德可言，好人就会越来越少，小人就会越来越多。

其实，“利己”在理论上只是一个中性词，它既不必然意味着善，也不必然意味着恶，换句话说，它既可能导致恶，也可能导致善。从中性的意义上讲，利己即自利，自己做有利于自己的事，这源于人趋利避害的本性。在正常情况下，人总是趋向于去做使自己感到愉悦和幸福的事情，而避免去做使自己感到痛苦和不幸的事情。利己本身并不涉及道德问题，只有利己的手段和方式才关涉道德问题。但长期以来，我们把利己贬义化、庸俗化甚至妖魔化了，把利己与利己的手段混为一谈了，似乎利己就必然导致损人和不道德，似乎利己与利他是天然对立的，这种割裂利己与利他统一性的认识是一种极大的误解，也是十分有害的。

雷锋一生都在想使自己发展得更好，使自己变得更有价值，而且他也很好地做到了，从这个意义上讲，雷锋也是利己的。他的每一次社会流动，都是想寻找到更好的人生位置，从而更加有利于自己的发展。如果我们要质疑，雷锋小学毕业回乡后为什么不投身到艰苦的农业生产中去，为什么不安心农村、扎根农村，这有道理、近情理吗？自利本身并没有错，关键在于自利的手段和途径，雷锋是通过利他和为社会服务来获取自己应有利益的，这完全符合现代道德的要求。

雷锋的自利有其鲜明的道德立场：一是雷锋不以利己为利他的功利性前提

或目的；二是雷锋并不追求利他与利己的线性因果关系；三是雷锋利他行为所追求的回报均为精神回报，包括荣誉和精神的自我满足两方面。

雷锋为什么做那么多好人好事，而且乐此不疲，这一定有其内在需要和动机。这种需要在雷锋身上主要体现在三个方面，且均为精神需要。第一，雷锋有一种强烈的追求善的意识。雷锋在本质上是一个非常善良的人，善对于善良的人来说是一种内在需要，有需要就一定会寻求满足。雷锋满足善的需要的基本方式就是“与人为善”，就是施善和行善，在这个过程中，自己也就获得了一种满足、快乐，甚至享受。对于善良的人来说，助人为乐是一个很自然的事情，帮助他人，特别是帮助那些需要帮助的人，本身就是一种快乐，而不是说帮助他人是一种单方面的付出和牺牲，本身是吃亏，只是由于帮助他人的人思想觉悟高而把吃亏人为、努力甚至强迫地当做快乐。行善理当是利人与利己的高度统一，而绝不是利他损己的事情。行善一方面帮助了他人，另一方面也满足了自己，即满足了自己善的需要，这种需要的满足给人带来的当然是内心的愉悦，所以有善的需要并追求这种需要的人，在其他条件相同的情况下，往往更容易身心和谐，健康长寿，这也是利他所带来的结果上的自利，现代科学研究也已证明了这一点。雷锋是一个有善的强烈需要的人，假如他没有能力或条件通过利他来满足自己的这种需要，那对他来说就是一种痛苦和不幸。第二，雷锋有一种强烈的报恩意识。雷锋在旧社会经历了一个苦难的童年，解放后过上了一种崭新的生活，这一切对他来说就像做梦一样。雷锋觉得党和人民给了他太多，而他欠党和人民的也太多，于是很自然地便产生了一种那个时代很多人所特有的报恩意识。这种意识实际上也就是一种需要，如果这种需要得不到满足，雷锋的内心就会失衡和不安。雷锋报答党和人民的方式就是努力工作，多做好人好事，使自己发展得更快，变得更有价值并能发挥更大的作用。由此，雷锋在满足报恩的需要中获得了一种极大的满足和愉悦，这同时当然也是一种自利。第三，雷锋有一种强烈的荣誉意识。对雷锋来讲，这种荣誉意识，就是对获得荣誉的渴望。雷锋一生中有一个最大的愿望，就是到北京见到毛主席，他曾在日记中数次记录下在梦中见到毛主席的场景。这是他人生的一个巨大动力，而在那个时代，见到毛主席可以说是一个至高无上的荣誉，通常只有了不起的模范、标兵才能享有这样的荣誉，这就说明雷锋很想成为获得这种荣誉的模范、标兵，这在某种意义上不也是一种自利吗？事实上，雷锋如果不是意外去世，他很可能能够亲眼见到毛主席。1962 年 6 月，沈阳军区政治部已批准雷锋作为军区代表参加国庆观礼，遗憾的是他8月15日便因公殉职。

需要即人感到某种欲求而力求得到满足的一种心理状态，它是人的社会行为的主要归因。马克思说："任何人如果不同时为了自己的某种需要和为了这种需要的器官而做事，他就什么也不能做。"[3]286 "他们的需要即他们的本性。"[3]514无论是需要的产生还是需要的满足，其指向都是自利的。雷锋的行为一定有他的动机，而动机背后一定有他的需要，他正是在满足自我需要的种种行为中，践行着利他与利己的统一。

事实也是如此。雷锋一方面付出了很多，另一方面他得到了很多，只不过这种所得都是精神性的，但这同样也是一种回报与报酬。不要一说到回报、报酬，就用庸俗化的思维方式去理解，要么就是物质性的，要么就是外在功利性的，精神性的愉悦和享受、自我精神需要的满足、自我价值的实现，同样也是，而且往往是更有价值的回报和报酬。所以，雷锋并不是一个"傻子"，说雷锋是傻子的人才可能是真正的傻子。从关于雷锋的各种文献资料中可以明显地感受到，他是一个很满足的人，也是一个性格和人格非常健康的人，这在根本上得益于他正确的人生观和价值观，得益于他助人为乐、踏实肯干的生活态度和行为习惯，这也是他一生发展迅速、顺利的最大资本。如果雷锋不是因为意外事故而牺牲，他个人将前途无量。可以说，雷锋是一个比较典型的"好人有好报"的例证。我们不能简单地用"吃亏""傻子"来概括雷锋精神的实质，所谓"吃亏""傻子"，往往只是雷锋精神的一种表现形式，也常常是道德行为的一种表现形式，但并不是雷锋精神的核心内涵。从各种关于雷锋的文献和故事中都能强烈地感受到，雷锋的幸福感其实很强，他的生活很充实，甚至有些诗意。

有必要提及，雷锋做好事并非是不留名的，他从未争过荣誉，但也没拒绝过荣誉。我们过去宣传的模范典型，几乎都是做了好事不留名的，似乎做了好事留名就是动机不纯，其行为就要大打折扣。其实，一个人做了好事又说出来，也许是他做的第二件好事，因为他用自己的道德又影响了他人和社会。

至此我们可以清晰地领略到，雷锋精神不仅体现着传统美德，而且蕴涵着现代气质。雷锋精神其实离我们并不遥远，它不仅值得过去的人们学习，同样值得当今的青年学习。雷锋精神的许多元素都具有普遍、久远乃至永恒的价值，有着极强的生命力，不仅应该学，而且可以学、能够学。

参考文献：

[1] 孙建和，殷云岭. 雷锋传 [M]. 北京：中国青年出版社，2003：35.

[2] 师永刚，刘琼雄. 雷锋 1940 - 1962 [M]. 北京：生活·读书·新知三联书店，2006.

[3] 马克思恩格斯全集：第三卷 [M]. 北京：人民出版社，1972.

（原载《中国德育》2009 年第 9 期）

“狼来了”道德故事原型的价值逻辑及其重构

石中英*

近来，随着全球甲型H1N1流感的爆发和蔓延，公共卫生安全问题引起人们的广泛关注。公共卫生安全问题就其性质而言，不单是一个医学问题，也是一个社会问题。公共卫生安全的保障不仅要依赖于医学的进步，而且也依赖于公民自身素质包括道德素质的提高。如果我们把视野扩大一点，不难发现，公民道德素质问题不仅存在于公共卫生领域，而且也同样存在于其他社会生活领域当中。如在日常消费过程中，几乎每一个消费者都痛恨那些虚假报价、以次充好、坑骗顾客的事情，然而，有些人一旦自己开了公司、做了生意，也会把利润看得比商业伦理还重要，也时有以次充好、坑骗顾客的事情发生，从而成为新的被痛恨对象；在政治生活领域中，每一位公民都会抱怨官僚主义作风，更是对形形色色的贪腐行为深恶痛绝，希望政府能够采取切实有效的措施来彻底解决这一问题，然而，等到他们中的一些人成为某个部门的领导者以后，也极有可能成为新的公民抱怨和厌恶的对象；在文化艺术领域，人们对所谓的“潜规则”也非常鄙视，认为“潜规则”的存在玷污了文化艺术的精神，纷纷呼吁要抵制和取消各种各样的“潜规则”，然而，少数年轻人为了能够顺利地进入文化艺术领域并获取更多的机会和更好的位置，却在文化艺术圈外公开表示自己愿意“被潜规则”。如此等等，不一而足。

由此看来，中国社会正在遭受前所未有的道德困扰，责任心和道德感的缺失很难说是少数人的事情，可能已经成为一种“时代的瘟疫”，一种比甲型

* 石中英，北京师范大学教育学部教授、博士生导师。

H1N1 流感病毒传播更加广泛的“病毒”，它严重地侵蚀着人们的心灵和人格，破坏着社会公共生活的伦理基础。政府和社会中的每一个人都应该像防控甲型 H1N1 流感那样防控这种“时代的瘟疫”——责任心与道德感的缺失。诊断先于治疗，防控甲型 H1N1 流感病毒的侵袭需要知道该流感病毒的基因作用机理和扩散渠道，防控责任心和道德感的缺失也需要知道何种“病毒”通过何种途径破坏了人们朴素的责任感与道德意识，从而导致了人们和社会有机体的“道德免疫力”低下。深入分析“狼来了”道德故事原型的价值逻辑，可以为我们反思责任心和道德感的缺失开启一个新的视角。

一、“狼来了”道德故事原型及其价值逻辑

人的责任心和道德感从何而来？比较简易的回答是从后天的社会生活中获得，而非从先天的生物学遗传中获得。因为，先天的生物学遗传最多只能给予人们一种社会集团生活的需要，至于指引人们如何满足这种需要、参与这种社会生活的原则则只能在社会生活过程中通过各种社会交往实践特别是教育的方式获得。要想确切地知道人们的责任心和道德感的来源，不是去做一些形而上学的玄思和猜测，而应该着力分析人们的后天社会生活方式，观察某种社会生活方式是如何在人们身上特别是青少年儿童身上培养责任心和道德感的。社会生活方式是丰富多样的，如果我们想分析弥漫在所有社会生活领域中的责任心和道德缺失问题，那么就应该将分析的重点放在日常生活方式上。这是因为日常生活是职业生活的基础，日常生活中产生的责任心和道德感也是所有职业道德或专业伦理的基石。对日常生活中责任心和道德感形成的分析有助于更好地理解其他一些更加综合、更加高级和更加专业化的责任心和道德感的形成。反过来说，要想搞清楚当前广泛社会生活领域中责任心和道德感缺失的原因，也需要深入到日常生活的层面，分析日常生活中责任心和道德感形成和确立的过程，探寻其中存在的缺陷和不足。

在日常生活中，对于人们责任心和道德意识形成有直接影响的要数道德故事的讲述了。每个人在其生命最早的一二十年间，都通过各种不同的途径听过或看过各种不同的道德故事。在众多的道德故事中，有一类故事可以成为“原型故事”。原型故事是所有其他道德故事的原型或母题。其他许多的道德故事尽管意图表达的道德主题不同、故事发生的时间地点不同、故事人物和故事情节

不同，但是都与这个原型故事拥有相同的叙事结构——一种动态的、旨在显现故事力量、捕获听众心灵以达到讲述目的的过程。这样的原型故事往往也广为流传，担当了对儿童进行道德启蒙的任务。分析这样的原型故事及其对儿童原初的责任心和道德感形成的影响过程，对于了解人类内心道德秩序的形成具有极其重要的意义。

在世界范围内流传甚广的"狼来了"的道德故事就是这样一个原型故事。这个故事在国内外有不同的名称，在中国就叫"狼来了"，在国外叫"牧羊童与狼"或"牧羊童"。它们都来自于著名的《伊索寓言》。这个故事的梗概相信已经家喻户晓、尽人皆知。然而，为了分析的方便，这里还需要呈现故事的大意。

从前，有个放羊娃，每天都去山上放羊。一天，他觉得十分无聊，就想了个捉弄大家寻开心的主意。他向着山下正在种田的农夫们大声喊："狼来了！狼来了！"农夫们听到喊声急忙拿着锄头和镰刀往山上跑，他们边跑边喊："不要怕，孩子，我们来帮你打恶狼！"农夫们气喘吁吁地赶到山上一看，连狼的影子也没有！放羊娃很开心，农夫们却生气地走了。第二天，放羊娃故伎重演，善良的农夫们又冲上来帮他打狼，可还是没有见到狼的影子。大伙儿对放羊娃一而再、再而三地说谎十分生气，从此再也不相信他的话了。过了几天，狼真的来了，一下子闯进了羊群。放羊娃害怕极了，拼命地向农夫们喊："狼来了！狼来了！狼真的来了！"农夫们听到他的喊声，以为他又在耍老把戏，大家都不理睬他，没有人去帮他，结果放羊娃的许多羊都被狼咬死了。[1]

从故事讲述者的立场和意图来说，是要教育儿童"不撒谎"，这也是故事试图突出的道德主题。从讲述者讲述故事的过程或结构来看，这种立场和意图及其合理性都是通过故事的负面结果来表达与实现的：一个撒谎者即使讲了真话也会失去人们的信任；撒谎者会遭受重大的损失（"失去羊群"）。很显然，"狼来了"这个原型故事在为"不撒谎"这一"道德金律"进行宣传和辩护的价值逻辑是：如果你撒谎了，你就可能会遭遇这样的负面结果（有朝一日"狼真的来了"！）；如果你不想接受这样的负面结果，就不应该撒谎。这里，故事讲述者对儿童道德劝诫的意图是很明显的：你最好不要撒谎，最好做一个诚实的孩子，否则，"狼"就会来了！这样的价值逻辑和劝诫方式在儿童心中会引起怎样的反应呢？儿童又会如何看待故事讲述者借助于故事讲述本身所提出的"不撒谎"的道德劝诫呢？许多的日常观察和分析表明，在倾听这样的故事之后，儿童确实能够接受这样的价值逻辑，并产生了“不应该撒谎”的观念，也确实能够将“撒谎”和“狼来了”联系在一起，从“撒谎”的严重后果方面为“不撒谎”进行正当性辩护。

从这个角度来看，“狼来了”这个道德故事之所以能够成为广为流传的道德教育故事，有它一定的正当性和有效性，似乎也是对柯尔伯格有关儿童道德发展早期“惩罚及服从倾向阶段”的一个人类学补充说明。除了“狼来了”这个故事以外，《伊索寓言》中的许多其他故事以及日常教育生活中的一些道德故事也都运用同样的故事结构和价值逻辑，阐释着相同或不同的道德主题，①进行着各种各样的道德教育。如“龟和兔”（我国的“龟兔赛跑”）的故事，教育儿童不要骄傲，因为骄傲会使人落后；“青蛙和牛”的故事，教育儿童不要妄自尊大，妄自尊大就会自取灭亡；“渔夫和金鱼”的故事，教育儿童不要贪婪，贪婪会使人失去一切；“农夫和蛇”的故事，教育儿童不要怜悯敌人，怜悯敌人会伤害自己；“小红帽”的故事，教育儿童要听妈妈的话，不听妈妈的话就会碰到大灰狼，等等。与这种通过负面结果来劝诫儿童不采取不道德行为的故事不同，在道德教育实践中，人们也往往通过正面结果的取得来鼓励儿童采取道德的行为，如诚实、勤劳、团结、节俭、刻苦努力、慷慨、勇敢、爱国等。与“狼来了”故事的结局不同，后一类故事的结局往往是故事主人公的行为赢得了大家的赞赏，或者故事主人公成为了不起的历史人物，或者故事主人公成就了伟大的事业，等等。

综合这两类不同类型的道德故事，可以把“狼来了”道德故事原型的价值逻辑概括为：不能撒谎——撒谎会受到惩罚；要诚实——诚实的人会受到奖励。

---

① 在我国，一个最类似的要数“烽火戏诸侯”的故事。据史书记载，西周末年（公元前776年），国君周幽王得到了邻国进贡的一位美女，名叫褒姒，被宠为爱妃。但褒姒被迫离开父母后一直闷闷不乐，从不发笑。幽王为博得美人的笑容，绞尽脑汁。当时有个马屁精叫虢石父的，献上一计：让幽王在骊山上点燃烽火戏弄诸侯以博美人一笑。昏庸的幽王采纳了虢石父的建议，不顾一切后果地带她登上西安骊山的烽火台，点燃烽火。各路诸侯见烽火连天，以为京城告急，便纷纷率兵马前来救援，一时人叫马嘶乱成一团。褒姒观此情此景，并又看到幽王的贪婪丑态，扑哧一声忍不住地笑了起来。幽王终于看到了心爱妃子的美丽笑貌，自以为得计而欣喜若狂。各路诸侯见被幽王如此愚弄，都忿忿撤兵离去。此后，幽王为讨褒姒欢心，又一而再再而三地点燃烽火。几年后，西戎敌军真的打来了，幽王点燃骊山烽火召集勤王兵马。但各路诸侯唯恐再次上当受骗，均按兵不动。西戎兵最后攻进王宫杀了幽王，妃嫔等被掠劫一空，西周从此灭亡。

进而推而广之为：不能不讲道德——没有道德的人会受到惩罚；要讲道德——讲道德的人会受到奖励。如果再进一步进行抽象的话，就可以获得一种最简单也是最高的道德生活原则：善有善报，恶有恶报。显然，这种价值逻辑具有比较明显的功利主义倾向：一个人不违反道德原则，主要不是因为违反道德行为本身是不正当的，而是因为违反道德原则会使自己的利益受到损失；一个人如果能够践行道德原则，那么也不是因为道德原则本身值得践行，而是因为他/她通过坚定和始终地践行道德原则会赢得历史的、社会的尊重并由此成就人生和事业。对道德/不道德行为的结果预期成为激励或约束人们行为是否遵循道德的主要原因。然而，这种激励或约束是否是有效的呢？在何种条件下才是有效的，在何种情况下会失去其有效性呢？

二、"狼来了"道德故事原型价值逻辑的缺陷与现实挑战

大量事实表明，上述道德故事和道德教育所遵循的价值逻辑具体化为各种各样的道德劝诫，支配着人们的日常生活，构筑着人们内心的道德秩序。在家庭生活中，父母跟孩子说："你要听话，不听话爸爸妈妈就不喜欢你了"；在学校里，老师会在各种各样的考试前对学生说："同学们不要作弊，作弊会被受到严厉的处罚直至开除"；在社会上，政府针对公务员开展的各种各样廉政教育也在不断地重申："要廉政不要贪腐，否则就会被问责直至锒铛入狱。"应该说，这样的价值逻辑还是具有一定的合理性和积极作用的，防止了一部分人违背道德做出一些为世人所不耻的事情。毕竟，人是自爱的动物，没有谁不爱惜自己的名誉、地位、财富和所拥有的一切。一旦想到不道德的行为会损害自己的尊严和利益，就会从内在的方面产生一种积极的阻止作用。

但是，深入分析这种道德故事原型的价值逻辑就会发现其存在着不容忽视的缺陷，并且面临着严峻的现实挑战。尽管在"狼来了"的故事中，牧羊童最终失去了农夫们的信任，遭遇了巨大的损失，为他的撒谎行为付出了巨大的代价，但是，故事本身也说明：牧羊童之所以为自己的不道德行为付出了这样大的代价，固然根本的原因在于自己的撒谎，直接的原因却是他的撒谎行为被农夫们识破了。在农夫们没有识破他的撒谎行为之前，显然他没有受到任何的损失，甚至还利用欺骗行为满足了自己打发无聊时光、从农夫们身上寻开心的目的，而这也正是他想通过撒谎行为所获得的利益所在。因此，针对"狼来了"

这个道德故事原型的价值逻辑，我们所要反思的第一件事情就是："撒谎一定会受到惩罚吗?"人们希望撒谎者受到惩罚是一回事情，撒谎者会不会受到惩罚是另一回事情。大量的经验事实说明，撒谎者可能会受到惩罚也可能不会受到惩罚。如果谎言被揭穿了则会受到惩罚；如果谎言没有被戳穿，则不会受到惩罚。这是一件孩子早晚会知道的事实。可以说，一旦孩子了解了这个事实，他对于撒谎的害怕就会从对结果的害怕转移到对谎言被揭穿的害怕，而且也会在撒谎的前提下极力掩盖谎言。在他看来，撒谎本身并不可怕，如果通过撒谎还能带来自己梦寐以求的利益就更不可怕，可怕的是谎言被揭穿，后果的可怕完全来自于谎言被揭穿。只要能够保证谎言不被揭穿，"狼"就不会来，不仅这一次不会来，甚至可能永远不会来。到这个时候，"狼来了"的故事在我们心中所建立起来的道德秩序就会轰然倒塌。

我们所要反思的第二件事情就是："诚实一定会受到奖励吗?"尽管无数的诚信故事都向人们表明，那些不受各种诱惑诚实待人的人是如何地受到了人们的褒扬，但是现实生活中的一些事实也向人们说明，在许多时候，诚实的品质并不受到人们的"欢迎"。在今天女性以瘦为美的时代，如果我们见到了一位女士张口就说，"某某女士，怎么最近看起来又胖了?"一定会遭人白眼，觉得我们说话显得粗鲁或不礼貌。反过来，如果我们说"某某女士，怎么最近又瘦了?"即便对方知道是客气的恭维之词，也会欣然接受。在这种情形下，人们所表现出来的诚实品质还不会产生多少负面的结果。但是在另外一些情况下，就大为不同。诚实和正直地讲话可能会触怒一些位高权重的人，并最终使自己倒霉，吃了讲美德的亏。如举报一些上司的贪腐行为可能会遭到打击报复。如果这样的话，原来在众多的诚实故事中所宣讲的诚实会带给我们良好的利益的观点还能够筑就我们内心的道德秩序吗？在这些情况下，铁一般的经验事实"证伪"了诚信教育的价值逻辑，并使人产生一种"被欺骗"或"被出卖"的感觉。①而一旦这种道德故事中

① 一位父亲讲过这样一个故事：他的儿子放学回家，路过一个公园。公园里的池塘边立着一块醒目的牌子，上面写着"禁止垂钓!"儿子看见几个叔叔无视禁令在那里钓鱼，就跑过去报告了公园管理人员。公园管理人员过来劝阻了几位钓鱼的人。然而，几位钓鱼的叔叔却迁怒于他的儿子，不仅恶言恐吓，甚至还动手打了他的儿子。这件事情对他儿子的是非观、善恶观产生了极大的冲击，以至于这位父亲自己也不知道该如何帮助孩子从内心的道德阴影中走出来，只能半是无奈、半是搪塞地告诉孩子："以后少管闲事!"

的价值逻辑在真实的生活经验面前被证伪了，人们就会根据具体的环境和可能的结果评估来决定是诚实言行还是其他选择，如沉默、转移话题、避重就轻或讲一些违心的话。诚实与否逐渐倾向于按照可能的后果对于个体是有利还是有害（包括无利）加以衡量与选择。而这种结果可能是当初大人们在向孩子们讲述诚实的故事时所没有想到的。

如果我们把分析的对象从具体的道德范畴及表达这种范畴的道德故事进一步扩大到所有的道德范畴及表达这种范畴的道德故事上来，扩大到一般性的“道德”和“不道德”行为上来，我们可以提出同样形式和性质的问题：不讲道德一定会受到惩罚吗？讲道德一定会受到奖励吗？以至于善一定有善报，恶一定有恶报吗？或者反过来说，负面结果的“惩罚”能够成为真正约束人们不道德行为的心理机制吗？正面结果的“奖励”能够真正成为鼓励并维持人们道德行为的心理动力吗？善行不会遭致恶果，恶行不能得到“额外的”好处吗？在经验世界中，人们逐渐会懂得不道德（撒谎、不正义、仗势欺人、是非颠倒、冷酷无情、背叛、贪腐、不孝等）的人不一定会受到惩罚，其受到惩罚的必要条件是不道德被发现和曝光。因此，不道德的人只要能够掩盖自己不道德的真相，就能够逃脱他人的或社会的惩罚，就能保证“狼”不会来。对于这些人来说，真正可怕的不是自己做了不道德的事情，而是这种不道德的事情被人所发现。所以，每当他们做了一些不道德事情之后，他们并不会为这些事情本身的不道德而感到自责和害怕，而是为它们有可能被发现和曝光而感到寝食难安，一有风吹草动就心惊肉跳。为了尽可能地掩盖自己某些行为的不道德，这些人又会注意利用一切机会表现出一副道貌岸然的样子，欺骗公众。目前在中国一波接一波反贪腐行动中被查处的犯罪分子无不具有这种分裂性的道德人格——“公开的道德”与“私下的败德”。“狼来了”道德故事原型中的惩罚本身已经不足以成为约束不道德行为的心理机制。

如果说不道德不一定会受到惩罚，那么道德一定会受到奖励吗？尽管人们希望如此，但是真实的情况也不必然。在一个本身充满不道德的社会和时代里，道德本身就会被视为一大威胁，从而遭遇到不道德的对待。在现实社会生活中，一些人乐于助人、扶老携幼，最后却被敲诈勒索；一些人充满正义、仗义执言，却遭打击报复；一些人忠于职守、任劳任怨，却无缘专业技术职务的晋升。所以，在真实的生活世界中，讲道德是要有勇气的，也是要冒风险的，甚至是要付出代价的。在这种情况下，那种预期的、可能的、不确定的讲道德的利益能够成为个体选择道德行为的心理机制吗？或者说，人们会为了那种预期的、可能的、不确定的道德利益而甘愿冒很大的风险、付出不必要的代价吗？我想答案极可能是否定的。对于那些不怕困难、不惧危险、不计代价践行德性的人们来说，如果我们只是从他们可能获得的预期的、不确定的道德行为的正面结果来看他们，来评价他们，那简直是对他们的最大侮辱，是对他们所表现出来的德性和人类道德理想的极大不敬。从这方面来说，民间广为流传的“善有善报、恶有恶报”的道德金律并不能作为人们是否行善或不行恶的依据，只是反映了人们心中普遍的道德愿望——希望那些善良的人能够得到善的回报，那些邪恶的人遭到恶的报应。

因此，“狼来了”道德故事原型的价值逻辑在现实生活中是存在严重缺陷的——“狼不一定来”。这个故事没有告诉人们，但是现实生活迫使人们思考，如果“狼没有来”，谎言是否可以继续？如果“狼没有来”，人们撒谎的危害是否要轻一些？更进一步，如果不仅“狼没有来”，而且撒谎者还达到了自己的目的，获得了基于欺骗基础上的不正当利益，那么撒谎是否就是一种“聪明智慧”甚至是值得“赞许”的行为呢？①假如行为人确切地知道“狼有一天会来”，但是“狼”来了之后带给自己的损失要远远小于撒谎本身带来的“收益”，行为人会真的害怕“狼来了”并从而约束自己的不道德行为吗？进一步来思考：假如行为人是因为估计到“狼有一天会来”从而不敢撒谎，那么他的“不撒谎”行为本身究竟是一种德性行为还是一种“生存术”呢？如果教育者在道德教育过程中致力于从回避负面结果的角度来劝诫青少年学生不做不道德的事情，那么是否也同时教会了青少年学生从回避负面结果的角度来拒绝做道德的事情呢？②这是完全有可能的。为了逃避“恶报”

① 想象一下，考试作弊没有被抓住，同时取得了理想的成绩，作弊者内心会是什么样的感受？这种感受又会对其今后的行为产生什么样的“奠基作用”？想一想那些第一次贪腐的人在作案时的内心感受会是如何？当他们的第一次贪腐侥幸躲过众人或检察机关的视线时他们又会如何进行下一步的思考与行动？显然，“狼没有来”的事实与“狼不一定来”的侥幸心理使得说谎者或一切不道德的人更加胆大妄为。

② 想一想当代社会中有多少人因为害怕结果对自己不利从而不敢或不愿在他人受到伤害时站出来制止或作证，直到有一天他本人悲哀地遭遇曾经受到伤害的人一样的伤痛！无论如何，我们不会把这种行为称为有道德的行为。

而不为恶，不为恶只是外在的条件性行为或强制性要求，而非内心的愿望与选择。一旦外在的约束性条件不存在或得以改变，行为者可能就会放弃“不为恶”。①同样，为了追求“善报”而为善，“善行”也不再有“善性”，只是换取自己所需要或所向往的利益的“工具”而已，甚至有可能成为一种“伪善”。如果劝诫人们行善或不行恶的立场是从最后的可能结果对于行为人是“令人满意的”或是“令人不满意”的出发，那么道德教育本身已经不再具有“为人”的或“属人”的人文性质，而是蜕化为满足人现实功利需求的纯粹工具；道德教育本身已经不再是培养人的道德责任感、使命感并引领人们道德成长的教育，而是蜕化为培养人的“道德心机”从而获得更多实际利益的工具。

三、“狼来了”道德故事原型价值逻辑的重构：一种可能的方向

人们内心的道德律究竟是什么——是那种道德行为与可能的利益或现实的利益之间的或然性联结吗？人们讲道德或不讲道德的原因究竟是什么——是趋利避害的利益选择吗？一个人怎样才能成为真正有道德的人——是对具体行为情境中道德或不道德行为后果的精致估算吗？如果不是这样的话，人们内心的道德律又是什么呢？人们讲道德或不讲道德的根源又在哪里呢？人们道德成长的机制又是什么呢？建立在这些问题思考基础上的道德教育又究竟该如何进行呢？“狼来了”之类的道德故事还能够向儿童讲述吗？如果能够继续讲述的话，又该如何讲述？

在日常生活中，我们不难见到那些因为害怕现实利益或未来利益受到损失而不敢做不道德事情的人，也不难见到那些为了达到某些特殊的目的而勇于“表现”的人。前一种人的所作所为，虽然不能算做“不道德的”，但也很难算做“道德的”。这是因为，一个显而易见的道理是，人们之所以给予某种行为以“道德的”的评价、认可和赞赏，根本不是基于该行为对于行为人自身利益的保护和增进，而是基于该行为对于他者利益或公共利益的维护和增进。从这个角度来看，“道德的”行为天然地具有“利他”的向度。一个因为害怕“狼

① 想一想一些原本出身清贫、洁身自好的人，一旦有机会走上领导岗位并且自以为没有谁可以监督自己的时候，就会走上自己原本的对立面，显露出惊人的贪婪、腐化与自私。

来了”从而不敢撒谎或做其他不道德事情的人，由于心中所念的只是自己的利益，与他者或公共利益几无关系，因而很难作出真正的道德行为而受到人们的认可和称赞。①后一种人尽管客观上也做了一些“道德的”或“好的”事情，给予了特定的他人或社会以一定的便利，但是由于其根本目的不在于为了他人或社会，而在于要通过这种行为达到自己的私人目的，所以人们也往往拒绝把这种“表现”行为看成是“道德的”，一旦了解真相后还会将其看做“恶意的欺骗”。与之相对照，如果一个人对他人的尊敬、施舍、捐赠、帮助、关心、责任感等并不是基于他人或社会可能的回报，而是基于他人的处境所引发或唤醒的内心需要，那么这些行为就会被人们认可为“道德的”。每当看到、听到或讲述这些道德的故事，人们的内心也会被深深地打动。

看起来，对于人类的行为来说，只有满足了以下几个条件，才可能被看成是“道德的”：第一，意图上的利他而不是利己；第二，利他是目的而不是手段；第三，利他是内心的需要而非效用的计算；第四，利他行为具有普遍的正当性和可接受性。这种“道德的”行为对于行为者来说，可能会带来一些“好处”，也可能会带来一些“损失”，甚至是一些“风险”。如果能够带来一些好处的话，也并非行为者试图从其行为中所追求的，而是“附带”产生的，如行为所作用对象的言语上感谢、心里的感恩或将来不同形式的报答等。如果会带来一些损失或风险的话，行为者也是不回避的，或者说，行为者也是准备承担的。更多的时候，正是这种不惧损失或风险的态度，使得行为者某一行为的道德意义更加充分地表现出来。

可能有许多人会问，既然如此，人们为什么要去讲道德并追求过一种有德性的生活呢？这个问题的潜台词是：根据上面的理解，既然人们不应该有意图地从道德的行为中索取个人的利益，而且很可能还会因为做有道德的事情而付出代价，那么人们为什么要讲道德呢？不难发现，这个问题实际上也是基于功

① 例如，一个人因为害怕上司严厉责备和惩罚而不敢撒谎的人，尽管在工作中时时处处做到“诚实”，但是他的“诚实”只是徒具诚实的形式，没有诚实的品格。人们不会因此称赞他说：“啊，你真是一个诚实的人！”但是，如果在一项评估活动中，上司为了能够取得好的评价，威逼利诱，明令部下不得讲出实情，部下还是能够基于事实、责任和良知，实事求是地反映了情况，那么人们会赞扬他说，“嗯，你真是一个诚实的人！”如果这个部下不管在何种情况下都能够实事求是地待人处事，不见风使舵，人们就会称赞他具有“诚实的品格”。

利主义道德立场的。这些人可能忘记了，虽然只有主观上利他的行为才有可能成为道德的行为，但是这里面的“他者”并不是绝对的“别人”，乃是包括我们自己在内的整个社会人群。“我”或“我们”在别人的眼中也是“他”或“他们”。当“我”或“我们”在个人或公共生活领域中不惧损失或风险道德地对待“他”或“他们”的时候，“他”或“他们”也在以同样的方式对待“我”或“我们”。在“他”或“他们”的眼中，“我”或“我们”也成了不折不扣的“他”或“他们”。因此，“我”与“他”、“我们”与“他们”是一体的乃至同体的而不是区别的或分离的。①道德地对待“他”和“他们”同时就是道德地对待“我”和“我们”。从这种新的关系视角出发，过一种有道德的生活，对于个体来说，既不是一种单纯利他的“牺牲”行为，更不是一种单纯利己的“占有”行为，而是一种不断形成、改善或提升自我与他者关系并进而丰富、扩充和更新自我的过程。在这个过程中，个体会获得内在的、积极和持续的自我接纳与肯定。所以，个体对“我”与“他”、“我们”与“他们”一体性、同体性的认识与体验乃是道德意愿和道德行为的前提与基础。个体对此认识得越清晰，体验得越强烈，产生的道德意愿就会越强烈、道德行为就会越坚定。对这种人们彼此之间“一体性”“同体性”关系的无知或拒绝是不道德行为的心理根源，冲破各种自然的或社会的因素所形成的心理、社会与精神信仰之间的隔阂，强化“我”与“他”、“我们”与“他们”相互之间一体性、同体性的关系，是所有道德意愿和道德行为的根本价值追求。“一切人类社会的成员都需要互相帮助，同样也面临着互相伤害。在处于爱、感激、友谊、尊重而互相提供这种必需要帮助的地方，社会兴旺繁荣并令人愉快……社会不可能存在于随时打击和伤害他人的人群之中。伤害开始的时刻、相互的憎恨和厌恶产生的时刻，所有的纽带都会被扯断。”[2]

体认到“我”与“他”、“我们”与“他们”之间的一体性和同体性，不

---

① 有这样一个故事：一对夫妇因为工作繁忙无暇照顾老人，曾经讨论过将老人送到养老院。一日，妈妈问自己的女儿，“等将来爸爸妈妈都老了以后，你打算如何孝敬我们啊？”女儿一边做作业一边漫不经心地说：“把你们送养老院呗！”妈妈听到这话非常吃惊，也非常伤心。他们事后反思发现，女儿对待自己的态度和想法只不过是自己对待老人态度和想法的反映或折射。在她的眼中，“老人”是他者；在女儿的眼中，她又成了“他者”。从此以后，夫妇俩再也不敢提将老人送养老院的事情，而是尽心尽力地关心老人孝敬老人。

单是一个理性认识的过程，更是一个感性直观的过程。理性上我们总可以通过复杂的逻辑形式来证明人类彼此之间的一体性和同体性。但是人们证明它们的存在是一回事情，从心里体认到它们的存在又是另一回事情。对于道德行为的发生来说，体认到它们的存在比证明它们的存在更加重要。正是因为内心里借助于感性直观体认到这种关系的存在，人们才能够产生道德的意愿和道德的行动。这种感性直观的过程就是同情心的应用过程。同情心是一种近乎自然的心理倾向，是借助于想象、移情、类比等途径设身处地地感受他者需求、痛苦或快乐的心理品质。①不难理解，正是同情心使得一个人能够从内心里接近另一个人，哪怕是自己第一次碰到的陌生人；正是同情心使得我们能够理解他者的处境并帮助我们做出适宜的态度反应和行为选择；也正是同情心使得我们能够想象自己某一个行为的可能后果，并在行为发生之前就对它进行必要的调试和限制，使得它能够符合道德的要求。从这个方面来说，同情心的应用是对“我”与“他”、“我们”与“他们”之间一体性和同体性的直观把握，②是对“他”或“他们”处境与命运的关切，是所有形式责任感的共同基础，是所有道德意愿和道德行为的源泉。

然而，不幸的是，“在我们这个世纪，同情心早已萎缩”。[3]这是埃里希·弗洛姆在其晚年讲的一句话，直到今天仍然适用。与同情心的萎缩相伴而生的就是冷漠的蔓延和道德价值的发育不良。这种冷漠具体地表现为对自己行为将会给他者带来什么影响的漠不关心，是对他者特别是“陌生的他者”与“遥远的他者”现实或可能的不幸遭遇的漠不关心，也是对自我缺乏良好同情品质的漠不关心。正是这些冷漠，直接产生了文章引言中所列举的以及社会上相当数

① 亚当·斯密在《道德情操论》一开篇就谈道：“无论我们认为一个人有多么自私，很显然他的本性中有这样一些原则，这些原则使得他对别人的命运感兴趣，把别人的幸福看成是对自己很重要的事情，虽然他除了因看到人们幸福而感到高兴外一无所获。这种类型就是同情或怜悯……一种感受到他人痛苦的感情……最毒的恶棍，对社会法律违犯最严重的人，也并非完全没有这种感情。”参见亚当·斯密：《道德情操论》，安徽教育出版社 2008 年版，第 4 页。

② 马克斯·舍勒对于人类的这种同情心进行了系统的研究，并把它作为主体间性得以生成和表达的基础。他认为同情有四种基本的形式：共同感受、同情感、心理传染和同一感。具体解释请参见曼弗雷德·S. 弗斯林：《舍勒的心灵》，上海三联书店 2006 年版，第89 ~96 页。

量的不负责任和不道德的现象。造成这些冷漠和不道德的原因是多种多样和复杂的，从文化的方面说，这是与现代社会对物质主义的过度崇拜、对个人权利的狭隘理解和对利益最大化的无止境追求分不开。不过，一些突发的自然或社会事件依然能够唤醒人们内心的巨大同情，使我们看到道德重建的希望。2008年5月12日四川汶川大地震造成了巨大的破坏，夺走了无数人的生命，也同时唤醒了人们久违了的道德关怀意识。

基于上述的分析，人们内心的道德律并非是某种行为的预期结果对自己是有利还是有害，而是基于同情心的“利他”——是对更高质量的“我”与“他”、“我们”与“他们”关系的追求。人们道德成长的机制是其同情心以及建立在同情心基础上的义务感和道德良知。在面对一场巨大的地震灾难时，不伸出援助之手，“我”的内心就会感到不安；一想到假酒会伤害消费者的身体，“我”的内心也会感到不安；一想到“我”的作弊行为会使得整个学校和中国学术界蒙羞，“我”也会诚实地对待自己的学习和学术工作。正是这些通过同情作用所产生的内心“不安”构成强有力的内在约束，有效地和持久地阻止人们做那些不道德的事情，甚至在没有外部监督的情况下也一样。

同情心的萎缩、义务感的匮乏与道德良知的遮蔽是造成德性发育不良和普遍性社会道德问题的直接原因。要想改变这种状况，必须在广泛的社会生活包括教育生活中把唤醒和培育人们的同情心、义务感和道德良知作为重要的社会目标加以追求，要利用电影、电视、广播、网络以及节日庆典等重要文化活动，通过多种途径唤醒潜藏在人们内心深处的同情心，引导自然的、初级的同情心不断地扩大其范围、提高其层次，直至超越我们所熟悉的文化边界。在这个过程中，教育的作用也是不可替代的。无论是作为孩子“第一任教师”的父母还是学校里的教师，在实施道德教育的过程中，不应该将行为后果的奖惩作为塑造孩子道德行为的基本手段，而应该将某一行为对于“我”和“他”、“我们”和“他们”关系的可能影响作为分析的中心和重点，着重训练和应用孔子提出的“推己及人”的伦理诉求，践行“己所不欲，勿施于人”，“己立立人，己达达人”的伦理原则。作为道德教育的重要素材和形式，“狼来了”之类的道德故事还可以继续讲述。但是故事讲述过程中呈现的价值逻辑不能够再沿袭功利主义的路线，不要将重点放在故事结局对于主人公的有利还是有害上，而是应该通过讲故事将听众带入到故事情境之中，唤醒听众对于故事中主人公的同情心，引导听众通过移情理解的方式体验主人公不道德行为对于其他人所造成的心灵伤害以及对主人公和其他人之间良好关系所造成的严重影响。

在文章的结尾处，或许应该再次提醒人们记住：撒谎行为之所以是不道德的，不是因为它可能对撒谎者有害，而是因为它是对撒谎者人格的出卖和对于被欺骗者整个心灵的伤害。有希望治愈这种道德痼疾的良药，不是几千年来人们一直应用的严厉惩戒，而是我们人类温柔的同情心。运用我们温柔的同情心，想一想那些被各种谎言所欺骗的人们吧！说谎者在他们生活中所制造的各种谎言始终威胁和动摇着他们生活的合理性。一旦真相大白，他们（也就是我们）的内心就会感受到由于谎言欺骗而带来的惊惧、痛苦、愤怒、厌恶、失望等各种消极的情绪。说谎者或许能够承受被欺骗者所施加的任何惩罚，可是说谎者能否直面那一张张因为谎言被揭穿而呈现出惊惧、痛苦、愤怒、厌恶、失望等诸种表情的脸？我想说谎者做不到，因为他们也是人，而这又毫无疑义地成为人类道德成长的新起点。

参考文献：

[1] 托马斯·詹姆斯. 伊索寓言 [M]. 北京：商务印书馆，1959：6－7.

[2] 亚当·斯密. 道德情操论 [M]. 合肥：安徽教育出版社，2008：93.

[3] 埃里希·弗洛姆. 生命之爱 [M]. 北京：国际文化出版公司，2001：167.

（原载《教育研究》2009 年第 9 期）

论道德教育向道德教化的转进

李小鲁*

一、道德教化的理论诠释

当前我国正处于社会转型时期，多元化、全球化、网络化给人们的生活方式、价值观念带来重大变化，这些变化对学校教育尤其是道德教育提出新的挑战。审视学校德育实践，同样面临一系列的困难和问题，譬如：道德认知与道德行为不对称，说一套做一套；不讲诚信，考试作弊，欺骗师长；精神麻木，对人不关心，对事不感动；学校、家庭与社会的德育责任缺乏合理分担，学校的道德教育成果在孩子受到家庭、社会的不良影响下很快化为乌有；等等。应当说，道德教育遭遇的挑战和存在的问题已远远超出了学校的范围，学校德育“单打独斗”已不足以脱困。笔者认为，回应挑战和解决问题的出路，在于扩大道德生活空间，使道德教育具有更大的社会性、实践性、开放性、包容性、渗透性，从而转进为一种道德教化的过程。

所谓教育，是指“教育者按照一定的社会要求，向受教育者的身心施加有目的、有计划、有组织的影响，以使受教育者发生预期变化的活动”[1]。据此，学校道德教育就是学校运用一定的方法、手段把既定的社会道德规范转化为个体品德的过程。而道德教化则主张一种社会大德育观，认为道德教育不仅是道德知识的传授，也不仅是遵守社会道德规范，而是从全部社会生活出发培育、提升人的整体精神，以文化人，化民成俗，身教示范，最终使道德个体践履笃行，从而成

* 李小鲁，广东省教育厅副厅长、博士。

为一代有道德的新人。这种道德教化的过程，重视“教”，但更突出和强调“化”；关心“教”的技艺的提高，更要求“化”的核心观念的确立；强调“教”的主课堂、主渠道作用，更注重环境、管理、氛围、实践过程中“化”的内导，因此，道德教化实质上关乎人的生存、生活方式的整体提升。当代中国的道德教化除了学校德育需要贯彻道德教化的理念外，更是一个党委领导、政府负责、社会协同、公众参与的过程；是一个以整体现实生活和全部人类文化精神资源为载体及素材，面向人民大众，面向整个人生历程，注重个体经验的获得和体验，通过净化社会风气和文化环境，改造学习者的生存境遇，引导学习者发现和内化社会道德规范，并付诸行动，改造和提升个体和社会道德生活的过程。

二、与道德教化相关的三个命题

（一）道德教化是道德的内在性与个体性实现的根本途径

长期以来，道德被认为是一种社会规范，道德教育则被看做“将一定社会或阶级的思想观点、政治准则、道德规范转化为个体的思想品德的教育活动”[2]。但是，对道德的理解如果仅止于此，那么必然导致道德的知识化、外在化，甚至消弭人的精神的高尚性而使道德仅具有意识形态的特征。事实上，道德作为人类把握世界的一种方式，不仅可以调整各种社会关系，而且也是滋养个体精神发育的养料。马斯洛提出，作为个体的人不仅有生理、安全等基本需求，而且还有爱、自我实现等较高层次的需求。从人的生存、生活和发展来看，个体需要同自然、社会、他人发生关系，并且需要正确处理这种关系，其水平高低直接关系到个体的生存状态和生活质量。从这个意义上说，道德直接指向个人的美好生活，指向人的尊严和生活的意义。这既体现了道德的内在性和个体性，也是道德规范内化的逻辑前提，而这一点恰恰被以往的道德教育遗忘了。道德教化正是认识到了道德的这种个人需求取向，因而直接以道德规范的主体内化为目的，更重要的是，道德教化强调作为社会规范的道德必须在人的社会化过程中才能内化为人的自律原则和精神价值尺度。因此，如果学校德育仅仅局限于课堂，脱离实践，远离生活，拒斥社会，那它就一定外在于人的成长。从这个意义上说，道德的内在性和个体性只有在道德教化过程中才能得以实现。

（二）道德教化重视发展人的道德学习能力

人的道德学习包括外在灌输与主体内化两个方面。道德教化与传统道德教育相比，更突出、侧重和强调道德的主体内化，它包括在规范学习环境中的习得和在非规范环境中受熏陶、感染而逐步养成。在现实生活中，个体不仅是社会道德规范的理解者、选择者和实践者，而且也是先进道德的探索者、创造者；不仅是道德的执行主体，而且也是道德的享用主体。如果把道德教育仅仅理解为既定道德规范的传授，那么，个体就只是承载道德的容器，人作为实践主体的品性也将因此而被遮蔽。实际上，人的一生都处在社会性学习和道德成长过程中，不同阶段对道德的理解不尽相同，学校的专门化德育只是人一生道德学习的一部分，但如果把人的道德成长放在个体社会化过程中考察的话，情况就完全不同了。我认为，社会实践的尺度是“终极的尺度”，是道德学习的“范本”，也是道德学习的根本途径。研究表明，人具有道德学习的潜能。孟子说过，人皆有恻隐之心、羞恶之心、辞让之心、是非之心。脑神经科学研究也表明，与道德发展有重要关系的人的情感发展有脑神经的基础。[3]人有这种道德学习的能力，肯定了个体产生自觉的道德学习动机和行为的可能性。道德教化依托社会的德育化和德育的社会化，在社会生活中强化个体的道德学习，将有助于促进社会道德规范的主体内化。

（三）道德教化要求提升、扩展个体道德生长的整体精神空间

道德不仅是知识，还是情感、意志与行动。因此，道德教育的过程不止于认识的过程，还是一个情感塑造、性格陶冶、习惯养成、整体精神涵养的过程，它要求人的全部精神要素的投入。加之，影响道德教育过程的因素很复杂，包括“对儿童各种各样影响的会合（学校、家庭、街道以及各种非正式组织的影响）；儿童的某些已形成的观点、志向、习惯、爱好；揭示学生内心状况的困难（学生常常自己也不知道造成自己状况的原因）；同一教育过程所得到的不同的结果”[4]等。因此，学校德育必须和道德教化结合起来，以整体现实生活和全部人类文化精神资源涵养、提升个体道德生长的精神空间，为受教育者提供社会参与的舞台，让他们通过感悟和体验不断内化道德规范。只有尊重个体的生活感受和生命体验，才能从根本上改变当前德育中抽象、空洞和漂浮的现状，从而使德育真正促进人的全面发展、关怀个体的生活质量和幸福。

三、德育创新：道德教育向道德教化的转进

中共中央国务院《关于进一步加强和改进未成年人思想道德建设的若干意

见》从社会大教育的视野出发，通篇贯穿、体现了道德教化的核心理念，为新时期德育创新指明了方向。

（一）合力联动，构建社会大德育体系

道德教化强调以全部社会生活培育、提升人的整体精神，这就需要各部门联动，合力育人，构建“党委领导，政府统筹，学校主导，社会参与，依托社区，合力育人”的社会大德育体系，并且，不断完善全社会“同心、同向、同步”和“全员、全程、全方位”教化育人的工作模式和部门联动、各尽其责的长效工作机制，以及配套督导、落实保障的激励机制。通过构建大德育体系，形成全社会共同关注、参与的德育新局面，保证道德教化的连续性和整体性，营造一种良好的社会文化氛围，从而使道德主体通过积累有意义的生活经验，不断体悟、反思，唤醒道德成长的内在自觉，过有道德的生活，同时也促进社会文明水平的提升。

（二）整合文化资源，加强文化建设，以文化人

教育以文化为基本素材，以文化人，润物无声，教育无痕；文化以教育为手段、媒介，教化育人，化民成俗，传承创新。教育与文化只有互相融合，才能营造出有利于未成年人健康成长的人文生态环境。个体性格的陶冶、精神的涵养、习惯的养成、情感的塑造等，不仅需要学习者的发现、学习、感受和体验，还需要整合现实生活和全部人类文化资源。整合文化资源，一是大力弘扬社会主义核心价值观；二是概括、提升现代生活中出现的符合时代发展潮流、具有现代公民意识的先进道德思想、观念；三是挖掘中华优秀文化传统，赋予现代意涵。现阶段要着重加强制度文化建设，通过制度建设促进社会公正。通过这一系列整合，才能真正实现“文之斐然，化之彻也”“教之有道，心悟透焉”，世风淳淳，民多君子的德治局面。

（三）以政风建设和师德建设为核心，以身示范

德育是一个以德育德，以心育心的过程。个体道德品性的形成，更多的是在与人交往过程中，受榜样的感化、感召，习染、涵养而成的。身教是德育中重要的途径和方法，榜样言行一致的表率行为和所具有的人格力量对受教育者来说是最具权威和说服力的。政府工作人员和教师由于其特殊的社会地位和身份，往往成为人们关注的焦点，更需要他们身体力行，率先垂范，以自己的实际行动关心人、尊重人、理解人。因此，道德教化要求以政风建设、师德建设为核心，以优良的政风引领良好社会风气的形成，以良好的师德、师风优化校园风气。

（四）加强实践教育和养成教育，促进个体的道德践履

德性通过一定的道德行为表现出来，并在这些行为中得到内化、固化和升华。叶圣陶先生早就指出，受教育的意义和目的是做人，做社会够格的成员，做国家够格的公民。因此，光记住些什么是远远不够的，必得把某些精要的东西化为自身的血肉，养成永久的习惯，终身以之，永远实践，才对我们做人真有用处。人们通过实施道德行为，在各自生活际遇中不断积累经验、生成感受，学会适应和调整，学会承担责任，懂得“作为”与“不作为”，道德水平得到不断的提高。由此，要适时引导人们不只是充当道德生活的看客，而且要成为道德行为的主角。学校要注重学生日常道德行为习惯的养成，加强校园文化建设，打造人文校园，形成和谐的人际关系和良好氛围；抓好文化设施建设，为学生开展健康向上的文化活动提供阵地；充分利用各种历史文化资源，加强课外德育实践活动；组织学生参与生产实践、生活体验。在养成教育过程中，学校要注重提高学生的生活质量，增强幸福感，使学生的道德行为不断得到激励，而社会也在这些活动中焕发活力，创造新的道德元素。这对道德主体来说，易于形成一种习惯；对社会来说，则会形成一种质朴淳厚、积极健康的风俗，这就是道德实践的理想境界。

（五）科研、工作与培训相结合，把道德教化从理念转变为政策、机制和工作原则及规范

这种结合是当前德育实践发展的迫切要求。通过科学研究与德育工作相结合，注重研究与指导的学术规范，通过深入调查为教育行政部门提供决策参考，把德育工作提升到道德教化的科学、规范层面；同时，改革和完善评价体系，通过培训整体提升德育工作队伍的水平。教师只有经常接受各种前沿理论的教育、先进经验的熏陶，才能不断进步，才能成为有道德教育意识和能力的专业工作者。

参考文献：

［1］南京师范大学教育系．教育学［M］．北京：人民教育出版社，1984：19.
［2］胡守棻．德育原理［M］．北京：北京师范大学出版社，1989：20.
［3］朱小蔓．道德学习与脑培养［J］．沈阳师范大学学报：社会科学版，2005（2）：8－11.
［4］巴拉诺夫．教育学［M］．李子卓等，译．北京：人民教育出版社，1979：195.

（原载《中国德育》2007年第5期）

论德育与非德育、反德育

郑　航*

在反思德育工作、评价德育实效时，人们经常会发出这样的慨叹：5＋2≤0！似乎从德育视角看，家庭教育、社会环境的影响多以负面为主，唯有学校德育近乎“道德标准”。果真如此？其实不然，并非自发的道德影响就不具有德育意义，也并非在学校德育范畴或名义之下发生的社会行为就合乎德育。这便涉及德育与非德育、反德育的区分问题。

那么，究竟应该如何来区分德育与非德育、反德育呢？这还得从理解德育的含义入手。

在我国古代并无所谓“德育”之说，所有的教育即是道德教育，或以社会意识、道德规范、行为准则为基础的“成人”教育。只是到了清末，随着新式教育的传入，才有了德育、智育、体育的区分。对于德育的理解，在较早出版的德育论专著《道德教育论》一书中，蒋拙成把“道德教育”界定为“精神教育”。[1]五四运动前后，一些教育人士从“教育即生活”的思想出发，认为德育“就是教儿童‘实行’那完全生活的法则，改良那做人底道理。”[2]后来，吴俊升在其所编的《德育原理》中，通过定义的方式对不同术语进行了综合：“德育即指道德教育，又简称训育，为训练儿童道德行为之种种设施。”[3]1949年之后的几十年里，德育几乎被政治教育、思想教育所取代，此时的德育具有更多的政治意蕴。20世纪70、80年代开始，随着学校德育的重心逐渐向道德教育的“回归”，有关德育含义的探讨日益广泛、深入起来。

＊ 郑航，华南师范大学教育科学学院教授。

在当代，对于德育含义的理解，不同专家、学者的侧重点不尽相同。有的侧重德育活动的社会性维度，强调个体的思想道德社会化和社会思想道德的个性化，认为“德育是教育者根据一定社会和受教育者的需要，遵循品德形成的规律，采用言教、身教等有效手段，在受教育者的自觉积极参与的互动中，通过内化和外化，发展受教育者的思想、政治、法律和道德几方面素质的系统活动过程”[4]；有的突出德育的道德价值维度，认为德育是促进德育对象“在道德价值的理解和道德实践能力等方面不断建构和提升的教育”[5]；有的则从教育作为统一体而非部分之和的角度来把握，提出“德育即教育的道德目的”[6]的观点。迄今，依然存在着“德育是否就是道德教育”“德育是否就是个体的思想道德社会化和社会思想道德的个性化”等多种争论。从区分德育与非德育、反德育的视角出发，要恰当理解德育的含义，就需要从把握教育作为社会活动的特性入手。

作为特殊的社会活动，教育旨在通过对人的身心发展施加影响，以便发展智能、强健体格、形成个性、健全人格。所以，在德、智、体的区分之下，德育相对于其他各育而言，直接指向的是个性和人格，其重心则在于人之为人的高级精神形式——德性，这种高级精神形式在生活实践中表现为基于人的本性和人的本质的一种获得性品质（或实践力）。

德育虽然指向德性，但德性并非只是蕴涵“道德”或“善”这种价值特性，爱美、向善、求真、发挥潜能和创造力等，无不体现着人之为人的内在规定性。以课堂教学为例，师生遵纪守则、互尊互信，体现了向善的德性追求；师生认真思考、主动参与、问难答疑，体现了求真的德性追求；师生注重仪态、尽可能做到言语与非言语表达的恰如其分，则体现了爱美的德性追求。可见，和其他各育相比较，德育真正指向的重心是以道德价值（善与恶、是与非、应当与不应当）为核心的德性，或曰道德德性。

在德育视角下，是否一切活动都必须以道德或不道德作为评价标准呢？当然不是。合宜的立场是，对于涉及理与欲、义与利、公与私、群与己的关系范畴，教育活动肯定以道德不道德为尺度；对于涉及真与假、对与错、美与丑的关系上，教育活动则以美、真为依归。几者之间发生冲突当如何？那就需要区分教育的活动领域。在道德活动领域，当然以道德价值为标尺。以师生见面打招呼为例，学生问候老师、老师示以微笑，是道德的表现；而学生问候老师、老师以太忙为由拒绝回礼，则是不道德的表现。在非道德领域，则另当别论。

以学生在教学中指出老师的错误为例，课堂教学、课后讨论旨在“求真”，若老师出错，学生及时指出，是合乎道德的；相反地，老师虽然出错，却以“敬师”的名义而忌讳学生言说，便是滥用道德的表现；至于因碍于情面而将错就错，造成故意传授错误知识的事实，则是不道德的行为。这样，基于道德与德性、德性与德育、德育与不同价值领域之间关系的认识，我们便可以把德育理解为：德育即道德教育，是以道德价值（善与恶、是与非、应当与不应当）为核心的德性教育。

可是，为什么德育总是与社会伦理教育、公民教育、政治教育、思想教育、价值教育等交织在一起呢？这是因为，人的德性必须置于一定的文化和社会背景之下，放在具体的生活情境之中才能得以展现。同时，一个人的德性又与自身的人生态度、价值观念密不可分，其形成须经由多种社会领域，而理想人格的实现，更是“要用科学的世界观理论来指导人生，通过理想、信念的环节而变成德性”[7]。德性的形成与发展就与人的各种社会性、精神性密不可分，德育就与社会伦理教育、公民教育、政治教育、思想教育、价值教育等紧密相连，并主要通过它们来得以实现。它们的共通之处在于：都属于“态度——情感——价值观”这一教育目标领域，且道德价值（主要关涉伤害、福祉、公正、权利等）是其核心；在教育过程中，态度、价值、观念既是手段，更是目的；都是知、情、意、行四要素的统一；都需要人、行为和环境的交互作用，经过长期反复的教育和自我教育才能构成个体价值和行为体系的主体部分。因此，在实践中，“德育”一词往往与各种相关词语一起被交叉使用。在西方，人们常把道德教育与价值教育、公民教育、社会性教育、宗教教育等相联系，称为价值与道德教育、道德与公民教育、个性与社会性教育、品格教育等。从“实然”探讨“应然”的角度看，我国的学校德育便可称为道德与社会性教育。

以上只是对德育本质特性的一种把握，并非具体定义。遵循概念界定的一般逻辑规则，参照人们把教育作为社会活动的基本理解，我们可以把德育定义为：教育者通过有目的的、系统的和持续的努力，引发或促进学习者在道德认识、道德情感、道德行为诸方面产生积极变化（或获得发展）的社会活动。

基于上述认识，结合英国教育哲学家皮特思所提出的合目的性、合价值性、合自愿性等教育规准，区分德育与非德育、反德育的判断标准便已跃然纸上：①是否为社会活动；②是否以道德价值为核心；③是否指向德性，并在道德认识、道德情感、道德行为诸方面引发积极变化；④是否体现有目的的、系统的、持续性的努力；⑤是否体现学习者的道德主体性。在教育实践中，德育与非德育的区分主要是一种事实判断，其主要依据为①、②和④；而德育与反德育的区分则主要是一种价值判断，其主要依据则是②、③和⑤。依据这些标准，我们可以得出的基本结论是：在社会生活中，并非所有的道德认识、道德情感、道德行为都必然与德育有关，也并非具备了德育形态的社会活动就必然是德育。在这里，我们可以对现实生活中的各种非德育和反德育现象作出如下分析。

1. 德育与非德育

由于道德价值（善与恶、是与非、应当与不应当）蕴涵于人的自由本性和社会生活之中，并通过社会生活得以体现，所以，属于“人”的任何因素和社会生活中的任何活动、任何场景，都可能对人的德性产生某种积极影响或消极影响，也就都具有了道德意义。但是，对人的道德认识、道德情感、道德行为产生了积极影响，即使这种影响具有自觉特性，并非必然就是德育，很多现象都属于非德育。在社会生活中，属于非德育的现象主要包括以下几种。

(1) 源于本能或潜意识的道德现象或行为反应

人源于本能或潜意识而表现出来的许多行为都具有道德意义，如悲喜场景中自然情感的流露与表达、梦中获得启示而行善或不为恶等，但由于它们不具社会活动的特性，也非有目的的、系统的、持续的努力，因而属于非德育。尽管如此，这些源于本能或潜意识而表现出来的道德现象却是实施德育的一种心理基础，作为个体的“内隐知识”而在道德图式建构中发挥作用，同时还可以作为德育资源来加以利用。

(2) 日常生活中的替代性学习

人是具有自主自觉意识的能动存在，他能够根据自己已有的知识、经验，对日常生活中发生的各种社会现象，如电视上的娱乐节目、打架斗殴场景等，进行道德判断并作出相应的情感和行为反应，这种判断往往是下意识发生的，其速度是如此之快，以至于瞬息之间何谓“对”就被直接察觉到并伴随着行动，且能够在反应中作出调整、在困境中作出改变。个体的这种道德学习过程，便属于社会学习理论所谓的“替代性学习（或观察学习）”。替代性学习本身并非德育，但在德育过程中可以作为德育方法来加以运用。

(3) 偶然的、具有教育意义的社会活动

社会生活中许多偶然发生的事情，具有显著的教育意义，如：某青年破坏公物的行为，受到路过的一位老大爷的训斥，进而停止此种不良行为；交警对违规者罚款，并要求其在限定的时间里背诵交通规则，此后违规者吸取教训，违规行为减少；儿童在观看电视剧《西游记》之后“懂得了”如何识别好人和坏人，等等。与专门的社会教育机构、社会教育活动不同，这些社会现象或活动虽然具有了德育效果，但由于其不具系统性、持续性，或者影响者在主观上并无“育人”动机，所以也应归为非德育的范畴。当然，在最广义的社会教育的意义上，此类社会现象或活动与德育最为接近。

（4）行为结果具有道德意义却并无道德动机的行为

从结果上看，社会生活中的许多行为都会在无意之中或多或少产生好的道德效果，如丢弃的剩饭剩菜解决了行乞者的饥饿、半夜三更的突然咳嗽吓退了前来邻居家行窃的小偷等，因而具有积极的道德意义。不过，在德育的意义上，这些行为因其并非有意而为，或并非由道德动机所激发，也不是在德育影响下才得以发生，尽管具有了道德效果，却与德育无关，也是非德育的。

2. 德育与反德育

从理论上说，学校是专门的育人机构，育人是其核心职能，所以并不存在所谓的“反德育”。但在实践中，学校目标总是源于并受制于整个社会大系统，学校在履行育人职责的同时，必须反映机构内部成员、周围社区和社会整体的需要与利益；并且，学校如何履行育人职责，深受社会文化、教育观念、教育传统等的影响。这样，学校作为专门的育人机构所从事的专门活动虽然包括了教育者、学习者和教育中介（内容、手段、方法等）几个要素，并体现出目的性、系统性、持续性的特点，却不必然依照教育目的而展开，也并不必然符合教育价值，有的甚至违背基本的教育原则。站在德育的立场上，那些在专门的教育机构中发生，但不符合教育目的甚至违背基本德育原则的现象或活动，便是反德育。基于以上标准，我们可以把当代中国德育实践中的反德育现象归纳为以下几种。

（1）强制灌输式德育

道德总是表现为一定历史时期的思想意识、价值观念、行为准则。从人性生成的意义上说，这些思想意识、价值观念、行为准则总是具有外在于人的特征；并且，其社会习俗特性越强，受社会和文化背景的影响就越直接、越深刻，外在于人的特征也就越明显。于是，从目标和内容上看，德育便或多或少具有了灌输的特性（即外在的、附加的乃至强制性的）。但是，在立场和方法上，德育却不能不考虑儿童的道德发展水平和行动能力，不能不考虑他们作为道德主体的主体性，也不能不考虑具体的德育目标和内容本身是否合乎道德价值。然而，受着传统教育观念和传统的影响，并基于授受关系的学科教学模式，实践中的道德教育往往极易忽视这些基本的德育要求，时常表现出强制、灌输的特点。这种强制灌输式德育包括：①只问德育目的，不择教育手段，如通过体罚来禁止学生的不良或错误言行、要求学生简单记诵日常行为规则等；②将自己所信奉的价值观念、人生信条、处世方式，不问其是否合乎道德价值，以“道德真理”的形式来告诫或劝慰学生；③无视学生的道德实践能力，忽视道德情境，鼓励学生依照“道德真理”或模仿“道德榜样”去行动；等等。

（2）庸俗功利主义（或不道德）德育

教育者对人生的理解片面化，尤其是受着近乎“生物人”的思想意识、价值观念所支配，进而使得自己的教育行为失去“教育立场”，乃至被私欲、私利所驱动；或者，教育者因顾及和维护学校的利益、声誉，使得自己的教育行为被不当的学校管理目标所左右，以至于“违心而为”“明知故犯”；等等。凡此种种，便产生了实践中庸俗功利主义（或不道德）德育的各种表现，包括：①从强调提高儿童的社会适应性出发，以学生的前途、幸福为由，教给学生片面的世故、老练的人生技巧；②为了某种工作目标，引导甚至要求学生有意违背道德规范或道德良知，如出了事故后禁止学生道出真情、为了应付教学检查或评估而集体舞弊等；③出于自私的目的或狭隘的观念，以道德之名行不道德之实，如借口关心学生成长而劝“后进生”转学或弃学、打着尊重学生的旗号而逃避教学责任；等等。

（3）形式主义（或虚假）德育

在“三分法”的管理和指导模式下，学校德育作为一种实体化的“专门工作”，由于其影响及其效果所具有的复杂性、隐蔽性特点，往往使得它非常容易被形式化、“虚位化”，以至于各种形式主义（或虚假）的德育现象大行其道，主要表现为：①从形式上而非实质上开展德育，如德育课仅仅体现在课程表之中、在节假日或纪念日组织“即兴”活动等；②注重管理，轻视教育，乃至教育目标服从于管理目标；③只是依据外在表象来判断和评价德育效果，如从学生对某类知识的掌握程度来判断其品德发展状况，依据某次偶然事件或不当行为来评判学生的品行，把有无违纪行为作为衡量班主任工作好坏的主要指标；等等。形式主义（或虚假）德育虽然并不一定违背道德原则，却必然会使学校德育流于形式。

（4）价值相对主义德育

分科教学、各司其职，使得部分科任教师过于强调教育教学活动的分工、分科特性，乃至于秉承价值相对的理念，推卸自己的育人职责。他们常常只问自己担任学科的教学任务，只问学生在该学科上的学习表现，极少关心学生在思想、品行方面的表现或变化，既不对他们的利人、助人行为作出肯定性评价和鼓励，也不对他们的不良行为乃至害人害己行为作出否定性评价和遏止，由此放弃自己“作为教育者的基本立场”这样，德育似乎便变得与科任教师无关起来，以至于逐渐演变成团（队）辅导员、班主任、德育类课程任课教师的专门职责。

对德育与非德育、德育与反德育进行以上区别，其意义在于：既可以帮助我们更好地理解和把握德育的一般问题，也可以大大促进我们更多地关注生活的德育意义、重视各种非德育现象的德育价值，以便发挥个体知识、生活经验和潜意识在德育过程中的积极作用，更可以让我们充分意识到德育实践中的各种反德育现象及其危害，以便努力做到设法预防、不断纠正、予以克服。

参考文献：

[1] 蒋拙成．道德教育论［M］．上海：商务印书馆，1919：1－8.

[2] 杜威．德育原理［M］．元尚仁，译．上海：商务印书馆，1921：2.

[3] 吴俊升．德育原理［M］．上海：商务印书馆，1948：1.

[4] 鲁洁，王逢贤．德育新论［M］．新世纪版．南京：江苏教育出版社，2002：128－129.

[5] 檀传宝．学校道德教育原理［M］．修订版．北京：教育科学出版社，2003：6.

[6] 黄向阳．德育原理［M］．上海：华东师范大学出版社，2000：20.

[7] 冯契．人的自由与真善美［M］．上海：华东师范大学出版社，1996：322.

原载《中国德育》2009 年第 5 期

【价值观教育】

儒家人生价值观及其现代意义

钱　逊

胡锦涛同志指出，如何更有效地用马克思主义理论武装大学生头脑，引导大学生树立正确的世界观、人生观、价值观，是当前大学生思想政治教育工作面临的重大课题。在这方面，认真研究和充分运用中华传统文化中长期积累的丰富思想资料，可以起到重要的补充作用。本文就儒家人生学说中关于人生观、价值观的思想及其现代意义，作一探讨。

有一种观点认为，儒学是一种政治学说，是为古代两千年封建专制统治服务的政治意识形态。其实，儒学真正的本质不在那里；儒学实际上是一种关于人的学问，或者说是关于人生的学问。儒学思想的核心是讲做人。

儒学的人生学说博大精深。它由以下三个方面构成一个完整的体系：(1)“仁以为己任”的人生价值观；(2)以仁为核心的道德体系；(3)以“为己”为特点的修养学说。这个体系在长期的发展中，积累了丰富的思想资料，是我们民族的宝贵精神遗产。本文的讨论将主要集中在人生价值观方面。

一、“三不朽”：一个经典的表述

中国古代关于人生价值问题的讨论，最早的材料见于《左传·襄公二十四年》：

“穆叔如晋，范宣子逆之，问焉。曰：‘古人有言曰，死而不朽，何谓也?’穆叔未对。宣子曰：‘昔匄之祖，自虞以上为陶唐氏，在夏为御龙氏，在商为豕

* 钱逊，清华大学思想文化研究所研究员。

韦氏，在周为唐杜氏，晋主夏盟为范氏，其是之谓乎！’穆叔曰：‘以豹所闻，此之谓世禄，非不朽也。鲁有先大夫臧文仲，既没，其言立，其是之谓乎！豹闻之，大上有立德，其次有立功，其次有立言。虽久不废，此之谓不朽。若夫保姓受氏，以守宗祊，世不绝祀，无国无之，禄之大者，不可谓不朽。’”

不朽问题，就是人生价值问题。范宣子和叔孙豹对这个问题做出了不同的回答。范宣子认为，他的家族从尧舜时期就已经受封为贵族，经历夏商周，一直到春秋时期，世代受封，延续千年以上，长盛不衰，应该就可以说是不朽了。叔孙豹则认为这不能算不朽，只能说是世禄。他提出对不朽的理解："大上有立德，其次有立功，其次有立言。虽久不废，此之谓不朽。"

两种观点反映出不同的价值追求：范宣子是着眼于物质生活，叔孙豹则是着眼于精神生活；范宣子是着眼于自己家族的兴旺发展，叔孙豹则是着眼于个人对社会群体的贡献和社会、人民对个人的评价；范宣子是着眼于过去和当世，叔孙豹则着眼于历史的未来。概括地说，"三不朽"的思想体现了三点基本的价值追求：（1）以精神生活为上，追求精神的不朽；（2）以群体为上，从对群体的贡献和群体的评价衡量人生价值；（3）历史观念，追求青史留名。

在以后的发展中，"三不朽"的思想为儒家所继承发展，精神生活为上、群体为上和青史留名也成为中国古代占主导地位的人生价值追求。

二、《论语》中关于人生价值的思想

《论语》中关于人生价值有不少阐述。可以清楚地看到，孔子继承和发展了"三不朽"的思想。

"君子疾没世而名不称焉。"（《论语·卫灵公》）

人生一世，不应碌碌无为，而应有所作为，留名后世。这是一种历史意识、历史责任感。

"齐景公有马千驷，死之日，民无德而称焉。伯夷叔齐饿于首阳之下，民到于今称之。其斯之谓与?"（《论语·季氏》）

青史留名，也为孔子所关心。对齐景公和伯夷、叔齐的评价，以他们身后百姓的评价为根据，正是体现了"三不朽"的价值观。

孔子尤其重视立德，对此有许多阐述。

子曰："志于道，据于德，依于仁，游于艺。"（《论语·述而》）

人的生活有物质生活和精神生活两个方面，物质生活是自然的，精神生活是社会的、人文的。怎样处理这两个方面的关系是人生的一个大问题。中国传统文化认为，人与禽兽的区别就在于人有精神的、人文的生活，而禽兽没有，所以人应该把精神生活放在第一位。志于道，就是要把对道的追求放在第一位。要追求做人之道和高尚的人格境界，做有理想、有道德、有作为、对社会人群有益的人，而不要只是追求物质生活的满足。

子曰："朝闻道，夕死可矣。"（《论语·里仁》）

早晨得知了道，即便当天晚上就死去，也可以无恨了。这是极言闻道对人生的重要。懂得做人之道，人生就有了意义，可以不枉此生；反之，如果浑浑噩噩，不知为人之道，生命再长也只是行尸走肉。所以，只要懂得做人之道，就可以死而无憾了。曾子曰："士不可以不弘毅，任重而道远。仁以为己任，不亦重乎？死而后已，不亦远乎？"（《论语·泰伯》）

这里具体讲到君子要把实行和弘扬仁道当做人生最重要的使命。孔子所提倡的仁，不仅是个人道德修养的最高要求，也是一种社会理想。仁以为己任，就是以在全社会推行仁道，建立理想社会为自己的责任。为此要奋斗终生，死而后已。

子路问君子。子曰："修己以敬。"曰："如斯而已乎？"曰："修己以安人。"曰："如斯而已乎？"曰："修己以安百姓，尧舜其犹病诸。"（《论语·宪问》）

修己以安百姓，是孔子对君子提出的要求，也是他的人生理想。孔子讲修身，不只是为了个人的完善；修养自己是为了"安百姓"，使百姓能够安居乐业。个人的理想是与社会责任联系在一起的。这也是对"仁以为己任"的说明；以修己以安百姓为自己的人生理想，也就是"仁以为己任"。

志于道，另一面就是不以物质生活贫困为耻。所以，孔子提出"君子忧道不忧贫"。

子曰："士志于道，而耻恶衣恶食者，未足与议也。"（《论语·里仁》）

子曰："士而怀居，不足以为士矣。"（《论语·宪问》）

子曰："君子怀德，小人怀土；君子怀刑，小人怀惠。"（《论语·里仁》）

子曰："君子谋道不谋食。耕也，馁在其中矣；学也，禄在其中矣。君子忧道不忧贫。"（《论语·卫灵公》）

这几章提出了两方面的问题：一是生活的追求，念念不忘、孜孜以求的是什么？一是以什么来衡量生命价值，以什么为耻？忧道不忧贫不是提倡贫困，而是说生命的价值首先在于堂堂正正做人，不在物质生活的富足。所以，不把物质生活的追求放在第一位，也不以物质生活的贫困为耻。所谓穷要穷得有志气，是这种价值观的朴素反映。

《论语》还描述了孔子赞赏颜回的生活态度。

子曰："贤哉回也，一箪食，一瓢饮，在陋巷，人不堪其忧，回也不改其乐，贤哉回也。"（《论语·雍也》）

子曰："饭疏食饮水，曲肱而枕之，乐亦在其中矣。不义而富且贵，于我如浮云。"（《论语·述而》）

这是孔子人生价值思想的实际体现。宋儒曾给弟子提过一个问题：孔颜之乐，乐在何处？从这里可以体会到孔子关于人生追求的思想。

孔子继承了叔孙豹"三不朽"的思想，又加以发展，提出了不同层次的具体要求。

第一个层次：见义勇为。

子曰："见义不为，无勇也。"（《论语·为政》）

子曰："当仁不让于师。"（《论语·卫灵公》）

树立高远的明确的人生理想是一个高的目标，要经过长期的生活实践和学习修养。儒家思想的一个特点，高远的理想要求并不脱离日常生活，相反，它可以并且要求从日常生活中的每一件小事做起。"见义不为，无勇也"，从正面说就是要见义勇为，遇到合于道义应该做的事，就勇于去做。这样做，也就是在日常生活的每一件事上体现以精神生活为上的原则。这是每一个人都应该做到，也都能够做到的，是最低层次的要求。

对于见义勇为，存在一种误解，认为见义勇为就是与歹徒搏斗或舍己救人这样的英雄行为。从《论语》的原文来看，见义勇为的本意并不是指某种英雄行为，它是儒家以精神为上价值观的最浅近的体现。他要求人们在日常生活中随时随地把精神、道德的要求放在第一位，认识到了应该做就勇敢去做，做到这一点就是见义勇为。比如，自觉承认和改正错误，主动帮助老弱病残，拾金不昧，等等。提出见义勇为，正是引导人们从这些看似小事的地方做起，培养见义勇为的品质，进而逐步养成精神为上的人生价值观。

第二个层次：见利思义。

子曰："富与贵是人之所欲也，不以其道得之，不处也；贫与贱是人之所恶也，不以其道得之，不去也。"（《论语·里仁》）

孔子主张精神为上，把精神生活放在首位，并不是反对追求物质利益。他肯定富与贵是人之所欲，贫与贱是人之所恶，但是认为对物质利益的追求，对富贵的获得和对贫贱的摆脱，都要遵循道义的标准。这就是“见利思义”的原则。对此，《论语》多处谈及。

子路问成人。子曰：“见利思义，见危授命，久要不忘平生之言，亦可以为成人矣。”（《论语·宪问》）

子曰：“君子有九思：视思明，听思聪，色思温，貌思恭，言思忠，事思敬，疑思问，忿思难，见得思义。”（《论语·季氏》）

子曰：“放于利而行，多怨。”（《论语·里仁》）

子问公叔文子于公明贾曰：“信乎，夫子不言、不笑、不取乎?”公明贾对曰：“以告者过也。夫子时然后言，人不厌其言；乐然后笑，人不厌其笑；义然后取，人不厌其取。”子曰：“其然，岂其然乎?”（《论语·宪问》）

事事都依据个人利益而行动，会招致怨恨；合于义的才取，别人就不讨厌他取。

是把义放在第一位，还是把利放在第一位，是不同价值观的区别，也是君子与小人的区别。

子曰：“君子喻于义，小人喻于利。”（《论语·里仁》）

君子懂得利的取舍要以义为标准，见利思义，义然后取，不取不义之财；而小人则只知道牟利，唯利是图。这是区分君子和小人的重要标准。不是不要利，是“以义为上”，把义放在首位，放在利前。

第三个层次：杀身以成仁。

子曰：“志士仁人，无求生以害仁，有杀身以成仁。”（《论语·卫灵公》）

人生价值观支配人的行为，也具体表现在人们对重大问题的选择上。名利和生死是人生两大问题。第二个层次见利思义，是说在物质利益的获取上要以义为抉择的标准。第三个层次是讲生死问题，同样是要把道义放在首位。

孟子说：“鱼，我所欲也，熊掌亦我所欲也；二者不可得兼，舍鱼而取熊掌者也。生亦我所欲也，义亦我所欲也；二者不可得兼，舍身而取义者也。……生亦我所欲，所欲有甚于生者，故不为苟得也；死亦我所恶，所恶有甚于死者，故患有所不辟也。”（《孟子·告子上》）

明确指出道义的价值高于生命；在生命与道义二者不可得兼的情况下，要杀身成仁，舍生取义；生死抉择，惟义所在。这是“义以为上”的集中体现和最高要求。

儒家传统重群体，强调群体为上，然而并不否定个人人格独立。

子曰："三军可夺帅也，匹夫不可夺志也"。(《论语·子罕》)

再强大的军队，它的统帅都可以被剥夺，而一个普通人立下的志向却是任何力量都无法剥夺的。这充分表现出对独立人格精神的强调。他在评价伯夷、叔齐时，特别赞扬他们"不降其志，不辱其身"(《论语·微子》)的品格；还有大家熟悉的孟子的名言："富贵不能淫，贫贱不能移，威武不能屈，此之谓大丈夫。"(《孟子·滕文公下》)都是对"匹夫不可夺志"的具体说明。

所以，"杀身成仁""舍生取义"包含着两个方面；它既是为道义理想而献身，同时也是个人人格的完成，体现了个人独立人格与对社会责任的担当的统一，这是儒家人生对追求的最高层次的要求。

从日常生活中的见义勇为，到物质利益获取中的见利思义，最后到在生死问题上的杀身成仁，是由低到高的三个层次，循此依次提升，既把高远理想的追求落实到了实际生活之中，又逐步达到物质与精神、个人与群体的统一。

三、文天祥：一个典型

这样的人生价值观，构成我们民族精神最重要的思想基础。党的十六大报告指出，我们的民族精神以爱国主义为中心。而中国的爱国主义传统，其深刻的思想基础正是在于上述传统人生价值观。我们看历代先贤、爱国志士留下的千古传颂的名言，"天下兴亡，匹夫有责"，"人生自古谁无死，留取丹心照汗青"，"先天下之忧而忧，后天下之乐而乐"，"苟为国家生死以，岂因祸福避趋之"，等等，无不渗透着精神生活为上、群体为上和青史留名这样的根本价值追求。文天祥是体现了这一点的一个典型。

文天祥是宋末抗元名臣。元军占临安后，在福建、广东坚持抗元，为右丞相。1278年被元军所俘。元军统帅、丞相再三劝降，天祥不屈，被囚于一土牢。在牢中作《正气歌》以明志。在《正气歌》的题记中，他描述土牢的情况：房屋低小，潮湿阴暗，雨天满地水，浮动床几，是水气；水退后泥浆蒸沤翻腾，是土气；晴天暴热，密不通风，是日气；房檐下置锅做饭，助长炎热，是火气；还有霉变腐烂的陈粮散发的米气；多人拥挤一室腥臊污垢形成的人气；屎尿、腐鼠、死尸的秽气。如此恶劣的环境，七气相袭，一般人难以支持，而文天祥以羸弱之体坚持两年而无恙。他自谓靠的是平时所养浩然之气。“彼气有七，吾气有一，以一敌七，吾何患焉！”

《正气歌》说，天地正气，化生万物，在人间即是浩然之气。人有此气，“皇路当清夷，含和吐明庭；时穷节乃见，一一垂丹青。”太平年代它以平和的形态在朝廷发挥作用，紧急关头就表现为大义凛然的气节，名垂青史。他历数历代为正义而奋斗、坚守气节、舍生取义的志士的事迹以具体说明这浩然正气。①其中包括不畏死亡、秉笔直书的齐太史简，流放大漠十九年、坚贞不屈的苏武，被俘后声言“但有断头将军，无有降将军”的严颜，以及鞠躬尽瘁，死而后已的诸葛亮等。文天祥的《正气歌》历数先贤事迹，表明儒家以杀身成仁、舍生取义为标志的人生价值观已经形成传统；他重温传统是为了从传统中吸取力量，激励自己；而他自己也成为这个传统发展中的一环；这个传统通过文天祥和他的《正气歌》而得到继承和发扬。

文天祥表现出的浩然之气，既来自对先贤传统的继承，又植根于儒家所提倡的人生价值观。

文天祥自称力量来自浩然之气。此词源于孟子所说：“我善养吾浩然之气。”（《孟子·公孙丑上》）孟子说，这种浩然之气是“集义所生”。它不是一时冲动，而是日常生活中长期修养积累而成。它是在儒家人生价值观基础上形成的精神力量。孟子的名言“富贵不能淫，贫贱不能移，威武不能屈，此之谓大丈夫”，是对浩然之气的具体描述。文天祥慷慨就义后，人们发现，在他的腰带上写着：“孔曰成仁，孟曰取义，惟其义尽，所以仁至。读圣贤书，所学何事？而今而后，庶几无愧。”可见，文天祥的坚贞不屈，英勇就义，是他毕生读圣贤书，学习修养的结果；一生的学习、追求，在国破被俘的生死关头，表现为坚贞不屈，视死如归，能战胜一切的浩然之气。儒家提倡的人生价值观，是文天祥和其他先贤表现的浩然之气的思想基础，也是我们民族精神的思想基础。他写下的“读圣贤书，所学何事？而今而后，庶几无愧”，表明了他的心态，他把最后的杀身成仁，看做自己一生追求的理想的实现和人格的完成，生动地体现出个人人格修养与社会责任担当的高度统一。

四、传统人生价值观与当代大学生思想道德教育

传统人生价值观和在此基础上形成的中华民族的民族精神代代相传，并冈

山精神、延安精神、两弹一星精神、大庆精神、铁人精神、焦裕禄精神、抗洪精神、抗非典精神、劳模精神，江姐、董存瑞、黄继光、孔繁森等等都渗透着精神为上、群体为上和追求青史留名的传统价值观，体现了我们民族的浩然正气，同时又都有其鲜明的时代内容。每个时代人们为之奋斗的具体使命都是不同的，都有鲜明的时代性；但传统的人生价值观和在此基础上形成的浩然正气则是一贯的，贯穿于从古至今的各个时代，由此而形成不断发展的传统，成为我们民族的精神支柱。

中国儒家传统的价值观，与马克思主义、社会主义的价值观，有相通之处。精神为上、群体为上和青史留名的价值追求与见义勇为、见利思义、杀身成仁的实践要求，都为马克思主义者所肯定，只是其所理解的具体内容不同。比如保尔·柯察金的名言：

人最宝贵的东西是生命。生命对于我们只有一次。一个人的生命应当这样度过：当他回首往事的时候，他不因虚度年华而悔恨，也不因碌碌无为而羞愧。这样，在临死的时候，他能够说："我整个的生命和全部精力，都已献给世界上最壮丽的事业——为全人类的解放而斗争。"

其所追求的具体目标与中国传统的"仁以为己任"不同，而其中所体现的把理想信念放在第一位，不惜为了理想追求而献身，把个人的人生价值与群体的发展联系在一起，在群体的发展中实现个人价值等根本价值取向是相通的。江泽民同志在向大学生以及全国各界青年提出的坚持实现自身价值与服务祖国人民的统一，正是传统价值观在当代的传承和发展。认真研究传统人生学说和关于人生价值的思想，以马克思主义为指导，推陈出新，赋予传统价值观以新的时代精神，用以教育青年，是大学生思想道德教育面临的重大课题，也是其发展的方向。

注释：

①"在齐太史简，在晋董狐笔，在秦张良椎，在汉苏武节；为严将军头，为嵇侍中血，为张睢阳齿，为颜常山舌；或为辽东帽，清操厉冰雪；或为《出师表》，鬼神泣壮烈；或为渡江楫，慷慨吞胡羯；或为击贼笏，逆竖头破裂。"

（原载《中国德育》2006年第4期）

社会转型时期中学生价值观探析

裴娣娜　文　喆*

一、研究思路及方法

（一）问题的提出

价值观是人们对价值和价值关系的理解和追求，是价值判断的重要尺度和标准，是价值选择和价值行动的持久动力源泉。也就是说，价值观是影响人们确定行为目标、选择行为方式，以及解释行为结果意义的核心因素，是人社会化的核心内容。价值观具有极强的辐射力和穿透力，从根本上影响人们的言与行。

我国正处在社会转型时期，在社会信息化、经济全球化、网络社会化、文化多元化的社会进程中，面对多元文化、多种价值观的选择、困惑与问题，如何建设具有生命力、内涵丰富、积极健康的价值观教育体系，是深化学校教育改革的核心内容。如何对学生形成中的价值观有所把握，从而提升他们的生存质量，实现学生真正的发展，是目前需要认真对待的问题。

我们进行了为期两年的北京市中学生价值观现状调查，目的是在多元文化视野中，通过调查研究，对青少年价值取向进行重新审视，对学校价值观教育进行深层次的思考，找到学校教育改革与发展新的生长点，从而为学校教育创新提供选择的思路，并为区域性学习化社会的构建提供决策依据。

* 裴娣娜，北京师范大学教育学院教授、博士生导师；文喆，北京市教育科学研究院研究员。

本调查研究的主要问题：

——社会转型时期中学生面临的文化价值选择；

——中学生价值观发展的现状及基本特征；

——社会转型时期学校价值观的重构以及价值观教育的实施方式。

（二）调查项目设计的理论思路

根据价值观作用域的不同，我们将中学生的价值观划分为政治价值观、经济价值观、文化价值观和生活价值观。①

政治价值观是有关政治制度、政治权利与义务，以及民主、自由、正义、平等的价值观；经济价值观是有关经济体制、经济利益、分配方式、经济秩序等的价值观；文化价值观是关于传统文化、外来文化、民族、宗教、伦理、道德、科学、审美等的价值观；日常生活价值观是关于社会、家庭、人生、幸福、交往、诚信、公德等的价值观。青少年价值观是丰富多样的，我们的研究不可能全部涵盖，只能有所选择和侧重，集中在能够表现当前中学生价值观特点和发展趋势的主要方面。

（三）调查研究的方法与样本

中学生价值观调查，关键在于调查的真实性和调查问卷的可分析性。因此，在问卷调查及访谈时，我们尽量避开涉及隐私及模式化的问题，利用关联性问题识别是否为真实的价值观，即尽量使问卷的问题前后关联，并具有层次性；避免将价值观问题简单地做统计处理，以提高研究信度。

研究方法包括问卷调查、个别访谈、集体访谈及文献调查。

问卷调查样本：在北京市西城、海淀、门头沟、昌平四个区选取城市、城镇、农村不同类型，好、中、差三种不同办学水平的中学共22所，综合考虑了学生性别、父母职业、文化程度及家庭收入等多种因素，随机抽取初一至高三的学生共3 975人。分别设计初中、高中学生的问卷和访谈提纲。发放问卷3 975份，回收率96.5%，有效问卷回收率83.7%。

二、调查结果及初步分析

（一）当代中学生的政治价值观

在政治价值观的调查中，我们侧重了解中学生对平等、民主、法制，以及权利与义务等方面的看法。

1. 平等、民主和法制观念

（1）平等观念

调查结果显示，当代中学生具有较强的平等观念。有95.2%的中学生认为“公平观念”非常重要或比较重要，有89%的中学生完全同意或比较同意“社会应该给人们提供平等的发展机会”。这反映出现代社会中平等竞争的思想对中学生有较大的影响。

（2）民主观念

在“你最赞成下列哪种产生班干部的方式”这一问题上，有32.8%的中学生认为应该采取“全班学生推举加投票”的方式，有31.4%的中学生认为应该采取“学生自荐、竞选演讲加投票”的方式，有16.4%的中学生主张采用“全班同学轮流任班干部”的方式，有10.7%的中学生仍然赞成“教师指定”的方式，有8.5%中学生主张采用“教师提名加投票”的方式。这反映出大部分中学生已具有民主选举意识，希望参与班级决策。但仍有部分中学生在班级活动中盲目服从教师的权威，过分依赖教师的决策，缺乏民主观念和主体精神。在“如果在集体中几个人解决某问题的方案不一致，你认为应该怎么办”这一问题上，有69.8%的中学生认为应“集思广益，提出大家都可以接受的合理方案”，有20.1%的中学生认为应该采取“少数服从多数”的方式，只有3.2%的中学生赞同“以领导者为准”，还有3.6%的中学生认为“各行各路”。这反映出当代中学生在班级事务中崇尚民主与集中相结合的管理方式。

（3）法制观念

调查结果显示，当代中学生具有较强的法制观念。有93.4%的中学生认为“遵纪守法”非常重要或比较重要，有75.6%的中学生认为在处理个人问题时，自己的行为应符合校纪校规；“当自己买到假冒伪劣产品时”，有41%的中学生认为应该去找消费者协会或上诉法庭，有47.7%的中学生认为应该要求经销商退货、换货或赔偿。这表明，中学生已经确立了一定的法制观念和法律意识，他们不仅在日常生活中初步形成了遵纪守法的观念，而且有了在个人利益受到侵害时，用法律武器来维护个人权益的意识。

2. 权利观念

我们主要调查了三种权利观：生命权、隐私权和自由权。

（1）生命权

现代中学生比较重视自己的生命权，调查结果显示，有90.6%的中学生对抗洪抢险时提出的“财产重要，但人的生命更重要”持完全赞成或基本赞成的态度。

（2）隐私权

调查结果显示，68.3%的中学生认为，父母或老师翻看他们的日记或信件的行为侵犯了他们的隐私权。

表1　假如父母或老师翻看了你的日记或信件，你会怎样想

选　项	他们侵犯了我的隐私权	他们有权这样做	很高兴他们有机会了解我	无所谓
百分比（%）	68.3	8.3	10.5	12.9

由此不难看出，现代社会所强调的个人权利、独立的自我意识等观念对中学生产生了一定的影响，对于学生学会维护自己的合法权利具有积极的作用。

（3）自由权

在对“你是否希望能按自己的意愿安排学习和生活”这一问题的回答中，有94.9%的中学生回答“非常希望”或“比较希望”。这说明大多数中学生都希望能够按照自己的意愿学习和安排活动。

（二）当代中学生的经济价值观

在经济价值观调查中，我们侧重了解中学生的金钱观和分配观。

1．金钱观

金钱观是对金钱的作用和价值的认识。处在社会经济转型期的中国，社会的金钱观不仅正在发生变化，而且丰富多样，其在中学生中也有种种表现。

表2　你是否同意下列观点

观点＼选项	完全同意（%）	比较同意（%）	不太同意（%）	完全不同意（%）
钱越多，人生价值就越大	12.5	19.5	38.9	28.7
钱不是万能的，但没有钱是万万不能的	52.3	32.7	9.2	4.8
金钱是对为社会作出贡献的人的应有回报	41.9	38.6	14.6	4.9

在金钱问题上，多数中学生持现实而又合理的看法：对于“钱不是万能的，但没有钱却是万万不能的”这一观点，有85%的中学生选择“完全同意”或“比较同意”，说明中学生已经认识到金钱在现代社会中的重要作用和价值；有80.5%的中学生对“金钱是对为社会作出贡献的人的应有回报”这一观点持“比较同意”或“完全同意”的态度；有67.6%的中学生对“钱越多，人生价值就越大”这一观点持否定态度，又有近三分之一的学生对其持肯定态度，反映出虽然多数中学生并未把金钱作为衡量人生价值的唯一尺度，但也有相当数量的中学生受到了“拜金主义”的影响。

2. 分配观

分配观指对分配制度中涉及的公平与效率、收入差距、贫富差距等问题的看法。建立社会主义市场经济体制，要求确立新的分配观：这种分配观不留恋平均主义，不排斥少数人“先富起来”，不打击竞争，不保护落后，力图通过“让短的赶上长的”来达到共同富裕。这种以鼓励公平竞争、提高效率为基础的分配观，已经成为当代中国主导的观念，同时也因其理念与操作中的若干问题，而引发了种种社会矛盾。

表3　你认为个人收入的多少应该根据什么确定（选择两项并排序）

选　项	劳动时间	工作年限	能力大小	职位高低	贡献和创造的价值	投资多少	其他
第一位（%）	8.65	4.25	47.7	7.4	29.0	1.9	1.4

调查结果表明，中学生已普遍认识到当前收入差距偏大的社会现状，并能够较为理性地评价这种社会现实。有43.8%的中学生认为“这是为了让一部分人先富起来，然后逐步实现共同富裕”。可见，中学生已经认识到让全体人民共同富裕是我国实行按劳分配的目的。在“你认为个人收入的多少应该根据什么确定”这一问题上，排首位的是能力的大小（占47.7%），其次是所做贡献和创造的价值（占29.0%），这反映了中学生在分配观上具有注重个人能力、工作绩效的现代意识。值得注意的是，只有1.9%的中学生认同个人收益与投资多少挂钩，这又说明中学生对当代中国收入分配的现状与理念缺乏足够的了解与认同。

（三）当代中学生的文化价值观

我们的调查研究涉及的文化价值观，指观念文化层面，而不包括物质文化和制度文化价值观。根据目前中学生的特点，我们侧重于了解以下几个方面。

1．外来文化与本土文化

随着改革开放，我们从闭关锁国走向世界，同时中西文化也发生了激烈碰撞，这对中学生提出了新的要求和挑战。

调查结果表明，外来文化（主要是以美国为代表的西方文化）比本土文化对当代中学生有更大的影响。有57.2%的中学生喜欢外国大片，而只有27.9%的中学生喜欢国产电影。在“喜欢外国大片的主要原因”这一问题上，选择“拍摄技术高，视觉效果好”的占42.2%，选择“这是当今的时尚”的占12.9%，认为“内容新颖，故事情节吸引人”的占26.5%，还有12.8%的中学生认为是喜欢外国大片所反映的外国文化。

2．人际关系

中国传统文化具有重家族与人际关系的特点。这种文化价值观在现实社会生活中有着深厚的土壤，当代中学生也受到了这种传统文化价值观的深刻影响。有48.4%的中学生认为注重社会关系网的建立是“发展市场经济的需要和必然现象”，有33.6%的中学生认为“虽然不好，但又不得不编织关系网”，有17.9%的中学生将之视为“不正常的人际关系”。这反映了中学生对这种社会风气的影响有充分的估计而又缺乏深刻的认识。

对“如果将来有可能，你是否愿意从政（做官）”这一问题，有54.9%的中学生认为，如果将来有可能，他们是愿意从政的。许多中学生把升官、晋级视为个人价值实现的重要标志，这反映出“权力本位”“学而优则仕”等观念对当代中学生仍有较为深刻的影响。

3．服从与自主

在被调查的学生中，有95.2%认为应有“自立自理”观，75.1%认为“做自己喜欢做的事，不要在乎别人怎么评论”。这表明了中学生强烈的自我意识。

自主行为方面，在有关自己问题的决策上，完全自己做主的占30.5%，而直接听从父母的仅占2.8%，有66.7%的中学生认为应该“向父母征求意见后自己做主”。在处理自己的问题时，如果与父母意见不一致，只有7.1%的中学生会“直接听从父母的意见”，有62.7%的中学生认同“看哪种意见更有道理”，有21.6%的中学生会“想方设法说服父母”。中学生在学习上也具有较强的独立性，有67.2%的中学生认为自己的独立能力非常强或比较强，能自主地开展学习活动。有38.5%的中学生能够“根据自己的弱项自主地安排学习内容”，有41.3%的中学生能够做到“在完成老师布置的任务后，再学习一些自己感兴趣的内容”。这一问卷结果虽然并不一定能完全反映当代中学生在实际生活中自主决策的现状，但可以说是表明了他们的意愿或要求。

4. 竞争与开放意识

随着社会主义市场经济体制的建立，现代社会的竞争意识、开放意识、开拓创新的精神越来越受到当代中学生的认同和推崇，他们大多具有自信、乐观、勇敢、敢于竞争的良好品质。如有85.1%的中学生认为竞争观念非常重要或比较重要。在日常生活中，中学生喜欢参与竞争活动，有62.9%的中学生希望“尽最大努力与他人公平竞争”，有31.2%的中学生“喜欢做有挑战性的工作”，同时，有58.2%的中学生认为自己的竞争意识非常强或比较强。

当代中学生已经初步具有了开放意识和开拓创新的精神，并且对个人的能力和水平比较自信。有91.4%的中学生认为“开放意识”非常重要或比较重要，有88.9%的中学生认为“开拓创新的精神”非常重要或比较重要，有59.2%的中学生认为自己具有非常强或比较强的创新能力，有62.1%的中学生认为自己具有非常强或比较强的动手实践能力。

5. 人与自然的关系

当代中学生具有较强的环境保护意识，主张在个人与自然之间建立和谐的、人性化的关系。关于“某地工厂可给当地居民每人每年带来几千元的收入，但严重污染环境”这一问题，有53.6%的中学生认为应该“立即停产，建好污染处理设施后再生产”，有21.4%的中学生认为“为了子孙后代，坚决关掉”。虽然其中不能排除由于其利益伤害的虚拟性而带来的简单化选择因素，但仍可看出环境保护意识和可持续发展的战略思想已经植根于当代中学生的文化价值观之中。

（四）当代中学生的生活价值观

关于生活价值观的调查侧重于了解中学生的人生追求，对义利关系、个人与集体关系、个人与他人关系等的认识。

1. 关于人生追求

在“你认为在人的一生中，以下什么东西最重要”这一问题上，排在前三位的回答是“健康”“友谊”和“家庭”，表明了中学生价值观比较务实的总体倾向。

表 4　你认为在人的一生中，以下什么东西最重要（选择三项并按重要程度排序）

选　项	金钱	社会地位	名誉	友谊	爱情	知识	健康	权力	家庭	事业	其他
第一位（%）	6.0	2.3	4.1	16.0	5.0	11.9	31.8	2.0	14.2	6.8	0.9
第二位（%）	5.8	2.2	3.9	15.0	9.1	16.2	19.6	2.5	15.8	10.0	0.8
第三位（%）	8.8	2.8	3.6	17.3	9.0	10.9	16.7	3.0	13.4	13.3	1.2
合　计	20.6	7.3	11.6	48.3	23.1	39.0	68.1	7.5	43.4	30.1	2.9

2. 关于利与义

在市场经济条件下是应该“重利轻义”还是应该“重义轻利”，已成为当今社会争论的焦点问题之一。对于“金钱如粪土，仁义值千金”这一观点，有71.2%的中学生选择了“完全同意”或“比较同意”，这反映出中国传统“重义轻利”的观念仍然对中学生有深刻的影响。

3. 关于个人利益与集体利益

调查结果显示，当集体利益与个人利益发生冲突时，有60.5%的中学生认为应该“以集体利益为主，兼顾个人利益”，有25.5%的中学生认为“个人利益无条件服从集体利益”。但是，调查还发现，当代中学生的实际行为与其观念认识之间出现了一些不一致的状况。比如，在回答“班里要办一块板报，假如你恰巧具有绘画特长，这时你会怎样”的问题时，虽然有57%的中学生表示乐意参加，认为这是显示和锻炼才能的机会，但也有近14%的中学生认为“办板报太累，不愿参加”，有13.9%的中学生认为“老师要求，没办法，所以必须参加”，有15.5%的中学生回答“我愿意参加，但最近自己的事情比较多，下一次再说吧”。

表 5　当集体利益与个人利益发生冲突时，你认为应该如何处理

选　项	个人利益无条件服从集体利益	集体利益为主，兼顾个人利益	个人利益为主，兼顾集体利益	集体利益无条件服从个人利益
百分比（%）	25.5	60.5	9.5	4.5

4. 关于合作与交往

调查结果显示，有86.8%的中学生认为合作观念非常重要或比较重要。有72.2%的中学生在完成班集体的工作时，喜欢“与同学合作”。在“你认为应该如何处理人与人之间的关系”这一问题的回答中，有66.4%的中学生选择

“互相帮助、互相尊重、互相理解”，有24.8%的中学生选择“根据他人对我的态度而定”，有11.9%的中学生选择“各人自扫门前雪，莫管他人瓦上霜”，有3.7%的中学生选择“怎么对我有利我就怎么办”。这表明了当代中学生的交友观念的复杂性。

三、关于中学生价值观问题的几点思考

（一）目前我国中学生的生存文化环境问题

应该承认，仅依据对北京地区的一次调查就作出对当代中国中学生价值观及其形成因素的判断是有很大风险的，但是，鉴于北京的特殊地位，它的发展在许多方面都有某种代表意义与引领价值，所以，我们还要尝试以本次调查结果为依据来作出一些推论性的分析。笔者以为，要分析目前我国中学生价值观形成的原因，应在两个层面上作进一步探讨。

第一，宏观层面。目前我国中学生生存与发展面临的多元文化价值观的冲突，主要来自两个方面。一是中国经济体制改革所导致的民众文化心态的变化。一方面，市场经济的发展导致新的社会关系、生活方式和文化风格的形成，导致如独立个体意识、公平竞争观念、法律法治意识，以及文化开放视野等新文化精神的张扬，导致对主体精神、多元、差异、平等和宽容等的强调，从而极大地冲击了传统的道义观、公平观、生活观、交往观等。另一方面，中国社会主义市场经济的价值选择，又为当代中国的价值追求带来了独特的观察视角与选择依据，竞争与合作并存，个人利益与集体利益、人民利益并重，以及“少数人先富”与“共同富裕”目标层面的冲突与一致性的认识与实现策略等，都会直接或间接地影响人们的思想与行为。而且其中的若干问题，我们也不能说已经找到了理想或可行的解决策略，那么，就可能形成认识上的误区或盲区，成为社会性的困惑或观念冲突、文化冲突。二是改革开放后多元文化并存导致的文化价值冲突。现代社会文化发展呈现出的开放性、民主化、多样性特征，多种文化间的冲突、融合与价值选择已成为世界各国面临的重大问题。开放的世界环境在为中国的社会文化、价值取向提供新的视野和转机的同时，传统文化与现代文化、东方文化与西方文化、主流文化与非主流文化、大众文化与精英文化间的矛盾冲突，也全面而充分地展示出来。科学与人文、公平与效益、合作与竞争、继承与超越等一系列矛盾的存在，教育民主化与精英教育、继承

传统与超越传统等的争论所反映的不同的价值追求，形成了现代学校文化研究和关注的主题。

第二，微观层面。从微观层面要分析社会转型时期我国中小学学校文化的内在冲突。基于近年来对学校文化建设问题的初步研究，笔者认为，学校文化集中表现为在社会文化、网络文化背景下的教师文化、学生文化、课程文化与制度文化。而在更深层面上，反映当前学校文化内在冲突的几个主要方面为：促进社会发展与促进人的发展的冲突，掌握科学基础知识与获得生活直接经验的冲突，群体发展与个体发展的冲突，意识中反传统与潜意识中维护传统的冲突，强调国际化与强调本土化的冲突。

事实上，理想的价值取向与日常生活层面的价值取向并存，道德价值与功利价值并存，集体主义价值取向与个人主义价值取向并存，为人民服务价值取向与拜金主义价值取向并存，以及自由与规范的矛盾、公平与效益的矛盾、经济发展与环境保护的矛盾等，形成了目前我国思想理念多元、多样，极其活跃、丰富，又相当混乱的局面。

（二）社会转型时期中学生价值观的基本特征

中学生价值观所呈现的基本特征为矛盾与多元，其主要表现在以下几个方面。

1．价值主体的冲突：个人本位与社会本位的矛盾

在社会转型时期，个人的地位和价值得到了重视，个体利益和合理需求获得了应有的地位，个体的自主意识和主体精神得到了弘扬，同时，也出现了个人本位的价值观与社会本位的价值观之间的矛盾、冲突和融合，这在客观上促进了当代中学生价值观念的多元选择和认识与行为的冲突。

2．价值选择的困惑：理想主义与现实主义的冲突

当代中学生在社会价值选择上的矛盾——以追求至善至美的精神境界和重义轻利的社会价值为核心内容的理想主义与以注重世俗性、功利性、物质性的社会价值为重要内容的现实主义，何者为重？两者的相容程度以及妥协的可能性如何？中学生在健康、友谊、家庭与知识、事业相比较中正在尝试寻求矛盾的初步解决，当然也会在今后的生命历程中引发新的矛盾。

3．价值取向的转变：由人伦关系走向利益效率关系

调查结果表明，当代中学生在主体意识、平等意识、效率观念、竞争意识和讲求实效的务实精神等方面都有所增强，这是社会主义市场经济建设和改革

开放的必然结果。

4．个体人格价值的冲突：观念意识与行为脱节

个体人格同一性的建立需要同一性文化价值的影响，文化价值的混乱容易造成角色混乱和自我同一性的丧失。调查表明，当代中学生在人生态度和行为方式之间的脱节、反差比较突出，反映出他们在外显的行为方式与深层的价值观之间存在着矛盾和差异。言与行不统一，其形成的原因是复杂的，既有成长中的主体的多变与不成熟因素的影响，又有成人及社会因素的影响。

这里需要指出的是，区别于成年人，中学生的价值观还有着自身的特殊性，这就是中学生价值取向的多维性、多变性和选择性。

（三）需要进一步认识的几个问题

社会价值观的多元，多种思潮的纷呈，新旧观念的冲突与融合，导致社会各方面对一些相关问题重新思考或再认识，其中最为深刻的表现在以下三个问题上。

1．对集体主义、爱国主义、为人民服务等主导价值观的态度

以社会主义公有制作为经济基础的集体主义价值观，在我国发展社会主义市场经济的新时期，仍是提倡和坚持的主导价值观。我国的青少年，从小就生活在一种集体主义的氛围里，更多地受到的是强调国家、集体利益的教育，因而在某种程度上倾向于用社会所期待的标准去评价是与非。然而传统的集体主义价值观又存在过分强调集体至上，忽视个人权利，忽视组成集体的个人主体的自我价值，不注意尊重和保护个人合理利益的倾向，其结果导致实在的集体变为“虚假的集体”，在失去对集体成员的关注的同时，也失去集体的向心力和凝聚力。在社会转型时期，如何处理好集体、个人、社会的关系，处理好个人与他人、个人与群体的关系，是一个有待进一步研究的问题。

2．尊重事实，追求效益、公平与民主的文化心态

这种心态与价值选择，本来是现代社会的本质特征之一，在转型期的中国社会，由于规章与法制尚未健全，由于社会变化过快和一些无序现象带给人们的强烈冲击，也由于传统文化中消极因素的影响，还不能说这一选择已经成为社会的共识，如对弱势群体的冷漠以及对事实的不尊重还有相当程度的表现。改变这些现象，营造良好心态，是当代中国先进文化建设的长期任务与努力方向。

3．社会是非标准的非唯一性和非统一性

当前社会一些旧规范逐渐失去权威性，新规范还未健全，无序性增强，社会风气不能令人满意。诸如：一些干部贪污腐败，官僚主义严重；假冒伪劣，制黄贩黄，吸毒贩毒等现象屡禁不止；一些价值规范法则被曲解，社会上存在着信仰、理想迷失的现象。理想与现实的反差，真假价值并存，形成了学生价值观的迷茫。

建设有中国特色的社会主义，要求有一套与之相应的、先进的思想文化和主导价值观来规范人们的行为，凝聚人们的信念追求，动员人们积极投入改革与发展的事业之中。因此，价值观念的变革与重建，不但是时代的需要，也是时代的必然。

（四）学校价值观教育的思路

如何对学生进行价值观教育，近年来人们进行了多方面探索，笔者认为，以下几点是十分重要的。

1．营造良好的文化生态环境

我国中学生目前面临的是多元、多层次的文化生态环境，由家庭、社会、学校三方面组合并形成一个结构系统。

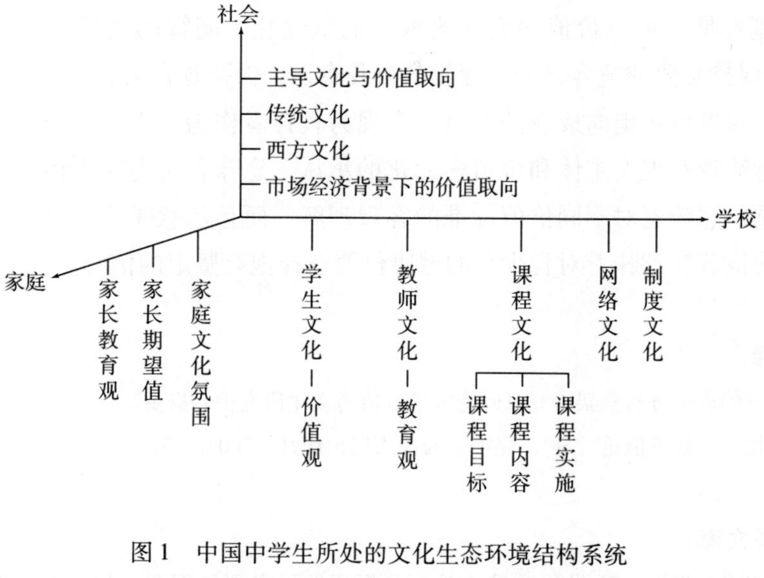

图1　中国中学生所处的文化生态环境结构系统

如何营造和优化学生成长的社会环境，这是一个系统工程，需要社会、学校、家庭三方教育资源的整合。学校应该自觉地承担起时代的责任，成为整合三方教育资源的主体或第一责任者，并通过现代学校文化建设来实现文化生态环境的优化。

2. 恰当定位学校价值观教育的目标

学校价值观教育旨在提升学生对“人的价值”的认识与意识，促进学生努力追求真、善、美的境界，并能在生活中实践个人的价值选择。

当代中国中学生的价值观教育，需要科学文化与人文文化的相互作用和渗透融合，培养学生对多种价值取向的分析、批判能力，同时要努力培养学生对理想追求的践行能力。

价值观的核心是文化，学校要引导学生在继承与发扬民族文化的过程中，发展跨文化的适应能力，为学生提供文化选择的机会，清除对亚文化和少数民族文化的歧视，从而为价值观的重构奠定坚实基础。

特别要提出的是，在价值观教育中要强调宽容与理解。中学生的价值观处在形成和发展过程中，是在学习、借鉴、体验、探索中的自主、主动建构的过程。促进这个过程的实现需要提供若干基本条件，诸如创设一定情境、利用已有经验以及组织学习共同体等，关键在于教育者的示范引领作用以及对学生的宽容与理解。有学者从价值的本性——个体性角度论述了宽容的内涵及实质，指出“宽容是一种以价值多元化为根据的理性化、明智的生活态度和实践方式”②。保持必要的宽容是一种深刻的自我意识，保持宽容又表现为对成长权利的尊重，对青少年走向成熟的尊重，表现为教育者作为成人的反思与自省。宽容不仅意味着对现实主体和价值多元化的承认，意味着对不同主体之间平等地位的尊重，意味着对不同价值标准的客观理解，而且还意味着对自己选择的价值标准的执著，意味着对青少年的健康价值选择抱有坚定的信心。

注释：

①研究的理论分析框架由北京师范大学价值与文化研究中心提供。

②李德顺. 新价值论［M］. 昆明：云南人民出版社，2004. 77.

参考文献：

［1］叶澜. “面向21世纪新基础教育”探索性研究理论纲要［J］. 上海教育科研，2001，(2).

［2］鲁洁. 文化变迁与教育［J］. 教育研究，1990，(8).

［3］北京市邓小平理论研究中心，北京师范大学价值与文化研究中心. 关于价值观研究

现状的调研报告［J］. 中国特色社会主义研究，2002，(1).

［4］黄希庭，等. 当代中国青年价值观［M］. 北京：人民教育出版社，2005.

［5］杨宜音. 社会心理领域的价值观研究述要［J］. 中国社会科学，1998，(2).

［6］杨学功. 略论我国社会转型时期价值观念的基本特征［J］. 锦州师范学院学报，2001，(1).

［7］石绍华，等. 北京中学生的消费价值观与消费行为［J］. 心理学报，2002，(6).

［8］裴娣娜. 中小学生生存的文化环境与价值观教育［J］. 中国教育学刊，2005，(6).

［9］李德顺. 新价值论［M］. 昆明：云南人民出版社，2004.

（原载《教育研究》2006年第7期）

诚信观的构成及其对诚信教育的启示

傅维利　王　丹　刘　磊　李德显*

近些年我国实施诚信教育的效果并不十分理想。分析其原因，除了社会性诚信环境尚有待改善外，教育者对人的诚信观、诚信行为等的形成特征和发展规律也缺乏深入的研究，致使许多教育举措缺乏科学依据和针对性，也是其重要原因。笔者认为，诚信与人道德的其他构成要素一样，由知、情、意、行四方面构成。研究诚信虽然可以有多种起点，但对诚信观的研究具有基础性的作用。本文尝试着分析诚信观的构成特点，并据此提出有针对性的教育建议。

一、东西方对诚信的不同理解

根据有关学者的研究，“诚信”一词最早见于《商君书·靳令》，其核心思想孕育形成于中国商朝晚期至春秋战国时期。对中国影响深远的儒家文化一直崇尚诚信，并以诚信作为“修身、齐家、治国、平天下”的根基。如《大学》是中国文化史上第一篇较集中论述儒家诚信思想的作品，该书在传统的“为民父母”政治思想的基础之上，提出了修身以诚为本，治国以修身为本的治国理念和自我培育与上行下效的诚信教育模式。[1]

* 傅维利，辽宁师范大学教育学院院长、教授、博士生导师；王丹，河北外国语职业学院职业教育研究中心讲师；刘磊，辽宁师范大学教育学院讲师；李德显，辽宁师范大学教育学院教授、博士生导师。

但是，在中国的古典伦理中，将“诚”与“信”合用还是比较少见的。在传统的道德理念中，“诚”与“信”既具有同一性，又存在一定的差异性。所谓“同一性”，是指虽然人们对“诚”“信”有多种解释，但其基本含义都是真实不欺。如“诚”作为一般概念，具有真心实意、无妄不欺的意思，既不自欺，也不欺人；而“信”的基本含义是诚实不欺，遵守诺言，言行相符，是诚实、不欺、讲信用的意思。所谓的“差异性”，是指“诚”与“信”属于不同层次范畴。孔子认为，“诚者，乃做人之本”（论语·为政）。荀子说：“天地为大矣，不诚则不能化万物；圣人为知矣，不诚则不能化万民；父子为亲矣，不诚则疏；君上为尊矣，不诚则平，夫诚者，君子之所守也，而政事之本也。”（《荀子·不苟》）可见，在儒家的诚信思想中“诚”处于核心的位置，是“信”的依据和根基，而“信”是“诚”的外在体现。[2]

在西方，诚信（integrity）作为人们基本的道德行为规范，同样具有源远流长的历史。从语源学的角度看，integrity（诚信）与 integer 相联系，意思是一个整数，integrity 也与 integration 相联系，意思是把各个部分统一成一个整体。从这个角度分析，诚信具有前后一致、言行一致的整体性特征。这是一个方面。另一方面，“西方的‘诚信’是在地处地中海的罗马帝国繁荣的海外贸易和简单商品经济充分发展的基础上建立起来的。‘诚信契约’与‘诚信诉讼’在当时罗马成为最普遍的商业和司法原则。”[3] 因此，西方诚信思想的另一个重要特征就是它始终与契约观念联系在一起。应该说，这种强调彼此约束的社会契约的思想传统深刻地影响了他们对诚信内涵和功能的理解。

通过以上的分析，可以得出这样的结论：在中国古代诚信文化中，“诚”处于核心的位置，人们更关注其自律的价值，正所谓“其身正，不令而行，其身不正，虽令不从”（《论语·子路》）；而在西方的诚信文化中则“信”处于核心的位置，人们更多地关注诚信制度对人的约束，具有清晰的律己和律他的双重制约价值。

二、现代意义上诚信的基本内涵

古今中外，虽然诚信作为人类道德的基础和根本受到极大的关注，但人们对诚信内涵和外延的定义和理解却有不小的差异。这不仅影响了当代诚信研究的发展，也制约了在日益现代化和国际化条件下，诚信作为普遍的道德原则在各国和各民族中的交流和实践。因此，在探讨诚信教育的有效对策之前，有必要依据当代社会的期望和需求，对诚信的内涵作出新的定义。

笔者认为，诚信是指主体能够按其主观意愿，在作出主观判断的基础上，真实地表达客观事实及其主观判断，作出相应的承诺，并按此践行的一种道德规范或品质。和其他道德特质一样，作为“道”，它表现为社会对人们诚信行为普遍的规范性要求；作为“德”，它是具体个人在诚信方面所表现出的心理和行为上的品质特征。

作为个人的道德特质，诚信包括相互联系的“诚”和“信”两部分，其中“诚”是指主体对所感知到的客观事实和相应的主观判断进行真实表达的心理和行为品质，其表现为讲真话，不说谎。详细分析起来，它又包括以下两个基本方面。一是客观事实与主观判断之分。人们所面对的诚实事件可分为客观事实和主观判断两类。在人诚实品质发展的早期阶段，人们更容易真实表达所感知到的客观事实，而谨慎表达自己的相应判断。这主要是后者会更多地关涉到相应的利益冲突。例如，许多学生可以真实地表述老师体罚学生的事实，但不愿意表述自己相应的是非判断。因此，可以将真实表述主体的主观判断，作为人诚实品质发展进入较高级阶段的重要标志之一。二是隐性与显性之分。隐性的“诚”是指主观上愿意表达客观事实和相应的主观判断，但迫于环境压力而没有作出表达的心理和行为品质；显性的“诚”是指不仅主观上愿意而且在客观上实现了真实表达的心理和行为品质。相对于隐性的“诚”来说，显性的“诚”处于人诚实品质发展的高级阶段，是现代社会所期望的诚实品质。同时，它对推进人诚信品质的发展具有重要价值。因为真实表达的过程不仅是行为主体自我肯定“诚”的过程，更是自我强化“诚”的过程。同时，显性的“诚”为下一步“信”的发生和健康发展奠定了重要基础。

“信”主要指主体能够在作出道德判断的基础上，对其道德判断进行真实的表达，作出相应的承诺，并按此践行的心理和行为品质，表现为讲信用，说到做到。“信”的发生是主体首先作出主观判断，而后进行相应的承诺，最后付诸行动，落实承诺的过程，即判断→承诺→践行。“信”的发生必须满足两个条件：其一，行为主体所作出的判断、承诺和践行必须逐次发生，不能缺失；其二，在“信”发生的过程中，行为主体所作出的判断、承诺和践行必须是一致的。需要特别指出的是，行为主体的主观判断不同于主观愿望。主观判断是行为主体结合其所处的情境和主观愿望进行思维加工的结果。在某些情境的压力下，行为主体很有可能作出有悖于其主观愿望的判断。这说明，在人类的实践中，实际上存在着两种不同性质的守信行为：一种在起始时，人的主观判断便与行为主体的真实愿望完全一致；另一种则因掺入了多种环境因素，其主观判断并不与真实意愿保持一致。前一种“信”是以较高水平的“诚”为基础的，而后一种“信”则有些偏离了“诚”的轨道，或者说其所依托的“诚”还处于较低的水平。

诚实和守信原本是两个不同的道德规范，随着时代的发展和需求，已经逐渐演变成了一个整体，并以其特定的内涵在现代人的社会生活中发挥着重要的作用。在完整的诚信体系中，“诚”和“信”既有区别，也有更为紧密和清晰的联系。“诚”和“信”之间的这种紧密联系主要表现在，在现代社会中，人们已经把诚实作为“信”真正实现的基本前提。在“信”逐次发生的链条中，存在前后相继的两个必要环节，即判断→承诺和承诺→践行。前面已经分析过，在第一个环节中，行为主体实际上存在两种选择：一是按其主观意愿真实地表达主观判断；二是迫于环境压力违心地表达主观判断。显然，前一种“诚”处于较高级发展阶段。如果没有这种较高级的“诚”，行为主体所作出的承诺并不是其主观愿望的真实表述，那么“信”发生的一致性链条的第一个环节就会被扭曲，随后“信”的行为也很容易中断。所以，在现代意义的诚信观中，人的真实判断与其真实意愿应当是高度一致的。这也正是现代诚信观的进步所在，是现代诚信观与传统诚信观的主要区别之处。这种诚信观与现代司法要求真实反映当事人主观愿望的原则也一致。

上述分析表明，随着社会道德文明的进步与发展，人们对诚实与守信有了更深刻的理解和认识。将其紧密地联系在一起作为一个道德规范，既反映两者之间的内在联系，也反映时代对人们诚信心理和行为的更高要求。

三、诚信观的构成

诚信观是人们对诚信的基本看法，是人们界定诚信内涵，评定其价值和水平高低的基本取向和内在标准。诚信观不仅是人诚信行为的起点，而且在一般情况下，多数人对诚信的基本看法，就构成了社会主流的诚信观，从而对整个社会的诚信状态产生重大影响。因此，研究个体诚信观的构成特点和社会群体诚信观的取向特征，对研究诚信和诚信教育问题都具有十分重要的意义。笔者认为，诚信观大致包括以下三个基本方面。

（一）对诚信基本内容的把握

对诚信内容的把握包含两个方面：一个是外壳，另一个是内涵。所谓外壳指的是语义学意义上对“诚信”的了解，即一个人知不知道表达诚信的词汇。所谓内涵指的是一个人所理解的诚信指的是哪些方面。关于诚信的内涵，前面我们已经作了分析，在现代意义上，它应当包括“诚实——讲真话，不撒谎”和“守信——说到做到”两个基本方面及其关联特征。但是，不同个体在把握和理解诚信内涵方面具有较大差异。我们不能把一个人的诚信观看成另一个人的诚信观，把社会主流的诚信观看成所有人的诚信观。

（二）对诚信行为评定标准的把握

人们在评价诚信问题时，必须使用一套事先在内心形成的标准体系。这套标准处于人诚信观的核心位置。人们在评判一个人或一件事是否具有诚信特征时，在面对不同的人或事时所使用的标准是不一样的。为此，我们尝试着建立一种由两个基本范畴和四个基本维度构成的诚信标准结构体系，它基本涵盖了人们评价诚信问题时所面临的基本对象和情境。在四个基本维度上，我们标注出了诚信观由低到高发展的趋向性特征。这就为进一步深入考察和评价一个人的诚信观发展水平提供了具有操作意义的重要前提。

1. 两个基本范畴

笔者在对诚信问题的观察中发现，在诚信的评定标准上，实际上存在两个基本范畴，即“对己”的和“对他”的（可能在少数人那里这两个范畴是融合的或部分融合的）。我们设想，绝大多数人在这两个范畴中的诚信评定标准存在差异。一般人或许对自己的诚信行为所设定的评定标准较低，而对他人的诚信行为所设定的标准偏高。正是由于内存着这样两个不同的范畴，我们应对人们有时候表现出的“言不由衷”或“言行不一”的状况作具体分析。

在笔者看来，“言不由衷”或“言行不一”其实存在三种状态。第一种是行事策略，即为了达到目的，故意表现出违背内心真实意愿或观念的言行（一般伴随着积极的情感体验）。第二种是基于环境压力，被迫表现出违背内心真实意愿或观念的言行（一般伴随着不良的情绪体验）。需要指出的是，在人的观念构成中也有情境约束维度，如果评估超出了情境约束维度的极限，相关情境即变成环境压力。所以，同一情境或环境变因，在不同人身上启动的内在影响机理是不同的。第三种分别使用“对他”和“对己”两种范畴中的诚信标准实施评价、表达或行为约束（一般伴随着积极的情感体验）。如果这时对外表达的是“对他”的诚信标准，而约束自己行为的是“对己”的诚信标准，那么看上去仍然是“言行不一”或者“说一套做一套”。例如，有的人经常说谎，但并不伴随着消极的情绪体验，但如果发现有人对他撒谎，便勃然大怒。说明在诚信观念“对己”和“对他”两种范畴中，此人存在不小的差异。历史上曹操所说的“宁负尽天下人，不要天下人负我”，印证的也是这种情况。笔者认为，前两种是真正意义上的“言不由衷”和“言行不一”，而在第三种情况中，他们的言行实际上仍然是其意愿或观念的真实表达，是“言自由衷”和“言行一致”。之所以在此方面会出现误解，是因为人们一直认为诚信观念只存在一种范畴。如果用一种范畴的观点看，只能将言与行间的差异解释为“言不由衷”和“言行不一”。判断第三种与第一种界限的标准是“是否故意”；判断第三种与第二种界限的标准是“是否具有积极的情绪体验”。也就是说，如果一个人做了看上去“言不由衷”和“言行不一”的事，而又不是故意的，同时伴随着积极的情感体验，那么此人在“对他”与“对己”两种诚信观范畴中一定存在着不小的差距。

在此项研究中我们重点研究第三种情况，其原因是从观念到行为是人类活动的基本特点，在多数情况下，人的观念与言行是一致的，观念的差异必然带来言行的差异。

关于一个人如何将观念形态的东西转变为行为，傅维利在《真实性道德冲突与学生的道德成长》中提出的相关理论以及柯尔伯格关于道义判断与责任判断的观点都有一定的参考价值。笔者认为，道义判断可能是基于“对他”的范畴，而责任判断可能是基于“对己”的范畴。如果按照柯尔伯格的理论，一个人只有从道义判断转变为责任判断，才可能导致行动，那么从观念到行动的实现路线应当是：观念（“对他”范畴）→观念（“对己”范畴）→行动的心理倾向→行动实现。

2. 四个基本维度

维度选择的三个原则：一是最大可能涵盖人们在现实生活中遇到的所有诚信事件；二是可以较好地呈现不同人内在诚信标准的不同特点；三是能充分地表现出人诚信标准从低向高的连续性发展特征。

在“对己”范畴中包括三个基本维度，即利益预期维度、频率维度和情境约束维度，而在“对他”范畴中则包含了四个基本维度，即对象维度、利益预期维度、频率维度和情境约束维度。

（1）对象维度。

其以熟悉→陌生为维度发展的主导方向，即在关涉利益的诚信问题上，人们可能对熟人使用较高的诚信标准，而对陌生人使用较低的诚信标准。如果一个人说，“你对别人撒谎还可以理解，但对我撒谎是绝对不能容忍的”，或者说，“你答应别人的没做到还可以理解，但答应妈妈的也没做到是绝对错误的”，那么评价者和被评价者间一定有很亲近的关系。也就是说，如果一个人不仅对熟人而且对陌生人也使用了较高的诚信评价标准，那么这个人的诚信观就达到了较高的水平。

熟悉→陌生的发展脉络大致是：血缘系列→朋友系列→小团体系列（如同学、同事、同乡）→大团体系列（如同民族、同国家）。其诚信标准发展特征应当是：伴随着熟悉→陌生的方向，诚信观在此维度也表现出由低向高的发展特征。

（2）利益预期维度。

其以面对获得低利益事物→面对获得高利益事物为维度发展的主导方向，即如果评价人只对低利益关涉事件坚持较高的诚信标准，而对高利益关涉事件却给予较低的诚信标准，那么，他在这一维度上处于较低水平；如果对高利益关涉事件也坚持较高的诚信标准，那么，他在这一维度上处于较高水平。

由于利益相关可以表现出性质不同的两类：一类是对自己或被评价者有利，在这种情况下，人们一般会全面肯定诚信法则；另一类是对自己或被评价者有害，即说真话或守信用会明确损害自己或被评价者的利益，在这种情况下，人们一般会降低诚信的内在评定标准，而且有损自己或被评价人利益的程度越高，相应的内在诚信评定标准会定得越低。因此，在这一维度上，我们重点考察利益丧失的情况，即伴随着诚信事件与被评价人利益丧失的增大，其诚信观在此维度上也表现出由低向高的发展特征，即诚信观发展水平较高的人，不仅在利益丧失小的情况下会坚持诚信的标准，而且在利益丧失大的情况下也坚持诚信的标准。

（3）频率维度。

其以偶然发生→持续发生为维度发展的主导方向，即如果一个人对自己或被评价人偶然表现出诚信行为便认定为诚信，那么此人在这一维度上处于较低水平，反之处于较高水平。

诚信标准在此维度上的发展特征是：伴随着诚信行为发生频率的上升，评定人的诚信观也呈现由低向高的发展特征。

（4）情境约束维度。

其以情境约束严紧→情境约束宽松为维度发展的主导方向，即对待同一诚信事件，情境的约束力高时，评定人认为该讲诚信，而在情境的约束力低的时候，评定人就认为不一定要讲诚信，说明此人的诚信内在标准处于较低水平；如果一个人在任何情境约束条件下，都表现出较高的诚信要求，说明此人的诚信内在标准处于较高水平。

诚信标准在此维度上的发展特征是：伴随着情境约束力由强到弱，人的诚信观在此维度上也表现出由低向高发展的特征。

（三）对诚信价值的把握

价值是人们对事物存在意义和应当具有的作用的判定。不同的人对诚信价值的判断可能有明显的差异。我们从两个维度上考察这种差异。

1．个人维度

这一维度主要考察人们对诚信对个人生存与发展价值的看法，以低价值→高价值为维度发展的主导方向。如果一个人对诚信的个人价值有较低的评估，说明此人在此诚信观维度上处于较低水平，反之处于较高水平。

2．团体维度

这一维度主要考察人们对诚信对团体生存与发展价值的看法，以低价值→高价值为维度发展的主导方向。如果一个人对诚信的团体价值有较低的评估，说明此人在此诚信观维度上处于较低水平，反之处于较高水平。

在团体维度上，可以按团体内部的联系特征和利益关联的紧密程度细分出血缘团体（如家庭、家族）、同伴团体（人们切实在一起工作、学习或生活，如班组、班级、宿舍、社区）、意义团体（在某种意义上属于一个团体如国家、民族、大洲）。

由于这些团体与评估人的利益关联程度呈由紧到松的发展走向，因此诚信观在此维度上也应呈现相应的发展走向。

当诚信能为团体带来利益的时候，价值评估可能没有显著差异。当诚信能为团体带来伤害的时候，伴随着利益关联程度呈由松到紧的发展走向，评估人在此维度上发展水平呈由低到高的发展走向。

四、对学生的诚信教育

诚信教育隶属道德教育的范畴，是培养学生“讲真话，说到做到”道德品质的教育。其主要任务是提高学生的诚信认知，陶冶学生的诚信情感，锻炼学生的诚信意志，训练学生的诚信行为。对诚信观的深入分析，能启示我们合理地把握诚信教育的方向，提高诚信教育的效果。

（一）把建立充满信任的教育和生活环境作为诚信教育的重要起点

诚信与信任是相互递进、相互制约的关系。这主要表现在人们对所信任的人通常是诚信的；诚信之人的一个最为直接的效果就是更容易赢得别人的信任。反之，如果个人与个人之间、组织与组织之间、个人与组织之间缺乏起码的信任，那么，诚信将因风险太大而不可能产生或存续。这说明，诚信与信任是在不同特征的联系中相互推升或相互削减。

需要指出的是，在这种相互影响和制约的关系中，教师与家长应率先营造和建立值得学生和孩子信任的教育和生活环境。这主要是因为在环境营造和改善中，教育者处于主导的位置上。教育者应率先以信任学生为表率努力建立这种信任环境，并把它作为诚信教育的重要起点。

（二）把价值提升、标准构建和行为形成作为诚信教育的重点

由于诚信能充分体现真实互利原则，保证了社会有序、健康和持久的运行，因此，它一直是进步社会所积极倡导的主流道德规范和指导社会各个方面健康运行的普遍原则。因此，我们要把诚信教育放到道德教育的重要位置上，使之成为最为重要的德育内容。在诚信教育中我们要做到以下几点。

第一，要提升学生对诚信价值的理解。教育者不仅要通过理论阐释和案例说明的方式，让学生深入地了解诚信对个人发展和社会生活的价值，而且要在处理关涉学生利益的生活、学习事件中，采用充满信任和诚信的方式，实实在在地示范和展示诚信的价值。教育实践已经反复证明，教育者在教育组织和实施过程中所展现的非信任和非诚信的教育行为，是对诚信教育最大的伤害。

第二，要把诚信标准的教育作为一个长期、艰巨和重要的工作来抓。世界上先进的道德教育有一个共同点，就是不局限于现成的道德结论，而是特别重视对学生进行内在价值评价标准的教育，这与我国的直接给予结论的道

德教育方式形成鲜明的对照。由于有了工具意义上的给予，使得先进的道德教育方式具有鲜明的鼓励学生自主实施道德判断和行动的持续长远的指导价值。借鉴世界先进的道德教育的理念和方式，我们要按照“对他”和“对己”两个范畴，在四个基本维度上逐步找到我国儿童青少年诚信内在评价标准的一般发展常模，并在此基础上，确立按年龄阶段划分的发展标准及其教育的内容和方式。

第三，正如前面所分析的，现代意义上的诚信包括前后相继的两个必要环节，即判断→承诺和承诺→践行。这就要求我们的诚信教育不能止于说理，还要特别注意延伸到行动。笔者推荐以感知—明理—行动为主线的诚信教育模式。

参考文献：

［1］王公山．先秦儒家诚信思想研究［D］．济南：山东大学，2005．4．

［2］洪跃雄．诚信辨析［J］．江汉论坛，2006，(1)．

［3］邹建平．诚信论［M］．天津：天津人民出版社，2005．17．

（原载《教育研究》2010 年第 1 期）

中国传统德育的精髓

李剑萍　路书红 *

中国传统文化是一种典型的伦理型文化，具有鲜明的“尊德性”与“道问学”、求知与求善相统一的特点。在悠久的历史中，中华民族建构了一套成熟的，涉及个人伦理、家庭伦理、国家伦理以及宇宙伦理的道德价值与规范体系，对振奋民族精神、增强民族凝聚力、协调社会秩序等发挥了极其重要的作用。与此同时，还形成了以学校为核心的德育机构与制度和一整套完备的德育理论，其中蕴涵着许多思想精髓，值得给予批判性继承。

一、德才兼备、以德统智的总体取向

德才兼备、“必仁且智”（《春秋繁露·必仁且智》）是中国古代一贯的教育追求和人才标准。具体来分析，古代教育家尤其是儒家学派的教育家们，更强调“德”对“才”的统率作用。孔子在论述自己的理想人格——“君子”“成人”时，经常将德、智等内容视为一体，将德与智或德与才看作理想人格中不可缺少的组成部分。孔子曰：“志于道，据于德，依于仁，游于艺。”（《论语·述而》）又曰“知（智）者不惑，仁者不忧，勇者不惧”。（《论语·宪问》）后《礼记·中庸》中将智、仁、勇视为“三达德”，即为天下通行的道德。汉儒董仲舒继承这一传统，重视仁、智二德，提出“必仁且智”。他认为：“仁而不智，则爱而不别也；智而不仁，则智而不为也。故仁者所以爱人类也，智者所以除其害也。”（《春秋繁露·必仁且智》）董仲舒的这一认识包含着德、智兼求的思想，并强调只有二者兼修，才能达成完美人格。朱熹继承前人的观点，认为人才“德才”缺一不可，他曾言：“道问学是大事，要识得道理去做人。”（《朱子语类》卷二）这些都是尊重德、智，而将德作为智的灵魂和中坚。

---

* 李剑萍，聊城大学教授；路书红，山东师范大学教育学院副教授。

二、修己达人、中和一贯的人生追求

修己达人是指从加强自我修养出发，通过“忠恕之道”，推己及人，“修己以安人”，共同达到理想的道德境界。传统典籍《大学》中，提出了“大学之道在明明德，在新民，在止于至善”的“三纲领”，以及格物、致知、诚意、正心、修身、齐家、治国、平天下的“八条目”，而“壹是皆以修身为本”，反映出儒家强调的“把自我内在的反省与修养加以扩大，变成一种外在的普通的道德责任和义务”[1]的过程。最能阐释和表达这一过程特点的即为孔子提出的“达人”“立人”主张：“夫仁者己欲立而立人，己欲达而达人。能近取譬，可谓仁之方也已。”（《论语・雍也》）修己是达人的基础，达人是修己的必然，从一己做起而推及别人，最终达到平天下的理想境界，将个体的修养与社会教化合而为一。

同时，在处理人与人、人与社会、人与自然等诸种关系时，讲求中庸和谐，“不偏不倚，无过无不及”（《礼记・中庸》），“君子和而不同，小人同而不和”（《论语・子路》）。孔子曾说：“中庸之为德也，其至矣乎！”（《论语・雍也》）将中庸视为最高的道德标准。《中庸》一书进一步发挥了这种思想，把中庸之道解释为“中和”，它说：“喜怒哀乐之未发谓之中，发而皆中节谓之和。中也者，天下之大本也；和也者，天下之达道也。致中和，天地位焉，万物育焉。”将“中”“和”作为妥善处理各种社会关系的道德标准。这一思想经过二程、朱熹等人的弘扬，逐渐内化为中国人自我修养的主要内容，影响着中国人的处事、处世方式。其实，无论是个人的进德修业还是在此基础上的推己及人，乃至待人接物的中庸态度，都是一个终生而艰苦的过程。只有将其当做终生奉执的道德准则，终生追求的道德理想，正如孔子所自称“吾十有五而志于学，三十而立，四十而不惑，五十而知天命，六十而耳顺，七十而从心所欲不逾矩”（《论语・为政》），以“忠恕”之道引领并指导、约束人的道德修行与人格修为，并持之以恒、坚持不懈，最终才能达到“从心所欲不逾矩”的境界。

三、寓理于事、化民成俗的实施策略

寓理于事是指利用中国传统的直觉形象思维特点，通过自然社会现象、日常生活事例以及比喻、寓言、故事和说唱等表达方式，来说明抽象的道德规范和道德原理，使人感觉亲切生动，易于接受，终生难忘。同时，认为道德行为就体现在日常生活的一言一行之中，“勿以善小而不为，勿以恶小而为之”，通过平日的点滴之为，日渐养成良好的道德习惯进而内化为自己的道德品格。孔子、孟子擅长采用生动的、贴切的比喻，通过简单的现象或事物，深入浅出地解析抽象而复杂的道理。而老庄则提出“以事为诫”的方法，采用事例或寓言故事，如“庖丁解牛”“随珠弹雀”“任公垂钓”等来阐发道德内蕴，以达到劝诫世人的目的。后世蒙学教材也运用这种策略，如《三字经》中的“孔融让梨”“悬梁刺股”等道德故事，使儿童在初涉儒家文化，学习浅显易懂的故事之际，领悟求学、做人、处世的基本道理。朱熹则注重将道德培养寓于日常行为之中，他认为，“小学”阶段的主要内容即是“学其事”，“小学是事，如事君、事父、事兄、处友等事，只是教他依此规矩作去”。（《朱子语类》卷七）陆九渊也强调道德教育应从“日用处开端”。这均是注重使儿童通过洒扫、应对、进退之节，学习事君、事父、事兄、处友的基本道德规范，养成道德习惯，慢慢体悟到深刻“义理”，达到道德教育的最终目的。

习俗以潜移默化的方式塑造着人的经验、行为和品德，是一种最广泛、最深刻、最持久的教育力量，甚至成为一种朴素的信仰，对个体的道德行为起着规范和制约作用。因此，中国历来强调“建国君民，教学为先”，“化民成俗，其必由学”。（《礼记·学记》）一方面，将化民成俗作为提高整个社会道德水平的重要策略；另一方面，将教育作为化民成俗的主要途径，通过教育将道德规范推展为全社会的舆论力量。尤其是秦汉时期，中国逐渐形成了大一统的封建帝国，政治上的统一更需要人们道德上的认同。统治者更加重视社会的道德教化，并设立专门的“三老”掌管，以使普遍的仁义道德原则和规范通过耳濡目染的“礼乐”等形式，影响社会成员的行为。同时从形式上也将道德教育列为学校教育的内容，发挥学校“乃教化之本原”（《汉书·董仲舒传》）的功能，将伦理规范的教育以学校为核心，推广至社会生活的方方面面，达到移风易俗的目的。汉代所确立的道德教化传统为后世所承袭，成为历朝历代治理天下的一项基本国策。

四、躬行践履、自律自省的修养路径

躬行践履就是在道德教育中强调亲身实践、身体力行。在先秦诸子中，墨子及其门人以富有道德实践精神而著称。墨子认为，“言必信，行必果，使言行之合，犹合符节也，无言而不行也”（《墨子·兼爱下》）。“士虽有学，而行为本矣。”（《墨子·修身第二》）强调言行一致，行重于言。儒家历来倡导道德践履。孔子评价一个人是否有德行，不仅凭其言谈，更要看其行为，“听其言而观其行”（《论语·公冶长》），考察其言行是否一致。朱熹也认为：“为学之实，固在践履，苟徒知而不行，诚与不学无异，然欲行而未明于理，则其践履者又未知其果为何事。”（《朱文公文集·答曹可元书》）王夫之也提出道德教育必须在生活实践中进行，主张“君子之学，力行而已”（《四书训义》卷九）。躬行践履不仅是道德修养的必经环节，也是道德品质形成的标准。

自律自省是指在道德修养过程中不断自我约束和自我反省。假如说学校教育乃至“化民成俗”主要注重从外部对人的制约，自律自省则是强调道德践履不能勉强，必须高度自觉，出自自身内在的需要。从这个角度上讲，中国所注重的“躬行践履”并非盲从或单纯外部约束的举动，而是自己内心道德判断的结果；也并非起始就在正确思想指导下的恒常举止，而是不断自我反省、改过迁善的过程。其中，自律和自省又反映了道德修养的两个不同阶段。自律重在约束，体现为道德主体对自己的欲望、功利性追求的限制，可能表现出一种情感无奈或内心痛苦；而自省则是对自身道德合理性的寻求，是寻求到合理性之后的豁然开朗的幸福自在。从自律到自省，从痛苦到幸福，显示出道德修养层次的递进与境界的提升。孔子堪称自律自省的楷模，他“躬自厚而薄责于人”（《论语·卫灵公》），“见贤思齐焉，见不贤而内自省”（《论语·里仁》），努力“克己复礼为仁”（《论语·颜渊》）。并且，孔子主张，“知之者不如好之者，好之者不如乐之者”（《论语·阳货》），将求“乐”，即伦理主体的高度自觉作为道德修养的重要境界，经过曾子“吾日三省吾身”和孟子“反求诸己”的修养路径发展，成为中国重要的德育传统。

当然，以上简要的概括与分析只是挂一漏万，不可能涵盖全部博大精深的中国传统德育精华，如“天时不如地利、地利不如人和”的“人和”精神，“杀身成仁，舍生取义”的高风亮节，“天下兴亡，匹夫有责”“先天下之忧而忧，后天下之乐而乐”的社会道德责任感等同样值得关注与认同。德育不仅包括与历史割舍不断的传统，而且还包括与现实生活相适应的时代精神，是永恒性和现实性的统一。因此，我们还要认识到，中国传统德育是在小农经济和君主专制制度基础上形成的，其任务就是如何使道德教育的对象认同既有的道德规范，自觉地、绝对地服从社会秩序，培养服从型的品格。德育内容也主要是以“仁义礼智信”及“三纲五常”为核心的道德行为规范，必然带有严重的时代局限性。我们必须进行批判性继承和创造性转换，才能超越传统，适应现代，开辟中国德育的未来新路。

参考文献：

[1] 陈谷嘉，朱汉民. 中国德育思想研究［M］. 杭州：浙江教育出版社，1998：27.

（原载《中国德育》2008 年第 9 期）

母语教育与民族文化认同

成尚荣*

一、全球化进程中的重要命题

当前，汉语教育被轻视、汉语水平下滑的问题急需引起重视。这个问题的表象可以用“外热内冷”来概括，即外语尤其是英语热，而汉语冷。社会上的就业招聘、职称评聘等都有对英语的要求，各级教育都有双语教学的要求，而且要求越来越高，甚至高过了对汉语的要求。英语的强势不是一个孤立的现象，其深刻的时代背景就是全球化，母语教育实质上是全球化进程中一个十分重要的命题。全球化应该是有预设的，全球化引发了一些问题的深入讨论。

（一）全球化是一个与多样性、多元化同时进行的过程

在全球化过程中，有各种力量的参与，包括处于不同文明中的群体和个体，但是参与的各种力量并不是均衡的。因此，“全球化既可以成为一个宰制性的霸权，也可以创造一个人类生命共同体”。①值得注意的是，英语正在成为“宰制性的霸权”，成为“全球经济的语文和国际普通话”，这种外来语的强势企图颠覆母语的地位。②但是，“全球化不是同质化”，“全球化和地方化是同步的，有全球化就一定有地方化”。③波士顿大学的社会学家彼得·伯格编了一本书，书名就叫《多种多样的全球化》。事实证明，人类社会发展从来都不是毫无个性的普遍主义，多样性是人类繁荣的必要条件，文化也正是这样，文化的生存需要语言的多样性。一种语言的出现代表着人类某一方面智慧的生长，语言消失

* 成尚荣，江苏省教育科学研究院研究员、国家督学。

了，文化的多样性也就消失了，人类社会就不可能丰富多彩。正是在全球化与本土文化的矛盾与冲突中，我们发现了语言多样化发展的张力。威廉·詹姆斯有这么两句诗："没有个人的激情，共同体将是一潭死水；没有共同体的共鸣，个人的激情终将消退寂灭。"④尽管说的是个人与共同体的关系，但完全可以理解为全球化与本土文化的关系：没有本土文化的激情，全球化将是一潭死水；没有全球化的共鸣，本土文化的激情终将消退寂灭。显而易见，加强母语教育正是为了推动民族文化的发展，而加强民族文化的影响力，又将推动完整的全球化。当前，那种消退母语、削弱母语教育的认识与做法，完全是对全球化的片面误读，也完全可能使民族文化在全球化浪潮中寂灭为一潭死水。

（二）全球化引发文化认同

文化认同是全球化的又一重要预设。毋庸讳言，现在是一个普遍化和趋同化的时代，全球化只不过是这种趋势的一个必然结果。"然而，只要还不存在一个统一的全球民族，这个过程必然会在全世界引起认同危机和认同追求。这就是为什么'民族主义和民族认同话语在这个愈益全球化的世界上看来仍然会保持其重要性'"⑤的原因。全球化的进程不是无需认同，恰恰相反，只有认同危机和认同追求的存在才可能保持民族的独立性和独特的价值。"非常有意思的是，'民族认同'实际上应该被理解为'民族认异'。"⑥认同就是不断地认识自己、发现自己，进而坚守自己；同时，认同也是不断地认识别人、发现别人，进而吸纳别人。因此，在融入多元文化的潮流中，如果没有认同追求，就有可能消退自己，甚至丧失自己，同时不能学习别人，也就不能丰富自己、发展自己。母语是民族的元素，是文化的符号。显然，认同母语就是认同民族、认同民族文化，加强母语教育就是强化民族文化的认同感，增强民族的自豪感。就中华民族来说，加强母语教育，为的是让我们，尤其是让青少年不断地提问自己：在全球化时代，是什么使中国人成为中国人；成为中国人意味着什么；中国文化在世界多极文化的谱系里有什么价值；中国人在人类发展的坐标里处于何种位置，等等。当然，在提问的时候，必然会问到母语和母语教育。提问是认同的过程，也是成熟的标志。认同正是增强民族自信心和民族使命感的过程。如此看来，在全球化的背景下，母语教育联结着文化认同，联结着文化的本土化。警惕母语教育的滑坡绝不是危言耸听，增强对母语的教育意识，就是对母语的一种支援，甚至是一种捍卫。

二、母语的根源性及母语教育的使命

当下对母语的定义还有不少争论，因此，在母语的界定上还需有一个初步的认同，首先要搞清楚母语的基本属性，同时，要把母语的基本属性与母语的价值区分开来。

（一）根源性：母语的基本属性

《辞海》里注明："母语，指儿童习得的第一语言，多为本民族或本国语言。"也有研究认为："母语，一个人最初学会的一种语言，在一般情况下是本民族的语言或某一方言。如果某一民族的标准语是所在国人民共同使用的语言，那它就是国语了。"⑦毋庸置疑，汉语是中华民族的标准语言、共同使用的语言，而汉语又是在与各少数民族母语的互动中发展、繁荣起来的。强调汉语这一母语的教育，并不排斥少数民族母语的教育，更不否定中华民族文化是汉文化与各少数民族文化的结合，绝非仅指汉文化。

以上表述中，有两个关键词：第一语言和最初学会。《辞海》里注明："母，根源……泛指能有所滋生的事物，"所以，母语的基本属性应是根源性。母语这一根源性的属性，实际上是在向我们做如下宣告。首先，母语是民族文化之源。正是母语在被使用的过程中滋生了文化，创造了文化。若要发展民族文化，必须发展母语，加强母语教育。可以这么认为，轻视母语教育就是消逝和丧失本民族的文化。其次，母语是民族形成的基本要素。一个民族是依靠她的文化站立起来的，而文化又是在母语中创生的。正因如此，日本著名文化学家岸根卓郎在《文明论——文明兴衰的法则》一书中如是说："放弃母语，就是通向亡国（毁灭文明）的捷径。"⑧再次，一个民族也应该有根的意识。母语，我们共同的源头，我们民族的根。记住母语，我们才会有民族记忆、历史记忆，才知道我们是谁、我们从哪里来又到哪里去。习得母语，就是获得了民族的文化基因和文化胚胎。另外，母语是我们的精神家园。海德格尔说，"语言是存在的家"⑨。母语是我们存在的精神家园，在"家"里，我们才会获得人生关怀，才不会似浮萍四处飘零，才会找到自己和民族的内在理由。母语的根源性向我们昭示很多，我们倾听她的宣告，才会真正懂得什么是母语。

（二）言说、表达的方式：母语的深层定义

海德格尔对语言有很深刻的见解，他多次讲到："语言在生存论及存在论上的根基是言说……言说表述的方式就是语言……言说是生存论上讲的语言。”[10]海德格尔其实是在谈论母语，即母语是一个民族言说表述的方式。事实证明了这一理论，不同的民族有不同的言说和表达方式，不同的言说和表达方式往往意味着、代表着不同的母语。海德格尔进一步举例说：“德国人称各地区不同的说话方式为‘方言’（不同的口型）。”[11]这是事实，但这一简单的事实几乎不曾被认真思考过。明确了这一点，我们可以搞清楚不少问题。

一是加强母语教育，是不是只编、只教、只读我们民族自己的文学作品，国外的文学作品能不能进入我们的教材，这样的教材算不算母语教材，这样的教育算不算母语教育，等等。其实，国外的作品通过我们母语的翻译，在保留其本义和风格的同时，已经是在用我们的言说方式表述和传达，显然，已经进入了我们的母语教育的畴域。

二是加强母语教育，不只是会识字、会写字、会读书、会作文，更重要的是要学会言说表述的方式。“在全世界几千种语言当中，汉语是很特殊的一种语言。”[12]中国文化的特点之一是概念与形式上独一无二的语言系统，这势必要求我们潜心研究和体验表达的独特性，通过表达方式的体验、把握和运用，真正学会用汉语表达我们的思想。如此看来，在母语教育中，要把表达方式的学习和训练提到更高的地位上来。

三是若伤害母语的表达方式，必定会伤害母语，要颠覆母语的地位首先颠覆它的表达方式。值得注意的是，当下的一些网络语言、聊天语言、动漫语言等正在随意地改变着我们母语的表达方式，追求时尚、追求新奇、追求刺激，其间杂糅着怪怪的表述。我们必须警醒：应加强母语的规范性，纯洁祖国的语言文字，别让强势外语从改变母语的言说方式上打开颠覆的缺口。

（三）发展自己、丰富人类文化：母语教育的使命

一个民族往往把自己全部的精神生活痕迹都珍藏在语言里，一个民族的语言总是体现着这个民族的精神。母语是一个民族的精髓，而且就是民族本身，是民族生命的一部分。于漪说，母语对外是一道屏障，而对内却是黏合剂。[13]海德格尔说：“语词乃供出者，它给我们什么呢?”[14]是啊，母语给我们什么呢?我们的母语里充满着人文价值，她给了我们人文教养的尺度，给了我们终极的关怀；我们的母语里凝练着传统和历史的精粹，而传统往往是一种力量，她给了我们民族延续的血脉，给了我们民族的魂魄；我们的母语里蕴藏着智慧，她给了我们流淌着的思想、灵动着的智慧以及快乐、愉悦、幸福的智慧表情……

世界关注着中国的崛起，可以说，母语是我们这个民族自立于世界先进民族之林的文化源头和动力。

不过，母语不仅仅是属于这个民族和这个国家的，也是属于人类的。她不仅是民族生命的一部分，也是人类文明的组成部分。母语对外是道屏障，但也应是与人类沟通对话的平台和开阔地。捍卫母语，就是在捍卫人类文化与文明，加强母语教育，就是在促进人类的进步。这些就是母语教育的崇高使命。

三、关于“认同”的认同及对母语教育的建议

全球化强化着认同意识。认同是一个抽象的概念，但包含了丰富的内容。根据西方学者的研究，“认同有微观和宏观两个层面。在微观层面上，认同是人类行为与动力的持久源泉，它坚定了人们对自己的看法，又从人们与他人的关系中，派生出生命的意义。在宏观层面，认同是一个更深的个人意义的代码，它将个人与最一般层面的社会意义相联系”。⑮从这一解读中，笔者以为可以认同以下一些观点，并由此派生出母语教育的基本建议。

（一）认同是一种定位，为的是获得归属感

认同所确立的这种归属感，在政治学上是国家认同和民族认同，是国家和民族的定位。这种定位首先体现在文化认同上，而文化认同又体现在母语的认同上。因此，民族语言一旦消失，这个民族也就不复存在了。反之，“亡了国当了奴隶的人民，只要牢牢记住他们的语言，就好像拿着一把打开监狱大门的钥匙。”都德在《最后一课》中借语言教师韩麦尔说的这句话，道出了母语在民族和国家定位中的重要作用。母语教育就是让学生在母语中认识自己的民族、自己的祖国，确认自己的民族身份和国家身份，培育民族性格和民族精神，确立为中华民族复兴的志向。母语教育让学生们手握钥匙去打开民族文化宝库和人类文明之窗。在任何时候，母语教材建设这一使命都不能有任何的松懈，否则，这种母语的失责其实是民族责任感和使命感的丢失。

这种归属感，在社会学上就是让每个人在社会的共同体和群体中认识自己，找到自己的社会角色和身份，培育起涂尔干称之为“集体良知”的东西，进而把各个个体凝聚在一起。观照当下的母语教材和母语教育，在面向每一个学生的同时，开始关注“这一个”，为的是让学生的主体性和个性得到充分发挥。但与此同时，学生的集体责任感的教育则显得苍白无力。要让学生认同家庭责

任感、集体责任感、社会责任感，甚至人类责任感，让责任感伴随着学生的成长，唯有如此，学生才会真正学会感动和感谢。

（二）认同是一个开放的系统，要让学生认识世界和人类

认同始终存在于关系之中，失掉关系就会失掉认同。民族认同不是狭隘的民族主义情怀，不是以排斥外来文化的方式来界定。民族文化应该向所有人类文化开放。用这一观点来审视母语教材和母语教育，就会发现我们的视野还比较狭窄。母语文化是民族的、国家的，也是人类的，民族文化是在与人类文化的互动中发展起来的。对母语的崇拜，理应包含对人类文化的崇拜，包含对多元文化的尊重与接纳。所以要赋予母语以整个人类的文化色彩，赋予母语教育以世界眼光和全球胸怀。我们不仅要研究自己母语教育的经验，还要研究和借鉴其他民族和国家母语教育的经验，从中获得启发。其实，各国的母语教育都得到加强了，才可能有在均势地位条件下的真正对话。有人说，这种本土与世界的关系，行动上是本土的，而思考是全球的。我们的母语教育不仅要学会母语的思维方式，而且要逐步适应和学会其他语言的思维方式。思维的开放是最广阔的开放，思考着去认同才会有深度。

（三）认同是为了积极的世界参与

认同不是目的，认同是为了参与。通过认同，获得归属感，找到自我位置，认清了自己，也发现了别人；认同为的是参与，这种参与是积极的创造过程。用这种认同理念和认同追求去反思母语教材建设和母语教育，其中有两个聚焦点。一是对传统母语教育经验的汲取与创造。我国的母语教育有非常优秀的传统，累积了许多宝贵的经验，至今都有强大的生命力，我们不能背对历史，必须继承和弘扬。比如，多读多写，体会汉语的声文之美、形文之美和意义之美。意美是一切语种的文学所共同的，形美和音美则与其文字的特性紧密相依。汉字比之拼音文字更易于形成多样的形文之美和声文之美。在审美追求上，我们“主张和而不同，差异、对立造成的和谐，是最佳的和谐”[16]。因此，汉语的特性决定着母语教育需要引导学生在吟诵与写作中体验、感悟和生成。二是需要重新诠释优秀文化传统。认同不是文化乡愁，也不是怀古复旧，当然更不是倒退，而是在新的起点上迈步。母语教材和母语教育要引导学生在理解原义和本义的基础上，赋予传统以新的解释，使传统价值成为现代价值。这种积极的参与是一个创造的过程。放开眼界看一看，不少国家也正用自己的母语和自己的价值来诠释儒家的经典，于是有了所谓“波士顿儒家”等。[17]时代的脚步永远是向前的，认同总要伴随着时代的脉搏，唯有如此，母语教育才会在深厚的底蕴中透发新的价值气息。

（四）文化认同的关键是文化自觉

文化自觉表现在对民族文化的热爱、对外来文化的尊重；表现在对民族文化价值的理解以及对文化资源的保护、开发和使用；表现在文化能力的提升，用自己的眼睛去作文化观察，用自己的嘴和笔去表达和传播。文化能力的核心是思维能力和创造能力，在我国母语教育中，要加强对文化现象的思考、明辨，加强对新文化的接纳与创造，以推动中华民族优秀文化不断发展的脚步。

注释：

①②③④⑰杜维民. 对话与创新［M］. 南宁：广西师范大学出版社，2005. 38、38、34、60、138.

⑤⑥⑮张汝伦. 经济全球化和文化认同［A］. 中国大学学术讲演录［C］. 桂林：广西师范大学出版社，2001. 289、290、284.

⑦⑧中外母语教材比较研究课题组. 中外母语教材比较研究论文集［Z］. 南京：江苏教育出版社，2001. 167、7.

⑨⑩⑪⑭海德格尔. 人，诗意地安居［M］. 桂林：广西师范大学出版社，2002. 46、46、54、54.

⑫⑯王先霈. 国学举要·文卷［M］. 武汉：湖北教育出版社，2002. 17、21.

⑬沈祖芸. 一辈子学做教师——三问于漪［N］. 中国教育报，2005-7-15.

（原载《教育研究》2007年第2期）

信仰的忠告

——致部分有信教意向的同学

刘建军 *

亲爱的同学：你好！

收到你的来信，并认真读过了。谢谢你对我的信任，谢谢你把自己在信仰上的苦恼这样真实地告诉我，并希望我给你一些建议或忠告。作为一名“思修”课的教师，能够在这样深层的心灵问题上得到你的信任，我感到很荣幸，也觉得有责任在这些问题上把自己的真实想法写出来，告诉你，以及像你一样对宗教有强烈兴趣或受到宗教吸引，或多或少有某种信仰意向的同学们。

你问我：“假如我去信教，老师和学校是否允许？我是否会失去学籍”？对于这个问题，虽然我不是领导，但我也可以明确地告诉你：只要你是出于自愿和内心的信仰，老师和学校并没有权力不让学生信教，你当然也不会因此失去学籍。因为这是你的宗教信仰自由。不论是我们党的宗教政策，还是我们国家的法律，都是主张宗教信仰自由的。我国宪法第三十六条明确规定：“中华人民共和国公民有宗教信仰自由。任何国家机关、社会团体和个人不得强制公民信仰宗教或者不信仰宗教，不得歧视信仰宗教的公民和不信仰宗教的公民。”

当然，在我国，在学校里，绝大多数同学和老师是没有宗教信仰的，人们对此习以为常。而对于有些同学去信教，大家可能不太习惯。因为这也是这些年来的新现象，人们可能对此感到惊奇，想知道究竟是怎么回事。有的老师或者同学，对于你去信教会加以劝阻，或者表示忧虑。但这通常只是出于好意，

---

* 刘建军，中国人民大学马克思主义学院马克思主义理论研究所思想政治教研室主任、教授、博士生导师。

也往往只限于建议，并不是强行阻止，否则就是触犯法律了。可见，不论你信还是不信，都是你个人的事情，不是别人的事情，在这方面并不存在外在的强制。

你还问到马克思主义指导思想的事情，似乎这与信教问题有关。其实，是没有多大关系的。不错，马克思主义是我们党和国家的指导思想，这一点也写在了党章和宪法之中了，成为我们立党立国的根本思想。这是国家根本制度层面的问题，与公民个人的信仰问题不是一回事，不在一个层面上。马克思主义在我国作为指导思想，指的是我们国家的根本制度的设计，遵循和体现着马克思主义指导原则和社会主义价值观：指的是我们国家的大政方针，是在马克思主义指导下，从实际出发而制定出来的。这是治国理政层面的问题。而公民是否信仰宗教，是个人生活层面的问题。以马克思主义为指导，并不是让人们必须信仰马克思主义，也并不是让人们放弃自己的宗教信仰。在以马克思主义为指导的国家里，有着真正的信教自由。信奉无神论的执政党，也可以实行真正的以真诚为基础的信仰自由政策，这似乎是矛盾的，但却是事实，而且其实在理论上是毫无矛盾的。如果侵犯了公民的信仰自由，歧视了信仰宗教的公民，那才是违反马克思主义的，违反了马克思主义科学的宗教观。

你问我："世界上到底有神，还是无神？"我说："没有神。"虽然信神的人都认为神确实无疑地存在，但我作为局外人，在这个事情上应该说看得一清二楚。如果说神是一种"真实"的话，那么，也是心理上的真实，并不是物理上的真实。对世界的解释，应该遵循世界本身的规律，而丝毫不用加上神意的解释。我不想说得太多，因为争议有神还是无神没有多大意思，在这个问题上有很强的个人感受性，属于所谓"信则有，不信则无"这样一个领域中的事情。而且，从党和国家的政策层面来讲，夸大有神与无神的差异是有害的，是在人民群众中制造分裂。

法律上合法的事，在道理上未必正确。从法律上讲，宗教的存在是合法的，信教是自由的，但这并不意味着宗教的道理就是正确的。事实上，宗教的理论，宗教的世界观，从基本方面看是不科学的。我不知道你是否了解马克思主义关于宗教的基本观点，特别是关于宗教本质的观点。我认为这些基本观点是靠得住的。恩格斯有过一个宗教定义：一切宗教都是支配着人们日常生活的外部力量在人们头脑中的反映，在这种反映中，人间的力量采取了超人间的力量的形式。意思是说，它是对世界的一种幻想性的反映。而人们之所以产生这种幻想，是由于受到外部异己力量的支配，而不能掌握自己的命运。它提供的是一种神话世界观，而不是科学的世界观。神话世界观产生于人类文化早期，随着人类科学认识的发展，原来被奉为绝对真理的神话，就只具有文学文艺的价值了。当然，宗教不只是一种世界观，它是一种复杂的社会现象。但是，它的多方面的内涵和积累都是建立在其思想信仰和世界观之上的。

你感受到了宗教在情感上的吸引力。你说，你经常去某个兄弟院校听研究生的布道，听得你热泪盈眶。还说，你每次都是高高兴兴，唱着歌一路走去，为的就是再次体验这种感受。而之所以这样受感动，是因为那些话语中充满了爱。爱当然是非常美好的，人需要爱，也应该追求爱，享受爱，但真正的爱是否只存在于某一种话语之中呢？在别的地方，用另外的方式，是否就不能找到爱，得到爱呢？你也说，其实内心里很困惑，也并不能真正肯定自己相信神，并担心这样的感受会带你不知不觉走到一个很遥远很陌生的地方。在那里，生活的一切将不同于现在，也就是说失去现在。确实，现实的生活，尽管有这样那样的不如意，但毕竟也是真实的生活，有很多美好的东西。人间不是没有真情，只是有时需要我们去寻找，去发现，去创造。所以，建议你先停一下或放缓一下自己的脚步，不要听任它不由自主地向前走。也就是说，适当冷静一下，考虑考虑这个问题。

情感当然是重要的，得到情感上的慰藉当然也是一种快乐。但是，信仰本身不仅仅是一种情感上的慰藉，也是理智上的认同。人应该用理智的标准，来对各种道理进行考察和比较，进行思考和研究。不能仅仅从情感出发，一路走下去，把自己完全交出去。信仰上的皈依，有时确像恋爱，由于陶醉于强烈的情感体验，而把理智丢在一边。但是，毕竟恋爱与婚姻相联系，是不能完全抛开理性的。在信仰问题上，就更是这样了。

信仰不是儿戏，甚至也不是尝试。真正的信仰是献身，就是把自己完完全全地交出去。如果说人生中有些大事，那么也许没有比这更重大的事件了。这是心灵的事业，是终生的事业，是命运的抉择。从这个意义上讲，信仰比我们通常所说的“理想信念”更深刻一些，更严峻一些。它不是某种社会流行的集体意识或舆论，不是一般性的价值观念认同，而是处于心灵最深层，与人的生命根基血肉相联。因此，对于这样的事情，一个人决不能采取轻率的随意的态度，而应以极为慎重的态度对待之。

我的意思是说，要进行信仰的选择，要以极为慎重的态度来思考和对待这样的事情。信仰并不是文化商店里的普通消费品，不是那种可以随意购买、试用和更换的商品。作出信仰的抉择，某种意义上是孤注一掷。因此，必须进行信仰的选择。现在的社会是多元化的社会，价值观念和理想信念都是多样化的。这种情况为我们带来了思想和价值观上的困惑，但也为我们自觉地探索人生信仰提供了可以比较的平台。在信仰上有意识地去了解，去探寻，去研究和比较，这是一种自觉的信仰意识。要善于运用自己的理智，这种理智的能力在大学生阶段已经达到了某种高峰值。如果一个当代大学生，在其他一切事情上都在运用理智，而且运用得那样好，但却在信仰这样最为重大的事情上放弃理智，而只诉诸情感，我认为，这无论如何都不能算是明智的。

要辨别一种信仰是否合乎理性，是否与科学发展相一致。理性和科学是人类区别于动物的本质属性之一，人类文明的进步很大程度上有赖于理性和科学的发展。理性和科学当然不是人的本质力量的唯一体现，它当然也不能解决一切问题，特别是并不能解决所有的价值观和信仰的问题，但是完全抛开和放弃理性也决不能解决任何价值观和信仰问题。理性有它的局限，但也有它的优势。作为一个有文化的人，作为一个受过高等教育的人，为了社会，也为了自己，完全应该和必须用理性去客观地思考和研究人类的信仰现象。我相信，人类科学事业（自然科学、社会科学、精神科学）的发展，人类实践的发展，会逐步揭开人类信仰现象的谜底。人类会越来越以自觉的态度来对待他们的信仰，越来越使他们的信仰与理性科学一致起来。对于公开攻击理性和科学的信仰，我认为应当保持警觉。

还要看一种信仰怎样对待人的现世生活，是肯定人的现世生活，使人的现世生活更幸福美满，还是让人放弃现世生活去追求世外幻境。人之所以需要信仰，说到底是为了使生活更有意义，更幸福。如果有一种信仰否定人的生活，否定在地球上生活的意义，那么这样的信仰就违背了事情的初衷，走向了反面。我们屡次听说，有一些极端教派和邪教组织，大力宣扬世界末日即将到来，让人放弃现世生活，尽快去天国世界云云，导致集体自杀的悲剧。

对于普通人来说，要相信自己健全的常识。我们每一个人，只要有健康的意识和常识，就大体上能够区别什么是可信的，什么是不可信的。对于一个大学生来说，不仅应该有健全的意识和常识，也应该能够从理论的高度去思考问题。对于可疑的事情，对于一时拿不准的重大的事情，要持存疑的态度，并力求加以检验。只要有这样的态度，经过慎重的思考和检验，会作出自己的信仰选择的。

如果你经过自己的慎重考虑，最终还是选择了一种宗教信仰，那么尽管这并不是我的期待，但我也向你表示祝贺。毕竟你有了自己认同的信仰，你认真思考和郑重对待了信仰的事情。同时，在祝贺之余，也给你一个新的忠告，那就是，善于分辨和运用宗教中的积极因素，促进自己的成长，促进自己道德水平的提高，并为我们社会的和谐发展作出自己的贡献。宗教是复杂的现象，宗教教义从世界观上讲是唯心主义的，是不正确的，但它作为人类庞大的文化积累，里面也包含有许多有积极意义和合理性的东西。同时，宗教中也会有些不那么美妙的东西，这作为长期历史的积淀也是必然的。作为一个现代青年，作为一个大学生，不仅要把自己的热情投入到信仰中，也应该把自己的知识和理性投入到信仰中，促进自己信仰的完善和提高。最后，当然并不是不重要，就是要寻求宗教信仰与社会发展的结合点，努力促进宗教与社会主义社会相适应，做爱国爱教，爱社会主义的信徒，并以一个具有宗教信仰的公民的身份，为国家的发展，民族的复兴，社会主义美好事业的推进，作出自己应有的贡献。

（原载《中国德育》2010 年第 11 期）

【多元文化与德育】

价值多元化背景下学校德育重建的研究及反思

杨小微 *

在全球化、信息化浪潮的冲击下，在我国社会由农业社会、工业社会向信息化、后工业化社会转型的进程中，我们面对的是一个各种价值理念并存甚至冲突的现实，这一状况对当代青少年儿童产生了不可忽视的影响，也给我们的学校德育带来严峻的挑战。

一、历史考察与西方参照之后的思考

面对挑战，我们先是将研究的目光投向我国道德教育的变迁。通过对我国道德教育发展历史的考察，我们触摸到了我国主流价值观念的主旨变迁和德育改革的历史脉动。在社会稳定的时期，主流价值与德育范式总是保持高度的一致，而在社会发生变革和转型的时候，两者都会受到强烈冲击。新时代的价值观念已呈现出了鲜明的多元化特点，当所有这些产生于不同时代、不同空间、不同阶层和主体的多元价值观共处于同一历史平台之上时，就产生了一些当代德育所必须解决的新课题。在这一背景下，我们提出了一些德育变革的主张和对策，如：整合东西方价值资源，构建全球伦理；推动德育现代化，培养“中国现代人”；改造德育理论，树立大德育理念等等。

通过对西方多元文化背景下学校德育理论的研究与分析，我们在看到相对主义路径和普遍主义路径各自的合理性与问题的同时，也看到了试图超越二者

* 杨小微，华东师范大学教育学系教授、博士生导师。

的以关怀伦理为代表的新路径及其价值。如何引导青少年学会在多元的世界里寻求普遍价值，获得共同和谐生存的道德智慧，正日渐成为西方多元文化社会中道德教育的新趋势，也为我国社会转型时期中小学德育的观念更新与实践变革提供了十分宝贵的资源。对此，我们既不赞成无视多元价值存在的一元价值取向，也反对不问是非、无所坚守的价值相对主义。我们主张通过对话、商谈甚至辩论，在主流价值观上达成共识，同时尊重多种价值观的合理性。

二、中小学学生价值观及学校德育环境的实证与反思

通过实证调查我们了解到当前我国中小学学生价值观的现状。当前我国中小学学生基本认同已被社会肯定或赞扬的价值观，但在认同的程度上存在差异，在相同的价值选择背后有时也会存在多元的道德推理。

调查表明，大部分中小学学生基本认同像诚实、节俭、合作、守信、尊重他人、有责任感、维护国家利益和国际人道主义等价值观。比如，大部分中小学学生都认为诚实是重要的道德品质；绝大部分中小学学生都能节俭地使用自己的零花钱；78.5%的学生比较喜欢甚至非常喜欢合作的学习方式；90%左右的学生反对或强烈反对歧视他人；约98%的学生赞成向遭受海啸等自然灾难的国家捐款。但他们的道德行为与道德认知之间也存在一定的差异，不同的德育环境因素对学生的德性成长也具有不同的影响。

应当看到，在多元化的社会中，相同的价值选择背后不一定存在同样的道德推理。比如，虽然中小学学生都认为要尊敬长辈，但对于怎样才算是尊敬长辈具有多元化的理解。在“答应好朋友不告发坏事”的情境中，在选择不向老师告发的学生中，55.1%的学生遵循的是“要恪守诺言”的道德推理，而38.5%的学生则遵循的是“不想破坏关系”的道德推理。

中小学学生价值观走向多元，是一个正在出现的趋势，当然也并非如有的人所言，多元一定会导致道德相对主义或道德沦丧。真正值得关注的是从有关德育内外环境调查中发现的事实：当前中小学校德育环境总体上是价值一元化的道德灌输模式，与价值多元化的时代背景、价值商谈的道德教育新理念不相适应；社会（社区）和家庭在德育环境的营造方面也普遍缺乏力度。近1/3的教师认为，其学校所在社区在促进学生道德发展方面没有采取任何措施。约1/7的教师认为，其所在社区能够做到：（1）主动与学校建立密切的联系，共同商

讨教育目标、内容和实施方案；（2）专门为中小学学生建造各种活动设施；（3）有意识地组织学生参加各种社区文化活动。半数以上的教师认为，其所在社区在教育方面的作用有限，不能兼顾上述三种职责。家长更多的是要求教师“教给学生基础知识”和“培养各种能力”，而对孩子的道德品质、身体健康以及特长培养等相对较忽视。

对此，我国的中小学校需要反思，社会、家庭也需要与学校共同探求如何基于时代发展和学生主体的特点，建设更加合理化、人性化、具实效的道德教育环境；如何通过价值干预、价值引领和价值协商，促进学生自觉地掌握具有公共契约价值的道德标准，具备有道德的人的基本素养，在现在和未来的公共生活中有所信、有所敬、有所执、有所守。

三、基于现实研究和理论分析的重建尝试

基于实证调查、实践探索和理论分析，课题组从学校德育的目标、课程、教学、班级生活以及校内外道德教育环境诸方面提出了重建的构想并进行了初步实践。学校德育要回归生活，要把握好道德高标与道德底线的“度”，在私德教育领域尤其要理解和尊重多元取向，要通过价值引领和价值商谈，培养学生的道德智慧、促进学生的德性成长。我们要更新和重建的道德教育环境，包括由学校、社会和家庭之间良性互动而不断生成的、有利于学生德性成长的大环境；以真正的对话式商谈和体悟式理解为特征的、不断促进学生价值观念及体系形成、促进其社会化与个性化双重构建的课堂环境；以公共精神培育为核心取向、以促进学生精神成长为主旨、以互动参与和自治为基本特征的班级生活环境。建议相关政府部门在制定德育政策时，强调班级在公共精神培养方面的责任。

下面重点谈谈课堂教学的重建。

课堂教学是学生道德发展的重要环境，其对学生价值观念的影响方式是渗透式的，影响的效果却是持久的。通过对数十节语文、数学、外语及艺术课进行观察，结合相关理论文献分析，我们从学校德育改革与环境重建的角度，对道德价值灌输、价值引导、价值商谈几种基本模式进行了比较研究。[1]

在社会日益走向价值多元的时代，无论单向强制的价值灌输，还是一厢情愿的价值引导，都难以适应学生自主构建价值观念体系的需要。因而，从价值

灌输转向价值引导、从价值引导走向价值商谈，已经成为中外道德教育发展的共同趋势。在西方，给灌输论以沉重打击的是“价值澄清”学派。他们鼓励人们花更多的时间和精力思考与价值有关的问题，澄清个人的价值观，以在行动中表现出更少的困惑、冷漠或矛盾，提高分析、处理道德问题和社会问题的能力。我国不少学者赞成用价值引导取代价值灌输，或者将价值引导与学生自主构建相结合。价值引导的道德教育实践，考虑了教育对象的心理感受问题，是值得称道的。但是它与灌输德育一样，假定存在着唯一正确的价值观念体系，而且有意无意将教育对象视为被动的接受者。体现在学科教学的德育中，还附加了一个假定：教学文本所体现的价值取向都是正确的。于是有了如下表现：以文本作者的价值取向为取向，以教师自认为正确的价值取向为取向，以不由分说的方式强行引导。

价值商谈与价值引导的区别主要在于：不固守单一的价值体系（这主要是在“私德”领域），不将某种价值观念或体系强加于人，而是通过真正的对话、体验式的理解，不断促成学生价值观念及体系的个性化自我构建。因此，课堂教学有必要引领学生展开价值商谈。价值商谈中教师是“平等中的首席”，其责任是在发生价值冲突、价值质疑和价值混乱时，加以适时、适当的引领和生成。对教育者来说，更为重要的是教学生学会商谈。不仅学会表达和倾听，而且学习从不同角度、不同位置来思考和权衡价值问题。也就是说，价值商谈最终是落脚在学生的德性成长之上的。

我们还分析了学科课堂教学中师生、生生之间的互动可能产生的道德价值资源及其对学生德性成长的作用。这种教学互动有自己的逻辑。原始价值资源的生成、主题深化过程中的价值引领、价值共识的达成及对分歧和差异的尊重，是这一逻辑过程中的重要节点，而教师对文本的解读深度、学生对文本的认同与体验、互动中教师对价值资源的捕捉与回应意识和能力，都会对互动的品质与效果产生影响。[2]

如果说，课堂上的价值商谈还多多少少限于既成的和虚拟的情境，那么，更宽泛意义上的课堂，如综合实践活动等，则有可能提供更加逼真的社会生活情境，从而给学生带来更为真实的道德实践和价值体验。所以，更广义的教学重建也是营造德育环境的题中应有之义。

作为学校教育者队伍之主力军的教师，也需要面对当代学校德育目的、功能的变化，在专业素养的自我培育上有新的追求，如明确教育目的并内化于教育工作之中，学会尊重学生的价值观等等。

四、若干尚待深究的问题

就课题本身所关注的主题而言，尚有不少问题有待深究。

第一，如何解决学生价值观多元化与学校价值一元化的矛盾？关于学生道德价值观取向的调查表明，当今中小学学生在认同主流价值的同时出现多样化甚至多元化的表现，这些差异或者表现在年级和性别上，或者表现在道德推理的前提上；关于学校德育环境的调查则显示，中小学校德育环境总体上还是价值一元化的道德灌输模式，价值引导尚未成气候，更何谈价值商谈。看来，转变道德教育模式是一个需要长期努力和深入探究的艰巨任务，需要观念上的研讨与澄清，还需要更多的实验和实践。

第二，作为社会利益代表的学校教育能在什么意义上肯定价值多元？从取向和方式上讲，我们既不赞成简单的一元取向和强制灌输，也不赞成毫无立场可言的道德相对主义。我们主张的多元，是既尊重差异又追求共识的多元；从层次上论，在道德理想的层面，可以承认乃至鼓励多元，而越接近道德原则的底线层面，选择则越少；从领域上区分，在私德方面，价值多元有充分的存在理由，而在社会公德和职业道德领域，个人的价值选择空间很小。解决上述问题，不仅需要探索性的实践，还需要理论上的梳理与论证。

第三，如何在尊重多元的同时不削弱学校德育对学生公共精神的培育作用？我国学校德育除了要把握好一元与多元的关系，还应特别关注主流价值与支流价值（或者核心价值与边缘价值、集中价值与开放价值）的关系问题。也就是说，学校德育要善于调适多元性与公共性的关系。

参考文献：

[1] 杨小微. 教学中的价值引导与价值商谈 [J]. 教育科学研究，2004，(10)：5－9.
[2] 杨小微. 教学互动与学生德性成长 [J]. 教育科学研究，2006，(4)：5－8.

（原载《中国德育》2008 年第 5 期）

价值观念变迁中的中国德育改革与反思

黄书光*

通过对价值观念变迁中的中国德育改革进行的纵向梳理，我们可以发现中国传统主流价值观念的主旨变迁和中国德育改革的历史脉动与逻辑发展顺序。在此基础上，本文考察了全球化背景下当代价值多元化的现实状况，并对多元价值激荡下当代德育所面临的问题和所应采取的对策进行了深入探讨。

一、价值观念变迁中的中国德育改革历程

自先秦至今，中国主流价值观念及相应的德育范式在历史上的变迁大致可划分为四个阶段。

第一，中国传统主流价值观念的形成与儒家德育范式的建构（从先秦至第一次鸦片战争爆发）。从先秦的“百家争鸣”到汉武帝时代的“独尊儒术”，儒家价值观念逐渐确立了在中国历史上的主流价值地位。这种价值观在价值导向上趋向禁欲主义，在价值重心上突出纲常伦理，在价值基点上主张群体至上。与之相应，儒家德育在长期实践中形成了如下范式：彰显“内圣”为主的人格导向，注重深层的心性血脉基础与道德本性预设，构筑严密的以伦理为本位的课程教材教学体系与组织实施系统，突出自觉的道德修养与巧妙的启发引导，反对知行脱节并力倡辩证的知行关系。这一主流价值观念与德育范式长期盛行于封建社会，但面对明中叶以后的资本主义萌芽以及明末清初的“天崩地解”，

* 黄书光，华东师范大学基础教育改革与发展研究所教授、博士生导师。

以李贽、顾炎武、陈确、黄宗羲、王夫之、戴震、颜元等为代表的早期启蒙教育家开始有意识地对儒家特别是宋明理学家的主流价值观念展开批判，并对儒家德育范式进行不同程度的反思与变革。这些批判、反思与变革固然有其时代局限性，但却为此后中国近代德育的兴起准备了重要的思想前提。

第二，“西学东渐”与传统德育的近代转型（从鸦片战争到五四运动前）。“西学东渐”与传统德育的近代转型经历了三个时期。一是自鸦片战争爆发到甲午中日战争爆发之前，洋务派震惊于清政府在两次鸦片战争中的战败和西方强国坚船利炮之威力，以“自强”“求富”为旗号，提出了“中体西用”的价值建构，传统德育思想受到了强烈冲击。二是自甲午中日战争爆发到辛亥革命发生之前，维新派以进化论为思想武器，引进了西方的自由、平等、博爱以及功利主义等价值观念，并与中国儒家思想观念相比，强调西方上述价值观念对中国独立富强的必要性，提出了符合资产阶级需要的“新民说”。尽管由于清朝专制统治的束缚，多数学校的德育观念仍局限在“中体西用”的范围之内，但这种思想对当时中国学校德育仍然产生了一定影响。三是自辛亥革命到五四新文化运动之前，资产阶级革命派在维新派之新德育思想的基础上，把对新德育的探索进一步推向深入。在肯定上述维新派德育观的同时，孙中山提出了“行易知难”的唯物主义哲学观，蔡元培则提出了“造成完全人格”和“五育”并举的德育思想，完成了传统德育的近代转型。

第三，价值观念的深层变革与现代德育的兴起（从五四运动到改革开放）。现代德育的兴起始于五四运动时期。作为思想启蒙运动，五四新文化运动旨在启个人主义之蒙，即由群体至上到个人主义，这正是对中国传统主流价值观念的根本变革。只是由于当时中国民族危机与国内政治危机的日益加剧，加上传统儒家群体至上观念的根深蒂固，纯粹的个人主义在中国仅仅是昙花一现。五四前夕，中国教育界主要以自由主义价值观为主导，在其影响下，产生了“养成健全人格，发展共和精神”的国民教育新宗旨，现代德育从此兴起。其后，南京国民政府推行国民党一党专政的专制复古教育。不过，南京国民政府时期的中小学德育比此前进一步地走向规范化和系统化，并达到了相对完备的程度，因而此时的学校德育自有其值得后人借鉴和继承之处。此外，俄国“十月革命”带给了中国价值震撼，马克思主义德育观奠定了新民主主义德育实践的根基。

中国共产党成立后，以毛泽东为核心的共产党人发展了马克思主义价值观，逐渐形成了“上可通天”“下可入地”的德育理论和实践样式。以此为基础，学校德育依托革命根据地的实情，系统建构了包括德育课程、准德育课程、常规课程及隐性课程的“大德育体系”，实现了学校德育理论与实践的高度交融。中华人民共和国成立后，中国共产党在新民主主义德育观的基础上，坚持为国家大政方针与建设事业服务的德育导向。但由于建国后不久日渐凸显并不断攀升的“左”的错误，尤其是“文化大革命”对学校德育正确导向的蓄意破坏，学校德育最终呈现出与高扬的德育理念互斥背离的发展态势。

第四，“改革开放”国策与回归本体的当代德育（从改革开放至今）。随着1978年中国共产党十一届三中全会的召开以及“改革开放”国策的提出，特别是1992年邓小平南巡讲话之后，中国社会进入了以社会主义市场经济建设为中心的全方位社会变革时期。与社会大变革相呼应，中国德育开始摆脱长期以来的德育政治化倾向，实现德育观念的本体回归——一种与转型期社会生活相适应、与儿童身心发展相协调的新德育理念正在逐渐形成。

其一，疏解德育政治化，树立科学化、规范化和生活化的新德育理念。1979年4月，教育部主持召开了粉碎“四人帮”后的第一次全国性中小学思想政治教育工作座谈会，强调要根据新时期总任务做好中小学德育工作，这对此后中小学德育步入正轨起到了十分重要的推动作用。此后，我国陆续制定的中小学德育守则、纲要（大纲）、标准等，都不同程度地注意到生活世界中学生的生命存在及其成长特点，极大推动了中国德育沿着科学化、规范化和生活化的道路不断前进。

其二，尊重文化的多样性，坚持德育的导向性。改革开放加强了中外接触，架起了中外文化交流的桥梁。1983年，邓小平明确提出的教育要面向现代化，面向世界，面向未来，直面多样性文化和尊重文化的多样性成为新时代德育取向的应有之义。当然，在正视和尊重多元文化的同时，教育也非常强调坚持必要的道德标准和取向，并且认为“深入持久地进行爱国主义、集体主义和社会主义思想教育”理应是中小学教育和理论宣传工作的“主旋律”。

其三，吸收优秀德育资源，追求和谐社会理想。中国五千年的民族德育资源，在“文革”期间遭到了严重破坏，在改革开放中又受到了西方文化及价值观念的巨大冲击。但自20世纪90年代以后，中共中央和教育学术界都越来越重视阐发中华民族文化精神，越来越关注民族德育资源的当代价值。1994年8月的《中共中央关于进一步加强和改进学校德育工作的若干意见》明确要求各级中小学“开展中华民族优良道德传统的教育。要认真研究和继承那些在我国历史发展中长期形成的优良道德思想和行为准则，赋予新的时代内容，并编撰系统的丛书”。在新世纪的今天，这种思想正在融入创建和谐社会的理想之中。[1]

二、多元价值激荡下当代德育的问题和对策

社会的主流价值观曾经是青少年学生唯一的价值选择。然而，全球化时代的价值观念已呈现出了多元化的鲜明特点，这种多元化不仅表现为传统价值观念与现代甚至后现代价值观念的缠结，也表现为代际之间或社会阶层之间价值观念的共存与冲突，还表现为全球化背景下中西价值观念的交融与互渗。当所有这些产生于不同时代、不同空间、不同阶层和主体的多元价值观共处于同一历史平台之时，就形成了一些当代德育所必须解决的新的复杂的时代课题。面对这些问题，我们不能不提出一些德育改革主张。

第一，整合东西方价值资源，积极参与全球伦理构建。学校德育应改变传统的德育方式，代之以与全球伦理道德相适应的全新教育方式。所谓“全球伦理”，就是超越地域国界的“人类公认的善”。全球伦理以“相互尊重”“求同存异”“己所不欲，勿施于人”“公正”为第一原则。这就意味着，学校道德教育要使学生在日常交往实践过程中学会互相尊重，通过对话和协商来解决各种纠纷和矛盾，以达到求同存异、取长补短、共同发展的目的。从方法论上看，在对待东西方价值资源的态度上，我们主张：（1）在比较中克服自卑，树立自信，找回根基，弘扬原创精神；（2）以全球为资源，但要求将自己置于全球背景之下进行“自主选择”；（3）使本土文化价值中“普世”的更“普世”，“殊别”的更“殊别”。具体到教育改革的方法上，则要：（1）以原发性问题引领教育的本土化变革；（2）以“平常心”看待全球性教育改革资源；（3）在求同中持异，在并行中对话，探寻自己的本土化道路。[2]

第二，推动德育现代化，培养具有世界眼光的“中国现代人”。教育现代化需要德育的现代化，而德育的现代化，从教育的内容和根本目的上看，就是为了促进人的现代化，实现传统人格向现代人格的转变和新人的培养。这种新人一方面要能在全球化背景下具有世界眼光，且拥有自己的民族立场，因而是世界的“中国人”，另一方面也要适应中国以“工业化”为核心的现代化发展，

因而是“现代人”。依此，“中国现代人”的素质培养应该循着“做人”—“做中国人”—“做中国现代人”的逻辑顺序进行。

从内涵上看，中国现代人要兼具民族品质与全球意识；具有强烈的社会责任感，富有创新精神；树立生命健康、整全的意识；具备一定的信息素养；既崇尚独立自主，又善于团队协作；既具科学精神，又具人文精神。从过程上来看，德育现代化是一个动态的发展过程，主要包括三方面内容。首先，要建构现代化的学校德育体系，包含德育思想理念的现代化、德育目标现代化、德育课程和内容现代化、德育方式现代化、德育队伍现代化和德育管理评价的现代化等多方面、全方位的现代化。其次，要实现德育实施主体的现代化。德育主体应形成科学、民主、开放、发展的道德教育理念。同时，德育主体要具有良好的学识、能力结构和健康的身体、心理素质，具有实施现代道德规范的决策能力和应对现代道德挑战的良好理论素养。最后，实现德育制度和保障的现代化。要构建全方位“德育一体化”的育人格局，形成全员德育机制，包括实现德育决策、管理、运作一体化，实现德育评估机制、激励机制一体化，实现德育队伍、内容、方法、渠道一体化。

第三，改造德育理论，树立全景式的大德育理念。德育的困境或危机在于德育理论经常无力面对现代学校的那些真正的道德困境或危机。而当前的道德教育之所以遭致批评，恰恰也在于其缺乏实践的根基。从发生学的角度看，道德源于人类的生活，道德教育是生活世界的一部分。从个体道德性的生成看，道德的养成在于主体感受，是主体在真实的生活和具体的情境中的经验、感受、体验和意义的不断生成，而不只是为了了解某种道德知识与技巧。因而，在现实世界中，无论是道德，还是道德教育，都是为了人的生活而存在的。如果道德仅仅是一种高尚而生活中又难以体现或找不到的精神，那么，道德就永远只是一种高不可攀的或虚无缥缈的东西，道德教育也可能永远是低效的。道德教育应引导人们在建构个人完整的全景式的生活经验中获得德性发展与完满，实现道德教育的目的。

以此为导向，学校德育研究要深刻反省自身存在的思维局限，从根本上变革自身的思维方式，即从传统的二元论思维方式转向主体间思维方式，并促使德育在理论视野、研究主题、知识基础、研究方法和理论形态等方面进行变革，以寻找出超越困境、走出危机的可能途径。在德育目标上，把引导学生追求幸福、健康的生活作为终极目标。相应地，学校德育也只有把着力点放在解决学生实际生活中碰到的问题上来，并在此基础上逐渐拓宽学生的生活视野，逐步提升其个人的生活境界，才能调动每一个学生德性修养的自主性和积极性，唤醒其主体意识，激发其内在潜能，提升其人格境界。

参考文献：

［1］黄书光. 变革与反思：共和国德育的历史走向［J］. 华东师范大学学报，2006，(1)：91－96.

［2］杨小微. 全球化进程中教育变革的本土化. 教育研究与实验［J］. 2003，(4)：23－28.

（原载《中国德育》2008 年第 5 期）

价值观多元背景下的西方道德教育变革

余维武 *

当前，我国社会的伦理价值观正处于从一元到多元的转变过程中，这种变化所导致的价值观冲突与调适是当前我国道德建设面临的重大问题。笔者认为，20 世纪 60 年代以来西方国家在文化多元、价值多元化背景下学校开展道德教育的经验与教训，可以为我国道德建设提供思路与途径。

一、概念分析

本文所指的“价值观”，是指在一定的社会条件下，人的全部生活实践对自我、他人和社会所产生的意义的自觉认识，它与世界观和人生观密不可分，其核心是对人生目的的认识、对社会的态度和对生活方式的选择。人们以此为准绳，在可供选择的各种行动方针中，作出自己的抉择。价值观可以是积极的，也可以是消极的；可以是肯定的，也可以是否定的。

价值观是一种应该具有和可以选择的意识。这种意识按性质来分，又可分为科学价值观、审美价值观、功利价值观、道德价值观等。其中以道德价值观对人的生活行为影响最大。道德价值观包含以下三方面内涵：一是这种价值观是以处理个人与他人、个人与社会的利益关系为核心的，不同的处理方式可以形成不同的价值观，如利己主义价值观、利他主义价值观和集体主义价值观；二是这种价值观是同人们的行为相关的价值意识；三是这种价值观是以人们的

* 余维武，华东师范大学教育学系博士。

义务感和良心为基础形成的价值意识。本文所提到的价值观，在论述当代西方社会的价值观状况时，一般指广义的价值观，而在论述具体的道德教育理论时，一般指道德价值观。

本文中“西方道德教育变革”所涉及的范围，指西方社会自20世纪60年代以来在价值观多元背景下提出的种种道德教育理论及应对策略，主要包括：(1) 西方社会自20世纪60年代以来，文化与价值观是如何从单一趋于多元的？有哪些主要因素导致了价值观的多元？较之价值观一元化的社会，在价值观多元社会中，人们面临着什么样的道德生存境遇？(2) 在价值观多元的西方社会里进行道德教育，面临着哪些主要问题？西方道德教育理论与实践是如何应对价值观多元社会中人们的道德生存境遇的？如何评价西方为应对这些主要问题提出的道德教育理论与实践模式？(3) 面对价值观多元化给学校道德教育带来的冲击与挑战，西方国家在学校道德教育实践上作出的应对，在理论上进行的探索，可以给我国的学校道德教育带来什么样的启示？

二、西方社会价值观多元化产生的主要原因

20世纪60年代以后多元文化主义的兴起，传统价值观的解体带来的个人主义价值观的高扬，新科技革命对旧有的价值观的冲击，是西方社会出现价值观多元的主要原因。在价值观多元时代，人们发现，再也没有哪个权威能够规定人们应该怎样有道德地生活，人们必须依靠自己的智慧，去思考，去探索，努力在各种不同的甚至是相互冲突的价值观中选择那些能够指导自己生活的道德价值观念。在一个价值观多元的社会中，人们会面临很多道德生存困境。首先，由于价值观多元而导致道德确定性丧失，这很有可能造成人们在道德生活上的困惑和冲突。而道德困惑和道德冲突又会导致种种消极问题。其次，在当代西方社会价值观多元背景下，人们从“道德朋友”转化为“道德陌生人”。所谓“道德朋友”，是指享有共同的文化，具有共同的价值观念、宗教信仰及行为模式的人。在传统社会中，人们相互之间信奉同样的道德前提，并且认可相同的道德权威。即使产生道德上的争端，也通常可以通过诉诸共同的道德前提或道德权威来得到解决。而“道德陌生人”，则是那些相互之间持有不同的道德前提，也不认同相同的道德权威的人，或者不再分享一个固定的共同体经验的人。因此，他们相互之间无法像道德朋友们那样，通过诉诸共同的道德前

提来解决道德冲突。在当代价值观多元时代，越来越多的人从传统的分享共同的道德价值观体系的“道德朋友”转化为持有不同道德价值观体系的“道德陌生人”。

不管是由于价值观多元导致道德困惑或道德冲突，还是人们从“道德朋友”转化为“道德陌生人”，都关系到个人和社会的和谐生存。实际上，在文化与价值观多元社会中，这就是一个人们能否和谐生存的问题，它涉及两个方面：一是个体自身的和谐生存；二是社会的和谐生存。而为了个体和社会的和谐生存，学校道德教育应该通过自己的努力，采取有效对策，帮助人们重新发现或重新建构那些能够指导价值观多元时代的生活的价值和理想。

三、价值观多元时代西方社会公立学校道德教育面临的主要问题

首先是道德教育的合法性问题。如果说价值观多元时代意味着存在着不同的甚至是对立的价值观体系，意味着对于善的生活的不同理解，那么，要进行道德教育，首先就面临着“教谁人的道德?”“谁人的价值?”（whose morals? whose values?）的问题。在当代西方民主社会承认不同族群文化的价值、政教分离、尊崇个人信仰自由的社会背景下，如果要在学校当中进行道德价值观教育，就必须回答这个问题，即在一个价值观多元社会里，还有没有得到社会共同体乃至人类共同体所共同认可的道德。正如柯尔伯格所说，价值观多元社会“道德教育中的关键问题是价值观的相对性问题：是否存在着儿童应具有的普遍的价值观”[1]。

在近代西方学校道德教育成为一种公共的筹划后，公认的善与个人的善之间便有了明显的领域上的划分：只有公认的善，或一定群体的道德共识，才可能成为学校道德教育的内容并具有设计这一活动的正当性，拥有通过学校进行传播的权利，而与之相对的个人价值观念，只能被看做“个人偏好”的观念被拒斥在这一领域之外。[2]然而，在当代价值观多元时代，存在着为社会不同阶层、不同文化群体、不同个人所公认的善吗？如果具有为社会所公认的道德共识，那么学校道德教育的目标就是传授这一道德共识吗？如果没有为社会所公认的道德共识，那么作为一个公共机构，如何确证学校道德教育的合法性？学校道德教育还有进行的必要吗？针对是否存在道德共识的这个问题，不同的道德教育理论作出了不同的回答，并在此基础之上提出了道德教育的不同主张。

换句话说，在价值观多元时代，如果要在公立学校中进行道德教育，首先要证明其合法性。

其次是道德教育的合理性问题。合理的道德教育理论应当直面人们的道德境遇，并且能够通过自身的理论与实践探索，帮助人们解决在道德生存中遇到的困境。那么，一种合理的道德教育理论，如何应对当今西方社会中人们遇到的道德多元化的生存境遇呢？这是关系到一种道德教育理论存在的合理性问题。面对这个问题，当代西方社会各种道德教育理论与实践模式提出了哪些解决方案？可以说，对于这些问题，从不同的理论立场出发，会得出不同的理解，而这些不同的理解，又会导致对学校在道德教育中应该承担的角色的不同观点，导致不同的道德教育的理念，不同的课程观、教师观、方法论等。

四、应对价值观多元挑战的三种道德教育理论路径

根据伦理学上相对主义与普遍主义的立场分殊，笔者将西方20世纪60年代以后为应对价值观多元的挑战而产生的道德教育理论分为三条不同的路径，即相对主义的路径、普遍主义的路径以及超越相对主义与普遍主义二元对立的路径，并分析这三种不同路径对价值观多元时代学校道德教育的合法性与合理性所作出的回答。

（一）相对主义的应对路径

相对主义的应对路径具有两种应对策略。一是“去道德化”应对策略，即在公立学校中只进行事实知识的教育，避免进行任何形式的道德价值观教育。二是以价值澄清学派为代表的应对策略。这种应对策略一方面在道德哲学上采取相对主义的立场，承认西方社会价值观多元的事实，认为不存在超越于不同文化之上的普遍道德标准，人们所持有的道德观，随着不同文化、不同历史情境和不同个人生活经历而不同，而这些不同的道德观念就其所处的文化群体与个人来说，都是合理的、值得尊重的；每个人的道德价值观都是相对的，因此不存在评判个人行为善恶正当与否的客观标准。所以，我们应对其他文化群体的价值观体系、其他人的不同价值观持有宽容的态度，在不同的价值观之间保持中立。另一方面，又认为西方社会价值观多元的社会现实，造成了人们的价值观困惑与混乱，并引发了许多社会问题，故学校教育有必要帮助青少年澄清并选择自己的价值观，最终形成自己的价值观体系。持这种应对路径的西方道

德教育理论流派有价值澄清学派、价值分析理论、理性为本道德教育理论等，而以价值澄清学派最为典型。这种应对策略要求教师只帮助学生澄清其价值，促进其自由选择，它虽能有效应对道德教育的合法性问题，但不能帮助学生应对价值观多元背景下的道德困境。

（二）普遍主义的应对路径

这一路径具有两种代表性道德教育理论和实践模式。一是道德认知发展理论。道德认知发展理论通过坚持人类具有超越于不同文化与时代的道德思维发展方式与普遍的公正原则，以应对道德教育的合法性问题；通过道德两难问题的讨论与构建公正团体的实践模式，培养学生运用公正原则进行道德推理、判断和在民主公正团体中通过对话、寻求共识来解决道德冲突问题，从而培养和谐相处的能力，以应对道德教育的合理性问题。这种应对路径，一方面，由于只是坚持公正原则的普遍性，同时主张其他道德原则与道德规则都是特殊的、相对的，由此依然在其他道德规则之间保持中立立场，而被品格教育诟病；另一方面，由于仅是坚持公共领域的普遍正义，而忽视私人领域的具体关怀，而被女性主义的关怀伦理模式非难。

二是品格教育运动。品格教育运动坚持具有为所有人类社会所共享的普遍道德价值观，公立学校应当培养学生具备这些人类公认的美德品格，来应对道德教育的合法性问题；试图将个人、家庭和社区（社会）、个人的善（幸福）与社群的善（利益）联系起来，来应对道德教育的合理性问题。这种应对路径，由于其所声称的普遍美德往往具有浓厚的西方文化色彩，通常只是所在社群的道德共识以及采用灌输方法，而引起争议。

（三）以关怀伦理模式为代表的超越相对主义与普遍主义二元对立的应对路径

第三种路径通过把“关怀”界定为人类相互依赖的存在方式，而不是规范伦理学的普遍道德规则，强调人与人之间的相互关怀依赖于具体的生活情境，而不是依赖于个体的抽象道德推理，从而避开了传统的普遍主义伦理学；通过把“关怀”界定为人类普遍存在的需要，是女性普遍存在的道德选择取向，而避开了伦理相对主义。关怀伦理模式通过把道德、道德教育的基础建立在相互依赖的主体间的关怀需要之上，而试图构建一个超越普遍主义与相对主义二元对立的道德教育模式，从而对在价值观多元社会中如何进行道德教育作出了回应。同时，试图通过“关怀”来解决现代社会中人们之间的冷漠、疏离，从而重构人与人、人与自然相互依赖、和谐共处的关系。

然而，关怀伦理学也面临一些理论上的困境。首先，关怀伦理试图把伦理关怀建立在关怀者对所谓的“自然关怀”的“记忆”“回忆”之上，把源于母子之爱的天然情感推展到他人甚至整个人类社会与自然界之上，也显得同样玄虚，难以证明。而且，“自然关怀”固然是对于人类经验事实的观察总结，但如何从经验事实的“自然关怀”推出应当对陌生者进行伦理关怀，本身就是一个难以跨越的鸿沟。其次，公共领域与私人领域的区分，是近代西方社会领域分化后的显著事实。私人领域注重情谊，但在以陌生人为主体构成的复杂的当代公共领域中，显然不能单靠情谊来加以维持，因为情谊只有在幅员小且同构型高的群体中才能发挥作用。若要建立对于人类普遍尊严与生存处境的关怀，还得建立在一个脱离了特殊的亲子之爱的普遍正义上。因此，女性主义关怀伦理学否定公共领域与私人领域的区分，试图用人际之间的关怀来把两个不同实践领域弥合起来，虽用心良苦，但其效果尚待观察。

三种应对路径争论的核心，其实是在当今价值观多元时代，是否还具有为人类所普遍共享的道德。本文认为，在当今价值观多元的西方社会，依然具有达成道德共识的可能，这种可能建立在不同文化群体与个人交往的需要，人类作为一个“类主体”所具有的共同本性，人的社会性存在的需要以及解决当代共同的道德问题的需要之上。这种道德共识，人类活动的范围越大，其达成共识的范围就越小，反之亦然；价值层次越高，其达成共识的可能性越小，反之亦然；在公共生活领域达成普遍道德共识的可能性比在私人生活领域达成道德共识的可能性要高。在当代价值观多元社会，应该首先在尊重人类的普遍尊严和权利的基础之上，去关注对个人美德的追求与人际之间的关怀。

而面对价值观多元社会中的道德生存困境，一种合理的道德教育理论应该注重培养学生具有道德选择、道德决疑、形成相对一致的价值观格局、宽容精神以及通过对话达成道德共识等道德能力。虽然从道德生活的本质上说，由于人类生活的异常复杂性，人的道德困惑永远不可能得到彻底解决，但通过对道德情境的理性选择、判断，与在对自身与外部世界深入理解上，逐渐形成相对一致的价值观格局，个人有可能逐渐追寻到其人生的意义，并且据此对生活当中遇到的道德问题作出清醒的认识与选择。而通过平等、自由的对话、商谈基础上达成道德共识，并且自觉遵从和维护这些共识，大多数人们之间固然不能成为相亲相爱的“道德亲人”，也不能成为拥有共同道德前提与道德权威的

"道德朋友"，但至少也不再是具有激烈冲突的"道德敌人"，甚至有可能不再是漠不关心的"道德陌生人"。他们能够享有某种程度与范围内的道德共识，能够建立通过磋商友好地解决争端与冲突的"道德战略伙伴关系"，从而为创建和睦相处的社会建立起基础。

传统社会结构的解体及向现代社会结构的转型、市场经济的发展及其导致的利益阶层分化和中西方文化交流所带来的不同文化与价值观的影响，是导致当前中国社会价值观多元的主要原因。针对当前中国社会结构转型与价值观多元的现实，笔者认为，应该借鉴西方20世纪60年代以来的道德教育变革，反思传统道德教育（儒家道德教育的传统与新中国成立后革命道德教育的传统）在当今中国社会的合法性问题，并在反思的基础上提出建构一个基于尊重个人道德权利的道德概念，通过培育在变化了的社会生活中得到认可的优良道德和通过商谈对话而达成的道德共识来确定道德内容，以及通过区分公共领域与私人领域来进行不同领域的道德教育（公德要求，私德提倡）。这对重新审视我国当前的道德教育理论与实践具有一定的参考价值。

参考文献：

[1] 柯尔伯格. 道德教育的哲学 [M]. 魏贤超，等译. 杭州：浙江教育出版社，2000：1.

[2] 孙彩萍. 道德教育的伦理谱系 [M]. 北京：人民出版社，2005：254.

（原载《中国德育》2008年第5期）

价值多元化背景下中小学校德育环境调查报告

靖国平　曹树真　向葵花*

当前，我们正身处一个价值观念和生活方式日益多元化的时代。与过去相对单一、稳定、封闭的环境截然不同，人类原有相对稳固的价值体系及其行为方式渐趋多元化、离散化和冲突化。随着现代社会的日益开放与变化，尤其是青少年的自我意识和主体能力不断增强，传统社会的价值体系及其道德教育模式受到了日益严峻的挑战。价值多元作为一种思想潮流和社会现实，已成为人们必须面对的一个客观事实。在此背景下，作为道德教化重要机构的学校，迫切需要积极应对、把握这种时代特征，通过学校环境的改造和创新，不断提高学校德育的针对性和实效性，引导青少年身心健康成长。

基于价值多元化的时代背景，探索学校德育环境建设问题，其出发点是肯定和弘扬青少年道德成长的主体性和自觉性，承认和理解不同价值选择的必然性和合理性，尊重和关注不同价值选择的个体性和差异性。同时，通过关于人类价值观念及其行为习惯的对话、交流、协商等方式，积极干预、引领青少年的道德认知与行为，促使他们理解和认同人类道德价值的连续性、递进性和公共性，在个体差异化价值追求的过程中，寻求人类社会发展的普适性法则，从而实现人类道德价值在具体历史条件下的共存、共识和共享。

本研究试图在分析当前中小学校德育环境现状的基础上，对价值多元化背景下中小学德育环境重建问题进行初步的理论分析与实践探索。

---

* 靖国平，湖北大学教育学院教授；曹树真，湖北大学教育学院副教授；向葵花，湖北大学教育学院讲师。

一、调查目的

第一，了解当前社会、家庭、学校德育环境建设的现状以及中小学校在物质环境建设、人际环境建设、制度环境建设、文化环境建设等方面的基本状况和主要特点。

第二，根据调查结果，结合价值多元化时代对学校德育提出的新问题和新要求，分析和探讨当前中小学校德育环境建设中存在的突出矛盾。

第三，在上述基础上，针对价值多元化背景下学校德育环境建设的实际问题，提出一些具体思考和建议。

二、调查方案的设计与实施

（一）调查对象

本次调查涉及湖北省三十多所学校（含重点学校和一般学校）的教师，其中，城市中小学教师297人，城镇中小学教师205人，农村中小学教师76人；班主任215人，辅导员11人，其他教师352人；男教师220人，女教师337人，未注明性别的教师21人。调查对象包括语文、数学、物理、音乐、历史、美术、综合实践活动等学科教师，任教年龄分别在5年以下、5至10年、10至15年和15年以上。

（二）调查工具

自编问卷进行调查。共发放800份问卷，回收有效问卷578份，总有效率72.25%。

（三）调查内容

第一，社区成员、家长、教师的德育意识、德育观念和德育态度；第二，社区德育环境、家庭德育环境、学校德育环境建设的基本情况；第三，学校物质环境、人际环境、制度环境和文化环境等方面的现状。

（四）数据的统计处理

主要采取SPSS13.0进行数据统计处理。

三、调查结果与分析

我们首先调查教师对环境与人的发展关系的认识。在“你对人的发展的基本看法是”这一问题中，93.10%的人选择了“人是通过实践活动与外部环境相互作用成长起来的”，3.50%的人选择了“人的发展主要是自主发展”，1.90%的人选择了“人是随着年龄的增长而自然成长的”，1.40%选择了“人的发展由外部力量决定”，0.20%的人没有作答。可见，大部分教师已认识到学生的发展是主体与环境相互作用的产物，环境是影响学生成长的主要因素之一。

在当前价值多元化背景下，中小学学生获取有关道德知识和价值观念的途径按重要程度从高到低排列为：父母、教师、课堂教学、德育活动、大众传媒、同辈群体、崇拜的偶像，等等。可见，当前中小学学生正身处一个多元、开放、动态、复杂的成长环境之中，其德性成长受到各种因素的多向、交替和交叉影响。

在承认当前中小学学生道德成长环境的复杂性的同时，74.40%的教师对当前中小学学生道德成长的环境表示不满意，22.80%的教师表示比较满意，仅有0.30%的教师表示十分满意。大多数教师认为，当前社会生活中缺乏一些基本的道德价值和观念，这些价值和观念按选答人数的百分比从高到低排列为：责任感（95.80%）、诚信（95.70%）、合作精神（95.00%）、正义感（95.00%）、法制观念（94.50%）、同情心（93.40%）、爱国心（93.10%）。此外，当前社会生活中很多外部因素对学生的道德成长产生了消极影响，按选答人数的百分比从高到低排列为：不良社会风气（96.90%）、不良家庭生活（95.80%）、不良成人行为（94.60%）、不良同辈交往（94.30%）、不良舆论导向（93.60%）、不良学校教育（91.70%），其他（24.60%）。

社会（社区）、家庭和学校是影响中小学学生道德成长的三大环境，它们共同对中小学学生的道德成长产生各式各样的影响。本课题研究以学校德育环境为主线，并从分析社会（社区）德育环境、家庭德育环境、学校德育环境及其相互关系中把握当前德育环境的整体状况，提出相应的改进建议。

（一）社会（社区）德育环境的营造

社会（社区）德育环境主要通过社会生活体验的感染力、社会文化活动的教育力、社会团体榜样的影响力、社会规范的控制力等对中小学学生的道德成长发挥影响作用。但社会（社区）在德育环境的营造方面普遍缺乏力度。调查显示，28.40%的教师认为其学校所在社区在促进学生道德发展方面没有采取任何措施。14.70%的教师认为其所在社区能够做到：（1）主动与学校建立密切的联系，共同商讨教育目标、教育内容及实施方案；（2）专门为中小学生建造各种活动设施；（3）有意识地组织学生参加各种社区文化活动。52.20%的教师认为其所在社区在教育方面的作用有限，不能兼顾上述三种职责。

在“哪个选项的描述最符合你所在学校与其所处社区在共同营造德育环境方面的现实状况”这一问题中，虽有55.70%的教师所在学校与社区处于“主动联系、积极配合”的状态，但仍有24.00%的教师所在学校与社区长期不联系。有18.00%的教师所在学校与社区虽然联系，但常处于“消极应付”状态。另外，不同区域（城市、城镇和农村）的学校和所在社区共建情况呈显著差异（$\chi^2=48.297$，$p=0$）。城市学校与所在社区共建情况要明显好于城镇和农村，75.24%的城市学校、41.86%的城镇学校、44.00%的农村学校与其所在社区做到了“主动联系，积极配合”。不同级别（小学、初中、高中）的学校和所在社区共建的情况也呈显著差异（$\chi^2=57.186$，$p=0$）。而且，小学、初中和高中与所在社区在“主动联系，积极配合”方面呈下降趋势（比率分别为：78.86%，56.25%和36.92%），“一方主动，一方消极应对”和“互不联系”均呈上升趋势（两组比率分别为：9.14%，12.50%，25.38%和12.00%，31.25%，37.69%）。可见，在营造中小学校德育环境方面，学校与社区之间尤其是城镇和农村学校与其所在社区之间，还有较大的合作空间。同时，校区之间的合作也需要进一步加强。

76.10%的教师认为大众传媒在一定程度上拓展了学生的视野，56.10%的教师认为大众传媒是学生生活不可缺少的一部分。同时，也有部分教师认为，大众传媒充斥着不健康的内容（36.70%），干扰了人们评价事物的标准（35.50%），缺乏可信度（20.80%）。在“你认为当前的大众传媒对于中小学学生道德成长的影响是”一题中，只有25.60%的教师认为其“正面效应大于负面效应”，选择“负面效应大于正面效应”“正、负效应各占一半”的教师比例分别为36.20%，25.30%，11.90%的人选择了“不确定”。而且，不同区域学校的教师对大众传媒影响的认识呈显著差异（$\chi^2=22.312$，$p=0.001$）。虽然城市、城镇和农村的教师大多认为大众传媒的负面影响大于正面影响，但持此观点的城镇教师的比例高于农村、城市教师。计算机和网络并没有在影响中小学学生道德成长的大众传媒中占据首要位置。大众传媒对中小学学生道德成长影响较大的依次是：电视（97.40%）、报刊和书籍（97.10%）、计算机和网络（96.70%）、游戏机和卡拉OK（94.30%）、电影和录像（93.90%）、广播和录音（93.40%）。这可能与城镇和农村的经济发展状况和计算机网络的普及程度有关。因此，在利用大众传媒引导学生道德成长方面，除了重视计算机和网络的作用之外，还要注意电视、报刊和书籍等的影响力，要充分发挥这些媒体对中小学学生道德成长的引导作用。

（二）家庭德育环境的营造

不同区域（城市、城镇和农村）的孩子在家庭中的地位并没有显著差异（$\chi^2=4.551$，$p=0.208$）。但79.10%的教师认为孩子在家庭中处于“主动与被动兼有”的地位和“被动地位”，仅有11.90%的教师认为学生在家庭中处于“主动地位，充分发展自我个性”，9.00%的教师表示说不清楚。孩子在家庭中的被动地位，在一定程度上折射出他们的德性成长受制于家庭成员的影响。

在如何教育孩子的问题上，家长更多的是要求教师“教给学生基础知识”（81.80%）和“培养各种能力（53.80%）”，而对孩子的道德品质（50.90%）、身体健康（32.40%）以及特长培养（27.00%）等相对较忽视。家长对“双基”尤其是对基础知识格外重视，这种倾向会对教师的教育工作起到一定的导向作用。例如，在教师“是否专门就学生的道德发展问题与学生家长进行交流”这一问题中，只有47.60%的教师选择了“经常”，选择“有时”“偶尔”“从不”的分别为36.50%，13.00%，2.40%。可见，教师德育工作的开展在一定程度上依赖于家长对子女道德成长的态度、对教师德育作为的期待与关注程度以及学生的家庭德育环境。

（三）学校德育环境的营造

在学校德育工作中，教师认为环境熏陶（87.00%）、情感陶冶（77.20%）、榜样示范（76.50%）、社会实践（67.50%）等比直接的道德教授（49.30%）对学生的道德成长更为有效。61.90%的学校从强调教师的言传身教、制订相关规章制度、积极开展校园文化活动、美化校园环境等方面综合加强学生的道德教育，只有38.10%的学校采取较为单一地措施强化德育工作。

虽然当前中小学道德教育的模式呈现多样化，然而，传统的“说教—强制”模式仍占主流。而且，不同级别（小学、初中、高中）的学校在德育模式的运用上存在显著差异（$\chi^2=55.851$，$p=0$）。其中，小学以对话—交流式

(39.43%) 为主，并辅之以说教—强制式（28.00 %)、知识—符号式(11.49%)、情景—陶冶式和实践—体验式（21.14%）；初中与高中均以说教—强制式为主，该模式与其他模式相比，所占比率远远高于小学阶段，分别为58.75%和63.85%。这说明道德说教随着学生年级的增高呈上升趋势。

调查显示，学校实际肩负德育职责的主要还是“班主任”（73.70%的人选择此项)。然而54.20%的教师认为学校全体教职工都应当对学生的道德成长负责，可见在这一问题上教师的认识与行为是不够统一的。

为了更好地揭示学校德育环境的现实状况，我们将学校德育环境划分为学校物质环境、学校人际环境、学校制度环境和学校文化环境，并分别进行具体分析。

1. 学校物质环境建设

调查显示，绝大部分教师认为校园物质环境建设与学生的道德成长有密切关系。只有1.20%的教师选择了“没有影响”，选择“影响很大”“影响较大”和“影响一般”的教师依次为14.70%，50.70%和32.20%。同时，不同级别（小学、初中、高中）学校的教师对物质环境在学生道德成长中作用的认识呈显著相关（$\chi^2=20.089$，$p=0$），且小学、初中、高中教师对物质环境建设在学生道德成长上的认可程度呈下降趋势，分别为：77.14%，56.25%和56.15%。可见，随着学生就读年级的升高，相应学校和教师却越来越不看重学校的物质环境建设。令我们感到意外的是，原本以为城市学校的教师会比城镇、农村学校的教师更看好校园物质环境的作用，但事实说明，不同区域（城市、城镇和农村）的教师对校园物质环境作用的认识没有显著差异（$\chi^2=5.471$，$p=0.242$)。此外，各级各类学校不太注重从学生道德成长的角度进行校园物质环境和教室环境建设。例如，选择比例较大的是“设施完备”“环境优美”“健康卫生”“功能齐全”，以及“注重教室环境卫生”“建设教室墙壁文化”等，与学生道德成长有着更为直接和密切关系的“艺术审美的需要”等则没有引起足够的重视（只有26.80%的人选择“满足学生艺术审美方面的需要”)。

2. 学校人际环境建设

第一，学生关系。调查显示，学生之间的人际交往主要是一种以制度为纽带的支配型互动模式。这一现状可以在关于“班级里最具号召力的人”的调查结果中得到佐证。38.90%的教师选择“班干部”，22.70%的教师选择“正式的组织”，18.20%的教师选择“少数学生领袖”，10.70%的教师选择“非正式组织”，“未答”和“其他”占9.50%。

让我们略感意外的是，目前学校生生之间竞争与合作并存，且合作多于竞争。如认为班级里学生之间“合作多于竞争”的教师占47.80%，认为“竞争多于合作”的教师占41.00%。然而，学生之间的合作可能并非完全出自内心的意愿，更多的班级只有在外部奖励或惩罚的刺激下，才表现出高度的凝聚力。在“你所在班级学生在什么情况下最为团结”这一问题中，67.30%的教师选择了“在班级荣誉的刺激下”，只有17.00%和9.20%的教师认为学生在“自主活动时”和“同学需要帮助时”最为团结。这可能与教师的期望有关。例如，40.50%的教师最希望自己的学生能刻苦学习，提高成绩，20.60%的教师最希望同学之间能够和睦相处，17.50%的教师最希望学生“不违反学校纪律”，12.50%的教师最希望学生“听话，按要求办事”。而且，教师期望与学生在学校里的竞争、合作行为呈显著相关（$\chi^2=26.324$，$p=0.01$）。教师的期望有可能会影响到班级内部学生之间合作程度，以至于在班级荣誉的刺激下，学生之间的合作更为突出。另外，班级内部的评选也可能加剧学生群体之间的分层与对立，使学生之间的合作大打折扣。例如，在“三好生”评选中，班级里从未当选为“三好生”的学生数约占45.80%。教师们在看待学习成绩与思想品德的关系时，有68.70%的教师持正相关态度，持负相关、不相关和不确定态度的教师比例分别为：0.30%，4.70%和26.30%。这可能导致学生在班级内部为了达到评优的目的而产生更多的竞争。

第二，师生关系。在当前中小学校德育工作中，教师所扮演的主要还是“纪律监控者”和“道德执法者”的角色。在“你认为当前中小学校德育工作中教师扮演的角色更多的是”这一问题中，有65.60%的教师作了如此选择。而且，中小学教师所扮演的德育角色与其采取的德育模式呈显著相关（$\chi^2=15.246$，$p=0.018$）。在扮演纪律监控者和道德执法者角色的教师中，采取说教—强制德育模式的教师占52.63%，采取知识—符号式、对话—交流式等德育模式的教师共占47.37%。扮演纪律监控者和道德执法者角色的教师占72.63%，扮演真理捍卫者、团队领导者、模范公民等角色的教师共占27.37%。

教师主流德育角色的扮演与其采取的德育模式之间的高相关性，在一定程度上折射出一种对立的师生关系。可以说，教师和学生之间还远未建立起平等交流、共同协商、民主合作的师生关系。例如，53.60%和14.00%的教师认为只有“少量”和“个别”的学生经常主动找自己谈心。26.30%的教师认为有

“很多”学生经常主动找自己谈心。在学生的心目中，教师并没有真正成为学生的“价值向导”和“人之师表”。当师生在校外相遇时，他们谈论最多的话题是“日常生活”（46.40%）和“学习成绩”（23.00%），其次为个人爱好（17.00%），谈论“如何做人”的只占7.80%。

3. 学校制度环境建设

本研究主要是从学生在学校管理中的地位和参与程度入手，考察学校制度环境建设的状况。如在班级管理方面，班干部不再完全是由班主任指定任命和任课教师商议决定，体现出较大的弱操纵性。调查显示，班干部更多的是由班主任提名、学生投票和学生自行竞选投票产生，占78.20%，“班主任指定任命”只占8.80%。可见，学生参与管理的意识与行为在各级各类学校中逐步增强，而完全的学生自主式管理，在中小学校并不多见，仅占6.20%。班干部在班级中的主要作用是组织各种班级活动（35.60%）和自主管理班级（32.70%），而不再是简单的上传下达（18.70%）和向教师汇报其他学生的违纪行为（8.50%）。这也再次说明，中小学学生的参与式管理和自主式管理逐步增多。但不同级别（小学、初中和高中）的学校在班干部所发挥的作用上存在显著差异（$\chi^2=29.848$，$p=0$），小学和初中的班干部自主管理班级更突出一些，而高中的班干部组织各种班级活动更突出一些。与此同时，学生参与管理的层次也较为宽泛。46.40%的教师认为学生参与学校管理的层次已深入到了班级、年级甚至校级。58.50%的教师认为学生参与了卫生（83.60%）、纪律（82.70%）、劳动（77.30%）、学习（70.80%）等方面的管理。调查显示，当学生对学校的规章制度提出异议时，41.30%的教师认为学校会对学生进行耐心解释，40.30%的教师认为学校会组织讨论，并修正制度，只有9.20%的教师认为学校会不予理睬。这在一定程度上说明，当前中小学校注重将制度管理与以生为本相结合，尊重学生的主体地位和民主权利。

然而，各级各类学校在教职工的自主管理方面还不尽如人意。如在学校对某些重大问题的决策方面，58.80%的教师认为学校没有较好地考虑广大教职工的意见，存在着领导独裁的现象。另外，师生意见平台（校长信箱、意见箱、校园局域网等）的搭建和使用情况在一定程度上反映了学校制度管理中存在的某些问题。如仅有27.30%的教师认为，师生意见平台是学校与师生进行意见交流的主渠道；有61.50%的教师认为，虽然学校创建了师生意见平台，但其作用未得到发挥；有8.10%的教师提出学校根本没有搭建师生意见平台。可见，学校的制度环境建设还需进一步改进，使更多的师生真正参与到学校的管理与建设中来。

4. 学校文化环境建设

当前，中小学校主要还是一种“知识性”的文化氛围，教师向学生传递的主流信息仍是“刻苦学习、提高成绩”。如在“你最希望学生在学校里干什么”这一选题中，有40.50%的教师选择了“刻苦学习、提高成绩”。在学校为学生树立的榜样类型中，历史人物和时代精英占42.30%，同辈中杰出者占52.50%。教师期望与学校所树立的榜样类型呈显著相关（$\chi^2 = 12.250$，$p = 0.016$）。一般来说，中小学校更倾向于突出这些榜样“勤奋好学”的一面。另外，学校“墙壁文化”涉及较多的内容是“刻苦学习”（79.60%）、科学精神（72.50%）、“珍惜时间”（69.60%）、创新意识（64.90%）；涉及较少的内容为：民主自由（26.50%）、热爱自然和生命（26.30%）、造福人类（13.80%）。

四、结论与讨论

根据调查结果分析，当前中小学校德育环境总体上还是在价值一元化的思维方式下运作，与价值多元的时代背景和价值商谈等道德教育新理念不相适应。为此，我国中小学校需要基于时代发展、教育民主化和学生主体的特点，建设更加情理化、人本化、更具实效性的道德教育环境，通过价值干预、价值引领和价值协商，促进学生自觉地掌握具有公共契约价值的道德标准，具备有道德的人的基本素养，在现在和未来的公共生活中有所信、有所敬、有所执、有所守。

第一，寻求价值一元与价值多元的统一。目前我国中小学校德育环境建设主要在价值一元化的思维方式下运作，强调价值追求、道德理想的唯一性、同一性。不可否认，价值具有一元性与多元性双重属性。当代社会生活中，价值一元性是指存在着人们共同营生必须遵循的社会基本准则或底线伦理，价值多元性是指不同的人有着不同的价值理解、生活标准和人生追求。学校德育的主要任务之一就是要引导学生在保证或守住底线伦理的前提下，学会与有着不同价值理解、生活标准和人生追求的人和谐共处、互惠共生，而不是让学生都去追逐唯一的“崇高道德”。为此，学校必须努力创设一种既要保持共同生活道德准则又能容纳不同价值理解的德育环境。

第二，寻求单向传递与交互影响的统一。调查表明，大部分中小学校将德育环境的作用定位在正确价值观念和道德规范的单向信息传递上，强调学校德育环境的先在性、预设性、强制性，使学校德育环境呈现出冷漠、强硬、威严的价值权威面孔。由此，学生成为了纯粹的受外部环境影响的客体，从而被剥夺了参与德育环境改造和创生的主体身份。事实上，学生的德性成长或道德发展只有在与环境的交互作用中才能真正实现，无论是马克思主义的实践论，还是杜威实用主义的经验论，都充分证明了这一点。

第三，寻求价值输入与价值协商的统一。调查表明，当前中小学校存在着较明显的价值灌输、道德说教的气氛，充斥着较严重的非平等性、非对话性，学生沦为接受价值规范与道德教条的容器。然而，学生在道德成长中是具有主体性的人，任何强制性（无论是显性的还是隐性的）的价值灌输不仅是无效的，而且是不道德的。尤其是在价值多元化背景下，道德说教不仅失去了现实条件和思想基础，而且容易激发学生的逆反心理。在当代学校德育环境建设中，必须营造一种民主、平等的氛围，尊重每一位学生的道德主体性，通过对话、交流、沟通来解决价值冲突、达成价值共识，让学生在与具有不同价值观念的人进行建设性交往和合作中，学会与他人共同创建有道德、有意义的生活。

第四，寻求规范接受与能力养成的统一。当前大部分中小学校以“规范接受”作为学校德育环境的唯一目标，强调按照某些外在的道德准则对学生进行行为训练，追求的是将学生培养成遵循既定的行为规范的人。这种所谓教育上的“成功”，势必导致学生在未来复杂的生活情景中的不知所措。学生在未来生活中更多的并非循规蹈矩，而是要在不同的价值观念、复杂的社会问题中作出自己的道德判断和行为选择。因此，学校德育的根本任务不在于督促学生学习和笃行外在的价值观念和行为规范，而是要引导学生在直面和解决与自己密切相关的价值冲突、道德问题中提高道德认知力、感受力、判断力和行为力。

（原载《中国德育》2008 年第 6 期）

【师德师风建设】

弘扬人民教育家霍懋征的教育思想

袁振国*

2010年2月11日，人民教育家霍懋征老师离开了我们。她毕生从事小学教育工作，忠诚于人民的教育事业，用充满爱心和智慧的教育实践，孜孜以求，不断探索，教书育人，桃李满天下。真正的教育家是永不凋谢的。她的思想，她的实践，她的精神，已经融入中国教育的长河里，是值得我们珍视的宝贵教育财富，而且必将在我国教育事业的不断发展中继续发扬光大。

对于霍懋征这样一位来自小学教育一线的著名教育家，周恩来总理称她为“国宝”，薄一波副总理为其题词“一代师表”，温家宝总理称她是“把爱心献给教育的人”，国务委员刘延东尊称她为“教育大家”。我们中央教育科学研究所也一直在关注和研究她的教育实践经验和教育思想，一批研究人员都曾与霍懋征老师进行过合作研究，并从她的教育思想中获取了丰富的教益。

在纪念和学习霍懋征老师，推进教育研究和教育改革的今天，我想从几个方面谈一谈对霍懋征教育思想的认识。

一、“没有爱就没有教育”

“没有爱就没有教育”是霍老师“以爱执教”的座右铭，说的是教师要热爱、尊重和关心学生，把真诚的爱给予每个学生。这是霍懋征教育思想的精髓。

霍懋征老师始终倡导爱的教育。她认为，对学生的“爱”不仅是对学生的

* 袁振国，中央教育科学研究所所长、教授、博士生导师。

身心小心翼翼的呵护，更是对每一名学生个性特点的尊重和理解。她说：不爱学生，就不可能关心他，也不可能教好他。霍老师用自己的实际行动践行了因爱孩子而从教，用爱心以育人。几十年如一日，用爱的情怀，爱的艺术，教育着每一个学生。

她说，“我爱我的学生，学生们也爱我。每个孩子，我都认真去教，没有对不起任何一个。”霍懋征老师真正做到了对所有学生一视同仁，从无偏向和歧视，和学生平等相处，坚持把真诚的爱给予每个学生。

二、“要给孩子一个金色的童年”

“要给孩子一个金色的童年”是霍老师对“以学生为本”的诠释，是指教育的根本目的是促进学生的全面发展；课堂教学以学生为主体，善于发现每个学生的特点和长处，建立民主平等、教学相长的师生关系，使每个学生都能品尝到成功的喜悦并学有所成。这是霍老师赏识人人，人人成功的学生观。

首先，坚持面向全体学生、全面育人、整体发展的教育价值观。霍老师反复强调，“要把全面发展的教育方针贯穿到教学过程的每个环节”。教师要培养学生好的习惯，特别要注意培养学生勤于思考、善于思考的思想品质和全面看问题的思想方法，使学生一生受益。

其次，提倡以学生为主体，把学生放在学习的中心地位。霍老师把学生看作是具有主观能动性的人，是具有生理、心理特点的儿童，是正在发展中的少年。她在教学中主张“目中有人”。教师应研究学生、认识学生、始终将学生放在教学过程的主体地位上，最大限度地理解、宽容、善待学生；应该放下架子，蹲下身子，与学生一起去探求真理、发现真理，创设教师和学生真正平等的对话平台。同时教师要调动学生学习的主动性和积极性，注意培养学生学习的兴趣，变“要他学”为“他要学”。她说，没有兴趣就没有教育；还给学生自主学习的时间。这是新时代对人才的基本要求，反映了教学活动的本质。

第三，“激励、赏识、参与、期待”是霍老师对待学生的八字方针。她激励每个学生好学上进，发现并赏识每个学生的才华，创造条件让每个学生参与教育、教学活动，以爱心、信心和耐心期待每个学生的成功，哪怕是很小的进步。她说：“要让学生能放飞梦想，每一名学生都能学有所成”。

第四，营造一个民主、宽松、和谐的课堂教学氛围，建立民主平等、教学相长的师生关系。在日常的教学实践中，霍老师从不说伤害学生的话，并常用“你真棒，肯动脑筋，再想想，你还能做得更好！”来鼓励学生。她认为，课堂上，教师和学生的真正关系应该是活生生的人的关系，应该是教与学的相长，是双向的互动。只有这样，教师才能用知识的力量和人格魅力赢得学生的尊敬。

三、“为育人而教”

“为育人而教”就是要教书育人，寓德于教，努力为国家和民族的振兴培养全面发展的具有良好素质的创新型人才。这是霍懋征老师的教育信条。

一方面，提出“教育不是万能的，但教育可以塑造学生的未来。”“要教在今天，想在明天。”霍老师认为，儿童是民族的未来，祖国的希望。小学阶段谁也看不准学生的未来。我们只要耐心地等待，悉心地照料，它就会生根、发芽、成长，最后结出丰硕的果实。小学六年，教师塑造的是成人的雏形，雏形的成败全凭老师的一颗心。

另一方面，倡导“文道统一”。霍老师提出“语文教育是塑造人的教育”。在十年浩劫中，霍老师被打成“反动学术权威”，痛失爱子。从那时起，她就下定决心，只要能重返讲台，就要教语文，把学生培养成真善美的一代新人。改革开放以后，霍老师如愿以偿。于是，她积极在小学语文教学中进行创新教育。在她看来，语文中的语言文字是为内容服务的，教学中就是要通过语言文字的学习，对学生进行思想政治教育，做到文与道的统一。因此，她始终强调语文教学的首要任务是要从思想品格和道德情操方面育人，坚持把语文教学与思想道德教育、审美教育统一起来，努力为21世纪塑造创新型人才。

她还提出“十个学会”，即学会做人、学会自律、学会学习、学会思考、学会乐群、学会审美、学会创造、学会健身、学会生活、学会劳动。这“十个学会”体现了素质教育的思想，体现了教育以人为本、促进人的全面发展的教育理念。这是极具时代性和前瞻性的教育思想。

四、“没有教不好的学生，只有不会教的老师”

“没有教不好的学生，只有不会教的老师”是霍懋征老师的又一句名言。她认为，教师不仅要掌握先进的教育思想和教学方法，还要因材施教，提高教学质量。这是霍老师追求的目标和理想境界。

1. 掌握先进的教育思想和教学方法。霍老师认为，教师必须要有先进的教育思想，即全面发展的思想，这是教育教学工作的灵魂。必须时刻努力学习，不断提高自身的素养，更新观念，改进教学方法。教师在教学中要起主导作用，努力引导学生发现问题、提出问题，探讨研究问题，并能设法解决问题。为了向课堂要质量，教师必须认真备课、进入角色、和作者的思想感情产生共鸣，要用自己的语言、丰富的感情去感染学生，才能达到好的教学效果。

2. 因材施教，提高教学质量。霍老师认为，教学的模式和方法要因人、因内容而有所变化，手执能开各种枷锁的“金钥匙”，才能为所有的学生开启智慧之门。孔子曾讲过：“不愤不启，不悱不发”。霍老师在教学中也很重视贯彻启发式原则，但她认为，教师在教学中要善于“察言观色”，善于听取学生的发言，善于调查研究，在现代条件下，老师不能等待学生“愤悱”，而是要用积极的方法，去为他们创造“愤悱”。创造一个“愤悱”，进行一次启发，学生恍然大悟，再创造一个“愤悱”，再进行一次启发，学生再恍然大悟。这样循环往复，不断前进，使学生的认识能力和学习语文的能力不断达到新的境界。对于古人的经验不能照搬，而是要取其精华，古为今用。

3. 探索出在减轻学生负担的前提下提高教育质量的途径。上世纪 50 年代她就形成了自己独特的教学法，在不断总结经验的基础上，进一步提出了“数量要多，质量要高，速度要快，负担要轻”的十六字教改方针，把着眼点放在提高课堂质量、开发学生智力、激发学生学习兴趣、培养学生学习能力上。

4. 很早就提出“向 45 分钟要质量”，当堂知识当堂巩固，课外时间留给学生“玩儿”。

她的数学教学深入浅出、形象直观、注重规律、一题多解、举一反三，学生的学习积极性高，掌握知识灵活，教学效果十分明显。

她经过努力试验和独立思考，创造了具有自己独特风格和良好教学效果的小学语文“讲读法”。她认为，语文教学要“精讲多练”，要让学生大量阅读，只要读的文章多了，学生就能受到更多的教益。她提出的“五多四好”被人们称为“霍式教学法”，即“多读、多想、多听、多问、多练”，“课前预习好，课上学习好，课后复习好，运用实践好”。她的做法就是精讲、多练，合理地组织课文，改“讲读法”为“读讲法”，“以读为主、以讲为辅”。

五、“敬业修德，与时俱进”

“敬业修德，与时俱进”，是霍懋征老师对教师神圣职责的感悟。她在长达六十余年的教育教学实践中践行了这个主张，树立了真善美的丰碑，是新时代教师的光辉典范。

一是热爱教育事业，有终身从教的崇高理想。霍老师认为，教师对学生的爱不是普通的爱，而是建立在对教育的忠诚，对儿童的信任的基础上。因此，教师要把本职工作看做“事业”而不能只当成一项“职业”。“热爱”是最好的老师。热爱事业和热爱学生是相辅相成的。教师只有具有强烈的事业心，热爱学生，才能积极主动地去钻研事业所需要的一切，学生所需要的一切。霍老师曾无限深情地说过：“我一生从教的体会，那就是六个字：光荣、艰巨、幸福。”这六个字饱含了她对教育事业的热爱、感悟和奉献。霍懋征先生大学毕业，即从事小学教育工作。六十余年，无论风风雨雨，都没有改变她献身教育的选择，并始终站在教育教学的第一线。退休后，她仍心系教育，耄耋之年还先后到新疆、青海、甘肃、贵州、广西等地作教育考察，送教上门，把多年积累的教育教学的宝贵经验毫无保留地奉献给西部教育。热爱教育，倾情投入，坚守教育，终身无悔。

二是加强思想道德、科学文化知识、教育理论等方面的修养。霍老师强调，教师思想道德的高低直接关系到教学质量的高低。教师要为人师表、以身作则；要不断丰富自己的科学文化知识，提高科学文化水平；要加强教育理论的学习，并与自己的教学实践结合，及时总结经验教训。

三是具备开拓创新的职业素质。她提出，培养创新型的下一代是新时代对教师的要求。因此，教师在工作中要勇于探索，敢于打破常规，不囿于传统教育观念，乐于接受现代教育观念，乐于经历艰难开拓创新。以乐此不疲的创新精神感染和培养学生的创新精神。霍懋征老师从教六十余年，总是站在小学教育教学改革的前沿，不断取得新成果，不断创造新经验，在全国小学教育界持续产生巨大影响。可以说，永不满足，勇于探索，与时俱进，既是她不断取得成功的动力，也是其教育思想生命力的来源。

如前面提及的那样，上世纪50年代，霍老师就积极进行学制改革实验，探索语文教学规律，逐渐形成一套有效“讲读”教学法，蜚声全国。此后，她又大胆进行改革，注重文道统一，注重双基教学，注重课堂讲授的启发性，成为她教学风格的几个突出特点。改革开放后，她持之以恒地对小学教育教学进行探索。经过细心和努力的探索，在不断总结经验的基础上，果断改变了自己过去的"讲读课"为"读讲课"，教学风格也发生了质的变化，形成了讲讲读读、议议练练、学习为主、注重智能的课堂教学模式。

上述教育主张，涵盖了霍懋征老师的教育价值观、教学观、学生观与教师观，是对古今中外优秀教育思想的继承和发展。更难能可贵的是，霍懋征老师不仅明确提出了这些思想，还用她的实践和人生践行了这些主张，昭示了这些思想的可行性和有效性。

总而言之，霍懋征老师从教一生，为国家培养了大批优秀人才，为我国的教育事业作出了卓越贡献，不愧为"人民教育家"的光荣称号。她在丰富的教育实践基础上形成的教育思想是一份宝贵的遗产。我们要学习和弘扬霍懋征老师终身从教的坚定信念、以爱执教的理念和勇于创新的精神，为不断深入的教育教学改革作出不懈的努力和贡献。

（原载《中国德育》2010 年第 6 期）

中学师德建设调查十大发现

檀传宝* 等

伴随着教师专业化进程的加快，加强师德建设，并使其从一般意义上的“职业道德”向“专业道德”转换，是当前我国教师教育与教师伦理等领域必须直面的理论与现实课题。为此，“师德现状与教师专业道德建设研究”课题组综合运用问卷调查、访谈（个别访谈和集体访谈）与文本分析等方法，在我国东、中、西部共选择了北京、杭州、芜湖、甘肃宁县四个不同层级的地区，深入中学面向教师、学生、家长三个群体，围绕中学教师的师德现状及师德建设问题展开了调查。样本总量1 810份，其中学生问卷1 300份，教师问卷 350份，家长问卷 160 份。

下面呈现的是本次调查的十大发现，以为教师的自我成长、教育行政部门的工作，以及公众的舆论认识提供启迪。文中数据皆来自课题组的调查结果。

发现一　多数教师的职业信念不够坚定，男教师与欠发达地区教师的职业认同度更低

为了考察教师对待教育事业的态度，我们首先调查了教师们的职业认同度。调查发现，假若再给教师一次选择机会的话，仅有 20. 5%的教师表示“会”再次选择教师职业，高达八成的教师表示“不会”或“很难说”（见图 1）。

研究进一步发现，与女教师相比，男教师的职业认同度更低，有 45. 5%的男教师表示不会再次选择教师职业（见图 2）；与发达地区和中等发达地区相比，欠发达地区教师的职业认同度最低，明确表示不会再次选择教师职业的比

---

* 檀传宝，北京师范大学公民与道德教育研究中心主任、教授、博士生导师。

例高达 52. 9%（见图 3）。

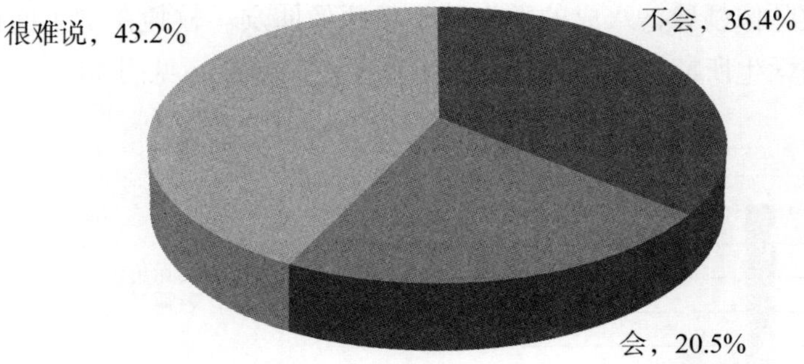

图 1　“假如让您再选择一次，您还会选择教师职业吗?”各选项的百分比

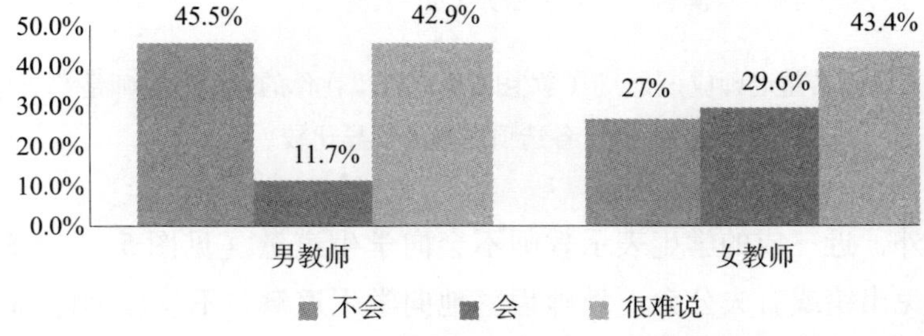

图 2　“假如让您再选择一次，您还会选择教师职业吗?”各选项与性别的相关分析

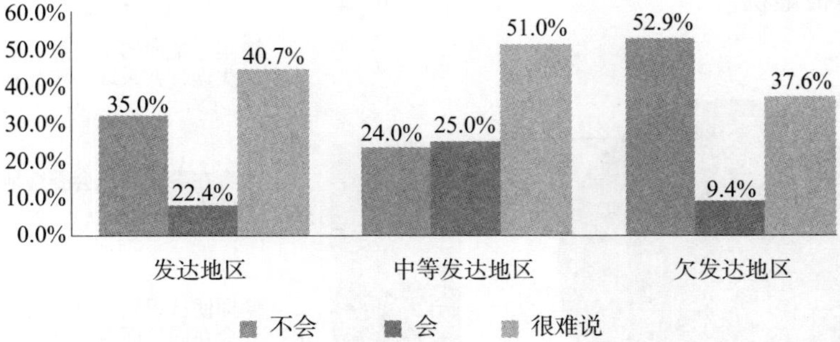

图 3　“假如让您再选择一次，您还会选择教师职业吗?”各选项与地区的相关分析

发现二　四成的学生认为教师像领导，八成的学生希望教师像朋友

如何对待学生是衡量教师专业道德的一项重要指标。调查发现，大多数教

师认为教师要对学生充满爱心，严格负责，尊重信任。八成以上的学生表示教师还能够理解他们，只有17.2%的学生认为教师根本不理解自己。然而，四成的学生反映教师像领导，八成的学生希望教师像朋友。教师在学生面前所扮演的实际角色与学生所期望的理想角色之间存在较大差距（见图4）。

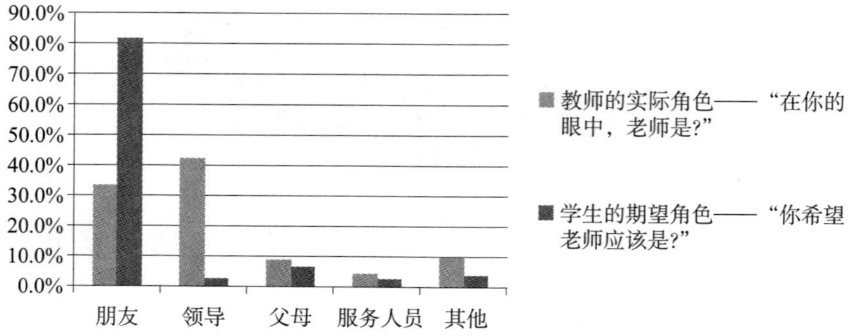

图4　“你希望老师应该是?”（学生问卷）与“在你的眼中，老师是?”（学生问卷）各选项之间的差异比较

另外，近三成的学生表示教师不会向学生道歉（见图5）。在教育过程中，教师难免出错或有失公允。教师坦率地向学生道歉，不仅能消除师生间的心理隔阂，还能帮助学生明辨是非。但在现实教育生活中，许多教师感觉很难在学生面前合理地表达歉意，一是面子问题，二是方式问题。学生则表示不肯道歉的教师很虚伪。

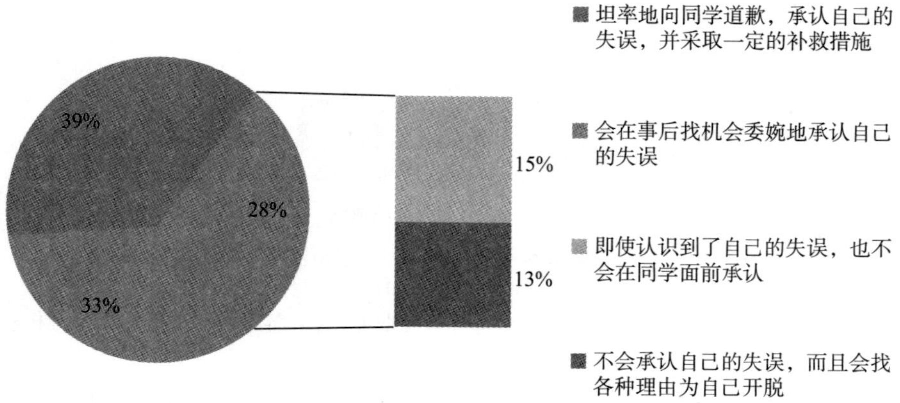

图5　“如果老师在处理问题时错怪了同学，老师一般会”（学生问卷）各选项的百分比

发现三　教师同教研组的关系与学校领导是否重视师德建设呈正相关

教师与教师之间的关系以及教师与整个教师集体之间的关系，是教师道德生活的一个重要领域。调查显示，近五成教师对教研组有很强的归属感，但仍有四成多教师对教研组持负面评价。其中，38%的教师认为“教师和教研组只是一种形式上的组织关系，对教师个人没有什么实质影响”，3.6%的教师认为“教研组对教师形成一种压制和束缚，使教师的个性化发展受到抑制”。

而教师与教研组的关系与学校领导是否重视师德建设之间呈高度正相关，教师对教研组的归属感随着学校领导对师德建设重视程度的增加而提升。认为学校领导不重视师德建设的教师中只有19.2%表示他们对教研组有很强的归属感，持负面评价的占80.8%。而在认为学校领导很重视师德建设的教师中，有66.3%的教师表示他们对教研组有很强的归属感，认为教研组能促进教师的发展（见图6）。

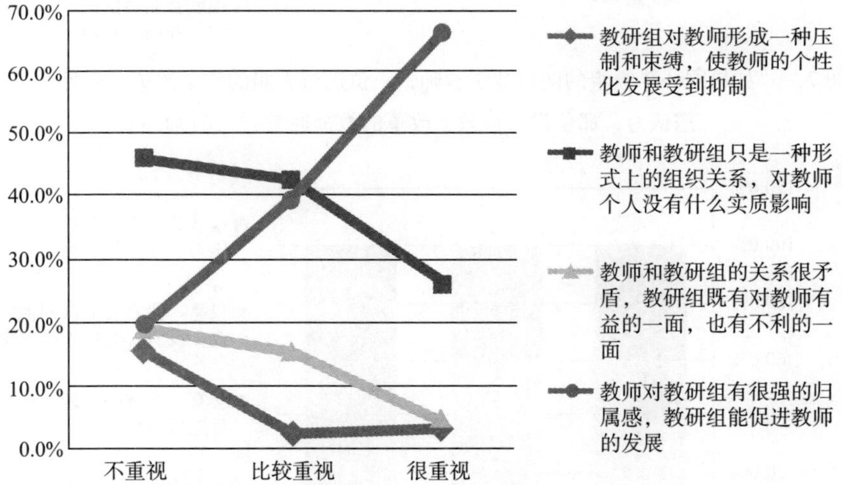

图6　“您认为学校领导重视师德建设吗?”与“您觉得教师和教研组的关系?”各选项之间的相关分析

发现四　八成教师对其他教师的教改举措表示认同，地区间对教改的态度没有明显差异

近些年，各式各样的教育教学改革如火如荼。教师对他人教学改革的评价明显地反映着教师对待教师集体的道德状况。研究以情景提问的方式了解到，八成以上的教师会对其他教师的教改举措表示认同（见图7）。这样看来，在当前的教育教学改革中，来自教师的阻力很小，同事间也基本可以做到相互理解和支持。

同时，数据显示，发达地区、中等发达地区、欠发达地区的教师在对待他人教改的态度上并无明显差异。这不同于我们认为发达地区在接受新思想、新方法上的积极性优于中等发达地区和欠发达地区的一般认识，更颠覆了发达地区教师会更加支持教改的一般判断（见图8）。

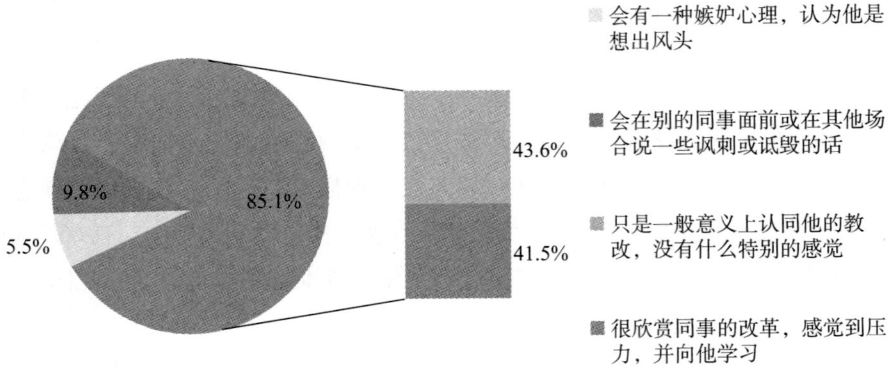

图7　“如果同一年级组的两位数学教师，一位进行大胆的教学改革，而另一位没有。您认为，那位没有搞教学改革的教师通常：”（教师问卷）

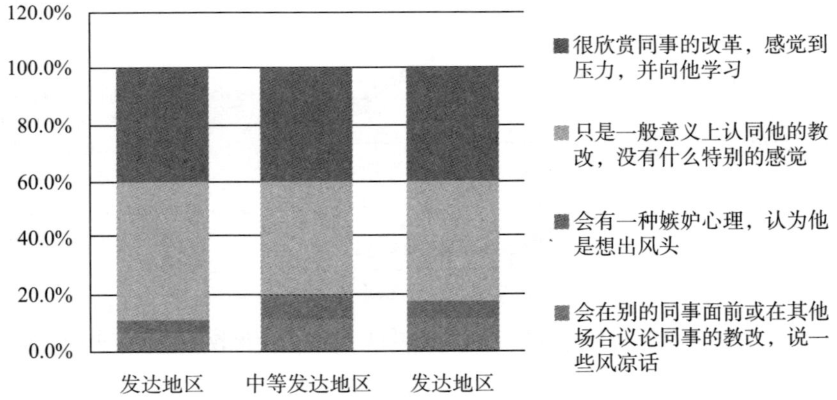

图8　“如果同一年级组的两位数学教师，一位进行大胆的教学改革，而另一位没有。您认为，那位没有搞教学改革的教师通常：”（教师问卷）各选项与地区的相关分析

发现五　大多数教师都重视自我道德修养的提高，而教师道德学习的积极性与学校类别及地区差异有关

教师是否重视自我提高，不仅是一个生活态度问题，也是一个职业道德问题。调查发现，88%的教师表示自己在日常教育活动中会对自己的教育行为进

行道德方面反思，只有11.9%的教师认为自己很少进行道德反思。同时，81.0%的学生认为自己的老师们在平时的教学生活中重视品德修养上的自我提高，但也有19.0%的学生认为教师不重视自我提高。

研究发现，教师进行道德反思的积极性在不同学校类别之间存在着明显的差异性。省重点中学和市重点中学之间的差异较小，普通中学与前两类学校的差异稍大一些（见图9）。数据结果显示，一般而言，重点中学的教师进行道德方面的反思相对而言更为自觉一些。

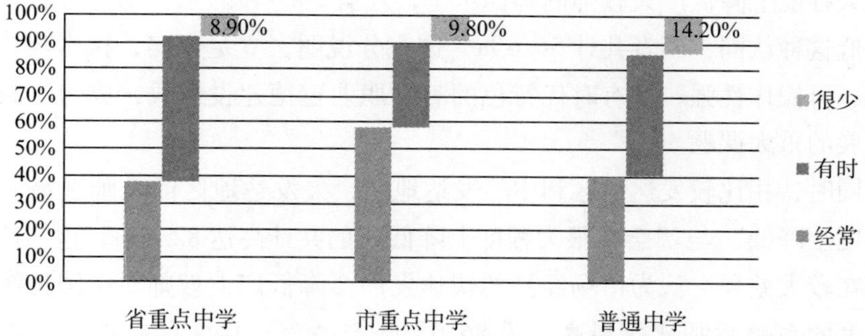

图9　“在日常教育活动中，教师会对自己的教育行为进行道德方面的反思吗？”（教师问卷）各选项与学校类别的相关分析（%）

另外，根据学生反映的情况，教师的自我成长教育存在地区上的差异。教师对自我提高的重视程度随着地区的发达程度而逐步提高（见图10）。

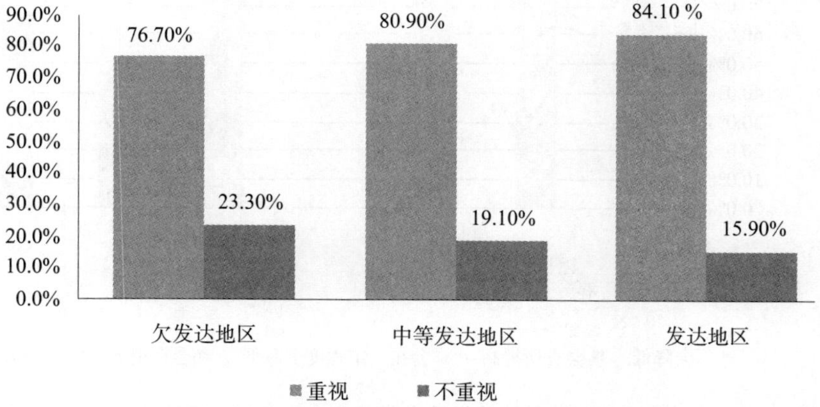

图10　“总体来说，你的老师们在平时的教学生活中和品德修养上重视自我提高吗？”（学生问卷）各选项与地区的相关分析

发现六　市场经济的快速发展在一定程度上降低了广大教师对中国传统师德的认同度，欠发达地区和乡镇受市场经济的影响最强烈

众所周知，在市场经济大潮的冲击下，教师队伍出现了一些不可回避、不容忽视的新情况和新问题，给师德建设工作带来了新的挑战。研究发现，我国有 11. 7%的教师认为市场经济的快速发展在很大程度上降低了广大教师对中国传统师德的认同度，还有 59. 5%的教师认为会在一定程度上降低这种认同，总计高达 71. 2% 。与教师类似，2. 2%的被调查家长认为市场经济的快速发展会在很大程度上降低广大教师的师德水平，还有 54. 4%的家长认为会在一定程度上降低这种认同，两者共计 56. 6%。这充分说明，立足现实，探索与构建科学合理、可操作性强、富有时代特色的教师职业道德建设模式，成为了教育改革与发展的重大课题。

同时，相比较发达地区和中等发达地区，欠发达地区的教师选择“会在一定程度上降低”与“会在很大程度上降低”的共计高达 82. 6%，这与前两个地区存在较大差异。认为市场经济的快速发展会降低广大教师对中国传统师德的认同度的乡镇教师比例最高，为 86. 0%，与城市、县城存在较大差异（见图 11）。这进一步证明，越是落后的地方，市场经济对师德的负面影响越大。

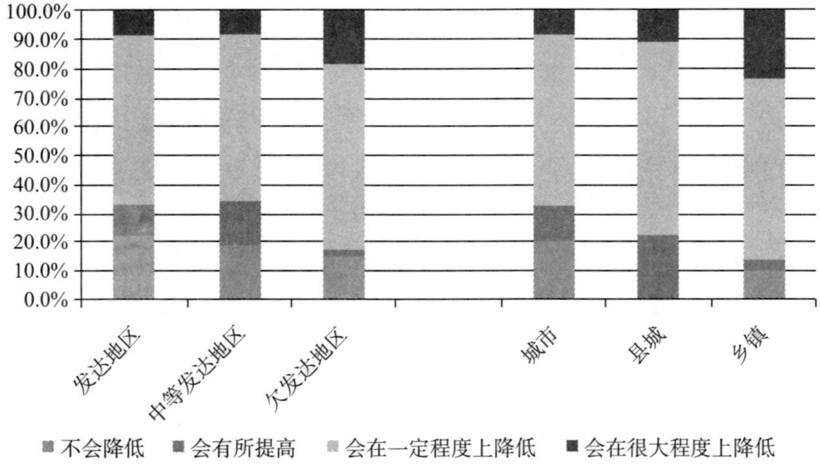

图 11　“您认为市场经济的快速发展会降低广大教师对中国传统师德的认同度吗?”（教师问卷）各选项与地区及学校所在地的相关分析

发现七　教师迫切希望首先解决社会对教师的期望与教师的实际地位之间的矛盾，并承认自身素质是制约师德建设的首要因素

为了解师德建设的影响因素，本研究设计了如表1、表2所述的问题。事实上，前两组矛盾主要描述的是社会期望与教师实际待遇，以及教师的奉献精神与物质利益之间的冲突。选择这两组的教师共计87.3%，也就是说，在师德建设工作上，教师较多地担忧自身以外的影响因素，而很少有教师受困于自身与教师职业要求之间的冲突或矛盾。这一结果从教师需要的角度为师德建设工作指明了方向。

表1　"在以下三组矛盾中，您认为学校师德建设工作应首先解决哪组矛盾?"（教师问卷）在各选项上的百分比（%）

选项	有效百分比
社会对教师的期望与教师的实际地位之间的矛盾	51.5
教师的精神追求与物质追求之间的矛盾	35.8
教师群体的职业声望与教师个体的职业意识之间的矛盾	12.7
合　计	100.0

表2　"请您对以下制约学校师德建设工作的五个影响因素按照由强到弱的顺序进行排序"（教师问卷）各选项的百分比分布

	第一位	第二位	第三位	第四位	第五位
教师自身素质方面的制约	38.8	13.4	13.1	13.9	20.6
学校管理工作方面的漏洞	12.0	23.4	29.7	22.6	11.8
市场经济等社会因素的冲击	34.0	26.6	14.5	12.5	12.9
学校人际关系方面的制约	7.6	20.0	26.6	30.3	15.7
教师群体在职业认识上的偏差	7.6	16.6	16.2	20.6	39.0
合　计	100.0	100.0	100.0	100.0	100.0

尽管师德的高低受制于社会宏观因素的影响，但也有许多教师认为教师自身的素质仍然是当前制约师德建设的首要因素，其次才是市场经济等社会因素的冲击。

发现八　师德规范能够发挥一定的指导与监督作用，但成效并不显著

在调查中，我们发现我国现行的师德规范存在着偏重理想性，缺乏现实性，偏重价值性约束，缺乏专业性规定等问题，致使师德规范滞后于教育教学改革以及教师自身的成长与发展。49%的教师认为现行师德规范的运作对教师有一定的指导和监督作用，而33.4%的教师认为现行的师德规范只具有非常有限的指导和监督作用，还有6.2%的教师认为师德规范不具有指导和监督作用。

同时，学校现行师德规范的运作情况与师德规范的内容呈正相关。师德规范的内容越具体，越具有现实指向性，指导和监督作用越强。但是，58.9%的教师认为自己学校现行的师德规范部分内容空泛，还有19.4%的教师认为学校现行的师德规范内容空泛、缺乏现实指向性（见图12）。

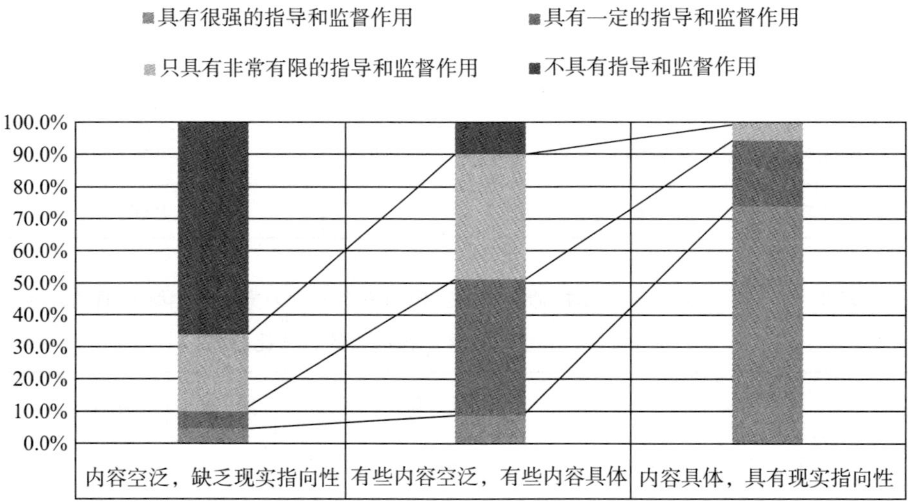

图12　“请您评价一下您学校现行师德规范的运作情况?”（教师问卷）与“您认为您学校现行师德规范的内容：”各选项之间的相关分析

发现九　大多数教师不赞同以舍弃自身权益为代价来从事教育工作

师德评价是师德建设工作中的重要一环。大多数学校和地区都曾经对师德高尚的教师进行过精神表彰或物质奖励。一些表现突出的教师还被地方树立为模范典型，事迹被媒体广为宣传。近些年来，在批判教师的不道德行为与树立师德标兵的活动中，媒体的主动性与积极作用得到进一步的发挥。

但是，对于媒体树立的“高尚”教师形象，教师们并不认同。调查发现，对于“牺牲自己的家人、家庭，一心扑在事业上”的教师形象，73.9%的教师表示感觉不好，而这一数字在发达地区高达80.8%；对于“不顾个人身体状况，带病坚持工作”的教师形象，67.1%的教师表示感觉不好，这一数字也在发达地区高达74.4%。而对于“长期拿出个人的钱物补贴困难学生”的教师形象，有66.5%的教师表示可以接受，但欠发达地区又有38.8%反对这一教师形象。总之，经济越发达的地区，教师越重视个人权益是否得到获得和保障，他们重视教师职业是否达到了权责平衡。一味地谈论教师的奉献精神，并不能对教师产生真正的感召力。

发现十　师德培训内容偏离重点，内容选择存在地区差异

师德培训的内容应紧紧围绕“教师职业道德”选取。然而，现实中师德培训的内容杂陈繁多，更是将政治理论与法律法规等非道德方面的内容列为培训重点。在调查中，有80.1%的教师表示接受过政治理论教育，还有79.4%的教师表示接受过法律法规教育，但只有40.2%的教师表示在培训过程中接触过教师伦理或道德专著，也只有38.9%的教师表示在培训过程中利用过师德启示录的资源（见图13）。

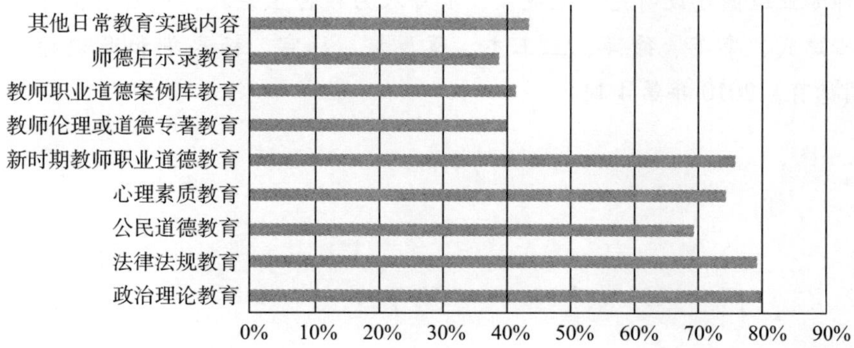

图13　“下面所列的师德培训内容中，请在您接受过的师德培训内容前画‘√’。如果您还接受过其他的师德培训内容，请在下面的横线上进行补充：”（教师问卷）各选择分布情况

另外，不同地区对不同培训内容的使用程度不一。发达地区学校最多以教师职业道德案例库与教师心理素质教育为师德培训内容；中等发达地区最多以师德启示录为师德培训内容；欠发达地区则最多以政治理论教育与法律法规教育为师德培训内容（见图14）。

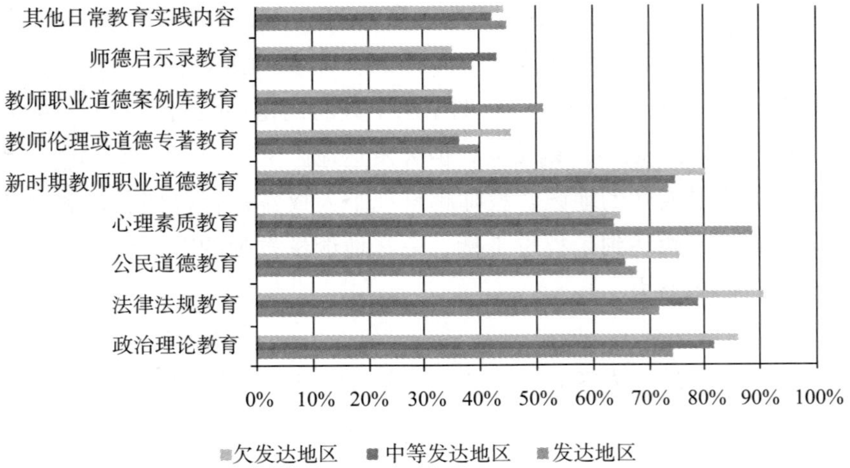

图 14 “下面所列的师德培训内容中，请在您接受过的师德培训内容前画‘√’。如果您还接受过其他的师德培训内容，请在下面的横线上进行补充：”（教师问卷）各选项与地区的相关分析

（本文系教育部普通高校人文社会科学重点研究基地重大项目“师德现状与教师专业道德建设研究”主成果，负责人为檀传宝教授，成员有张宁娟、李敏、班建武、廖英、徐萍、王玉杰、蔡辰梅、林宇、杨启华和冯婉桢。原载《中国德育》2010 年第 4 期）

我国班主任工作状况调查

齐学红　邓　佳　张　雪*

一、目的与方法

班主任是班集体的直接组织者、管理者、指导者，是全面关心学生发展的“主要教师”和“精神关怀者”。班主任专业化是政府、教育行政部门、学校、教师都必须面对的一场教育思想的变革。目前，在班级管理中仍然延续着依靠传统的经验式管理的做法，这已很难适应儿童身心发展的需要，以及新课程改革的需要。新课程以人的发展为本，要求班主任把班级建设成师生共同的精神家园。班主任对于整个班级的管理和领导是影响新课程改革实施的重要因素。为此，需要对当前班主任的工作状况进行深入调查研究。

南京师范大学班主任研究中心日前对来自全国的400位班主任进行了问卷调查，收回有效问卷363份，有效率为90.75%。调查问卷的主要内容是班主任的工作现状和教育行为，包括班主任的教育观念、基本素养、教育能力以及班主任队伍现状等问题，含33个封闭性问题和4个开放性问题。

二、结果与发现

（一）最理想的班主任特征是风趣幽默、宽严相济

在对“您最想做哪种类型的班主任”的调查中，有6.4%的班主任选择了

* 齐学红，南京师范大学教育科学学院教授，江苏省教育学会班主任专业委员会理事长；邓佳，南京师范大学教育科学学院硕士研究生；张雪，徐州幼儿高等师范学校教师。

具有学者风度，学识广博；有13.3%的选择思想开放，充满激情；37.7%的班主任认为要尊重学生，有平等意识；而选择风趣幽默，宽严相济的占42.6%（见表1）。

表1　你最想做哪种类型的班主任

具有学者风度，学识广博	6.4%
思想开放，充满激情	13.3%
尊重学生，有平等意识	37.7%
风趣幽默，宽严相济	42.6%

由此可见，现在的班主任不再把学生看做被管理，被规训的对象，而是具有平等地位的被尊重的人。同时可以看到，老师不再把自己想象成无所不知的圣人，故步自封，而是思想开放、充满激情的领路人。

在对“您与学生的互动中”有95.4%的班主任认为能从学生身上学到自己所不知道或不了解的知识。

（二）多数班主任赞同“教师是研究者”

绝大多数班主任赞同“教师是研究者”这一看法，认为教师不但要研究教材，还要研究学生和学生家长。少数班主任认为，只有部分教师是研究者。因为有许多老师对自己的教育虽然会有感想和反思，但是由于忙碌或懒于动笔而没有形成文字，只有部分教师会把自己的教育教学经验及时地记录下来，进行实验、总结和反思。

调查显示，大部分班主任认为需要教育理论的指导，教师须对自己在教学中遇到的问题进行反思、研究、总结，以提高自己的教育水平；教师不仅是研究者，更是探索者和创造者；要对班主任进行专业化培训，多组织交流活动，但在实际工作中，许多教师感到没有充足的时间和精力学习或搞科研，特别是班主任工作太琐碎，以至于搞科研力不从心，有的提出设立专职班主任岗位。另外，被调查者认为，教育管理部门或学校应创设物质条件和精神支持，鼓励班主任搞科研。

（三）班主任对学生的评价更加多元、客观和全面

在这次问卷调查中我们设计了开放式的问题“您认为在您的班级中，什么样的学生是差生？您采取怎样的措施使其转化？”被调查者的回答可归纳为以下三类。

——相当一部分班主任认为“思想品德差，行为习惯差，学习成绩差”的学生为差生，采用的处理方法一般为：经常与其交流谈心，用言语开导学生；发挥榜样的力量，建立帮教措施，同时经常与家长沟通，了解学生产生问题的深层次原因；加强课后辅导，及时表扬其进步。

——有的班主任认为，成绩并不是判断差生的标准，所谓差生是行为习惯差，态度不端正，不守纪律的学生。应该拿放大镜找其优点，多交流。

——还有的班主任认为并不存在差生，只是学生在某个阶段出现了问题而已，老师需要帮助其解决问题。在诸多问题中，比较严重的问题是学生的学习态度和做人方面出现了偏差，老师对于这样的学生必须给予足够的重视，尊重他们但绝不纵容。

（四）班主任组织、协调能力相对较强，科研能力较弱

1．尽管多数班主任能得到学生和任课教师的支持，仍有逾四成班主任花在班级日常管理上的时间与教学时间相当

在对班主任目前的工作现状的调查中发现：只有10.5%的班主任认为“学生中的问题较多，花费了自己太多的精力”；23.4%的班主任认为“学生能够进行自我管理，班主任放手对具体工作的管理”；24.1%的班主任认为“班级工作样样需要班主任进行设计和管理”；42%的被调查者认为“学生和任课教师能够参与班集体管理工作”（见表2）。

表2　你的班级目前的工作现状

学生中的问题较多，花费了自己太多的精力	10.5%
学生能够进行自我管理，班主任放手对具体工作的管理	23.4%
班级工作样样需要班主任进行设计和管理	24.1%
学生和任课教师能够参与班集体管理工作	42%

在“与您承担的学科教学相比，花在班级日常管理上的时间”的调查中，有44.3%的班主任认为与学科教学上花的时间相当，有30.7%的认为少于学科上花的时间（见表3）。

表3　与您承担的学科教学相比，花在班级日常管理上的时间

与学科教学上花的时间相当	44.3%
少于学科上花的时间	30.7%

2. 绝大多数班主任与学校管理者、科任教师和家长建立了联系与沟通

新课程理念特别强调要搭建老师与学校管理者、教师之间、教师与学生之间、与家长之间的合作与沟通的桥梁和平台。调查显示，对于班主任在班级管理中产生的新想法或新思路，63.9%的被调查者认为学校管理者尊重并支持了他们的想法，10.9%的被调查者认为管理者冷淡处理。分别有35.5%和53.1%的班主任认为科任教师很支持和支持他们的工作，不支持的仅有2%。

在与科任教师的交流中，93%的被调查者以交流本班情况和管理经验为主，5.6%以寒暄为主。在与家长的沟通中，有26.9%的班主任主动与家长沟通，有2.8%的班主任没有什么事一般不与家长联系，有70.3%的班主任是采取互相沟通，双方交流的、在与家长交流的内容中，学生的学习成绩和学习习惯占67.1%，关于学生心理健康的内容只占3.3%。

3. 四分之一的班主任未参加过课题研究，三成班主任认为科研活动实际意义不大，四成班主任敷衍完成科研论文

表4 参加课题研究

没有参加课题研究	校级课题研究	区、市级课题研究	省级或以上课题研究
25.9%	26.7%	28.9%	18.4%

从表4可以看到，有高达25.9%的班主任从未参加过课题研究。在“您认为科研活动对于班主任工作的实际意义”的调查中发现，65.1%的班主任认为实际意义很大，能促进班主任的工作和发展，有32.6%的班主任认为实际意义不大，只是形式而已，在实践中不可能实施，这或许是有25.9%的班主任未参加过课题研究的原因之一。即使是在参加课题研究的教师中，也有42%的班主任坦言，他们的科研论文是东拼西凑出来的，或者随便抄一篇了事的。

（五）思想道德教育工作难度最大

调查发现，班主任感到难度最大的工作依次是：学生的思想道德教育、学生行为规范的教育与训练、学生厌学的问题。班主任最困惑的问题是：学生家长误解与不配合，教师个人的力量太小，如何处理学生之间的关系和学生心理问题。班主任工作的压力主要来自：学科教学工作的发展与班主任工作的矛盾，学生、家长对班主任的期望以及自己对班主任工作效果的高期望。班主任最希望解决的问题是：班主任工作与教学工作的工作量的协调，学校和家长能够配

合班主任的工作，提高待遇，有更多的进修学习机会。

（六）仅一成班主任有充足的时间用于科研，四分之一的班主任业余无暇阅读，班主任自我发展与提升有限

新课程要求教师转变角色，教师既是研究者，也是学习者，要由“一桶水”向“生生不息的奔河”转变，要与学生共同成长。这就需要教师随着时代的变化不断更新知识，提升自我。

对于“您业余经常阅读的内容是什么”这一问题，有25.7%的班主任选择了“基本不阅读，完成工作量已经够疲劳的了”；有27.3%的班主任阅读相关专业方面的书。而在用于科研上的时间上，有32.3%的班主任认为时间很少，只有10.1%的班主任认为时间充足。在接受班主任培训的方式上，有76.4%的班主任是利用寒暑假培训，有12.2%的接受校本培训。

调查表明，教师特别是班主任要真正成为研究者，成为积极的学习者，不仅需要教师自身观念的转变，还需要更多的时间和进修机会来提高班主任的专业化水平。

三、讨论与建议

上述调查结果表明，班主任专业化的问题尚未引起足够的重视，同时，班主任的科研意识、科研态度和科研能力尚有待提高。

1. 班主任专业化的问题还没有引起足够的重视

当前，班主任专业化的问题在多数学校并没有得到足够的重视，主要表现为：第一，在班主任队伍建设方面的投入较少，劳动付出与回报的严重失衡使得教师们失去了担任班主任工作的兴趣；第二，班主任的业务培训不足，虽然这些年不少学校也很看重教师队伍建设，但仅靠送少数教师去培训、进修，而多数教师依然在原有岗位上年复一年地重复自己的工作，教师队伍的整体素质很难提高。第三，在学校的一系列评优、晋级、职称评聘等工作中，班主任工作并没有显现出足够的优势，从未当过班主任的教师依然享有了同班主任一样的权利，这严重影响了班主任工作的积极性。

2. 班主任的科研意识与科研能力有待提高

班主任应充分认识到其工作的创造性与复杂性，应把工作重心放在了解学生、研究学生，根据学生的心理特点采取行之有效、灵活多变、富有创造性的德育方法上，用最少的时间、精力去获得最佳的教育教学效果，实现德育过程的最优化，这就对班主任的专业化水平和科研能力提出了较高的要求，然而调查结果并不乐观。

调查表明，班主任花费在班级学生思想道德、心理教育和班级日常工作管理上的时间远远高于学科教学的时间，在日常教育教学工作中，班主任工作被简化为简单的重复劳动，耗费了大量的时间与精力，以至于无暇开展科研，有的老师甚至连业余阅读的时间都没有，这无论是对于班主任的个人提升还是对于班主任的专业化发展而言，都非常不利。班主任必须认识到研究是一种意识，一种态度，不是简单的总结工作经验。科研能力的培养是班主任主体意识、主体精神、社会责任感的重要体现。

鉴于此，我们对班主任专业化发展有如下建议。

1. 班主任应树立终身学习的观念

在未来的社会生活中，现代人注定要面对持续不断的变革和知识的更新。班主任必须树立终身学习的观念，为了适应现代社会的挑战，为了学生的未来，教师需要不断“充电”，必须成为学习者。班主任只有不断用新的知识充实自己，才能与时俱进，不断以发展的眼光来观察和指导整个教育过程。班主任工作是一种专业性很强，需要高度创造性的工作。教师要想胜任班主任工作，不仅需要职前的专业教育和师范培训，更需要在其职业生涯中不断地进行锤炼。班主任必须学会反思，这样才能不断寻求新的工作内容与工作方法，根据自身优势和学生的特点，富有创造性地开展班级活动，实现合理的班级管理，胜任班主任的工作。

2. 班主任应提高科研能力，在教育科研中不断成长

教师的工作对象是学生，而学生有着不同的背景、经历、性格、特点，因此工作方法并无现成公式统一方法可用。班主任要真正理解“教师即研究者”的真义，敏锐地观察、判断自己的教育行为、探索自己的教学和革新行动，将教育研究与自身的教育教学工作紧密结合，使研究成为理性工作的过程，通过不断反思、总结、实践等手段，切实查找自身实际工作中的问题，并经过认真分析，随时调整，及时改进，使自己的教育活动得到提高。

3. 完善班主任专业发展机制

各级教育主管部门和学校应采取措施，加强班主任的理论学习和业务培训。正如教师队伍建设最终还是立足于校本培训一样，班主任队伍建设也不可能经常性地让班主任脱产学习和进修，而只能在校内通过一定的措施和制度，促使班主任自觉地投身于学习中，逐渐培养起读书和学习的习惯。建议成立班主任工作研究专家组，深入基层学校针对班主任普遍感到困惑的问题开展研究，引领班主任在新课程中走向成长。他们是学校老师的“自己人”，他们活动的场所在学校，思考的问题是校园里亟需解决的问题，主持的课题是从本校的实际出发，有针对性的，他们也可以把最新的理论成果带到学校中来，向广大教师们普及，也可以掌握教育实践中的具体问题。学校可定期开展班主任教育教学工作研讨、交流活动，为班主任创设良好的宽松和谐的学习氛围；建设和完善教师网站、班主任网站，对班主任工作中普遍存在的薄弱环节可开展专题讲座或论坛，进行案例研究，加强信息交流与沟通。

4. 建立合理的班主任工作评价体系

一直以来，班主任的工作被人们认为是一项需要奉献、牺牲的工作，舆论也给予了大量的引导，塑造出一个又一个无私奉献的班主任形象，但是班主任也是普通人，他们的付出也需要有相应的回报，一味地要求他们付出而不强调收益是不现实的，毕竟班主任工作是一项高投入的工作，因而精神上的激励还须辅之以物质上的奖励；同时在学校的一切工作评价系统中都要处处显示班主任工作所应有的优势，从而形成人人愿当、人人争当班主任的竞争氛围。建立公正公平、科学合理的班主任选拔和评价体系有利于班主任的可持续发展，同时学校的整体工作也能在良性循环中不断走向更高层次。

（原载《中国德育》2010 年第 6 期）

摭论大学教师的“师道”与“师德”

韩延明*

一

大学教师必须要具备良好的职业道德，古人云：“胜勇必以智，胜智必以德，胜道务祈修。”（《兵经百言·法部》），良好的职业道德是每一个行业成功者必备的素养。

笔者认为，大学教师职业道德应包括两个方面：一是师道，二是师德。在中国，最早系统论述“道德”的是老子，他留下了被后世奉为经典的《道德经》。《管子·心术上》说：“虚而无形谓之道，化育万物谓之德。”现在一般的看法是“道为德之体，德为道之用”，“德”应从“道”而来。“道”原为人行必由之路，引申为人必须遵循的准则、规律。由此我们可以推出这样一个结论：人必先有道、先悟道而后有德，所以“道德”的最新定义是“悟道而树德”。古人云：“德者，得也。得也者，谓得其所以然也。”（《管子·心术上》）因此，人们常用“得道”一词描述一个人在一定程度上的“悟道”或“传道”。老子在《道德经》中指出：“道生一，一生二，二生三，三生万物”，认为一切皆由“道”而生出。他要求“道”的“臣民”求道、得道、从道，即“得一”。孔子也说过：“朝闻道，夕死可矣。”（《论语·里仁》）《管子·枢言》说：“道之在天者，日也；其在人者，心也”，意即“道”为人心。我们现在也可以把“道”理解为“行业之规”。教师当然也要有道，即“师道”。据考证，“师道”

* 韩延明，临沂师范学院院长、教授、博士生导师。

一词，源出于《汉书·匡衡传》。韩愈曾在《师说》中慨叹“师道之不传也久矣”，他认为“道之所存，师之所存”，因此要有“师道尊严”。我国著名教育家萧承慎教授在其大作《师道征故》中，曾将“师道”分为“为师之道”“尊师之道”和“求师之道”。汉儒董仲舒曾说过：“善为师者，既美其道，又慎其行。”这里的“师道”则是指教师的为师之道、为学之道、为人之道和爱生之道、育才之道、创业之道；就是指教师的责任：传承文化知识、培育优秀人才、延续人类文明、推动社会发展。

师德是中华传统美德的重要组成部分。师德是一种社会道德形态，是教师在从事教育过程中形成的较为稳定的职业道德观念和行为规范的综合。简言之，“师德”是指教师必须遵循的专业道德行为规范。教之道，德为先。所谓“师范”，学高可为师，身正方为范；所谓“修养”，修身以教人，养性以正心。师德是教师的灵魂，是激发教师关爱学生的源泉，是教师高尚人格的集中体现，也是学生体验学校生活、认识社会、感悟人生的窗口。大学教师师德的养成和弘扬，与大学精神的形成和高扬有着密不可分的互动关系和历史渊源。从根本上说，大学的任务有三：一是培养什么样的人，二是怎样培养人，三是培养出来的人如何。师德建设直接影响着一所学校培养目标的实现和优良校风的形成，决定着一所学校的精神风貌和人文风格，是学校办学质量和管理水平的重要标志。

一个人的发展，尤其是教师的发展，从教育学角度看，主要体现在两个方面：一是生理方面，即身体机能的发展；二是心理方面，即精神世界的发展。精神世界的发展又包括三个方面，即辨析真伪、判断美丑、识别善恶。所谓辨析真伪，是解决人们认识论方面的问题；所谓判断美丑，是解决人们审美观方面的问题；所谓识别善恶，是解决人们道德观方面的问题。一言以蔽之，对教师最基本的要求是德才兼备、为人师表。德，指思想品德；才，指智力才能。这两个方面完整而又和谐地构成一个人的精神世界。有德无才，不学无术，是草木之人、庸碌之辈；而有才缺德，坏事做绝，更是害群之马、人间败类。

二

一个人既然选择了教师作为自己毕生的职业，就应当了解并遵守教师职业道德规范，就应当形成健康的职业道德情感，具备良好的职业道德操守，就应当有与之相适应的职业道德方面的基本素质与修养。大学教师的职业道德由教师职业道德原则、职业道德规范、职业道德范畴三个基本要素构成。这三个要素直接表达了大学教师职业道德的责任、权利和义务。

教师职业是神圣的。大学教师虽不直接创造物质财富，但却通过自己的教育行为向大学生提供创造财富的知识和智慧，促进大学生道德、情感、意志和行为习惯的养成与拓展。大学教师不仅是人类文明的传播者，而且是人类灵魂的塑造者，是大学生成长的引路人。教师好比雕塑师。一段树根、一块石头、一团泥巴、一撮石膏，在雕塑师手里捏把几下，划拉几刀，便有了艺术的生命。按行家的说法，雕塑是一种赋质料以生命的艺术。大学教师就是大学生的雕塑师，不仅如此，还应当是自己的雕塑师。不同的是，教师手中的刻刀面对的不是金玉木石，而是有血有肉的人，是红尘滚滚的人生。教师职业道德作为一种道德力量，会对学生产生巨大影响。由于教师的劳动价值体现在开启心智和塑造人格上，因而其职业道德不仅仅是个人行为，而且联系着整个社会，联系着人类历史的昨天、今天和明天，这也决定了教师职业的艰巨性、复杂性和恒久性。

大学教师职业道德的内容体现在四个方面：师品，德高为师；师智，学高为师；师能，技高为师；师表，身正为师。“师表”一词出自《史记·太史公自序》：“学高为师，身正为表”，是指学习的榜样。“师表”是教师内在素养和品性的外在表现。教师的师德素养包括：敬业精神、治学态度、创新能力、爱生情感、名师信念、合作意识，等等。作为一名教师，一生会经历两种相互关联的角色：一是作为学生，必须向优秀教师学习；二是作为教师，必须以自己的学识影响学生。按照教学相长的规律，这两者是相辅相成，相得益彰的。因此，作为教师应自觉意识到自己的师表形象会对学生产生影响，也是一种教育。孔子曰：“其身正，不令而行；其身不正，虽令不从”（《论语·子路》），身教重于言教。因此，教师要特别注重以德育人、以身立教、因材施教、依法执教，注意恪尽职守、严于律己、团结协作、热爱集体，还要尊重学生、爱护学生、仪表端庄、语言文明。法国著名文学家罗曼·罗兰曾说过：要撒播阳光到别人心里，先得自己心里有阳光。教育者要教育别人，先要取得教育的资格，这个资格便是以身作则、率先垂范、耿介拔俗、为人师表。只有品德高尚、学术精湛，具有一种认真负责的专业良知和不被经济利益所影响的学术人格，才能无愧于教师的神圣称号。

“师德”不是一种抽象的政治说教，而是具有深刻知识内涵和文化品格的。毛泽东同志在1939年曾说过这样一段话：“我们队伍里边有一种恐慌，不是经济恐慌，也不是政治恐慌，而是本领恐慌。”[1]我想，所谓“本领恐慌”，就是工作能力不适应工作的需要。就此而言，大学教师必须有本领、有能力、有水平，才能完成教书育人的使命。大学教师应具备“六高”要求：高度的热情、高尚的品德、高深的学问、高明的教法、高超的口才、高雅的教态。笔者认为，爱岗敬业是做好教师工作的前提，教好功课是做好教师工作的根本，热爱学生是做好教师工作的关键。大学教师的治学精神主要体现在两个方面：一是敬业精神，二是科学精神。敬业精神就是扎扎实实地做事，科学精神就是老老实实地探索。专家之可贵在于其“专”，这个“专”既包括专业知识，也包括专业精神。我国现代著名教育家傅任敢先生曾说过：“在现今世界，做事有几个信条：(1) 要肯于做事；(2) 要忠于所做的事；(3) 要久于所做的事；(4) 要专于所做的事”[2]，说得非常深刻。苏轼也说过：“古之立大事者，不惟有超世之才，亦必有坚韧不拔之志。”（《晁错论》）志向高远、爱岗敬业，严谨治学、严格执教，善于探索、勇于创新，深化学习、强化修养，把握教育规律、提高教学艺术，始终是一位教师获得事业成功的动力和源泉。被称为“建安七子”之一的徐干在其《中论·治学》中写道：“昔之君子，成德立行，身没而名不朽，其故何哉？学也。学也者，所以疏神、达思、怡情、理性，圣人之上务也。”作为一名大学教师，在教学上，不只是教前人的知识，还要教自己的知识；不只是教既定的带句号或感叹号的知识，还要教前沿性的带问号或省略号的知识。因此，大学教师必须具有科学探索精神。

总之，大学教师是否具有优良的政治素质、先进的教学理念、合理的知识结构、执著的创新精神和敬业态度等，对于学校建设和大学生的全面发展都起着决定性的作用。

三

就目前我国大学教师的师德状况来看，存在一些问题，主要表现在以下几方面。

一是个别教师教学态度不端正。笔者认为，教授就是“教”与“授”，没有教学任务，不去“教学生”，教授就丢掉了“教”与“授”这一根本。教学是教师的天职，但时下有些教师不认真备课，不遵守教学纪律，不参加教研活动，随意变更教学时间，随便调整课程内容，无故迟到、早退、缺课，课堂上信口开河，甚至随意接听电话。学生对教师的这些行为意见很大。

二是个别教师教学精力不集中。“学生像钉子，教师像锤子，只有在锤子的作用下，钉子才能被一颗一颗地敲进去。”就此而言，仅有名师还不够，还必须加上严师才能真正育出高徒。人都有惰性，只有对学生耐心辅导，严格要求，才能更好地促进他们最大限度地发挥潜能。那么，怎样“教学生”呢？这里有三种境界：第一是教知识，即教授前人对某一问题的认识成果，这是符号层次的教学；第二是教方法，即教授思维方式和方法论，这是思想层次的教学；第三是教视野，即拓展学生消化知识、解决问题的学术视野，这是发现层次或创新层次的教学。用我国著名经济学家厉以宁先生的话说，不仅要给学生“显微镜”，还要给学生“放大镜”，更要给学生“望远镜”，人站得有多高，视野就有多宽。从现代大学的基本职能看，大学教育必须同社会发展相适应，产学研相结合是教育改革的一个重要方面。就此而言，应当鼓励教师走出校门、服务社会。但有些教师纯粹为了挣钱，从事一些低层次、同提高业务水平关系不大的工作，进而对教学本职工作投入不足甚至置之不顾，造成教学和科研水平下降。在此，我们很有必要重温陶行知先生的名言：“千教万教，教人求真；千学万学，学做真人。”

三是个别教师治学态度不严谨。常言道：“文章千古事，得失寸心知。”作为一名大学教师，要真正搞好教学和科研，需要投入艰辛的劳动，需要严谨的治学态度，需要不断学习与思考。因为一切知识均需经过思维的过滤，经过重新分解与整合，在脑海中形成新的知识链条。不经过思维的处理，知识就是死的。人的一生是不断超越前人和自我的过程。只有在不断的超越中，才能真正体现自己的价值。尼采当年曾言辞辛辣地将“学者”归纳为四种类型：一是只知道整理现场材料的秘书型；二是只知道为自己的一知半解辩护的律师型；三是只知道想方设法让人信奉其说教的牧师型；四是只知道用逻辑迫使人们赞同其意见的犹太型。最近，又有人把现代个别学者尖刻地概括为两种类型：擅长权学交易的奴才型和只知道为各种各样的客户量身定做数据、理论和传记的商人型。毋庸讳言，受市场经济负面因素的影响，部分教师治学不严谨，急功近利、心浮气躁、不求甚解，备课不充分、教学不认真、科研成果经不起推敲，甚至还出现弄虚作假、学术腐败等不良行为。

四是个别教师政治素质不过硬。有的在课堂上信口开河，甚至不负责任地发表一些有损学校形象和社会声誉的不良言论，攻击同事，诋毁学校。还有的教师做一些不该做的事，甚至向学生或学生家长索要钱物。也有的教师举止不文明，着装不得体，课堂组织教学不力。还有的以给学生缩小复习范围为名泄漏考题，对学生作弊现象视而不见。更严重的是，有的教师自己在职称考试中也有作弊行为，严重影响了高校教师的形象和声誉。如此等等，不一而足。

上述种种问题，尽管只发生在个别教师身上，但其影响却不容忽视。因为这种影响是一种不良氛围，是一种恶性环境，会导致“慢性自杀”。美国某大学的一位生理学家曾做过一个试验：把一只青蛙放到盛满热水的锅里，青蛙马上就跳了出来。而把青蛙放到盛满冷水的锅里，青蛙会非常快乐地游来游去，当锅慢慢加热，青蛙起初仍会无忧无虑地来回游动，但等到温度很高时，青蛙已经跳不出来了，结果被活活煮死。其实，人也是这样。如果长期浸淫在一种慢慢变味的恶性环境中，人就会不知不觉地失去自己应具备的东西，等到意识到时已悔之晚矣！这也正如墨子所言：“染于苍则苍，染于黄则黄。”那么，大学教师应具备的东西是什么？是理想、道德、追求和挑战精神。因此，德才兼备是为人师表的前提。教师的言行举止，不仅在学生、教职工中会产生影响，而且会迅速引起社会各方面的普遍关注，影响到学校的整体形象，甚至影响到学校的改革、发展和稳定，因此必须高度重视。英国物理学家霍金在其论著和演讲中不止一次地声明：不能用物理学定律去推导人的行为。即使我们知道制约头脑的量子力学的基本方法，但头脑是个非线性系统，对于初始条件非常敏感，因而初始态的一个小小的改变就会对后续行为造成非常大的影响。教师的那些看起来微不足道的脱序行为，都可能会对学生产生莫大的负面影响，甚至留下终生阴影。因此，作为一名教师，应该做到如下四点：一是以责任为重，潜心教学，认真教书育人；二是以慈爱为怀，尊重学生，推动教学相长；三是以严格为首，以身作则，规范学生言行；四是以团队为荣，开拓创新，提高整体水平。

四

大学师德建设是一项系统工程，需要学校上下齐抓共管，综合治理。

（一）加强对大学教师的思想政治领导

高校要重视和加强大学教师的思想政治工作和师德建设工作，把师德建设摆上学校工作的重要议程，贯穿于学校的各项工作中，贯穿于教书育人的始终。要以班子建设带动师德建设；以师德标兵带动师德建设；以制度建设带动师德建设；以政治学习带动师德建设。要全面落实加强思想政治工作和师德建设的有关决定、意见和办法。要从方向和主动权上把握师德建设，从舆论宣传上引导师德建设，从具体项目上支持师德建设。大学各级领导要率先垂范，做出榜样，在加强师德建设的同时，关心教师的思想、工作、学习和生活，使师德建设工作最大限度地体现“以人为本”的理念。

（二）建立大学师德建设的综合机制

1. 培训机制

要建立健全师德培训制度和培训档案，将教师师德培训工作制度化、规范化、科学化：一是强化业务考核指标体系，在教学、科研上压担子，培养教师自强不息、勤奋进取的科学素养和严谨求实的师德风范；二是加强师德教育和考核，建立师德量化考核指标体系，在年度考核、职称评审、“评优树先”中实行师德一票否决制，促进教师在思想道德修养方面不断提高。

2. 激励机制

激励机制包括物质激励和精神激励两个方面。对认真履行师德义务、表现优秀的教师可以通过评选“优秀教育工作者”“优秀德育工作者”“教书育人先进个人”等方式，树立先进典型，宣传教书育人的先进事迹，扩大社会影响力，使其享有较高的社会地位，获得强烈的事业成就感和自豪感；在岗位津贴、课时酬金、住房分配、职称晋升、科研资助等方面加大政策倾斜力度，提高其物质待遇。

3. 监督机制

师德监督要实行自律与他律相结合，行政监督与社会监督相结合。设立师德督导巡视组，建立师德监督网站，对师德进行示范和警诫，营造师德建设的良好氛围，不断鼓励教师自我加压，严格自律，以达到“慎独”的崇高境界。

4. 评价机制

师德评价机制要求建立健全科学的评价指标体系，增强师德评价的可操作性。师德评价应分为自我评价、同侪评价、学生评价和专家评价四个层面，通过定期或不定期地开展评估活动，提高教师的师德水平。

5. 竞争机制

在教师管理制度上引人竞争机制，将政治素质好、业务能力强、学历层次高的优秀人员吸纳到教师队伍中来，以保持教师队伍的生机与活力；通过挂牌授课、高职低聘、落选待岗的方法，使广大教师始终对教学工作具有一种紧迫感、危机感，同时，增强积极进取、自我完善的意识。

（三）不断增强大学师德建设工作的针对性、实效性、主动性和创造性

高校要以开展社会主义荣辱观教育为契机，认真学习《教育部关于进一步加强和改进师德建设的意见》和《中华人民共和国教师法》《高等教育法》中的有关规定，深化《公民道德建设实施纲要》，加强精神文明建设，深入研究高校思想政治工作的规律和特点，在师德建设工作的针对性、实效性、主动性、创造性上下工夫。要密切关注大学教师的思想状况和变化特点，及时研究并回答教师普遍关注的重大思想政治问题和各种具体实际问题；要避免师德建设中的教条主义和形式主义，努力将师德建设工作同学校的改革发展、创建综合性品牌大学和教学科研工作结合起来，同解决广大教师的实际问题结合起来，不断将师德建设工作落到实处。特别是在现阶段，高校教师队伍迅速扩大，青年教师比例不断加大，要紧密结合这一实际状况，积极主动地开展师德建设工作，做到未雨绸缪，因势利导，把问题想在前面，把工作做到前面。要根据时代变化和高校改革发展状况，努力探索新世纪、新阶段大学教师师德建设的新途径，创造性地将师德建设工作推向新阶段、新水平。

为此，笔者愿以德国哲学家康德的一段话与同行们共勉："有两种东西，我对它们的思考越是深沉和持久，它们在我心灵中唤起的惊奇和敬畏就会日新月异、不断增长，这就是我头上的星空与心中的道德定律。"[3]

参考文献：

［1］毛泽东. 在延安在职干部教育动员大会上的讲话［M］//毛泽东文集：第二卷. 北京：人民出版社，1993：178.

［2］傅任敢. 值得我们学习［J］. 重庆清华，1949（22）：1－8.

［3］康德. 实践理性批判［M］. 韩水法，译. 北京：商务印书馆，1999：177.

（原载《中国德育》2007 年第 4 期）

高校辅导员队伍建设状况的调查与分析

李占才　蒯正明*

一、目的与方法

辅导员是开展大学生思想政治教育的骨干力量，是高校学生日常思想政治教育和管理工作的组织者、实施者和指导者。我国高校辅导员制度历经五十多年的发展史，取得了一定的成绩，但同时也存在许多问题和不足，为了准确把握当前高校辅导员队伍建设的现状，同济大学课题组于2009年暑假前后，在北京、上海、天津、湘潭、杭州、成都、武汉、广州、南京、西安、厦门等地的许多高校，对大学生和辅导员进行了问卷调查与访谈。

二、结果与分析

（一）学生见到辅导员的频率普遍较低，仅五成学生认为辅导员对自己有帮助或较大帮助

课题组在上述城市的众多高校发放大学生问卷1 000份，收回有效问卷823份，调查结果显示，18.3%的学生每周可见到辅导员一次，10.9%的学生表示见不到辅导员，同时也有30%的学生表示只要有需要随时能够见到辅导员（见表1）。

* 李占才，同济大学马克思主义学院副院长、教授、博士生导师；蒯正明，同济大学博士研究生，讲师。

表 1　学生见到辅导员的频率

见面频率	人数	百分比（%）
每周一次	151	18.3
两周一次	99	12.0
每月一次	135	16.4
每学期一次	101	12.3
只要需要随时能见面	247	30.0
见不到辅导员	90	10.9
合计	823	100

调查表明，仅5.4%的被调查对象表示当遇到挫折或困难时，会找辅导员商量、沟通、交流（见表2）。同时，有半数学生认为在读书期间辅导员曾经给予自己很大帮助或有所帮助（见表3）。

表 2　当遇到挫折或困难时，会找谁商量、沟通、交流（多选题）

对象	人数	百分比（%）
家长	249	30.1
辅导员	45	5.4
同学	195	23.6
朋友	547	66.2
其他途径	84	10.2
不知道	28	3.4

表 3　在读书期间辅导员曾经给予多少帮助

帮助程度	人数	百分比（%）
很大帮助	94	11.4
有所帮助	326	39.5
帮助不多	231	28.0
没有帮助	146	17.7
说不清	29	3.5
合计	826	100

（二）逾六成辅导员拥有硕士及以上学位，仅约三成辅导员拥有中级及以上职称

高校辅导员的学历及专业职称、职务，是衡量辅导员队伍素质水平的重要尺度之一。从收回的267名高校辅导员问卷来看，近年来虽然高校辅导员的学历层次有所提高，逾六成辅导员拥有硕士及以上学位（见表4）。

表4　辅导员学历

最高学历	人数	百分比（%）
专科	1	0.4
本科	98	36.7
硕士	157	58.8
博士	10	3.7
其他	1	0.4
合计	267	100

但是，辅导员的专业职称、职务结构的状况依然偏低，尚有21.1%的辅导员未评定职称，拥有初级职称的辅导员也不足五成，仅占45.7%，约有三成辅导员拥有中级及以上职称（见表5）。

表5　辅导员职称

职称	人数	百分比（%）
未定级	56	21.1
初级	121	45.7
中级	72	27.2
副高	13	4.9
正高	1	0.4
其他	2	0.8
合计	265	100

（三）有管理类学科背景的辅导员所占比例最高，近三成辅导员认为所学专业与当前的工作关系不大或没有关系。

调查显示，辅导员的学科背景覆盖较为广泛，其中有管理学科背景的辅导员所占比例最高，达到23.4%，有文史哲学科背景的辅导员较少，仅占11.9%（见表6）。

约七成辅导员认为所学专业与目前的工作有些关系或关系很大，但仍有近三成辅导员认为关系不大或没有关系（见表7）。

表6　辅导员学科背景

专业	人数	百分比（%）
理工农医	50	18.6
经济类	47	17.5
教育类	53	19.7
管理类	63	23.4
文史哲类	32	11.9
法学类	24	8.9
合计	269	100

表7　所学专业与辅导员工作的关系

关系	人数	百分比（%）
关系很大	38	14.2
有些关系	153	57.3
关系很少	48	18.0
没有关系	28	10.5
合计	267	100

（四）任职时间超过五年的辅导员不足两成，近八成辅导员认为职业前景一般或较差，近五成辅导员不愿意把辅导员当做终身职业

调查表明，绝大多数辅导员任职时间在2—3年（38%），任职时间在5年以上的仅占16.9%（见表8）。

表8　岗位任职时间

任职时间	人数	百分比（%）
1年以内	74	27.8
2—3年	101	38.0
3—5年	46	17.3
5年以上	45	16.9
合计	266	100

仅9%的辅导员认为自身职业很有前途，18.8%的辅导员认为自身职业发展前景很

差或没有前途，还有约一成辅导员对未来发展持不确定态度，绝大多数（62.8%）辅导员认为自身职业前景一般（见表9）。

表9　对做辅导员的职业发展前景的看法

对前景的看法	人数	百分比（%）
很有前途	24	9.0
前景一般	167	62.8
前景比较差	38	14.3
没有前途	12	4.5
不知道以后会怎样	25	9.4
合计	266	100

调查结果显示，仅有5.6%的辅导员愿意把辅导员作为终身职业，近五成辅导员不愿意或不太愿意把辅导员当做终身职业（见表10）。

表10　是否愿意把学生辅导员作为终身职业

态度	人数	百分比（%）
愿意	15	5.6
比较愿意	29	10.9
基本愿意	90	33.7
不太愿意	106	39.7
不愿意	27	10.1
合计	267	100

（五）对辅导员的人际沟通能力、办事公平程度、应急能力感到满意的学生不足六成

辅导员的业务能力表现在多个方面，具体体现在辅导员的人格魅力、办事是否公平、人际沟通能力、是否多才多艺、应急应变能力等方面。调研结果表明，对于辅导员的人际沟通能力，近六成学生表示满意，但仍有15.2%的学生不满意（见表11）；对于辅导员的应急能力，51.7%的学生感到满意，13.4%的学生不满意（见表12）；对于辅导员的才艺情况，30%的学生表示满意，22.7%的学生不满意（见表13）；对于辅导员办事的公平度，53.4%的学生感到满意，但仍有20.3%的学生不满意（见表14）。

表11　辅导员的人际沟通能力

人际沟通能力	人数	百分比（%）
满意	478	59.7
不满意	122	15.2
说不清楚	201	25.1
合计	801	100

表12　辅导员的应急应变能力

应急应变能力	人数	百分比（%）
满意	412	51.7
不满意	107	13.4
说不清楚	278	34.9
合计	797	100

表13　辅导员的才艺

多才多艺	人数	百分比（%）
满意	239	30.0
不满意	181	22.7
说不清楚	377	47.3
合计	797	100

表14　辅导员办事是否公平

办事公平	人数	百分比（%）
满意	429	53.4
不满意	163	20.3
说不清楚	211	26.3
合计	803	100

（六）约四成辅导员认为其所在高校对辅导员队伍建设的重视程度一般或不太重视

调查表明，大部分辅导员认为学校对辅导员队伍的建设还是比较重视或非常重视（58.9%），但是还有29.8%的辅导员认为学校对辅导员队伍建设重视程度一般，

8.3%的辅导员认为学校不太重视，另有3%的辅导员认为学校不重视辅导员队伍建设（见表15）。

表15　所在学校对辅导员工作的重视程度

重视程度	人数	百分比（%）
非常重视	18	6.8
比较重视	138	52.1
重视程度一般	79	29.8
不太重视	22	8.3
不重视	8	3.0
合计	265	100

（七）逾七成辅导员无暇开展深入细致的学生思想工作，半数辅导员税前年收入在3万元以下，逾五成辅导员对目前的收入状况不满意

调查显示，辅导员在工作和个人发展过程中面临的主要问题依次是：事务性工作压力大，没有充分的时间开展深入细致的学生思想工作（74.6%）；学历层次提高的需要和繁重的工作难以兼顾（60.4%）；学习和提高的机会少，个人的理论水平和能力提高缓慢（54.5%）（见表16）。

表16　辅导员工作目前存在的主要问题：（多选题）

态　　度	人数	百分比（%）
事务性工作压力大，没有充分的时间开展深入细致的学生思想工作	200	74.6
学习和提高的机会少，个人的理论水平和能力提高缓慢	146	54.5
学历层次提高的需要和繁重的工作难以兼顾	162	60.4

调查表明，逾五成辅导员的税前年收入在3万元以下（见表17）。54.5%的辅导员对目前收入不太满意或不满意（见表18）。

表17　辅导员年税前收入

目前年税前收入	人数	百分比（%）
3万以下	137	51.1
3万—5万	108	40.3
5万—8万	21	7.8
8万—10万	2	0.7
合计	268	100

表18　辅导员对目前收入的满意度

满意程度	人数	百分比（%）
满意	5	1.9
比较满意	21	7.8
基本满意	96	35.8
不太满意	101	37.7
不满意	45	16.8
合计	268	100

三、结论与建议

从调查中可以发现，高校辅导员的专业化程度不高。在有的高校，辅导员甚至成为“短期工”“勤杂工”的代名词。关于辅导员的职责，甚至有这样的比喻：“辅导员是“砖”，哪里需要哪里搬；辅导员是“警察”，学生出事他来抓；辅导员是“万金油”，凡是学生的事，不管什么都应该辅导员来解决。高校辅导员的地位和工作的繁复性由此可见一斑，而与此相对应的却是辅导员较低的收入和待遇，以及在职称评定上的尴尬境地。这也难怪辅导员普遍会在职业目标和个人发展方向上徘徊不定。造成这种情况的原因第一是学校的重视程度不高，第二是制度建设严重滞后。制度建设是辅导员队伍建设中具有根本性、稳定性、长期性的关键问题。然而在现实中，在辅导员队伍准入制度、考核制度、激励制度、培训制度等方面都还存在许多不完善的地方。

目前还没有针对辅导员的职业资格制度，这是阻碍高校辅导员队伍职业化、专业化进程的重要因素。在考核制度方面，对辅导员工作的考核还没有统一的标准，辅导员工作做得好坏全凭领导的主观判断，没有一个专业的、可衡量的尺度。这就导致了辅导员考核过程中缺乏有效的激励机制和量化标准，也难以与职务聘任、奖惩、晋级等更公正、更令人信服的做法挂钩，更谈不上规范化、科学化、制度化，这就严重影响了辅导员的工作积极性。就培训制度而言，目前各高校普遍重视的程度还不高，没有积极创造条件开展各种形式的辅导员轮训工作，对于部分辅导员攻读马克思主义理论特别是思想政治教育专业硕士和博士学位的要求支持不力，使不少辅导员疲于应付上级布置的任务，而难以有更大的创新和发展空间，很难将工作提升到专业化水平。特别是在发展机制上，很多辅导员没能感受到政策留人、待遇留人、事业留人的温暖，也感受不到辅导员这个岗位的“光明前景”，从而使这支队伍存在很大的不稳定性。

鉴于此，我们提出以下三点建议，希望对推进高校辅导员队伍专业化建设有所帮助。

（一）高校领导必须充分重视辅导员队伍专业化建设

当前，部分高校存在对辅导员职业化、专业化的重要性认识不足的问题，很多高校尚未给辅导员创造良好的政策环境、工作环境和生活环境，未能使辅导员“工作有条件、干事有平台、发展有空间”，致使辅导员自信心不足、归属感不强，甚至对自己的前途感觉渺茫，失去工作的兴趣和乐趣以及工作的安全感。因此，高校领导首先应从思想上真正认识到，辅导员是高校教师队伍的一个重要组成部分，肩负着学生思想政治教育和学生事务管理的特殊责任，辅导员工作水平的高低、工作效果的好坏，将直接影响到大学生思想教育的效果。其次，高校领导尤其要转变“辅导员是一种临时职业”“辅导员工作谁都可以干”的观念，改变辅导员工作“说起来重视，做起来轻视，忙起来忽视”和“遇到重大事件就觉得重要，事情过后就觉得可有可无”的现象，应充分认识辅导员工作的重要性和特殊性，从而重视辅导员队伍的专业化建设。

（二）建立健全辅导员队伍专业化建设的管理制度

在选拔制度方面，要有明确的任职条件，广泛地发布招聘信息，成立专门的选聘委员会，层层筛选，全面考核。选聘委员会可以由学工干部、辅导员、人力资源专家，甚至学生代表共同组成。选拔辅导员时应实行级差选留制，以解决辅导员学历层次的问题。选留地域、院校要交叉，便于学术交流，同时管理经验也能得到交汇，从而为辅导员专业化建设奠定基础。在考核制度方面，学校应建立立体综合的辅导员考核指标体系，可以从管理部门、辅导员和学生三个角度来设计考评的一级指标。对辅导员考核要坚持“四结合”的原则，即平时考核与年终考核相结合，领导考核与学生评议相结合，自我评价和他人评价相结合，定性考核和定量考核相结合。高校应考核的结果，作为评价和使用干部的重要依据，与职务聘任、奖惩、晋级挂钩。学校每年根据考核结果评选出优秀辅导员，与其他优秀教师、教育工作者统一表彰。在激励制度方面，高校应采用多元化和多层次的激励措施。对于有一定工作经验的辅导员，激励措施则要体现辅导员实现自我的需要，满足他们的成就感。在培训制度方面，应该从以下三个方面着手：一是职业发展规划培训，其目的在于指导辅导员从宏观的角度理解辅导员工作的宗旨和意义，认清职责；二是常规工作培训，包括心理辅导与咨询训练、学生工作日常事务训练、素质拓展训练、教育学课程培训、社会学课程培训、管理学课程培训、哲学课程培训等项目；三是开展马克思主义与思想政治教育专业理论、专业知识的培训，创造条件使非马克思主义理论专业背景尤其是理工科背景的学生留校做辅导员，同时在职攻读马克思主义理论硕士、博士学位。

（三）加大辅导员专业化建设的资金投入，为辅导员队伍搭建科研平台

中共中央国务院《关于进一步加强和改进大学生思想政治教育的意见》（以下简称《意见》）指出："辅导员、班主任工作在大学生思想政治教育第一线，任务繁重，责任重大，学校要从政治上、工作上、生活上关心他们，在政策和待遇方面给予适当倾斜。"《意见》还指出："高等学校要积极为辅导员的工作和生活创造便利条件，应根据辅导员的工作特点，在岗位津贴、办公条件、通信经费等方面制定相关政策，为辅导员的工作和生活提供必要保障。"为此，高校应做到以下几个方面。一是为辅导员提供必要的岗位补贴。这不仅是因为他们的工作辛苦，还因为他们的工作性质需要。岗位补贴体现的是一种关怀，激起的是辅导员热爱大学生思想政治教育的情感。二是切实解决辅导员的职称评聘问题。当前，与同期留校的专业教师相比，辅导员的职称评聘相对落后，这也是造成辅导员队伍不稳定的重要的因素。因此，高等学校要根据辅导员的岗位职责要求，制定辅导员专业技术职务评审标准和实施细则，为切实解决辅导员职称评聘问题创造有利条件。目前，上海市教委制定了高校学生思想政治教育职称系列基本标准，已经正式启动思想政治教育系列职称评聘工作，反响非常好。三是搭建辅导员进行科学研究的平台，使辅导员的教学、科研条件得到改善。辅导员的工作是复杂的创造性劳动，搭建科研平台有利于激发辅导员的工作热情，促使辅导员进行思想政治教育的研究和探索，从而提高思想政治教育的系统性和科学性，促进思想政治教育实效性的进一步发挥。

（原载《中国德育》2010 年第 11 期）

【公民教育】

谈公民的诚信教育

班 华*

一、现时代的社会与个体都需要诚信

第一，“企业非道德性”是不能成立的。人的任何社会行为都可以从道德维度进行审视，因为道德总是蕴涵在人的各种社会行为中，包括经济行为。企业经营与伦理道德、市场交易与诚信品质，它们之间真的无关吗？著名经济学家茅于轼指出：“越是讲道德的社会，经济越容易发展。”“商业活动中最重要的品质是什么？是信誉和诚实。”[2]“越是竞争激烈，越是完备的市场经济机制中，人们越是视信誉为生命，这是经济生活本身对人们道德观念的塑造。”[3]在绝大多数情况下，“如果经营活动的所有参与者——购买者、销售者、生产者、管理者、工人以及最终消费者——任一个采取不道德的手段，或是忽视行为的道德性（也就是说，不去考虑自身行为是合乎道德的还是违背道德的），企业将难以维继。道德是整个社会，自然也是经营活动的润滑油与黏合剂”[1]17“企业与道德之间事实上存在着更深刻的关系。经营行为与其他社会行为相似，必须在行为前预先设定一个道德背景，这一点是不可或缺的。[1]17在美国，“企业非道德性神话”曾经被人奉为一种普遍信仰，但如今，这种神话面临破产。首先，“对商业丑闻的报道以及随之而来的公众反应”表明某些企业严重违反了伦理道德，而不是与伦理无关；其次，“通过诸如环境主义者协会或消费者协会等公众组织的信息发布”，表明企业生产危害了生态环境，侵犯

* 班华，南京师范大学教授、博士生导师。

了消费者利益；再次，“通过报刊杂志或会议上发表的有关商业伦理的文章”，论证了企业与伦理的关系；最后，“通过公司核心伦理价值观的建立发展或其他相关项目”[1]11，表明企业非但与伦理有关，而且还有自己的伦理价值观，也就是我们通常说的“经济伦理”。我们深信，经济伦理不是经济因素，但在经济发展中经济伦理却起着不可替代的作用。

第二，义和利是对立统一的。商业经营追求利润是必然的，但求利与诚信就绝对对立吗？伦理与企业经营、道德与利益确实是两回事，但不是互不相关的两回事。生产经营与伦理道德可以是相互促进的，义和利是可以统一的。不要以为市场经营都是靠欺骗谋利的，其实，交换活动只有满足等价、公平、自愿的要求才能成交，因此讲究信义、公平的大有人在。20 世纪 60 年代南京不少人经历过这样一件事：福建某处卖灵芝，先把灵芝寄上门，告知灵芝价格和出售人的姓名、地址，收到灵芝后再按价汇款，双方不需要任何凭证，卖者与买者相互信任，双方都遵循交换道德，做到了公平、信义、诚实无欺。这并非天方夜谭，而是确有其事。眼下我们也常常看到这样的情况：市场上购物付款找零，卖方因粗心多找给买者若干钱，买者往往会将多找的部分如数退还。著名企业的经营同样如此。1990 年，河南新飞冰箱厂把 1 200台不合格冰箱全部砸烂，不以次充好，经济损失巨大，却赢得了市场信誉，产品飞出中原，飞遍全国，跨进了国际品牌行列。同仁堂药店秉承诚信经商，300 多年来深得顾客信任，得到了市场的合理回报。无锡红豆集团 50 年来靠着“诚信、务实、创新、争先”的“红豆精神”得到了飞速发展。南京老山药业公司的产品多年来一直畅销，并进入国际市场，最重要的一个原因就是“诚实做人，诚信做事”。这些事例很好地回答了“诚信能值几个钱”的问题，也表明义与利是可以得到很好统一的。美国也有这样的例子：1982 年，美国约翰逊公司销售的品牌产品特兰诺尔胶囊造成 7 人中毒死亡。公司坚持经营宗旨，将公众安全放在首位，宁愿承受超过一亿美元的损失，立即收回了所有药品，18 个月后公司所占市场份额恢复到了此前的 96%。[1]8可见，“诚信”是资本，是财富，是竞争力。“商业的兴旺决不是靠欺骗，靠的恰恰是信誉和诚实。[4]140

第三，诚信是与社会主义市场经济相适应的道德规范的核心。人们平常可能看到市场上出售一些假冒伪劣商品，或遭遇过骗子，加之只看到经商要赚钱的这一面，于是认为诚信与市场经济是不相容的。但经济学家们认为，讲求诚信是现代市场经济的黄金法则。“完善的社会主义市场经济运行机制离不开道德的支撑、协调和制约。[5]24 现代市场经济是信用经济，信用是对交易合法权利的尊重和维护。价值规律要求等价交换、平等互利；竞争法则要求公平竞争。经济竞争的复杂性要求市场主体尊重契约合同。这些都是建立在诚信基础上的，诚实守信是市场经济的内在要求。竞争不仅仅是技术、设备、产品等硬件的竞争，也包括形象、道德等软件的竞争。企业的产品是人的作品，不仅有着智力、技术的含量，而且有着伦理、道德的含量，是生产者劳动态度、责任感、信誉感的物质表现。“社会主义市场经济体制下的竞争是企业信誉和企业形象的竞争，丧失了信誉或企业形象不佳，任何生产或经营性企业都将在激烈竞争中被淘汰。[5]27 伦理道德在维护企业形象、促进企业发展方面是一种无形的力量。

当前市场运行中屡屡出现假冒伪劣、商业欺诈、偷税漏税、合同违约、走私骗汇、欠债不还、逃避银行债务、做假账等现象，这表明社会在一定程度上出现了信任缺失、信任危机。这绝非市场经济本性所致，更不能证明市场经济不需要诚信。相反，它恰恰表明诚实守信是现代市场经济正常运行不可缺少的条件。因为诚信缺失可能导致市场秩序混乱、坑蒙拐骗盛行，进而还可能导致投资不足、交易萎缩、经济衰退。所以，大力倡导诚信，努力健全法制，整治市场秩序，加强诚信教育，逐步走向规范，极其重要！

第四，诚信是合格公民基本的道德规范。每个人都具有作为社会公民与作为私人个体的双重性，其生活与行为也都具有公共生活与私人生活两个领域，与此相应，就有了作为社会公民的公共生活领域的诚信和作为私人个体与私人生活领域的诚信。《公民道德建设实施纲要》将诚信作为我国公民道德的基本规范和合格公民必须具备的道德品质。从这个意义上说，诚信是公民个体参与社会公共生活应遵循的公共伦理品质，是具有普世意义的基本美德。中小学生属于未成年人，按照苏霍姆林斯基的教育思想，这是一个社会公民的诞生期，必须让他们受到各方面教育才能成为合格的公民[6]。“各方面教育”理应包括公民的诚信教育。中小学生虽然还未进入社会公共生活，但他们作为私人个体已有人际交往，已经开始了公民生活，因而在与人交往中，在处理与他人、与集体的关系中，就应当学会遵循诚信规则。中小学生在校接受公民诚信教育和文明礼貌教育，是为他们参与未来公民生活所做的准备。

第五，从个体来说，诚信是做人的基本品质。从个体做人来说，诚信也是个体道德人格中的基本品质，诚信是立人之本。康德从对自己的义务中推出诚实；他把说谎看做一个人对自己的人的尊严的放弃，看做与自杀同等程度的东西：后者毁灭肉体生命，而前者毁灭道德生命。[7]577一般来说，每个人都希望做一个有道德的人，做一个诚信的人。诚信是每个人的内在需要。人际交往需要诚信：对人诚信，也希望人对己诚信。人们只有以诚相待，相互信任，才能形成和谐、轻松、愉快的人际关系。试想，如果我们生活在一个互不信任、彼此猜疑、尔虞我诈的环境中，必将充满忧虑，深怕受骗上当，这样的日子怎么过?！诚信是个人的道德修养和私人生活领域的道德承诺，是关涉人格自我和自然人伦关系的道德伦理范畴，是日常做人做事、处理人际关系的基本准则。

中小学诚信教育的基本任务，应当是培养学生诚实守信的品质，形成诚信的道德人格。培养诚信品质与我们的人生目标是一致的。当然，这里说的是全社会的目标或全社会每个成员的人生目标。人生目标各有不同，但都追求快乐和幸福。诚信教育对人生快乐和幸福具有深远意义。“由于人的行为在相当大的程度上依赖于思想，真实的思想对于他的幸福就尤为重要。”[7]594人类经济活动的目标是要增加全社会和个人的财富，但这并非人类的最终目标，人类活动的最终目标是生活快乐，享受幸福。经济学中的“帕累托改进”是在不增加一个人痛苦的条件下，至少使另一个人更快乐。“在平等自愿基础上的商品交换就是‘帕累托改进’，整个市场经济就是建立在这个基础上的。”[4]206物质与快乐、财富与幸福有一定联系，但二者不是一回事，也非正相关。道德应该是为他人和自己创造更多的快乐。钱可以帮助人获得快乐，也可能给人带来烦恼，这样的事例太多了。学校教育在教人赚钱方法的同时，应该教人在没有钱或钱少的情况下也能得到快乐的方法。

第六，恰当地估计诚信教育的效用。通过教育能让人诚信吗？诚信教育有效用吗？现在就来探讨这个问题。我们已经阐明了企业发展、市场经营与道德的深刻关系，从事实和理论上论证了诚信是市场经济发展的内在要求；阐述了诚信是每个人的需要，是人格发展、人生幸福的需要。这些都是倡导诚信和诚信教育的客观基础。从当前社会道德状况看，的确存在信任缺失的企业和个人，但大量的是依法经营、讲究诚信的企业和个人。这表明，通过诚信教育倡导诚信是可能的，应当充分估计诚信教育的效用。当然，面对价值观多元和市场经济蓬勃发展的现实，在充分估计诚信教育效用的同时，我们也应对诚信教育的艰巨性有一充分估计。

我们坚信教育的作用，但教育并非离开了国家、社会孤立实施的。全社会倡导诚信，包括整治市场经济秩序，需要采用行政手段、经济手段、法律手段、教育手段等各种措施。各种手段有各自的特点和功用，不可互相代替，不能以教育手段代替其他手段；反之亦然。教育的作用不能被夸大，但决不能没有教育。事实上，即便经过市场整治和诚信教育，依然还会有假冒伪劣商品，社会上依然还会有违背诚信的事，健康的市场经济秩序就是在不断整治、不断教育中逐渐形成的，就像和谐社会构建是在不断克服不和谐现象中发展的一样。

社会转型期的思想道德建设是一项长期、艰巨的任务。不能因为社会生活中不断有欺骗行为发生、市场上不断有假冒伪劣商品出现，就认为可以不要倡导诚信，不要诚信教育了。我们不断依法惩治犯罪，不断进行法制教育，可仍然有犯罪存在，难道我们可以因此就不要法制吗？就可以由此取消法制教育吗？这不是很荒谬吗?！我们不断倡导诚信，不断进行诚信教育，但还不断出现道德败坏现象，不断出现骗人行为，如果就此认为讲道德是不可能的、道德教育没有用了，这不是同样很荒谬吗？正因为有不诚信，才更需要讲诚信，更需要诚信教育。

二、关于“诚信”的理解

“诚信”即诚实守信。包尔生论“诚实”是从诚实的否定方面和肯定方面展开的。为了更深刻地理解“诚信”，我也从正、反两个方面来说明。

（一）从肯定方面理解“诚信”

法国学者安德列·孔特-斯蓬维尔在《小爱大德》一书中阐明了 18 种美德。“在所有这些美德中，我们现在找不到一个词来表示老实说是调节我们的关系的美德。起初我想到了诚恳，后来打算用诚实（这个词更合适，但习惯上很少用)，有一段时间考虑过真实性……我最后使用真诚，但并不否认这可能超出了这个词的通常用法。”“什么是真诚呢？它在心理上是一种现象，在精神上是一种美德。作为现象是使言行与内心活动一致，或者使内心活动与它本身一致。作为美德，是对真实的热爱或尊重，是唯一有价值的信仰。”[8]211-212 真诚是做人的一种态度，表现在对待他人的态度上，也表现在对待自我的态度上。“当然，真诚的价值不等于可靠，甚至也不等于真实（它排斥的是谎言而不是谬误)。但是在这方面，真诚的人所说的是他相信的东西，即使他弄错了，他对自己所说的话也是相信的。正因为如此，真诚是一种信仰，它含有这个词的双重意义，即同时是一种信仰和一种真诚。”[8]212

包尔生在《伦理学体系》中有关“诚实”的解释可以帮助我们更深入地理解问题。他说：“诚实可以被看做仁慈的一种形式，它是表现在思想的交流上的仁慈。”“我们可以像对仁慈的区分一样，区分诚实的两个方面：否定的方面和肯定的方面。前者相应于正义，表现在这样一个义务准则之中：你不应该说谎；后者相应于友邻之爱，表现在下面这个义务准则之中：对你的邻人以诚相待。”[7]575 “仁”在人的德性中处于核心地位，是德的根本。诚实是仁慈的一种形式，信是仁的表征。仁需要借助公众交往中信的程度和仪态来外显，是与私下或公开的不真实的形式相对立的。真诚与诚恳有区别，“诚恳的人是不对别人说谎，真诚的人是对人对己都不说谎”[8]212。

道德属于行为“应该如何”的范畴。道德的目的在于保障社会存在和发展，增进每个人的利益。一般说来，诚信是符合道德目的的，是“应该”的道德规范；但有时候，诚信却是“不应该”的道德规范，因为它违背道德目的。要更充分地理解诚信及其重要性，更理智地践履诚信道德，就需要更充分地理解诚信的否定方面（谎言及其危害性），以便更理性地对待谎言。

（二）从否定方面理解“诚信”

诚信的否定方面是“说谎”或“谎言”。“说谎意味着为了欺骗别人而乐意和故意地向人家讲假话。”[7]575对待谎言或说谎，应当根据其原因（动机）和性质，分别情况，区别对待。说谎有道德的原因、心理的原因，或者二者兼而有之。谎言的性质有道德的、不道德的，还有非道德的。“给道德家带来无比烦恼的一个问题就是必要谎言。”在某种情况下，“欺骗是允许的或甚至在道德上是必要的”[7]582。

谎言或说谎作为非正义的一种手段，是不道德的。“说谎意味着你用讲话或沉默、伪装或掩饰以及对事实的选择和排列来影响别人，使他们接受你自己认为是不真实的观点。”[7]576说谎者总有其目的。“欺骗者、奉承者、诽谤者总是希望靠欺骗从一个人身上得到一些好处。”[7]577这样的说谎行为是严重的道德问题。康德宣称：“谎言，即故意的不诚实，在任何情况下，‘仅仅由于它的形式，就是人对于他自身的一种犯罪，就是使一个人在他自己眼中变得低贱的一种卑劣’。”[7]583谎言“毁灭人们的信念和自信，并最终损害人们的社会生活，而这种社会生活是全部真正人的、精神—历史的生活的基础。这表明了谎言应当尤其受到谴责”[7]577。谎言“毒化人们的语言，破坏相互的信任，损害集体生活，所以，谎言攻击着人类生存的根本力量”[7]578。“谎言这种腐蚀和毒害人们相互关系的特点在它侵害家庭生活、友谊、教育这些持久的社会关系的时候表现得最为明显。一个学生对他的老师说谎。班上出现了一些不轨的行为，正像俗话说的，干了坏事的人用说谎来逃避。结果是出现了相互不信任。老师开始避开他的学生，他和他们之间的坦率关系结束了。老师开始暗中观察他们，监视他们。学生们注意到了这一点，他们开始做得更隐蔽：师生之间的愉快关系、信任和坦率一去不复返了。这种事情变得经常了以后，某种监狱般的气氛就会弥漫学校，友好的纯净空气于是被排除已尽。因此，没有什么比保持诚实和信任精神更为重要的了。可是这一点只有存在精神自由的地方才能做到。”[7]578谎言对家庭生活、对朋友、对学校师生关系的严重危害，不正从反面表明诚信对人类、对人生有多么重要吗！

但是，谎言也并非任何情况下都是不道德的。我们要求合乎理智的诚实，我们也需要合乎理智地对待谎言。谎言有不同的动机、不同的目的，因而有不同的性质，其中有一种是“必要谎言”[7]582。对不同性质的谎言应当不同对待，比如：在战争中对待敌人、在外交事务中对待别国、对待病人和病人家属等，不同情况需要具体分析。“我们的结论应该是：要诚实，这是无条件的正确的；可是讲老实话却并不是无条件的正确的。”[7]591有两个真实的故事。一个是医生在给一教师做胃切除手术时，病人要求加大麻醉药剂量，医生认为不宜，但还是给病人注射了“麻药”（实际是蒸馏水），病人安静地接受了手术。这是一种“善意谎言”的效应。还有一个故事，某校一群学习钢琴的学生，考试前都跟老师说自己太紧张，担心考不好。为消除学生过度焦虑的情绪，老师准备了一瓶“镇定药”（实际是巧克力豆），学生服“药”后个个都说不紧张了。这也是“美丽的谎言”。这些谎言都只能看做“必要谎言”。

“只有在正常情况下，即在诚实这种善与其他的善不发生冲突时，才应该诚实而不应该欺骗；而在非常情况下，即在诚实与其他更大的善发生冲突不能两全时，则不应该诚实而应该欺骗以保全其他更大的善。”“诚实和欺骗是基本的道德规则而不是道德原则，所以，也就从属于、支配于、决定于善恶原则、仁爱原则、公平原则等一切道德原则。”[9]谎言与人们的利益联系着。特殊情况下为了他人的、集体的甚至自己的利益，谎言是允许的。

三、诚信教育的要求

（一）以养成内在德性为本

《论语·学而》说："君子务本，本立而道生。"这说明"立身处事，诚信为本。"陶行知先生也说："千教万教，教人求真；千学万学，学做真人。"诚信教育要以内在德性养成为根本。哲学家罗素说过："思想上的诚实更为重要。"因此，诚信教育必须深入、细致、扎实，让作为道德信念的诚信真正在心灵中扎根。

诚信教育不能停留在一般说教上，也不能止于人的口头表白。哲学家布伯说过，激烈反对说谎的学生能够充分论述说谎的危害，但他也可能就是说谎的老手。1928 年，美国品格教育学派的大规模调查也表明存在这样一种现象：口头主张诚实是道德的价值与其实际行动没有相关性，有些说谎者口头上可能更激烈地反对欺骗。

诚信教育的效果不能只看外在行为表现。例如："明礼诚信"表现在人的外在行为上或许是不同性质的行为：可能是内在德性的表现，也可能是道德形式主义。某生见老师，鞠躬问好，可能是内心尊重、爱戴老师的表现，也可能是"例行公事"，也可能是为遵守校规不得已而为之。诚信教育必须防止表里不一、知行脱节的不良倾向，防止形成双重人格。

诚信教育要引导学生养成自律。能自律者，便能自我监督，做到"慎独"。要"培养一种可以称做没有旁人在场的个人诚实，就需要对自己的行动实行感性与理性的统一的监督。这种监督是自律的一个重要方面"[5]477。

要用诚信把人们的道德行为、经济行为、政治行为统一起来，凸显社会主义和谐社会的特点。把诚信作为素质教育的基本内容，促进学生人格健康、人生快乐和幸福。

（二）做人做事都要讲诚信

诚信是公民应当遵守的基本道德规范，是做人的基本品质。学生在校期间就应当培养他们诚信的品质。《中小学德育大纲》规定：要培养学生"诚实""正直"的品质。《小学生守则》提出"诚实勇敢"的要求，《中学生守则》提出"诚实谦虚"的要求。诚信教育的目的就是要完善每个人的品德。诚信立人是诚信教育的核心目标和内容。确立诚信立人的意识，以诚信为做人的准则，唤起自我意识和自我完善的意识和能力。

做事也要讲究诚信。只有诚信做事，才能得到别人信任，才能与人合作，才能得到别人帮助，才能做好事情。马丁·路德在评论《圣经》中的诗篇时说："我觉得在尘世中没有什么比分裂整个人类社会的谎言和背信弃义更为有害的恶行了。因为谎言和背信弃义先是分裂人们的心灵；当人心被分裂之后，它又会分隔人们的手，而当人们的合作之手也被分裂了的时候，我们还能做些什么呢?"[7]579

（三）传承诚信美德

樊和平教授曾归纳了十种中华传统美德，其中包括"诚信知报"。诚信教育与传统美德的学习和继承结合，或者说在传统美德教育中结合诚信教育，使"诚信知报"与传统美德融会贯通，可以更深刻地理解问题，取得更好的教育效果。我国台湾教育家高震东先生就是这样做的。他为继承和发扬中华传统美德，创办了忠信学校，积极倡导"忠信教育"，开展"忠信教育"实验。

四、有效培育诚信品质的建议

学生是自己德性建构的主体。品德养成不是靠灌输，而是要靠主体践行、感受、理解、体验。诚信品质不是"告诉"的结果，是学生自主培育生成的。

第一，成人诚信品质的表率作用。对学校教育而言，教师和学校领导、管理人员应起表率作用。学校最能影响学生诚信品质形成的不是德育课程，而是教育者的行为。教育者应当做到表里如一，言行一致。教师应当忠于职守，严守诚信规则。这并非要求教师十全十美。金无足赤，人无完人。教师用坦诚的态度讲自己的不足，就是一种诚信教育。如果教师自己不诚信，只是要求学生去做，这本身就是对学生的哄骗。

第二，让学生体验诚信是宝贵的品质。光思考是不会造就有德性的人的，要让学生在践行中体验诚信是一种宝贵品质。例如：要求学生不抄袭作业，考试不作弊，诚实对待学习，这样他们获得好成绩才会愉快。对学生平时在承担社会工作、参加社区公益活动和与老师、同学相处中的良好表现给予肯定、赞扬，让他们体会到诚信待人处事和被人信任的快乐。教师也可以创造条件为学生践行诚信提供机会。比如：尽可能给学生参与班级财务管理的机会，让他们学习购物、学会记账等。在这一过程中，对他们所表现出的诚信给予赞扬。另外，也可引导学生体验不被信任、不被尊重甚至被骗的痛苦感受。

第三，诚信教育本身必须是诚信的。必须坚守学校教育的道德性。诚信，是实施有效诚信教育的前提。不是说教育者是完人才能进行诚信教育，而是要求教育者能学做真人，与学生同心同行。这样的教育是诚信的、道德的、有效的。不仅是教育过程，而且学校其他方面工作也不应当存在虚假和欺骗现象。必须特别强调的是，学校必须防止为应付上级检查评估、观摩活动而弄虚作假、做表面文章、搞形式主义；必须杜绝“领导、老师、学生三结合”合伙说假话、做假事、搞欺骗。因为这种行为是反道德、反诚信教育的，是对人灵魂的腐蚀，对学生的恶劣影响可能是长远的。

第四，倡导真诚的人际关系。造就诚信品质，不能仅靠上道德课，还要充分发挥学生的主体性，帮助学生主动学习，让他们成为行为的主人。要帮助他们学会判断自身行为的道德性，学会选择符合诚信的道德行为，在践行中去感受、领悟、体验。师生间、同学间的交往，坚持以诚相待、相互关心、相互沟通、开诚布公、坦诚相见，不背后打小报告，不背后说同学坏话，在班级中形成相互关爱、相互信任的文化—心理氛围。学会交往，最重要的秘诀就在于诚信。

第五，分析说谎的性质，区别对待。对待学生说谎，应认真分析，区别情况，分别对待。应当仔细分析说谎的原因与性质，不能一提说谎就定性为道德问题。说谎，一有心理方面的原因，如：年幼者可能将想象与事实混淆，把想象当做现实告诉成人。二是不少学生因为恐惧而说谎，如：考试不及格或犯错误，为避免成人训斥和惩罚而说谎。当然，说谎也可能有道德品质方面问题，即为了私利，不惜损害他人利益而说谎。对这类性质的说谎需认真处理，但也要防止判断错误，造成不良后果。三是有人说谎既有心理原因又有道德原因，更需要认真仔细地了解情况，谨慎对待。四是学生对自己说谎的错误已有认识，可不再惩罚，以避免学生再次说谎。此外，相当多的情况是“善意的谎言”，更应允许并给予理解。不要轻易将学生分为诚实和不诚实两类。

第六，形成有利于培养诚信品质的教育环境。学校领导和管理人员首先要做到诚实守信，按照教育政策、学校规章和计划办事，不违章，不失信，不毁约，不乱收费，提倡和发扬诚朴的校风、学风，发挥学校教育氛围和班级文化—心理氛围的熏陶、感染作用。学校还应当重视运用社区和社会的教育资源培养诚信品质。当前的社会大环境为公民道德教育提供了许多极为有利的条件。

如：2005年以来，全国范围内联合开展“诚信兴商宣传月”，浙江提出“信用浙江”目标，江苏开展“诚信江苏行”活动，全国范围内开展“百城万店无假货”活动，全国组织开展打击商业欺诈专项行动。所有这些都是诚信教育的潜在资源，学校要将其转化为现实的教育资源。对当下存在的许多消极影响因素，学校应引导学生识别、抵制，克服消极影响。

养成明礼诚信的道德规范，是公民教育的一个方面，公民教育有着更广泛的内容和要求。涂尔干说：“国家的基本义务就是：必须促使个人以一种道德的方式生活。”[10]我认为，学校的教育责任就是：必须让每一个学生以一种道德的方式生活！

参考文献：

[1] 德乔治. 经济理论学［M］. 李布，译. 北京：北京大学出版社，2002.

[2] 茅于轼：道德、经济、制度［M］. 郑州：河南人民出版社，2002：1081.

[3] 刘伟，梁均平. 冲突与和谐的结合［M］. 北京：北京教育出版社，1999：282.

[4] 茅于轼. 中国人的道德前景［M］. 广州：暨南大学出版社，2003.

[5] 王小锡. 经济伦理与企业发展［M］. 南京：南京师范大学出版社，1998.

[6] 苏霍姆林斯基选集：第3卷［M］. 蔡汀，王义高，祖晶，译. 北京：教育科学出版社，2001：479.

[7] 包尔生. 伦理学体系［M］. 何怀宏，廖申白，译. 北京：中国社会科学出版社，1988.

[8] 孔特-斯蓬维尔. 小爱大德［M］. 吴岳天，译. 北京：中央编译出版社，1997.

[9] 王海明. 新伦理学［M］. 北京：商务印书馆，2001：526.

[10] 涂尔干. 职业伦理与公民道德［M］. 渠东，付德根，译. 上海：上海人民出版社，2001：74.

（原载《中国德育》2008年第1期）

中国公民教育观发展脉络探析

朱小蔓　冯秀军*

公民及公民教育是民主政治的产物。在与民主政治相对的封建专制体制下，只有臣民与私民，没有公民，遑论公民教育。对于有着两千多年封建专制传统的中国来说，“公民”是一个于近代自国外传入的非本源性概念，公民教育则是在近代中国由民族危机与社会危机所引发和启动的宪政进程中，借鉴西方民主思想与制度形式，寄望通过教育造就“新民”、挽救民族危亡的历史诉求。因此，把握中国公民教育观的发展脉络，需要在中西公民教育观的关联交汇中进行溯源性追寻。

一、与西方公民教育观相向运动

一定的公民教育观基于相应的公民观。公民概念在不同学科中有不同的特定内涵。作为法律意义的公民，是指在法律上享有权利和承担义务的主体，受国家宪法和法律管辖与保护的人；作为政治意义的公民，是指行使一定政治权利的人；作为伦理学意义的公民，是指具有符合公民权利和义务所要求的个人行为态度和品质的人。虽然公民概念有着多样性与歧义性，但从根本意义上讲，公民是指一个人在公共生活中的角色归属，公民概念则是在公共领域对“我是谁”“我应该做什么”之类的问题给予答复。①因此，任何一种公民观，其基本

* 朱小蔓，中央教育科学研究所教授，博士生导师；冯秀军，河北师范大学法政学院副教授，中央教育科学研究所博士后工作站研究人员。

内涵都应包括两个主要方面：一是公民在所属共同体内所牵涉各种关系的性质与形式；二是公民在上述关系中的实践。与此相对应，公民教育观的主要内涵也应包括两个基本维度，即通过教育使公民认识在共同体内所牵涉的各种关系，以及学习如何处理、对待这些关系。

（一）西方公民教育观的历史变迁

西方有两种主要的公民观传统：一是以亚里士多德为代表的共和主义公民观；一是以洛克为代表的自由主义公民观。在多元文化论的讨论尚未兴起之前，这两种公民观主导西方的公民教育理论。②之后，又逐步发展起了社群主义与多元文化主义公民教育思想。

1. 共和主义公民教育观

大致说来，共和主义公民观有古典共和主义、自由共和主义与公民共和主义之分。亚里士多德的古典共和主义公民观建立于希腊城邦概念基础之上，认为公民身份与城邦共同体密切相关，公民必须融入政治共同体，共同参与、遵守公共决策。公民身份意味着共担责任与共享益处。这种公民观注重公民参与，强调对具有凝聚和引领社会功能的公共美德与共同价值观即“共同善”（common good）的追求，认为公共利益高于私利，担任公共职务、参与公共事务有助于养成公民美德，公民通过追求、维护“共同善”而凝聚为命运共同体。17—18世纪，英美思想家由强调德性转为强调法律为政体的基础，由强调公民责任转为强调公民权利与自由，从而实现了古典共和主义公民观向自由共和主义公民观的转变。当代公民共和主义思想则由于倡导爱国主义与公益精神，崇尚公共利益优先，强调公民美德在社会整合中的价值，而被视为古典共和主义的回归。

共和主义者认为，公民教育的目的就在于引导公民实践公民的责任与义务，树立公共利益优先的观念，培养公民履行责任、义务，行使公民权利的主观愿望。公民教育的内容应包括培养公民德行与能力，强调公民德行是真正成为公民的先决条件，公民德行主要包括爱国与勇气、人性尊严、认同感、隐私权、自主性、关心他人、关怀社会、宽容、公民服务等，主张培养公民基本的社会生活能力和参与国家政治生活的能力。③关于公民教育的途径与方法，共和主义者认为民主形式本身就是一种政治理性的仪式，合格公民是在参与政治理性仪式的民主过程中造就的。参与公共事务，既是一种合理的决策方式，也是一种通过公民参与民主的方式进行公民教育、塑造合格公民的最好方式。

2. 自由主义公民教育观

自由主义作为西方社会的主流意识形态和思想传统，其核心“是一套关于个人、社会、国家关系的理论”④。自由主义公民观与共和主义公民观的区别在于，在公民与共同体关系上，前者以个人主义为基点，强调个人至上，即个人是本源、目的、第一位的，社会、国家是派生的，是手段、第二位的，社会是个体的联合体而不是有机体，政府建基于公意，政府权威的合法性来自公民的同意，国家职能在于提供公共产品而不得干预私人领域。在公民与共同体关系的实践上，相对共和主义强调公民参与的“积极自由”，自由主义更强调公民活动不受干涉的“消极自由”；相对共和主义所追求的“共同善”，自由主义更强调道德的个体性与相对性，认为多元价值是不可消除的社会事实，否认存在“共同善”作为政府合法性依据及凝聚社会成员的共识，认为社会团结基于公共规范而非共同理想，好政府依赖制度制衡而非公民美德。

自由主义者认为，公民教育的目的在于培养具有民主性格与批判能力的公民。由于否认或不强调社会“共同善”的必要性，自由主义公民教育所要求的只是培育公民素质和能力，而不是提出具体的意见和途径。他们认为学校应该培养的只是逻辑思考、批判反省、公平论证等相关能力，使受教育者有能力参与未来的社会生活。这些能力纯粹是形式上的，而非内容上的。⑤

3. 社群主义与多元文化主义公民教育观

作为对自由主义的批判，社群主义与多元文化主义的公民教育思想在20世纪后半叶逐渐形成思潮。社群主义者试图调和共和主义对共同体至上、自由主义对个体至上的绝对强调，既重视公民个体平等的权利，也提倡通过培养公民对社群的认同以实现社会的“共同善”；反对自由主义的“消极自由”，提倡积极的公民参与，重视公民社会公德意识与爱国热情的培养。在教育内容选择上，社群主义者认为应以社会公共利益为标准，不鼓励将与社会公共价值观相左的内容或者有争议的价值观作为课堂讲授的内容，对于公民教育是否应包括多元价值观持谨慎态度。在教育途径与方法上，重视国家的教育责任，注重学校与社区教育的结合，重视服务学习。

多元文化主义者批判自由主义公民观是一种同化论的理想，其平等仅是形式上而非实质上的，主张消除弱势社群或族群面临的不公平以支持多元文化的发展。反映在公民教育上，他们要求学校传递多元文化，培养能够尊重、容忍和包容文化差异，善于处理文化矛盾与冲突，具有跨文化适应能力的公民。

（二）中国公民教育观的历史演进

1. 古代民本思想与教化传统

在中国两千多年的封建史中，不乏“民贵君轻”“水可载舟，亦可覆舟”的民本思想，但民本思想的根本目的在于维护以“君”为主的君主专制，它与以“民”为主的民主思想有着完全不同的价值取向。因此，专制体制只能孵化匍匐于王权之下的臣民而不能提供现代公民发育的土壤，封建的教育思想与实践在根本上是以培养与教化忠臣、顺民为指向的。

2. 近代公民意识觉醒与公民教育兴起

随着近代中西文化的交流与碰撞，西方政治民主思想作为救亡图存的工具被借鉴、移植到中国。清末立宪首次唤醒国人的民权意识。辛亥革命推翻帝制、建立宪政民主制度，1912 年颁布的《中华民国临时约法》第一次在法律上对公民权利作出规定，为公民教育提供了法律基础。近代公民教育思想发展的早期，尚未明确提出公民教育的思想，而主要体现为以培养公民道德为核心的中西融合的德育观。其典型例证如维新派从“新民德”角度提出的“采合中西道德，以为德育之方针”⑥，试图在教育实践中“淬厉其本有”，“采补其本无”。“淬厉本有”即重新诠释、发扬光大中国传统美德，“采补本无”即积极借鉴、汲取西方之核心德性精神，以自由之德改造国民的奴性、愚昧、自私、迷信等，培养爱国、利群之公德心与自治力，特别是平等、独立、权利、义务、责任、竞争、合群等公民意识。蔡元培提出的以“养成共和国健全人格”为根本目标，“五育并举，以公民道德为中坚”⑦的教育方针，既汲取西方独立、自由公民人格思想，又继承中国传统教育的重德精神，是一种以公民道德培养为核心、“中西合璧”的公民教育思想体现。

随着西方公民教育思想不断传入，中国不少教育界人士开始明确提出实施公民教育的主张，早期以公民道德为核心的教育思想演变成为以“公民资格”为主题的公民教育思想。如朱元善提出：“既为共和立宪之国，则教育之方针自当以新国家之本质为主眼，而置重于共和立宪国民之养成”，为此，“非实施公民教育不可”。⑧

五四前后，民主主义教育思想和实用主义教育理论传入中国，使我国公民教育思想发生了大改变，人们批评旧式训育模式过于偏重道德而压制个性，提倡将个人、社会、国家三者的相互关系和民主精神的培养作为公民教育目标模式构建的基础，使公民教育范围扩展到社会公共生活领域。[⑨]此阶段公民教育以崇尚平民人格教育为理念，以重视公共生活与社会进步为教育标准，突出受教育者生活经验与自主性的教育意义，从而体现出对现代公民教育思想的深刻体认。但惜于近代时局动荡，公民教育为抗日救亡及内战的硝烟所湮没。

3. 现代公民教育的吁求

中华人民共和国成立后，宪法对公民基本权利和义务的明确规定，为中国现代公民教育开启了新的一页。新中国成立至今，中国现代公民教育观的发展大致经历了如下三个阶段。

（1）“以政治为中心”的社会时期，囿于社会发展水平与特定历史背景，现代公民教育的有关理念尚未得到明确体现。

新中国成立之初，“阶级斗争”在很长一段时期内仍被作为中国社会的主要矛盾。与此相应，“公民”为“人民”这一与“敌人”相对应的政治概念所取代，教育宗旨亦着重于培养革命接班人的政治意涵，强调“教育为无产阶级政治服务”，德育在相当长时期内为政治教育所代替，公民教育被等同于资产阶级教育而蒙上政治禁忌色彩。虽然1954年宪法中明确了公民的法律地位，赋予公民普遍的法律权利和义务，在法律上为现代公民教育做了最重要的准备——具有普遍的平等权利和义务的公民资格准备，但无论是1954年宪法还是后来的1975年宪法、1978年宪法，都在强调公民服从、服务性的义务，公民权利在这几部宪法中并没有得到足够的重视。因此，这一时期“政治本位”的政治、经济、文化条件难以提供公民人格健康发育的社会、政治环境，现代公民概念并未真正进入社会生活与思想领域，公民教育也未能在当时的教育体系与宏观政策中有明确体现。

（2）“以经济为中心”的社会时期，社会主义市场经济建设的推进拓开了公民教育的空间。

20世纪80年代以来，经济建设成为“文革”之后中国社会发展的中心任务，改革开放与市场经济体制改革为公民教育的兴起提供了历史的条件和机遇。国门打开为中国创造了与世界交流、对话的平台，中国各项事业纳入了具有现代意识与世界眼光的发展框架之中。市场经济与计划经济的体制替嬗，深刻地改变了中国的社会结构，塑造了人们崭新的生活方式，孕育了新型的人际关系，给人们的精神世界带来巨大震荡。固有价值观念、思维模式遭到强力冲击，社会思想空前活跃，价值领域呈现多样化、复杂化态势。在市场经济土壤中，社会公共空间日益拓展，民主、平等、法治、权利、契约等观念逐渐成长，为现代公民人格的生成拓开了空间。伴随改革开放的进程，中国特色社会主义建设提出了“培养有理想、有道德、有文化、有纪律的社会主义公民”的现代公民教育新要求，发展公民教育、培养现代公民成为大势所趋。对此，有学者称之为“中国公民教育的复兴”，也有学者预言公民教育的兴起意味着中国“传统道德教育的历史转型”。

(3)“以人为本”的社会时期，社会主义政治文明建设以及构建社会主义和谐社会的宏观目标对现代公民教育提出了新的时代要求。

经过二十多年市场经济建设，中国步入物质文明、政治文明与精神文明协调发展，构建社会主义和谐社会的新阶段。中共十六大报告提出的“健全民主制度、丰富民主形式，扩大公民有序的政治参与，保证人民依法实行民主参与、民主选举、民主决策、民主管理、民主监督，享有广泛的权利和自由，尊重和保障人权”的政治建设和政治体制改革要求，为中国现代公民教育提供了重要的政策支持和保障。以中共十六届三中全会提出的“坚持以人为本，树立全面、协调、可持续的发展观，促进经济社会和人的全面发展”的宏观目标为标志，中国进入一个“以人为本”的社会发展时期。中共十六届四中全会将“民主法治、公平正义、诚信友爱、充满活力、安定有序、人与自然和谐相处”概括为社会主义和谐社会的重要特征。站在公民教育的视角，可以看到，这六大特征既在程序正义的层面为中国现代公民教育提供了结构性保障，也为其指明了发展方向，提出了明确要求。

伴随构建社会主义和谐社会的进程，人们日益认识到，公民社会力量的发育是构建和谐社会的重要环节，社会（社区）教育则是现代公民教育的重要组成部分和巨大推动力量。中共十六届六中全会决议提出通过推进社区建设、加强社会管理的新要求：“把社区建设成为管理有序、服务完善、文明祥和的社会生活共同体……实现政府行政管理和社区自我管理有效衔接、政府依法行政和居民依法自治良性互动。”“健全社会组织……发挥各类社会组织提供服务、反映诉求、规范行为的作用。”这一要求体现出一种新型的政府、社会以及公民关系，对于中国现代公民教育观的演进以及公民教育实践的发展具有重要意义。

（三）中西公民教育观的相向运动

回溯中西公民教育观的变迁历程，尽管由于中国与西方国家社会结构、历史传统和政治文化不同，其公民教育观的内涵与变迁路径不尽相同，但仍可看到，中西公民教育观呈现出相向运动、相互融通的走势。

1. 在公民与国家、社会关系上，趋向强调公民认同意识的培养

如何处理个人、社会和国家三者之间的关系，是公民教育的核心。从教育立场看，西方公民教育有国家立场和社会立场之别。前者在公民教育中强调个体与国家的关系，后者注重个体与社会的关系。公民教育立场之别与对国家力量的强化或限制态度有关。在中国，由于国家与社会分化不足，公民教育基本持守国家立场。但随着社会主义市场经济所推动的社会发育进程，“个体—社会”关系从传统的“国家—个体”的单一关系中逐渐分化出来，公民教育亦从单一的国家立场分化出社会立场。20 世纪 80 年代以来，随着中国社会主义市场经济建设的推进和深化，社区、民间团体、志愿者等公民自治组织逐渐发育，社区教育相关法规与政策相继出台，社区教育机构与组织系统逐步建立，社区教育实验区渐次拓展，社区教育模式不断创新，显示出中国公民教育立场变迁的崭新趋势。

虽然中西均存在公民教育立场的变化，但强调公民对国家或社会共同体认同的培养却是基本共识。在西方公民教育传统中，虽然其主导思想依个人主义哲学立论，具有维护和珍视个人自由价值的一贯传统，但任何国家、社会共同体总是需要将个体凝聚为共同体的力量，无论通过“共同善”的价值凝聚，还是通过社会规范的制度框架，手段或许不同，培养公民认同的目标指向却是一致的。对于中国公民教育而言，集体主义是其思想基点，注重公民对国家、民族认同意识的培养是其一贯传统。2004 年颁布的《中小学开展弘扬和培育民族精神教育实施纲要》，就是增强青少年对于民族历史与民族文化认同意识的重要举措。虽然在引进、借鉴西方公民教育思想的过程中出于对公民个体权利意识的强调，一度夹杂着质疑集体主义而宣扬西方自由主义、个人主义的声音，但它并不构成培养公民认同意识的反面。随着中国公民教育社会立场的分化与发展，以社区公民教育作为学校公民教育的重要延续和补充，在社区教育中培育公民及其团体的管理自治能力，通过共同的社区生活培育公民的共同体认同意识与归属感，促使公民公共精神的发育，进一步丰富和拓展了公民认同意识培养的层次，从而为国家、民族认同意识的培养提供了新的渠道与平台。

2. 在公民权利与义务关系上，趋向强调权利与义务的平衡

以古代、近代与现代这三个大的历史尺度为坐标，可以看到，中国公民教育观呈现从传统的义务本位转向现代公民权利与义务并重的走势；从西方社会几种代表性的公民教育观相互批判又相互借鉴的紧张关系中，同样可以看到，无论自由主义、共和主义，还是社群主义、多元文化主义，其公民教育观呈现部分切近趋势，这种趋势集中体现在对公民权利与义务关系的认识上：在偏重个体权利的思想传统基础之上，趋向公民权利与责任的平衡。因此，虽然中国公民教育思想更重视公民义务与责任感的培养，西方自由主义、共和主义与社群主义公民教育观也有着不尽相同的公民权利与义务的平衡方式和机制，但现代公民教育的总体趋势是，致力于公民权利与义务的平衡与对称，这已成为世界各国公民教育的基础共识。

3. 在公民教育与道德教育关系上，趋向强调公民教育以公民德行为基础

对公民教育与道德教育关系的不同认识，影响和制约着公民教育与道德教育关系在教育实践中的处理。重视通过道德体验与道德践履进行道德教育是中国悠久的教育传统，其影响绵延至今。在近代公民教育思潮中，虽然存在着由于对传统道德的猛烈批判而带来的道德教育与公民教育关系的紧张，但道德作为立人的根基，私德作为公德的基础，践履作为道德养成的途径，公民道德作为公民教育的基础，⑩仍是基本的理论共识。在中国现代公民教育思想中，虽然由于唯智主义教育思潮以及“应试教育”实践的影响，一度出现过道德教育边缘化、重道德知识而轻道德践履的偏颇，但随着认知主义道德教育不良后果的逐渐显现，中国现代公民教育又接续和继承重视道德践履的民族教育文化传统，注重将公民德行及其培养作为公民教育的主要内容，《公民道德建设实施纲要》的颁布与实施就是典型例证。在西方，公民德行得到共和主义与社群主义一以贯之的重视。早期自由主义者由于认为多元民主社会对公民道德上的要求存在导致价值一元、危及个体自由的可能，更注重社会制度公正的价值，而不主张强调公民道德。但这不等于他们对公民道德的排斥。而且，公民德行在20世纪末的新自由主义那里得到了新的强调：一个健康稳定的民主社会不只依赖正义的制度，也依赖公民的品质和态度，所以政治理论不再只重视基本结构，也注重公民的气质和品质，这些公民的德行被称为社会资本。⑪因此，虽然中西以及西方不同公民教育流派对公民德行的重视程度不尽相同，⑫但重视公民德行与制度制衡相协调、公民教育以公民德行为基础的趋势是一致的。

二、与中国传统道德教育思想相融通

尽管公民教育思想源自西方社会，中国公民教育也有过一个积极学习、借鉴西方的过程，但随着公民教育理论与实践的发展和深化，人们逐渐认识到，中国当代公民教育的立论基点和文化土壤仍需要从中国特色的社会主义建设实践与民族文化传统中追寻，培育具有民族精神血脉的现代中国公民人格，当是其重要的理论设计。

（一）“关系本位”的传统道德教育思想的创造性转换可以为现代公民教育提供新的本体基础

梁漱溟先生认为，中国传统道德教育的特色是不从社会本位或个人本位出发，而是从关系着眼，“中国之伦理只看见此一人与彼一人之相互关系……不把重点固定在任何一方，而从乎其关系，彼此相交换；其重点放在关系上了。伦理本位者，关系本位也。”⑬这种伦理、关系本位的道德教育思想，与中国现代公民教育有着相互融通的内在机理。

在传统道德教育思想中，①“关系”是人之为人的本体依据，脱离我、人、物、天地之关系，人之为人的价值与意义便无从展现；②“关系”是道德的本体依据，道德产生于关系中，以“天人合其德”为最高诉求的天人关系是传统道德的终极依据；③“关系”按照差序格局外推展开，以“仁”为核心，⑭以“义”为路径，以“扩充善端”、推己及人为“为仁之方”，构建了一个系统的伦理关系生态、道德规范谱系和道德教育模式。

毋庸置疑，传统“关系本位”道德教育思想中存在与现代公民教育相兼容的障碍。①关系垂直化。在封建宗法制度下，对偶性权利、义务关系转变为单向、绝对的卑下者对尊长者的义务，自由、平等、民主、权利等概念生长的可能性被湮灭。但问题的根源不在“关系本位”思想，而在于导致关系异化的社会制度。剥除封建等级制度的束缚，“关系本位”的思想可为公民教育所用。②关系庸俗化。客观存在的差序关系格局被庸俗化为亲疏远近分明的“关系圈”“关系网”，造就了无他之私民，无我之臣民，养成了重关系、情分而轻法理、法规的传统陋习。但随着市场经济条件下公共领域的生长与拓展，法治、契约精神的生成与发育，庸俗化的传统关系终将突破“熟人社会”的局限，转换为以平等、独立为主要特征的新型社会关系。

因此，剥除上述异化因素，“关系本位”的传统道德教育思想中蕴藏着现代公民教育的宝贵思想资源。学者何友晖从社会心理学研究的角度提出，“关系取向”一词最能够捕捉中国社会心理学的精髓，认为中国人的自我可称为“关系性自我”，它对他人的存在具有高度的觉察能力。基于这样的观点，他提出了“方法论的关系主义”概念。他认为：“方法论的个人主义”和“方法论的关系主义”是相互对立的。前者是指，如果不了解有关个人的事实，就不可能对社会现象作出完备的解释；后者是指，社会现象的事实和原则不可以化约到关于个人的知识上，它们是从许多个人所形成的关系、群体和机构之中滋生出来，并独立于个人特征之外的，关于个人的认识事实都必须放在社会脉络中来加以了解。[15]现代中国公民教育既不是要培养传统等级关系中的“臣民”，也不是培养只有自我、不知他人的“莱布尼兹单子”，而是培养置身于新型的社会主义民主平等关系之中，既具有个体独立的自主意识又对他人存在具有高度觉察能力与关怀能力的现代公民。在这一意义上，扬弃庸俗的“关系主义”思想，传统道德教育中的“关系本位”思想对于现代中国公民教育具有方法论上的借鉴价值。

现代公民教育，从根本上说，是关于公民身份的教育，公民关系则构成理解公民身份的核心与前提。公民身份是成为公民并承担相应责任和权利的条件，它表达的是一种公共认同（public identity），即一个政治共同体中完全并且平等的成员资格。[16]福克斯认为：“公民身份是一种成员地位，它包含了一系列的权利、义务和责任。这种成员地位意指平等、正义和自主。公民身份的本性和发展，在任何特定的场合，通过相互的情境、内容、深度和广度上的沟通而获得理解。”[17]“关系”正是一种基于“相互的情境、内容、深度和广度上的沟通”，并由此构成理解公民身份的前提与核心。香港教育学院李荣安教授认为，“公民关系是公民教育的起点”，“如果要谈公民身份，就要先从‘关系’看这个问题。人首先从家庭这种最亲近、最直接的关系出发，才能理解逐步扩展到邻里、社群、国家、国际等较远、较间接的社会关系……必须要从公民置身社会中多重关系的层次性出发，否则就会出现很多公民不愿意接受的问题”，“公民教育就是公民身份的教育，公民身份的教育就是公民关系的教育，公民关系的教育要先从人际关系开始”。[18]因此，公民教育的目标就是使公民明晰自身作为一个公民置身于怎样的公共关系之中，这些关系赋予自己怎样的权利和义务，以及依据客观存在的关系来行使相应的权利和义务。如果缺乏对公民关系的界定，所谓的权利、义务、责任都会由于失去指向性而成为空洞的概念。如此看来，“关系”委实提供了以“公民关系”为起点的现代公民教育与“关系本位”的中国传统道德教育相互融通的关键机理。

（二）传统道德教育中的情感应答机制可以继续成为现代公民教育的有效机制

中国传统文化是一种血缘文化，重视情感之情是其重要特征。情在中国文化中既是个体道德的本位，又是协调人伦关系的机制，是人与人之间产生心意感通的前提。与此相应，传统道德教育将情感作为最重要的人格因素，注重情感应答在道德教育中的作用。为此，我们需要思考，这种传统的情感应答机制能否继续成为现代公民教育的有效机制？

善端扩充。孟子认为，人天生具有向善“四端”，[19]有成就道德的天赋，关键在于能否使“善端”得到美善化的扩充。“善端”“求则得之，舍则失之”。[20]这是一种尊崇人的自然情感、相信通过美好情感端芽滋长和扩张可以成就人之德性品质的教育基本思路。俄罗斯哲学家索罗维耶夫通过对原始部落进行文化人类学考察，发现人最早萌发羞耻、怜悯、敬畏三种基本情感，并称它们为道德的原始材料。[21]现代脑科学的“他心理论”认为，人类“同情共感”“将心比心”等道德现象在发生学上有其物质的根源，即大脑在人实行道德行为时会释放多巴胺等化学物质，使人感到从内而生的愉快情感，并且这种机制通过人类的遗传进化保持下来。这就以实证的研究证明了情感教育机制的客观实在性与科学有效性。因此，对于现代公民教育而言，重视早期教育，尤其是对儿童同情心、羞耻感、恭敬心等基础性道德情感的培养具有启发意义。

情意感通。它是中国传统道德教育所注重的一种人际、人物间情谊关怀的教育机制。儒家思想认为，对人“仁爱”，就要讲求“推己及人”。这种情感性道德教育机制中包含着人际的情感互动，人与艺术美之间的感通共鸣，人与自然之间的天人相谐等。诺丁斯的交互性关怀教育思想认为，关心必须置于关系之中，而“成熟的关系是相互作用的”关心者在关注他人过程中的动机移位，是“一种动机能量流向他人的过程”，[22]这种能量流动过程在本质上正是关心者与被关心者之间情意相互感通的过程。现代心理学与情感教育的研究也表明，情意感通既有利于人们建立良好的“我向性”情感，健康地悦纳自我，更有助于培养良好的“他向性”情感，对他人关怀、仁爱、尊重、宽容，这对补正现代商品社会中的冷漠、狂傲、偏执等不良情绪，形成健康的现代公民人格有着重要意义。

情境化育。中国传统文化被认为是一种礼乐文化，重视以礼、乐、诗等为工具营造特定情境，使人们在情境中感受情意流动，受到感动与激发，从中体悟价值与意义，油然生发出与礼、乐、诗相和相谐的德性情感。从现代公民教育的本质品性看，情境化育绝不是一种仅仅关于公民知识的注入式教育，激发公民个体的主体性，以公民个体自主、自觉的价值认同与责任承担为核心，培养健康的公民意识、情感与健全的公民能力，才是公民教育的本真意义。因此，不同于强调知识记忆的传统教学，现代公民教育必然亲近于以个体情感体验、感悟为主的情境化育，而排斥刻板的道德说教与价值灌输。它既强调教育的模拟情境运用，也注重将学习者引入生活的真实情境，把关于公民的知识放在情境中，将符号化的冷冰冰的惰性知识，转化为以情境为中介和依托，以境脉为联系和纽带的活性知识，从而使学习者在模拟教育情境或真实生活情境中学习和体认综合性的公民知识，培养积极健康的公民情感，提高在真实生活世界中的行动能力。特级教师李吉林情境教育的成功，为情境化育机制的魅力及重要价值提供了有力的实践证明。

对当代中国公民教育而言，教育的成效取决于良好的道德情感能否在个体生命中安根。如何立起这一生命精神发育之根，在交往关系中不断积累丰富的情感体验、培养良好的情感品质，是养成个人美德与公共品质的基础和关键。公民之有别于私民，首先在于公民不只关心一己之私，而具有对公共空间和公共关系中他者的高度敏感性。这种对他者的敏感性与生命早期顺遂情感的培育密切相关，经由善端扩充、情意感通、情境化育等教育机制，可以逐渐发育为个体与他者相互承认、尊重、关怀、宽容等良好的情感品质，从而为现代多元社会的公民教育意欲建立的协商性的、必要的、妥协性的公民关系以及健康公民品性的培养提供必需的情感基础。建立以人为本的人道主义关系，有适合于人的顺遂情感孕育的情感环境，传统道德教育的情感应答机制就能够继续为现代公民教育提供有效机制。

（三）敬畏生命、重视生活经验、追求天人和谐的传统价值取向可以融入现代公民教育模式

1. 生命德育模式与中国传统道德教育敬畏生命的价值取向

在中国传统哲学与传统道德教育理念中，生命是其永恒的主题。牟宗三先生认为，中华民族特有的文化生命的最初表现，首先在于它与西方文化生命源泉之一的希腊不同的地方，即它首先把握“生命”，而希腊则首先把握“自然”。《尚书·大禹谟》所说的“正德、利用、厚生”，是中国文化生命最根源的一个观念形态。它表示中华民族首先是向生命处用心。[23]现代生命德育模式以个体生命作为教育起点，重视生命与生俱来的道德学习潜能，尊重生命的具体性、差异性、独特性，以生命资源陶养德性，优化个体生命样态，关爱、珍重和提升生命。现代公民教育既提倡每个人珍爱、提升自我生命，努力成为优质自己，也要求尊重他人的生命权利，强调个体生命之间的相互承认、尊重、宽容、补充和欣赏。如此看来，生命的具体性、差异性与独特性，正是现代公民教育珍视个体独特性、分享个体多样的生命基础。在这一层意义上，承继了中国传统德育敬畏生命价值取向的现代生命德育模式，从目中无“人”、毫无生命气息、被动刻板的德育模式中解放出来，使个体主体性以及基于相互尊重的主体间性得到充分表达和绽放，这与以尊重个体主体性为特质的现代公民教育具有高度的内在一致性。

2. 生活德育模式与中国传统道德教育重视生活经验的价值取向

中国传统文化强调“正德、利用、厚生”而“三事并重”，其中，“厚生”作为敬畏生命观念的具体展开，体现为一种重视生活及其经验的价值取向。甚至有学者认为，中国传统儒学主要属于生活类型的学问。与此相应，传统教育将道德教育寓于日常生活经验，认为“道”就在日常世界之中，从日常生活中寻找价值和意义，才是获取仁、得到道的基本原则和首要方法。现代生活德育模式将生活作为教育的依托与归宿，认为德育为了生活并在生活中展开，倡导德育必须“回归生活”，强调“准备生活的唯一途径就是进行社会生活”，[24]认为德育只有紧紧扎根未来公民的生活世界，在公民生活中培养具有公民意识和行动能力的合格公民，才能为造就现实的公民人格提供生活土壤。这是因为，公民教育归根结底是要培养在生活中具有行动能力的积极公民，而非在关于公民的知识中进行智力游戏的“公民理论家”。现代生活德育论的核心理念与中国传统道德教育重视生活经验的价值取向一脉相承，并且在中国现代公民教育的课程与实践中得到越来越多的体现和印证。如正在进行的基础教育课程改革中的“品德与社会”课程标准明确指出：该课程是“一门以儿童社会生活为基础，促进学生良好品德形成和社会性发展的综合课程”，“本课程依据小学中高年级学生社会生活范围不断扩大的实际……为他们成长为具备参与现代社会生活能力的社会主义合格公民奠定基础”。2001 年“思想品德”课程标准也指出：

“帮助学生学习做负责任的公民，过积极健康的生活是本课程的追求。”与此课程理念相应，德育课程新教材中特别增加的社区服务、综合活动等内容，其目的就在于增加青少年参与公共生活的机会，丰富其参与公共生活的经验，提高其参与公共生活的能力，从而在学会过公共生活的过程中磨砺公民精神，培育公共品质。

3. 生态德育模式与中国传统道德教育追求天人和谐的价值取向

追求天人和谐是中国古代对天人关系思考的结果。以天人和谐关系为本体依据，追求天人之际、人我之际、身心之际等多维关系和谐是中国传统道德教育理念中的基本价值取向。在人与自然关系紧张以及由此带来的一系列社会问题日益困扰人类的当代背景下，中国传统道德教育所追求的这一天人相谐的价值理念，又焕发出新的价值意义。正如1992年联合国环境与发展大会提出的：“人类应与自然和谐一致……人类为此应变革现有的生活和消费方式，与自然重修旧好，建立新的‘全球伙伴关系’——人与自然和谐统一，人类之间和平共处。”[25]诺丁斯的关怀理论也指出，“对人类行为的敏感性是道德生活的基石，同样，对动物反应的敏感性是对动物产生爱心的基础”。[26]人对自然生态的关怀与人际关怀一样是一种具有道德及道德教育意义的关系。

基于对当代人类社会所面临问题的深刻体认，基于对中国传统天人和谐的价值取向的承继，现代生态德育模式将自然生态作为人类和谐发展的资源，从人与自然关系中寻找德育本体依据，以自然生态、类生态与内生态的三重和谐[27]为教育目标，在人与自然的和谐共鸣中激发生命体验，培养良好的道德情感与价值情怀，以三重生态和谐的理念与准则来培养既具有国家与民族意识，又具有世界眼光与生态观念的现代公民人格，为中国现代公民教育提供了一个可持续发展的新视野。

综上，我们可以看到，在当代德育改革中涌现的生命德育模式、生活德育模式以及生态德育模式，接续和承继中国传统道德教育敬畏生命、重视生活经验、追求天人和谐的价值取向，并对其进行创造性的现代转换，从而沿着生命、生活、生态渐次拓展的公民存在界域，为中国现代公民教育提供理念引导与支撑。

改革开放以来，我们既真实地感受到了以社会主义市场经济为原动力所带来的中国现代公民教育发展的冲动与活力，同时也看到，与发育较早的西方公民教育相比，中国公民教育还处于蹒跚起步阶段。全球化进程中的中国现代公民教育怎样才能植根于中国现实国情，以开放的国际视野借鉴国外成熟的公民教育经验与成果，以理性的文化自觉意识持守民族文化传统，从而走出一条具有本土特色、民族气质与中国样式的现代公民教育之路？这一宏大的时代课题绝不仅仅是一个关于公民教育观的理论问题，它期待着我们在公民教育的理论探讨、制度建设、教育改革、社会实践等诸多层面的探索创新与联动推进。

注释：

①⑯焦国成，李萍．公民道德论［M］．北京：人民出版社，2004．3、3－4．

②林火旺．公民议题的回顾与反省［A］．台湾师范大学公民训育系．二十一世纪公民与道德教育学术研讨会论文集［C］．台北，1990．

③Pratte. R. *The Civic Imperative*, N. Y：Teachers College Press, Columbia University, 1988. 58.

④李强．自由主义［M］．北京：中国社会科学出版社，1998. 9.

⑤刘姝言．自由主义及其公民教育［J］．公民训育学报，1998，(7)．

⑥丁文江，赵丰田．梁启超年谱长编［Z］．上海：上海人民出版社，1983. 272.

⑦高平叔．蔡元培教育论著选［Z］．北京：人民教育出版社，1991. 15.

⑧朱元善．今后之教育方针［J］．教育杂志，1916，(8)．

⑨郑航．中国近代德育课程史［M］．北京：人民教育出版社，2004．166－170.

⑩蔡元培“五育并举”思想即以“公民道德”为中坚。

⑪Will Kymlica and Wayne Norman. Citizenship in Culturally Diverse Societies：Issues, Contexts, Concepts. in Will Kymlica and Wayne Norman (ed.), *Citizenship in Diverse Societies*, Oxford University Press. 2000. 6.

⑫⑱朱小蔓，李荣安．关于公民道德教育的对话［J］．中国德育，2006，(5)．

⑬梁漱溟．中国文化要义［M］．北京：学林出版社，1987. 93.

⑭朱熹认为：“百行百善总于五常，五常总于仁”，“仁”是中国传统文化中最具代表性的道德范畴。

⑮黄光国．儒家关系主义：文化反思与典范重建［M］．北京：北京大学出版社，2006. 86－87.

⑰Keith Faulks. *Citizenship.* London and New York：Routledge, 2000. 13.

⑲⑳孟子·公孙丑上．

㉑朱小蔓．情感德育论［M］．北京：人民教育出版社，2005. 8.

㉒㉖内尔·诺丁斯．学会关心——教育的另一种模式［M］．北京：教育科学出版社，2003. 25、162.

㉓郑家栋．道德理想主义的重建——牟宗三新儒学论著辑要［Z］．北京：中国广播电视出版社，1992. 32－33.

㉔杜威．学校与社会·明日之学校［M］．北京：人民教育出版社，1994. 147.

㉕赵中建．教育的使命［M］．北京：教育科学出版社，1996. 79.

㉗刘惊铎．生态体验式道德学习引论［J］．中国德育，2006，(2).

（原载《教育研究》2006年第12期）

公民教育：中国教育与社会的整体转型

檀传宝*

当前，公民教育已经慢慢成为我国大陆地区教育界大家都比较关心的一个问题。我今天在这里谈一下有关公民教育的三个基本命题或主题：为什么我们要开展公民教育？我们应该开展什么样的公民教育？我们怎样开展公民教育？

第一个问题，为什么我们要开展公民教育？

公民教育为什么最近热起来了？一个重要原因就是，很长时间里我们在教育实践中对“政治教育”的作用没有处理好。我们的教育和德育过去曾经“过度政治化”，最近这些年又反过来出现“去政治化”的倾向。这些都是非常普遍的现象，前者导致强制灌输、导致德育实效降低；而后者造成政治教育的空壳化。由于以上原因，在政治生活中，我们的公民行为常常出现两个极端或者毛病：一是一部分人公民意识冷漠，缺乏积极参加社会主义民主的热情，从而使得本来可以因为公民的有效参与而避免或降低的负面社会现象不能得到应有的、有效的遏制；而另外一种情况恰恰相反，一些人常常过激使用自己的民主权利，罔顾一些过激行为可能产生的对于国家、社会和其他公民生活的伤害。

无论如何，公民参与的能力降低、理性参与公共生活的能力降低，也就是

* 檀传宝，北京师范大学公民与道德教育研究中心主任、教授、博士生导师。

胡锦涛同志讲的“公民意识”一旦降低的话，就很麻烦。事实上，每个人都在过政治生活，在国家政治教育或者公民教育效果不是很好的情况下，上述两种常常互相转化的现象就非常令人忧心。比如政治冷漠，现在很多人认为“反正我只管赚钱，别的事是人家的事、公家的事”。假设我们A市某一个市长X贪污出事了，A市老百姓很有可能在酒馆里眉飞色舞地唠家常：“我们市长X出事了！”大伙没有表现出任何应有的愤怒，因为这事看起来好像跟我们平民百姓没什么关系。其实怎么会一点关系都没有呢！但我们绝大多数中国人可能都是这么想的：“又没有扣我工资，X贪污的钱是公家的钱。”由此反观一些常常被我们嘲讽的发达国家老外的较真行为，老外的较真是不是就显得可爱、可贵呢？他从一开始就不跟你啰唆，而是按规矩办事，因此他们那里也就不可能有那么多的腐败。

这种政治冷漠很容易导致另外一个极端，就是有的人被惹急了以后，会采取非常不理智的破坏性行为。比如“钉子户”，我认为绝大多数“钉子户”是值得同情的，很多时候他们是欲哭无泪，叫天天不应的。但是，也还有一部分人在维护自己权利的时候，使用的逻辑却是“无论是政府、开发商抑或是其他人，只有听我的才公平，我才同意”，这个逻辑是不对的。如果我们理性地承认自己的权利的话，那么我们所有人的权利都是平等的。一个人主张自己权利的时候，让别人绝对服从他，那就意味他仍然是臣民人格，是专制人格，而不是平等的公民人格。公民的权利是每个个体都能行使平等的权利。如果谈判的双方以一方完全压服一方为逻辑的话，那就不是现代社会的公民意识。有极少数人在维护自己的合法权利的时候完全不考虑已有的合法程序，完全不顾社会成本，完全不接受协商，这显然也是没有合格的公民意识的表现。

总之，公民意识水平低是我们要开展公民教育的最重要理由之一。认识到公民教育的现实迫切性，显然有助于我们冷静思考公民教育的必要性。

最近有人跟我说，你们倡导公民教育，可胡锦涛同志讲的是“公民意识教育”，并没有讲“公民教育”。我想说的是：胡锦涛同志讲的“公民意识教育”跟我们所讲的“公民教育”是一个意思，而且他讲的也许更明晰——因为他将“加强公民意识教育”与“树立社会主义民主法治、自由平等、公平正义理念”连在一起，用一个句子表达，这就非常准确。我个人认为，这是新中国成立以来在中国共产党的文件里面，第一次最为准确地使用“公民”这个词。因为绝大多数场合我们讲“公民”的时候，其实“公民”那个词可用可不用。为什么？因为你不过是在讲所有国民、所有人而已。比如《公民道德建设实施纲要》，大家还记得吗？那里面讲的就是每个公民都要孝敬老人，待人要诚实、爱岗敬业等等。我认为，这种情况下“公民”二字用不用都无所谓。“公民”肯定是特定的概念，就该有特定的意思。如果“公民”仅仅是指人，指国民，指所有人的话，那“公民”的概念还有什么意思？进一步说，“公民”必须要和平等、民主、法制等连在一起，如果不连在一起，那么“公民”的概念就没有意思了。

“公民”概念里最要害的东西是什么？我觉得在我们国家，“公民”对应的就是“私民”，公民意味着每一个人都有独立和平等的人格。你看胡总书记讲“公民意识教育”的时候后面跟的不是句号而是逗号，表明这句话没有讲完，意思是与“公民教育”相关联的就是民主法制，就是自由平等、公平正义。后面更是具体地讲到，要“尊重和保障人权，依法保证全体社会成员平等参与、平等发展的权利”。所以，我们应该承认《独立宣言》《人权宣言》等里面宣传的公平正义、自由平等，是世界政治文明最宝贵的财富。在这些维度上，社会主义只能比别人做得更好，而不是否定公平正义等等本身。过去很奇怪，自由、平等被等同于资本主义，就像我们过去曾经把市场经济等同于资本主义一样，这样一来就形成一个逻辑，即，当我们讲“公平正义”之类的概念的时候，只要资产阶级先讲过，我们就不能再用了。如今已进入21世纪了，这个荒唐的逻辑我们还能再用吗？

我们现在讲要建设物质文明、精神文明、社会文明、政治文明等几个文明，其中新增加的就是“政治文明”。政治文明的发展再往深里走，实际上主要就是两个维度，一个是国家政治体制的改革，另外一个就是公民教育的推动。政治文明意味着国家政治体制的改革，党内民主最近也在不断做一些尝试。如要继续推进国家社会主义民主建设，使中国人政治文明的品质更高，肯定需要在人民参与国家生活和公共生活方面建立比现在更好的制度，而不是走回头路。往回走，走向封建社会、等级社会肯定是没有出路的。这是问题的一个方面，但仅仅这个方面根本不够。大家想一下咱们国家的法制建设吧，应该说这些年我们颁布的法律并不少，可是为什么到现在“法治社会”仍然是我们的建设目标而不是社会现实？原因很简单：我们只是有了制度、有了法律条文，但是常常缺乏认真执法的人。一些法官，本来应该判谁三年，但一个人情电话打过来，他就只判了罪犯两年，恶劣的甚至可能会和罪犯商量如何帮忙脱罪。这样的法官再多，又有什么用呢？我们可以在政治体制改革上进一步稳妥地推进，可以理想地设计，把体制改造成最适合我们国情的制度文明，但是，即便是制度完全改过来了，如果我们最重要的要素，也就是制度的主体——人的素质不改，有用吗？教育是社会的良心。我们要是有足够的时代自觉的话，就应从我们自己开始赶快践行公民教育。公民教育不光是要教育孩子，还包括要教育我们自己，因为我们自己也不一定是合格的公民。我们要通过学习解决自己的问题，更重要的是我们要慢慢地让我们未来的公民具有合格的公民性，这样才能够确保将来当政治改革到一定程度的时候，我们有与之配套的公民素养，有理性批判能力、参与的能力、改造的能力。这些主要是我们教育系统的光荣使命。

此外，再延伸一下，在承认公民教育重要性、迫切性之后，我们应该如何深入认识公民教育的意义呢？常常有人问我能不能帮他们学校或者某一个地区搞一个公民教育课程或活动的规划设计，这让我感到高兴的同时也存有忧虑。因为这有一个问题，就是公民教育的意义已经被弄得越来越小。当然，在一定意义上说，公民教育也的确是整个大德育的一部分，大德育又是教育的一部分，从工作逻辑上讲，学校搞公民教育总要搞课程、搞活动才有抓手。公民教育是教育工作的一部分，这个逻辑一直是成立的。但问题是，公民教育不是只有这一个逻辑。“公民教育”要培育“公民”，首先意味着我们教育的培养目标要变。过去只要人守纪律、尽义务，单方面要求别人讲道德，而不给或者讳言与之匹配的公民权利。许多人讲公民教育就想到要培育学生的社会责任感，这没有错，可是必须认识到的是，奴隶是没法负责的，因为他们没有自由与权利。如果我们只有义务，没有权利，那我们就是“臣民”，这是古代社会的人格特征。现代社会必须承认每一个个体都是平等的，每一个人都有与自己承担社会责任相匹配的权利，而且这个权利是不能被剥夺的。公民教育之所以特别重要，主要在于它意味着整个教育目标的改变，还意味着我们整个教育性质的改变。因此，公民教育确立的意义甚至超越教育领域，是我们社会现代化转型的重要标志。因此我这里得出一个结论就是，我认为公民教育意味着中国教育与社会的整体转型。因为社会要现代化最核心的乃是人的现代化，人要成为公民。如果社会成员不是公民，不论我们盖了多堂皇的房子，在这个房子里播放多优美的音乐，用多先进的电脑，都不能说我们处在现代社会。所以，当我们讲公民教育的时候，一部分指的是学校教育内容的改变，另外一部分指的是学校教育目的和教育性质的根本改变，甚至可以讲公民教育是我们整个社会根本改变的一部分。只有这样去思考公民教育，我们才能真正意识到，“公民教育”这短短的四个字，是多么的重要！

第二个问题，我们应该开展什么样的公民教育?

公民教育的概念理解涉及很多内容，我觉得有几点想法是特别重要的。

首先，公民教育基本上可以界定为民主政治教育，在中国则是社会主义民主政治教育。可以这样讲，加了限制以后，就可以有效地将公民教育与小的德育即道德教育区分开来。例如，什么叫“父慈子孝”？儿子和父亲都口渴，他们之间只有一杯水，父亲把水推给儿子，儿子再推回来说爸爸你喝，这就是父慈子孝，这就是道德。公民教育是什么？最重要的是承认而不是否认每个人平等的权利。与“父慈子孝”相互礼让的逻辑对应的是“该我的就是我的”。这里面可能仍然有道德的维度，但首先得承认每个人都有对等的权利与人格，权利意识的唤醒是重点之一。因为“公民”这个概念，如果跟“臣民”相对的话，最重要的特征是拥有权利。甚至在一些场合，当你主张权利的时候，好多人就会认为不怎么“道德”。所以道德教育、公民教育主张的重点不一样，现代教育既要建设道德人格也要培育公民人格。

公民教育到底是什么意思？我有一个非常重要的心得最近发表在《教育研究》2010 年第 5 期上，题目叫“论公民教育的特殊性与普遍性”。普遍性命题强调的就是，当我们讲公民教育的时候，我们就必须承认某些东西是不能动摇的。在汉语语境里，跟“公民”对应最主要的我认为就是“私民”，就是说理解“公民”一个最重要的维度就是“公”和“私”的相对。所以怎么样考虑“公民”？可以反过来推，公民不是“私民”，“私”在我们汉语里两个意思，一个是“私属”或人身依附。公民不是臣民，如果你有“普天之下，莫非王土”“君叫臣死，臣不得不死”这类想法，如果你有特权意识等等，你就不是一个公民。为什么说公民教育跟自由、平等、民主、法制连在一起？就是这个道理。公民是有权利的。当然，这个权利并不是说只有他有权利，而是所有的公民都有平等的权利，权利主张必须有民主、法制的保障。所以首先是，公民不是“臣民”。开展公民教育的时候，无论有多少内容，理解上有多大差异，有一点是绝对不能动摇的，那就是让每一个人都成为顶天立地、独立自主、人人平等的社会成员。从资产阶级革命，从封建压迫里面解放人类开始，现代文明非常重要的一个指标，社会要走向现代化一个非常重要的指标也正是要告别臣民时代。

再次，“私民”还有一个“私下”的维度。公民不是“农民”。当然，这里的“农民”是小农意义上的农民。关于小农意义上的“农民”，马克思有一个很好的比方，他说法国农民就像一袋马铃薯，看起来好像有很多，但其实都是乌合之众，因为那个袋子一散，马铃薯就会撒一地。就是说，农民意味着“各人自扫门前雪，不管他人瓦上霜”的社会人格。像刚才说的，在我们自己生活的城市，倘是某位市长因为腐败被逮了，我们很多市民居然可以在酒馆里面把这件事当做“下酒菜”。这意味着我们已经把自己的门关起来，只管我们自己家里面的事情。很多中国人认为这样做是一种生活“智慧”，而认为那些“多管闲事”的人是“傻瓜”。但事实上，恰恰相反，那些勇敢地站出来为了公共利益，为了国家的利益，为了城市的利益，为了小区的利益，敢于站出来的人都是大智慧者，是值得我们敬佩的。即使他有某些缺点，但首先他站出来就比明哲保身的“农民”人格的我们要好得多，因为我们多数人都不愿意冒那个险，我们多数人都觉得自己忙，觉得自己还有比这个更重要的事，认为那种事情都让那样的傻瓜去干吧。如果我们每个人都按这个思维去推的话，这个世界还能进步吗？我一直认为中国腐败很重要的原因之一就是因为我们社会大众多数人不是“公民”。腐败有三个原因，主要是第一个原因，即制度有漏洞；第二个是腐败分子的道德败坏；第三，就是我们多数人不是“公民”——如果我们多数人都是公民，如果每一个环节我们都认真监督的话，会有那么多的腐败吗？

总而言之，公民教育的具体内容，第一是培养独立的人格，第二是培养理性地参与、积极地参与公众生活建设的能力。如果不解决这个问题的话，我们的社会很麻烦。公民教育可以有我们国情带来的特殊性，但是绝不可以用特殊性否定普遍性。

在中国开展公民教育的过程中，大家要预防两个认识上的陷阱。一个陷阱是用上面说的用特殊性否定普遍性，另外一个陷阱就是用普遍性否定特殊性。关于后者，连外国人都注意到这一点。我在伦敦大学有一个名叫 Hugh Starkey 的好朋友，他在我们北师大演讲讲人权教育时就提了一个很好的观点。他认为，讲人权教育就讲人权教育，不要把人权、人权教育等作为意识形态的工具。他觉得有一些政客，还有一些具有政客色彩的西方学者，总是想搞垮一个国家，基本上都是用普遍性否定特殊性，把人权、人权教育等“普世”概念，作为一个害人的工具。这种情况是不好的，反而不利于人权教育和人权事业。现在我们讲公民教育，为什么很多人忌讳，因为的确也有这种被人利用的可能。

所以要预防的这个陷阱就是，简单的“拿来主义”原则。现在有些人认为，公民教育美国做得好、英国做得好，我们直接拿来用就可以了，这是危险的。大家琢磨一下，美国有50个州，州州都不同。美国、东欧、西欧在讲公民教育的时候强调的重点完全不同。比如美国公民教育里面多元文化的成分非常大；西欧的国家最近的趋势之一是，在讲权利比较充分的前提下，一些国家已经开始强调公民的社会责任；在东欧，显然是公民权利的部分更凸显。每一个社会的公民教育都是为特定社会存在的问题而设计的。因此如果有人说，“檀老师你把英国的教材拿回来给我们用用”，我就只能说不行。因为我们可以参考、学习，但是不能拷贝，因为我们如果照抄别人的做法，肯定解决不好自己的问题。我们必须考虑自己的社会实际来设计和开展公民教育，否则肯定是会吃亏的。

我们再随便举一个例子，就是公民的国籍问题。大家知道，每一国家的国籍法都不一样，有的国家承认双重国籍，中国就不行。有的国家是按血统论定国籍的，德国就是这种情况。即便你住在德国、你也照德国人一样交税很多年，但是如果你爸爸妈妈不是德意志人，那么你就很难获得德国国籍，因为那里是按血统定国籍。东欧剧变以后出现一个现象，一些由东欧其他国家移民到德国的德意志人，即便还不会讲德语，但很快也成为了德国公民，而那些长期甚或几代居住在德国的非德意志血统的人却没有机会获得德国国籍。与德国不同，法国是按照属地主义原则去界定公民身份的，你在法国生活多少年，纳税了多少年，就可被认定是法国人。成为法国公民相对比较容易，但这也导致法国的种族矛盾、动乱比德国的多。可见，就连怎样才算是某个国家的公民大家的认识都不一样，在公民教育的做法上，你怎么可能去照抄人家?

当然，另外一个方面，用特殊性否定普遍性也同样是危险的陷阱，在某种意义上也许更危险。因为如果我们用国情的特殊性等做借口讲一个与其他国家一点相同性都没有的“公民教育”，那么这个“公民教育”还是真的公民教育吗？如果连自由、平等、公平正义、民主法制都不愿意讲，那么就没有公民教育了。这一点因为前面已经强调较多就不再展开了。

所以我觉得有两个东西都要坚持，一方面公民教育就是公民教育，公民教育意味着不能培养臣民，公民教育意味着教育大家不能只管自己的事情，这个是首要的。至于我们在何种程度上，哪个时期强调哪一个公民教育的内容更多一点，我们完全可以根据自己社会的实际去具体设计。中国公民教育应当具有中国社会与文化的特质，必须反对简单的拿来主义。

公民教育不仅是认知的问题，更重要的是实践问题。如果没有行动就谈不上公民。公民实践也与公民概念的拓展有联系。民国时期，我们也曾经讲过公民教育，但那个时候讲“公民”就是指国家意义上的公民，公民即国家公民。现在国际上讲“公民”的时候，公民不仅是指国家公民，还包括小一点的，比如说社区公民。还有大一些的，即世界公民。因此在公民行动上，现在开展公民教育的时候，不光要了解国家的法制、民主制度，还包括小区、学校、班级的公共参与，还包括怎样处理全世界共同的问题，比如战争问题、和平问题、污染问题等等，还有像世博会、联合国等问题，也都是我们公民教育要考虑的重要主题。但无论哪一个维度的内容，都应该考虑两个方面的问题，第一，统一的部分；第二，国情的部分。我的主张是要开展有中国特色的公民教育，不能用中国特色否定公民教育的基本诉求，也不能说搞公民教育就不能考虑我们的特色，我们毕竟是要解决自己的问题的。

第三个问题，我们怎样开展公民教育？

这个问题，实际上在第二个问题的讨论中已经涉及不少了。下面主要是一些必须补充的意见——

我们都知道德育有三种基本形态，包括直接德育、间接德育和隐性课程。我们的学校要做公民教育的话，我觉得也可以做三种考虑，当然这三种考虑跟三种形态又不完全对应。

首先，我们应该发掘已有公民教育的资源。虽然我们有一部分人忌讳说“公民教育”这个词，但实际上我们现有的德育体系里面是有公民教育的内容的，比如说，在初中和高中阶段，我们都讲过宪法、国家制度、联合国、民族团结、和平与战争等问题，这其实就是世界公认的公民教育的一部分内容，虽然它可能还不很完整。高中老师讲世界历史的时候，不讲法国的《人权宣言》、美国《独立宣言》是不可能的。如此等等。就是说，现有的课程体系里面是有公民教育的，但我们过去可能没有认为那是公民教育，而认为那只是历史教育、政治教育或者说是德育。因此我们开展公民教育，第一条就是要高度重视现有课程体系里已有的那一块。

其次，应该补充开展公民教育的教育设计。依据现行政策，我国德育可以有三个水平的课程，国家课程、地方课程和校本课程。我们完全可以在地方课程和校本课程上动脑筋、想办法，补充现有国家课程的不足。我觉得这可能也是与我们现在这个会议主题（德育创新）联系最密切的部分。

最后，德育最重要的根本不是在显性课程，不是直接德育和学科德育，而是隐性德育的部分。生活模式的公民教育才是重点。这不光是我们的教育家的认识，也是罗斯福夫人的观点。罗斯福夫人是联合国《人权宣言》的发起者之一，她曾经说，人权在哪里找？它就在我们的生活小区、学校、工作岗位等日常生活领域。就是说，如果你离开日常生活来谈人的权利和公民教育等等，都没有意义。也就是说，尽管我们在课堂上讲很多关于公民、权利、责任这类概念，可是，如果在日常生活中间，孩子们根本不能对自己的班级生活和校园生活有任何自主的发言权的话，那我们永远不可能培养真正意义上的公民。所以，从这个意义上讲，我们最后一个命题与第一个命题连在一起，如果我们承认公民教育为整个社会教育的全部转型的话，公民教育固然需要通过课程来开展，但它首先应当是校园与社会生活的重建。如果我们不能够在我们的班级和校园或者周边的社区建设更民主的社会氛围，那么，公民教育是不可能真正扎实开展的。公民生活的成分越低，我们就越不可能有真正意义上的公民教育。

非常感谢大家的耐心倾听。如果大家想了解我对公民教育思考的更多材料，除了前面讲的《教育研究》上的那篇论文，大家还可以参考《人民教育》2007年第15—16期《当前公民教育应当关切的三个重要命题》、《人民教育》2008年第18期《研究与开展中国特色的公民教育》、《人民教育》2010年第15—16期《以专业的德育提升生活的品质》，以及《安徽师范大学学报》2010年9月第38卷第5期《公民教育是教育的全部转型》，以上文章都涉及公民教育。

最后，我想讲：公民教育是生活的改造，应该从哪里做起呢？我认为，我们可以从现在开会的这个时刻、场合开始做起。我注意到，今天早晨我们进学校的时候，大成实验学校的孩子们对我们是热情欢迎的。可惜当孩子们和我们打招呼的时候，大部分的来宾是视而不见的。我建议大家出门后对孩子的招呼有一个态度上的根本改变：我们最起码应该和他们有目光接触，应该对他们点一下头、真诚地说声谢谢。公民人格培育所需要的人人平等、相互尊重不能只说不做。公民教育特别要“从我做起、从现在做起”。谢谢大家!

（本文系作者在中国德育杂志社、杭州市教育局、杭州市下城区人民政府共同组织的2010’校本德育创新论坛上发表的主旨演讲。原载《中国德育》2010年第12期）

公民教育：当代中国教育的历史选择

李 萍 钟明华 段 希*

20世纪末以来，公民教育①在中国大陆悄然兴起。这表达了社会变革与发展对当代教育提出的新要求，正如檀传宝教授所说："进入新的历史时期以来，由于和谐社会建设对于社会公平、正义或者对'最广大人民的根本利益'的迫切追求，由于社会主义政治文明、社会文明的不断进步，合理引导中华人民共和国的所有公民，尤其是广大青少年，树立正确的公民意识、提高理性的公民素养已经成为目前中国教育理所当然的重要任务。"[1] 从根本上看，公民教育是当代中国教育的历史选择，应成为现代教育的基本理念。本文将从以下三个角度来把握这一论题。

一、中国公民教育的特殊性

世界各国都把公民教育作为基础教育的一个重要组成部分，这既是现代民主国家的基本诉求，也是当代教育的历史选择。同时不同国家的公民教育具有相通性，又有其特殊性，各国文化传统的差异、历史发展的特点、政治制度的差别又决定了不同国家的公民教育具有其自身的特殊性。就中国公民教育而言，它不具备西方公民教育所拥有的悠久历史传统和公民社会基础，因此不可能照搬西方公民教育的发展模式，而必须正视中国社会发展的现实，在吸取其他国家先进经验

* 李萍，中山大学副校长、教授、博士生导师；钟明华，中山大学教育学院院长、教授；段希，中山大学哲学系博士研究生。

的基础上，立足中国的历史进程和特殊矛盾，正确理解中国公民教育的特殊性。

一方面，东西方进入文明社会的不同路径预制了中国公民教育有别于西方的特殊性。马克思主义经典作家在论及人类由原始社会进入文明社会的历史进程时，认为东西方曾经走了两条不同的途径，即以希腊为代表的“古典的古代”和以古代东方国家为代表的“亚细亚的古代”。“古典的古代”是从氏族到私产再到国家的进程，个体私有制冲破了氏族组织，而后国家代替了氏族。“亚细亚的古代”则是由氏族社会直接进入到国家，国家的组织形式与血缘氏族制相结合，我国古代奴隶制的形式可以说就是典型的“亚细亚”生产方式。正如侯外庐先生早在 20 世纪 40 年代提出的，如果用恩格斯“家族、私产（有）、国家”三项作为人类文明路径的指标，那么中国氏族公社的解体和进入文明社会的方式与西方国家不同。西方是从家族制、私产再到国家，国家代替了家族；中国是由家族到国家，国家混合在家族里。[2]因而在西方，公民社会历经“私产”的几百年充分孕育后，随着公共生活参与面的拓宽、参与度的深入，公民的个体意识和国家意识及与之相关的权利义务意识有了充分的培育空间。尤其是伴随着工业文明、商品社会及资本主义的兴起，具有“自下而上”优良传统的公民教育逐渐成为西方培育合格公民的基本途径。中国则不同，当“国家混合在家族里”时，个体与国家之间的关系始终混杂在个体与家族、家族与国家的关系当中，某种程度上也就意味着个体活动的私人领域与公共领域的混杂以及公私观念的混淆。由此可见，中国公民教育具有与西方完全不同的文化传统，具有其特殊的文化基础。

另一方面，中国历史发展进程的特殊性决定了中国公民教育的特殊性。中国的公民教育最早是在民国时代提出的，1912 年颁布的《中华民国临时约法》第一次在法律上对公民权利作出规定，抗日战争时期中国共产党领导的抗日根据地也曾经开设过直接以“公民”为名称的课目。即 20 世纪上半叶我国已提出了公民教育的命题，但由于国内战争、民族战争等特殊历史因素影响，公民教育并没有实践的基础和可能。新中国的诞生，从政治上标志着广大劳动人民翻身做主，同时也从法律上确立了劳动人民作为公民的地位。但是由于我国处在社会主义初始阶段，生产力落后，商品经济不发达，因而我们长期实行高度集中的计划经济体制，并在此体制下形成了单一的经济模式、统一的思想意识形态和高度集中的政治体制，个人对社会、组织或单位具有极强的依赖性，这种社会的组织形式在实质上是未经充分分化的机械组合，不利于公民及公民社会的培育。同时我们还应看到，虽然中国社会已经开始步入现代化的发展进程，但两千多年封建统治的负面影响仍不容忽视，许多残余的封建观念尚未得到根本改造，根深蒂固的臣民、私民意识正是影响中国公民意识培养的重要因素之一。

因而，从社会整体上看，中国公民教育的发展起步较晚，受到封建残余意识的影响，一定程度上缺乏培育公民社会、实行公民教育的土壤，要在此基础上实现具有13亿人口国家的公民整体素质的提高，的确任重而道远。但正是这种“后发式”的发展才能有机会充分借鉴西方“前发式”发展过程中的经验和教训，从而少走弯路。事实上，直至十一届三中全会之后，改革开放才真正开启了中国现代化之路，为中国公民教育的发展提供了崭新契机和现实基础。

二、中国公民教育的时代要求

党的十七大报告指出：“当今世界正在发生广泛而深刻的变化，当代中国正在发生广泛而深刻的变革。机遇前所未有，挑战也前所未有，机遇大于挑战。全党必须坚定不移地高举中国特色社会主义伟大旗帜，带领人民从新的历史起点出发，抓住和用好重要战略机遇期，求真务实，锐意进取，继续全面建设小康社会、加快推进社会主义现代化，完成时代赋予的崇高使命。”毋庸置疑，中国社会发展的新进程——社会主义现代化的加快推进对公民教育提出了新的时代要求。

社会主义现代化的两个基本要素是市场经济和民主政治，二者的健康发展内在地需要公民教育作为支撑，并对它相应地提出了客观要求，必须将公民意识培养作为教育重点，而公民教育也只有在市场经济和民主政治的基础上才能真正实现。正如鲁洁教授所说：“市场经济孕育了新的人与人的关系，它为独立人格的发展开拓出了新的空间，这也是当代道德教育所面临的可能空间，在这样的空间中为道德教育培养出一代具有独立人格的公民，形成这种人格各种内在道德属性，诸如自主、自由、民主、平等、公正等品质，提供了它的选择的可能。”“现代人的生活越来越多地表现为作为公民的公共生活经验，其行为也越来越多地表现为社会公共行为，或者换句话说，现代人的生活和行为越来越具有社会公共意义。在现代社会的公共生活中，政治生活是最基本的，也是最重要的。”[3]

中国社会主义现代化与市场化、民主化是同步的，中国社会经历现代化转型，其现实基础与具体承载就在于市场经济的迅速兴起和民主政治的逐步发展，及其对计划经济和集权政治的全面替换。现代化进程中社会各领域翻天覆地的变化，归根到底是市场经济和民主政治引起的各领域的深刻改造与创造。市场化的社会存在与生存方式，打破传统社会生活的宗法人伦秩序，个体主体意识的自觉和重义轻利价值结构的消融，使宗法与政治紧密结合并高度统治社会生活的格局被迅速瓦解，公共生活逐渐从私人生活中分离出来。公民权利随着公民身份与意识的唤醒以及现代化（市场化）改革而日益摆脱政治权力的控制与束缚，获得了伸张空间。这也正是公民教育所应发挥作用的空间，即促使公民独立自主地参与社会，履行公共义务，推动公民社会的构建，通过多样化的形式培养受过教育的公众，即培养理性的、自由的、有德性的公民群体。市场经济与民主政治所带来的一切社会现代性特征，均是公民社会发育所不可或缺的基本元素，亦是形成公民社会的制度性基础。在现代民主社会中，公民是市场经济和民主政治的直接参与者，也是社会经济政治生活中的主体，一个国家整体的公民素质水平在很大程度上决定了其市场经济和民主政治所能达到的进程。

在党和政府的领导下，中国实行改革开放，公民的政治参与、舆论监督、法律保障等逐渐健全、充实。随着市场经济的深入发展、政府职能的转换，令人欣喜的各种变化正在发生，中国人的公民意识、公民社会正在萌发、形成。同时，我们也应清醒地认识到，中国虽然已经开启了现代化的进程，但与之相应的公民教育的发展依然任重而道远，社会现实中仍然存在着各种缺乏公民意识的现象和由此引发的问题。正确的公民意识的培养，尤其是权责意识的培养已成为中国公民教育刻不容缓的任务，现代化的发展要求中国的公民教育建立与市场经济、民主政治发展相适应的内容，并且探寻适宜的教育方式不断提高公民素质，从而进一步推动社会主义现代化发展。

三、当代中国的学校公民教育实践

公民教育是一个庞杂而系统的工程，它不仅是理论的教育更是实践的教育，不仅包括社会层面的教育也包括学校层面的教育。我们应当在把握中国公民教育的特殊性和时代要求的基础上思考并探寻中国公民教育的实践之路。党的十七大报告指出：“实现全面建设小康社会的目标还需要继续奋斗十几年，基本实现现代化还需要继续奋斗几十年，巩固和发展社会主义制度则需要几代人、十几代人甚至几十代人坚持不懈地努力奋斗。”可见，与现代化相适应的中国公民教育实践也将是一个长期的过程，需要有的放矢地进行，而不能眉毛胡子一把抓。当代中国的公民教育实践必须将理论教育与实践教育、社会教育与学校教育结合起来，以“自上而下”和“自下而上”的方式同步进行，才能最终建立具有中国特色的公民教育体系。学校教育是中国公民教育实践的重要领域，以下主要以学校公民教育实践为切入点来把握中国的公民教育实践。

第一，在教育目标上，学校公民教育是为了培育合格的现代公民，而非“圣人”“君子”，因而它强调的并非先进性道德要求，而是广泛性道德要求，它不是一种精英教育，而是一种普适教育。它的普适性根本体现在以合法性为基本限度。公民教育包括了政治教育、法律教育和道德教育，而所谓合法性的基本限度，是指公民政治、法律、道德教育是以公民的基本权利和义务为前提，以“合理性”作为普遍要求的“平民教育”。它以全体公民为基础，设定道德底线，将一定社会发展阶段上的基本道德规范作为普遍的道德要求；不允许有“特殊公民”，意味着不存在少数“特殊公民”对大多数公民的特殊要求，强调公民社会组织与成员之间的道德契约、内在要求。

第二，在教育方式上，学校公民教育不是权利或义务的单向度灌输，而是权利与义务相统一的双向度互动。我国传统德育，无论是政治伦理化还是伦理政治化的形式，基本上是“义务取向”的教育，这种取向与中国社会文化传统的特点有着必然联系。而公民权利与义务的统一是真正公民社会的本质要求，它不仅是对全体公民的要求，而且是包括道德、政治、法律在内的多层次要求。只有权利和义务的统一才能构成一个社会共同体生活的规范体系，这是保障社会成员获得公正地位的前提。当一个社会的成员只有义务而无权利的时候（如“臣民”），这个社会或者是处在“原始和谐”阶段，或者是少数人的绝对权利取代大多数人权利的集权社会；当一个社会成员只有权利而不讲义务时（如“私民”），这个社会一定是无政府状态的社会。因此，普遍的权利导致普遍的义务，普遍的义务支撑普遍的权利，这乃是健康民主社会之基本理念。

第三，在教育内容上，公民意识的培养和公民社会的培育是公民教育的重点，而非简单的知识灌输。因而它不是受动性教育，而是主动性教育；不仅是知识性的教育，更是实践性的教育。公民教育以公民的独立人格为前提，是主体性教育。公民的本质内在地决定了它必须以人格的独立性为前提，作为公民社会的内在要求，它承担着培养公民民主素质的使命。英国学者帕特丽夏·怀特将以民主的形式促进勇敢、诚实、自尊等素质，教师必须敏锐地感受不同价值之间的紧张关系，关心不同质的学生群体，关心增加学生对民主政治的理解，发展民主素质要依赖广泛的、不可替换的知识、洞见和技能等五个方面，作为贯穿公民教育的五条线索。[4]可见，公民教育不同于传统的道德训诫，不同于狭隘的政治教育或政治灌输，这些教育是单向性的、受动性的，而公民教育必须是以人的主体性为前提，以主体的自觉意识为基础，以提升人的主体性为目标的教育，因而是主动性、开启性的教育。

东西方进入文明的不同路径和中国历史发展进程的特殊性预制了中国公民教育的特殊性，而作为社会主义现代化两个基本要素的社会主义市场经济和民主政治对中国公民教育也提出了相应的要求。在这样的背景和条件下，学校公民教育实践作为整个公民教育体系的重点和基础是一个可行的切入点，然而这仅是迈出了很小的一步，中国公民教育仍然面临许多历史和现实的问题及矛盾，需要在不断的理论研究和教育实践中进行探寻，以便为中国实现真正的民主化、法制化和现代化奠定坚实基础。

注释：

①本文中的“公民”包含三层含义：第一，公民是指社会人、政治人，公民身份是由国家通过合法程序赋予的，他是以社会和国家的一个成员身份存在的；第二，公民表达了个人与国家之间的一种特定法律关系，并具有相应的权利和义务；第三，公民不仅是一个政治概念，而且是一个历史概念、文化概念。公民教育是指以公民的本质特征为基础和核心而建立起来的教育目标体系，它必须满足三个基本条件：以公民的独立人格为前提，以权利和义务的统一为基础，以合法性为底线。完整意义上的公民教育主要包括公民意识教育、公民伦理教育和公民权责教育等。

参考文献：

[1] 檀传宝．当前公民教育应当关切的三个重要命题［J］．人民教育．2007，（15/16）：4－6.

[2] 侯外庐．中国思想通史：第1卷［M］．北京：人民出版社．1957.6－12.

[3] 鲁洁．转型期中国（大陆）道德教育所面临的选择［Z］．21世纪价值教育与公民教育国际学术研讨会，2006.

[4] 帕特丽夏·怀特．公民品德与公共教育［M］．朱红文，译．北京：教育科学出版社．1998.6－8.

（原载《中国德育》2007年第12期）

德育及公民教育在香港课程改革中的理念、策略和实践经验

张永雄*

一、引言

香港特别行政区课程发展议会在2001年6月发表的《学会学习——课程发展路向》报告书，为未来十年香港中小学校课程的发展定出大方向，并以学生能达至全人发展及终身学习作为愿景。报告书提出将德育及公民教育作为四个主要推行的关键项目的其中一项（其余三个关键项目分别是：从阅读中学习；专题研习及运用资讯科技进行互动学习），并建议将之结合在各学习领域内及跨领域间推行，标志着课程改革一个重要的方向。

二、背景条件

这次课程改革中的德育及公民教育的目标和策略，是配合香港的历史及社会环境、学校的现况及将来对人才的要求，并参考其他国家的实践经验而产生的。

（一）香港回归祖国

1997年7月1日，香港回归祖国。作为教育工作者，有责任提高学生对国家的认同和归属感，培养学生愿意为社会和国家的福祉作出贡献的精神。课程改革中提出以“国民身份认同”作为其中一个首要培育的价值观，便是

* 张永雄，香港教育统筹局课程发展处总课程发展主任（德育及公民教育）。

希望能加深学生对国家的了解，并提升他们对国家的认同和自豪感。同时，香港也是一个国际城市，是世界各地文化汇聚的地方。培育学生对国家的认同和归属感，不但能提升他们作为中国人的自豪感，更能帮助他们了解国民身份及对社会以至国家承担精神的重要性，以充满自信、不卑不亢的态度与不同国家的人交往。

（二）多元化的城市

香港是一个国际城市，信息科技发达，市民能从不同的途径获取知识，亦同时受着不同国家文化的冲击。学校在推动德育和公民教育中扮演的角色，再不能局限于课堂内以教条形式单向地向学生灌输社会认同的观点和行为，而是要帮助他们学习如何吸收和理解从不同渠道得来的讯息和价值观，借教师适当的引导和提点，作出恰当的分析和判断。课程改革提出重点培育个人价值观的方向，便是希望能使学生具备抗拒社会各种诱惑的能力，在良莠纷陈的社会价值观中，仍能坚持自己正确的原则和生活态度。

（三）未来人才的要求

21 世纪的香港，是一个知识型经济的社会。课程改革提出首要培育学生具备坚毅、尊重别人、责任感和愿意承担等价值观和态度，亦是配合将来社会对人才素质的要求。在以往以工业为主的经济结构中，社会对人才的要求往往着重掌握知识和技术的能力；随着社会科技和经济的发展，21 世纪香港对人才的素质将会有更高的要求：需要的将会是一群不但拥有知识，并懂得和别人和睦相处、有责任心而又值得信赖的人才。课程改革中德育及公民教育所提出的方向，便是朝向这个目标为香港培育更优秀的人才。

（四）学校现况

课程改革建议校长可依据学校的情况和办学宗旨，通过和师生及家长的讨论，订出该校推行德育及公民教育的具体目标和策略。这个开放、富弹性而又注入校本特色的推行模式，是配合香港的实际情况和需要而设计的。香港除了有由政府开办的公立学校，也有由不同办学团体所开办的津贴学校、直资学校和私立学校。政策要得到支持并能付诸实行，必须要考虑不同办学团体的理念、个别学校的发展条件和优势等。课程改革提出富有弹性、目标清楚的学校发展方向建议，并鼓励校内各岗位人士通过讨论达成一致的推行目标。推行目标既能反映学生的实际需要，又可以照顾到办学团体和教育当局各自的期望和要求，当学校推行课程改革时，便能事半功倍，得心应手。

（五）全校参与

课程改革建议学校应动员全校参与，共同在校园建立一个理想的德育及公民教育的学习环境。提出这条建议是因为考虑到学校推行德育及公民教育的现况。目前香港的学校大都成立专责小组或委员会负责推行德育及公民教育事宜，但同时造成德育及公民教育与其他学科出现割裂的现象。因而在学生眼中，德育及公民教育便和其他学科一样，只是一门学习的科目，未能真正引发学生实践的动机。如果能让全校一同参与，不论在学科或是课堂以外的学习活动，学生都接收着一致的讯息和价值观，就可营造强大的感染力，鼓励学生实践所学。

（六）理论支持

近 20 年来心理学和教育学的理论文章和实证研究结果都显示，要帮助儿童与青少年建立积极和正面的价值观，必须从生活体验出发，以坦诚开放的态度作出提点和指引，谆谆善诱，并辅以实践学习的机会。课程改革提出以学生的"生活事件"作为德育及公民教育主要的学习内容，便是希望教师把一些学生熟悉的事情作为切入点，以互动和有趣味的学习模式，鼓励学生将课堂上学到的价值观和态度应用到日常生活中，或是让学生将自己日常生活中所遇到的事情带入课堂作反思和讨论。借此，可让学生反复思考、检讨和修正自己的价值观、态度和行为，使之在教师的引导下得到改善和提升。

（七）其他国家的教育改革经验

近 10 年间，世界各国都积极检视本土德育及公民教育的方向，并作出适当调整，以配合现代国际和社会环境的转变。例如：英国教育部在 1997 年参考由伯纳德·克里克爵士（Sir Bernard Crick）及其顾问小组成员的意见，将有成效的公民教育（effective edueation for citizenship）定义为发展学生社会及道德责任感（social and moral responsibility）、社区参与（community involvement）及政治知能（political literacy）三方面的能力，强调提升学生态度和能力在公民教育中的重要性。最近几年在美国各州的中小学进行的课程改革中，道德教育仍是备受关注的项目，重心亦从以往价值澄清的方向转往学生个人品德和价值观的培育。美国总统乔治·布什（George Bush）2002 年 6 月在白宫举行的有关教育会议中就指出，21 世纪德育的发展方向应该培养学生良好的品德和价值观，例如：诚实、责任感、包容、尊重等。香港的课程改革亦朝着这个方向前进，与世界各国的教育改革接轨。

三、理念简介及推行策略

教育统筹委员会在2000年9月发表的《终身学习，全人发展——香港教育制度改革建议》中，提出香港21世纪的教育目标是：

让每个人在德、智、体、群、美各方面都有全面而具个性的发展，能够一生不断自学、思考、探索、创新和应变，具备充分的自信和合群的精神，愿意为社会的繁荣、进步、自由和民主不断努力，为国家和世界的前途作出贡献。

《学会学习——终身学习　全人发展》（2001年6月）制定了学校课程的宗旨，期望学生能够：

- 明白自己在家庭、社会和国家所担当的角色和应履行的责任，并关注本身的福祉；
- 认识自己的国民身份，致力贡献国家和社会；
- 发展创意思维及掌握独立学习的能力（例如批判性思考、信息科技和自我管理）；
- 积极主动及有信心地以中英两种语文（包括普通话）与人沟通和讨论；
- 养成独立阅读的习惯；
- 全面掌握八个学习领域的基础知识；
- 建立健康的生活方式，并培养对体艺活动的兴趣和鉴赏能力。

有关文件清楚指出培育学生的价值观与训练学生运用知识的能力是同样重要的。至于具体的推行策略，可参考2002年发表的《基础教育课程指引：各尽所能·发挥所长（小一至中三）》之《从四个关键项目学会学习：3A德育及公民教育》课程指引。我们提出了一个开放而具弹性的德育及公民教育课程架构，强调以学生的生活经验为本，并倡议学校以“生活事件方式”的教学策略，有系统及循序渐进地整合不同范畴的价值教育，发展有系统及完整的校本德育及公民教育课程，以培养学生正面的价值观和积极的态度。（见表1）

表1 德育及公民教育以培养学生正面的价值观和态度为主

<table>
<tr><th colspan="2"></th><th>个人价值</th><th>社会价值</th></tr>
<tr><td rowspan="2">价值观</td><td>核心价值</td><td>生命神圣、真理、美的诉求、真诚、人性尊严、理性、创作力、勇气、自由、情感、个人独特性</td><td>平等、善良、仁慈、爱心、自由、共同福祉、守望相助、正义、信任、互相依赖、持续性（环境）、人类整体福祉</td></tr>
<tr><td>辅助价值</td><td>自尊、自省、自律、修身、道德规范、自决、思想开阔、独立、进取、正直、朴实、敏感、谦逊、坚毅</td><td>多元化、正当的法律程序、民主、自由、共同意志、爱国心、宽容、平等机会、文化及文明承传、人权与责任、理性、归属感、团结一致</td></tr>
<tr><td colspan="2">态度</td><td colspan="2">乐观、乐于参与、批判性、具创意、欣赏、移情、关怀、积极、有信心、合作、负责任、善于应变、开放、尊重（自己；别人；生命；素质及卓越；证据；公平；法治；不同的生活方式、信仰及见解；环境）、乐于学习、勤奋、对核心及辅助价值有承担</td></tr>
</table>

为帮助学校采纳“生活事件方式”发展有系统及完整的校本德育及公民教育课程，我们主张德育及公民教育应重申重点（re-focusing）、重组课程（re-organization）及重订推行策略（re-engineering）的“3R”策略。

在重申重点方面，我们强调学校首要培育学生坚毅、尊重他人、责任感、国民身份认同和承担精神这五种对个人及群性发展有重要影响的价值观和态度，并以价值观为核心，加强各价值教育范畴（如：性教育、环境教育、传媒教育、生命教育等）之间的紧密联系。（见图1）借着这种跨范畴的学习模式，学生不但能加深了解议题背后相关的价值观，并且能够学习在不同的范畴和情景当中体现和实践学校特别重视的价值观。例如，学校如果以“尊重”作为重点培育的价值观，可以尝试让学生在“性教育”中学习尊重自己和别人的身体；在“公民教育”中学习尊重别人的隐私和社会法律的精神；在“环保教育”中学习尊重生态环境，不做破坏大自然的事情；在“道德教育”中学习尊重和接纳别人与自己的差异，以及不怀歧视的心态。

在重组课程上，学校可以采用“生活事件方式”的新策略，以学生的生活经历为引子，包括过去的经历及将来生活中可能遇到的事件，培养学生积极的生活态度及正面的价值观。（见图2）学习事件应系统地分为六个生活主题：①个人成长及健康生活；②家庭生活；③学校生活；④社交生活；⑤工作生活；⑥社会生活。每个主题有不同的学习事件，以配合学生在不同学习阶段的需要，为他们提供一个完整的课程，并以学生的生活经历作为学习情境推行德育及公

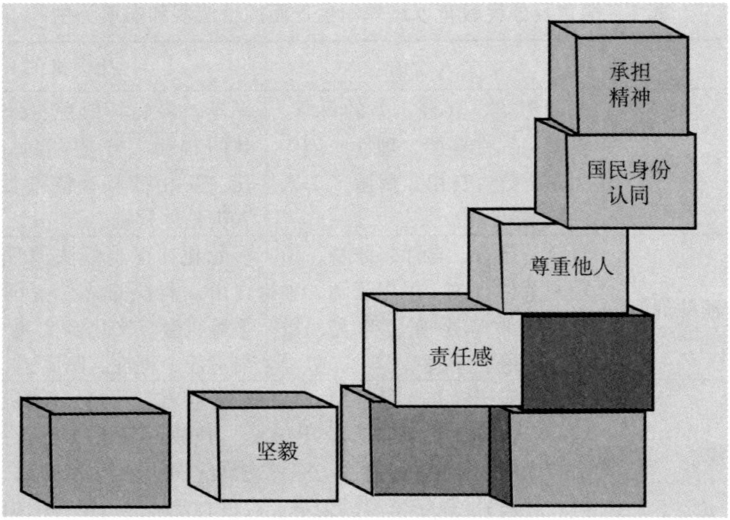

图1　以培养价值观为新方向：从K. S. A走向A. S. K的范式
（K-nowledge 知识　S-kill 能力　A-alues & Attitude 价值及态度）

民教育，将日常发生的事情分为：①经常会发生的事情，即“核心事件”（例如：做功课、运用零用钱、接触传媒等）；②偶然会发生的事情，即“延伸事件”（例如：参加宴会、迁新居、上补习课等）；③突然发生的事情，即“特殊事件”（例如：面对严重疾病、参加丧礼、父母离异等），灵活采纳作为设计课程的主要材料。例如，利用“打扮自己”的生活事件，引导学生反思简朴生活的重要及自我形象与衣着的关系等。

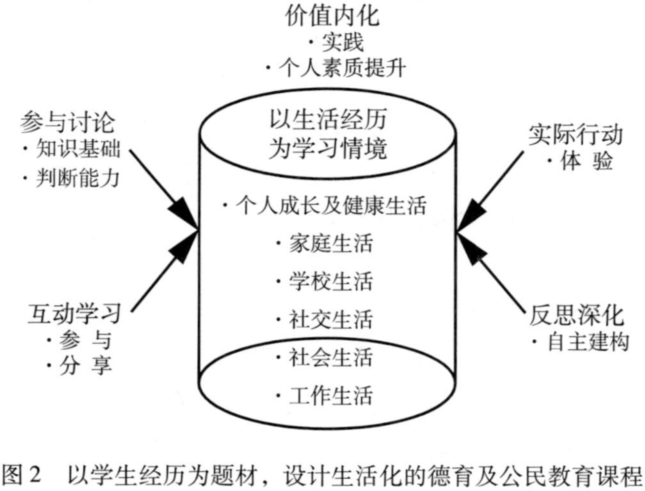

图2　以学生经历为题材，设计生活化的德育及公民教育课程

在重订推行策略上，我们建议学校应因本身的情况及办学宗旨，以价值观的培养为主线，订立共同目标，并推动全校参与，再利用各种学习机会，(例如：正规课程、学校集会、班主任课、义工服务及实地考察等)，有计划和有系统地将德育及公民教育的讯息传播开去，共同为建立一个培养正面价值观的理想环境而努力。(见图3) 学校亦应就本身的办学宗旨、条件和情况，与全校师生和家长一起订立短期及长期的发展目标，清楚罗列对学生的期望和推行策略，逐步将德育及公民教育与不同范畴的学习活动互相结合；鼓励教师进行不同的学习活动设计，引入多元化的评估模式检视教与学的成效。(见图4)

(生活经历) \ (多重身份)	个人	家庭	同辈	社群	国家	世界
个人成长及健康生活	理性 自律 自爱					
家庭生活		坚毅 责任感 承担精神				
学校生活					国民身份认同 尊重	责任感 关心国家
社交生活			主动 开放 关心他人			
社会生活				坚毅 承担精神		
工作生活				合作、尊重 和谐、坦承		

个人价值（核心价值/辅助价值）

社会价值（核心价值/辅助价值）

图3　通过有关的生活事件帮助学生建构“生活经历”“价值观”和学生“多重身份”角色的相互关系

（生活经历）

个人成长及健康生活	我学会了自律地上网					
家庭生活		天天做家务				
学校生活					我参加了校内的升挂国旗典礼	我与同学讨论国家时事
社交生活			我认识了新朋友			
社会生活				我参加了义务工作		
工作生活				我学会工作间的人际关系		
（多重身份）	个人	家庭	同辈	社群	国家	世界

个人价值
（核心价值/辅助价值）

社会价值
（核心价值/辅助价值）

图4　生活事件事例①

四、学校的实践经验

在课程改革下，香港中小学德育及公民教育的推行策略，可谓百花齐放，各有特色。不同岗位的教育工作者都不断努力寻找和尝试各种培育学生道德感和价值观的方法。然而，香港亦如许多大城市般充斥着许多不利推行德育及公民教育的因素，例如：崇尚物质主义的社会风气、偏重官能刺激的传播媒体、考试主导学习等，都使德育及公民教育推行者面对很大的困难和挑战。以下简单介绍香港学校推行德育及公民教育普遍采用的策略及其优点与局限。

（一）正规课程

学校在时间表内安排特定的课时引入德育及公民教育作为独立课程，例如：开办“生活教育科”“生命教育”“德育课”或“全人教育科”等。在这些课程的实施中，为了配合学生的需要，教师多会自行设计学习活动和工作纸，或是选取一些由政府及相关机构设计的学习材料施教。学习主题多是围绕儿童和青少年在成长阶段应如何面对不同的挑战、思索自己的价值观及学习社会的规范。因为这样的安排能投放较多的课时和人力资源，此类课程多会拥有一套完整的课程纲要和评估策略，学习活动的形式也较多元化。然而，也因为有既定的课程内容和结构，这种模式未必能提供足够的弹性和空间，让教师和学生就社会突发而又和德育及公民教育相关的事件（例如：元旦夜青少年在文化中心涂鸦、校园暴力事件、互联网的陷阱等），作适时的学习和讨论。同时，也因为每个课题都有清楚的价值取向，所以在进行评估的时候，学生为了要得到好的成绩，或许会很“灵巧”地表现出正面的价值取向，而并非反映真实的一面。

（二）渗入学科

教师在不同的科目中，借着教授学科内容之际，渗透一些有关联的价值思考和讨论活动。例如，在生物科的课程设计中加入性态度和两性尊重的讨论；在社会教育科中加入认识社区并探讨如何承担改善环境的责任；在中国历史科中加入介绍国家近代的经济表现和在世界政治舞台上的角色，从而培育对国家的自豪感和对国民身份的认同。这种结合学科的内容及跨学科模式的推行策略，能在丰富学生的学科知识之余，教师亦可“不刻意”地指导学生学习正面价值观和态度，这比直接灌输的模式更具说服力和感染力。然而，这种模式亦受制于教师对该课题及其相关价值观的认识与认同，要能落实在不同科目推行此模式，教材设计和教师培训是十分重要的。

（三）主题周、学校集会及班主任课

“主题周”是在全年的校历上，划出一个时段（通常是一星期）举办一系列培育学生品德的活动，例如举办“礼貌周”“敬师周”“中国周”“清洁周”等。其内容可以包括：标语及海报创作比赛、话剧表演、参观、摊位游戏、电影欣赏、辩论比赛等。“学校集会”则是在早上或是在每周划定的时段，让全校学生集中在操场或礼堂，由校长、教师、学生或嘉宾，与其他学生分享自己对一些题材和社会现象的观点，或是举办一些班际比赛。“班主任课”是班主任每星期或隔星期与学生进行交谈或学习活动，借此带出一些正面的讯息和价值观，从而改善学生的行为和态度。此类的推行策略，多会在活动前已清楚展示学习的目标，好处是形式亲切、互动，讯息亦能清晰传达，内容也可以贴近时事。然而其成功的关键，仍是取决于教师本身的信念和价值观。事实上，香港仍有不少学校以此类型的活动作为推广德育及公民教育的主要策略。

（四）实践学习

与志愿团体或社会服务机构合作，在学校成立制服组织，例如：童军、红十字会、交通安全队及圣约翰救伤队等。借着步操训练、野外活动、参与服务等，训练学生的纪律和服务精神，让学生体验穿着制服和出席升旗仪式等经历，领略群体归属感和自豪感。

另一种形式的实践学习活动，则是由社会服务机构提供的义工服务计划。由社工为学生提供基本的训练后，让学生到医院、弱能人士中心或老人院，进行探访和义工服务，学习如何主动关心和帮助社会上的弱势社群。此类型活动能让学生从实践中学习沟通技巧和懂得照顾别人，并感受帮助别人的喜悦。

除了和不同的社会机构合作，学校也会举办参观活动，让学生身处在真实的环境，借观察、交流和反思的活动，加深这方面的知识，老师亦可引导学生思考对一些事情的态度和价值观。例如：参观戒毒中心和惩教署、旁听立法会会议、出席金紫荆广场的升旗仪式等。

有些参观和交流活动是由学校带领学生到内地的山区、小镇或大城市进行的，而学校举办此类型活动的形式亦十分多元化。①以认识祖国、培育学生的归属感和身份认同为目的的考察活动，例如到名山大川，欣赏大自然的环境；或到学校及机构作实地考察，并与当地人士互相交流；又或出席国家升旗仪式，感受庄严和尊重的气氛，从而建立对国家的自豪感。②训练学生独立能力和坚毅意志的活动，例如参加一些内地机构举办的短期军队的训练课程、运动或各种学习班等。③去向有需要的人表达关爱的活动，例如探访居住在内地山区贫困的农民。这类型的活动，由于教师需要多费神处理联络和交通安排等事宜，往往容易忽略活动最有教育意义的地方，那便是在过程中和完结后与学生讨论和反思的活动，可喜的是，自“回归”以后，许多学校为了让学生能加深对国家的认识和关心，都纷纷举办不同类型的内地参观和交流活动，在策划和安排上，大家都累积了不少经验，对帮助教师减少行政工作和优化学习活动的设计都有莫大帮助。

（五）邀请家长参与

课程改革推出后，学校亦开始了解到要有效推行德育及公民教育，家长的参与是不可或缺的。在推行策略上，主要可分为三种类型。①互相建立共识：借举办讲座和学习班，增加家长对子女的成长、学校的期望和教养子女的方法等的了解；②在推行活动或工作纸的设计上，邀请家长参与，让整个学习过程更完整和生活化；③教师定期向家长反映学生在学校的情况，并主动和家长交换有关学生行为和态度的资料，作为调节学校推行德育及公民教育的参考指标。

五、教育统筹局的角色

德育及公民教育是人本的教育，相比一些着重知识传递的学科，成功的关键更依赖学校的整体气氛和教师素质的互相配合。教育统筹局是推动香港德育及公民教育发展的官方机构，负有带领学校推行课程改革的职责。其工作的方向和策略主要可分为三个层面：①引入新思维（initiation）；②鼓励新尝试（facilitation）；③交流新知识（cross fertilization）。其目的是希望将课程改革的目标、策略和经验带到不同学校，并提升教师在德育及公民教育各方面的认识、认同和教学技巧，为学生提供一个培育正确价值观的理想学习环境。

（一）引入新思维

以往香港学校推行德育及公民教育的策略，多会先在教师当中成立一个专责委员会，针对学生的偏差行为设计相关的教学活动，借此提醒学生问题的严重性和后果（例如：赌博、吸烟、打架、没有礼貌等）；又或是举办一些提升学生对社会认识和公民责任的活动（例如："认识基本法""投票和选举""社区卫生"等）。推行课程改革，局方积极为学校就德育及公民教育的方向和策略引入新的思维，当中包括：

- 强调培育价值观的重要，并建议将学生成长的转变和身边发生的事情作为骨干，设计具有校本特色的课程；
- 鼓励学校管理阶层尝试打破以往樊篱分明的局面，在不同的学习活动中加入德育及公民教育的元素；
- 借制订指引、举办介绍会和工作坊等活动，让学校各阶层都认识到培养学生价值观的重要；
- 鼓励学校为推行德育及公民教育订下一个明确的目标，并要求全校参与，共同营造一个培育品德的理想环境。

除了积极为学校的德育及公民教育推广新的思维，局方也和个别学校合作，共同试行一些新的教学策略，并有系统地收集资料进行分析和研究，借此整理出新的知识和实践方向，让其他学校参考和借鉴。

（二）鼓励新尝试

学校要成功地推行德育及公民教育，必须将学生的学习和生活互相结合，并借着接触和体验，潜移默化，才能够帮助学生建立正确的价值观和态度，并予以强化。为此，局方积极鼓励学校以多元化和生活化的模式推行德育及公民教育，并为尝试“实践学习”的学校提供资料和资源，例如：金紫荆“公民教育径计划”“赤子情、中国心”活动资助计划、香港青年奖励计划等。

局方亦设计了一系列以生活事件作为题材的学习材料，帮助教师能更容易掌握培育学生价值观的策略。其题材大都环绕儿童和青少年时常遇到的事件（例如：“我认识了新朋友”“爸妈带我游海洋公园”“我曾到内地旅游”等），借参与、模拟、思考和讨论的活动，让学生对一些正面的价值观（例如：尊重、欣赏、负责任等）能有更具体和深入的认识。近年互联网亦为局方和学校提供一个快捷方便的交流渠道，让局方能够就刚发生的社会时事（例如：中国人上太空、“赌博”的害处、预防非典型肺炎等）设计相关的教学活动建议，并能很快交到教师手上，协助教师抓紧最适当的时机，引导学生用正确的态度分析和理解在身边发生的事情，而这些真实和生活化的内容亦能提高学生的学习兴趣。

（三）交流新知识

课程改革推行至今，很多学校在课程规划、推行策略、教学模式等方面都累积了不少宝贵的实践经验，可以作为香港推行德育及公民教育的重要宝库。教统局十分重视这些宝贵的经验，积极安排不同类型的交流活动，聚焦小组讨论，并邀请有实践经验的校长和教师与其他同工交流心得，共同分享推行德育与公民教育的苦与乐，例如：“以全校参与模式推广德育及公民教育”研讨会、“德育及公民教育研讨会——在学校推行生命教育”“德育及公民教育的推行——中学及小学校长培训课程”“润物无声、德育有情”计划等交流活动。

六、总结与前瞻

培养学生正面的价值观，提高学生的公民意识，是香港甚至全球21世纪教育最重要的目标和最大的挑战。吸取了以往的经验和教训，教育工作者都明白到要成功达到目标，需要多方面的配合：政府教育政策的带领、校长和教师的认同、社会资源的配合、社会各阶层人士的支持等，才可以取得成功。香港课程改革中德育及公民教育被列为关键项目，经过几年不断的努力，在提升教育同工的认知和认同方面已取得一定成绩。将来的发展方向，除了继续积极帮助学校营造有利的学习环境，亦需主动发掘成功的实践经验个案，为不同发展阶段的学校提供宝贵的资料。以下的信念，不但是我们推行德育及公民教育的动力，也是我们对未来的愿景：

世上不容易有立竿见影的品德教育；
但我们今天播下的种子，
总会有一天发芽生长，
甚至成为参天大树。

注释：

①生活事件事例可于香港特别行政区教育统筹局德育及公民教育网站浏览 http://www.emb.gov.hk/index.aspx?nodeld=2919&langno=2.

（原载《中国德育》2006 年第 3 期）

加强公民教育是保持民族精神强大生命力的突破口

王东虓*

一、弘扬和培育民族精神是加强中国公民教育的内在要求

民族精神是一个民族在长期的历史发展过程中逐步形成和培育起来的一种独具民族特色的群体意识和品格，是民族文化、民族智慧、民族情感、民族心理、民族共同理想、共同价值取向和行为规范等民族个性的综合体现。民族精神是受到本国公民的普遍认同，并潜移默化地影响公民的思想和行为的基本精神。民族精神是一个民族的灵魂，是一个民族赖以生存和发展的精神支柱，是民族富强、民族兴盛的精神动因。在一个民族的发展中，民族精神以其独有的导向、凝聚、塑造、激励等多种功能发挥着特殊的作用。一个民族长久的繁荣富强，主要取决于这个民族在生存和发展过程中所表现出来的积极进取的民族精神。民族精神具有对内动员民族力量、对外展示民族形象的功能。只有一种优秀的民族精神才能最大限度地调动整个民族及其公民的创造力和开拓精神，从而最大限度地创造社会财富。任何一个对人类作出巨大贡献的民族，都有一种个性鲜明的、拥有较强凝聚力和向心力的民族精神。任何一个成熟的民族，必然有与其繁荣、发展相适应的民族精神。如果说一个国家和民族的衰落是从精神支柱的崩溃开始的话，那么，一个国家和民族的兴盛则无不以公民民族精神的觉醒和弘扬为先导。

“公民”是具有一国国籍，并根据该国宪法和法律规定，享有权利并承担

* 王东虓，郑州大学公民教育研究中心主任、教授、博士生导师。

义务的人。公民教育是通过协调公民与国家、公民与政府、公民与社会、公民与公民之间的相互关系，培养公民意识、引导公民行为，造就合格公民的教育。其宗旨在于实现公民意识和公民行为的普遍化，夯实公民作为国家基石的根基。公民教育以培养公民的民族意识和热爱祖国的思想感情为首要任务，以公民权利和义务教育贯穿于整个教育的始终。公民教育的平等主义本质，是构建和谐社会的精神基础；公民教育的整体主义导向，是弘扬民族精神、维护国家统一的价值基础；公民教育的民主主义意识是实现公民国家主人的思想基础；公民教育的民本主义主张是坚持以人为本，遵循人民主体、政府客体宪法精神的必然要求。鉴于公民的权利自觉是责任、义务自觉的基础，所以，公民教育的实质就是启发公民作为国家主人的主体意识，培养公民的身份认同和国家认同。

弘扬和培育民族精神可为推进公民教育提供深厚的动力资源。把弘扬和培育民族精神纳入公民教育，通过强化公民对国家的认同感、归属感及国家利益高于一切的观念，增强公民自觉将个人的利益得失与民族盛衰强弱紧密结合在一起的国家意识；通过倡导民族团结和睦、平等互助、共同发展的精神，增强公民自觉维护民族团结，维护国家统一，维护社会稳定的团结稳定意识；通过弘扬中华民族独立自主、自强不息的奋斗精神，增强公民敢于迎接各种挑战，经受任何风浪考验，开拓创新，奋发图强的民族自强意识；通过培育民族气节，维护民族尊严的意识，增强公民以贡献全部力量建设祖国为最大光荣，以损害祖国利益、尊严和荣誉为最大耻辱的民族荣辱感。

当今世界上各主要国家都在大力推行公民教育，越来越多国家将培育民族精神、增强民族凝聚力，作为提升综合国力的重要战略。显然，民族精神对公民教育的影响非常巨大，这是无可争议的事实。在中国，无论采用何种模式进行公民教育，我们都不能忽视民族文化的影响。我们必须从中华民族传统文化的宝贵资源中，寻求推进我国公民教育的内容、方法和途径。可以说，发掘中华民族优秀传统文化资源是加强中国公民教育的内在要求。

二、加强公民教育有利于保持中华民族精神的强大生命力

弘扬和培育民族精神必须正视一个极其重要的问题，即如何保持中华民族精神的强大生命力。在当代中国弘扬和培育民族精神必须融合中外文化之精华。

我们既要自觉维护民族文化的尊严，又要以开放的精神虚心汲取世界文化的精华，实现民族优秀文化和外来先进文化的融合，唯有如此才能保持中华民族精神的强大生命力。所以，保持中华民族精神的强大生命力的思路不能仅局限于民族文化自身，而应从民族文化以外寻找配合力量，这种力量就是公民教育。

我们站在世界文化的背景下，用历史的、比较的方法解读民族文化、审视吸收外来文化，可以更清晰地诠释出中国传统文化倚重家庭和社会的伦理特质，展示其可立足于世界文化之林的有生命力的独特之处，使我们形成一种对民族文化生命力的自信，即发掘中华民族文化中的基本思想、核心内容和伦理道德原则，实际上也是全人类文化中的宝贵遗产；也可清楚地显现中国传统文化中公共生活空间狭小，民主、法治、自由、平等、权利等公民意识薄弱的缺陷，使我们形成对其缺陷反省的文化自觉；还可以使我们寻找中国文化与异质文化的一致、相契合之处，融合中外文化，进行文化创新。

中国传统文化把社会诠释为伦理共同体，而西方近代文化则把社会解释为契约共同体。以儒家文化为核心的中国传统文化强调伦理自觉，强调整体精神和献身精神，推崇个人对社会、对他人的责任和义务，这种“自己给自己立法”的道德上的自觉，无疑是崇高的。但其不足的是关于人们在社会生活中的权利、自由、平等、法治等意识教育的薄弱。要弥补民族文化这一缺陷，实现道德自觉与法律自觉的统一，必须实现中外文明的优势互补，在加强民族文化教育的同时加强公民教育，提升公民的民主、法治、自由、平等、权利等意识。也只有在充分的权利认识的基础上，公民才能具有更为持久的责任自觉和义务自觉。

西方契约共同体强调权利义务联系，中国伦理共同体强调人伦情感联系。中华民族这种伦理共同体意识，在历史的实践中升华为强烈的民族团结意识和炽烈的爱国情感。由此而形成一代代中国人“天下兴亡，匹夫有责”的社会责任感，进而延伸出先公后私、公而忘私、先天下之忧而忧，后天下之乐而乐的奉献意识；延伸出抛头颅，洒热血，赴汤蹈火，义无反顾的自我牺牲精神。这种伦理共同体意识直接导致的整体主义价值观，无论过去和今天都起着维护民族团结、祖国统一和国家领土完整的使命感及增强全球华人团结的凝聚力、向心力的作用。但是，以人伦情感为主要纽带的人际联系，随着市场经济、法制社会的出现而相应淡化。中国社会的人际关系的历史沿革是按照等级关系、阶级对立关系向法律关系和公民关系而不断演变发展的。从封建时代形成的既尊尊又亲亲的等级关系，到资本时代资产阶级撕下温情脉脉的面纱而形成的赤裸裸的阶级对立关系，再到法制时代的公民关系。在现代中国社会条件下，上述的各种人际关系纽带俱存且相互影响，所以，公民教育的内涵必然充满着多样统一性。因此，民族文化教育与公民教育密不可分；道德教育与法治教育密不可分；责任义务教育与权利教育密不可分；国家利益与个人利益相统一的义利观教育密不可分；民族自尊教育与学习国外、兼容并包教育密不可分。总之，我们在伦理共同体强调人伦情感联系的基础上，必须辅之于西方契约共同体强调权利义务联系，把民族文化教育与公民教育有机结合，以寻求市场经济条件下开展民族精神教育的有效性。

中国传统文化特别强调整体精神和为国家民族利益的献身精神教育，这种精神价值无疑是崇高的。但是，传统精神价值在当前市场经济环境下受到挑战。市场经济条件下人们逐渐凸显的权利、平等、公平、公正等公民意识，要求我们在强调国家民族整体利益和献身精神的同时，也不能忽视个体对自身权利和实现自身价值的追求。这就要求在面临整体利益和个体利益选择的过程中，要坚持以人为本的坐标来恰当处理二者的关系。所以，坚持以人为本、寻找民族精神教育与公民教育的有机结合点，实现了中外文明的优势互补，它拓宽了民族精神教育的新思路，开辟了中华民族精神教育的新途径。

中国传统社会的乡土—宗族恒定型组合方式，使中国人终其一生生活在熟人、亲情社区中，形成了中国社会的稳定的伦理特性。在伦理型社会形成的亲情道德文化中洋溢着仁爱、宽厚、先人后己、以和为贵等道德理念，对于救治西方社会长期竞争逐利而导致的人际关系疏离隔膜，有着重要的借鉴意义。中国传统社会强调“德治”的社会基础是有以亲情纽带为支撑伦理型社会，而西方社会中的亲情纽带土壤贫瘠，强调“法治”，形成法治型社会也就成为必然的选择。那么，从伦理型社会向法治型社会转型的当代中国，如何使中国亲情社区中形成的传统文化，在当今不断扩大的非亲情社区环境下得以发扬光大；如何使亲情关系下形成的传统美德融入到公民关系、法律关系之中，形成与之相协调的现代美德；如何在更加开放的环境下不断发展壮大中华民族传统文化，增强广大群众特别是青少年对民族文化的认同和自信；如何在激烈的国际竞争中努力确立并发挥我们自己的民族文化优势，增强民族文化软实力，维护国家文化安全。要认真解决这些重大课题，必须在加强民族精神教育的基础上融入公民教育。

加强公民教育，保持中华民族精神的强大生命力的另一个含义在于能赢得全球华人包括港澳台胞的民族文化认同。海外华人自身流淌着传统文化、民族精神的血液，同时又受到西方公民教育的熏陶，中外两种文明教育相结合的新思路的实现结果，必将丰富民族精神教育的内涵，增强海外华人对民族文化的归属感和民族精神的认同感。

三、创建中国特色公民教育之路在于实现中西两大文明教育的融合

公民教育与中华民族精神教育的内涵相吻合，与中国社会文明发展的趋势相统一。公民教育旨在培养具有国家主人意识和现代文明意识的热爱祖国、遵守法律、行使权利、履行义务的合格公民。所以，国家主人意识和现代文明意识应是中国特色公民教育体系的统领理念。世界早期的公民教育是以公民的权利与义务为主要内容的“国家主人意识”教育。随着社会的发展，国外公民教育的内涵也在向“现代文明意识”延伸，诸如爱国主义教育以及社会价值观念教育；服从社会道德、法律规范，确立民主政治意识，提高公民参与社会公共生活的能力教育；注重人的尊严教育、合格公民应有的态度和行为教育等。可见，国外公民教育的基本内涵和要求与中华民族精神教育的内涵和要求相吻合。为此，我们认为，实现中西两大文明教育的融合是创建中国特色的公民教育的重要切入点，是中国社会和谐发展的必然趋势。

第一，实现中西两大文明教育的融合是完善社会主义市场经济体制，建设社会主义物质文明的切入点。中国特色的物质文明建设依赖公民的社会责任感及将此责任感付诸全面建设小康社会的生产能力。通过中外文明教育的有机结合，把增强公民的社会责任意识，提高公民的自觉创新意识，开发公民自身潜在的生产力，作为推动中国物质文明建设的关键性因素。

第二，实现中西两大文明教育的融合是依法治国、建设社会主义政治文明的切入点。中国特色的政治文明建设依靠公民的政治觉悟和民主智慧的参与。随着我国民主政治建设的不断推进，迫切需要建设与我国政治文明发展相适应的中国特色的公民教育。启发公民当家做主觉悟、提高公民民主法律素质，营造依法治国的法制环境，这是发展社会主义民主政治、实现社会主义民主政治的制度化、规范化和程序化的基础和前提。没有公民教育的充分发育，民主和

法制既不能真正巩固，也不能健康地运作。

第三，实现中西两大文明教育的融合是社会主义精神文明建设的切入点。中国特色的精神文明建设依靠培养和提高公民的现代文明素质。党中央印发的《公民道德建设实施纲要》提出把“努力提高公民道德素质，促进人的全面发展，培养一代又一代有理想、有道德、有文化、有纪律的社会主义公民”确定为我国公民道德建设的指导思想。在精神文明建设的具体实施活动中，我们应融合中西两大文明教育的思想，把公民教育目标层次化，即以培养合格公民为起点，逐步向责任公民的培养方向拓展，进而向奉献公民的培养目标不断升华。

第四，实现中西两大文明教育的融合是全面提高公民素质的切入点。公民是国家的个体基石，公民素质的提高对公民个体的全面发展和社会全面进步都是一个必备的先决条件。一个民族的民族精神的铸成，既取决于该民族每个公民的素质，又取决于这个民族整体的精神风貌。当今世界公民素质已成为国际竞争的决定性因素。如果说在当今世界，科学技术是第一生产力，人力资源是第一资源，那么，公民素质就是第一国力，民族精神就是第一竞争力。推动中国的现代化进程，就必须加强公民教育。公民教育的执著追求就在于全面提高公民素质，弘扬民族精神。而一经铸成的民族精神又影响着每一位公民素质的提高及整个民族的凝聚力。

第五，实现中西两大文明教育的融合也是教育面向世界、与世界公民教育接轨的切入点。世界上许多发达国家在现代化建设过程中都共同选择了公民教育，致使公民教育成为现代国家教育制度的鲜明标志，这是有着历史必然性的。由于国家、社会对个人权利的尊重以及公民的民主法治、自由平等、公平正义理念的树立已成为现代国家的基本精神，所以，现代社会对人才培养的要求是：具有国家意识和民族团结意识；具有道德、法律、权利、责任、平等、参与、竞争、合作意识；具有高度的主体性和创造性精神。中国教育的现代化，也必然是包括个人与国家关系、社会生活法则、科学文化、生产技能等全面的教育。这种面对全体公民的、全面的教育就是现代公民教育。因此，以发达国家公民教育的有益经验和措施为镜，在研究、借鉴、吸收中，走出一条实现中西两大文明教育相结合的中国特色公民教育之路。

创建中国特色的公民教育，必须坚持四个转化。一是实现公民教育中国化。即坚持以中华民族文化为主体，既要汲取国外文明之精华，又不能照搬西方模式的基本态度。因此，在建设中应考虑公民教育在不同社会环境和文化语境下的差异性，使公民教育这个舶来品，沿着具有现代文明和中华民族特色的方向发展。二是实现公民教育大众化。只有被大众接受的公民教育才是真正的、有生命力的教育，而被大众接受的前提是树立公民教育人人有责意识。公民教育是全体公民共同的事业，不能只停留在少数人关注的状态下。公民教育只有坚持以民为本、为公民服务的导向，才能催生公民意识的普遍化。三是公民教育社会化。公民教育也不能仅停留在抽象的理论研究层面上，应贴近公民现实生活，通过开创群众性的公民教育创建活动，逐渐形成公民思维习惯和公民意识，进而转化为公民行为的自觉，营造具有现代文明的公民生活氛围。四是公民教育学科化。以科学的态度看待公民教育必须把公民教育作为一个学科来建设，融入国民教育体系。这不仅能不断完善中国公民教育体系的内容，而且有利于以教育制度化的形式从小培养公民意识，为培养一批批的公民教育人才奠定社会教育基础。

（原载《中国德育》2010 年第 12 期）

和谐校园背景下公民教育的实践指向

王健敏 *

一、公民教育与和谐校园的理念

公民“通常指具有一个国家的国籍，并根据该国的宪法和法律规定，享有权利并承担义务的人”[1]。公民教育是为国家培育具有特定政治人格与德性素养的社会成员的过程。当代中国的公民教育要适应中国全面建设小康社会的特定需要，尤其要与当前建设和谐社会的需要相吻合。当代公民教育的基本任务是培育具有公民意识与公共精神、自觉履行公民义务、勇于承担公民责任、能够维护公民权利、积极参与社会公共生活的现代公民。

公民教育需要通过公民生活来实施。美国教育家杜威、人民教育家陶行知都曾高度重视学校与社会、教育与生活之间的联系与沟通，提出了“生活即教育”“社会即学校”的著名论断。现代德育改革也提出了让德育回归生活的理念。但回归生活并不等于就生活论生活，因为生活本身并不等同于教育，而是要用高于现实生活的理想生活引领学生，使他们有追求、有向往，并不断通过改造主观世界与客观世界的道德实践去创造生活、发展生活。

学生通过和谐校园体验公民生活，教师通过和谐校园实施有效的公民教育。在创建和谐校园的过程中，应该创设符合青少年特点的公民生活，通过校园公民生活实施公民教育，培养学生的基本公民素养。和谐校园的公民生活应当包括四层内涵。（1）和谐的校园人际关系。学生生活在一种美好的人际关系中，

＊ 王健敏，浙江省教育科学研究院教授。

体验诚信、关爱、正义等和谐情感。(2) 人本管理的民主生活。在民主管理体制下，学生享有权利，并自觉履行义务。(3) 健康的公共生活。在文明、正义、有序的集体生活中，人人热衷于公益事业，为建设美好校园而共同努力。(4) 高品位的精神生活。现代公民应当具有独立人格和丰富的精神世界，有所憧憬、有所崇奉、有所追寻、有所坚守，用智慧与灵性彰显人文情怀与精神品位，体现出人之为人的独特精神生命。

基于和谐校园生活背景下的公民教育，需要做好如下具体工作：一是提升公民教养水准；二是培育公民意识；三是培育公民政治素养；四是提升公民精神品位。

二、提升基于和谐人际的公民教养水准

在公共生活中，教养的内涵集中体现在两方面：一是自我节制；二是尊重他人。这里的公民教养是指参与公共生活所应当具有的素质，尤其体现为以诚信、公正、关爱为基点的核心价值观。教养的提升是一个缓慢而持久的过程，需要将内心修炼与行为重塑结合起来。一方面，要读书品文，聚精养气，提升格调；另一方面，要从细节入手，精于修行。美国身姿学创始人伯德惠斯·戴尔指出，人们在互动场合中，有65%的“社会含义”是通过非语言方式传递的。艾伯特梅热比甚至提出了一个公式：相互理解 = 语调（38%）+表情（55%）+语言（7%）。[2] 两人初次见面，通过眼神、表情、身姿、体态、语调等感官识别系统可以传达绝大部分社会信息，从而形成最初的“社会印刻”，直接影响日后的交往关系。公民教养的提升则应从构建和谐的人际关系开始。

和谐人际首先体现为关系融洽，和谐校园建设的基础是优化校园的人际关系，为公民生活创造最重要的现实基础。和谐人际的基础是以诚信、公正、关爱为核心道德，建立相互信任的校园氛围。诚信，即诚实守信。它是人之为人的道德底线，是孕育其他品德的基础。公正，即规则面前人人平等。公正强调人们之间依据人类社会共同生活的原则、规则、权利、义务和谐相处。它通常依靠禁止性规范来控制个人欲望，调节人际矛盾，维护社会稳定。关爱，即关心、爱护，这是人性美德的核心。道德教育的宗旨就是体谅关心他人、为他人着想，使人类从恐惧和不信任中解放出来，享受到人生的乐趣。

校园和谐人际生活的构建，既要立足活动创新，更要依托制度创新。如：

通过“诚信宣言”“诚信承诺”活动，强化诚信意识；以“诚信制度”“诚信规则”建立诚信机制，培育诚信文化与学校精神；建立学生维权机构与学生听证制度，营造公正校园；以“爱心长跑”“爱心接力”活动，传播博爱精神。

三、培育基于民主管理的公民意识

和谐社会是一个民主社会，和谐校园建设的重点是推进校园民主建设，而民主管理则是实现民主校园的核心。

首先，民主管理体现为管理者与被管理者之间的平等关系，核心是师生关系的变革与调整。师生间要形成相互尊重、心灵沟通、对话协商、互动激励的关系模式。调查表明，善解人意、富有幽默感是现代学生最喜爱的教师品质。民主意识、人文精神、生命活力已成为新一代教师人格发展的基本取向。

其次，推进校园民主制度与民主决策程序的建设。校园民主管理的内在机理是强化学生的权利意识与责任意识。通过制度创新，让学生享有作为校园主体所拥有的人格受尊重权、平等受教育权、参与校园管理权、合理表达意见权、教育资源与设施共享权等，并自觉履行尊重他人、遵守校纪校规、保护教育资源与设施等义务。通过建立学生维权委员会，保护学生的合法权益不受侵害。实施学生听证制，以民主决策程序，吸纳学生参与校园管理，对涉及广大学生切身利益的事宜，广泛征求学生意见。

校园民主管理的最终目标是促进学生权利意识与义务意识的协同发展，并在此基础上实现学生的自主管理。学生通过民主管理下的校园生活，接受最真实的公民教育，体验权利与责任的对等关系，明确自己作为校园的主人拥有的权利、履行的义务以及承担的责任。

四、培育基于公共生活建设的公民政治素养

所谓公民的政治素养，即参与公共生活的意识、态度与能力。公共生活的范畴包括学校、社区、城市、国家乃至全球。新时期的公民教育应当特别注意公民参与公共政治生活的政治素养。不断进步的社会主义政治文明，需要消除公民对社会政治及公共生活的冷漠态度，建立对公共生活应有的热情和责任，形成对理想社会憧憬与追求的积极态度。

一方面通过国民身份教育、国际理解教育、爱国主义与世界和平教育，正确把握世界、国家、社区与个人关系，以正确的民族意识和国际视野，建立基本的民主价值观，促进平等意识的生成。以现代公民的主体意识和宽容、理解、奉献的公共精神，积极参与社会主义民主进程，建立对个体价值和公共环境的尊重。[3]

另一方面通过国家政治体制教育、社会主义民主与法制教育，树立理性和辩证的权利与义务观念，懂得如何通过符合规则的方式参与公共生活。自觉维护自己的民主权益和公共利益，追求社会公平和正义事业，有伸张正义的勇气与智慧，敢于同社会邪恶势力抗争，为建立民主、公正的社会尽一份公民责任。

和谐校园要培养有政治素养的公民，就要从建设健康、正义的校园公共生活入手。校园是儿童青少年精神生命成长的摇篮，校园公共生活涉及政治生活、文化生活和日常生活，公共生活建设旨在帮助学生顺利完成理性的政治社会化过程。

首先，校园政治生活的建设，要有利于培育有领导能力的学生领袖和有参政能力的普通学生。通过民意测验、民主推荐、就职演讲等民主程序任免学生干部，并定期进行岗位胜任度考核。一方面，学生干部在行使权利时要恪守职责、自检自律，学会沟通和倾听，既善于坚持又懂得妥协；另一方面，普通学生在服从领导时，也要懂得维护自身权利，善于通过民主程序反映合理要求，自觉履行对学生干部的监督权。

其次，校园文化生活建设，要力求丰富多彩，体现学生的青春活力。在坚持四项基本原则和社会主义核心价值观的前提下，尽可能创设多样的精神交流平台。此外，多样化的社团组织在维护学生自治的基础上，有利于通过敏锐的判断力与理性的分析力，自觉抵制社会上各种非法组织，创建具有新时代风貌的校园文化。

最后，校园日常生活建设既要体现学生整体的公共利益，又要发扬学生的个性风采。如：学校平时要求统一着装，但周末可定为“五彩缤纷日”，允许学生自由穿着。通过学生维权会参与学生食堂管理，本着“服务学生”的宗旨，定期进行伙食价格和服务质量满意度调查，倾听学生呼声，采纳学生的合理化建议。

通过校园公共生活建设，既要让学生切实体验到自己是社会生活的一分子，承担着不可推卸的公民责任，又要让学生学会用自己的正义力量和真诚行动打动、感染周围的人，养成尊重个体价值和共同利益的习惯，树立参与公共生活、改造公共环境的信心。正是依靠校园公共生活建设，学生的公共意识、公共精神与公民责任不断得到加强，参与公共生活的能力和素养不断提高，为将来成为民主社会具有政治素养的合格公民奠定基础。

五、提升基于和谐文化的公民精神品位

和谐校园建设的灵魂是营造和谐的学校文化。后者是学校在长期发展过程中形成的价值观念、办学思想、群体意识、行为规范等精神取向与心理氛围。

和谐文化是一种尊重文化、对话文化，反映平等精神与民主意识。和谐文化既尊重普遍的民主价值，又凸现个体精神生命的价值，其本质是为培育公民精神和形成主体人格提供最适宜的环境氛围，其特征是平等、尊重、博爱。和谐文化建设的根本任务是形成尊重生命与人文关怀的学校价值认同。

和谐校园文化背景下的公民教育主要是提升学生作为社会成员的公民精神品位，使其成为富有精神追求和心灵丰盈的人。首先，富有理想。人不仅有一个实然世界，更有一个应然世界，人不能只为现实而活，更要为未来而活。在同样的客观条件下，因为有憧憬，可以有截然不同的精神体验。和谐文化熏陶下的学生，崇尚人文精神，呼唤自由、平等、博爱，愿为公正、美好的社会和人类福祉而奋斗。其次，心灵丰盈。按照柏拉图的分类，人的精神活动可分为智力活动、审美活动、道德活动等。智力活动是探究客观世界的本来面目，回答世界是什么的求真活动；审美活动是感受体验世界之美，使情感变得细腻而深刻的求美活动；道德活动是探寻社会生活之合理价值准则，创造公正、关爱的社会的求善活动。人在追求真、善、美的过程中，体验丰富的精神之美，获得心灵的解放与升华。和谐文化熏陶下的学生，人文情怀得以激扬，创造活力得以激发，独立人格得以发展。

参考文献：

［1］法学词典：修订版［D］. 上海：上海辞书出版社，1984：142.

［2］周晓虹. 现代社会心理学［M］. 上海：上海人民出版社，1993：295.

［3］邢永富. 教育论坛：危机面前的公民教育思考［N］. 人民日报，2003－06－10（12）.

（原载《中国德育》2007 年第 12 期）

【网络与德育】

当代新技术革命与人的发展

唐凯麟 *

多年的学科发展给我们一个很重要的启示，加强伦理学和相应学科的横向联系，吸收相应学科，特别是教育学、心理学、德育学等学科的研究成果，对于扩大伦理学的视野，丰富伦理学的内容，增加伦理学的活力，是非常重要的。道德教育的对象是人，德育理论是以对人的理解、对人的把握作为研究基础的。了解当代新技术革命对人的发展的影响，对于德育工作者来说，迫切而又必要。

一、思考之前提

人是什么？古往今来，有很多伟大的思想家都对这个问题进行过深入的探讨，提出了各种各样的学术观点，但始终没有达成认识上的共识。德国学者卡西尔写过一本讨论人的问题的著作《人论》。在这本书中，他提出人是文化的符号，是文化的产物，也是文化的载体。这一观点对我们很有启发。联合国教科文组织也曾经对人下过一个描述性的定义，认为人是永远不会完成的，人永远处在成长的过程中，因而人是一个未完成式。这一定义对我们认识人的发展具有启发意义和方法论意义。但是，他们都没有回答“为什么人是一个文化的产物，是一个文化的符号”“为什么人始终不能完成，是一个未完成式”。我认为，马克思对这个问题作出了解答。马克思曾经有一个著名的论断，他说，人是怎么样，这和他的生产是一致的，既和他生产什么一致，又和他怎样生产一

* 唐凯麟，湖南师范大学道德文化研究中心主任、教授，中国伦理学会副会长。

致，因此个人怎么样，取决于他进行生产的物质条件。马克思又讲了，随着生产的变化，生产者（也就是人）也在改变着自己，不断形成新的品质、新的语言、新的力量、新的观念、新的需要和新的交往方式。我们要研究的是人，这就不能不考虑生产的发展。

当代新技术革命的产生和发展意味着社会生产力和生产关系发生了巨大的变化，因此它必然会导致人也要发生变化。我们在研究人的道德教育和人的德性培养的时候，不可能离开这样一个宏观背景。我们要重视新技术革命对人的发展的影响，并从这个前提出发来思考当前的道德教育。

人类历史上经历过三次大的技术革命。第一次技术革命是以机械动力的使用、以瓦特发明蒸汽机为标志的。这一次产业革命极大地推动了资本主义生产方式的变革和发展。到19世纪末20世纪初，人类又出现了第二次技术革命。这次技术革命是以电子的发现和电力的使用为标志的。第三次技术革命，也就是我们今天所讲的新科学技术革命，开始于20世纪40年代末。这次技术革命在前两次技术革命的基础上进入到了一个崭新的阶段。这次革命以信息技术的发展以及计算机、空间技术、生命科学的出现为标志。现在我们正处在新技术革命的浪潮中间，其规模之大、速度之快、内容之丰富、影响之深远，在人类历史上都是空前的，对整个社会的物质生产和精神生产造成了巨大的影响。下面我就讲一下，在新技术革命条件下，人的两种发展模式。

二、新技术革命条件下人的两种发展模式

在新技术革命条件下，人的发展具有两种不同的模式。一种是适应新技术革命要求的新型的创造人，这类人有全新的品质结构、全新的智力结构、全新的审美结构，他们意志坚强，发展全面，能够独立地管理自己的生命活动，自觉地意识到在这个瞬息万变的世界上自己的地位和使命，自觉地使自己的生命活动服从人类共同的崇高的理想和目的，并在这个过程中去发挥自己的创造才能和创造办法。简单地讲，这类人是具有高度的智慧、高尚的品格和健康的审美情操的创造型人才。与此相对应的，还有一种人的发展模式。这类人在社会上消极沉闷，具有遵从意识，没有高尚的道德上和精神上的需求，对生活抱着一种消费主义的态度，沉浸在庸俗低级的生活方式中间而不能自拔，我把这种人称为消费人或享乐人。享乐就是他们人生的最高目的，他们为了享乐失去了

作为人的本质特征。这是一种违背了新技术革命发展的要求的畸形发展的人。

在新技术革命条件下，人为什么会出现两种不同的发展模式？这是因为新技术革命的社会效应具有双重性。现代科学技术的发展既给社会带来了极大的创造力，同时又给社会带来了极大的破坏力，它给社会和人的发展创造了无限美好的前景的同时，也蕴涵着一种能够毁灭整个人类生存基础的潜在威胁。比如说，核能的开发能够解决能源危机，造福人类，保持社会的可持续发展，但如果我们把它用做武器，就可以给人类造成巨大的灾难。据材料显示，如果把全世界的核武器全部扔出来，其破坏力可以把地球的表面翻过来翻过去，翻四遍。再比如生物工程。生物工程包括遗传工程、微生物工程、细胞工程、生化工程四个方面。所谓遗传工程，就是通过一种连接酶把不同生物的基因连接起来重新注入到生物的体内以改造旧生物创造新生物的技术。它能用于克服日益弱化的遗传基因。据医学专家讲，现在由于环境的污染、有害基因的传播，遗传疾病正在以每年一百种的速度增长。遗传工程还可以用来拯救我们严重失衡的生态环境，拯救那些濒临灭绝的物种。应该说遗传工程给人类的幸福带来了新的光明的前景，但遗传工程也可以毁灭人类。据遗传学家介绍，利用遗传工程可以制造出一种剧毒的“热毒素”基因战剂，这种物质估计只要制造出 25 克，就可以把地球上所有的生物包括人类彻底地消灭干净。我们把它叫做基因武器，西方把它叫做人类末日的武器。如果没有制度的保障、社会的保障，人们还可以利用生物技术创造出一种新生物，这种生物没有天敌，可以无限制地繁殖，从而导致生态的爆炸。因此，在新技术革命条件下，人的社会责任问题变得十分严峻。

西方学者讲，责任范围的不断扩大是当代新技术革命条件下一个“重大的理论主题”。新的科学技术既能造福人类，又能毁灭人类，这是事实，但人类有选择发展哪种技术的自由，既然如此，人类就应该承担责任。责任与自由决策的能力、自由决策的范围紧密联系在一起。所以，罗马俱乐部总裁奥雷利奥·佩西在给世界的报告《未来的一百页》中讲道：“事实上，与我们相关的未来将是‘人类的产物’。现在人类已经成了宇宙的主人，也是地球世界发生变化的主要动力。从这个意义上说，未来只属于人类，并且主要取决于人类。换句话说，未来将取决于地球上亿万人们每天的所作所为。如果未来是他们骚乱、争斗或无耻行为的产物，那么，未来将是一个无法生存的世界。反之，如果未来是他们以负责的创造和努力使之更完美的结果，那么，将有一个符合人格的未来。”随着新技术的不断发展，人的社会责任问题越发重要，这种社会责任和过去不一样，它不是某一个地区、某一个集团、某一个阶级的社会责任，而是全球面临的共同责任。当前，全球面临着五大危机：能源危机、资源危机、粮食危机、生态危机、人口危机。这些危机不是用钱就可以解决的。再者，社会责任的指向已经不像传统社会那样对过去负责，也不像工业文明、机械文明那样对现在负责，社会责任已经指向未来，人类必须要面向未来，对未来负责。

三、社会发展呼唤“创造人”

随着新技术的发展，社会发生了很大的变化。从生产的方式来看，一个重大的变化就在于生产方式越来越智能化、自动化。这种变化给生产者提出了全新的要求，要求生产者能够具有更高的心理上和道德上的可靠性，具有新的品质。如果一个人没有上述品质，当他面对高功能、高强度的生产时，一旦生产出现故障，他就很难判别方向，排除故障，就可能给人类造成巨大的灾难，切尔诺贝利核泄漏事故就是一个例子。所以，约翰·奈斯比特在他的《大趋势》里面讲，意志坚强、灵活应变、敢于负责已成为现代社会对人的新要求。

从产品结构来看，劳动产品从其本质来说是人本质力量的对象化，哲学上叫做对象化的活动。比如说桌子，它就是木匠的劳动技能、劳动经验甚至是劳动态度的反映。任何一种产品，不管是精神产品还是物质产品，实际上就是人的精神力量的一种对象化。这种对象化的方式在当代新技术革命条件下意义发生了变化，它已经不像传统社会、工业文明那样，只是把个人的劳动、个人的精神力量对象化，而是首先把科学知识对象化。这些科学知识在很多情况下不是某一类人智慧的结晶，而是科学家、工程师、工人这样一个集团合作的结果。产品对象化的方式日益集团化，这就是为什么大家会在市场上看到很多多功能的产品、综合意义上的产品。比如说牙膏，过去牙膏生产只涉及化工、机械、牙科，但现在我们出现了药用性牙膏，这就涉及药学。至于大的工程，像美国阿波罗登月工程，则集中了两万多家企业、二百多所高等院校、八十多个科研机构的力量，参与人数超过了三十万人。这就说明在当代新技术革命条件下，认识的主体在发生变化——越来越集团化。控制论的创始人维纳在他的一本书《昔日神童》里面讲，赖以个人完成重大发明的爱迪生的时代已经一去不复返了。个人的那种单一的自由式的研究已经被集团式的研究代替了，这就是为什么高等院校要搞团队建设，提倡跨学科、跨文化的研究的原因。现在个人解决问题的能力越来越受到牵制，个人的大脑只有融合到集体的大脑中间，才能够发挥他的聪明才智；如果劳动者还是作为别人意志的履行者和简单的执行者，他就可能造成生产力更大的损失。美国挑战者号发射失败，并不是所有的工作都出现问题，仅是由于动力系统上的某一个零件出现了问题。这就是说，产品对象化的劳动方式的变化，要求劳动者能够发挥积极的创造力，在知识结构、品格结构、审美结构上能够与时俱进。

从产品消费来看，消费方式也发生了很大的变化。当代新技术革命条件下，一个很重要的特点就是社会财富不断增长，人们的消费水平不断提高，这就要求人们把不断提高的消费能力变成促进自己全面发展的一个有效手段。消费是什么？消费实际上就是人再次生产他自己的一种方式。“我”消费了粮食，通过新陈代谢，旧的细胞死亡新的细胞诞生，就把“我”再次生产出来了。所以马克思主义从来不反对消费，马克思主义认为，提高人的消费水平和消费能力是促进人的个性形成以及全面发展的重要条件，但这必须是生产性的消费。马克思说，一个人生产一个产品，消费了它，是在塑造自身，是作为生产的消费。如果把消费变成一种为消费而消费，变成一种终极的目的，那就会玩物丧志乃使人成为物的奴隶，从而丧失自己作为人的本质。

所以，从新技术革命所造成的劳动方式、产品对象化的方式和消费方式的巨大变化来看，在当代新技术革命条件下，我们必须努力地造就和培养具有全新的智力结构、品质结构、审美结构的创造人。

四、社会进步拒绝“消费人”

维纳在他的另外一本著作《控制论和社会》里面讲到，科学技术的发展既对善产生了积极的推动作用，又可能对恶产生推波助澜的作用。新技术革命产生的双重的社会效应，为一些人把生产和消费、劳动和享乐完全分开提供了可能，而这又为人的另一种发展模式提供了依据。日本某位学者曾说过，科学技术的发展给社会造成了很多负面的影响。计算机的出现，导致人思辨的能力以及计算的能力不断下降。由于通信工具的发展，人们以往的书信交往被电话、网络聊天等方式所取代。虽然现代通讯手段大大缩短了人与人之间的距离，但却导致了人的语言能力的消退。网络的出现，网络媒体的发展，使人们回家之后“各司其职”，有人看体育，有人看文艺，看完之后睡觉，家庭的关系冷漠了、疏远了。

科学技术的双重效应只是为消费人的出现提供了可能，要把这种可能性变成现实性还有一个社会制约的问题。因为科学技术从来就不是孤立的、单一的领域，它不像西方有些学者讲的，现代社会是技术统治的社会，一旦科学技术发展了，社会什么问题都可以解决。科学技术总是受一定的社会经济关系、阶级结构、政治制度以及支配它的价值观的影响，它总是要受到社会的制约，这就造成科学技术的发展具有强烈的定向性。所谓的科学技术不过是人把对客观世界必然性、规律性的认识用于生产的活动，而这往往是由社会的决策集团根据社会的需要和统治阶级的利益来组织的一种定向活动。一个社会发展什么技术、淘汰什么技术、支持什么样的技术，完全取决于统治者的抉择及其所制定的相应的政策。社会制约性把科学技术双重的社会效应的可能性变成了现实性。

这是不是单纯逻辑推断出来的东西呢？不是的。当代社会确确实实存在一些消费人、享乐人。日本有个学者叫做扇谷正造，他写了一本书叫做《怪异的一代新人类》。他们经过长期的调查指出，在当代西方发达的资本主义国家，出现了一种新的人类，被称为“怪异的一代”。这种人的特点可以概括为三个方面。第一，相对主义。他们的口号是“适合我意就是真理”，认为世界上没有绝对的客观的东西，一切以满足“我”的需要为决定，适合“我”的意志就是真理。第二，享乐主义。这些人把工作看做一种“劳动中毒”，是一种病态。所以这本书里讲，“这些人白天里死去，晚上复活”。白天上班浑身没有劲，像失掉了灵魂一样，一旦下班从更衣室出来，个个精神抖擞。第三，人格面具主义。这种人时刻在想怎么来表现自己，似乎只有顽强地表现自己，才能时运亨通，他们把老实工作的人看成是一种主体性丧失的表现。这就是我们从扇谷正造的书里面所看到的一种人的发展模式。在《人性能达到的境界》一书中，马斯洛说道，在发达的西方国家，相当一部分年轻人对人类的一些传统美德嗤之以鼻，认为不值一提。马斯洛讲，他们把一切都搞得那么自然，把人理解为无，特别是在性的问题上面，完全依靠动物的那一套来行事。这是不是又是一种表现呢？美国前总统卡特的高级顾问布热津斯基写过一本书叫《大失控与大混乱》，在这本书里面他讲到，美国现在流行一种物欲第一主义，把个人物欲的满足放在第一位，因而不顾任何的社会利益。这种物欲第一主义的流行，导致了道德腐败的大规模蔓延，以至于使美国失去了它的凝聚力。在这本书的最后，布热津斯基指出，对这种文化趋势必须作文化上的反省和哲学上的批判。这种情况在我们国家同样存在，只是没有那么严重罢了。

德育及其理论研究不能离开当代新技术革命这样一种前提，我们必须从这个视角出发来看待问题。我们要建设中国特色的社会主义国家，要走共同富裕的道路，就必须构建社会主义的核心价值体系，加强理想信念教育。邓小平同志提出了要培养一代有理想、有道德、有文化、有纪律的社会主义接班人，这一理念不纯粹是站在国内的角度来看问题的，更是从整个世界发展的趋势出发来考虑问题的。现在西方提出了“人的革命”的问题，我想这也是我们德育工作所面临的重要问题。

（原载《中国德育》2010 年第 2 期）

素质教育与网络时代的青少年德育

陶宏开*

《走进新时代》是我非常喜欢的一首歌，在各种报告会上我演唱过多次。那，什么是新时代呢？是什么把我们带进了新时代？这个新时代就是网络时代、就是信息时代，是电脑和网络把人类带进了日新月异的高科技网络时代。

一、网络时代的青少年

毋庸置疑，对新鲜事物最为敏感、接受能力最强的青少年是网络上最活跃的主力军。据调查，尽管相当一部分家长对电脑还不怎么熟悉，但80%的孩子在9岁前就开始接触网络，93%以上的中学生都有了数年的网龄，其中一半左右已经是身手不凡的游戏玩家了。

由于网络的无时不有、无处不在，其海量信息的无所不包、无奇不备，相对于20世纪80—90年代的青少年，网络时代的孩子思想更前卫，个性更自主；热衷于尝试新事物，敢于张扬非主流；有独到的见解，具创新的精神。随着经济建设的红红火火，物质生活的蒸蒸日上，他们尽情地展现着鲜明的时代风采，成为大不相同于以往青少年的新新人类。

哲学告诉我们：物质决定意识，意识反作用于物质。比较而言，改革开放以前的中国社会变化速度是缓慢的，而近二十年的经济发展是突飞猛进、一日千里。当今一代青少年的父母成长于20世纪的60—70年代。那是一个思想受

---

* 陶宏开，华中师范大学特聘教授，共青团中央“青少年网络文明爱心大使”。

缚、政治保守、物质匮乏的时代。现在的青少年则成长于经济空前腾飞、政治氛围宽松、物质生活丰富、电子媒体包罗万象、多方位与世界接轨、同步的高科技时代。

在这恍若隔世的两代人之间，存在着政治、经济、思想、文化以及生活方式上的巨大差异，这就必然造成他们的认知标准、社会理念、物质要求、兴趣爱好、欣赏品味、道德观念等方面的诸多不同。现在的父母和老师们都感到很难与孩子沟通，他们常常说，现在的孩子真不好管，太难教了。

是的，琳琅满目的新生事物，光怪陆离的时髦潮流，不可避免地对成长中的青少年产生各种不同的影响。由于人们的接受、消化及抵御能力不尽相同，有些青少年在鱼龙混杂的网络文化大潮中迷失了方向、荒废着青春。他们十分自我、又失去自我；习惯于获取、消费，但不愿付出、积累；他们发展欠均衡、素质不全面，在某些方面相当突出，而其他方面却明显不足。现在的青少年早恋、厌学、吸毒、打骂父母、暴力犯罪及自残自杀等问题层出不穷，特别是上网成瘾的现象日趋严重。近年来青少年罪犯占到了全国刑事罪犯总人数的80%左右，特别是未成年人犯罪率逐年大幅攀升，引起全社会的高度关注。

二、到底谁该为此买单

解铃还需系铃人——为了探求问题成因，我们在28个省、自治区、直辖市的150多个城市进行了深入的调查研究。在此过程中，我们经常听到孩子们的责怪声：“父母太啰唆，根本不理解我们，一听他们说话就烦，简直不想呆在家里。”而舐犊情深的父母们却还自以为是地认为今天的孩子太幸福了，比自己的童年美好多了，他们反复地对孩子感叹道：“啊，我们那时多苦哇，你们现在要什么有什么！”但是，他们没能从另一方面去看问题——很多孩子们不该要的东西，也都强加给他们了。

那是些什么东西呢？主要有三：应试化的家庭教育、政治化的学校德育和恶俗化的网络环境。

在众多“4—2—1”结构的家庭中，家长们把整个家族的希望都放在那唯一的孩子身上。孩子还在娘肚子里的时候，全家人就在计划要让孩子受到“最好的”教育。即使不是独生子女，父母们也因为现在就业市场的艰难，都期盼自己的孩子刻苦学习，去获得最高的学位，以便有更强的竞争能力。

因此，广大家长们不遗余力地从孩子很小就对其进行填鸭式的应试教育。一时间，胎教、早教、培优、幼儿双语教育等等，都成了家长追求的时尚。学龄前的孩子本应是天真烂漫、快乐无穷的，但却被“重智轻德”的家长们弄得苦不堪言。在性格与人格的形成期间，孩子们被逼着去死记硬背将来要考的“知识”。虽然，他们在童年时代享受的物质条件远比父母们强得多，但在心理上、在如何做人等道德方面的培养却被人为地忽视。

在进入学校后，以考试分数论英雄的单一评价机制统治着校园，一切教学活动主要是围绕着提高升学率来进行。教育方针一直强调的德育不仅事实上被弱化，而且被政治化了。其教学方式刻板教条，其理论内容随着社会政治形势的异动而变化。学生们对枯燥口号式的政治思想教育兴趣索然，其德育效果也就必然不尽如人意。

再加上“一切向钱看”的社会风气盛行，青少年们感觉德育课中学到的理论与现实相去甚远，因而对那些正面教育越来越怀疑。道德教育的本质被异化，德育的功能必然被削弱，其实效的缺乏就不可避免了。

此外，对现代青少年极具负面影响的是低俗有害的网络文化。人的行为是受思想支配的，思想是受文化引领的。由于管理不到位，各网站为了争夺眼球而大打“擦边球”，使得青少年最喜欢流连的网络环境十分混杂，大量暴力、色情、赌博等不良因素掺杂其中。

众多青少年上网的主要目的就是玩游戏。而当前大多是打怪升级、群魔乱舞的游戏，其所具有的主动参与性、环节无限性和吸引控制性，很容易使好奇而缺乏思辨能力、吸收能量极大而毫无自我防护意识的孩子们上瘾。青少年成年累月地泡在这样的网络虚拟世界中，他们那由于德育弱化而本不深厚的道德底线，很容易地就被洪水般的不良网络文化所冲破。

三、用素质教育引导青少年成长

2004 年 5 月，因为帮助了一位网瘾少女，我突然“一夜成名”，被称为“中国戒网瘾第一人”。对这顶“桂冠”，我一直是非常否定的，一是因为它来自于千千万万受网瘾危害的家庭的痛苦，更重要的是，我真正想做的是道德重建，戒除青少年网瘾只是一个切入点，从戒网瘾到道德重建的桥梁是素质教育——我希望通过对素质教育的实质推展，引导广大青少年真正德智体全面发展地健康成长。

从20世纪80年代后期到现在，素质教育叫喊了二十来年，却仍然是只听见打雷，不见下雨，“应试教育”依然在校园里盘根错节，大行其道。这到底是为什么？其中很关键的一个原因，就是连什么是素质都还没有真正搞清楚！

那——什么是素质？

2002年仲春，我从美国退休回国，先后拜读了两百多篇有关素质教育的文件、讲话、论文、报道等，收获不小，但也疑惑颇大——没有谁把素质讲清楚。我在各地的研讨会或讲座上提出这个问题——什么是素质？大家脸上的表情往往是：啊？素质？——好像知道，但又说不出个名堂来。

这里，我只好谈谈自己的看法。我认为，素质是指人们对社会各方面事物正确认识程度的高低，以及与之相应的实践能力的大小。简言之，素质就是认知能力与实践能力的总和。科学的认知能力加上有效的实践能力，就是高素质，反之即为低素质。因此，培养和提高人的素质的一切学习与实践活动，就是素质教育。其内容主要包括以下三个方面：心理素质、专业素质与综合素质。

必须强调的是，心理素质最为重要。实践表明，心理素质的高低，决定着人道德品质的好坏。其内涵主要包括：思辨能力、自控能力及自我平衡能力。

首先，要注重从小培养孩子的思辨能力，使之学会正确地认识世上的各种事物，懂得哪些是该做的，哪些是不该做的，哪些是可做可不做的。值得注意的是，该做的和不该做的这两种事比较易于区分和把握。但是，在第三种事上，人们或多或少地感到有些模糊。特别是青少年们，正处于要成熟又不太成熟的阶段，通常在这方面掌握得不十分好，容易出问题。

对于可做可不做的事，用“玩”字来描述最合适。我们希望青少年能够分辨“玩”的三种娱乐方式：健康娱乐、休闲娱乐和有害娱乐。前一种是寓教于乐的“玩”，有益于青少年的身心健康。但是后面那种“玩”，往往容易使人成瘾，甚至是走火入魔地堕落为阶下囚。

思辨能力的强弱，直接影响到人们的道德规范理念。有了良好的思辨能力，就能正确地把握人生，看准前进的方向。但这绝不是说，只要有了思辨能力，就万事大吉了。在现实生活中，我们身边每天都有人在明知不可为而为之地犯错误，有的竟然还知法犯法、以身试法地走上不归之路。为什么？因为他们虽然有了一定的思辨能力，但是太缺乏自控能力，经不起诱惑而自毁前程。

培养青少年的自控能力也需要从小做起，如果小时候任性惯了，做事不考虑后果，进入青春期就更会为所欲为，情绪和行为很容易失控。到那时再想要他自己管住自己，将是非常困难的。在人生旅途中，我们时时处处都会面临不同的诱惑及形形色色的利害关系，人自身还有生理及生存上的各种需求，如若自控能力不强，就很容易被不良因素所引诱，丧失道德良知，偏离正确的人生轨道。

除此以外，还要培育孩子的自我平衡能力。在这个世界上，永远没有笔直平坦的人生大道；旅途上，免不了寒冬酷暑、风风雨雨；朋友间，总会有你上我下、磕磕碰碰；现实中，少不了成功失败、世态炎凉。若孩子不懂得心理平衡，有了点成绩就沾沾自喜，以至于后来“大意失荆州”；或一遇到困难就自闭泄气，终至最后“败走麦城”。在生活里，这样的青少年会经不起任何风吹浪打，情感脆弱；在学习中，这种学生难以稳定，若遇波折，就会一蹶不振；在工作上，这样的孩子容易患得患失、左右摇摆，很难有始有终地把任务完成好；在人际交往间，他喜欢斤斤计较，朝秦暮楚，难以找到真正的知心人，融不进任何一个团队之中。这样的人，是得不到真正的快乐的。

在教育过程中，要使青少年们学会调节自己的心态：有了成绩时，要想到人生路漫漫，还有很多障碍在等待自己去克服，切不能骄傲懈怠；在困难中，要自己给自己安慰打气，只要再接再厉地去奋发努力，就有可能攻克任何难关；出了差错时，不要光是怨天尤人，老是只从外因上找问题，更要能够自己检查自己，自己批评自己，并且自己去努力地改正并提高自己。这样，自我平衡能力越来越强，人也就越来越成熟，道德水准会越来越高。

培育孩子的自我平衡能力，是一个非常深入细致的长期工作。孩子不可能天生地具备良好的自我平衡能力，也不能等他出了问题，再去告诉他怎么平衡，最好是把工作做在前面。作为家长或教育者，自己一定要有比较好的这方面的素质，以身教为主，言传为辅，自然地展示保持平衡的乐观心态，使孩子从中得到感染和熏陶。同时，要有意识地给孩子讲解这方面的相关道理、教训和故事，如：空城计、将相和、骄兵必败、卧薪尝胆、绝地逢生、反败为胜、居安思危等等，由浅入深地引导他们去感受，再把感觉上升为自觉，学会如何时时保持理性的平衡心态，良好的品德就逐步地养成并固化。

另外，还需要比较全面地了解孩子的各个方面，及时掌握孩子的心理变化，以及他在成长过程中的进度和表现，再根据具体情况，通过沟通进行教育。要让孩子知道，人生绝对不可能是一帆风顺的，要有随时随地可能遇到麻烦和打击的心理准备。无论情况糟糕到了什么程度，都要坦然面对，绝不应该轻言放弃。不管对任何人或任何事，一定要尽最大努力，同时作最坏打算；在作最坏打算的同时，还是尽最大努力，直到最后。无数的成功案例证明，这是取得胜利的最佳心理状态和重要保证。

可以说，自我心理平衡能力的强弱，标志着人们思想的成熟度和道德品质的高低。思辨能力可以把青少年带到通往道德的路口，找到人生的正确方向；自控能力支持他们经受人生的种种考验，使之坚持美好的道德信念；自我平衡能帮助青少年持之以恒地步步前行，直达崇高道德的理性境界。

心理素质是“纲”，青少年的心理素质提高了，他们专业素质和综合素质的“目”就都会顺利地张开。要做好这些，教育改革必须从家庭开始，每个家长都要学习人的成长科学，掌握青少年生理和心理的发育规律和培育方法，从小培养孩子的行为习惯、性格和人格，打好坚实的德育基础。学校的一切教学活动要以素质教育为指导，切实注重学生的心理素质教育，引导他们进行自我教育、自发学习、自觉锻炼，从而德智体全面发展。同时，社会文化环境，特别是网络文化要大力净化，把整个社会变成一所大学校，使良好的道德风尚在全社会普及，让青少年在健康的大环境中茁壮成长为具有高尚道德品质的有用人才。

（原载《中国德育》2010 年第 5 期）

青少年网络道德实证研究

雷 雳 马晓辉*

一、问题缘起与研究方法

据中国互联网络信息中心（CNNIC）于2010年1月发布的“第25次中国互联网络发展状况统计报告”，截止到2009年12月，中国网民规模达到3.84亿人，稳居全球第一，而互联网普及率为28.9%，尚有很大发展空间。互联网用户中10—19岁人数占总数的31.8%，约1.22亿人，是中国网民的第一大用户群体。

迅速发展的互联网对人们的生活产生了巨大的影响。人们通过电子邮件传递信息，在网上获取新闻消息，接受教育，购物，聊天和游戏。网络改变了人们的行为和思维的方式，同时产生了很多积极和消极的影响。

由于互联网的规范不完善，网络中存在着很多消极的行为，比如网络攻击、欺骗、犯罪等，而垃圾邮件、虚假信息、网络攻击等也给互联网用户造成极大的困扰，此类网络偏差行为对网络社会和现实生活造成了消极的影响[1,2]。但同时我们也会看到，网络中也存在着很多善意的行为，对网络社会产生积极的影响，小到主动调节论坛里的气氛、提供信息帮助，大到打击违法犯罪、救助弱势群体等行为。互联网中存在的这类亲社会行为对优化网络环境、强化网络道德、增强人们对网络的信任有着积极的影响，不仅有助于形成和维护网络中

---

* 雷雳，中国人民大学心理学系教授、博士生导师；马晓辉，中国人民大学心理学系2009级博士研究生。

人与人之间的良好关系，还能减少和抨击网络中侵犯、欺诈等反社会行为[3]。

与网上亲社会行为联系在一起的，是我们可能很容易想到“网络道德”。实际上，网络中存在着大量涉及道德领域的行为，并对社会产生极大的影响。因此近年来社会各界对于网络道德建设也越来越关注，国内外已经有很多研究者对虚拟世界的道德和伦理进行了理论上的探讨[4,5,6,7]。在此研究基础上，本研究针对青少年的网络道德及亲社会行为等问题展开了调查研究。

研究选取了四个省市的六所普通中学初一到高二年级的学生，共 992 人为研究对象。其中 545 名研究对象的数据用来做量表的探索性因素分析。用于本研究分析的样本量为 447 人，其中男生 182 名，女生 265 名。研究对象的年龄在 11—18 岁，平均年龄为 14.89 ± 1.82 岁。

参考寇彧等人[8]修订的“亲社会倾向量表”（Prosocial Tendencies Measure）编制“青少年网上亲社会行为倾向量表”考察青少年网上亲社会行为表现。本研究中，各维度的内部一致性信度 α 系数及总问卷的 α 系数均较好。各维度的含义如下：

公开型网上亲社会行为，指个体在公开网络空间或有其他网民知道的情况下而做出的亲社会行为；

匿名型网上亲社会行为，指在匿名网络情况下个体做出的亲社会行为；

利他型网上亲社会行为，指个体出于减轻他人痛苦的动机做出的亲社会行为；

依从型网上亲社会行为，指个体在其他网民的请求下做出的亲社会行为；

情绪型网上亲社会行为，指个体在情绪被唤起的情况下做出的亲社会行为；

紧急型网上亲社会行为，指在网络环境中发生紧急事件时个体做出的亲社会行为。

按照心理学界对于道德心理结构的认识，我们编制了“青少年网络道德量表”来考察青少年的网络道德状况，包含了网络道德认知、网络道德情感和网络道德意向三个分量表，其中网络道德情感部分包括了“对道德行为的积极情感”和“对不道德行为的消极情感”，得分越高表明对道德行为情感越积极，对不道德行为情感越消极。量表采用从 1（完全不符合）到 6（完全符合）等级评分。在本研究中，各分量表的内部一致性系数信度及整个量表内部一致性信度系数 α 均较好。

以班级为单位施测问卷。数据整理、统计分析处理使用 SPSS 与 AMOS。

二、研究发现与分析

（一）青少年的网络道德积极向上未堕落

对青少年网络道德认知、情感和意向得分的描述统计显示，在六点计分量表中，青少年网络道德三方面的平均分都在4.5—5.5（见表1），说明青少年的网络道德是积极的。

表1　青少年网络道德的平均分和标准差

网络道德变量		$M \pm SD$
网络道德总平均分		4.87 ±0.75
网络道德认知		4.86 ±0.98
网络道德情感	对道德行为的积极情感	4.89 ±1.24
	对不道德行为的消极情感	4.71 ±1.11
网络道德意向		5.10 ±1.05

本研究的结果表明青少年对于网络道德的态度是积极的，这跟之前的一些研究结果不同。之前的一些质性研究和问卷调查的结果认为，青少年的网络道德认知是模糊不清的、道德情感是漠然的[9]。但本研究发现大多数青少年都认同互联网应该是一个文明的场所，且需要一定的网络道德准则来规范网民的行为；而对于网络环境中符合道德规范的行为，青少年表现出积极的情感反应，对于消极的网络行为如欺骗、过激等，则表现出消极的情感反应；并且在网络道德意向上，大多数青少年都表示愿意在使用互联网时遵守道德规范，表现良好的网络道德行为。

进一步考察青少年在网络道德上的性别及年级特点，结果表明，青少年在网络道德上性别和年级交互作用不显著，年级主效应也不显著，说明青少年的网络道德不受性别和年级差异的影响。青少年的网络道德不因性别和年级不同而改变，是稳定的。而且网络道德认知与对道德行为的积极情感和意向之间显著正相关，说明此三者之间的变化趋势是一致的。

（二）青少年网上亲社会行为表现令人欣慰

为了考察青少年网上亲社会行为的基本特点，对青少年网上亲社会行为得分进行了描述统计。结果表明，在五点计分量表中，网上亲社会行为总平均分

($M=3.58$, $SD=0.80$）和各类网上亲社会行为的平均数均分布在3—4，说明青少年在网络环境中发生亲社会行为的几率是较高的（见图1）。

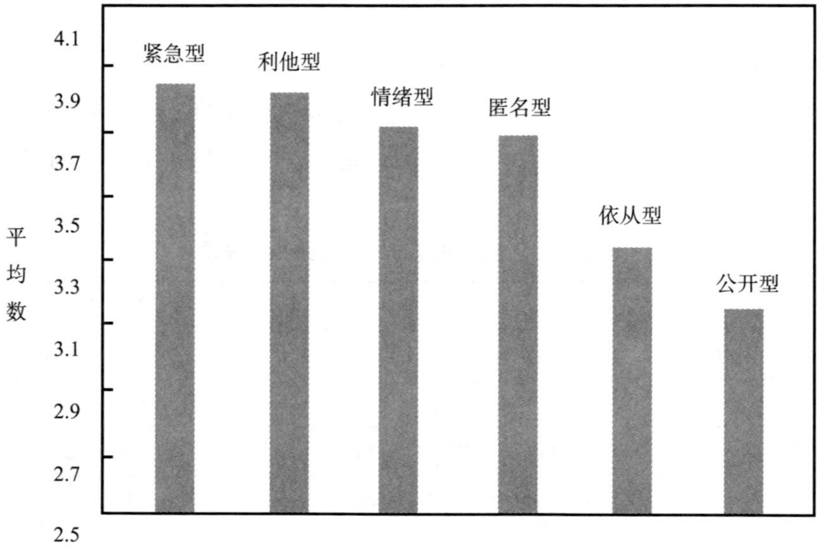

图1　不同类型网上亲社会行为的平均数比较

对网上亲社会行为的分析表明，青少年会表现出较高的网上亲社会行为水平。有研究曾指出网络环境更有利于亲社会行为的发生[10]，本研究也发现青少年在网络中经常做出帮助他人的行为，支持了这一观点。随着互联网在人们的生活中扮演着越来越重要的角色，网络环境中的亲社会行为将成为青少年道德发展水平和道德品质的重要表现。

另一方面，通过比较不同类型亲社会行为的平均数可以看到，青少年的网上亲社会得分由高到低依次为：紧急型、利他型、情绪型、匿名型、依从型、公开型。这表明，在紧急、高情绪唤醒、有人求助的网络情境下，青少年更容易产生亲社会行为；此外，青少年的功利色彩较淡，更容易表现出利他型亲社会行为，在网络环境中助人的时候并不期待对方有所回报。国外[11]对于现实中青少年亲社会行为倾向的研究也显示，青少年报告最多的亲社会行为倾向是利他型、紧急型和情感型，最少的是公开型。国内另一项研究显示，在现实生活中青少年的利他型亲社会行为倾向最高，其次是紧急型、情绪型、依从型、匿名型和公开型[12]。

当然，我们也可以看到，在网络环境中紧急型和匿名型亲社会行为的排名比现实生活中高，这说明网络中的亲社会行为跟现实生活环境相比有其独特之处。由于网络环境的匿名性和开放性等特点，网络环境中出现匿名型亲社会行为情境更多，青少年在不显露自己真实身份的条件下助人的可能性也更大。

（三）网上亲社会行为随年级递增而衰减

考察青少年在网上亲社会行为上的性别和年级特点，结果表明，性别和年级无交互作用，性别在利他型网上亲社会行为上主效应显著，年级除了在紧急型网上亲社会行为上主效应不显著外，在其他类型网上亲社会行为上的主效应均显著。

对性别主效应的分析显示，在利他型网上亲社会行为方面女生（$M \pm SD = 3.87 \pm 0.92$）显著高于男生（$M \pm SD = 3.75 \pm 1.04$）。这说明女生做出利他型网上亲社会行为多于男生，女生在网络中帮助别人的时候比男生更少考虑能否得到回报。

利他型亲社会行为主要是指在帮助他人的时候不求回报，是出于完全利他而没有私心的助人行为。对现实生活中亲社会行为研究一般都发现女生比男生亲社会行为的水平高[13]。本研究的结果与现实生活中的研究结果是一致的。

进一步考察青少年网上亲社会行为的年级变化趋势，结果表明，情绪型、利他型、匿名型、依从型和公开型网上亲社会行为在年级上均有显著的线性变化趋势。从图2可以看出，随着年级的升高，青少年的这五种类型的网上亲社会行为均在减少。在情绪型、利他型、匿名型、依从型和公开型网上亲社会行为上，高二学生的平均数均显著低于其他年级，其他年级之间的分数差异不显

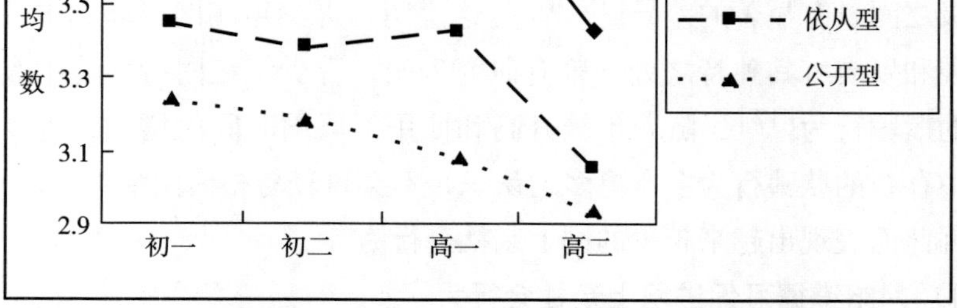

图2（1）　不同类型网上亲社会行为的年级变化趋势

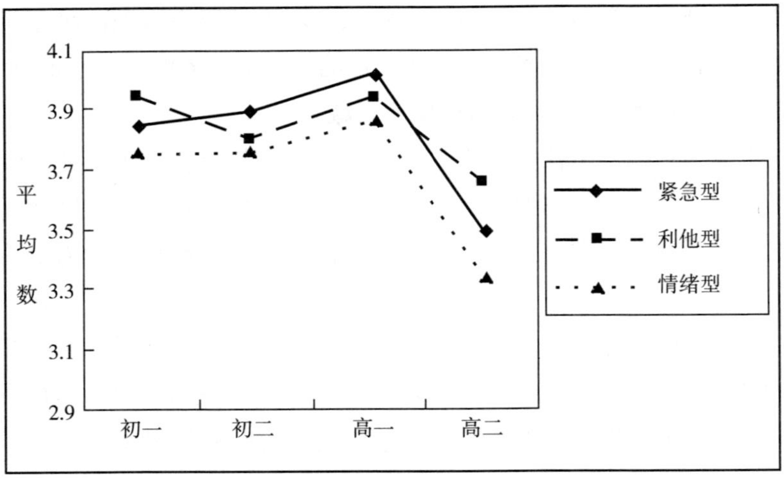

图 2（2） 不同类型网上亲社会行为的年级变化趋势

著。这说明青少年的网上亲社会行为在高二的时候形成质变，有了明显的减少。

通过年级差异比较结果可以看到，网上亲社会行为在年级水平上有显著的差异，个体的成熟、经验以及认知发展等对青少年的网上亲社会行为有十分重要的影响。具体到不同情境的网上亲社会行为，除了紧急型，其他类型的网上亲社会行为都随着年级的增长而呈下降趋势。也就是说，青少年在网络环境中遇到急需帮助的人时都会做出亲社会行为，这种行为的水平不会因为年级变化而变化；而其他情境的网上亲社会行为水平则随着年级增长而下降，年级越高，网上亲社会行为越少。

这与现实中的亲社会行为研究结果有所不同，Carlo 等人[11,14]的研究结果显示，青少年随着年龄的增长，表现出依从型、利他型、紧急型和利他型亲社会行为的倾向均是增加的。国内多项研究显示，现实生活中青少年的亲社会行为在年级之间没有显著的差异[15,16]。这说明，青少年在网络环境中的亲社会行为表现和发展有其独特之处。曾有研究表明，青少年在网络环境中表现出一定水平的欺骗行为[17]，随着年级升高和使用互联网时间的增长，青少年对网络环境中存在的欺骗行为会有更多的认识，不会再轻易相信网络中的求助信息，并可能因此而表现出越来越少的网上亲社会行为。

（四）网络道德可促进网上亲社会行为

为了考察青少年的网络道德与网上亲社会行为的关系，首先进行了相关分析。结果表明，青少年网络道德认知与道德情感和意向之间显著正相关，对网络道德行为的积极情感与网络道德意向显著正相关；其次，网龄与网络道德认知、消极情感和道德意向各维度显著负相关，与依从型网上亲社会行为及网上亲社会行为总平均数呈显著负相关，这说明青少年使用互联网的时间越长，网络道德越消极，表现出的网上亲社会行为越少；最后，网络道德认知、情感和意向与各类型网上亲社会行为均为显著正相关，也就是说在网络环境中，青少年网络道德越积极，越有可能表现亲社会行为。

然后，根据理论假设和相关分析的结果，针对青少年的网上亲社会行为，本研究提出一个理论模型（见图3）。

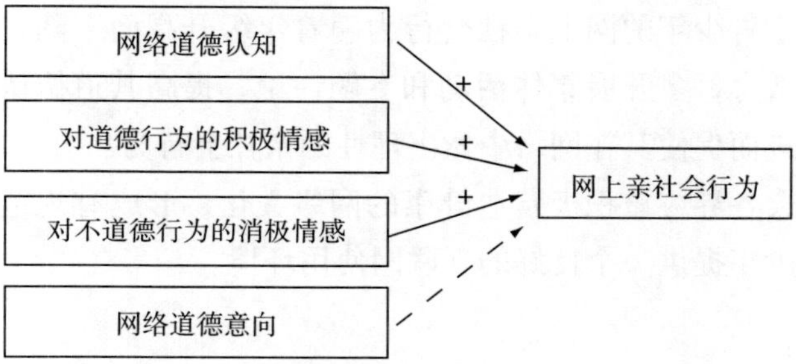

图3　网络道德与网上亲社会行为的关系模型

该模型假设青少年的网络道德认知和网络道德情感对网上亲社会行为有直接预测作用。①将各变量代入模型进行计算，从拟合指数看，该模型拟合良好。

从网上亲社会行为的模型中可以看到，青少年的网络道德认知、情感对于网上亲社会行为的直接预测水平均显著，但不能以网络道德意向预测网上亲社会行为。这说明网络道德认知和情感直接正向预测网上亲社会行为。

青少年的网络道德认知和情感越积极，表现出的网上亲社会行为水平就越高。已有对现实生活中的亲社会行为研究表明，青少年的道德判断水平不能预测其亲社会行为表现[18]，但在本研究中，对网络社会道德规范的认识和判断是可以预测其网络亲社会行为倾向的。说明对于网络道德而言，认知因素可以产生更大影响。但网络道德意向不能预测网上亲社会行为，这与我们的研究假设不一致。本研究在对网络道德意向的界定和认识中，强调更多的是不做违反道德规范的行为倾向，而不是强调表现出帮助他人的亲社会行为倾向，这可能是本研究网络道德意向不能直接预测网上亲社会行为的原因。

三、对策建议

根据研究结果，我们对如何提升青少年的网络道德，增加其网上亲社会行为提出以下建议。

首先，不必过分担心网络社会弱化了青少年的道德认知和情感，青少年对网络环境中的道德规范还是有比较清醒的认识的。学校和社会可以进一步加强对青少年的道德认知和情感教育，提高他们的认知水平，促使其产生更积极的网络道德情感体验，培养青少年积极的网络道德意向。

其次，鉴于青少年的网上亲社会行为随着年级升高而下降，学校应该加强中学生的道德教育，多开展集体活动和专题讨论，提高其道德认知和道德情感的积极水平，进而促使其在网络中做出理性的亲社会行为。

最后，社会各界应该积极营造健康的网络文化，形成有规范约束的网络道德氛围，为青少年提供一个良好的互联网使用环境。

注释：

①在关系图中，实线表示有显著的预测关系，“+”表示是正向预测、“-”表示是反向预测；而虚线表示没有显著的预测关系。此处略去了具体的统计系数。

参考文献：

[1] Levinson E, Surratt J. Is the Internet the Most Important Educational Event since McGuffey's Reader? [J]. *Converge*, 1999, 2 (4): 60-62.

[2] *Goulet N. The Effect of Internet Use and Internet Dependency on Shyness, Loneliness, and Self-consciousness in College Students* [D]: [Pro Quest Digital Dissertations]. State University of New York: Albany, 2002.

[3] 卢晓红. 网络道德教育应关注网络亲社会行为 [J]. 职业技术教育：教学版，2006,(27): 115-117.

[4] Rogers, M. *A Social Learning Theory and Moral Disengagement Analysis of Criminal Computer Behavior: an Exploratory Study* [D]: [Ph. D. Thesis]. Department of Psychology, University of Manitoba: Winnipeg, 2001.

[5] Teston G. A Developmental Perspective of Computer and Information Technology Ethics: Piracy of Software and Digital Music by Young Adolescents [J]. *Dissertation Abstracts International*:

Section B: *The Sciences & Engineering*, 2002, (62): 5815.

[6] 杨礼富. 网络社会的伦理问题探究 [D]. 苏州大学, 2006.

[7] Lawson T, Comber C. Introducing Information and Communication Technologies into Schools: the Blurring of Boundaries [J]. *British Journal of Sociology of Education*, 2000, 21 (3): 419 - 433.

[8] 寇彧, 洪慧芳, 谭晨等. 青少年亲社会倾向量表的修订 [J]. 心理发展与教育, 2007, 23 (1): 112 - 117.

[9] 刘浩. 初中生网络道德现状及教育对策研究 [D]. 辽宁师范大学, 2006.

[10] 彭庆红, 樊富珉. 大学生网络利他行为及其对高校德育的启示 [J]. 思想理论教育导刊, 2005, (12): 49 - 51.

[11] Carlo G, Hausmann A, Christiansen S, Randall B A. Sociocognitive and Behavioral Correlates of a Measure of Prosocial Tendencies for Adolescents [J]. *Journal of Early Adolescence*, 2003, 23 (1): 107 - 134.

[12] 寇彧. 青少年的亲社会行为研究 [C]. 学术前沿论丛——小康社会: 文化生态与全面发展论文集. 北京, 2003: 276 - 289.

[13] 张庆鹏, 寇彧. 青少年亲社会行为原型概念结构的验证 [J]. 社会学研究, 2008, (4): 1 - 11.

[14] Carlo G, Randall B A. The Development of a Measure of Prosocial Behaviors for Late Adolescents [J]. *Journal of Youth and Adolescence*, 2002, 3 (1): 31 - 44.

[15] 余娟. 中学生亲社会行为及其与自我概念的相关研究 [D]. 西北师范大学, 2006.

[16] 刘志军, 张英, 谭千保. 高中生的自我概念、父母教养方式与其亲社会行为的关系研究 [J]. 湘潭师范学院学报 (自然科学版), 2003, 25 (3): 112 - 115.

[17] Li D M, Lei L. The Deviant Behaviors on the Internetamong Chinese Adolescents [M]. In S. Hall & M. Lewis (ed.), *Education in China*: 21*st Century Issues and Challenges*. New York: NOVA, 2008.

[18] 刘志军. 中学生的道德判断推理水平、同伴关系和亲社会行为关系的研究 [J]. 心理科学, 2001, 24 (5): 629 - 631.

(原载《中国德育》2010 年第 5 期)

【课程育人】

谈谈劳动技术课的德育功能

徐长发*

如果某些大学明确规定大学新生要做的第一件事是:"学会洗衣服""学会节省花钱"等,我们会觉得可笑,可它实实在在地存在。"学会洗衣服"的实际意义就是"学会劳动"的问题,"学会节省花钱"就是"尊重劳动成果"的问题。这让我们不得不思考我们的幼儿教育、基础教育的内容构成和实际质量的有关问题了。社会实践活动的首要内容是"学会劳动",解决学生离开父母如何独立生活的问题。劳动技术教育是实施素质教育的重要载体和途径,具有其他学科不可替代的育人功能,但这种理念还没有形成社会共识。本文着重论述劳动技术课的德育功能问题。

一、德育需要征服人心

(一)德育需要把握分寸

德育是以人格影响人格,以灵魂塑造灵魂,以精神世界教化精神世界,以崇高培养崇高的工作。总之,德育是征服人心的工作。德育过度"复杂化、学术化"会产生危害,形成相互应付的真实的虚假行为。德育亦不可教条化、简单化,简单说教会使学生产生强烈的逆反心理。老师、家长需要用心去体会德育的真实、真诚。

社会各界把德育的任务、德育的责任完全交给学校,是一种误区,也是对

* 徐长发,中央教育科学研究所党委书记、研究员。

学校的不公平。德育是全社会的责任，即政府、学校、家庭共同的责任。德育在于因材施教，德育要找准原因、有针对性。一般来说，独生子女家庭，六个成年人教育一个孩子，都不一定有好的效果，更何况让一个班主任教育几十个学生，要研究每个孩子的特点，生活习惯、思维习惯、行为习惯，难度是相当大的。事实上，学校教育的功能也是极其有限的。现代技术的进步，改变了人们以往的学习方式、知识获取的方式，老师并不是知识的独占者，也不能够享有知识的垄断权，更不是学生掌握知识的唯一来源。而家庭教育也面临着重大挑战，专家型家长也未必能把自己的孩子教育好。家庭教育功能缺失的根本原因在于缺乏生活载体和实践载体，尽管本不应该缺乏——是人为的屏蔽。而孩子的天性是模仿，特别是同伴之间的相互学习和影响，孩子是在具体的活动中、亲身的体验中认识事物、明白道理的。

目前，学校德育也在悄悄的异化。有的学校三好学生评选活动不纯洁了，它们染上了功利的“毒素”，这“毒素”也来自社会和家庭。为了让学生加学分，上重点学校，家长们用尽各式各样的手段。孩子们看在眼里，记在心里。本来一种鼓励争先、公平、公正的活动，功利因素却扭曲了它的目的。

德育需要故事。孩子在好的故事中与故事中的主人公产生共鸣，得到经验，在故事的伴随中成长起来。德育的潜移默化的特点，需要环境育人，需要文化熏染；德育的感召性的特点，需要德育工作者选取的案例，既能感动自己也能打动别人。总之，德育要实现与学生的心灵对接，与学生生活中遇到的问题对接，与学生的烦恼和困惑对接，与学生的成长阶段和节奏对接。只有适应学生发展需要的德育，才会有用，才能有效。

所以，新形势下，原来的一些教育方法迫切需要变革，教育改革是必要的，教学改革更是必要的，教师思想观念的转变则是重中之重。教师的思想和境界、理想和责任，将决定着孩子们的未来，决定着祖国的未来。

（二）德育需要回归生活

德育回归生活，首先需要回归劳动教育。教育是做人的工作，做教育工作的人应该是社会群体中最有人格魅力、最让人敬佩、最有学问、最有能力的人。但事实上，教育者是不容易达到这一条件的。这有个直接教育和间接教育的问题。这就需要在教学内容上下功夫。继承优秀的文化传统，传授经典，让学生更快、更好地成长。

在成长过程中，最能让人们感动、牢记在心的就是那些打动人的人、打动人的故事以及打动人的事件和活动。即便20世纪60—70年代没有专门的德育课程，政治课上读《欧阳海之歌》，讲《雷锋的故事》和《鲁迅的故事》，却使那个时代的人终身不忘。劳动课去学工、学农、学军也兴趣盎然。劳动技术是一个人生活的基础。劳动包括了自理劳动、家庭劳动和社会劳动。劳动教育重在引导和示范，“亲其师信其道”，老师不爱劳动，学生很难接受到爱劳动的教育。

因此，教育对教师是有较高素质要求的，既有人格要求，也有专注用心的要求，还有教育艺术的要求。今天，教师是如何对待劳动教育呢？各种考核压得老师喘不过气来，各种达标活动层出不穷，职业倦怠感居高不下。当教师感到工作不是一种享受，而是一种痛苦的时候，任何教育都难有创造性。在劳动教育中培养孩子，不是说说而已，而是要在实践中开展，在真实的场景中进行。否则，就不是真正意义上的劳动，劳动教育也就失去了其应有的功能。

（三）德育形式需要多样化

何种德育形式具有实效，一直困惑着教育工作者。我们说，任何一种教育思想、教育理念的实现都会有适合它的表现形式和载体。随着时代的变化，德育同样需要创新育人方式。但就学校教育来说，课堂教学还是最主要的方式。课堂教学既有理论学习，也有实践活动，但关键在于教师的水平，在于教师的教学艺术，如何在各科教学中运用恰当的方式实现育人的目标。因为，各学科具有各自的特点和规律，在育人中各有其独特的作用和功能，其呈现方式的独特性，也为育人创造了全方位的条件。其中，劳动技术教育课程的设置、学科地位以及德育功能是不容忽视的，劳动技术教育课程是有效促进学生健康成长的重要途径。综观今天的教育实践，我们应该有清醒的认识了。

二、“以劳育德”理念的时代性

（一）劳动是人的第一实践活动

“以劳育德”是我国教育工作者在劳动技术课的长期教学中形成的重要理念和经验结晶。劳动承载着社会生活方式、人们的思维方式和行为方式，塑造着人的勤奋、责任心、诚实、正义、纪律、严谨、自信、向善、创新等品性和德性。劳动是社会肌体的最好防腐剂，是人生经验积累、成长、成熟、成功的端点。

劳动形式也是多种多样的，有自我服务劳动、家庭服务劳动、社会生产劳动，有社会公益劳动、志愿者劳动，还有技术劳动、科学劳动等等。劳动的过程是锤炼人意志的过程。每个人需要学会欣赏劳动的美，感悟劳动中的文化，深刻体味劳动对人格的完善和历练。正像苏联教育家苏霍姆林斯基所讲："我们的劳动教育理想是，要使每一个人早在少年时期和青年早期就找到这样一种劳动，在这种劳动中能够最充分、最鲜明地展示他的天赋才能，并给他带来精神创造性的幸福。"[1]227

（二）素质教育，德育为先

德育是对人的品德的一种教育行为和实践要求，德育是人生观、价值观的教育，是对"真、善、美"主流社会价值目标的认同教育，是对"温、良、恭、俭、让"人生文明态度的提倡。素质教育就是关注学生的全面发展，培养学生的综合能力和创新精神。其中，劳动技术课程贯彻社会主义荣辱观，提倡社会主义劳动原则，倡导"勤劳致富，按劳分配，多劳多得"的进步意识，反对"不劳而获"的懒惰思想。现代劳动技术课是融知识性、实践性、技能性、教育性于一体的一门课程，它蕴涵着勤奋的精神、坚强的意志、学习的方法、智慧的启迪以及劳动美感、技术思维、工具意识、规则意识、质量意识、环保意识、团队意识等劳动素养教育的内容。所以，它最能培养孩子的优秀品质。德行是做人的基础，劳动是人一切活动的基础。

苏霍姆林斯基认为："在'劳动素养'这个概念里，不仅包括完善实际技能和技巧，掌握技艺，而且包括劳动活动在人的精神生活中的作用和地位，包括劳动创造活动的智力充实性和完满性、道德丰富性和公民目的性。劳动素养还指一个人达到了这样的精神发展阶段：他感到缺少为大众谋福利的劳动就无法生活。劳动作为一种高尚的道德鼓舞力量充实着他的生活，并且从精神上丰富着集体的生活。"[1]226-287 20 世纪进步主义教育者也曾认为："当孩子们在一起共同劳动而解决问题和参与民主过程的时候，他们实际上就在理性地学习道德德性。"[2]由此可见，劳动技术教育在人的发展过程中具有"道德孵化""道德养育"的功能，是道德教育的重要内容。

（三）"以劳育德"，从生活故事说起

关于韩国总统李明博人生奋斗的两本书《凌晨五点：李明博的心灵告白》《经营未来：李明博自传》讲述了李明博艰难成功的历程，让人深受教益。贫穷使他懂得了如何变革，如何把握未来；贫穷使他懂得了劳动的意义和价值；贫穷使他懂得了社会和民生，理解了民生的重要性，使他成为"平民总统"，受到韩国人民的拥戴。这就是一个很贴切的德育故事。

纵观历史，人物传记写遍了“刻苦勤奋”四个字。刻苦勤奋是对劳动的最好翻译和表达。劳动的内涵是丰富的，并不是只有体力劳动是劳动，随着时代的变迁以及科学技术的迅速发展，劳动的形式也在不断变化。目前，劳动技术教育缺乏制度性规定，没有在教育方针的表述中真正得到体现。“应试教育”愈演愈烈，素质教育的实施遇到了来自各个方面的阻碍，从而导致学生只会从事知识方面的学习，而忽视劳动技能的培养。

另外，我国知识产权的保护机制不健全，客观上也造成对个人劳动成果的不尊重后果，从而抑制了人们对劳动成果的自我保护意识。官方文化与民间文化的差异，社会价值观的不同，导致对劳动的态度和看法的不同。传统文化鄙视劳动，主张“学而优则仕”；民间的价值选择则是“家有千顷莫如薄技在身”。旧社会“学在官府”“技在民间”，现在不同了，现代学校制度的建立，完全可以把二者统一起来，落实到课程之中。劳动技术教育完全能够在现代学校中进行、发展和创新。

三、劳动技术课的德育功能

（一）正确理解德、智、体、美、劳五育的关系

《中共中央国务院关于深化教育改革全面推进素质教育的决定》指出：“学校教育不仅要抓好智育，更要重视德育，还要加强体育、美育、劳动技术教育和社会实践，使诸方面教育相互渗透、协调发展，促进学生的全面发展和健康成长。”怎样理解“五育”的关系——以劳育德、以劳增智、以劳健体、以劳益美、以劳促创新。张承先先生认为：“劳技教育是影响人的素质的根本问题。”顾明远先生认为：“创新能力的培养离不开动脑与动手的结合。”新一轮课程改革有关文件认为，劳动技术教育是“以学生获得积极劳动体验、形成良好技术素养为基本目标的教育。它强调学生提供多种劳动实践和技术活动进行动手与动脑紧密结合的操作性学习，形成劳动方面的意识、技能及习惯，形成初步的技术意识和技术实践能力”[3]。黄济先生认为：“劳动教育既是贯彻教劳结合教育方针的重要措施，又对启智、育德、健体和益美有着重要作用。从我国教育的现实情况来看，又是加强理论联系实际、培养学生实践能力的重要举措，对于解决当前独生子女娇生惯养、缺乏独立生活能力，更是一项重要的工作。基于这些考虑，我们建议，把劳动教育列入教育的组成部分，将现在的

德、智、体、美四育，增补为德、智、体、美、劳五育，以有利于学生更完善地全面发展。”[4]

西方工业化国家也非常重视教育与生产劳动相结合。美国从小培养学生的科学意识和技术意识，并专门公布了《美国国家科学教育标准》和《美国国家技术教育标准》。在我国，当前的状况是，依靠一批长期热爱这项事业的教师和教研员的坚守，劳动技术课在一些地方才能够得以生存。这种现象需要我们反思某些学术主张内含着的社会责任心问题。劳动技术教育课是向学生实施劳动技术教育的主要课程，应该属于国家课程。从目前的表现形态上，它是以地方课程实现的，是普通中小学的一门必修课。现阶段，我国一些地方创造出了劳动技术课程教学新的实施模式——区域劳动技术教育中心。该模式通过资源整合，资源共享，节省了成本，提高了教学效率，真正落实了素质教育，受到多方面的欢迎。

（二）劳动技术课是实施素质教育的重要载体和途径

“劳动技术教育是一个合成概念，是一个动态发展的概念。它是素质教育的关键要素和重要实施手段。劳动技术教育注重学生的劳动技术意识的培养，劳动技术悟性和创新精神的养成，为学生对未来人生路线的选择提供更理性和更宽阔的知识技术领域和思想境界。劳动技术教育是现代社会人文精神与技术理性相融合的现代教育形式，是促进学生未来发展的先进文化，具有其他学科不可替代的育人功能。”[5]

劳动是德育的逻辑起点。我们知道，劳动创造了人，成就了人的发展。教育起源于劳动的社会分工。德育起源于对人的态度，对劳动分工的态度。劳动是人的逻辑起点，是人类社会的逻辑起点，是教育的逻辑起点，当然也是德育的逻辑起点。鄙视劳动与技术是我国封建社会的文化行为。而在社会主义市场条件下，由于长期受到片面宣传的影响，人们眼中只看到“劳动改造”和“劳动惩罚”这些特殊的字眼，把特定时期的过渡行为作为一种理念加以固化了。劳动技术课是素质教育的重要抓手，是实施素质教育的重要途径和突破口。从基础教育阶段开始，劳动技术课承载着培养创新型国家建设所需要的人才的基础作用。而德育需要贯穿到学科教学中，挖掘学科本身的德育价值，并在实践中得以深化、升华，这是德育有效性的理性选择，而劳动技术课便是实施德育的有效载体。德育需要多元化的实践形式，也只有在多元化的实践中才能深化，才能升华，才会有实效性。

（三）劳动技术教育具有传播先进文化的本质属性

劳动技术教育的课程内容包括了科学文化的品质、科学精神、科学思维、科学方法以及技术文化、技术思维和人文精神。劳动技术教育是将科学技术转化为生产力的潜在媒介，具有传播先进文化的本质属性。对学生开展劳动技术教育最重要的是培养学生的勤劳习惯，把爱劳动的思想转化为勤劳的品质和吃苦耐劳、艰苦奋斗的精神。

劳动技术教育蕴涵了德育，但并不等于要把劳动技术课上成德育课。“爱劳动”“会劳动”“能劳动”“会创造”“懂技术”是我们追求的教育目标。不会劳动、不能劳动、不喜欢劳动、不尊重劳动，就不是一个心身健康的人，也不是一个合格的社会公民。人生需要解决好两个问题：劳动和价值问题，这也是生存与发展、人生观和价值观的问题。这涉及如何对待付出和收获以及个人劳动和社会劳动的交换关系。“会劳动”是人的第一品性，是一种能力，也是一种素质；“爱劳动”是人的第一德性，是一种人生态度，是一种价值观。尊重劳动，尊重劳动成果，尊重劳动人民是更丰满的德性。全心全意为人民服务则更是一种完善的大道大德，是一种大境界、高尚的境界。

把一个 13 亿人的人口大国建设成人力资源强国，需要优先发展教育，需要科学发展教育。我们的基础教育如果缺少和淡化了劳动技术教育，对培养青少年的思想品德、创新意识和动手实践能力不能不说是一个很大的损失。学习劳动技术，了解我国的科学技术发展史，激发学生的爱国热情，接受科学技术在近代落后的教训，科教兴国，为创新型国家的建设培养更多的创新型人才，这是我们国家基础教育所面临的最大的德育。

参考文献：

［1］苏霍姆林斯基．苏霍姆林斯基选集：第 1 卷［M］．北京：教育科学出版社，2001.

［2］纳什．德性的探询：关于品德教育的道德对话［M］．李菲，译．北京：教育科学出版社，2007：8.

［3］顾建军．新课程结构中的普通高中技术课程［J］．人民教育，2004，(24)：33－34.

［4］黄济．劳动教育与教劳结合［J］．综合实践——劳动技术教育，2005，(4)：8－10.

［5］徐长发．我国劳动技术教育的发展［J］．教育研究，2004，(12)：13－18.

（原载《中国德育》2008 年第 11 期）

对话：德育课程改革三十年

蓝　维　高德胜*

一、“文革”后中小学德育课程重建的基本思路和特点

高德胜：蓝老师，您一直在从事中小学德育课程教学研究，您觉得“文革”结束后中小学德育课程重建遵循什么样的思路？

蓝　维：1976 年至 20 世纪 80 年代末期有十四五年的跨度，可以被称为“文革”后中小学德育课程重建和第一次课程改革时期。这一时期可以划分为两个阶段，1976 年至 20 世纪 80 年代初始的几年，可以称为“文革”后中小学德育课程的重建时期，其主要特点是拨乱反正，全面恢复马克思主义三个组成部分在基础教育政治课程中的地位。1985—1990 年是“文革”后政治课第一次改革的阶段，这次改革开启了一个为围绕社会主义经济建设培养人才而进行课程改革的时代。

在持续十年的“文化大革命”中，马克思主义这一中国无产阶级革命的基础理论，在所谓的阶级斗争、路线斗争中充当了相互批斗的工具。马克思、恩格斯、列宁、斯大林和毛泽东的著作都简化为语录，一段一段，没有前提、没有对象的提供给需要相互斗争的不同阵线（当时叫不同路线）的战士们，他们在相互攻击中打的都是语录仗。马克思主义和毛泽东思想被断章取义、被误解，这对于 1976 年后带领中国人民走出政治泥潭的党和国家领导人来说是一个必须面对和解决的问题。邓小平同志说，“要完整地、准确地理解马克思主

* 蓝维，首都师范大学政法学院教授；高德胜，南京师范大学道德教育研究所教授。

义、毛泽东思想”，这为破解政治困局，也为基础教育中的政治教育指明了方向。

在当时，全面理解马克思主义就是把马克思主义的三个来源和三个组成部分原汁原味地教给学生。于是马克思主义哲学、政治经济学和科学社会主义走进了中学政治课的课堂，学习内容之全面是现在不能想象的。比如，马克思主义哲学中就包括了唯物论、辩证法、认识论和真理论四大部分。考入大学的学生，在面对公共政治课时大有已经学过的感觉。人们笑称当时的中学政治课是“马克思主义的压缩饼干”。

对于教这样的内容，广大教师是欢迎的。原因之一是“文革”刚结束时，社会对于政治的厌倦使政治教师们产生了职业危机感，他们非常想恢复政治课在学校教育中的地位，恢复政治教师在学生心目中的良好形象，而马克思主义的科学性质使教师们仿佛抓住了救命稻草，全力投入到了马克思主义的教育当中。原因之二是教师们大多毕业于师范大学的政治教育系，大学为政治教师搭建的知识结构就是马克思主义的三个来源和三个组成部分，教同样的内容教师们感到得心应手。在这段时间，全国第一批政治特级教师涌现出来了，他们在教授马克思主义理论过程中的表现是杰出的。

高德胜：用现在的眼光看，那时的德育课程，其内容的意识形态和政治色彩还比较浓，没有联系学生生活。但这已经是巨大的进步。从极左中解脱出来，回到马克思主义的正确思想上来，这在当时确实是必须的，符合社会要求的。

蓝　维：是这样。20 世纪 80 年代开始的几年，随着我国改革开放和社会主义经济建设的发展，许多新的问题摆在了政治教师们的面前。在资本主义现代化的生活映入国人视野的时候，学生们在课堂上向教师发问：帝国主义是垂死的和腐朽的吗？世界上是有三分之二的人生活在水深火热之中吗？共产主义信仰和宗教信仰有什么区别？……教师向教研员发问，教研员向学者们发问，教师们在理论与现实的巨大差异中尽其所能地讲授着帝国主义垂而不死、腐而不朽的道理。对于课程内容的改革迫在眉睫了。

高德胜：这说明新的改革要求产生了。德育课程需要面对新的时代问题，需要加强自己的解释力。

蓝　维：1985 年 8 月，中共中央回应了这一改革需求，发出《关于改革学校思想品德和政治理论课程教学的通知》，指出：我国现行的以马克思主义为指导的思想品德和政治理论课的课程设置、教学内容和教学方法都必须认真改革。《通知》要求："中学生在初中阶段，要受到社会主义道德、民主法制和纪律的教育，了解社会生活和社会发展规律以及社会主义建设的常识，要树立爱国主义、社会主义的理想，树立对社会主义建设和改革的责任感。高中阶段，要学习掌握马克思主义经济学、社会科学理论的常识，要正确对待人生的意义，要学会运用马克思主义的立场、观点和方法分析、观察社会现象，树立为共产主义事业勤奋学习并勇于献身的远大理想。"之后，国家教委在1986年制定了《中学思想政治课改革实验教学大纲》。《大纲》规定：初一开设公民课，初二开设社会发展简史课，初三开设中国社会主义建设常识课，高一开设共产主义人生观课，高二开设经济常识课，高三开设政治常识课。

高德胜：那这次改革的主要思想和特点有哪些？或者说在哪些方面回应了当时的社会要求？

蓝　维：1985年的课程改革确立了我国中小学德育课程要回应社会发展需求的基本趋向。改革方案中将"青少年修养"改为"公民"，回应了现代国家制度对公民成长的需求；将"政治常识"改为"中国社会主义建设常识"，回应了社会主义建设对未来参与者的需求；将"辩证唯物主义常识"改为"共产主义人生观"和将"政治经济学常识"改为"经济常识"，回应了走出马克思主义的既有框架，走向学生和走向现实生活的社会对教育的需求。虽然现在看起来这一改革方案还有许多不足，但在当时，改革带来的进步是历史性的，尤其是"公民"作为课程名称的出现，是全国解放以后的第一次。

二、新世纪中小学德育课程改革的基本思路与特点

蓝　维：高老师，您是新世纪德育课程改革的亲历者、参与者，就您的理解，新世纪中小学德育课程改革的基本思路与特点是什么？

高德胜：有问题了，才需要改革。社会改革是这样，课程改革也是这样。20世纪80年代的改革在90年代进一步深入，但新的问题也随之产生，主要有这几个方面。

1. 政治教育对道德教育的挤压。产生于"文化大革命"刚刚结束时期的德育课程，一开始就带有浓重的政治气息，日常工作中我们都将其称作政治课。随着改革开放的深入，德育课程也经历了多次改革和解放思想的过程，但"热

爱人民，热爱祖国，热爱中国共产党，热爱劳动，热爱科学，热爱社会主义，勤奋学习，热爱集体，爱护公共财物，遵守纪律，文明礼貌，诚实谦虚，勇敢活泼，艰苦朴素”等始终是德育课程稳定而核心的内容。这些内容里虽然也有一些道德教育的要求，但已经被政治教育的内容掩盖住了。更严重的是，被遮蔽的道德教育的内容往往也是按照政治教育的方式来进行的。

2. 德育课程与学生生活严重脱节。这种德育课程在价值取向上体现的是一种自上而下的国家和社会要求，很难顾及学生道德和社会性发展的内在要求。另一方面，在课程标准的开发与设计中未能很好地研究学生道德学习的基本机制，只是直接将国家和社会的要求按条目罗列出来。

3. 讲授和记忆是主要的教学方式。德育课的改革过程中，教学方式也在不断深入地改革，也创造了各种各样的活动形式，但总体上看，始终未能摆脱教师传授、学生背诵这样的教学方式。

蓝　维：这些问题是德育课程结构性的问题。特别是第二个问题，在世界范围内都是普遍存在的。杜威对作为“直接道德教学”的德育课程有一个著名的论断：直接的道德教学只能帮助学生形成“关于道德的观念”，不能形成“道德观念”。这一论断影响了一个世纪以来的德育课程设置，尤其是西方国家的德育课程设置。这一论断提出了德育课程至今还没能很好解决的困局：直接的道德教学只能让学生学到“与道德无关的、对行为没有影响，即不使行为变得更好或更坏的观念和片断知识”。而“能够影响行为，使行为有所改进和改善的道德观念”是通过学校整体生活才能获得的。因此，如果能够解决这些问题，找到开设专门德育课程学理上的合法性依据，其意义不言而喻。

高德胜：确实是这样。德育课程要想为自己的存在辩护，就必须解决好两个问题：一是重建与其他课程和教育活动的联系，二是重建与学生生活的联系。涂尔干认为，“我们不能僵硬地把道德教育范围局限于教室中的课时：它不是某时某刻的事情，而是每时每刻的事情”。也就是说，我们必须把道德教育融合在整个学校生活之中，但这并不是否认专门课程的意义。如果专门的课程与其他课程和教育活动是相通的，而不是隔离的，专门的课程就可以发挥一定的作用。因为其他课程和活动，或者说整个学校生活的德育意义的发挥多是“自在”的，而专门的德育课程在道德教育方面则是“自为”的。“自为”的道德教育必须以“自在”的学校生活为基础，而“自在”的学校生活的道德教育意义的充分发挥也需要上升到“自为”的层次。德育课程如果能将学校整体生活中突出的、有代表性的问题纳入到自身结构之中，起到一种对学校生活的反思与整理的作用，其存在就是有价值的。

但是，学校生活并不是学生生活的全部，它只是学生整体生活的一部分。德育课程如果只是贯通了与学校生活的关系，而没有贯通与学生整体社会生活的关系，其效果和影响必然会大打折扣。因此，德育课程要想摆脱脱离生活的困境，在反映学生学校整体生活的同时，也必须将视界扩大，将学生的整体社会生活纳入课程，贯通与学生整体社会生活的关系，为学生反思、整理自己的生活提供专门的时机与引导。

新德育课程改革具有以下三个鲜明的特点。

1. 课程价值取向的转向：培养有道德的人而不是“道德研究者”。以往的德育课程往往有一个潜在的价值取向：培养“专门研究道德的人”或者说是“伦理学者”。课程价值趋向的转向实际上就是由培养研究道德的理论态度，转向践行道德的实践态度。这种转向要求德育课程及其教育不能将道德视为与学生生活无关的学习和研究的对象，而是将道德视为生活的构成性因素，让学生通过对自己生活经验的整理、反思与丰富，在课程生活和整体生活的互动与融通中成为一个有道德的人。

2. 课程的逻辑：生活的逻辑而不是学科的逻辑。课程价值取向的转向实际上意味着德育课程的深刻变化，影响到德育课程的内在逻辑。培养“道德研究者”这一价值取向实际上所遵循的是伦理学和社会科学知识的逻辑，用学科知识的框架湮没了人。培养“有道德的人”这一价值取向应该遵循生活的逻辑，将人从学科知识的窒息中解脱出来，让其重归生活的海洋，在其自身生活中成就自己的德性。

3. 德育课程与学生生活的关系：不能涵盖学生的整体生活，但力求反映学生的整体生活。德育课程不能涵盖学生生活的全部，它只能是为学生整理、反思与拓展自己生活提供一个范例。一门课程，在有限的文本和时间内根本无法涵盖学生的全部生活，即使这门课程以“生活”来命名。学生在德育课程学习中所用的时间和获得的经验都不能代表学生生活的全部。但德育课程却应力求反映学生的整体生活，通过课程学习促使学生在专门的时间和空间里对自己以往的和现在正在过的生活进行整理与反思，并在这一基础上对未来将要过的生活进行规划与展望。

三、三十年德育课程改革的基本经验

高德胜：蓝老师，您认为三十年德育课程改革的基本经验是什么？

蓝　维：说到这三十年的基本经验，我想可以概括为以下三点：首先是德育课程由以政治为中心向以学生道德发展为中心的历史性转变符合社会发展的基本趋势；其次，在不断改革中求得德育课程的发展与稳定；最后，在开放的视野下不断完善德育课程。

从全国解放到“文革”结束，在我国中小学校开设的德育课是名副其实的政治课，这是由于这一课程来源于民主革命时期军队、根据地的思想政治工作和政治课。1976 年之后，伴随着改革开放和社会主义市场经济建设，伴随着先进教育思想的传播与普及，培养具有较高素质的人才成为社会稳定与发展对教育的需求，德育课程在不断变革的过程中逐渐完成着由政治教育为中心到以道德教育为中心，再向以学生的道德及社会性发展为中心的历史性转变。这一转变是缓慢的、平稳的，但从历史的角度看又是流畅的、清晰的。

德育课程由改革带来的变动性从历史上看是所有学科中最强的，其中一方面是由于原有德育课程的政治性质要求课程为不断变化的政治服务。另一方面是由于人们对德育课程认识的变化导致的。但是，过于频繁的变动在追随时代脚步的同时也造成了一系列不良影响：教学内容的科学性与严谨性不足、教师知识储备与调整的欠充分、教学方法的探索和教学经验的积累都少有进行，影响了高质量德育课程的出现。如何把握好德育课程发展与稳定的节奏，对于我们这样一个有着几千万中小学生的大国来说十分重要。改革开放后的三十年德育课程在稳定中求发展，在发展中保持稳定，平均五至七年左右进行一次调整的频率是基本可以肯定的。

改革开放三十年，国外各种德育理论和思想纷纷传入中国，如生命教育、可持续发展教育、尊重教育、公民教育等等，极大地丰富健全了我国德育课程的理论与内容，促进了我国德育课程途径和方法的探索。回想三十年来，我们从高度封闭的思想和狭窄的视野走到今天如此开放和包容的心态，十分不容易，但我们走过来了。应当说，改革和开放成就了我们今天德育课程的发展。

高德胜：同意蓝老师的观点，我要补充的一点是，三十年来德育课程改革呈现出一个基本趋势，即由社会、国家走向人。无论“文革”结束后的重政治，还是稍后的重学科知识，其背后的逻辑都是试图通过这门课传递国家、社会对年轻一代的要求，而年轻一代的需要则被有意无意的忽略。新德育课程改革的基本理念是道德教育回归生活，而回归生活其实就是回归人，回归年轻一代的成长需要。

课程标准的设计一改以往按知识或德目为逻辑的组织方式，而是关注学生现实生活，从学生现实生活出发来组织课程目标与内容标准。《品德与生活课程标准》的设计是以学生生活的四个价值维度：健康安全的生活、愉快积极的生活、负责任有爱心的生活、动脑筋有创意的生活为课程基本框架来确定课程目标和内容标准，使学生在健康、安全、积极、愉快、动脑筋、有创意的生活过程中学习道德，重新摆正了生活与道德的关系。《品德与社会课程标准》的设计则是以“我在成长”“我与家庭”“我与学校”“我的家乡（社区）”“我是中国人”“走进世界”六大主题，按学生逐步扩大的生活领域为课程基本框架来确定课程目标和内容标准，力求使课程建立在学生自身生活经验的基础之上。

蓝　维：回归学生的生活，回归年轻一代成长的需要，从他们的需要出发设计课程，往大了说就是“以人为本”。

四、三十年德育课程改革的基本教训

高德胜：三十年德育课程改革取得目前的成绩并不容易。蓝老师，您认为在这一过程中最大的挑战是什么？

蓝　维：我认为最大的挑战是针对德育课程的思想解放。

改革开放初期人们所受到的思想束缚是现在很难想象的，社会主义和资本主义，无产阶级和资产阶级的两极化、阶级性的思维方式根深蒂固，成为人们思考问题的基本出发点。在充满了意识形态的德育课程中，这种极端的、割裂的、对立的思维方式使该课程的发展步履维艰。

伴随着改革开放的前行，伴随着教育理论界对于现代教育的大讨论，教育尤其是被高度意识形态化的德育逐渐开始松动。之后德育课程从党的宣传工具的角色逐渐过渡成为国民教育系统中的一门重要课程，课程的根本任务从宣传党的路线、方针、政策，转变到促进社会主义市场经济的发展，最后发展到培养有道德的和社会性成熟的人。课程内容也从马克思主义的三个来源和三个组成部分发展到以学生的生活为中心进行道德构建所需要的知识、情感与价值观。

围绕德育课程的考试从中高考、文理科的全面考试，发展到只有文科高考保留，高考会考相结合的考试。

高德胜：思想解放确实非常重要。关于课程的目的，一开始是囿于政治教育，这对德育课程的发展造成很大障碍。其实不是不要政治，而是如何理解政治。从以人为本的思想出发，让学生过上快乐的生活，就是最大的政治。这是其一。其二，一门课所能起到的作用既不能忽视，也不能夸大。德育课程确实重要，但其功能是有限的，不能无所不包，也做不到无所不能。我们过去对这门课寄予了过多的期望，也因此给了德育课程过多的负担，在这一点上也要解放思想。实际上，德育课程只要能够帮助学生在专门的时间里反思、整理、体验自己的个人和社会生活，在这一基础上了解国情和社会发展，已经相当不易。

五、新德育课程改革遇到的最大挑战

蓝　维：新世纪之初开展的德育课程改革遇到的最大挑战在我看来是它能否承受住历史的检验。当然在课程改革的不同时期，其所遇到的最大挑战是不同的。

我国的基础教育课程历次改革都部分地反映了社会发展的需要以及课程发展的趋势和内在联系。那么课程改革的决策是否正确、改革的依据是否充分、改革的过程是否成功有效、改革的结果是否如期，改革在历史中是否站得住脚就成为历次课程改革的最大挑战。这次新德育课程的改革也不例外。

在课程改革初期最大的挑战莫过于选择什么理论、按照什么逻辑构建新德育课程。基础教育阶段的德育在全世界都是难题，研究的成果不多，可借鉴的理论也相对缺乏，而涉及几千万中小学生的新德育课程建设又事关重大，含糊不得。于是理论选择成为了初始阶段的最大挑战。在课程改革的中期，如何使教师们自觉参与到课程改革中来，成为这一阶段遇到的最大挑战。课程改革对于一线教师来说既是事业发展的企盼和需要，也是对自我更新的抗拒和沉重的负担。他们既是改革者又是被改革者，是改革动力和阻力的统一体，也是改革成败的关键。总之，挑战是多层次和多方面的，面对挑战和迎接挑战构成了本次德育课程改革的基本过程。

高德胜：在我看来，这次课程改革遇到的挑战主要有以下三个方面。

1. “应试教育”背景下德育、德育课程实质地位的低下。新德育课程有很好的理念、有很好的课程标准，并且各个版本的教材各有特色，都是前所未有地贴近学生，深受学生和老师的欢迎。但正如德育工作在学校教育中的“表面荣光，实际低下”一样，德育课程因为不是升学考试的硬科目，在学校教育过程中得不到应有的重视。比如，小学德育课程不考试，所以很多学校挤占德育课课时，“倡导”在德育课上学习考试科目；正是因为有考试，初中才比较认真地开思想品德课，才给思想品德课教师一定的待遇。否则，思想品德课在学校中的地位肯定会一落千丈，连课时都无法保障，思想品德课教师在学校中将被进一步边缘化，成为“二等公民”甚至“三等公民”。在这样的大环境下，再好的课程理念都很难得到真正落实。

2. 教师培训没跟上。课程改革，包括德育课程改革，教师是关键。这是一个明摆着的道理，因为再好的课程，最终都得由教师来教、来执行，否则，课程理念很难实现。我们这几年的跟踪研究发现，不少品德课教师理解不了新德育课程的理念，对新德育课程有这样那样的误解，甚至有抵触情绪。还有一种情况，即教师很认可新德育课程的理念，觉得教材很好，但就是不会教，教的时候还是按过去的老办法进行。这些都说明培训的极端重要性。但新德育课程的培训却是这次课程改革的薄弱环节，原因是多方面的，比如课程改革是基础教育部门主持的，而教师培训则是师范教育部门主持的，两个部门沟通协调不够；比如对教师培训的投入不够，培训只到了骨干教师这一层，没能到达每个教师；培训时间短，形式主义严重，效果不佳等等。根据我的观察，就是这样的培训，后来也没有了，剩下的只是教材发行单位的商业培训。

3. 考试惯性。现在学校教育对考试情有独钟，无论什么，不管能不能考，都要拿来考一考。初中“思想品德”是中考的科目之一，实际教学中“以考定教”的倾向非常明显：凡是不利于考试的内容都是不重要的，凡是能够考试的内容则都是重要的。一些地方，老师上课又开始划知识点，学生学习又开始死记硬背知识概念。课程标准倡导的回归学生生活，帮助学生成长等基本理念被抛诸脑后。小学情况稍微好些，因为小学品德课不是升学考试科目。但很多地方的教研部门和教育管理部门打着重视品德课的旗号，自作主张对其进行统考。德育课程应该扎扎实实关注学生生活和发展，一旦陷入考试的泥坑，课程目标根本无法实现。

（原载《中国德育》2009 年第 4 期）

愉快有效的道德教学何以可能

——结构化方式道德教学论解析

饶从满*

“虽然多年从事道德教学，并且开展道德教学研究活动，但是，道德教学实在令人乏味。一看到孩子们也感到索然无味的表情，心中常常就产生为什么必须要上这门课的疑问。”[1] 这是一位日本小学教师写给金井肇先生信中的一段话。虽然这段话反映的是日本中小学道德教育教学的现状与问题，但听起来却如此耳熟，仿佛在诉说我们的困扰。因此，提高道德教育的实效性就成为中日两国教育界多年来致力解决的重大课题。为此，中日两国的教育理论工作者与实践工作者基于不同的国情和学术视野，提出了各种不同的解决思路与方案。原日本文部省课程调查官、视学官，前大妻女子大学教授金井肇博士提出的结构化方式道德教学论即是其中之一。

一、问题意识：枯燥乏味、缺乏实效的道德教育之成因及其改善路径

结构化方式道德教学论是金井肇博士于20世纪70年代末开始构想的，在其1984年出版的《初中道德教育的基本课题》中初见雏形，并在其1996年出版的《道德教学的基本结构理论》中大致完成。[2]

结构化方式道德教学理论形成发展的时期正是日本教育处于严重危机的时期。20世纪70年代中期以来，校园暴力、欺侮、拒绝上学等被称做“教育荒

* 饶从满，东北师范大学教育科学学院教授、博士生导师。

废”“心灵荒废”和“学校崩溃”的所谓教育病理现象在日本频繁出现，而且一波未平一波又起，发展成为严重的社会问题。[3]在此背景下，道德教育无论是在教育病理的归因上还是在教育病理的解决对策方面，都受到了广泛关注并被寄予了高度的期待，加强和改革道德教育的社会和政治氛围由此形成。正是在此氛围中，自80年代起掀起了战后日本道德教育教学理论兴起的第二个高潮。[4]结构化方式道德教学理论就是在这个高潮中形成并发展起来的。

结构化方式道德教学理论的提出，还与金井肇本人的教育背景和工作经历有着密切的关系。金井肇博士1929年出生于日本长野县，从东京教育大学（现为筑波大学）文学部伦理学专业毕业后，先后担任东京都公立初中、高中的教师和东京都千代田区教育委员会、东京都教育委员会的指导主事（类似于中国的教研员）。自1976年起，历任文部省初等中等教育局课程调查官（负责道德教育）、国立冲绳青年之家所长和文部省初等中等教育局视学官。自1988年起，又先后担任大妻女子大学教授和日本教育文化研究所所长。此外，他还兼任过“日本教育改革”有识之士恳谈会第一分会会长、高中学习指导要领“公民（伦理）科”编制委员会副主任、“文部省出路指导指南”编制委员会委员长、东京都教育委员会“道德教育振兴恳谈会”主任、日本银行储蓄宣传中央委员会的“金钱教育研究会”的会长等社会职务。正是这样的经历为其建构结构化方式道德教学理论提供了学术视野和实践基础。正如他自己所说的那样，结构化方式道德教学理论是：“按照伦理学的视点，从以道德教学为中心的教育实践中导出重要的要素而开发出的培养道德性的原理。学习过伦理学，在高中从事过伦理科目的教学，是非常有益的”[5]。

建构结构化方式道德教学论主要源于一个问题意识：如何才能创建愉快有效的道德教学，而这一问题意识又源于其对日本道德教育现实的深刻体认。战后日本的中小学道德教育自1958年全面修订《学习指导要领》以来，基本上就是在以道德课为中心的特设道德教育体制下展开的。一方面坚持通过学校全部教育活动来进行道德教育；另一方面又设立专门的道德课（小学和初中每周1课时），对学校全部教育活动中的道德教育进行补充、深化和整合。道德教育实践和研究实际上主要是以道德教学为中心展开的。[6]而据2000年12月日本文部省发表的《道德教育推进状况调查报告书》，日本的中小学虽然在课程表上安排了道德课，但是真正按照《学习指导要领》的规定每年实施35课时道德教学的小学只有67.9%，初中只有41.0%，道德课的时间很多被挪作其他课程或教育活动之用。因学生对道德课的反映不佳，而且觉得道德课有意思或有用的学生比例随着年级的上升而下降（小学低年级为45%，中年级22.4%，高年级为14.2%；初中一年级为8.2%，二年级为5.1%，三年级为4.9%）。因此，教师都不愿意上道德课。[7]

那么，是什么原因使得道德课枯燥乏味、缺乏成效的呢？金井肇认为问题出在对道德教学目标的把握上。他指出，在日本许多中小学的道德教学中，长期以来普遍采取的教学方式是利用呈现给学生的资料让学生面对这样一些问题：在遇到与资料（教材）中同样或类似的情况时，“应该如何行动”，“应该如何思考”，“如果是自己，会怎么做”等。他认为，这种教学实际上给学生的感觉是：“在这种场合下，就应该这么做”。[8]但是，金井肇指出：“问题是，怎么样做才能使儿童有正确的行为？在低年级，直接着眼于行动化的教学在一定程度上可以起到确立正确行为的作用。到了中高年级，就很难通过着眼于实践化的教学来确立正确的行为。”[9]因为无论在任何条件下，一个人的行为总是和他的整体人格密切联系在一起的。“应该如何生活？”这一人生最大选择是由这个人的整体人格所决定的，即使一个微不足道的行为选择都是由这个人的整体人格而非具体的道德价值所决定的。因此，如果进行诸如在遇到与资料同样或类似的场合中“应该如何行动”“应该如何思考”这样的教学，就会被理解为是在左右、支配学生的整体人格，学生表现拒斥反应也是理所当然之事。金井肇指出，问题的根本不在教学方法本身，而在于道德教学目标的错位，即在于教师是基于让学生践行良好品行而非培养“植根于内部的道德性”这一目标来进行教学之缘故。[10]

基于如上对于日本道德教学问题的诊断，金井肇认为，要创建愉快有效的道德教学，就要从根本上重新审视道德教学，首先要明确道德教学即培养道德性的基本原理，同时辅之以教学方法的研究。[11]因此，与战后大多数道德教育理论停留于技术论、方法论层面有所不同，结构化方式道德教学理论所阐述的“并非具体的教学方法，而是无论采取什么样的教学方法都必需的教学原理或程序”。[12]这一原理主要包括两方面：一是培养道德性的原理，二是加深道德价值自觉的原理，金井肇也分别称之为原理1和原理2。

二、原理1：要培养道德性，只需形成学生的道德价值自觉即可

金井肇认为，决定道德教学质量的根本在于教师对教学目标的把握。[13]日

本的《学习指导要领》分别在总则和第二章中对道德教育的目标进行了规定。总则中规定："道德教育，基于《教育基本法》和《学校教育法》所规定的教育的根本精神，为培育能够将尊重人的精神和对生命的敬畏之念活用于家庭、学校及其他社会具体生活中，致力于创造个性丰富的文化，发展民主的社会和国家，并主动为和平的国际社会做贡献，具有开拓未来的主体性的日本人，以培养作为其基础的道德性为目标"，"在开展道德教育时，必须在加深教师与学生以及学生相互之间的人际关系之同时，考虑谋求与家庭和社区的协作，通过志愿活动、自然体验活动等丰富的体验来培养植根于学生内部的道德性"。[14] 在第二章中规定："道德教育的目标，正如第一章总则第一条第一项所规定的那样，是通过学校全部教育活动来培养道德情感、判断力、实践意愿和态度等道德性的。道德课中，基于如上的道德教育目标，在谋求与各学科、特别活动及综合学习实践中的道德教育保持密切联系的同时，通过有计划、发展性的指导，来对其进行补充、深化和整合，以加深道德价值的自觉，培养道德实践能力。"[15] 金井肇认为，"作为其基础的道德性"和"植根于学生内部的道德性"这两个表述已经充分说明了道德教育的目标所着眼的不是具体的行为，而是作为其基础的道德性，是在学生内心中培育起来的"植根于内部的道德性"。不清楚这一点的话，教学的基本方向就有错误之虞。

关于道德性，金井肇援引了《学习指导要领解说书》的解释："所谓道德性，就是使人为追求人之为人的存在方式和更好的生存方式而践行道德行为成为可能的人格特性，是构成人格之基础。而且它也可以说是人之为人的优点，是各种道德价值在每个人内心中经过整合之产物。"[16] "接受的道德价值，在心中并非杂乱无章地混杂在一起，而是统一为一个整体，成为有条理之物，这就是道德性。"[17] "其本体就是具有前述的'各种道德价值的统一体'之结构的东西。"[18] 概言之，道德性或道德性的本体就是每个人所接受的各种道德价值经过其内心整合之后形成的统一体，这个道德价值统一体就是价值观。

日本的道德教育领域长期以来一直将道德情感、判断力、实践意愿和态度等视为道德性的表现形态。现行的《学习指导要领解说书》也是作此解释的。金井肇也支持这种解释，并且特别提醒人们道德情感等虽然是"构成道德性的各种表现形态"，但千万不能将其视为像构成产品的部件那样的构成要素。所谓表现形态，就像人高兴时的高兴表情、悲伤时的悲伤表情一样，属于内部存在之物的外显形态。[19]

金井肇认为，道德情感、道德判断力、道德实践意愿和态度等也可以被视为道德性的作用或功能，它们实际上是从三个方面体现了道德性的作用或功能。关于道德教育目标规定中提到的道德实践能力，他认为也属于道德性的作用或功能之一。在他看来，道德情感、道德判断力、道德实践意愿和态度等分别表现了道德性的情感、判断等不同维度，而道德实践能力则涵盖道德性的所有表现形态，从与实践的关系角度而言，道德性就是道德实践能力。因此，要培养道德实践能力，也只有通过培养道德性才能实现。[20]

金井肇强调指出，具有作用、功能之事物，必有发挥这一作用或功能的本体。比如人是无法单纯制造荧光灯所发出的光的，只有先制造出荧光灯本体然后通上电，才可能制造出荧光灯的光。照此类推，道德性的本体与表现形态或功能的关系也就一目了然了。以往很多情况下人们并没有弄清这种关系，道德教育产生混乱的原因亦在于此。[21]金井肇认为，仅仅理解了道德性的表现形态，就采取运用所谓的“情感教材”来加深道德情感，运用“判断教材”来提高道德判断力这样的形式还不足以培养道德性。[22]要培养道德性，必须形成道德性的本体即道德价值统一体。[23]

金井肇指出，要建构一个事物的本体，就必须首先明确这个本体的结构。培养道德性也是一样。要培养道德性，就必须明确道德性的本体即价值观的结构，明确了价值观的结构，道德教学的原理也就一目了然了。在金井肇看来，一个人的道德性或价值观由两方面要素相互作用而形成：一是人的自然性，即感觉、感情、欲望等；二是价值意识，即追求美、善、正当等的意识。前者为先天的，后者为后天的。金井肇将道德性的结构形象地比作由上下两层构成的日式年糕（见图1）。不过，金井也指出，因为每个人的内心并非杂乱无章地接受道德价值，每个道德价值在每个人内心中的重要程度是不同的，对每个人来说，

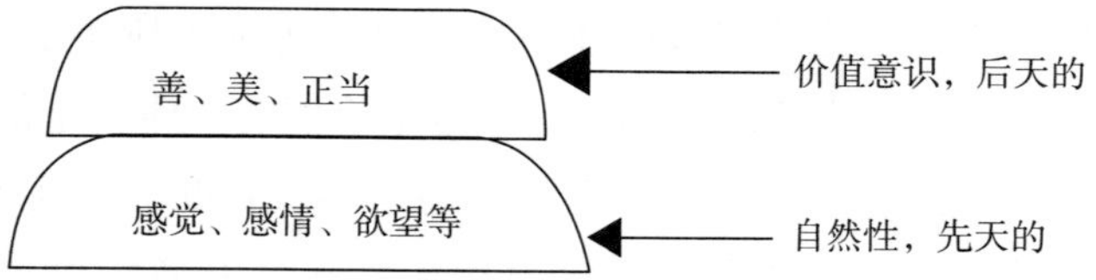

图1　道德性结构的形象图

注：上层在人出生时为零，是通过广义的教育而发展起来的；下层随着人的成长而分化并逐步强大；上层的内容是由每个人个性化地形成的；它构成价值体系和精神世界。

资料来源：金井肇：《道德授業の基本構造理論》，明治図書1996年版。

最重要的价值只能有一个，并被置于最高位置，然后是次重要的价值，以此类推，构成一个序列和体系。随着序列的下降，道德价值的数量也增加。上层的价值意识的内容实际上是每个人内心中形成的价值体系。因此，以三角形来表示价值意识可能更为恰当。(见图2)

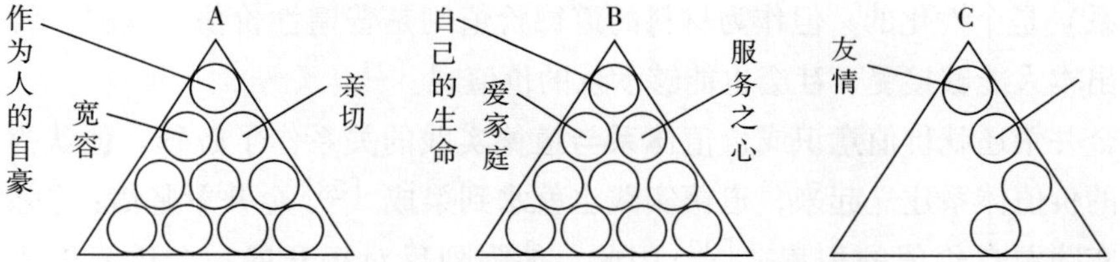

图2　价值体系的模型

注：价值序列化的方式和体认深度因人而异；C尚未成熟，判断力还停留在不成熟的阶段，儿童一般属于这一阶段；A和B一般属于成人阶段。

资料来源：金井肇：《こうすれば心が育つ》，小学馆2003年版。

金井肇认为，人的道德性或价值观是在下层的自然性和上层的价值意识这两个要素相互作用并实现均衡的基础上形成的，二者相互渗透。但是在进行教学时，还是将二者明确地予以区分更好，这样道德教学的原理就浮出水面了，即为了培养道德性，只要培养了上层的价值意识即可。原因是下层非常强大，具有充分的潜力，随着身体的发育、发展而逐渐分化、强大起来，无需再对其进行强化。因此，只要发展上层，从而使上下之间保持平衡即可。[24]“在教育上，既不可能也没必要直接去触及下层，只能通过发展上层来控制下层。”[25]

金井肇还以价值体系与问题行为的关系为例对形成价值意识的重要性作了进一步的说明。他说，人的行为多是由下层的欲望、感情和感觉等自然性所引发的。当人的自然性要促发行为时，如果人的价值体系已经发展起来的话，就会经过价值意识这一关口表现为行为。这样，好的行为就被允许通过，不好的行为就被阻止。所以，不会产生所谓的问题行为。相反，如果上层的价值体系尚未建立或者发展不充分的话，下层的自然欲望就会直接地表现为行为。由于先天的自然性多为自我中心的，因此，所引发的行为就会成为随心所欲的、为社会所不能容忍的问题行为。[26]

金井肇认为，每个人的价值体系是通过内心接受道德价值，日积月累而逐步构建起来的。接受的道德价值在每个人的内心里因人而异地结构化，从而形成每个人个性化的价值体系。金井肇还将上层的价值意识比作人的心灵面貌，并指出，正如人的身体面貌虽然因人而异，但构成面貌的材料（水分和蛋白质等）却是相同的一样，人的心灵面貌的构成材料也是相同的，接受这些价值的学生将其作为材料构建自己的心灵面貌。也就是说，虽然建构的心灵面貌（价值体系）是个性化的，但作为材料的道德价值则是普遍性价值。这样，就可以培养出本人能够接受、社会也能够承认的价值观。[27]

金井肇还就价值意识或价值体系与道德实践的关系作了解释。他认为，只要人的价值体系建立起来，道德实践也就水到渠成。[28]金井肇坚信："强力可靠的实践源自价值的积累。"[29]因此，他强烈反对每开展一个道德价值项目（德目）的教育之后就匆忙谋求该道德价值的实践化。

正是基于对价值自觉的如此认识，金井肇提出，在开展道德教学时，首先应将道德课上要学习的每个道德价值与行为区别开来，只是力求使学生内心深刻地理解和接受道德价值本身即可。这样，学生接受的诸多价值在其心中日积月累和结构化，形成每个人固有的价值体系，从而形成道德性。他将这一原理称为结构化方式道德教学论的原理 1。由于每个人的价值体系通过积累而形成的，故而可被称做"积累方式"。但由于所接受的各种道德价值在学生的心中因人而异地结构化，从而形成个性化的道德性之缘故，而且为了与其他方式相区别，使其特质更明确，金井肇将之命名为"结构化方式"[30]。

三、原理 2：以人的自然性为出发点，加深价值自觉

结构化方式道德教学论原理 1 的基本逻辑就是：道德教育虽然不能强制学生采取某种特定的行为，但是却必须而且只有加深学生的道德价值的自觉，亦即使学生内心真正深刻地接受道德价值，才能够培育出每个人的道德性。那么，如何才能使学生内心真正接受道德价值，即所谓加深对道德价值的自觉呢？这正是结构化方式道德教学论的原理 2 所要回答的问题。

金井肇指出，要实现加深价值自觉的目标，首先必须明确道德价值与学生心灵衔接的机制，也就是要弄清楚道德价值如何才能深入人心。金井肇指出，人类的学习通常是通过知性、感性和体验这三条路径实现的，道德学习也不例外。而且他更看重的是感性的路径。他指出，"在道德教育中，对于道德价值，不能停留于知性理解，必须加深为自觉。由于自觉是内心中深刻地体认到该价

值对自身真正重要，所以是情感上予以接受的东西。诉诸感性，才能够加深自觉。因此，要加深自觉，利用感性的路径极其重要。”[31]

金井肇提出要以儿童的自然性（学生的现实）为出发点，加深学生对道德价值的自觉。金井肇反复提醒人们，虽然为了培养道德性无须去发展自然性，但却不能忽视或轻视自然性的重要性。人的自然性具有多维性，与道德价值有着各种各样的关联。关联的性质和方式不同，加深价值自觉的方式也应不同。如果无视这一点来谋求价值自觉，就好比不带地图登山一样。因此，为了加深学生对某一道德价值的自觉，首先要弄清该道德价值在此场合下与人的自然性到底是什么样的一种关联，并且要以人的自然性为基础或出发点，在明确各价值与心灵结合的机制之基础上进行教学。这样的话，道德价值就能深入学生的心灵。[32]

为了教学上的方便，金井肇将道德价值与人的自然性的关联方式从五个侧面进行把握。[33]

（一）与人的软弱、丑陋性相关的价值自觉

买东西找回的钱多了的时候想据为己有，这是人的自然性中不愿示人的软弱和丑陋的一面，是与生俱来的有违道德价值的一面。金井肇认为，在道德教学中最难的就是谋求与自然性中软弱、丑陋的一面相关的价值自觉。要使道德价值在学生的内心中战胜自然性中的弱点，首先要从学生的现实出发，让学生基于自身的现实（自然性），使其意识到要学习的道德价值与人的自然性中软弱、丑陋的一面之间的冲突，并在此基础上为道德价值一方寻找战胜自然性的力量。金井肇指出，人具有软弱、丑陋的一面，同时也具有要克服和超越这一面、成为自己能够接受的人的愿望，具有要成为拥有骄傲的自我的愿望，这些愿望就可以成为道德价值一方的强大力量。他确信将自己所具有的软弱和丑陋性与这些愿望结合起来思考的话，应该就会战胜软弱和丑陋的一面。[34]

（二）与人的高尚相关的价值自觉

金井肇指出，“价值自觉在很多情况下是内心接受外在于自身的道德价值这一意义上的价值自觉，但是与人的高尚性相关的价值自觉，则是使之认识到自身存在但未曾意识到的道德价值这一意义上的价值自觉。”[35] “重新意识到原本具有但过去没有注意到的高尚性，也是一种自觉。这是一种不自觉地拥有的东西被自觉化意义上的自觉。”[36]金井肇认为，如此开展道德教学的话，就会使学生意识到自己也有这样的闪光点，从而增添自身的希望和勇气。

（三）与人追求道德相关的价值自觉

作为人，都希望有相互信赖的好朋友，都希望自身的存在获得自身的肯定并能够获得他人的认可。人所具有的这类愿望可以说是直接追求道德价值的一面。按照结构化方式教学的基本原理，道德教学不宜急功近利地追求实践化，而只要做到让学生内心接受道德价值即可。因为，在学生价值体系尚未发展完善起来的情况下，要匆忙谋求道德价值的实践化，学生会有拒斥反应。但是金井肇指出，与追求道德价值侧面相关的价值自觉不同于其他维度的价值自觉，必须着眼于道德价值的实践化。这是因为，这些价值原本就是学生本人所希望和追求的，对其重要性大体上从一开始就已知晓。在此情况下，最重要的是帮助学生实现这一愿望，这样更有利于加深学生的价值自觉。[37]

（四）与人的有限性相关的价值自觉

人在时间和空间上都是有限的，而且人可知和可为也都是有限的。金井肇指出，道德价值中“存在着正因为人是有限的存在而被要求掌握的价值”。[38]比如“宽容”和“尊重他人的立场”之类的价值就是因为人的可知、可为是有限的才被作为道德价值而要求的价值。要加深对这些价值的自觉，就必须从充分理解人是有限的存在这一现实出发来开展道德教学。“如果人能够意识到人的有限性，就会竭尽全力实现对于人来说是可能范围内的事，而且对于可能范围外的事也会根据事物的性质选择恰当的生活方式。意识到了人的有限性，就会产生竭尽全力、坚忍不拔的生活态度。”[39]意识到人的有限性，就会形成对许多道德价值的自觉。

（五）与人的感动相关的价值自觉

金井肇指出，作为人，都有为高雅、高尚的事物所感动的一面，而且道德教学就是要谋求学生从内心中接受道德价值，因此，利用感性、通过加深感动来开展道德教学非常重要。金井肇认为，利用感动一方面可以加深已有但还不够深入的价值自觉，另一方面也可以拓展价值自觉的范围，比如受高尚的友情所感动，可能会将爱扩展到周围的其他人。当然，金井肇也指出，感动具有很多特质：他人无论觉得有多么令人感动，如果自己不觉得好的话不会产生感动；如果不是实现了超越日常性的高层次价值，也不会产生感动；如果人觉得是脱离现实的话，就不会产生感动。[40]这些都是在道德教学中选择资料（教材）时需要注意的事情。

四、总结与评价

金井肇的结构化方式道德教学论的基本观点和逻辑归纳起来就是：道德教学应该着眼于学生内在的道德性而非道德行为；要培养道德性，只需形成学生的价值意识即可；而要形成学生的价值意识，就应该以学生的自然性为出发点，在明确道德价值与人的自然性关联方式的基础上，加深学生的价值自觉；学生接受的道德价值日积月累，并因人而异地结构化，就会形成各自个性化的道德性。在金井肇看来，基于结构化方式道德教学论的道德教学，可以培育学生的道德主体性和个性，没有左右学生行为和思想之虞，不仅教师开展起来简单，而且会带来成功的喜悦和学习的乐趣。[41]

从结构化方式道德教学论将感性、情感置于核心地位来看，我们可以将其归为情感主义道德教育论。在这点上，我们可以看到日本主情主义文化的影响痕迹。尽管对于情感主义道德教育论的优劣，在日本也有各种议论，而且也的确是一个值得探讨的问题。但是笔者认为，结构化方式道德教学论至少在以下几方面对我国的道德教育研究与实践极具启发意义。

（一）道德教育的目标

道德教育中的知行不统一的问题，一直困扰着我们的道德教育。在提高德育实效、促进知行合一的诉求推动下，很多教师在进行道德教学时经常要求学生回答“遇到类似情况应该如何做”的问题，意在促进学生将本堂课学习的道德价值立即付诸道德行为。金井肇称，这种试图在某个具体的道德价值与行为之间直接建立联系的思想和实践为德目主义。他强烈反对这种急功近利地谋求道德价值实践化的德目主义，理由是道德实践无法脱离人的整体人格；要使学生表现出所期望的道德行为，必须首先培育学生的道德性，使其建立起完整的道德人格。“道德教育不能只盯着儿童的行为。它在根本上是培养道德性的。通过培养道德性，才能够培养每个儿童自我实现的能力；通过培养能够生动活泼地生存的儿童，才能够培养出在行动上能够践行所期望的行为的儿童。”[42]金井肇的这一提醒也同样适用于我国的道德教育，值得我们认真思考。

（二）品德的内涵与结构

中日两国的道德教育理论与实践中虽然都将道德教育的目标定位在培养学生的品德上（日本所说的道德性相当于我国的品德），但是对于品德的内涵和结构的理解却存在一定的差异。在我国的道德教育研究与实践中，通常是将品德理解为个人根据一定的道德行为规范行动时所表现出来的稳固的特征或倾向，并且一般把道德认识、道德情感、道德行为等视为品德的构成要素，而金井肇则将道德性理解为支撑道德行为的内在素质和基础——“道德价值的统一体”，把价值意识和自然性视为道德性的构成要素，而把道德情感、道德判断、道德实践意愿和态度等视为道德性的外在表现形态或功能。二者对品德内涵和结构的理解上存在的差异可以以前者主要基于心理学视角、后者主要基于伦理学视角获得一定程度的解释，但是对于道德认识、道德情感、道德意志等到底应该被视做品德的内部构成要素还是外在的表现形态或功能这一问题，还有待于进一步的探讨，而且这也是一个非常值得研究的问题。因为对于品德的结构和功能的理解差异带来的是品德培养路向的不同：中国的理论与实践主要在思考如何通过提高道德认识、激发道德情感、锻炼道德意志、促进道德行为等来培养品德，而金井肇等日本道德教育理论与实践工作者则思考如何通过形成学生的价值意识来培养学生的道德性。路向问题关涉道德教育的成败，不容忽视。

（三）如何对待人的本性

人的自然性或本性是多侧面的，需要我们具体分析，具体对待。但是，由于人的本性中有很多方面与道德价值的关系是相冲突的，因此，常常被不加分析地予以否定，其结果使得本应生动活泼的道德教育变得日趋“高尚”而枯燥乏味，也使得要传授的道德价值不可能真正被学生接受，不可能真正深入人心，也不可能有什么真正的实效。金井肇关于人的自然性、自然性与道德价值之间的关联以及基于人的自然性加深学生价值自觉的分析，非常值得我们借鉴。可以说，在这个问题的认识上如果不能有所突破，不管我们的道德教育方式多么生动活泼，方法多么灵活多样，道德教育将永远走不出困境。

参考文献：

[1][5][13][22][24][30][31][32][36][37][38][39][40] 金井肇. 道德授業の基本構造理論［M］. 東京：明治図書，1996. 7、1、8、25、28、31、45－48、52－54、45－48、100－113、113、117、134－155.

[2][9][28][33][41][42] 金井肇. 明るく楽しい構造化方式の道德授業（小学校・高学年編）［M］. 東京：明治図書，1996. 10、6、7、13、10－20、6－7.

[3] 饶从满. 道德教育与日本的教育病理［J］. 中国教育学刊，2006，(5).

[4] [8] [10] [11] 饶从满. 结构化方式道德教学论的本体论基础考察 [J]. 外国教育研究, 2000, (5).

[6] 饶从满, 宋海春. 战后日本学校道德教育方法的嬗变 [J]. 外国教育研究, 1996, (1).

[7] 文部省初等中等教育局小学校课. 道德教育推进状况调查结果 (概要). 平成12年5月 [EB/OL]. http: //www. mext. go. jp/b_ menu/houdou/12/05/gaiyo. pdf. 2005-08-10.

[12] [27] [29] 金井肇. 生き生きした構造化方式の道徳授業 (中学校) [M]. 東京: 明治図書, 1998. 10、7-8、7.

[14] [15] 科学文部省. 小学校学习指导要领 [EB/OL]. http: //www. mext. go. jp/b_menu/shuppan/sonota/990301b/990301a. htm. 2008-09-10.

[16] 文部省. 小学校学习指导要领解说·道德篇 [M]. 东京: 大藏省印刷局, 1999. 13.

[17] [18] [19] [20] [21] [23] [25] [26] [34] [35] 金井肇. こうすれば心が育つ [M]. 東京: 小学馆, 2003. 77、78、78、78、78-79、79、61、56-57、104-106、109.

(原载《教育研究》2009年第6期)

国民性改造视野下的德育新思路

——论蔡元培《中学修身教科书》中的德育思想

袁洪亮*

《中学修身教科书》一书是1911年蔡元培留学德国期间整理出版的一部重要著作，表达了他对于现代中国人应该具有的道德和行为的总体构想，虽然看似只是一本薄薄的教科书，但实际上却体现了蔡元培“欲造成理想的国民，以建立理想的国家”[1]的崭新救国路径。书中内容整合中西，“既能对传统资源推陈出新，又能将西方思想洋为中用，堪称将中西思想传统融贯结合的典范”[2]。而且所述内容具体实际，文字明白通畅，思想表述深入浅出，把理论层面的内容具体化为了可操作性较强的一般实践规定，使人乐于接受，推进了民国初期中国教育的近代转换，也在一定程度上揭示了中国现代化的必由路径。

一、写作背景与主要内容

文明发展模式的转换是近代以来中国社会面临的根本问题，器物、制度、文化等客体层面的变革显而易见，备受关注，而作为文明主体的国民（人）的现代转换虽然更为根本和关键，但却往往被忽视。然而，在世纪之初，蔡元培就比较早地明确了经由国民的改造而建设国家的文明转换新路径。作为一个从旧式教育中成功走出的精英知识分子，蔡元培自然对中国文化“修齐治平”理想人格的传统路径熟悉且亲切，在文明转换的时代背景下，他以此为根基寻求塑造国民的新内涵。在德国的留学经历给蔡元培德育思想的发展提供了重要的

* 袁洪亮，中山大学教育学院副教授。

契机。1908 年，蔡元培进入历史悠久的莱比锡大学，系统学习西方近代哲学、伦理学和文明史等课程，他接受并把这些反映世界文明发展新趋势的文化和教育观念成功整合到他对中国理想国民的构建中来。1909 年 10 月，蔡元培编译出版了德国哲学家包尔生的《伦理学原理》，重点介绍近代以来奠定西方国民崭新道德和行为规范的学理。与此同时，他用这种新视角重新梳理中国传统伦理思想，1910 年 4 月出版了《中国伦理学史》。在完成了上述理论准备工作之后，蔡元培 1911 年在德国对之前出版的《中学修身教科书》进行了系统的整理，于 1912 年 5 月由商务印书馆出版发行，对于中国现代理想国民的应有内涵和养成途径进行了系统而又通俗的阐述。

《中学修身教科书》上篇阐述人的自我发展和社会道德。第一章修己分总论、体育、习惯、勤勉、自制、勇敢、修学、修德、交友、从师等共十节，分别阐述了文明个体自我审度、教育、改造的内容和途径。蔡元培首先强调体育的重要性，“修己之道不一，而以康强其身为第一义”[3]172。健康的身体是学习知识、修养德性的前提条件。要想有强健的身体，就必须讲究卫生，节制饮食，培养良好的生活习惯，并且要坚持锻炼身体。其次，修己必须修学，知识乃人事之基本，“其高尚者，非知识高尚之人，不能行也”[3]183。但如果有才无德，那么其对社会的危害性也就更大，因此修身必须修德，修德的方法在于“循良知”，也就是凭良心的指引做事。其余四章围绕着道德的标准从家庭、社会、国家、职业等层面阐述了个人与他人、家庭与社会的关系准则。家庭是文明最基本的社会组织，一个人只有做到爱其家，尽其职，才能做到爱国家，尽国民的本务。父母应尽其养子教子的本务，教育要宽严适中，子女应尽力侍奉父母，以尽孝道；夫妇之间要各发挥其长处，互敬互让；兄弟姐妹、族亲之间要和睦相处。人在社会中要彼此尊重，尊重生命、尊重财产、尊重名誉、尊重他人，蔡元培概括为“公义”和“公德”。

蔡元培在下篇从良心论、理想论、本务论、德论等角度论述了人追求道德“其本务所由起之理”，人之所以能自觉履行义务（本务）是出于“良心”，“良心者，不特告人以善恶之别，且迫人以避恶就善也”[3]241。关于善恶的标准，蔡元培既反对“以达其情为鹄者”的快乐说，也反对“以达其智为鹄者”的克己说，而是根据其对人性之“知、情、意”三重结构的崭新理解提出了道德实现说，“必也举智、情、意三者而悉达之，尽现其本性之能力于实在，而完成之，如是者，始可以为人生之鹄，此则实现说之宗旨，而吾人所许为纯粹之道德主义者也”[3]248。

二、德育目标：培养国民健全人格

中国传统道德教育的目标在于培养自觉屈从于封建等级秩序的忠臣顺民，是典型的奴才教育，是造成民弱国穷悲惨现状的重要原因。在蔡元培看来，新民是强国的前提，欲求民族的解放和国家的富强，必先“育国家之良民”。

转换道德教育的目标显然是“育国家之良民”的前提，蔡元培提出培养和发展国民个体“完全之人格”，“以保全人之为人的人性”。蔡元培揭示了人格的内涵，指出所谓“发展人格，不外乎改良其品格而已”。“发展人格者，举智、情、意而统一之光明之谓也。”[3]240也就是说要通过道德教育影响人的道德认知、道德情感和道德意志，从而发展和提高人的道德品质，完善其道德人格。蔡元培强调人格内涵的时代性特征和人格培养的时代任务，具体而言，在辛亥革命后的中国，“务顺应时势，养成共和国民健全之人格”[3]164，也就是要培养有现代资产阶级民主、自由、博爱意识的新国民，以适应社会的发展。另一方面，针对中国日趋严重的民族危机，蔡元培呼吁加强国民的民族性教育，其中尤以爱国主义教育为迫切，“国民之爱国心，独无以副之，则一国之元气，不可得而振兴也”[3]228，爱国心之消长关乎国家民族之振兴，而爱国心之培养显然依赖于国民的道德人格教育。

三、德育的中心地位及内容

蔡元培在《中学修身教科书》中将道德教育的目标定为“育国家之良民”。“国家之良民”的培养自修身起，而修己之道在于德、智、体、美四方面兼顾，“这四样是一样重要，不可放松一项的”[4]474。在“四育”中，蔡元培不止一次地强调德育的中心地位，“德育实为完全人格之本。若无德，则虽体魄智力发达，适足以助其为恶，无益也”[4]8。德育在教育中的中心地位和关键作用，是蔡元培在《中学修身教科书》反复强调的核心思想：“五者（指体育、智育、公民道德教育、世界观教育、美育），以公民道德为中坚，盖世界观及美育皆所以完成道德而军国民教育及实利主义，则必以道德为根本。”[3]135必须指出的是，虽然蔡元培主张教育“以公民道德为中坚”，但他并没有把德育与其他方面的教育割裂开来，而是强调把各育结合起来，使其相互影响、相互促进、相辅相成，以期实现造就“完全人格”的培养目标，为此蔡元培曾做过一个形象的比喻：“辟之人身，军国民主义者，筋骨也，用以自卫；实利主义者，胃肠也，用以营养；公民道德者，呼吸机循环机也，周贯全体；美育者，神经系也，所以传导；世界观者，心理作用也，附丽于神经系，而无迹象可求。”[3]135

蔡元培强调道德教育在教育中的地位和作用，那么道德教育的内涵是什么呢？他在《中学修身教科书》中提出消极道德与积极道德并养、公德与私德兼修的德育内涵。消极道德是人应该具有的最基本的道德品质，积极道德是指用以发展人格的品性和能力，两种道德相辅相存、兼养并蓄，“消极之道德与积极之道德，譬犹车之有两轮，鸟之有两翼焉，必不可以偏废也”[3]255。每个人都应先修消极道德，提高自身能力和境界，然后再把自身融入到社会之中，为社会服务，而不能独善其身，洁身自好。

所谓私德，就是指家庭道德，是人们处理与自己有血缘关系或与血缘关系相类似的亲戚朋友的关系时应遵循的道德原则和规范；所谓公德就是公民的社会公德，是人们在相互交往和日常公共生活中应当遵循的起码的行为准则。公德和私德是个体在不同领域里遵循的道德原则和规范，其目标、内容和要求不同。在一般情况下，公德与私德不存在冲突，如文明礼貌，爱护公共财产，讲究公共卫生等公德，在私德规范中找到相类似的规范，因而不存在冲突。但当在一些特殊情境下出现公德与私德的冲突时，蔡元培主张“屈私从公”，他认为这是“国民所当服膺”的基本原则。他举例说，“朋友之交，私德也；国家之务，公德也。二者不能并存，则不能不屈私德以从公德”[3]190。公德维护的是公共利益，是社会整体利益，而私德维护的是个人利益，因此，当二者产生矛盾时，个人利益应服从整体利益，私德应服从公德。在关于公德与私德教育的关系问题上，蔡元培强调两者是个体道德组成的不可或缺的两个方面，因而人的修养以公德与私德并重为宜，言私德不离其公共效应，论公德则落脚于个人。蔡元培明确反对将私德与公德相割裂对立，指出如果偏重于公德教育而忽视家庭教育，家庭关系就会处理不好，家庭不和睦最终也会影响社会、国家的安定；而偏重私德教育忽视了公德教育，就会出现只知有家而不知有国的恶果，不利于国家社会秩序的维护。

四、德育的途径和方法

蔡元培在《中学修身教科书》中主要提出家庭、学校和社会三方面齐头并进，家庭教育、学校教育和职业教育并重的教育途径。家庭是个体道德启蒙的重要场所，也是个体道德品质的重要来源，“家庭者，道德之门径也”[3]193，父母的言行举止对孩子品行的养成具有重大的影响，“一生之品性，所谓百变不离其宗者，大抵胚胎于家庭之中”[3]200。家庭道德教育如果有缺陷，“则于社会、国家之道德，亦必无纯全之望”[3]193。学校教育是道德教育中最重要的途径，学校道德教育按照统一的内容、标准和方法对学生进行道德原则和观念的灌输，可以使学生受到系统的、有组织的道德影响，因而对个体道德品质的生成和道德人格的发展具有极大的影响。蔡元培指出，教师的“言传身教”对学生道德品质的养成影响尤为巨大，如果教师能“身为学生之律度”，给学生做榜样，那么其道德教育的效果远胜于反复口头灌输。教师不仅给学生提供了待人处世的生活态度和行为方式，而且在行为举止间潜在地引导和熏陶了学生去接受这种态度和方式，因此，蔡元培要求教师能严于律己，“宜实行道德，以其身为学生之律度”[3]238。职业教育是道德教育的另一重要途径。蔡元培十分重视对个体进行职业道德的培养，认为职业道德关系到社会的各行各业的正常运行，不可不重视。

蔡元培在《中学修身教科书》中阐发的德育方法主要有三种。

第一，注重德育实践。蔡元培注意到我国传统德育中，教育者只从自己单方面期望出发，片面灌输，忽视或无视受教育者的社会践行效果，为中国传统德育的一大弊端。蔡元培因而强调实践在德育中的重要作用，在《中学修身教科书》的例言中他提出，德育首先应得到学生的心理认同，把外在的道德规范转化为内在心理，“应就实际上之种种方面，以阐发其旨趣，或采历史故事，或就近来时事，旁征曲引，以引发学生之心意”[3]169。其次，在德育中一定要注意现实可行性，要能取得实践效果。蔡元培反对一成不变地照着前人的路去走，要求“要随时随地，看事势的情形，而改变举措的标准”[5]118。“要重在实行，随时随地，抱着试验的态度。因为天下没有一劳永逸的事情，若说今天怎样，便可永远这样，这是大误”[5]118。他还特别强调“积小”“勤勉”“持之以恒”等具体方法以养成良好的道德习惯，强调避邪不略其小，以免积成大恶，修德不弃其小，才能修成大善。

第二，充分发挥智育、体育、美育的德育功能。在《中学修身教科书》中，蔡元培主要论述了德育与体育、智育的重要关系，后来他又强调美育对于德育同样具有重要作用。涵养德性，须从传授知识入手，人只有具备了丰富知识，才会有辨别力，从而形成高尚的品格。他一再鼓励青年要“扩充其知识，高尚其志趣，纯洁其品性”[5]84。同样，德育亦须从体育着手，体育对于养成完全人格具有不可替代的重要作用。蔡元培把中国传统“制礼作乐”思想解释为“礼为德育，而乐为美育”，从多重角度阐述了美育对增进品德修养的作用：“美育是心灵的体操”，美育影响人的情感、兴趣、气质、性格和胸襟等，使人的情感具有文明的内容，使人的理性与人的感性生命沟通，从而使人的感性和理性协调发展。通过体育、智育、美育等多种途径进行道德习惯的教育，反映了蔡元培对思想品德形成过程一般规律的深刻认识。

第三，重视自我教育的作用。《中学修身教科书》中提倡“修己”“自省”“自制”等自我教育的方法。蔡元培强调德育“其本性在乎修己”，修己的目的在于使自己具有实践品德的素养，他要求人们不断修养，勿自暴自弃，勿自欺自侮。蔡元培倡导“自省”，人们的心理素质各异，在修养德性时，“宜各审其资禀，量其境遇，详察过去之历史，现在之事实，与未来之趋向，以与理想相准，而自省之。勉其所短，节其所长，以求达于中和之境”[4]245。可见，“自省”就是要有自我评价能力，全面而又确切地了解自己，有益于思想品质的形成。“自制”是自我教育的另一重要途径，蔡元培认为情欲并非坏事，高尚的志趣，伟大的事业，往往发源于此；但如果不善于控制自己的情欲而放纵之，就会带来恶果，因此必须要学会一定程度的自我克制。蔡元培要求人们在修德养性中有自我认识、自我激励、自我监督、自我控制、自我矫正、自我评价的能力，培养自我学习、自我改进、自我陶冶的习惯，反映了他对德育过程中个体能动性的重要性的深刻认识。

五、《中学修身教科书》中德育思想的特点与影响

蔡元培整个学术思想呈现出的最大特色就是“兼容并包”，以中国学术传统的精华为基础，融合西方资本主义的近代社会科学理论，取长补短，为中国的民族复兴探求以民族性为基础、以世界性为方向的理性道路。《中学修身教科

书》中德育思想正是对这种“兼容并包”特点的最充分体现。他一方面从西方文化的本源入手，把握其文化底蕴，探求国民性改造的时代方向，另一方面不忘从中学探寻改造国民的起点与路径，以实现他救亡图存的远大理想。正如在他书中德育宗旨里所阐明的那样：“本书悉本我有古圣贤道德之原理，旁及东西伦理学大家之说，斟酌取舍，以求适合于今日之社会。立说务期可行，行文务期明亮，区区苦心，尚期鉴之。”[3]169书中各个部分都体现了中西结合的高度自觉性，如关于修身之法，他一方面继续认可“每日三省吾身”的中国传统内省路径，另一方面又强调取法于西方近代教育制度，强调教师多采用启发式的教育方法，由学生自己去结合历史或现状，从中自觉地悟出其中的深刻道理，以达到教育的目的，“教授修身之法，不可徒令生依书诵习，亦不可由教员依书讲解。应就实际上之种种方面，以阐发其旨趣，或采历史故事，或就近来时事，旁征曲引，以引发学生之心意”[3]169。又如蔡元培坚持用中国传统伦理精神去解释其“平等、自由、博爱”的公民道德教育内容，把中西两种伦理观念很好地融合在一起，也正是其思想“兼容并包”特点的又一种体现。《中学修身教科书》中德育思想的这种特点反映了中国知识分子融会中西文化以构建新的道德教育体系的开创性成果，折射出近代以来中国社会文明转换的必然方向和可能路径。

从1902年主持中国教育会，开办爱国学社和爱国女校时起，蔡元培就提倡健全人格、培养新人之说，《中学修身教科书》更是全面展现了蔡元培的这种深沉的救国新路，为其以后大刀阔斧地实施教育改革和德育实践提供了充实的理论基础。蔡元培担任中华民国临时政府首任教育总长之后，发表了被公认为我国近代新教育的纲领性文件——《对于新教育之我见》，在这篇文章中，他激烈地批判了在中国沿袭了几千年的以忠君尊孔为核心的封建主义教育制度，阐述了具有近代意义的教育方针，提出了军国民教育、实利主义教育、公民道德教育、世界观教育和美育“五育并举”的教育思想。《对于新教育之我见》与《中学修身教科书》一脉相承，其中展现出来的崭新教育理念，有力地打破了长期以来封建主义对人们的束缚，对促进人们思想和个性的解放、对社会的改良具有直接的意义，为培养近代国家所需要的人材指明了方向。

《中学修身教科书》中的德育思想可以说是蔡元培创立和传播现代德育理念的开端，这些思想无论在反对封建教育，建立和发展新式教育，还是在开创我国现代教育事业方面，都有着划时代的意义。

参考文献：

[1] 蔡建国. 蔡元培与近代中国［M］. 上海：上海社会科学院出版社，1997：56.

[2] 蔡元培. 国民修养二种［M］. 上海：上海文艺出版社，1999：6.

[3] 蔡元培. 蔡元培全集（第2卷）［C］. 北京：中华书局，1984.

[4] 蔡元培. 蔡元培全集（第3卷）［C］. 北京：中华书局，1988.

[5] 高平叔. 蔡元培教育文选［C］. 北京：人民教育出版社，1980.

（原载《中国德育》2010年第9期）

【德育心理】

论青少年情感素质

卢家楣 *

随着社会的不断发展和素质教育的日益深入，以及对各科教学中明确提出情感态度价值观目标的新课程改革的积极推进，如何从青少年情感发展的角度切入，着力解决学校中长期存在的，在“应试教育”氛围中不断得到强化的，且已在社会上造成相当影响的重知轻情的教育失衡状况，促进青少年情知的和谐统一、素质的全面发展的问题，已成为学校教育乃至家庭和社会关注的焦点。作为集中体现青少年情感发展内涵的“青少年情感素质”概念也就应运而生，并逐渐进入学术研究视野和教育实践领域。本文将从理论思考和实证研究的结合上择要论述青少年情感素质的内涵、结构和意义。

一、青少年情感素质的内涵

青少年情感素质这一概念在心理学、教育学学术领域中可以说是新的概念，是素质教育发展的结果，是教育实践的产物，在迄今为止的国内外心理学、教育学词典中尚未见到此条目。为了更好地加以阐明，笔者从“素质”概念说起。

（一）素质概念的内涵发展

一个概念的内涵，并不是固定不变的，而会随着人们在社会生活中的运用而演变、丰富和发展。“素质”概念便是一个典例。从30年来我国最具权威性的《辞海》字典对“素质”词条的不断修正、完善中，我们可以清晰地看到

* 卢家楣，上海师范大学教育学院教授、博士生导师。

"素质"概念内涵不断发展的轨迹。1979年版《辞海》中关于"素质"的解释为:"素质的本意是指人的先天的生理解剖特点,主要是感觉器官和神经系统方面的特点,是心理发展的生理条件。"这里的词解所体现的是"素质"概念最原始、最本质的特征——反映人的生理特征的基本性和稳定性方面的特点。20世纪80年代初,"素质"概念开始受到教育理论界关注。1985年颁布的《中共中央关于教育体制改革的决定》中首次提到要提高民族素质问题,并引发学者撰文论述国民素质、劳动者素质、人才素质等,使"素质"概念不再囿于最初的生理学科,而进入更为宽泛的领域。1989年版《辞海》中关于"素质"的词条在继续保留1979年版有关基本含义的基础上,增加了"素质是人或事物在某些方面的本来特点和原有基础"的内涵。这就将素质概念的"基本性和稳定性"的本质特征扩展至除生理领域之外的其他"某些方面"。自1993年中共中央、国务院颁发《中国教育改革和发展纲要》文件,首次对"素质教育"作出表述,并随之形成声势浩大的素质教育热潮后,"素质"概念又得到进一步发展:摆脱原有局限,赋予发展含义,即在1999年版《辞海》中关于"素质"的词条在保留1989年版有关含义基础上又增加了"人们在实践中增长的修养"的内涵。这就使"素质"概念的本质特征由纯生理的、遗传的、稳定的特点发展为自然性与社会性统一、遗传性与习得性统一、稳定性与发展性统一的特点。这一"素质"概念内涵的完善,符合以促进和发展学生素质为宗旨的素质教育的需要,适应了社会发展的潮流,体现了与时俱进的时代精神,是近30年来随教育实践而丰富发展较快的一个学术概念。可以说,素质就是个体在遗传和环境共同作用下经实践形成的具有相对稳定性、基础性方面的特点。

(二)情感素质的内涵界定

近年来,诸如政治素质、思想素质、道德素质、文化素质、专业素质、心理素质、审美素质、技能素质、身体素质等,仅限所闻,就有一二十种之多。但归纳起来,不外乎三大层次,那就是生理素质、心理素质和社会素质。"生理素质即人的自然本性;心理素质为人的自然本性与社会本性的结合;社会素质则纯属人的社会本性。这样看来,所谓素质,乃是生理的、心理的和社会的三个层次素质所构成的完整体。"[1]而其中的心理素质,作为"自然本性与社会本性的结合",是整体素质中的核心成分,是联系上下两层各素质协同发展的内在基础,集中体现个体素质发展的主观能动作用,处于最为关键的地位。若按素质概念的表述方式下定义的话,心理素质是个体在遗传和环境共同作用下经实践形成的相对稳定的、基本的心理特征。心理素质也是一个多层次、多维度的概念，[2]包含庞大的内容，可有不同的划分。心理学界素有关于心理现象划分的三分法和两分法之说：三分法是将心理分为认知、情感和意志三部分；两分法则将心理分为认知和情感两部分，因为意志可归为情感范畴。心理学创始人冯特就认为，最基本的心理元素有两个，一个是感觉，另一个是情感。感觉是直接经验的客观方面，情感则是直接经验的主观方面，它伴随感觉而产生，是感觉的主观补充。[3]他还认为意志在本质上是情感性质的，[4]"情感必有意志，意志必有情感，在一具体的随意动作中，两者并非不同的过程，而是同一过程的局部现象，这种过程开始于一种情感的激励并过渡到一种意志行动。"[5]笔者认为两分法更好，这种划分在将心理学理论应用于教育领域过程中有它相当的便利性，因而在我国的教育实践中已得到广泛运用，在国外，心理也主要涉及认知和情感两大领域，很少将意志独立出来。因此，心理素质就其所含基本成分来说，也确实可以分为情感素质和认知素质两部分，其中情感素质是相对于认知素质而言的。由此，笔者认为，情感素质就是指个体情性方面的心理素质，是个体在遗传和环境共同作用下经实践形成的相对稳定的、基本的情感心理特征。诚然，在心理学的教科书中，关于情感心理的论述，都放在心理过程部分处理，与作为认知过程的感知觉、记忆、思维等并列，似乎情感只是以心理过程的形式存在。其实不然，情感作为心理的一大组成部分，渗透于心理现象的方方面面。犹如全息现象一样，在心理现象的各个层次、各个维度上都有情感心理存在。情感素质就像心理素质一样，也是一个多层次、多维度的概念。

（三）青少年情感素质的特征

青少年情感素质概念既体现情感素质的本质特征，又具有它自身的特点，主要表现在以下两方面。

第一，明确的年龄特点。在素质的内容上，青少年情感素质主要集中于与青少年的发展阶段相适应的那些情感心理特征，而不是人的所有情感素质，从而体现出该素质的年龄特点。例如，在一个人的情感素质中，理应包括爱情方面的情感素质，但在青少年情感素质中则是没有的。又如，职场成人的情感素质，会具有一些与职业特点相符的情感素质，而对于主要在校学习、尚未踏上社会进入职场的青少年来说，这些情感素质在青少年中则是不强调的。

第二，教育的导向特性。青少年情感素质的提出，本身就是出于教育的需要，因此，它与情感素质的区别更在于有无教育导向问题。由于青少年正处在社会化过程中，处在身心各方面积极发展的阶段，正接受着有系统、有目标、有计划、有步骤的学校教育。因此，在素质的性质上，青少年情感素质主要涉及与青少年接受学校教育相适应的积极方面的情感素质。这有点类似于医院里身体检查：用于青少年体检的是旨在反映机体健康程度的、正向的体格测评指标体系，而不是用于一般病员疾病检查的临床诊断指标体系；两者虽有联系，但目标不同，取向各异。青少年情感素质与学校教育的情感目标的取向是一致的，也就是说，现代学校教育所需要达到的青少年情感发展的目标正可以从青少年情感素质发展状况中得到检测。因此，青少年情感素质可以反映学校教育的情感目标在学生身上的达成状况。当然，青少年情感素质是受学校、家庭、社会等多方面综合影响的，其发展状况，不是学校一方面作用的结果，但学校教育起着极为重要的作用。青少年情感素质是情感素质的一个方面，涉及青少年个体情性方面的心理素质，是个体在遗传和环境共同作用下，经实践形成的相对稳定的、基本的与青少年阶段的发展相适应的、积极的情感心理特征。

二、青少年情感素质的探究

情感的概念太宽泛，如果在情感素质全域内考虑其结构，并能在教育实践中操作应用，具有相当难度。鉴于此，将全域视野下的青少年情感素质，视为广义的青少年情感素质，而将局部视野下的青少年情感素质，视为狭义的青少年情感素质。笔者在此研究的是后者的结构，并主要考虑三方面限定：一是反映青少年现实生活中实际存在的比较突出的方面；二是心理学界比较容易认同的方面；三是在教育实践中比较便于操作的方面。将狭义的青少年情感素质主要限定在青少年的高级情感和情绪智力两个层次上：前者是情感的本体层次；后者是对情感的操作层次。

（一）青少年情感素质中的情绪智力层次

情绪智力（emotional intelligence），又称情感能力，是由德国人柳纳（1966）最先提出，以色列人巴昂（1988）深入研究，美国人沙洛维和梅耶（1990）形成系统理论的。它是近十年来在我国逐渐流行并日益引起教育界重视的一种心理现象。从心理学的分类上说，它是一个交叉性的概念。从一方面看，它是一种智力，只是与传统智力不同。传统智力属认知智力，是以客观事物作为操作对象的，而它是以情感或情绪作为操作对象的，诸如体验自己或他人情感的能力、表达自己或他人情感的能力等，实属多元智力范畴。从另一方面看，它又是一种情感现象，是一种表现在智力层面上的情感现象，属情感范畴。例如，对自己情绪的控制能力强弱，属情绪智力范畴，但同时也是一个人的情感特点，反映一个人的情感修养。这种现象在心理学中并不少见。主导心境，有乐观和悲观之分，这是性格的情感特征，自然属性格范畴，但又是情感现象，是表现在性格层面上的情感现象。又如外倾性的人，喜怒哀乐都在脸上，这是一种气质特征，属气质范畴，但又是情感现象，是表现在气质层面上的情感现象。凡此种种，恰恰反映了人的心理现象的复杂性和多维性的特点。因此，我们完全有理由将情绪智力归入具有相对稳定性的青少年情感素质之中，有利于反映青少年在情绪智力方面所表现出的情感素质的水平。

（二）青少年情感素质中本体层次

青少年情感素质中本体层次比较复杂，涉及心理学中关于情感的分类问题，这将对传统情感分类框架有所突破。

1．情感的传统分类

心理学作为一门学科应有三大任务：描述心理现象、揭示心理现象背后的规律、指导人们在实践中应用这些规律。其中，描述心理现象，进行科学分类，就是心理科学研究的起点任务。然而，由于心理现象本身的复杂性，这一任务的完成并非易事。就拿人们普遍感兴趣的、具有较长研究历史的、相对比较成熟的智力心理来说，至今没有一个有关“智力”概念的统一界定。关于它的分类、结构，始终理论纷呈、观点众生。这就更不用说“在心理学中居灰姑娘地位”的情感心理了。[6]由于人类情感现象本身的复杂性和人们对情感现象的作用及其重要性的认识不足，在相当长的历史时期内对情感领域的研究相对薄弱。“情感的研究长期被排斥于心理学研究的主流之外，而且许多心理学家几乎把它看做干扰合乎规律的行为的额外现象”[7]，以至于“现代心理学对全部情绪经验的组织和分类很少作正式的探讨，甚至连一个说明整个情绪领域的详尽的纲目也没有”[8]。在我国心理学中关于情感的分类，主要沿用苏联心理学家的分类体系，将它分为情绪和情感两大类；情感又分为道德感、理智感和审美感。[9]我国心理学家也试图在此基础上有所拓展，将高级情感分为社会性情感和情操层面上的情感。前者分为道德感、理智感和美感，后者又分为理智的情操、道德的情操和美的情操，[10]但总体格局仍然没变。至于在各情感分类中所具体包括的情感细目，一般也都这么概括：道德感——热爱祖国、对社会劳动和公共事务的义务感，对社会集体的集体感、责任感，对同志的友谊感、同志感等；理智感——人在认知活动中有新发现会产生喜悦感，对科学研究进程中出现的新现象会产生怀疑与惊讶感，在不能作出判断回忆对新对象的好奇心与新异感，在不能作出判断时会产生犹豫感等；美感——在欣赏艺术作品、社会上某些和谐现象和自然景物时产生的。[11]总之，这些分类都是思辨性的，未见实证材料，但至今，无论在我们的心理学教科书中，还是在权威性的心理学大词典中，仍被作为传统主流学术观保留下来。

2. 情感的现实分类

随着时代的发展和人们思想观念的多元化，人类的情感现象也会得到相应的发展而丰富。“社会关系的改变、生活方式的改变会引起新的情绪状态、一个人的新的情绪性的心境、新的情感。”[12]人类的情感会随着人们对情感现象的认识深化而不断被发掘。这就使已有的情感分类不能完全适应这种发展变化的需要：人的情绪体验是极其丰富多彩的，我们不能把人的所有感情都明确归入上述各类之中，心理学家至今尚未找到将所有情绪进行分类的框架。[13]因此笔者认为，有必要从现实出发对青少年情感进行新的分类尝试，并确立此尝试的指导思想为“三个尊重”和“三个统一”：尊重社会和教育需要、尊重客观存在的现实、尊重实证研究的结果；实现理论推演与实践归纳的统一、学术继承与学术创新的统一、定性分析与定量研究的统一。

在上述思想指导下，笔者从四个层面广泛收集青少年情感的表现。

第一，从现实生活中收集有关青少年情感现象的种种表现，使研究的情感种类更符合青少年的实际情况，为此从学生、教师、家长三个方面调查，收集他们对青少年情感表现的描述。

第二，从情感理论中收集有关青少年情感现象的可能存在的种类，使研究具有理论支撑，为此从专家方面收集有关青少年情感现象的可能存在的种类。这里包括我们自己在先前研究中获得的有关情感目标评价中情感分类的具体细项，[14]以及从心理学书籍上有关青少年情感现象的可能存在的种类，一并作为专家意见，归入演绎性材料。

第三，从社会和教育部门中收集对青少年情感培养的要求，使研究的情感种类能符合现代社会和教育的需要，为此从当前正在推进的新课程改革标准中列出的各科教学对学生情感方面提出的目标细项，以及政府文件（如中共中央国务院颁发的《中国教育改革和发展纲要》、上海市教育委员会推出的《上海市学生民族精神教育指导纲要》）中有关青少年情感培养要求中收集青少年情感表现。

第四，从文学作品中收集有关青少年情感现象中存在的某些种类，正如克雷奇（D. Krech）所说的那样："我们必须求助于诗人、戏剧工作者和小说家，他们对于情绪经验的具体描述曾作过大胆的尝试。正是他们的那些艺术创造对忌妒、恐惧、悔恨、内疚和狂喜作了说明"。[15] 我们还从写作词典、汉语词典中收集有关青少年情感的现象。

在此基础上我们编制了青少年情感素质问卷，并实施了涉及两万多名青少年被试的首次全国性的大规模问卷调查，最后我们得到了具有实证支持的符合我国青少年实际的新情感分类——道德情感、理智情感、审美情感、生活情感和人际情感，以及青少年情感素质的结构。

三、青少年情感素质的结构

在理论思考和实证研究基础上形成的我国青少年情感素质结构是一个由两层次六大类二十九种情感组成的系统。这两层次就是：情感的表现层次——各类高级情感；对情感的操作层次——情绪智力。两层次中所包含的六大类及其二十九种情感如下。

（一）道德情感

道德情感是指青少年根据一定的社会道德规范评价自己和他人行为时产生的一种内心体验。这是我国学校教育最为强调要加以培养的一类情感，是集中体现我们社会主义学校公民教育的情感特色。道德情感主要包括：爱国感——对国家、民族的忠诚、热爱的情感；同情感——对他人的挫折、不幸等遭遇的怜悯或同情的情感；正直感——勇于坚持原则、主张公正的情感；责任感——对自己分内的事勇于承担并尽力完成的情感。

（二）理智情感

理智情感是指青少年对认识活动成就进行评价时产生的一种内心体验。这是学校教育要着力培养的与科学文化知识学习、能力发展、相应观念形成紧密相联的一类情感，它不仅影响青少年在校学习，乃至终身学习的态度，而且其本身就是学校教育的重要目标之一。理智情感主要包括：乐学感——乐于学习的情感；探究感——乐于对事物的特性、机制、规律等进行研究的情感；自信感——对自己学习能力确信的情感；好奇感——易于对新事物产生兴趣的情感；成就感——在学习中追求成功的情感。

（三）审美情感

审美情感是指青少年在对物质或精神现象的美进行评价时产生的一种内心体验。这是学校教育在培养青少年情感中不可忽视的一个方面，是纯化学生心灵、提高修养、健全人格重要的情感手段。审美情感主要包括：自然美感——因自然事物的壮观、美丽、奇妙等而产生的美感；艺术美感——因音乐、舞蹈、戏剧、戏曲、诗歌、散文、小说等艺术作品的表现形式、内容和含义等而产生的美感；工艺美感——因学习用品、生活器物之类实用品的美学特征而产生的美感；环境美感——因学习、生活场所的洁净、有序、合理等而产生的美感；科学美感——因科学内容的表现形式的简洁、对称、和谐等而产生的美感。

（四）生活情感

生活情感是指青少年对自己和他人的生命、生活进行评价时产生的一种内心体验。如果说前三大类十四种情感的界定，是对我国传统心理学有关情感分类的继承和丰富，那么这一种及其随后情感的提出则是新的发展和推进。生活情感是以往学校教育所忽视的，却又是当今学校教育所应强调的情感。它为现代社会所特别倡导的，并与西方兴起的生命教育和积极心理学的基本精神也是相符的。在上海市教育委员会贯彻中共中央国务院《关于进一步加强和改进未成年人思想道德建设的若干意见》文件精神提出的《上海市中小学生生命教育指导纲要》就以文件形式涉及了这方面的部分情感。生活情感主要包括：生活热爱感——寻求生活乐趣、向往美好生活的情感；生命珍爱感——对人类、动物、植物等一切生命体的爱护和珍惜的情感；自强感——克服困难，积极进取以求获得自我发展的情感；人生幸福感——对自己的生活现状感到满意的情感。

（五）人际情感

人际情感是指青少年对自己与他人相处、交往活动时产生的一种内心体验。这又是现代社会强调的一种情感，对青少年现时的学习生活、人际交往、未来的事业成就和一生的身心健康都有着十分密切的关系。人际情感主要包括：乐群感——乐意与他人交往，为别人或群体接纳的情感；亲密感——能与他人交流内心体验的情感；归属感——希望自己为别人或群体接纳的情感；宽容感——能原谅别人而心安的情感；合作感——愿意与他人共事的情感；信用感——因信守承诺而欣慰的情感。

（六）情绪智力

情绪智力是指以情绪或情感为操作对象所表现出的一种青少年智力，也就是在智力层面上所表现出来的青少年情感特色。这种情感正日益被人们所重视，其中一部分已纳入新课程改革中所提出的各科教学情感目标之中，被视为青少年社会化成熟和事业成功的保障。情绪智力主要包括：情绪感染能力——善于影响或调动他人情感的能力；情绪认知能力——善于感知、识别、理解自己或他人情感的能力；情绪体验能力——善于体会并在自己身上产生相应的他人情感的能力；情绪评价能力——善于对自己或他人的情感内涵和合理性进行评估的能力；情绪调控能力——善于有意识调节和控制自己情感状态的能力。

四、青少年情感素质概念提出的意义

"青少年情感素质"概念的提出，是当今社会进步、时代发展和教改深化的必然，具有一系列现实意义。事实上，现代情感心理学研究表明，情感在教育中具有双重的育人作用：一方面，它是教育的目标，从我们揭示的两层次六大类二十九种情感组成的情感素质来看，涉及青少年从道德到审美、从学习到生活、从处事到交往的为人、为学、为世的方方面面，正是现代教育所要培养的情感；另一方面，它又是教育的手段，能凭借其所特有的一系列功能特性来带动和促进包括认知素质、社会素质、生理素质在内的其他各种素质的发展，充分体现情感素质在个体整体素质发展中的核心地位和能动作用。

从理论上说，在清晰了"素质""心理素质"和"情感素质"概念的基础上，明确提出"青少年情感素质"概念的内涵及其与一般情感素质的区别，有利于更科学地细化心理素质概念，从而为丰富和完善整个素质概念作出贡献。同时，用情感素质概念来统摄个体心理现象中那些相对稳定的、基本的情感心理特征方面的内容，有助于为情知两个方面的理论研究提供更为清晰的格局，促进教育理论在情性方面的研究广度和深度，以利于扭转在理论研究层面上存在的重知轻情的失衡状况。"青少年情感素质"概念的提出，为在教育心理学和青少年心理学结合点上从情感维度切入，更全面、深入地研究青少年情感发展和培养问题，搭建了学术研究的框架和平台，进而直接为推进情感教育心理学的学科发展发挥积极的作用。“青少年情感素质”概念的提出，特别是对其内在结构的探索，有利于促进情感分类体系的建构，并且这种从积极方面建构的青少年情感素质也有助于从积极方面研究情感问题，以符合新兴起的、以研究人的积极方面心理现象的积极心理学基本精神，扭转以往较多关注消极情感的失衡状况。

从实践上说，首先，“青少年情感素质”概念的提出，正是突出强调情感在青少年素质教育中特殊而重要的地位，将其明确纳入素质教育的范畴，使人们从素质教育的高度来认识这一问题，从而促进人们转变教育观念，强化对青少年素质中情感方面培养的意识，从根本上帮助人们扭转情知失衡的育人局面，倡导情知互促的素质教育新格局。在我国教育实践中，长期以来存在着重知轻情的教育理念，即便在倡导素质教育后的相当长时期内，青少年的情感状况仍未引起人们足够的重视，以致他们的情感未能得到与认知同步的发展，产生了自我适应、学业适应、社会适应等方面的一系列问题，甚至出现一些恶性事件。作为现代社会的人才，仅有高度发达的智能是不够的，还须有高尚健康的情感，只有情知并茂，才能使整体素质和谐发展。其次，“青少年情感素质”概念的提出，为在实践中编制有关的测评量表，全面调查我国青少年情感发展的现状作了必要的理论准备。再次，“青少年情感素质”概念的提出，为学校、家庭和社会在培养青少年情感发展方面指出了具体的努力方向，同时也为检验教师在教育和教学工作中旨在培养青少年情感方面的模式、策略等有效性方面提供了测评上的理论依据，为解决教育和教学中青少年情感的评价这一难题提供了必要的理论基础。

参考文献：

[1] 燕国材．教育十论——我对教育问题的一些基本看法［M］．北京：中国建材工业出版社，1996．303．

[2] 沈德立，马惠霞．论心理健康素质［J］．心理与行为研究，2004，(4)．

[3]［4］叶浩生．西方心理学理论与流派［M］．广州：广东高等教育出版社，2004．25－26、28．

[5] 刘恩久，等．心理学简史［M］．兰州：甘肃人民出版社，1985．91．

[6] 朗格．心理学［M］．北京：世界出版社，1914．254．

[7]［8］［15］克雷奇，等．心理学纲要（下）［M］．北京：文化教育出版社，1981．392、392、392．

［9］斯米尔诺夫. 心理学［M］. 北京：人民教育出版社，1957.

［10］叶奕乾，祝蓓里. 心理学［M］. 上海：华东师范大学出版社，1988. 219－227.

［11］曹日昌. 普通心理学（下编）［M］. 北京：人民教育出版社，1989. 101－388.

［12］波果斯洛夫斯基，等. 普通心理学［M］. 北京：人民教育出版社，1979. 308－309.

［13］黄希庭. 心理学导论［M］. 北京：人民教育出版社，1991. 548.

［14］周家骥，等. 情感目标与评价的研究［J］. 心理科学，2002，(6).

（原载《教育研究》2009 年第 10 期）

多元、多样、多变时代的道德心理学思考

杨韶刚*

科技和经济的发展带来了全球化时代。全球化时代的重要特征是：人类社会跨越传统的国家和地区界限，世界各国在政治、经济、文化、科技和教育等诸多领域实现全方位的沟通和交流。各国在发展中只有相互依存、相互合作、相互补充，才可能实现合作共赢。马克思主义的创始人早就指出：全球化“使每个文明国家以及这些国家中的每一个人的需要的满足都依赖于整个世界”①。但是，正如人与人之间存在着个别差异一样，全球化时代也面临着思想道德、价值观念、宗教信仰、经济利益和生活方式等多元、多样和多变的冲突。处在这样一个“三多”时代，我们应该以什么样的角度、立场去面对道德冲突？应当运用什么样的方式、态度去实施道德教育？道德心理学在这样一个全球化时代负有怎样的使命？

一、全球化时代的道德冲突

20 世纪以来，人类社会越来越多地受到全球化时代的挑战。价值观体系的差异导致世界各国在政治、经济和文化的相互交往中经常发生激烈矛盾和冲突。20 世纪上半叶的两次世界大战，是这种矛盾和冲突的极端表现。各种或长或短的局部战争，使世界格局变得更加动荡。20 世纪 80 年代末到 90 年代初，苏东政局的变化意味着冷战时代结束，西方世界曾为此欢呼雀跃，似乎西方的意识

* 杨韶刚，广东外语外贸大学政治与公共管理学院教授、博士生导师。

形态取得了胜利，世界各国的矛盾冲突可以迎刃而解。但是，不同宗教信仰体系之间的教派冲突又引发了中东和非洲地区连绵不断的局部战争，恐怖主义势力的影响越来越严重。道德观和价值观的差异逐渐取代意识形态的冲突，或者像塞缪尔·亨廷顿所说，未来世界的冲突就是世界不同文明之间的冲突。

那么，我们是否可以简单地把这些新的矛盾冲突归咎于全球化，从而扭转全球化发展的趋势，而回归传统文明呢？答案显然是否定的。全球化确实引发了当代社会的很多矛盾冲突，但是，不能因为存在矛盾和冲突，就否认全球化的进步意义和价值，并因此中止时代前进的步伐。正如《哥本哈根社会发展问题宣言》所指出的："全球化，是增多的人口流动，改进的通信设施，极大提高了的贸易和资本流动以及技术发展的结果。它为全世界经济尤其是发展中国家经济的持续增长和发展开辟了新的机会。全球化还使各国能分享经验及从彼此的成就和困难中相互学习，并促进着理想、文化价值和愿望的相互丰富。与此同时，日益加剧的贫穷、失业和社会解体却伴随着迅速变革和调整的过程。对人类幸福的各种威胁，如环境危险等，也已成为全球化现象。进而言之，世界经济的全球性转变正深刻地改变着所有国家的社会发展之特征。所面临的挑战是，如何驾驭这些进程和威胁，以便增强它们带给人民的利益而减少其消极影响。"[1]

价值观和信仰的多元、多样、多变是全球化时代的一个重要特征。这种特征，不仅存在于世界不同国家和地区之间，甚至也存在于一个国家内部。早在20世纪80年代，美国全国教育学会执行委员会的一份报告就指出："到2000年，在美国每三位中小学生中就有一位来自少数民族家庭。在加利福尼亚和其他许多州，少数民族的孩子将组成学生人口的大多数。"[2]这就更加明确地预示了未来世界的发展趋势——进入多元价值观并存的全球化时代。

我国是一个有着数千年文明发展史的东方古国，传统文化和价值观的影响根深蒂固。但是，改革开放以来，我国同样面临着全球化浪潮的冲击，多元、多变、多样的时代特征也日益凸显。这些都向我们的道德教育提出了新的挑战。

（一）利益主体的多元导致价值主体的多元，道德教育面临失去价值依附的危险。

当代中国社会已经分化出许多新的经济利益主体，其中以个体经济利益主体的增长对社会价值观的影响最大。如果他人或社会的行为触及"我"个人的利益，就会引起个体强烈的反应。

（二）快速多变的社会发展引发剧烈的价值冲突，道德教育面临道德相对主义的挑战。

虽然价值观的转变通常比较缓慢，尤其是对于价值观已经基本定型的成年人而言，但在当代中国社会，人们已经认识到各种不同价值观的存在，允许不同价值观的争论和共存。在这种情况下，一个新的问题随之产生：在道德相对主义冲击下，道德教育究竟应该以哪一种价值观为准则？

（三）道德观念的内容和方式呈现出多样性的色彩，道德教育面临教育形态的艰难选择。

全球化时代拓展了人们的视野，使道德教育的内容和形式也日益丰富多样：道德教育的显性课程和隐性课程，常规的课堂教学和非常规的课外活动，传统的以学校教育为主和当代学校、家庭、社会教育的一体化，道德知识教学和道德认知发展，道德教育的知情行统一和回归生活的道德教育……多样的道德教育内容和形态，以及上级主管部门的教育评价和来自社会、家庭的教育要求，常常使不少教育工作者无所适从。究竟应该作出怎样的选择，这不能不说是摆在教育工作者面前的难题。

二、“三多”时代的道德心理学思考

当今时代已经进入全球化和信息化时代，学术观点的争论在体现多元化、多样性的同时，也越来越表现出快速多变的特点。改革开放以来，我国社会在思想、道德和文化方面也日益表现出这种“三多”特征。如何看待“三多”现象？在这个“三多”时代，如何使道德心理学更好地发挥其学术价值和科学引领作用？如何运用心理学的观点来解决当前一些迫切需要解决的现实问题？这些应该成为每一位心理学工作者所要思考的重要问题。

（一）正确认识“三多”现象的时代价值。

从心理学角度看，“三多”现象符合人类心理活动规律。社会发展有一定的规律，随着人们对这些规律认识的深入，就必然会质疑不符合这些规律的错误认识。由于对事物认识程度和水平的差异，人们之间必然会产生对某些问题的争论。如同个体心理现象既存在普遍规律又存在个别差异一样，人类社会的思想、道德和文化等发展也表现出规律性和差异性。相应地，在对社会发展的宏观把握上，应该遵循社会心理发展的普遍规律，而在对一些具体社会问题的分析上，则应该具体情况具体分析，决不能一味强调一致性、统一性。实际上，社会就是在普遍性与差异性的对立统一中不断发展的。从这个意义上说，“三多”现象的存在是社会进步的表现。但是，差异性毕竟反映了人们对事物认识的准确性和深入程度的差异。在学术思想上，这些差异表现为不同的社会思潮、学术理论和观点的争论。如果是正确的社会思潮和学术观点占据主流，那就会推动社会向正确的方向发展；反之，就会给人类社会带来灾难性后果。如何准确把握和认识不同的社会思潮和理论观点，是道德心理学在这个时代必须考虑的重大问题。

（二）科学评价“多”与“一”、“变”与“不变”的辩证关系。

从心理学角度分析，当代中国社会虽然存在思想、道德和文化的“三多”现象，存在不同观点的分歧，但历史地看，这些多元化的思想中又必然存在着植根于中华民族心灵深处的某种比较一致的东西。就像一个成熟的成年人的人格心理一样，尽管它也会受到社会和自然环境的影响，也会随着时代的发展而有所变化，但它的核心人格特征却是基本定型的。中华民族的五千年文明史已经奠定了深刻的思想、道德和文化的根基，形成了自身固有的民族人格。面对“三多”时代的冲击，我们能不能找到这个“多”中之“一”、“变”中之“不变”的“民族人格”？能否对这种“多”与“一”、“变”与“不变”的辩证关系进行科学评价？这是摆在我们面前的一项紧迫任务。

有人也许会说，既然“三多”现象是时代发展的必然，就没有必要寻找这个“多”中之“一”、“变”中之“不变”的思想、道德和文化的根基，就让这种现象存在吧。他们担心，如果过多地追寻“一”和“不变”，就可能或者陷入封建集权制，导致对民主和自由的压抑，或者陷入狭隘民族主义，导致对外来思想和文化的抵制。但我们认为，寻找这个“多”中之“一”、“变”中之“不变”的规律，并不是要压抑不同观点的争论，而是要找到中华民族历来所倡导的“和而不同”的民族人格，在吸收和包容各种不同思想、道德和文化的过程中，形成更适合我们社会发展的民族精神。正如每个人都有自己的个性心理特征一样，一个民族和它的文化也应具有自己独特的精神特征。这并不意味着对其他民族和文化的否定。全球化是不可阻挡的时代潮流，我们只有顺应这个潮流，在与多种思想、道德和文化的交流、对话、相互吸收、影响的过程中，保持民族的“人格特色”，才不至于被社会发展潮流吞没，才能自立于世界民族之林。

（三）理性探讨主流道德价值建构的科学规律。

当今社会，多元化、多样性的思想观点在相互影响中不断相互吸收和借鉴，快速多变的社会发展又不断衍生出一些新的思想观念。我们既要允许和肯定“三多”现象的时代价值，又要保持和发展自己的主体性和自主性，保持和发展本民族的主流价值。黑格尔早就指出，一个具有现实性的民族的必要条件是要有其自己的伦理精神实体。在当代中国，如何根据社会发展的需要重新建构适合本民族发展的主流道德价值，是道德伦理研究的重要话题。

要重建社会的主流道德价值，首先要调查清楚“三多”时代究竟存在哪些主要的道德价值观念。当代我国社会已逐渐形成了一些为国人所普遍认可的道德价值观念，如：平等、民主、公正等。在生活方式上，人们也普遍要求能够独立自主，实现个性化的生活理想。对这些道德价值观念，我们要通过客观科学的调查研究，通过社会学、心理学、伦理学以及教育学等多学科的分析，得出确切结论。

其次，要根据中国社会发展的未来要求，具体分析这些不同观点对民族道德发展的价值以及对整个人类社会发展的积极意义，从中筛选出能为大多数人接受且确实能促进整个社会道德发展和进步的价值观念。当然，由于经济发展水平不同、人们受教育水平差异等，要想找到一个适合全体国民的共同的主流价值观确非易事。但这种寻找又是非常必要的，一个民族如果没有自己主流的核心道德价值，就会失去未来发展的道德动力和后劲。古今中外社会的发展历史早已证明了这一点。

再次，主流道德价值要和其他道德价值并存，才能获得发展。真理总是在同各种观点的争论之中发展起来的，如果没有这些不同观点的争论，主流道德价值就难以证明其正确性。另外，由于人们之间存在道德发展水平的差异，有时仅靠主流道德价值观念很难适应整个社会和不同群体的道德发展，这就需要在主流道德价值之外，找到某些能起辅助作用的“副道德价值”。或许在某些地区、某些个体身上，“副道德价值”可能就是其主流道德价值。

最后，建构主流的道德价值要采用多种方法，使之恰当地适合于不同社会群体的道德接受水平。换句话说，即使找到了这个主流的核心道德价值，具体到每一个体的道德教育中，也不能采用“大一统”的教育方式。虽然权威主义的教育方法在一定范围内、一定环境中可以发挥其灌输的教育作用，也能产生一定的道德影响，但从根本上讲，无论是作为个体的人还是作为群体的社会，其道德发展的根本动力在于内在的自主性。建构主流道德价值，要在社会原有道德价值观念基础上，以略高于原有道德价值观念的内容进行教育（这就是所谓“最近发展区”概念），使人和整个社会具有最大道德驱动力。我国幅员辽阔、人口众多，不同地区、不同的城市和乡村，在道德价值观念上存在着很大差异。各地区要着眼于实际，采用不同的方式方法，才能收到最佳教育效果。

总之，寻找社会的主流道德价值不易，建构主流道德价值更难。而且，当今时代又是一个快速多变的时代，主流价值观念也经常不断地受到新兴社会思潮和价值观念的冲击，因此，主流道德价值观念的建构是一个不断更新和发展的过程。“流水不腐，户枢不蠹。”只有在不断发展的过程中完善自己，社会的主流道德价值才能在发展中体现出自身价值。

注释：

①马克思、恩格斯．马克思恩格斯选集（第1卷）［M］．北京：人民出版社，1972．254．

参考文献：

［1］王啸．全球化时代的中国公民教育［M］．福州：福建教育出版社，2006．10．

［2］NEA. *Report of the National Educational Association Executive Study Groups on Ethnic Minority Concerns*［R］．Washington，D. C.：Human and Civil Rights，1987．

（原载《中国德育》2006年第12期）

自尊的本质探寻与教育关怀

张向葵　丛晓波*

自尊是指人对自我行为的价值与能力被他人与社会承认或认可的一种主观需要，是人对自己尊严和价值的追求。①研究表明，自尊不仅与学业成绩、归因、人际关系等因素呈高相关，而且是个体心理健康的核心。②自尊除有高低外，还具有异质性差异，即人存在高自尊异质性问题。近半个世纪以来，高自尊异质性问题得到广泛关注③，如假自尊④、防御性自尊、稳定与不稳定高自尊、表面上的高自尊、相倚的高自尊和真正的高自尊，⑤等等。那么，人的自尊只有高低水平之分吗？自尊越高越好吗？抑或对自尊研究仅仅进行测量而无视其本质探讨就足够了吗？

本文通过探讨、追问、论证自尊的本质，探索自尊原动力的关系世界，寻求教育关怀的必要性与可行性。

一、自尊本质的生命意蕴

自尊是人类所特有的、决定人之所以是人的核心内在品质。自尊本质的真正内涵在于对人的生命的解读中，只是在有生命之处才会有自尊，因此，生命性是把握自尊本质的根本。

（一）自尊起源的生命启示

自尊的产生需要两个生命前提：一是我与非我意识的建立；二是挫折与

＊ 张向葵，东北师范大学教育科学学院副院长、教授、博士生导师；丛晓波，东北师范大学政法学院副教授，东北师范大学心理学系博士研究生。

死亡对生命的危机。人在生命初始是以本能反应外界环境的。在他的世界中，没有自己也没有他人，更没有自己与他人的区别，因此也就没有自尊。随着认知能力的不断发展，个体的社会认知能力也开始出现（如依恋等），其最初表现是在意熟悉的人（如母亲等）对自己的态度，并根据环境及人的状况表现自我的情绪体验。就个体整个生命历程而言，这就是最简单、原始的自我认可，这意味着个体自尊的萌生。由此可见，自尊形成于“我”与“非我”意识的建立，即个体能够区别自己与他人的不同，并因这种区别而产生情绪反应和行为变化。一旦个体确证了自己与周围世界的不同，他就开始以所有努力企图弥合这种由意识造成的不和谐。然而，人只能部分地消除“我”与“非我”的冲突，于是，注定要陷入永不停息的自我确证之中。自我确证的实质是追问自我存在意义的过程，无论其形式如何，“人是这样的一种动物，他们毕生都在努力使自己相信其存在不是荒谬的”⑥，他们毕生都在确证自我的合理性与价值性。

在人类的社会生活中，自尊构成个体人格的核心，是个体生命存在状态的机源。由于自尊的存在，人作为个体存在才可能具有价值和意义，人才能成为真正意义上的人。自尊的这种特性又源于人另一个生命的前提：只要活着，每个人都要面临挫折和死亡，任何人都无法逃避。这是生命的悲哀，却成就了人的自我认可、自我拯救的本能，因为人必须“超越”挫折和死亡才能确证生命的意义。在自尊的鼓励和支撑下，人才有勇气真正地面对挫折和追求生命精神的永恒存在。挫折是对个体生命存在的暂时否定，挫折来源于外界，他人、他物与自我产生的冲突有时被个体体验为某些特定的伤害；死亡来自个体本身自然，是对每个个体都必然存在但又不明确何时存在的“永久否定”。挫折和死亡是对生命的否定，由于不能实现生命的永恒存在，个体就只能以自尊的方式保存自己，这种努力便是他真正的本质。个体企图永远保存自己是生命的本性，它形成了以自我认可为中心的人的整个实践过程和结果，形成了人最丰富生动的社会生活，人在自我认可中实践着生命精神的永恒，又在永恒的生命精神中发展和不断升华自我认可的境界，实现人自身生命的尊严。

（二）自尊完善的生命历程

自我认可是一切生命维持的前提，而自我保护方式的不同却表征了不同的生命境界，也区分了不同的生命层次。为呈现自尊本质的真实面目及与之密切相关的现实世界中人的生活状态，有必要区分自尊的类型。根据个体对自身和周围世界关系的意识程度，以及相应的对自身合理性的维护方式，可以把自尊分为自在的自尊、自为的自尊、自由的自尊。

自在的自尊即一切生命的本然性自我关注。生命个体对自身及周围世界的意识处于一种“自然而然”的状态，对自身合理性的维护方式是直白的、素朴的，也是最容易改变的，它是生命最初的自我保护形式。自然人一般表现于生命的初期，随着实践的深入和对现实生活的改变，人会逐渐地提升自己的生命意识，自觉思考生命问题，越来越主动地摈弃自在本能，并形成自我保护的第二种类型：自为的自尊。它是以自我为中心的生命关注。个体自觉到自我的唯一目的性，并由此确定自我价值的选择标准，自己是自己存在的合理性根据。从广义上说，西方文艺复兴以来的现代理性主义就是建立在这种意识基础上的。通过它获得启蒙的现代人彻底挣脱理想与现实的樊篱而实现了完整的独立，从此，无节制的主体性成为彰显“万物之灵”唯一的凭证，人的存在等同于人的自由意志，人的自我保护等同于唯我保护。“个体是某种全新的东西和创新的东西，某种绝对的东西，他的一切行为都是固有的。”⑦在生活中，处于这一自尊水平的人较多地表现为认知上的自我辩解与自我维护，或自大自满、自卑自闭，这都是狭隘的自我中心主义。这种自尊状态虽有意识，却是尚未经过反思的意识。与自在的自尊相比，自为的自尊标志了人的价值及合理性，使人的生命获得了自我拯救的希望。然而，由于这种拯救的片面性和极端性，使人在遗忘了自我本性的羊肠小路上越走越远，最终遗失生命的家园。自在的自尊与自为的自尊是自尊完善过程中的两个阶段，因生命成长的过程性特征而很难简单超越或避免。两者都在对自身及世界的不同意识程度和维护自身生命合理性的不同方式中实践着人的现实生活，并且都是缺乏完整人性的自我保护，是丧失自尊本质的自我保护。如果按照黑格尔“扬弃”的观念，自我保护的表现形式应有第三种类型：自由的自尊，即在现实生活世界中追求自身合理性及价值的动态平衡。自由是人所特有的自在自为活动，它是对具体关系的自觉，在适应一定环境的同时又以人的尺度去改造世界，并在实践活动中生成并提升自己。这样的自我保护是有“我”又有“他”的，在与现实生活世界的诸关系中呈现平衡—不平衡—再平衡的动态发展。

自尊呈现的三种类型就是自尊发展的三个阶段，个体呈现出什么样的自尊类型与其对生命和生存意义的意识程度相关。或者说，对生命和生存意义的诠释构成了自尊的全部内涵。什么样的生存意识产生什么样类型的自尊，与个体客观状况（如年龄、身份等）不相关；每一种类型的自尊只代表自尊发展的不同阶段，因而不完全稳定地表现在一个人身上，个人可能在某一阶段更突出地呈现出某一种类型。自尊的三个阶段呈逐渐成熟趋势，拥有较为成熟的自我保护方式是完美人格的关键。一般说来，前两个阶段是第三个阶段的准备，三者顺序是不可逆的。

二、自尊原动力的“关系世界”

自尊是在关系世界中生成的。同时，拥有真正自尊的人又生成新的关系世界。自尊对于人的本体论意义是通过人对生活世界的理解与建构来实现的，自尊的现实品质是通过选择与言说生活来表达的。只有在关系世界中，人才会拥有自我保护的真实内涵，拥有真实自尊的人才会更主动地建构和谐的生活世界。

（一）解读“关系世界”

“关系世界”是人通过实践活动创造和形成的现实生活世界。人的关系世界就是构成人的生活世界的诸多关系。关系性是人在实践活动中生成的标志人的存在样式和存在根据的属人特性，“凡是有某种关系存在的地方，这种关系都是为我而存在的，动物不对什么发生‘关系’，而且根本没有‘关系’。”⑧人与人意识到的对象构成人现实的生活世界，并且人与人意识到的对象及其关系状态就是人现实的生活状态。人作为个体，不是唯一地和孤零零地独自存在着的，它通过对象性的活动来实现人的本性。如果说，人与动物的区别在于人的意识活动，那么，这种活动也是关系意识的活动。从关系角度说，人的生活世界基本由四种对象性活动构成：一是人与自然的关系，表现为人对自然界的认知态度、改造方式及自然对人的影响；二是人与人的关系（社会关系），表现为人与人之间的交往互动行为；三是人与自身的关系，主要指人对自我的认知评价、情感体验及调节控制；四是人与“神”的关系，即人对生命终极意义的关怀与信仰。四种关系统一于人现实的生活实践，它既通过生活实践表现出来，又通过生活实践生成人具体而丰富的本性。其中，人与自然的关系是人的关系世界中第一层含义，是其他诸关系的前提。因为，人直接的是自然存在物，只有在自然的内在“需要”得到尊重时，人所实现的自我需要的满足才会是健康的。社会关系是人的关系世界中最集中表征人的本质特征的部分，是人的关系世界的现实化，其他诸关系及其状态都要通过现实性的社会关系展示出来，它直接反映人的社会性力量，即人的力量。能够满足他人需要的人，就是能够与他人和睦相处的人，同时，越是能够满足人内在精神深层需要的人，越容易被更多人接纳、认可并获得更多的尊重。人与自我的关系状态是人的关系世界中的关键部分。人怎样获得自然力和怎样对待他人，在一定程度上取决于人怎样认识自我，即对自我的内在本性、需要和自我在外显环境中的地位、特征的意识。对人现实的生活世界给予终极意义的追寻和神圣意象的体味，是形成人的关系世界健康和谐的根基，它是前三种现实性关系所要达到的理想彼岸，是三种现实关系的行动指向。

自尊是生活在现实关系世界中的人的自我保护，是在人的对象性实践中体现的理性思想与经验活动的统一。因此，自尊是一个现实生活问题，又是一个超越现实生活的理论意识问题，它需要生命自身精神的省思，也需要在生活世界中围绕实践而展现。人的自尊在现实的“关系世界”中生成，只有在现实的“关系世界”中生成的自我保护才会生成合乎人完整需要的现实生活世界。因此，作为个体的人的自尊应该是以个体为中心，向现实关系世界的态度和行为的辐射，现实世界的关系状态又同时反馈并影响个体的自我保护。任何单一关系所构成的自尊都是虚假自尊，凭借虚假自尊维护自我的人也不是真正意义上的人，因此也不可能有健康、幸福、和谐的生活。

（二）“关系世界”的调节方式

自尊是在关系世界中生成的自我保护，而人一旦在关系世界中保护自我，就意味着人与其他一切存在在本质上区别开来，并开始生成新的关系世界。关系是以“我”为根据，并围绕“我”发生意义的对象，是个体生命意识的主观设定，个体意识到的关系状态怎样，就在怎样的水平上维护自我保护，个体现实世界的生活也就怎样。自尊对个体现实世界的生活发生作用是在被意识到的关系状态下，通过个体具体的调节过程来实现的。自尊水平不同，调节自我保护的方式就有消极与积极之分。

与消极调节的方式维持自我保护相对应的是自在和自为两种自尊水平。自在自尊类型的人一般不在意自我形象，往往是明显地遭到否定后才产生本能的反应。关于自我保护事件的归因往往直接而简单，能引起个体主动维护自我的事件是个别的，只涉及其维持基本生命存在的少部分需求。陷入自我中心主义的自为自尊由于太看重自己和过分维持自我而忽视了现实的“关系世界”。这种人往往很敏感，也因此极容易受伤害，虽然能洞察生命或生活世界的某些现象，但无法把握自我与现实的关系世界的本质而表现出两种相反的生活态度和行为倾向。一种是自恋式。这种人具有天生的自我优越感、极为牢固的自我保护防御系统和自我辩护的完美途径，能顺利地缓冲由生活中的挫折引发的焦虑，但容易把问题归咎为环境和他人，攻击性强、性格冷傲、不负责任。另一种是自怜式。这种人有着一切由我、一切归我的认知方式，因意识到所有问题都源于自己而形成自哀自叹、自暴自弃、自卑自怜的人格特点。这两种倾向都由于割裂了自我与“生活世界”的关系而无法正确对待他人的评价，不能适当地对社会环境做出反应。

与自由自尊相对应的行为调节方式是积极调节。积极调节对个人生命价值的提高及生活意义的实现具有积极的推动作用，其关键在于这种自尊根源于人的关系本性，从人的关系和谐的基本原则出发，去实现自我认可的生命追求。因此，这种人也一样具有自我保护和维护自我存在的生命本质，但他们能够根据现实世界的诸关系调节并控制自己的认知态度和行为方式，合理判断、评价自己。目标和理想的设定与行为能力的实际使个体能够通过自我努力适应并建构自己的生活世界，在调控自身活动的过程中生成健康人格。自由自尊生成的过程就是个体人格完善的过程，也是个体心理走向成熟的过程。

（三）“关系世界”的文化特质

自尊问题既是个体人格特征问题，也是社会文化问题。“社会实际上是先于个体而存在的。不论在社会中生活的个体，或者因为自我满足而无需参与社会生活的个体，不是野兽就是上帝。”⑨社会对自我而言就是他人或者说是作为人的其他存在，自我的生命首先以其他人为前提，自我的生活状态也首先取决于非我。没有哪一个人在哪一刻能实现绝对的孤立，否则它就不再具有人的本质特性，也就不能再称为“人”。社会是人的群性组织，文化就是活动的规则。这些规则由一群人相约而成，其中有些是生活自然形成的结果，有些是为了维系群体而指定的章法。规则作为一种“公设”和先在的背景假设，是群体的标志，也是群体中个人身份的象征。文化是人的群体性意识活动的产物，人是文化的存在。这样看来，自尊决不仅仅是个人的问题，更是社会的问题和文化的问题。个人保护自我的内容和方式取决于他所生活的那个世界其他人的特性与规则，因此，在不同社会文化前提下自尊的内容和方式也明显不同，甚至全然相反。

概言之，西方文化中的自尊注重自我的先在性与绝对性，追求自我需要的满足。自我保护的内容是个人的自由，是通过我、为了我、完成我的自我实现。他人和环境状况只是自己选择生活的一种参考，他们可以在其他人完全不理解的情况下仍继续坚持自我选择，实现自我价值的保护。因此，西方人总能创造出古怪、冒险的生活方式。日本文化则拥有相互依赖的自尊感，如1993年小和田雅子放弃她的事业和独立的生活嫁给日本德仁太子一事，许多西方观察者感到迷惑不解，然而日本人却认为雅子的选择是好的、自然而然的决定。[10]不同文化背景下的自尊不仅在内容上具有极大差异，而且表现方式上也各具特色。如美国人极为看重自我感受、自我选择；中国人的自尊是与极强的承受、忍耐力粘连在一起的，其自我保护的方式相当隐蔽和委婉。

社会文化先在地决定自尊的内容及形式，形成个体自我认可的普遍一致性表现。这种决定可以是自觉的引导、疏通，也可以是个体不自觉的被动接受，而个体成长中诸多的影响因素使这种决定表现出明显差异，每个个体的自我认可又具有特殊性。自尊本身是一个不断成长的过程。这种成长不会自然地顺利进行，它既需要个体自己的觉醒，更需要社会文化适宜的催化与哺育。

三、自尊的教育关怀

教育在文化认同的过程中延续着生命的文明，成为人类自身生命发展和生命创造的根本源泉。由于自尊对于人的生命及生活世界、生活状态的本体性价值，笔者提出“自尊的教育”。自尊的教育追求的是对人类生命本性的诠释和生命未来的珍爱，是教育对人性的关怀。

（一）引导人去反思自我保护

从自尊呈现的三种类型可以看出，自我保护的成熟并非一蹴而就或水到渠成。在个人的生命历程中，可能有人一生都处于自然状态，也可能有人一生都停留于自为状态，还有人可能在短时间里在现实的关系世界中保持自我保护的和谐。自尊的教育就是要适时、适当地引导学生形成良好的自我保护内容与形式，启发他们的生命意识，让他们在对自然、他人、终极信仰的尊重和关注中实现自我保护，并通过引导来改变学生纯粹本然的生存状态，自觉到自我保护的关系性与现实性。一般地说，从儿童期到青春期，教育引导的重心是超越自然原始的自我保护，摆脱本能的关系调节方式，学会认知关系世界的存在。青春期初期，学生自我保护获得初步确立，但极容易陷入个人神话和自我中心主义的旋涡，用自己单一的尺度去衡量一切。青春的热情与冲动会让他们所向披靡，成长的懊丧与失意也会使他们意乱心迷，他们的自我保护经常表现得极端化和绝对化。因此，此阶段的教育应引导学生意识到现实生活世界的诸关系，要启发学生回答类似“我的世界里存在哪些关系，这些关系与我的生活有什么必然联系”的问题，引导学生形成合理的自然观、社会观、信仰及价值观、自我观；让学生懂得学习既是实现有关自我的关系世界现在和谐的中介，也是实现未来自我关系世界和谐的中介；学习不仅是知道自然知识的过程，更是理解、尊重他人，树立人生信念，提升自我的过程。

（二）调节人去学会适应

教育的过程是师生共同成长的过程，学生自尊水平的提高依赖于教师教育策略的完善，教师教育策略的完善本身又促进教师自尊水平的成熟。自尊的教育关注学生与教师作为教育主体的自主发展、自我完善，它强调教育实践过程的互动性。教师与学生只能在相互作用的前提下才能共同完成课堂教学，他们相互作为对方的关系世界而存在，教育的结果由双方互动的程度和内容决定。因此，自尊的教育绝不仅仅是教师尊重学生、学生尊重教师的单向度或单一的关系，它包含了教师与学生在关系世界中维护自我的一切实践。教师行为的关系性是教师角色的基本内容，自尊水平是教师角色能力的根据。自尊水平高的教师具有较强的调节自我与生活世界诸关系的能力，包括积极地关爱学生、追求真理、自我完善。自尊的教育强调教育的平等性和学习的选择性。平等不是完全没有差异的绝对平等，这种平等只是一种理想，在现实中是不存在的。教育的平等是一种相对的人格平等，它摈弃人格权威或人格主宰，重视对话与合作。学习的内容与形式对每位学生来说都是可选择的，而选择的能力就是自我保护的水平。学生在选择中可以获得有关自我与生活世界的认知，由自我选择而获得的自我的充实和提高是实现成熟自尊的本质性力量，对自我发展的目标设定及选择实现目标的手段的过程就是学生发展自尊的过程。

（三）关爱人去形成健全人格

“人的心理态度、价值观和生活方式的发展状况才是衡量‘发展’的最深层的指标。这是一种人道主义的转变。”⑪自尊的教育是以现实的方式真实地关注人生命状态的社会影响，是用心灵铸造心灵的生命艺术。它强调从心处着眼，育心育灵，出发点和整个过程都在于成长，在于调节关系世界的自由意识不断生成延续和维护生命存在的无穷力量，使每一个学生都能在心智的成长中拥有和谐的生活世界及健全的人格。

自尊的教育是超越单一文化，形成丰富人格的生命奠基。人发展的根本动力是自我发展。自我发展的内在机制是自我保护与生活世界诸关系的持续互动，在关系世界中生成自我保护，自我保护又生成新的关系世界。自尊的教育受制于文化传承的要求。社会文化先于自尊的教育而存在，自尊的教育不能完全脱离社会文化独立进行，因此，自尊的教育表现为一种特定社会的文化传统。在此意义上，传统文化是自尊的教育所能依据的最重要的线索，自尊的教育本身即是一种特定的文化规则。然而，虽然每一种文化都具有自己的特色，并因为这种特色而具有独立的存在价值，但文化自身也有一个不断丰富的问题。文化没有高低贵贱之分，却有贫瘠与丰盈、单一与多彩之别，不同文化样式生成不同特点的人格，因此，丰富文化的过程也就是丰富人格生成的过程。在世界文化交融的趋势下，中西方文化的相互了解与渗透加快了单一文化样式走向丰富与成熟的脚步，中西方文化传统中维护自我认可的方式都会在文化差异、冲突中整合，这种时代精神所支撑的完整人格正是自尊的教育追求的生命境界。在自尊的教育中，学生被启迪的生命意识逐渐成为发展自我的生命冲动，自尊的日益成熟将成为他们创造和谐世界的基础。

注释：

①张向葵，吴晓义. 自我尊重：学校教育中不容忽视的心理资源［J］. 教育研究，2003，(1).

②丛晓波，等. 自尊：心理健康的核心［J］. 东北师大学报（哲学社会科学版），2005，(1).

③Jordan C H, Spencer S J, Zanna M P et al. Secure and Defensive High Self-esteem. *Journal of Personality and Social Psychology*, 2003, 85 (5): 969 - 978.

④Mruk C. *Self-esteem: Research, Theory and Practice.* New York: Springer Publishing, 1999; Schneider D J, Turkat D. Self-presentation Following Success or Failure: Defensive Self-esteem Models. *Journal of Personality*, 1975, 43 (1): 127 - 135; Kernis M H, Cornell D P, Sun C R et al. There's More to Self-esteem than Whether It is High or Low: the Importance of Stability of Self-esteem. *Journal of Personality and Social Psychology*, 1993, 65 (6): 1190 - 1204; Kernis M H. The Role of Stability and Level of Self-esteem in Psychological Functioning. Baumeister R F

(Ed.). *Self- Esteem: The Puzzle of Low Self-Regard.* New York: Plenum Press, 1993. 167 - 182.

⑤Deci E L, Ryan R M. Human autonomy: The Basis for True Self-esteem. Kernis M H (Ed.). *Efficacy, agency, and self-esteem.* New York: Plenum, 1995. 31 - 49.

⑥康健. 生命之约——重读尼采［M］. 成都：四川人民出版社，1996.

⑦马克思恩格斯选集（第一卷）［M］. 北京：人民出版社，1972.

⑧⑨埃利奥特·阿伦森. 社会性动物［M］. 北京：新华出版社，2001.

⑩Elliot Aronson，等. 社会心理学［M］. 北京：中国轻工业出版社，2005.

⑪朱小蔓. 教育的问题与挑战［M］. 南京：南京师范大学出版社，2002.

（原载《教育研究》2006 年第 6 期）

全球化进程中青少年理想人格的培育

刘国强*

一、引言——知鱼之乐

《庄子·秋水》里有这样一则故事：

一次庄子和惠子在濠水的桥上漫步，庄子看见水中的鱼从容地游着，便说："鱼儿真快乐啊！"惠子便说："先生不是鱼，又怎么知道鱼儿是快乐的呢？"庄子便答说："先生又不是我，怎么知道我不知鱼儿的快乐呢？"惠子回答说："我不是先生，固然不知道先生了；同样，先生不是鱼儿，所以先生便不知道鱼儿是否快乐了。这是完全确定的结论。"庄子便说："请回到问题的开始吧！当先生问我怎么知道鱼儿快乐的时候，你已知道我已经知道鱼儿的快乐才问我，而事实上我的心知已经去到濠水中的鱼儿那里了。"①

惠子是先秦名家，相当于现代的逻辑家。逻辑家的理智思维，加上经验的实证态度，就是现代科学背后的精神。这种理智的精神重从外观察，重分析，重分别，所以惠子首先看到庄子与鱼是两个独立的个体，既然是两个独立的个体，便互相外在，故庄子不是鱼，鱼也不是庄子，那么庄子又如何知道完全独立于他身外的鱼是否快乐呢？从惠子的角度看，庄子说"鱼儿真快乐"，便很值得怀疑。故惠子同意自己不知庄子是否知鱼的快乐，因惠子与庄子又是两个不同的个体，而由这一逻辑推论，庄子也无法知鱼的快乐。在惠子看来，这推论是完全明确的。

---

* 刘国强，香港中文大学教育学院教授。

最后庄子的回答则指出了，当惠子问他如何知道鱼是快乐的时候，其实惠子已经知道他的心知才发问的，而他的心知事实上已到濠水上了。

庄子、惠子谁对谁错？庄子是知鱼抑不知鱼？问题的答案透露了本文所要得出的结论。

二、本文的主旨

当前全球化的发展所引发的各种问题，尤其是教育问题，正是西方文化传统，尤其是英美传统的理智主义的偏向发展所致。全球化的出现，是人类科学技术进一步发展的结果，也是资本主义发展的结果。而科学技术与资本主义市场经济的背后，正是一种理智分析、计算的精神。要看到中国青少年理想人格培养的正途，必须进行深度的文化反省，以反映青少年全人格发展的重要性。重视青少年全人格的发展，似俾之无甚高论，然却需了解中国传统文化可补西方理智主义文化之偏弊的功能。

这样说并非要否定科学，或认为经济发展不重要。科学是十分重要的，经济发展也十分重要。中国传统文化也有不足之处，过去对科学与经济及财富都重视不够，而这些由理智心开显的成就，确实带来现实的硬实力，不重视、不发展，只有挨打的分儿。但今天我们重视理智心、重视科学与经济及财富，却不应摆往另一极端，只羡慕西方而丢掉自家传统的宝藏。

下面我们将探讨当前全球化进程中所发生的变化及教育问题，剖析西方文化重理智的弊端，最后从庄子惠子“知鱼之乐”之争的辨析中，点出当前西方文化尤其英美文化的弊病，并以此确立我们应该培养怎样的青少年理想人格。

三、全球化及其带来的经济、政治与社会变化

自从上个世纪90年代以来，“全球化”越来越成为众多学术领域探讨的中心课题，对全球化现象的说明、分析，众说纷纭。归纳来说，全球化的出现，是建基于人类科学技术的发展，尤其是信息技术的发展。互联网的出现，使知识与信息在瞬间传递到地球的各个角落。信息全球化以及航运科技的发展大幅增加了全球人口的流动与物流业的发展。而贸易与金融的全球化，同时依赖于经济理论与市场的“无形的手”的自动调节以及各国日渐达成的关税协议。

总体而言，目前全球化的进程，只达到信息与知识的全球化，以及贸易与金融的经济全球化，至于政治、宗教、文化与价值观的全球化，目前仍言之尚早。但由于信息与金融和贸易的全球化以及全球人口流动与移民潮的增加，势必难以阻挡世界各地的宗教、文化及价值观的接触、交流与碰撞，同时也会引致更多争端乃至冲突。如何通过国际机构，设立规则，疏导这些层面上的矛盾对立，也是全球化当有的发展内容。较长远而言，教育将担负起重大的责任——使不同国家、不同宗教信仰、不同文化人群增进了解、欣赏乃至融合，如此，全球化才能真正实现其应有之意。

在经济上，全球化体现为知识型的经济，以服务行业为主导。在经济的全球化发展中，世界涌现了越来越多的跨国企业。跨国企业是以利润为目标，一方面招揽各国人才，一方面为求降低成本，把生产线迁移到工人与厂房成本低的发展中国家。金融市场亦因全球化而急速发展，投资者可以通过投资公司或网络平台参与世界金融市场的买卖。他们只要按动手上的计算机键盘便可以轻易地进行投资买卖，成为费特曼（Friedman）所描绘的“长角牛”或“短角牛”的“电子游牧族”投资者。[1]93-119

在政治上，国家的主权亦因跨国公司的主权的超然而减弱，以至于国家在制定政策时不能不考虑跨国集团的利益。而跨国企业的管理层往往只对企业的大股东或股东们负责，从盈利的角度来考虑问题。跨国公司可以超越甚至完全不理会企业所在地的人们的意愿与利益。跨国公司的管理层不是由选举产生，但他们的决策却影响着所在地的政府与人民的利益，由此可以看到，民主政治受到了削弱。另外，在全球化时代，不论朋友或敌人，都成为自己的竞争者。[1]11

在社会方面，全球化表现为“后工业型的社会”[2]，是一个知识型的社会。知识与信息的迅速获取与创造是决胜千里的关键。计算机、互联网、传真机、银行的 ATM、电子邮件，成为大众生活不可缺少的部分。越来越多的工作，打破了定时定点的限制。人们可以通过计算机及互联网工作、阅读、购物、付款以及娱乐。全球化使世界各地人们在吃、喝、玩、乐等趋向同一化。正如 Menon 所指出的，人们可以开始看到，由市场社会冒起的一个在衣着、时尚、饮食、性态度等的全球化的同质文化的出现。这个文化从多方面看都是无根的。这个冒升起来的潮流是建基于金钱经济的价值系统，结果是趋向于不能被满足的贪婪以及离开道德的自我膨胀的欲望。全球化同时带来时间、空间的压缩，也带来了“快餐式”的生活文化。人们自觉或不自觉地追赶效率，要求快速地完成更多的买卖、交易以及事务，生活步伐急促，人们普遍缺乏闲暇时间。

四、全球化带来教育上的转变

教育也产生了变化。现阶段的全球化所呈现的金钱价值与市场导向已渗透到教育领域，然而却未遇到有力的抵抗。Menon 明确指出，教育已被归约到像市场上的任何一种货品。[3]28 Mok &Currie 在反省香港教育时，也不约而同地指出，市场已悄悄地进入大学，较一二十年前更大地决定学者的生涯。[4]事实确实如此，教育的管治模式已在变化，市场的管理主义以及经济的理性主义已经支配着大学的管理与发展。

全球化时代的社会是后工业化的知识型社会，“知识即权力”，当前全球化的时代比以往任何时代显得更真实。越来越多国家的政府意识到成功的教育对市场竞争的重要，为适应市场竞争推行教育改革此起彼伏，“追求卓越”的号角由西方响彻到东方。“终身学习”与“学习社会”等口号或名词也常被强调。②而所谓“卓越”，似乎只侧重于知识与能力的追求，教育管治者的管理主义往往希望寻求共同的清楚的量化标准以量度“卓越”。这对人文学科如宗教、哲学、文学、艺术等科目不完全只看知识、能力以及不可完全量化的优越内涵，显得不公平。在科学及实用主义主导的时代，人文学科普遍不受重视，而且日渐被边缘化。在学校，尤其是大学校园里，教与学都倾斜于现实社会需要，出路更佳的学科，如工商管理、电子工程、金融、法律、医学等科目，最为吃香。但人文学科的发展及其在大学校园和社会所形成的氛围，对大学生的人格形成，对社会公民的素质的提升，都有意想不到的效果，然而今天大学校长与大学的管理层似乎并不重视这些较费时间而又不能立竿见影的事情。

五、全球化在现阶段所引发的青少年教育问题

从好的方面看，全球化带来了世界贸易的大幅增加，财富急剧增加，同时也促进了各地人们的相互交流以及不同货物的流通与资源的开发利用与互补，也促使知识、科学及技术的传播与转移。人们可以根据不同学科、不同兴趣，通过互联网在世界各地找到同道，看似可以生活于一个更多姿多彩的世界。

然而，从坏的方面看，现阶段的全球化带来不少问题。人们必须对相关的

问题警觉与注视，否则问题的积压与加深，将可引发灾难性的后果。尤其是在教育上所引发的问题，可以影响到以后数代人的存在方式以及他们的祸福。

就教育而言，最显明不过的是全球化带来信息的极速传播，“信息爆炸”较工业化时代更甚。青年人面对一浪接一浪的讯息，若缺乏分析能力，无法分辨知识的真假，可能会被轰炸式信息牵着意识走，心灵没有了独立性，也没有了空间——没有虚灵③，生不出智慧。伦敦国学学院的研究人员最近做了一项对青少年智力状况的研究，对 800 名 13—14 岁的青少年进行智力测试，发现当今 14 岁的青少年对容量、密度、数量及体重等抽象科学概念的理解能力，仅及 32 年前的 12 岁儿童。负责研究的应用心理学教授沙尔（Michael Shayer）指出，青少年智力下降的问题，在过去 10—15 年开始浮现。④教育者应该清楚，“有信息不等于有知识，有知识亦不等于有智能”。如果培养学子的智慧仍然是教育的一个重要目标，现在信息泛滥，则对青年人智慧的培养很不利。现在的青年人，较过去所有时代的青年人，知识都多了，好像更聪明了，但知识不等于智慧。加上西方过度地讲个人主义、自由主义，人聪明了，也只是“为个人谋”的工具理性的增长，视野不一定扩大，智慧不一定增加。

而且信息来得如此容易，使得青年人变得懒惰。事实上，只有努力耕耘，困心衡虑所把握的真理，才会使人刻骨铭心。现在大学的教授们常常发现学生的论文作业所引述的，不少来自互联网资料，甚至剽窃互联网上的论文。

再者，互联网上的讯息，不仅有错误的，而且更有大量色情以至邪恶的信息，对青少年贻害甚大。青少年沉迷这些信息，人格变得扭曲。年青人是好模仿的，某个地方发生的怪异行为抑或自杀或杀人的行为，经过新闻、网络，很快便传遍世界各地，政府部门要注意控制删除。近日来在西方便有这些杀人后自杀的，并把过程拍摄上网，一宗还不够，跟着是另一宗，像是模仿前一宗，这多少反映了当事人的意义失落与虚无心态。青年人包括大学生，自小没有良好的价值教育、道德教育，在大都市远离大自然的环境，生活紧张、读书竞争激烈与考试紧张，都使青年人染上了意义失落与虚无心态。“闪的一族”出现也多是青年人参与，背后除了有趣和发泄外，也有一种虚无主义的心态。大学里人文学科边缘化，虽然计算机知识与技术很好，其他知识也不少，却掩藏不了现代人心灵深处的孤寂、无奈与意义失落。

由此，互联网也经常成为意义失落的青年人的逃避所。Menon 指出，不幸的是，各种极度商业化的不真实的逃避主义者的娱乐方式通过视像媒体兴起。

这些商业化的娱乐目标是制造消费主义。[3]30“确实如此，全球化经济先行，市场导向的商业社会对青年人鼓吹的是一种消费主义的观念。消费主义使地球的资源极度浪费，环境遭到无节制破坏，这将对后代带来大灾难。而我们却没有对中小学生以及大学生加强这方面的教育，但在中国传统的儒、道文化中，皆有重视与自然和谐相处，爱物惜物与节俭之教。

六、判症——目前的全球化是西方理智主义与资本主义的极度发展

事实上，从上古以来，人类已有要求统一或全球化的理想。中国的《礼记·礼运》中已记录了孔子的大同社会的理想，“大道之行也，天下为公”。西方基督教与伊斯兰教都追求人类在上帝或真主下统一，都是兄弟姐妹。马克思的共产主义，也是要超越国家建立一个大同社会。现阶段的全球化，是因为科技的发展而带来的经济与信息的全球化，以及人类生活表层的吃喝玩乐形式的趋于普同化——至少是一种全球共通形式。现阶段的全球化距离真正的全球化还很远。真正的全球化必须是政治、宗教、文化、道德的相互融通，即多元而又能融合，不同国家的人们、不同族群的文化能相互沟通、相互了解、相互包容，肯定彼此的价值，最终达到相互欣赏。到达这一阶段，路途仍然遥远。

目前全球化似乎带来经济、政治、社会与教育上的不少转变，但如果我们从文化与价值取向的角度看，目前全球化阶段与18世纪下半叶西方科学技术文明的突飞猛进以及工业社会的出现，并无本质的转变。西方兴起的工业文明以及资本主义社会，基本是西方文明重智取向的结果，或者说是理智主义发展的结果。这种理智主义，重视经验验证，重视外在观察分析，重视数量化、客观化的思路，使宗教、道德、美感成为次真实的东西，带来了宗教、道德与人存在主体性的低落与丧失。西方文化，尤其是英美的经验主义与实证主义、实用主义与功用主义，在看到科学技术及理智之重要的同时，却偏向发展，只从理智主义看世界，即只以理智模式把握的对象视为真实存在。于是由英国经验主义者休谟所提出的事实与价值分离——从事实无法推出应然⑤，到20世纪20—30年代的逻辑实证论哲学，明确以一切道德的、美感的与宗教的判断或命题，皆没有认知的事实意义，而只具有主观的情绪或情感意义。由尼采在19世纪末呐喊“上帝已死”，表达了西方工业化社会的人丧失了意义与价值的根源。到

20世纪上半叶，存在主义者萨特与加缪体验着人存在面对“空无”的怖栗，继续着这种意义失落后的呐喊。

韦伯也批判工业化带来的现代化社会，是工具理性独彰的社会，目的理性不彰，人被困在工具理性所造成的铁笼中，实际上是失去了真正的自由。

俄罗斯社会学家Sorokin在1941年发表的《我们时代的危机》一书中，为西方文化判症，指出西方文化是一感官文化，而感官文化是受着经验主义、实用主义、工具主义、逻辑实证论、运作主义所支配，真理的标准只由感官决定。而这种感官文化正在走向腐烂与败亡。

现在回到本文开始时所说的故事。

惠子的问题，正是从理智的角度、认知的角度看待事物，他无法像庄子般能够肯定鱼儿的快乐。由于理智或认知的原因，惠子只看到庄子与鱼儿是分别的个体，如果看到整体，也只是外在排列组合而成的整体，无法建立真正的内在联系。庄子以“观照心”⑥或“美感心”所把握的“真实”，与惠子用“认知心”或“理智心”所把握的“真实”不同。当庄子说“鱼儿真快乐”的时候，庄子与鱼儿在“观照心”下融合为一，已没有了主客的对立。庄子与鱼儿当下即非外在而是内在的统一，当下的鱼儿不能离开庄子来看，当下的庄子也不能离开鱼儿来把握。庄子与鱼儿以及整个存在背景便构成一个整体，这一整体是融合的整体、和谐的整体，是创生地形成当下美感及情趣的“意境”，此“意境”即真实。但若人只以惠子的“理智心”“认知心”看事物，是无法“看”到庄子所体验的真实，亦无法“看”到儒家所强调的“道德心”所体验到的“义”的真实。笔者在《二十一世纪素质教育之概念及其理论基础——中国哲学中的资源》中，曾简要论述心灵的不同运用而表现为不同的心，可分为“认知心”“道德心”“观照心”。西方文化偏重表现“认知心”，儒家偏重表现“道德心”，道家偏重表现“观照心”。各“心”所见之“真实”不同。人应平衡培养各种“心”，如此才有健康全人的发展。

当前全球化在西方英美文化主导下的弊病，是人类心灵片面发展所致，也就是说，是心灵的“理智心”极度运用所致。心灵的“道德心”“美感心”未被充分运用、发展，人们只追求由“认知心”所见的对象为真实，“道德心”所见的道德世界、道德价值，即中国传统所见的“义道”，以及由“观照心”(亦可称为“美感心”)所见的美感的世界，都不被视为客观真实，而只具主观的意义。所以不难看出，现代人的世界是对象的世界、物理的世界、感官的世界、实用的世界、主客对立的世界、量化的世界。不能说这些世界不真实，而是真实的世界不限于这些世界。“理智心”所见的真实，并非全部真实。“理智心”所见的世界只是一个狭窄的世界。Stace 在《宗教与现代心灵》一书中指出，现代人心灵是 17 世纪科学的产物，科学所发现的是一个不在乎人的价值的自然世界——一个非道德的世界。Stace 批评说，为什么要假定科学是一切事物的钥匙？在科学领域外就不可以有某些真实存在吗？

当今世界是“情识心”（感官气性引发的心）牵引“理智心”主宰世情的时代，是“道德心”与“美感心”虚弱的时代，主要体现实用价值、感官价值，是一个价值失落的时代。“道德心”与“美感心”未受到认真的对待及培育，由“道德心”及“美感心”所见的世界变成由“理智心”来把握的知见，没有主体存在的体验体证，在“理智心”的知见下，“义”与“美”都不成为真实。

“理智心”是无法建立价值的，因此人的感官快乐，本能欲望的满足，成为人生目的，寻求各种手段以达到感官满足，这便是“情识心”牵引“理智心”。但这种感官目的是短暂的、虚幻的，物引物，欲望无穷，只会引出更多不安与痛苦。

七、全球化时代青少年理想人格的培养

任何社会，青少年都是社会与国家未来的主人，在全球化的新时代，应该培养怎样的青少年？怎样建构他们的人格呢？

根据前文对当前全球化本质的分析，全球化背后的市场主义及其西方理智主义的文化偏向，渗透于教育，主导教育的发展，是对教育的本义的重大危害。教育固然可以有促进经济的发展、为经济以及市场培养专业人才的功能，但如果不了解教育目的与功能本末先后之分别，只看到市场竞争及竞争胜出，把复杂的教育看成可以片面发展的单向目标，最后培养出一些单向片面发展的学生人格，或许可以使市场活跃兴旺一时，但稍长时间亦因学生欠缺健康及全面发展的人格，如欠缺道德意识，欠缺欣赏不同性格、不同能力以及社会上不同贡献、实现不同价值的人与事，引起机构中或社会中的矛盾。当前的金融海啸正是因为银行界、金融界的贪婪心理，为了赚取更多利润，过度发展金融市场的衍生工具，大大超越了银行或企业的实际资产，最后引起一发不可收拾的金融

危机。

近二百年，英美先后成为超强大国，英美文化主导着世界。英美文化就是经验主义、实用主义、功用主义、逻辑实证论、分析哲学、科学物理主义、新实在论所形成的理智主义取向的文化。以儒家为主流的中国文化，是一种人文主义，重道德，主张超越自我中心，以扩充人的自觉心，既重视科学认知的经验世界、物质世界，也重视人内在体验到的价值世界、意义世界，是一种和而不同，互相尊重，能充分利用不同而达到互补，共生共荣的文化。

因此，在当前全球化进程下，我们应看到，当前西方英美主流文化理智主义偏向的不足，不要只看到中国百多年来的积弱与西方的强大，而需了解中国文化在全球化进程的拨乱反正中有其补正西方文化偏向发展的作用，切勿抛弃自家的文化。我们对青少年学生的理想人格的培养，应保留传统的教育目标，重视青少年人格的全面发展，重视德、智、体、群、美全面的培育，使青少年具有健康的体魄、良好的品德、做人处世的智慧、合群和谐的性格以及审美能力。归纳来说，就是能扩充仁心，肯定与体验不同价值，使心灵不至于偏向发展。教育应充分培养他们各种不同心灵的运用与表现，除了"认知心"，也要培养他们时常运用"道德心""美感心"，能够处处赞叹、欣赏自然界以及人伦世界的美，由此而发现更多的真善美价值，以"道德心""观照心""认知心"主导人的感官与本能，使人之物质身体的存在也成为有实现理想人格，实现各种价值的意义。

注释：

①庄子与惠子游于濠梁之上。庄子曰："鱼出游从容，是鱼乐也。"惠子曰："子非鱼，安知鱼之乐？"庄子曰："子非我，安知我不知鱼之乐？"惠子曰："我非子，固不知子矣；子固非鱼也，子之不知鱼之乐，全矣。"庄子曰："请循其本，子曰'汝安知鱼乐'云者，既已知吾知之而问我，我知之濠上也。"（《庄子·秋水》）

②全球化与信息流通，使不同国家、不同文化的人，增加了流动与接触，误解以及矛盾冲突也增加了，多元文化教育成为跨文化理应成为通识教育的一门。

③庄子了解能虚才能有智慧，庄子所谓"虚室生白"，故上接"心斋""坐忘"。

④转引自香港《明报》2008 年 10 月 28 日。

⑤也就是有名的"事实与应然"问题。

⑥当代另一位新儒家徐复观先生在其《中国之艺术精神》中表明，中国之艺术精神源自庄子所说的"观照心"。

参考书目：

［1］Friedman. *The Lexus and Olive Tree*［M］. New York：Farrar，Straus & Giroux，2000.

［2］Bell. *The Coming of Post-industrial Society*：*A Venture in Social Forecasting*［M］. New York：Basic Book，1973：18－20.

［3］Menon. *Globalization and Education-on Overview*［M］//Globalization and Education. Berlin. New York，Walter de Gruyter Gmblt，2007.

［4］Mok & Currie. *Globalization and Education Reflections on the Impact of Globalization on Educational Restructuring in Hong Kong*［M］. Hong Kong：Hong Kong University Press，2002：259－277.

（原载《中国德育》2009年第10期）

中学心理健康教育现状分析

——基于对广西、河南两区省的调查

林丹华　陈露茜　姚梦丽*

一、调查目的与方法

随着素质教育的不断发展与深入，心理健康教育已逐渐成为中小学教育实践中最重要的环节之一。不久前公布的《国家中长期教育改革与发展规划纲要(2010—2020年)》再次强调了学校德育和心理健康教育在教育发展中的重要地位与作用，提高心理健康的质量和实效性之势在必行。为了更全面地了解中学心理健康教育的基本状况和特点，从中发现问题和不足，并为有效推进学校心理健康教育提供对策，我们对广西和河南两省进行了调查。

本次调查以问卷调查为主，个体访谈为辅，对广西和河南两省进行抽样调查，每所学校随机抽取一个教学班发放问卷。共抽取两区省初二、初三、高二和高三的学生共947人作为调查对象，其中男女比例为1.2：1，城市与县城（含农村）的比例为2：1，所有学生的年龄在13—20岁，平均年龄为16.79±1.03。此外，我们还抽取了24位教师作为调查对象，其中包括心理健康教育教师12名，班主任8名，普通任课老师4名。

问卷调查旨在了解中学生和教师对本校心理健康教育开展状况的认识，内容主要涉及学校心理健康教育各种活动（如心理讲座、心理健康教育课程、心理咨询室、个体与团体辅导活动)、心理健康教育师资和心理健康教育工作的困难等方

---

* 林丹华，北京师范大学发展心理研究所副教授；陈露茜，北京师范大学心理学院本科生；姚梦丽，北京师范大学心理学院本科生。

面。在此基础上，我们又通过访谈教师，具体、深入地了解学校心理健康教育开展中所遇到的困难和问题，以更全面、客观地了解中学心理健康教育现状。

二、调查结果与分析

（一）中学心理健康教育活动形式多样，九成学校开设了心理咨询室

90.9%的学生报告他们的学校开展了各种形式的心理健康教育活动，这些活动呈现出多样性的特点。其中，主要开展的心理健康教育活动包括开设心理咨询室（73.3%）、面向学生或教师的心理讲座（58.5%）、心理健康教育课（57.7%）、个别咨询（46.6%）和团体咨询和训练（46.5%）。另外，心理健康教育知识宣传活动（37.9%）、心理测评（21.3%）、学科教学中渗透心理健康教育（17.9%）和开设心理热线（11.6%）也逐渐成为主要的心理教育活动形式。其他的心理健康教育活动形式包括建立学生心理档案（6.5%）和家长培训（3.3%）等。但需要引起关注的是，9.1%的学生报告他们学校没有开展以上的任何活动。

（二）逾五成学校开设过心理讲座，但开设频率较低

58.5%的学生报告学校开展过各种心理讲座，但他们同时也反映讲座开展的频率不高、效果不明显等问题。在报告学校开展过心理讲座的学生中，只有3.2%的学生报告学校“经常开展”心理讲座，绝大部分的学生报告“偶尔开展”（96.8%）。同时，28.9%的学生认为心理讲座作用比较大，43.4%的学生认为效果一般，27.7%的学生认为作用非常小或几乎无作用。

同时，学生所喜爱的讲座内容范围比较广。在报告学校开展了心理讲座的学生中，有关学习方面的讲座受到了半数以上学生的喜爱，如63.9%的学生选择了学习和考试压力的缓解，57.8%选择了学习兴趣和习惯的培养，54.4%选择了自信心的提升，喜欢学习、生活技能培养的学生占到了50.6%。学生喜欢的讲座内容还包括同伴交往技能（48.8%）、青春期情感问题（44.1%）、突发事件或伤害事件的自我保护（42.3%）、与家长的沟通技能（33.3%）、师生关系的改善（24.9%）、正确对待网络（18.2%）以及吸烟饮酒吸毒等问题行为的预防教育（13.4%）等。

（三）开设心理健康课的学校不足六成，其中定期开课者不足四成

心理健康教育课的开设情况并不乐观，仅有57.7%的学生报告学校开设了

心理健康课程。在报告开设有心理健康课的学生中，33.1%的学生报告他们每学期仅上一次心理课，15.4%的学生报告半学期上一次，13.4%的学生报告每月上一次，只有38.1%的学生报告他们隔周或每周上一次心理健康教育课。同时，仅一半的学生（56%）报告学校设置了单独的心理健康教育课时，28.2%和4.6%的学生报告他们学校利用班会和思想政治课的时间开展心理健康教育课。可见，中学心理健康教育课程的设置需要进一步常规化。

在心理健康教育教材方面，70.8%的教师报告学校使用了各种类型的教材。其中，52.9%的教师报告使用的是正式出版的教材，17.7%报告使用学校自编的校本教材，29.4%的教师报告同时使用正式出版的教材和自编教材。

（四）逾七成学校设立心理咨询室，但近五成学生不知开放时间或不加利用

本次调查的30所学校中，22所学校（73.3%）报告开设了心理咨询室。在这些学校中，76.8%的学生报告“学校开设有心理咨询室”，23.2%的学生并不知道学校是否有心理咨询室或认为学校无心理咨询室。可见，学校心理咨询室在学生中的知晓度有待进一步提高。

在报告学校开设心理咨询室的学生中，46.4%的学生不知道学校心理咨询室的开放时间，2.9%和11.6%的学生认为心理咨询室“基本不开放”或“不是每天开放”。小部分学生报告了每天的开放时间，9.4%的学生认为咨询室每天开放1—2小时，5.6%和9.4%的学生报告每天开放3—4小时和5—8小时，14.7%的学生报告心理咨询室全天开放。

同时，在报告学校开设心理咨询室的学生中，有相当一部分学生（52.8%）报告在遇到困难时，不会到心理咨询室寻求帮助，47.8%的学生认为同学在遇到困难时不会选择到心理咨询室寻求帮助。其原因包括：心理健康教育教师帮不了自己（30.2%）、自己没有时间去咨询室（27.9%）、认为只有心理有问题的人才去咨询室（19.0%）、顾虑同伴压力（16%）、不了解咨询室（7.8%）、咨询室不开放（4.5%）以及不喜欢咨询室的老师（3.2%）等。

总体而言，21.6%的学生认为学校心理咨询室作用比较大或作用非常大，56.6%的学生认为作用比较小，还有21.8%认为完全无作用或基本无作用。

（五）不足五成的学校开展过个别心理辅导和团体辅导

46.6%的学生报告学校开展过个别心理辅导，个别辅导的主要形式包括一对一的现场咨询（61.0%）、信件咨询（26.5%）、电话热线咨询（16.9%）和网络咨询（12.3%）等。

开展个别心理辅导的教师主要为学校心理健康教育教师（58.4%）和班主任（29.5%），还有小部分学校的德育副校长或德育主任（10.0%）、外请专家（5.2%）和团干部（2.0%）也参与到个体心理辅导中，另3.9%的学生报告他们学校的个别心理辅导教师为体育老师、思想政治课老师、音乐老师或实习大学生等。

同时，46.5%的学生报告学校开展过团体辅导。在已开展团体辅导的学校中，团体活动的内容以考前心理适应团体（46.6%）为主，其他内容还包括团体合作训练（28.2%）、自信训练团体（19.1%）、改善问题行为团体（15.7%）、抗挫折团体（14.8%）、交往技能团体（14.5%）和亲子沟通团体（10.9%）等，另5.9%的学生报告学校还开展了其他内容的团体辅导活动。

（六）由专职心理健康工作者开展心理健康教育的学校不足四成

在报告开展了心理健康教育的学校中，学生报告心理健康教育的主要开展者为学校心理健康教育教师（39.2%）和外请心理专家（21.4%）。其他开展者还包括班主任（17.8%）、德育处主任或老师（10.0%）、课任教师（9.9%）、校医（1.9%）和团干部（1.5%）等，但他们在心理健康教育工作中所占的比例较低，可以看出心理健康教育并没有得到全方位的发展。

（七）逾四分之一的学生认为学校心理健康教育工作情况不佳

调查发现，在对学校开展心理健康教育的总体评价上，只有17.4%的学生认为他们学校心理健康教育的开展情况较好或非常好，56.5%的学生认为开展情况一般，另26.1%的学生认为开展情况不佳。学生认为学校心理健康教育开展状况不佳的原因很多，主要包括领导不重视（44.0%）、学校缺乏心理健康教育意识（37.7%）以及没有时间开展（36.4%）。另外，心理教师专业知识不足（11.7%）和教师能力不足（9.1%）也是阻碍心理健康教育顺利开展的原因之一。

（八）近七成教师认为学校开展心理健康教育难在职称评定

同时，在教师群体看来，学校心理健康教育存在的主要困难包括缺乏领导重视和学校的支持保障、心理教师的待遇和职称评定等诸方面。其中，近七成的教师报告心理教师职称评定困难（69.6%）和学校对心理教育的资金投入太少（65.2%），47.8%的教师认为心理健康教育教师缺少进修和培训的机会，

30.4%的教师报告领导不够重视、硬件条件差、心理健康工作只是应付检查未能真正附诸实践等，其他的困难还包括心理健康教育教师承受压力大（27.2%）、难得到支持和配合（26.1%）、心理教师专业知识欠缺（17.4%）和缺乏专业的心理教师（8.6%）等。

（九）约一成学校未开展过任何心理健康教育，领导不重视是首选原因

本次调查中有9.1%的学生报告“学校未开展任何心理健康教育”，他们认为学校未开展心理健康教育的原因表现在多个方面，其中突出的原因包括学校领导不重视（53.8%）、教学任务太重导致没有时间开展心理教育（37.8%）、上级教育部门领导不重视（34.1%）、没有受过专业训练的老师可以胜任这份工作（29.7%）、心理健康教育不过是走走形式（25.3%）、学校没有条件开展心理健康教育（19.8%）、上级部门不要求开展心理健康教育（14.3%）以及学生的心理问题不严重（13.2%）等。

（十）逾六成学生认为心理健康教育有较大作用，过半数学生需要心理健康教育

尽管如此，学生对学校开展心理健康教育的需求和期望都很高，但同时对学校未来开展心理健康教育的可能性却并不乐观。64.4%的学生认为心理健康教育具有较大作用，54.4%的学生报告他们对心理健康教育的需求很大，然而只有10.3%的学生认为学校未来开展心理健康教育的可能性较大。可见，学生对心理健康教育的需求与未来展望之间存在着较大的差距，这也从一个侧面反映出当前中学心理健康教育存在着一定的困境。

三、结论与建议

（一）心理健康教育活动的深度和实效性不足，应引起重视

调查发现，当地学校的心理健康教育工作总体开展情况基本令人满意，大部分学校开展了多种形式的心理健康教育，不少学校领导、老师和学生都能意识到心理健康教育的重要性。尽管如此，当前学校心理健康教育仍存在诸多问题，突出表现为心理健康教育的实效性和长期性等问题。例如，尽管绝大多数学校开设了心理健康教育课程、心理咨询室、并且配备了专/兼职的心理健康教育教师，但还存在课程设置尚未常规化、心理咨询室的利用率较低、心理健康教育教师的师资水平有待进一步提高等问题。在一些尚未开展心理健康教育的学校中，大部分学生都认为心理健康教育具有较大作用同时对其需求也较大，但却认为未来学校开展心理健康教育的可能性很低，这种反差应引起我们的高度重视和思考。为此，教育行政部门应结合本地区学校的特点，鼓励有条件的学校先走一步，充分利用现有条件开展有特色、深入性的心理健康教育活动，将心理健康教育融入到学校教育的各个环节，切实推动心理健康工作朝着实效性的目标发展。同时为尚没有条件的学校创造一定的条件，帮助他们尽快建设和发展本校的心理健康教育体系。

（二）心理健康教育受到重视不足，可鼓励学校教师全员参与心理健康教育

本次问卷调查和访谈结果发现，目前很多老师仍然认为心理健康教育是心理健康教育教师的责任，班主任和其他学科任课老师的参与度较低，甚至有不少班主任老师对心理健康教育活动持着不正确的观念，认为心理健康教育活动不仅耽误学生的学习时间而且收效甚微，这在一定程度上对心理健康教育活动的开展起到了“阻碍”的作用。这种情况表明，目前学校心理健康教育尚未得到全体教师的重视。为此，各学校应高度关注心理健康教育作用的宣传，提升全体师生对心理健康教育的正确认识，使心理健康教育理念深入人心。学校应在此基础上了解广大教师开展心理健康教育中遇到的实际困难和问题，鼓励教师学会将心理健康教育融入到学科教学中，使心理教育活动真正贯穿于教育的各个环节之中，真正做到全员参与。

（三）心理健康教育师资力量较弱，应完善心理健康师资的培训和待遇等相关制度

心理健康教育师资是保障心理健康教育顺利进行的至关重要的条件之一。调查发现，广西、河南等地的中学心理健康教育师资队伍力量不足，主要体现在：第一，仍无法做到每所学校都配备一名专/兼职心理健康教育教师；第二，在部分学校，心理健康教育教师尚未成为心理健康教育活动的主要开展者；第三，学生对心理健康教育老师的喜爱程度与对心理教师能力的评价不高；第四，大部分心理健康教育教师认为自己缺少进修与培训的机会等。为此，应大力推动心理教师的选拔和培训工作，提高心理健康教育师资队伍的素质和专业水平，建立心理健康教育教师定期培训制度，明确心理健康教育教师的编制、职称和待遇，吸引高素质心理学专业人才，为学校心理健康教育的切实开展提供有力的师资保障。

（四）当前学校心理健康教育存在诸多困难，建议加强校内和校际的交流与合作

调查发现，心理教师在工作中遇到的主要困难体现在：第一，难以得到其他老师支持；第二，缺少同行交流；第三，缺少校际心理健康教育交流的机会。因此，一方面，应充分提升广大教师对心理健康教育重要性的认识，与心理教师密切合作形成教育的合力。另一方面，各级教育行政部门和学校应积极为专、兼职的心理教师建立校内外的交流平台，使教师们能够充分交流工作中遇到的各种问题以及解决问题的办法和途径，营造良好的交流、互助和支持的氛围，在共同的合作和努力中切实推动学校心理健康教育的顺利开展。

（原载《中国德育》2010 年第 10 期）

【儿童发展】

情境教育与德育

李吉林*

一、28 年趟出一条小路：情境教学—情境教育—情境课程

我从 1978 年开始探索情境教学，到现在整整 28 年了。当时的大背景是刚刚改革开放，国家百废待兴，教育工作者思考的是怎么跟上时代步伐。我作为一名小学教师，看到当时小学语文那种抽象、低效、单调的教学弊端，所以开始了情境教学的探索：通过创设情境，让语文教学和生活相通，把情感带进课堂，把儿童的认知活动和情感结合起来。我们这样做以后，确实收到了很好的效果。孩子很高兴，学习的热情被激发出来，这个过程中孩子是不知不觉地向着我们教育的目标走的。实验第二年，我把古代“意境说”用到了作文教学中，这是语文教学的难点。“意境说”强调境界，客观外物影响人的情感，情感又促发语言的活动。我用“意境说”把儿童带到客观世界，带到优选的场景中，为学生提供作文题材。这样孩子就有话可说，而且非常高兴去说。我们精选了二年级学生的作文《小学生观察日记选》，由江苏人民出版社出版。后来，《人民日报》也登了我们学生的作文，大报纸登了小学生的作文，这是我没想到的事。我们的作文教学之所以有好的效果，我想这是由于情境的美感给孩子带来愉悦。所以，我很快在阅读教学里开展审美教育的研究，使我们的阅读教育以美作为磁石，产生魅力，让语文教学活动变成审美活动。

在这些实践中，特别是在语言训练、作文、阅读教学中，我感到优选的情

* 李吉林，江苏情境教育研究所所长、江苏省特级教师。

境对儿童的情感、智慧的发展起着重要作用，所以我的探索又进了一步：通过情境教学促进儿童的整体发展。一轮做下来，我们75%的学生考取了省重点中学。我们学校是五年制，比人家少学一年，但是效果非常显著，成绩中等偏下的学生也考取了省重点中学。因为我在“文革”时期是“靠边站”的，所以这时候市委书记说我过了关，觉得我搞实验不是标新立异，而是真的对孩子有益。在这个过程中，我自己有什么心得就写下来。那时候没有评职称的要求，也没想到要写什么论著，没有这种奢望。时代给了我非常好的机遇，我觉得要抓住它。那时候年纪轻，1978 年的时候我四十出头，做了就写，这一轮实验结束前，我总结了情境教学为什么能够促进儿童的发展。

情境教学的原则可以总结为五条。第一，以培养兴趣为前提，诱发主动性。现在我们也强调主体，但主动性没有激发出来就谈不上主体，小学生的主体性培养要以兴趣为前提。第二，以指导观察为基础，强化感受性。教育应该和生活相通，儿童的许多认识是在感受的基础上产生的，所以应该让孩子看得到、听得到、摸得到。当然，不是不要间接经验，但直接经验对儿童来讲尤为重要。第三，以发展思维为核心，着眼创造性。这是受到古代文论的影响，文论当中强调广远的意境，所以情境的创设为儿童思维的发展提供了一个宽阔的想象空间，凭借想象，视通万里，神与物游，这是非常广远、美妙的意境。所以，我们从学生一年级开始就设计想象的作业和训练，在阅读当中安排想象性说话，只有培养儿童的想象力才能激发他潜在的创造力。第四，以培养情感为动因，渗透教育性。孩子是非常容易动情的，而且儿童的情感是非常纯真的。我们的教育是伴随着情感进行的，特别是道德教育，没有道德情感，道德行为不会持久。第五，以训练语言为手段，贯穿实践性。这是从学科角度来说，现在“课标”中并不强调训练，强调的是实践活动，因为单项习题性训练是背离儿童心理的。我们的训练是以生活为基础、为材料的，它是以感知为媒介的，所以我们的训练不是无病呻吟，而是有感而发。20 世纪 80 年代初期（现在也有这样的情况），教师往往是把训练压在课后，我觉得训练应该贯穿在整个教学过程当中，是以儿童主体活动推进教学过程。后来我以这五条作为情境教学的原则，我觉得这五条是站得住脚的，而且与新课程标准的理念也是相契合的。

语文教学是这样，其他学科呢？哪个学科不要“诱发主动性、强化感受性、着眼创造性、渗透教育性、贯穿实践性”呢？反思之后，我产生一个想法，也可以说是顿悟：这五条不仅适用于小学语文，对小学其他各科都是适用的。接下来我们就开始进行整体改革的实验，12年以后，1990年，情境教学发展为情境教育，从语文单科发展到其他学科，从课内拓展到课外，以至家庭和社会。情境教育是在单科实验的基础上，顺其自然地发展到整个小学教育的。

从情境教育到现在，又是16年过去了，现在我们的侧重点是情境课程的开发和研究。课程开发是在情境教学、情境教育的探索过程中形成的，而不是在完成情境教学、情境教育实验之后才开发的。比如，在1978年，我教一年级语文的时候觉得仅靠一本薄薄的语文教科书要孩子学好语文是不可能的，所以我就开始编补充教材。我想用经典作品影响儿童，所以到二年级就有名家的东西走进课堂，冰心、茅盾、巴金的作品都可以在我的补充教材里找到。那时没有打字机、电脑，我就用钢板、铁笔自己刻写。这些孩子五年学下来，拿到了10本油印的补充材料。以现在的眼光看，这些材料补教材之不足，增加了儿童的语言积累，培养了阅读兴趣，是最早的课程开发。

再比如，我带孩子进行野外教育。野外教育不是我的发明，孔子授课有时就在杏坛之上、大树之下，苏霍姆林斯基的“蓝天下的学校”给我的影响更深。1980年我到日本考察，看到了日本的野外教育中心，孩子要在那里住宿，自己要学着烧饭，学着父母那样到山上劈柴，到海滩堆沙器，通过这些活动培养孩子的动手能力和想象力。更主要的是我自己和孩子接触当中的体会：孩子的发展与对周围世界的认识是紧密相连的。加之，中国古代文论中提到的“情以物迁”（客观外物对儿童的影响）、“辞以情发”的论说。这些因素综合起来，使我在1978年就开始了野外教育的尝试：以大自然为背景，让孩子投入到大自然的怀抱中去。这里举一例来说明：记得孩子们上三年级的时候，我在秋天的晚上带孩子去看月亮。我觉得秋夜看月亮非常好、非常美，孩子有话可说，让孩子把观察和想象结合起来，把观察和思维结合起来。我选的时间是在八月中秋，地点是在河边。头一天，月亮升起来的时间是7点40分，观察当天7点钟我们在学校集合出发，路上有一个最小的孩子说：“李老师，我们快点走，月亮公公在河那边等着我们呢。”我听了心里一阵激动，在孩子心里月亮是可以和他对话的，星星、月亮在孩子心目中是人格化的。我说：“好，快点走。”到了河边，孩子们都等着。不多一会儿就有孩子喊起来：“李老师，月亮升起来了！”我长这么大，还真第一次看月亮是怎么升起来的：通红通红的，真的就像日出那样。我说：“孩子们，你们说说，月亮是怎么升起来的？看着眼前的情景去说话。”孩子们美美地说，“月亮慢慢升起来”，“月亮通红通红的，像个大灯笼”，

“李老师，天边的树枝伸出长长的手臂，把月亮托起来了”。我们成人真比不上孩子，伸出手臂把月亮“托”起来了，多么鲜明生动的一个动词。我真是很开心。月到中天，我又说：“孩子们，抬头看看月亮，你们看到月亮上有什么？你们想到了什么？”孩子们说，“看到了桂花树”，“看到了嫦娥姐姐”。我说：“你怎么知道是嫦娥姐姐？”“我听我奶奶讲的。”有的孩子说：“李老师，他说错了，月亮上没有嫦娥和吴刚，那是环形山。”神话和科学交融在一起，我非常高兴。我说：“××小朋友讲的是对的，那是环形山，我们小朋友还知道这样的神话故事，在我们想象中月亮是那样那样美。”月光下，我拉起手风琴，孩子们看着月亮，唱起一首朝鲜的童谣：“皎洁的圆月亮，银盘般的圆月亮，你可愿意和我玩有趣的捉迷藏，你啊，满脸含着微笑，躲在云里哪一方。”一阵风吹来，水中月亮的倒影被摇碎了。这时，我教孩子柯岩的一首诗——《水中的圆月亮》，我们可以感受到诗情画意。在这个过程中，孩子得到的是什么呢？仅仅是赏月吗？不是，他们的思维在积极活动，他们的想象展开了，古代的文化，大自然的美，音乐、艺术的影响全部交融在一起。教育应该是综合的，这些因素是以整体的方式作用于儿童的心理。在晚风中，我和孩子们开心得不得了。家长来接孩子，孩子们都不肯走，说：“李老师，我们再玩一会儿吧。”什么叫流连忘返，我有了非常真实的感受。第二天我们到学校写作文，就是《秋夜看月亮》。我们的野外教育非常丰富多彩，是美的。我们的野外教育，在某种意义上是为儿童的综合性学习、研究性学习提供了生动场景。孩子掌握的知识不多，怎么让他研究，这里一定需要情境。比如：我们在课堂上教《小蝌蚪找妈妈》，这是一篇科学童话，这篇童话告诉孩子们小蝌蚪是怎么变成青蛙的。上完课我们要让孩子写一篇说明文，老师就对孩子说：“现在你就是小生物学家，你向大家介绍小蝌蚪怎么变成青蛙。”要把童话的载体去掉，抽象出“小蝌蚪怎么变成青蛙”这一知识，为了让儿童快乐学习，就需要一个平台、一个载体、一个情境，这就是一项研究性学习。只说“现在我们来研究青蛙”，孩子们是没有兴趣的。

数学的情境教育有些难度，因为它是抽象的，刚开始我们的认识也没有现在完整。探索过程中我们感觉到数学也是在情境中产生的，因此理所当然也应和生活相通，应该让儿童在身边发现数学。比如学百分数，就让孩子扮演角色。有的孩子扮演银行职员，我们拿着压岁钱要存银行，让孩子算一算可以拿多少利息，减去利息税是多少。我们也可以协助银行做，为储户提供咨询。老奶奶、老爷爷来了，我帮您算，您存两年可以拿多少钱利息。这和抽象地讲百分数相比，学数学就变得容易得多、有趣得多、生动丰富得多。我们五年级的学生还排演了数学的剧本，“1”“2”“3”等十个数字都是角色，加、减、乘、除、百分数等都能编成剧本来演出。所以，教师应该培养学生的自主意识，每个学生都有潜藏的智慧。

情境课程的开发是随着情境教学、情境教育的实验向前推进的、生成的。在1996年全国情境教学、情境教育研讨会上，我提出了情境课程的主张，内容包括四大块：核心区域——学科情境课程、综合区域——主题性大单元教育、衔接区域——过渡情境性课程、源泉区域——野外情境课程。现在课程开发很热，也有教师觉得课程挺神秘，因为在传统当中课程是国家行为、政府行为，教师仅仅是实施者。从现在课程理念来看，每个教师都可以成为课程的开发者，它是一个富矿，是每个老师展示才华的平台。

二、情境教育中的德育

（一）教书育人是教师的神圣使命

在我的教育观里，德育是放在一个非常重要的位置上的。一个人的道德观决定了他的人格，在很大程度上也决定了他的命运。宏观上看，个人的道德面貌构成了整个国民素质。改革开放以后，国门打开了，国外新的信息进来了，但是负面的东西也跟着进来了，泥沙俱下。在这个大背景下，德育面临着很多挑战。现在的人读书变少了，一天到晚上网，字也写得不那么好，英文学多了，汉语教育有所淡化。现在的孩子都是独生子女，是父母的掌上明珠，宠爱过多，严格要求偏少。物质生活丰富，精神生活相对贫瘠。目前，至少在不少地区，“应试教育”的阴影还笼罩着学生，分数几乎决定一切。我们的学科成绩是有分数的，但德育是不可量化的，因为它是精神的东西，没有硬指标。尽管现在讲素质教育，不打分数，打中国传统的“甲乙丙丁”，但现在有多少学校打“甲乙丙丁”？高考分数已经到小数点以后两位了。学校给家长的通知书可能是个“优”或“良”，但是老师手里的记分单上，你是98还是98.2，这是分明写着的。现在分数是硬指标，高考率要达到多少，考清华、北大要多少，考一类高校有多少，这些甚至会影响到老师的奖金。这种压力把德育挤扁了、压扁了。

现在的德育给我的感觉是什么呢？上面号召一下，下面就闻风而动。道德教育抓一会儿、放一会儿，没有持续性。德育的内核是情感，情感必须是持续的，断了就不行，就不能强化，就不能形成道德的观念和行为。我们的教育方针是“德智体美，德育为首”，但具体贯彻的时候，德育往往还是一个缺少内核的概念。德育确实需要强调，所以我觉得胡锦涛主席提出“八荣八耻”非常必要。德育的黄金时期是在义务教育阶段，也就是小学和初中。尤其是小学的孩子，那么纯真，是一张白纸，可以画最新最美的图画。到了高中就迟了，到了大学，那可费劲了，因为他们的头脑已经被占领了。所以我觉得中小学，尤其是我们小学教师有一个神圣的使命，就是培养儿童健康的道德行为、良好的习惯，这在我头脑里是坚定不移的。

我上学时受到非常好的道德教育。在我的心里，热爱祖国是天经地义的，这绝对没有任何虚假之言和美化自己。当然我这话并不新鲜。现在有一些孩子小小年纪就说长大要到美国、到日本去，我听着就难受。孩子还没有长大就想到国外去。我们古代岳飞精忠报国，这是多么了不起的事，到现在，我们一些人就没有这样的荣辱观。1980 年，我到日本去，看到那么多先进的设备，我们自叹不如。我含着眼泪在日记里写：“祖国母亲你虽穷，但是你的孩子不嫌弃你。”回到学校以后，我跟孩子说，我们现在比人家落后，但是我们要追上去。我们国家怎么才能强大呢？不能靠外国，要靠我们中国人自己的双肩和双手，要靠我们自己的脑袋。有孩子举手说：“李老师，你的脸讲红了。”是的，这些话是发自内心的。我这种观念，这种情感的形成要追溯到我在师范受的教育。我在上女师的时候，先上初中部，看到师范部的同学参加军事干校，到祖国最需要的地方去，心里很羡慕。她们朗诵的诗我现在还记得：“我们心里想的不是辫子上系的是红蝴蝶结，还是蓝蝴蝶结，想的是到祖国最需要的地方去。”再比方说 1951 年抗美援朝的时候，学校有张大宣传画，画的飞机和大炮，号召大家捐钱买飞机大炮。我是穷孩子，但也把仅有的钱捐了出来。志愿军回国了，我们打着腰鼓去欢迎，全校沸腾。那年我 11 岁，大雨滂沱，道路泥泞，但是学生的热情是风雨阻挡不住的。我始终认为，爱国主义教育是道德教育非常核心的东西，是根，你爱国了，什么问题都管住了。我们是 50 年代的人，到现在我们在校园里走，看到自来水龙头开着，都会不忍心，要赶紧走上前去关上。

（二）情境教育的四种方式适用于德育

1. 优化情境

道德教育要成为一种活动，而不是说教，而且是一种让学生主动参与的活动。那么，如何做到“主动参与”呢？要“优化情境”。环境与人的行为、活动是一致的，这是马克思主义的哲学观点。情境教育为儿童构建一个优化的成长空间，这个空间应该是宽阔的、开放的，而不是局限在四五十平方米的教室里。学校教育必须和社会相通，因为孩子是在社会中长大的，将来是社会人、要服务于社会。因此情境教育主张拓宽教育空间，使教育获得尽可能大的效益。

2. 缩短心理距离

这一点也适用于德育。在校园里主要是教师和学生，走到校外，还有社区和家长，这些角色之间的心理距离应该缩短。在传统文化中，由于师道尊严的观念，师生之间是有距离的，有的距离还不小。孩子见到老师敬畏有余、亲近不足。这就影响孩子主动参与教育教学活动，成为被动的接受者。如果道德教育使孩子处于被动接受状态，是不容易收到好的教育效果的。缩短心理距离可以让孩子进入一种最佳的情绪状态，使之由于情感的作用而主动参与德育活动。

3. 让孩子进行角色扮演

这并不仅仅是化妆表演，教师可以用语言虚构场景："现在你就是营业员"，"你是小记者"，"你是小画家"，使孩子从被动接受变成主动参与，提高学生的主动性，增强他的主体意识。课堂最终是学生的，校园也应该属于学生，没有学生就没有老师，我们老师所做的一切就是为了孩子。

4. 注重实践和创新

这是情境教育的目标。落实全面发展的目标，最后还是要落实在孩子的活动中。

（三）让道德教育成为孩子主动参与的活动

1. 以"美"激发"爱"

道德教育需要长期的熏陶感染，德育是在环境影响中进行的。用什么对儿童施以影响呢？我们选择了美，因为美会给儿童带来快感和愉悦感。因为是愉悦的、开心的，所以孩子就会接受。道德说教往往会令儿童产生逆反心理，爸爸妈妈讲不听，老师讲也不听。现在的孩子到了初中，尤其是高中，逆反心理很严重，往往是自闭的。他根本就不接纳你，说什么都没用，所以在许多家庭会产生教育危机。只有靠影响，让他们耳濡目染。我们选择的美，无外乎大自然的美、艺术的美、社会的美（成人心灵的美、行为的美）。我们通过野外教育、通过各种活动让孩子去领略大自然的美。我们把艺术带进课堂，把图画、音乐、戏剧带进课堂，让他们感受艺术的美。我们的活动也常常是以美的方式进行，比如我们的教育周和教育节。教育应该是持续的、有力度的，因此要有教育周和教育节。比如，二月开学就有“爱书周”，让孩子不仅把新书包好，还要爱读书、读好书，开展“小蜜蜂行动”。“我是小蜜蜂，飞进书的花丛中”，这就是美。我们学校有个腊梅园，我们就搞一个“腊梅节”，让孩子去观察腊梅花，感受腊梅迎寒开放的不屈精神。十二月我们有“童话节”，童话充满幻想，太符合儿童心理了。没有儿童，就没有童话。所以，我们充分利用“童话节”，让孩子走进童话的世界，做童话世界的主人。十月，我们有“爱国月”，祖国妈妈过生日。我是祖国妈妈的好孩子，我们教材里有这样的内容：“我的爷爷奶奶叫你妈妈，我的爸爸也叫你妈妈，我怎么也叫你妈妈呢？原来我是祖国妈妈的小儿子。”爱国主义教育变得形象、生动了。“爱国月”里我们举行合唱节，热情歌唱祖国，音乐是非常有效的教育手段。去年，我40年前的学生来看我，说还记得我给他们排的戏剧，这些他们记得最清。因为这些教育，他们对我这个老师的感情也是挥之不去的。所以，道德教育要有一个“根”，要选择最佳的途径，教育的手段应该讲究一个“美”字，我们充分利用艺术的活动、文化的活动对学生施以影响，这是十分重要而有效的。在情境教育当中，我们以美为突破口、为抓手，进而把“美”作为追求的境界。

2. 以“爱”引导“行”

学校德育有时候很被动，经常要靠号召和组织。如果我们能以“爱”引导“行”的话，那就会自觉、持久。比如，为纪念抗日战争胜利60周年，我们学校的活动主题就是“牢记历史，珍惜和平”。我们开展“我感动，我行动”活动，“情系灾区，伸出友爱的小手”活动，等等。孩子是容易产生激情的，但是怎么让这种感情深化、内化，要有一个过程。美和善是连在一起的，我们便组织“把爱送给水娃娃”的活动。孩子们把看过的书和用过的文具送到水上学校去，和水上学校的孩子联欢，孩子深受教育。比如：我们和盲童学校联系，了解盲童怎么用手识字。孩子们给盲童送挂历、做手工的材料，捐了几汽车的东西送到盲童学校去。在那儿参观盲童怎么学习，让孩子闭上眼体会没有眼睛就没法看书，我们有一双眼睛，应该勤奋学习、热爱生活。我们培养儿童从小就有同情心，组织孩子到敬老院去，到那儿演节目，帮老人捶背，唱歌、跳舞。德育不可能靠搞一个活动就立竿见影，但这些活动积淀起来，对孩子的影响是潜移默化的，是巨大的。让孩子体会助人是乐事，所以用“爱”来引导“行”是容易做到的，孩子参加这些活动非常自觉。比如：我小孙女上五年级，红十字会组织捐款，我问她捐了多少钱？她说20块钱。我问她是不是向妈妈要的？

她说不是，她写了一个小稿子，拿了20块钱稿费。20块钱对孩子来说是挺多的，等于大人捐2 000块，但孩子很高兴。孩子在活动当中会有自己的感受，他会看着大人、同学的行动。我们在情系灾区的活动当中，首先是老师捐钱捐物，榜样的力量是不容忽视的，教育应该是有力度的。我们在全校大操场上组织捐赠活动，教师先排队，我们的老校长，头发都斑白了，排在第一个。老教师首先捐，把一个个信封放到捐款箱里，然后全校同学排队捐款。在这样隆重的氛围中，孩子受到了具体而生动的教育。他在成长，他的心里有他人了，这是非常好的。

3. 以“行”养成“习惯”

德育活动应该是儿童主动参与的活动，这里包含着道德的践行。一个人的习惯是在做当中、在实践当中形成的。做当中，既有正面的经验，也会有教训。我小时候家里没钱，上的是慈善学校。记得有一天老师让我帮她去买一个脆饼。那时我虽然小，但想的挺多：老师一定嫌我的小手脏。我就用钱包着脆饼给老师，老师说：“你怎么用钱包脆饼，钱是最脏的。”于是我就有了一个教训，钱是最脏的。做的过程中会有教训，但前提是一定要去做。我们在一年级就开展了行为训练课，跟一年级的孩子说道理没用，要激起怎样高尚的情感都是靠点点滴滴的细微小事累积起来的。比如：我们设计“下乡看奶奶”的行为训练课。现在有许多年轻人把老人忘了，总是说忙。我也是一个老人，我希望自己的孩子回来看我。我想许多老人，尤其在乡下的老人更是如此。下乡看外婆、看奶奶，很有讲究。我们设计了系列情境：准备礼物，让学生约着妈妈一起和自己准备礼物。到了商店，营业员问孩子买什么（“妈妈”和“营业员”都是老师和学生扮演的），问你买巧克力吗？学生说不买巧克力，“我给奶奶买个帽子吧”，有学生说我给奶奶买条围巾、买副手套，还有的学生说买梳子，给奶奶梳梳头，等等。接下去的情境是坐车去看奶奶的路上，有老人上车怎么办？有的孩子没让座，有的孩子让座，“奶奶请坐”，“爷爷请坐”，还有的说“老奶奶你的包袱我来背”。到了奶奶家，进门该怎样？要喊奶奶，奶奶耳朵不好，声音要高一点，怎么和奶奶交谈，跟奶奶说你买了什么，问奶奶“您喜欢吗”，奶奶在乡下种菜，怎么挖菜、怎么劳动。这一切对人的关爱都融合在行为的训练当中。我们努力在道德践行当中逐渐培养起学生的道德情感和道德行为。再比如，到“三八”妇女节，我们组织学生在学校先做行为训练，然后回家开展活动，各年级不同。“今天我当家”，“系上妈妈的围裙”，等等。先在学校通过创设情境演练：妈妈回来了，低年级的小孩子要接下妈妈的包、递上一双鞋、端上一杯茶、亲亲妈妈。中高年级学生要做一张贺卡、做一件家务事、写一首诗、写一封信、为妈妈炒一个她喜欢吃的菜。事先要有设计，要给妈妈一个惊喜，这个有难度，非常有趣。总而言之，在活动中学生是主体，他们带着热烈的情绪，有声有色，有滋有味地活动着。道德的内涵和目标就镶嵌在活动中，儿童在活动中不知不觉地接受了，而且逐渐内化。因此，我们的情境德育收到了很好的效果。

对祖国的爱、对人民的爱是从对家乡的爱、对他人的爱、对亲人的爱培养起来的，情感是贯穿在整个道德活动当中的。如果审美感、道德感培养起来了，我觉得这个人不会错到哪里去。小学教育就是养成教育，如果孩子养成了良好的习惯，这个孩子也就错不到哪儿去。这是我的真实感受。

（原载《中国德育》2006 年第 9 期）

浅说“儿童读经”的教育责任

杨启亮 *

儿童读经本身不是问题。中国幼儿学外语都不是问题，读点儿中国文化经典竟然成了问题？但是，如果不想想儿童为什么要读经，不问问儿童读什么经合适，不知道儿童如何读经有益，不懂得如何教儿童读经，成人不读经只让儿童读经，这就是问题了。儿童读经不可能是儿童自主选择，只能是成人选择，而且还是成人组织、实施教学、操纵评价的。说到底，这是个教育事件，教育者（不限学校教师）应当对此负责任。近年来，儿童读经引发了许多论争，本文不揣冒昧，仅就儿童读经中的几个问题，说说教育的责任。

一

文化传承的责任。顾炎武说的“天下兴亡，匹夫有责”，是以天下兴亡的大事，呼唤平民百姓的责任心。他说的责任是指文化传承的责任。他认为，天下不同于国家，亡天下与亡国不同，亡国是指改朝换代，是政治家的责任；亡天下是指仁义充塞、德风败坏，是每个平民百姓都有的文化责任。他认为，道德风气浸染社会风气，社会风气影响人的道德精神，人的道德精神败坏其实是文化根基的败坏，“风俗者天下之大事”，所以“保天下者，匹夫之贱，与有责焉”。那么，文化根基何以兴盛或者衰亡？在很大程度上，这依赖于文化传承的生命力，人们传承自己文化的责任心。我们讨论的儿童读经中的“经”，是指

* 杨启亮，南京师范大学课程与教学研究所教授、博士生导师。

中国文化经典，它负载着中国文化根基，也负载着中国道德精神。儿童读经，是从娃娃开始的文化传承，也是从摇篮里开始的道德教育，教育者肩负着传承文化和启蒙道德的责任。

有学者考察世界四大古国的文字演变，发现它们有着同样悠久的历史，却有着不一样的文化传承。现在其中三个国家的古文字都消亡了，唯有中国的汉字传承到现今，依然洋溢着笔墨芬芳，显示着它坚忍的文化传承生命力。那么，汉字记录的华夏五千年文化，文化凝成的中国文化经典，该如何传承下去？在多元文化冲突的现时代，我们要自立于世界民族之林，不能没有自己的文化根基。儿童们天真无邪，教育者有责任为他们找到合适的路径，铺垫他们的文化根基。教儿童读经一直拷问着教育者的责任良心：如何在读经中，“润物细无声”地滋养中国儿童们的中国心？

有教育者倡导儿童“亲近母语”，这份责任良心让人感慨，但是也让人滋生出一缕凄楚：中国儿童为什么会疏远母亲的话语？是谁蒙昧了孩子们的童心，诱导他们厌弃自己的母亲？事实上，当代中国的青少年不能写规范的汉字，不能用规范的汉语写文章，读不懂中国文化经典的越来越多了，教育者该负什么责任？有西方哲人说过，两代人不读民族的书就可以毁灭这个民族。那么，我们有多少年轻人读过多少民族的书？时下有些年轻人写文章，以引用外语文献为时尚，究竟是“他山之石，可以攻玉”，还是自欺欺人？我们不能不怀疑，他们中或许有人还没读过自家之“玉”，不能正确引用中文文献吧？我们逼迫儿童学习许多东西，唯独置他们的中国文化根基浅薄于不顾，这是否是真正的蒙昧？教儿童读经，哪怕他们一时还不能深懂，但毕竟是本根本土的血脉传承。

二

引导践行的责任。儿童读经不能深懂，但依然可以悟得一些道理，依照道理学着做人做事，教育者应该负起引导践行的责任。经典不只是束之高阁的典籍，它是上下五千年中国文化的参天大树，读经的要义是读出它的内在精神，它的鲜活生命力，学可以致用，学可以践行。我们引导儿童读经，不是要他们“半部《论语》治天下”，更不是要他们“一举成名天下知”，而是修身、养性、知书、达理的启蒙，礼、义、廉、耻、孝、悌、诚信的启蒙，让他们知道做个中国人最起码的道理。有些乡里的前辈长者，只读过几年乡塾，但能写规范的毛笔字，能有儒雅的谈吐，懂得“里仁为美”的人际伦理，这不能不让人敬佩。所以儿童读经不在于多少，而在于引导他们践行于当下的生活。

务实质不能务形式。教儿童读经，形式上可浅可深，但实质必须清楚。就经典本身来说，经典读起来音韵抑扬，阅读起来可能艰涩难懂，这是形式；但经典中蕴涵的道理，教育者必须弄清楚，这是实质，否则就会教儿童死读书。就读经活动来说，是模仿古人读经形式，讲究古代礼仪，还是采用适合当代儿童生活的形式，讲究当下的礼仪，这是形式；陶冶儿童的中国文化人格，培养他们中国人的德性素质，这是实质。这其中的道理，类似于孔子用“绘事后素”解释仁义与礼仪。他说衣服上那些漂亮的花饰（绘）是因为有洁白的底色（素），讲礼仪是因为有仁义。如今有些读经活动，把这种关系颠倒了，不问是否养育了儿童的仁义之心，只是让儿童穿古代衣服行古代礼仪，这必然异化读经的实质，甚至会产生演绎封建文化的负面影响。

务德行不能务教条。教儿童读经，不能只读教条，要重视道德践行。有种误导是为读经而读经，把读经做成了精英教育的新特长，桎梏儿童天性的新枷锁，人们简单地训练儿童口若悬河地背诵读不懂的经典，让儿童们在人前炫耀他们的记忆力，这实在是在鞭笞教育者的平庸！这里有个责任指标：经典中的浩然之气与读经儿童的日常德行一致吗？如果不一致就是庸俗的教条。还有种误导是教儿童“做秀”，如读《弟子规》学敬师，读《孝经》学感恩父母，这原本不错，但让儿童模仿古人行拜师礼就太迂腐，泊来洋人的母亲节、父亲节，教给儿童写几句空话感恩父母，则与中国人的孝道太不沾边。更有甚者，让儿童回家为母亲洗一次脚，为父亲擦一次车，把照片贴在橱窗里，写上“弘扬传统美德”，这是美德吗？教育者难道不懂“君子耻其言而过其行”的道理吗？

三

选择合适经典的责任。有一种办法是把零散的经典填充在现代课程框架里，在学科课程或综合实践活动课程中，增加儿童读经的内容。这样选择的随意性较大，教学没有一定的规矩，儿童们只能浮光掠影地接触经典。还有一种办法是依照古代学子读经的顺序，列出一系列经典，从中精选篇章，组合成基础性的经典精华，单独设置一门读经课程。这样的办法不随意，也有规矩，但值得疑问的是，当代儿童读得了这种跨越式精选的经典吗？我们是否考证过古代儿童循序渐进读经的艰难？这种艰难是否正是19、20世纪之交，我们批判读经、废除以读经为内容的考试制度的一个依据？是否也是当下人们质疑儿童读经的一个依据？

不陵节而施的选择。儿童读经很艰难，古人因此发现了循序渐进的路径，用经典的序和儿童心理成长的序，制约“不陵节而施”的教。但古今文化环境不同，人们对教育和教学的理解不同，儿童肩负的学习责任也不同，所以当代儿童读经，有个同必不同、不同未必不同的道理，套用古代儿童读经的“序”很可能造成“陵节而施”。譬如，某小学根据古代“蒙学、小学、大学”的序，确立低年段（1、2年级）为蒙学阶段，学习《三字经》《千字文》；中年段（3、4年级）为小学阶段，学习古诗词、声律启蒙；高年段（5、6年级）为大学阶段，学习《论语》《大学》经典古文欣赏等。这看上去秩序井然，但是把它放到必须统一实施国家课程、还得应对考试竞争的大环境里，就让人担忧了，低年段是否真能读得懂？高年段是否真能辨得清？

去粗取精、去伪存真的选择。经典历尽沧桑，儿童读经应当进行去粗取精的选择，但选择还必须尊重历史，去伪存真，不能弄成故事新编。有些牵强附会的现代解读，我们挡不住它们媚俗成人，但要拒绝它们误导儿童。所以，选择经典宜浅显不宜艰深，当代儿童能读点儿启蒙经典已属不易。依照古代读经的“序”来选的话，小学生读读“蒙学”经典就可以了，“大学”经典留给大学生研究生们读比较合适。如果依照儿童心理发展的“序”来选，也可以让小学生读些古诗词、经典美文。同时，选择经典宜启蒙不宜精专，能让儿童对古典语文有接触，对传统道德有体悟，对读经有直接兴趣，我们就已经功德无量了。试图让当代儿童“两耳不闻窗外事，一心只读圣贤书”，这是迂腐的浪漫主义想法；如果以培养“国学大师”招摇儿童读经，这不仅有悖于我们的教育目的，也不利于真正的未来“国学大师”的健康成长。

四

选择合适方法的责任。教儿童读经，要选择合适的方法，中国文化经典中就有许多精华方法，取之于经典用之于读经，不失为一种优化选择。但值得解释的是，这里同样存在着古今文化的差异性，应用经典中的方法，不可以僵化只能活化，教育者的责任，是要领悟它的方法论思想、它的精神、它的教学之道。譬如，孔子“不愤不启，不悱不发，举一隅不以三隅反，则不复也”的启发式教学，朱熹“循序渐进、熟读精思、虚心涵泳、切己体察、着紧用力、居敬持志”的读书法，《学记》“教学相长”的学与教的关系论等，如果能悟得其中的教学之道，它们就不仅是源远流长，而且是长流长新的大智慧的方法。

批判继承传统方法。教儿童读经，如果只是呆读死记硬背，让儿童先囫囵吞下去再慢慢消化，这在古代也是不足取的读书法，所以这从总体上说是不合适的。可能正是这种不合适的方法，招致了读经蒙昧而非启蒙之论，读经扼杀童真童趣童心之说，论说得虽然有些杯弓蛇影的意味，但就方法而言，这多少是有些道理的。但值得解释的是，稍有些教育常识的人就该知道，不理解的背诵在儿童生活中一直是存在的，只凭借着经典文字的抑扬顿挫有声有色，儿童们也可能会喜欢读它背诵它。所以，我们只要不把读经弄成儿童的负担，弄得像背诵圆周率小数点后上千位那样无聊，让他们适当地背诵些经典文字并无大碍。中国儿童背诵他们的母语经典，这至少比让他们背诵外语经典合情合理吧？小狮子模仿老狮子的吼叫固然嫌早，但比起让他们模仿豹子叫来说，这毕竟还应该算是母语启蒙。

慎重借鉴现代方法。教儿童读经，当然可以选择现代方法，但考虑到教学内容与方法的契合，应该慎重选择，不能滥用。有人主张儿童读经不能跪着读，不能盲目崇拜，但是还应该补充一句，儿童读经必须敬着读，不可不敬。教儿童读经要有历史唯物的基本立场，要尊重经典本来的生命状态，尊重历史文化事实，尊敬先贤的道德智慧，否则在启蒙意义上就是失败的。而我们主张慎重借鉴现代方法，是因为如探究法、发现法、创造性学习等，不适合用来教儿童读经，如果把儿童读经弄成大批判，就违背读经的原意了。所以教儿童读经典，宁可选择读不懂慢慢体悟，也不能倡导存疑思维，泛滥褒贬，鼓励创新，这可能是个误区，这种读经的方法，比较适合在读高中或大学或研究生以后采用。

教儿童读经，能唤起儿童的兴趣和热爱，是最理想的事。这不是指具体可操作的方法，而是以儿童体验为依据的教学思想。激活儿童积极的心理倾向，让读经与他们的直接兴趣与热爱相伴，让读经与他们的求真向善悟美的精神相融，这应该就是教儿童读经的启发式。热爱是最好的老师。教儿童读经应该呵护童心童趣，适合儿童的可接受性，可接受性是读经受益的前提。选择教儿童读经的方法，应该考虑它的可持续发展的特点，应该有青少年读经、成年人读经的未来愿景。

五

率先垂范的责任。教育者的存在就是教育，它比教育者的言说、奖惩有更深刻的影响力。师范是教育活动的责任、教育道德的良心、道德教育的法则。教育者是儿童身边的镜子，教育的责任、良心、法则，就在这镜子与儿童之间，拷问、鞭策、激励着教育者。如果说，在儿童读经中，真有一种唯一有效的途径和方法的话，那么毫无疑问，这只能是教育者的率先垂范、以身立教。遗憾的是在如今的教育中，这没有引起人们足够的关注，许多教育者经常是环顾左右而言他，不识庐山真面目。事实上，成人不读经只是想着法儿地琢磨儿童读经，的确有些自嘲意味，那些不厌其烦地向孩子们唠叨读经的人，竟然听不到孩子们心里的疑问：你们为什么不读经？

这是一份悬念的责任。教育者们有多少知道《五经》《四书》，能够说起《三字经》或《千字文》像说10以内的加减法一样轻松，这让人生出一份悬念。如果不论那些高校里专门从事中国史学、哲学、文献学、古典文学的学者，不论那些资深教授，还有多少人研读过《诗》《书》《礼》《乐》《易》《春秋》《大学》《中庸》《论语》《孟子》？儿童读经，的确有个“师在何方”的问题。复旦大学钱文忠教授正在“百家讲坛”讲《三字经》，敢问时下人文社会学科的硕士博士们，有多少人能教小学生读《三字经》？他们中有多少人读过《五经》《四书》？小学里的语文教师，《品德与生活》课教师，小学生的家长们，有多少人扪心自问无自责之忧？近年来，“从娃娃抓起”这句意味深长的话，也让中国儿童们瘦弱的肩膀，担起了成人们太多的欲望，成人该负些什么责任？如果说体育运动金牌、音乐舞蹈大奖，成人们有借口不能以身作则，那么认真看书学习，成人们也不能躬亲吗？教育者率先垂范，是否是一份有悬念的责任？

这是一份宽泛的责任。我们在近现代之交批判过读经，但那时的批判者多数国学功底深厚，有些就是国学大师，他们或许言论过激，但负得起那个时代的那份责任。我们时下讨论儿童读经，是否该把浮躁的心态先静下来，补充些可以担责任的基础？我们倡导成人们读读《三字经》《千字文》可以吗？倡导大学生们包括硕士、博士生们读读《五经》《四书》可以吗？说句异想天开、杞人忧天的话，中国学生考试竞争（尤其是选派出国留学人员）、中国学者、中国教师的职称评定，都考一考中国文化经典可以吗？这至少可以有如下效果：

教育者先获得批判或者倡导儿童读经的底线资格，成为“学高为师，身正为范”的教育者；教育者先补上中国文化传承断裂几十年的亏欠，让中国文化血脉传承从源头上畅通起来；儿童读经无论是在学校里、在家庭中、在社会办学场所中，都能遇到读过经典的教育者。

（原载《中国德育》2009 年第 12 期）

中小学学生生活方式的探讨

冯建军*

一、生活方式的内涵

迄今为止，生活方式的内涵，理论界的认识尚未达到统一。

我认为，生活方式根据主体的不同，大致可分为社会生活方式和个体生活方式两类。尽管社会和个体密不可分，但二者的侧重点有所不同。社会生活的主体是国家、民族、社群和地域，它因宏观的社会环境和自然环境而不同，其主要构成是社会的政治、经济、文化生活，社会生活方式是在社会生活中表现出的行为模式和特征，具有普遍性，受一定社会生产方式的制约。个体生活方式虽然总体上处在一定社会生活方式的框架内，但它更强调个体生活的意向性选择和行为特征，具有一定的主观性和能动性。比如说，同一社会、同一时代的人，个体的生活方式却不完全一致，呈现出个体的差异，主要由一个人的修养、性格、志向、意志等不同所致。根据本研究的主题，本文采用的是个体生活方式的概念。

个体的生活方式是个体在一定的社会条件制约和价值观指导下，为满足自身生存和发展需要而在特定的场域所表现出来的生活样式和行为特征。生活方式外显为人们进行各种生活活动的较为稳定的行为模式，内隐为价值观念。没有不受价值观支配的行为模式。价值观念可以说是生活方式的灵魂。

个体生活方式的研究领域是日常生活，包括个体的家庭生活、交往生活、

* 冯建军，南京师范大学道德教育研究所教授、博士生导师。

闲暇生活和消费生活等方面，个体正是在家庭、交往、闲暇和消费中满足自身生存和发展的需要。

二、当前中小学生生活方式的特点

我们利用自编的《江苏省中小学生生活方式调查问卷》，在苏南、苏北、苏中的中小学生中发放问卷2 100份，回收有效问卷2 091份，占96.6%。其中小学生占51.8%，初中生占33.0%，高中生占15.2%。调查[①]涉及中小学生的学习、交往、闲暇、消费和家庭生活五个方面。

（一）学习生活

与成人不同，中小学生的生活主要是学习。学习生活方式涉及学习方式的特征、学习途径、考试、学习压力、学习动力等方面。在学习方式上，学习的主动意识凸显，学习的独立性增强，学习的独特性彰显，学习的合作意识增强，但学习的问题意识较弱，学习的体验性不足。对比研究还表明，学习方式的现代特征随着年级的升高呈递减趋势。在学习途径上，排在前三位的是教辅书（42.8%）、报刊（28%）和网络（21.5%）。在考试上，中小学随年级升高，考试次数逐渐增加。在学习压力上，中小学生普遍存在不同程度的学习压力，并且随着年级的升高，学生的学习压力呈递增趋势，这些压力排在前三位的是父母期望过高（26.7%）、同学间的竞争大（21.1%）、课业繁重（16.2%）。在学习动力上，学习动力主要源于外部，学习的乐趣受外在因素的左右，外在学习动机随年级升高而增强。学生学习方式的积极变化，充分反映了时代对人的主体性的弘扬和新课程改革中学习方式变革的成效。但必须看到，学习方式仍具有很大的被动性和依赖性，学生学习的外在动机还很强，受“应试教育”的影响，中小学生学习压力普遍很大。

（二）交往生活

人的社会性，决定了交往是人性成长的必然。交往生活方式是个体为了满足社会性需要而出现的人际间的交互作用、交互影响的方式。中小学生生活的范围相对狭小，主要是学校和家庭。师生关系和同学关系是他们在学校环境中最主要的两种人际交往。调查表明，师生关系“非常融洽”和“比较融洽”总和达到88.75%，这表明，绝大部分学生与教师之间的关系是融洽的。但是，不同学段学生之间对比却呈现出显著性差异，选择“非常融洽”的比例随学段的提升而明显下降。小学生对老师充满崇拜，师生关系融洽，但在中学阶段，尤其是初中阶段，随着初中生“心理断乳期”的到来，学生要摆脱教师的管教，师生关系开始疏远，以致发生语言和肢体的冲突，甚至出现“弑师案”。

在处理同学关系上，共同的兴趣爱好是他们选择交友的首要标准；有要好的异性同学的比例在小学、初中和高中阶段呈现为凹型，即小学和高中阶段比例高，而初中阶段比例低；学习好的异性同学是最受喜欢的，而且随着年级的提升，相貌和打扮在吸引异性同学中所占的比重增大；学习差、性格内向、身体特殊和家境不好的同学容易被同学欺负。在同学交往的价值取向上，虽然绝大部分学生选择“帮助别人，不讲求回报”，但是随着学段的提升，要求“报答自己”的比例在逐步上升，这也说明对等交往的愿望随着年龄增加而在增强，个人的独立、平等意识在增强，这不一定是坏事。

现代中小学生的交往，已经超越了上述传统的面对面的人际交往，媒介交往成为他们重要的交往方式。除了利用电话、手机进行熟人交往，他们还借助网络的虚拟性，扩大交往的范围。网络交往已经成为中学生的重要交往内容，很多中学生都有 QQ、E-mail、MSN，他们通过 BBS、网络聊天等方式和陌生人交流，甚至还建立了自己的博客。

（三）闲暇生活

闲暇生活方式是利用闲暇时间自主安排休闲生活，以充分满足一个人的个性发展需要的活动方式。调查表明，有 16.81%的学生认为自己“几乎没有”闲暇时间，有 62.56%的学生认为自己“有一些”闲暇时间，有 20.63%的学生认为自己的闲暇时间“比较充裕”。他们所拥有的闲暇时间随着年级和学段的提升而逐渐减少。当问及“你在周末一般都干些什么”时，有将近 80.00%的学生都是在做家庭作业、上辅导班。当被问及“平时你通常去哪里娱乐和休闲”时，有 17.64%的中小学生选择所居住的小区，有 12.55%的学生选择游乐场，有 35.52%的学生选择图书馆，有 8.55%的学生选择少年宫，还有 25.74%的学生表示没地方去。需要指出的是，上网聊天、玩游戏，也已成为中小学生休闲的一个重要方面，学生利用网络进行学习的时间远比利用网络娱乐休闲的时间少，上网作为闲暇方式甚至成为了不少中学生的首选。在闲暇生活的安排上，66.29%的学生表示闲暇生活由自己安排，33.71%的学生表示闲暇生活由老师、父母等其他人安排。调查还表明，农村学生比城市学生拥有的闲暇自主程度高，非独生子女比独生子女的闲暇自主程度高，高年级学生比低年级学生的闲暇自主程度高。

（四）消费生活

消费生活方式是指为了满足物质和精神上的需要，如何消耗各种生活资料的行为方式。个人消费生活既受社会物质生活条件、经济能力的制约，也受个人消费意识、价值观的影响。对中小学生来说，他们的消费主要依赖父母，他们的消费行为更多地受其消费观念的支配。调查表明，64.12%的学生在消费时“经常”和“总是”考虑家庭的经济状况，只有5.42%的学生从不考虑家庭经济状况。有92.53%的学生认为穿着打扮不重要，关键是要学习好，但有6.01%的学生表示羡慕别人穿名牌，要求购买，有1.46%的学生表示嫉妒，认为不公平。这说明，这部分学生还存在攀比、铺张浪费以及非理性的消费心理倾向。不同学生群体之间的对比发现，这些不良的消费观念主要存在于家庭经济状况好的学生和高学段的学生。

（五）家庭生活

家庭是个人赖以生存和生活的第一场所，家庭成员尤其是父母对孩子的一生会产生深远的影响。中小学生的家庭生活方式，主要关注他们与家长的交往、家庭的教养方式等。调查表明，绝大部分中小学生在家庭中维持着良好的亲子关系，相对父亲而言，他们跟母亲的关系最为紧密，同时，也有少部分中小学生则主要跟保姆等生活在一起，表现出不愿与家人沟通的倾向，处于亲子关系的疏离状态。父母对子女生活的关注程度，父亲关心的内容处于前四位的是：学习功课、身体健康、思想品德、心理感受。母亲关心的内容处于前四位的是：学习功课、身体健康、心理感受、吃饭和穿衣。学习功课是父母共同关心的内容，在程度上也远远高于其他方面。在父母的教养方式上，民主型教养的占62.98%，专制型的占33.10%，放任型的占3.92%，说明大多数父母在家庭中能够实施民主教养方式，但是，也有不少家庭实施的是专制和放任的教养方式，极大地不利于子女人格的发展。

三、当前影响中小学生生活方式的新因素

决定生活方式的最根本因素是生产方式。就中小学生的生活方式而言，与传统的生活方式相比，各方面都会出现一些新变化。影响这种变化的主要因素有以下几个。

（一）新课程改革

学习方式是学习生活方式的核心。传统的学习方式强调讲授和接受，甚至成为灌输，这种学习建立在学生的客体性、受动性和依赖性基础上，忽略其主动性、能动性和独立性。新课程改革中，针对传统的“被动、机械学习”提出了“自主学习”，相对于传统的“个体学习”提出了“合作学习”，相对于传统的“接受学习”提出了“探究学习”。新课程改革高扬学生的主体性，把学生当做学习的主体，知识建构的主体。它虽然不否定接受学习，但接受学习必须建立在有意义的理解基础上，同时提倡自主学习、合作学习、探究学习。新课程改革极大地改变了中小学生被动的学习方式，使他们的学习拥有了极大的自主权和主动性。调查表明，实施新课程改革后，学习的主动意识凸显，学习的独立性增强，学习的个性化彰显，学习的合作意识增强。

（二）多元文化

任何的生活方式都是在一定的文化背景下产生的，生活方式无不打上文化的烙印，甚至直接说就是一种生活文化。当今社会随着全球化、网络化的到来，民主意识的增强，一元的文化霸权日益式微，多元文化日渐崛起。当今的多元文化，在形态上指民族文化、阶层文化、地域文化、性别文化、年龄文化的共在，在性质上指主流文化与非主流文化、精英文化与大众文化、现代文化与后现代文化、本土文化与外来文化的并存。“多元”不只是文化主体的多元，更是文化价值取向的异质性、多样性。这种多元文化必然导致价值观念、思想体系、道德规范上的分歧和冲突，走向价值多元。价值多元尊重每种价值观念，认可每种价值观的正当性，认为个人的价值观是个人自主选择的结果，他人无权干涉。

在多元价值观的支配下，中小学生的生活方式不再是单一的主流价值观支配下的生活方式，而开始出现多元化。如，在消费生活上，有人勤俭节约，有人超前消费；在交往方式上，有人抗拒网络，有人充分利用虚拟网络。在遵循社会法制和不违背公共道德的前提下，生活方式多元化，成为个人生活和行为方式的一种个性化表达，逐步得到人们的理解和尊重。

（三）网络

随着互联网的迅速扩张和强力渗透，网络生活已成为当代人的一种重要生活方式。据中国互联网信息中心（CNNIC）统计，截至2009年6月30日，中国网民规模达到3.38亿人，上网普及率达到25.5%。中国青少年网民规模为1.75亿人，这一人群在总体网民中占的比例为51.8%，青少年已经成为使用网络的主体。[1] 北京市 2004 年的调查表明，中学生中有 80.4%的学生上过网，1.2%的学生每周上网时间超过 28 小时。我们的调查表明，除了农村小学生外，城市小学生、城乡中学生都普遍地接触过网络，这不仅表现在他们在校学习的信息课程上，而且很多学生都是在网吧使用网络。之所以选择在网吧上网，一方面是部分中学生家中没有网络（主要是农村），另一方面是学校老师和家长都限制学生使用网络。

虽然网络已经普遍介入学生的生活，但对大多数学生而言，并没有达到网络依赖的程度。相对于大学生和社会青年而言，中小学生虽然使用网络的人多，但个人使用网络的时间比较短，这主要是因为他们的学习任务较重，没有过多的时间。很多学生坦言，他们只有在周末完成作业后，上网打打游戏、听听歌曲、聊聊天，平时也没有时间和机会。但中学生中也出现了少部分网络成瘾者，他们几乎离不开网络，网络生活成了他们生活的全部。

网络将改变传统的社会生活，这是一场不可避免的革命。面对网络时代的到来，我认为媒体和一些研究过分地宣扬了网络对青少年社会化的不良影响，诸如网络世界的虚拟性造成了青少年对现实社会的认同危机，出现了人际交往的冷漠；网络交往的匿名性导致了青少年对自己言行不负责任，对他人进行隐瞒、欺骗；等等。网瘾更是成为严重的社会问题，影响青少年的健康，阻碍他们人格的正常发展。这种宣传导致教师和家长“谈网色变”，似乎学生只要接触网络，就必然出现问题，所以，一些学校限制学生上网，甚至出现了有些县全县“封网”的极端。这种因噎废食的做法并非明智之举。网络的发展本身是科技的进步，应该看到其积极的价值所在：它改变了传统面对面的社会交往方式，拉近了人与人之间的时空距离，极大地方便和扩大了人际交往的范围和空间，网络交流增加了人与人之间的平等和自由，越来越成为青少年所喜爱的、便捷的交流方式。网络作为当代社会文明进步的象征，国际社会已把青少年互联网接触率作为国家发展潜力的衡量标准。所以，我们不是要取消网络，而是要发挥教育的作用，引导青少年合理的使用网络，尤其是要培养学生信息的筛选能力、批判能力和据此采取行动的能力。

（四）消费社会的观念

在消费社会里，“消费”不是因为实用，而是因为身份和意义。鲍德里亚在《消费社会》一书中深刻地揭示了消费社会的消费观：“被消费的东西，永远不是物品，而是关系本身。”这些关系所承载的符号价值才是消费活动的真正枢纽。这意味着，消费不再是对物的消耗，它不是物质性的活动，而是使这些活动能够产生意义。这样一来，被消费的东西本质上已不再是物品，而是那种在符号的意义指涉中得到映现的关系本身。[2]在消费社会中，消费并不是因为物的实用性，而是通过消费要体现自己的社会地位与身份。

西方发达国家已经进入了消费社会，消费主义深刻影响了他们的生活方式。中国虽然还没有进入消费社会，但消费主义的观念已经在人们的消费生活中有所体现。勤俭节约的观念逐步淡化，超前消费已经为普通民众所接受。在白领阶层消费中甚至出现了不少的“月光族”（即生活中的“钱用得月月光”）和“年清族”（即“银行里的存款一年一清或几年一清”）。

中小学生尽管没有自主的经济来源，其消费行为受父母的制约，但消费社会的观念已经在他们身上得到了一定的体现。如在调查中问及“如果您有一大笔钱，您想用来干什么”时，有57.2%的人希望将这笔钱用于消费，只有15.2%的人表示把这笔钱存起来，到需要的时候再用。在中小学生的消费行为中已经出现了追求名牌的“高消费心理”。一位高中生说，“现在上学也是要讲身份的，穿得不好会被同学笑话。”一名初中生说，他“很喜欢名牌，因为不仅外观好，质量高，而且也时尚、随潮流，穿戴上名牌就感觉自己的身份不再普通，还能给自己带来自信。”尽管63.30%的中小学生选择商品时仍然看重的是“舒适、实用”，但已有5.54%的学生看重的是“高档名牌”，在富裕家庭中，这个比例更高达到15.90%。有部分同学出现了“盲目消费和唯我消费”的心理，5.45%的学生在购买商品时从不考虑家庭的经济情况，富裕家庭学生这一比例达15.54%。

注释：

①参与本调查的有南京师范大学的冯建军、马多秀、郝永贞、王亚琼、白莲莲。

参考文献：

［1］中国互联网络信息中心．中国互联网络发展状况统计报告［EB/OL］．http://www.cnnic.net.cn/uploadfiles/pdf/2009/7/16/125126.pdf,2008－08－26.

［2］徐琴．鲍德里亚消费社会理论的意义与局限［J］．哲学研究，2009，(5)：43－50.

（原载《中国德育》2009年第12期）

全国小学生思想道德状况喜忧参半

刘金明*

一、调查目的与调查方法

2009 年 5 月，天津市教育科学研究院课题组在全国范围内开展了小学生思想道德现状调研。其目的是了解转型新时期小学生思想道德的现状，准确及时把握新时期小学生思想道德的新特点、新动向，总结规律、发现问题、提出对策，为推动全国小学生德育工作科学发展提供科学依据。

本次调查采用自编的“全国小学生思想道德状况调查”问卷，问卷结构的确定以 2004 年中共中央《关于进一步加强和改进未成年人思想道德建设的若干意见》和 2005 年教育部《关于整体规划大中小学德育体系的意见》为主要依据。问卷包括 86 项测题，共分成政治思想、基本道德品质、心理健康、德育环境四个维度。

本次调查对象为全国小学四年级和六年级学生。抽取的样本包括六个省份：江苏、山东、湖南、河北、四川、甘肃，兼顾了东、中、西部三个地区，共计 5 376名学生，其中，省会城市2 774名，非省会城市2 602名。市区2 710名，县城1 437 名，乡镇1 229 名。男生占 49. 7%，女生占 50. 3%，四年级学生占 50. 6%，六年级学生占 49. 4%。

在对调查数据进行编码、录入、查错改错等基础上，主要对数据进行了频数分析和交叉分析，分析工具采用 SPSS for Windows11. 5 版。此外，我们还召开

---

* 刘金明，天津市教育科学研究院副院长、研究员。

了由天津市部分老校长、德育主任、班主任、一般科任教师等四十余人参加的两次座谈会，进一步就当前小学生思想道德的现状、新变化、新问题、德育环境展开讨论，并就问卷调查的初步结果进行了座谈，借此从定性角度补充和深化对定量调查结果的认识。

二、调查结果

（一）小学生普遍具有强烈的爱国主义情感，在重大事件面前是非分明

数据显示，当听到奥运会颁奖仪式上奏响中华人民共和国国歌时，作为一名中国人，有94.3%的小学生激动，感到自豪和骄傲；当我国火炬手在法国巴黎传递奥运圣火时遭到破坏国家统一的“藏独”分子的围攻和抢夺时，有78.6%的小学生感到很气愤，有17.2%的小学生感到有点生气；当每次参加学校升国旗仪式时，有89.9%的小学生感到庄严。

（二）小学生思想具有趋于多元且务实、功利的特点，民主参与管理意识较强烈

1. 演艺人员、运动员成首选理想职业

当问到“你长大后想成为什么样的人”时，小学生的回答按百分比排序依次为：演艺人员（如歌唱家、演员等）、运动员25.1%；教师、医生20%；解放军、警察16.6%；科学家、工程师14.4%；企业家、商人8.2%，政府工作人员（如公务员等）4.2%；掌握专业技能的工人或种粮大户0.5%；其他11.1%。

2. 就业已成小学生第二大学习动机

在问到“你努力学习主要为了谁”时，回答为社会、国家的占40.9%，为父母的占8%，为自己的占47.5%，其他占3.6%。

为了更进一步细化“为自己”的内容，我们又进一步问了“你学习最主要的目的是什么?”回答“考个好成绩，上个好学校”的占11%，回答“将来可以挣钱，过个好日子”的占5.6%，回答“出人头地，长大后有出息”的占14.8%，这三个选项与学生将来在社会上立身、就业有关，三项合计31.4%，回答“学习本身很有趣”的占6%，回答“为父母争光”的占9.5%，回答“为国家做贡献”的占50.9%，回答“其他”的占2.1%。

3. 近七成小学生赞成投票选举班干部

当被问到“在选举班、队干部时，你赞成哪种方式产生”，回答“投票选举”的占68.6%，回答“全班轮流当”的占18.1%，回答“由老师指定”的只占13.3%。

4．逾七成小学生择友重德

小学生择友最看重的标准是，回答“人品好”的（如诚实，乐于助人等）占73.1%，“谈得来”的占13.9%；而外在的标准，如学习好，占9.3%，家庭条件好只占0.8%，其他占2.9%。

（三）小学生的基本道德品质素质令人喜忧参半，道德行为滞后

1．三成左右的小学生在基本的诚信情境里的行为选择中表现矛盾、犹豫，存在明显的不稳定性

我们从欺骗说谎、投机取巧，考试作弊、哥们义气、不守诺言，见利忘义六种不同的情境较全面地考查了小学生的诚信品德。调查结果显示82.3%的小学生基本能做到不撒谎，76.5%的小学生能做到考试不作弊，72.4%的小学生能做到不见利忘义，65.2%的小学生能做到“大义灭亲”，66%的小学生能做到不欺骗。但同样是这些情境，有33.4%的小学生偶尔有欺骗行为，16.9%的小学生虽然不作弊，但内心很矛盾，40.7%的小学生能容忍不守诺言的行为；28.6%的小学生有时会讲哥们义气而置诚信于不顾；22.8%的小学生在义和利面前矛盾、犹豫，取舍困难。上述六种行为，不信守诺言和投机取巧行为更严重。

2．绝大多数小学生孝亲意识强，但孝亲行动滞后；大多数小学生尊师但不唯师

调查显示，81.6%的小学生当家里有好吃的东西时，能想到父母；只有65.3%的小学生会主动帮父母做些力所能及的事情。

在尊敬教师方面，有32%的小学生认为老师怎么说就怎么做是尊师的表现，但有65%的小学生认为“老师说得对才做”是尊师的表现。93%的小学生在学校遇到老师会上前主动问好。

3．近两成学生遵守公共秩序的行为具有情境性的特点

调查显示，有79%的小学生能做到排队上车，但有18.1%的小学生也会视情况而定；有80.5%的小学生能遵守交通规则，绝不闯红灯，但也有18.2%的小学生在着急的时候会闯。

4．绝大多数小学生具有爱护环境的意识，但行动滞后

调查显示，当看见别人在校园里或教室里扔废纸、零食及包装等行为时，有93.6%的小学生明确表示了对这种行为的反对，表示很反感的占77.4%，有点反感的占19.9%，认为这样做没什么的人只有1.7%，认为情感上可以接受的也只有2.7%。

但当问到面对这样的行为自己如何做时，只有46.6%小学生表示会自己主动捡起来，41.6%的小学生表示会劝破坏环境的同学捡起来，明确表示不会管的占7.9%。

5. 有近半小学生存在过度消费行为

调查显示，有43.8%的小学生经常或偶尔购买一些新颖的文具、玩具、时髦的运动鞋等时尚物品，有69.9%的小学生的纸、笔、本等文具没有用完或用坏就换了新的。

6. 小学生具有较强的劳动意识，但劳动习惯严重缺失

调查结果表明，小学生对家务活的看法，认为也是自己应该干的占85.8%；班上值日做卫生时，愿意做，认真打扫的占88.0%。这表明，八成多小学生具有较强的劳动意识。

调查数据显示，在干家务活（如洗衣服、扫地、擦地、洗碗、洗菜、倒垃圾等）时，自己主动干的占58.1%；在家，自己洗袜子的占55.5%；当父母不在家时，自己做些简单的饭菜来吃的占65.6%。

（四）大部分小学生生活得很愉快或比较愉快，但烦恼也不少

1. 近一成小学生认为生活得不太愉快

对“你现在生活得很愉快?”回答符合的占59.5%，比较符合的占31.5%，不太符合的占7.4%，不符合的占1.7%。

2. 近七成小学生有烦恼，烦恼主要来自学习压力大，父母期望值高

调查发现，小学生认为最烦恼的问题依序为学习紧张压力大（22.2%），父母期望值太高（17.9%），同学中没友谊（8.0%），各种课外学习班太多（7.7%），家庭经济困难（4.8%），家庭气氛紧张（3.7%），其他（5.1%），回答没有烦恼的占30.9%。可见学生最烦恼的问题排在前三位的分别是学习压力大、父母的期望值高、同学中没友谊。主要还是集中在学习方面、与父母关系方面和交友方面的问题。

3. 大多数小学生主动与人交往

调查数据表明，有79.9%的小学生在人际交往中会采取主动，14.2%的小

学生采取被动、独来独往，不与人聊天的有5.9%。从知心朋友情况看，有3个以上知心朋友的占79.1%，有1—3个知心朋友的占18.9%，1个也没有的占2%。大多数小学生的人际交往状况良好。

4. 多数小学生意志力较差

调查数据表明，在问到"当你下定决心要做一件事情时，是否会因遇到困难或被其他有趣的事情吸引而难以坚持到底时"，只有38%的小学生回答"从不这样"，"有时这样"的占53.4%，"经常这样"的占8.6%。

（五）小学生的思想道德成长环境：家庭、学校与社会各有弊病

1. 多数小学生认为父母最关心的是自己的学习成绩

调查结果表明，父母最关心孩子的学习成绩，占42.1%，其次是身体状况，占27.7%，第三是人品，占14.4%，第四是生活得是否愉快，占9.2%，有6.5%的小学生选择了"其他"。

2. 约四分之一的小学生与父母的关系密切，近二成关系疏离

有24.6%的小学生和父母无话不谈；有57.1%的小学生有时说话，有时不愿意说；有11.3%的小学生回答与父母谈不来，很少说；7%的小学生回答从来都不说。

3. 师生关系不够密切

在问到被调查者"在学校，你认为对自己产生良好影响最大的人是谁?"时，班主任（48%）排第一，其次是同学（29.7%），其他科任教师排第三（6.6%）。11.8%的小学生认为对其产生良好影响最大的人不在学校，有3.9%的小学生未填。

在问到"当你遇到学习、生活方面的问题，如学习成绩退步或同学之间闹别扭时，老师经常找你谈心吗?"回答"经常"的占24.3%，回答"有时"的占48.5%，而有27.2%的同学回答"从无"。

在问到"当你有烦恼和困难的时候，你常常如何做?"时，有44.4%的小学生回答自己解决；有23.4%的小学生回答找同学诉说，有19.8%的人回答找家长诉说，而回答找老师诉说的只有7.7%，回答其他的占4.7%。

在问到"你遇到过老师的体罚或变相体罚（如罚多做作业、罚站等）吗?"，有2.9%回答"经常"，有37.8%的人回答"有时"，二者相加占40.7%，回答"从没有"的占59.3%。

问到"在做人方面，你的老师有没有言行不一的情况?"时，回答"经常

有”的占5.0%，“有时有”的占29.8%，二者相加占34.8%，有65.2%的学生回答“从没有”。

4.《品德与社会》课受欢迎，但常被挤占

在问到“你喜欢上《品德与社会》课吗?”回答很喜欢的占54.3%，比较喜欢的占36.9%，上不上无所谓的占5.9%，不喜欢的占2.9%，说明《品德与社会》课受到绝大多数同学的欢迎，上课的效果还是不错的。

在问到“你们班的《品德与社会》课是否按时上”时，62%的小学生回答按时上。回答经常被语文、数学等主科挤占的占8.1%，有时被挤占的占25.7%，根本不上的占4.2%。

5. 电视、网络等媒体对学生成长影响大

调查结果显示，平时小学生获取国内外大事、国家政策等时事信息的最主要渠道依次为电视、电台的新闻节目（54.4%）、报纸（14%）、网络（12.5%）、《品德与社会》课（10.2%）、家长同学间的谈话（4%）、学校广播（3.2%），其他（1.7%）。

当问到“当前的电视、网络等媒体是否对你的成长有良好的教育和引导作用”时，认为“总是有的”占32.4%，认为“有时有的”占59.8%，认为“从没有甚至有不良影响的”占到7.8%。

6. 过半数小学生很少去或不知道校外青少年教育活动场所

在问到“你是否常去纪念馆等青少年校外教育活动场所”时，学生的回答表明，经常去青少年校外教育活动场所的除校外图书馆外，只占总人数的二成，除校外图书馆外，很少去或不知道这些青少年校外教育活动场所的占半数以上（见表1）。

表1 你是否常去下列地方（%）

	经常去	有时去	很少去	不知道	后两项合计
纪念馆	11.4（5）	28.5	43.5	16.6	70.1
博物馆	16.6（4）	30.2	37.8	15.4	53.2
科技馆	19.8（3）	7.6	36.0	16.6	52.6
青少年宫	22.6（2）	25.4	33.6	18.4	52.0
校外图书馆	61.2（1）	21.2	12.6	4.9	17.5

7. 逾八成小学生上过网，上网以查资料、玩游戏、聊天为主

从调查的数据看，没上过网的只占18.6%，81.4%的小学生接触过网络，他们上网最喜欢做的事依次为查资料（34.1%）、玩游戏（17.8%）、和同学朋友聊天（14.9%）、看网络电视、电影（6.5%）、看新闻（4.5%），其他（3.7%）。

三、结论与建议

根据我们的调查结果，并综合几次座谈会中教育一线德育工作者的意见，我们认为当前和今后一个时期小学生德育工作应围绕以下重点展开。

（一）弘扬正确的价值观，防止功利主义思想的蔓延

由调查可知，小学生的思想中功利主义有抬头趋势。功利主义不能说不好，它是社会现实的客观反映，但如果不加以正确的引导，任其过分膨胀，就会导致物质主义和极端个人主义，不能与人的发展达到共享共生的和谐状态。将青少年由工具理性引导到价值理性上来，是德育工作与现代化进程要求相一致的历史使命。当前尤其要注意加大对科学家、技术工人、农民等社会主义劳动者的正面宣传；对具有远大理想追求的典型人物的宣传，对淡泊名利、追求更高层次精神修养的典型人物等的宣传，切实发挥榜样的教育力量。

（二）注重道德养成训练，使学生知行统一

德育不是口号，真正的道德是行为。调查显示，小学生们已具备较强的道德意识，但是尚有明显的言行不一的表现。小学生正处在道德行为规范的养成时期，要对他们的行为进行训练，从点滴入手，从细节开始，做到知行统一。当前尤其要加强孝亲行为、遵守公共秩序行为、环保行为、文明礼貌行为、爱护公物行为、文明语言行为等基本行为的养成训练。

（三）关注小学生的生活质量，还孩子们一个快乐童年

童年应当是一生中最幸福的时光。而现实的情况是，由于社会竞争等多种因素导致的“应试教育”，使青少年没有更多的时间去游戏、去锻炼、去参加社会实践和其他感兴趣的活动。少年儿童是祖国的未来，我们除了要使他们从小具备社会生存的本领之外，还要使他们具备快乐生活的本领，拥有一个快乐幸福的人生。

（四）优化德育环境，实现全方位育人

德育涉及学校、家庭和社会的方方面面，教师、家长和全社会应共同努力，优化德育环境，实现全方位育人的目标。建议实施小学生家长道德教育素质提升工程、社会环境提升净化工程、青少年校外德育实践基地拓展工程以及实施素质教育推进工程，为青少年的健康成长创造良好的环境。

（原载《中国德育》2010 年第 6 期）

中小学安全管理现状调查

徐美贞*

一、目的与方法

为了加强和改进中小学安全工作，在教育部基础教育一司直接领导和联合国儿童基金会的资助下，在2005年安全现状调研的基础上，我们于2009年11月再次对中小学的安全管理现状进行了全面的调查。

本次调研主要采用问卷调查法和访谈法。问卷自编，分别从安全事故发生现状、学校安全管理机构、安全设施设备配置、重点时段和人群的安全管理、应急与突发事件处理、保险等几个方面设计了教师问卷和学生问卷，以期从教师和学生的认知角度来探究校园安全管理现状。

本次调查抽样的样本考虑到了地域差别、城乡差别和学段差别。共回收有效学生问卷5 164份，有效回收率为95.6%。共回收有效教师问卷4 804份，有效回收率为96.1%。

二、结果与分析

（一）学校发生安全事故现状

1. 绝大多数学生认为学校是一个安全的场所

* 徐美贞，中央教育科学研究所基础教育研究中心副研究员，中国教育学会中小学安全教育与安全管理专业委员会秘书长。

55.8%的被调查学生认为每天在学校生活和学习感觉“很安全”，33.2%的学生认为“安全”，仅有1.4%的学生认为“不安全”。

2.“上下学路上”“课间休息”“上下楼梯时”和“节假日”最易发生安全事故

调查结果显示，教师反映学生最容易发生意外伤害的三个主要时段分别是“上下学时”（41.2%）、“课间”（24.6%）和“节假日”（21.1%）（见图1）。学生认为最易发生安全事故的三个主要环节依次是“上下学路上”（67.6%）、“上下楼梯”（39.3%）以及“课间休息”（33.7%）（见图2）。调查结果不存在地区、城乡的差异。

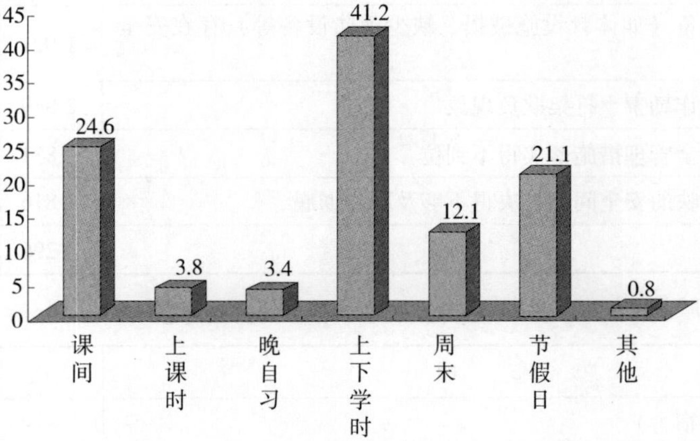

图1　学生安全事故的易发时段

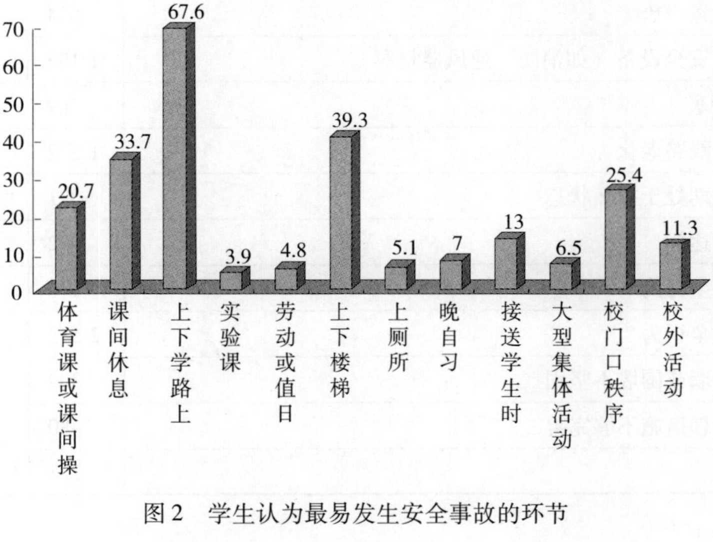

图2　学生认为最易发生安全事故的环节

3．学生最担心同学间的敲诈勒索和打架欺负现象

调查结果表明，校园内最让学生担心的三个安全问题依次是："同学间存在敲诈勒索、打架欺负现象"（57.3%）、"学校有些场所（如厕所、楼梯等）存在安全隐患"（40.9%）和"学校的设施设备（如体育设施破损、缺少消防设备等）存在安全隐患"（28.1%）（见表1）。这与对教师的调查结果高度一致（见表2）。

表1　学生反映在校园中最担心的安全问题

选　　项	人次	百分比（%）
学校有些场所（如厕所、楼梯等）存在安全隐患	2 060	40.9
学校的设施设备（如体育设施破损、缺少消防设备等）存在安全隐患	1 921	28.1
同学间存在敲诈勒索、打架欺负现象	2 889	57.3
学校制订的安全管理措施落实得不到位	831	16.5
教师对学生反映的安全问题解决得不够及时和彻底	816	16.2
其他	296	6.1

表2　教师反映学校存在的安全隐患

选　　项	人次	百分比（%）
危房（教室、宿舍）	819	17.4
建筑物的门窗、栏杆不牢固	842	17.9
食堂缺乏消毒设施	624	13.3
缺乏必要的安全设备（如消防、通风器材等）	1 195	24.9
疏散通道堵塞	769	16.0
电器设备、线路老化	1 272	27.0
楼道照明长期处于损坏状态	321	6.8
楼梯宽度不达标	932	19.8
教师的不安全行为	176	3.7
学生的不安全行为	2 513	53.4
没有校园围墙或围墙不坚固	309	6.6
学校安全管理措施不够完善	480	10.2
其他	221	4.7

4. 学生上下学路上最担心交通安全和社会治安问题

73.6%的学生在上下学路上最担心的安全问题是“发生交通事故”。学生第二担心的是“被抢或被索要钱物”，占40.3%（见表3)。“被狗或其他动物追咬”是西部地区（52.2%）和农村学校（42.2%）的学生担心较多的安全问题。

表3 学生上下学路上最担心的安全问题

选 项	人次	百分比（%）
发生交通事故	3 754	73.6
被抢或者被索要钱物	2 057	40.3
被坏人性侵害	544	10.8
被人拐骗	1 080	21.1
被狗或其他动物追咬	1 503	29.4
没有合格的车辆可以搭乘	460	9
其他	93	1.9

5. 教师认为“学生自我保护能力差”是学校发生安全事故的首要原因

调查结果显示，教师认为学校发生安全事故的四个主要原因依次是“学生自我保护能力差”（58.7%）、“学校周边环境存在不安全因素”（42.5%）、“学生对安全教育问题不重视（27.2%）”和“家长对安全教育问题不重视（27.2%）”。县镇学校教师认为“安全教育内容脱离生活实际”，县镇和农村学校教师认为“校领导对安全管理和教育问题不重视”也是学校发生安全事故的重要原因（见表4)。

表4 学校发生安全事故的原因（%）

选 项	地区			城乡			学段			合计
	东部	中部	西部	城市	县镇	农村	小学	初中	高中	
校内安全设施缺乏	11.7	6.6	7.6	16.8	13.2	23.8	8.4	9.9	7.3	8.3
学生自我保护能力差	72.0	57.2	54.3	14.3	9.4	16.9	67.3	56.0	48.5	58.7
校领导对安全管理教育问题不重视	3.3	2.7	6.9	13.8	27.1	33.3	3.4	5.7	8.7	4.9
教师对安全教育问题不重视	2.3	3.6	12.7	11.5	25.1	9.3	6.0	9.2	11.3	7.6
学生对安全教育问题不重视	32.5	27.9	24.0	29.4	21.8	31.2	27.1	26.8	30.6	27.2
家长对安全教育问题不重视	26.4	27.5	27.4	2.6	6.8	9.4	29.0	30.3	19.6	27.2

续表

选　　项	地区			城乡			学段			合计
	东部	中部	西部	城市	县镇	农村	小学	初中	高中	
安全教育内容脱离生活实际	5.3	7.6	9.2	14.6	32.3	12.2	4.9	9.1	15.0	7.8
安全教育形式单一，光说不练	11.0	12.0	17.2	2.7	6.3	2.1	11.8	20.6	11.4	14.3
学校周边环境存在不安全因素	45.9	44.1	39.9	53.3	61.5	47.0	38.6	43.7	48.2	42.5
学校承担过多责任	19.1	15.9	19.5	4.2	2.7	12.1	20.2	17.8	15.7	18.5
其他	0.7	1.4	5.0	5.5	12.1	12.1	3.1	4.0	1.0	3.0

6. 教师认为学生“违反交通规则”“打架斗殴”“拥挤打闹”“私自游泳”最易引发安全事故

教师问卷调查表明，由学生自己导致发生安全事故的四大行为依次为“违反交通规则”（45%）、“打架斗殴”（37%）、“拥挤打闹”（34.8%）和“私自游泳”31.5%（见表5）。教师对安全事故发生原因的看法存在地区之间、城乡之间和学段之间的差异。东部地区学校、农村学校和小学教师反映学生“购买

表5　造成安全事故的学生行为

选　　项	地区			城乡			学段			合计
	东部	中部	西部	城市	县镇	农村	小学	初中	高中	(%)
体育运动	9.0	8.7	13.2	13.5	8.4	9.4	9.9	8.8	13.4	11.0
违反交通法规	57.7	44.0	38.6	39.9	44.4	50.7	49.6	43.8	37.1	45.0
私自游泳	26.0	21.9	38.8	23.0	29.1	41.0	40.0	24.3	23.8	31.5
搭乘不达标车辆	16.0	18.9	19.8	15.0	14.3	26.3	18.7	20.3	16.8	18.6
拥挤打闹	44.1	33.7	30.3	36.9	44.2	25.0	41.0	32.6	22.8	34.8
打架斗殴	29.8	38.7	40.1	36.5	41.7	34.0	28.0	43.9	52.1	37.0
购买无照商贩的食品	31.3	20.5	26.2	24.7	22.3	27.5	31.2	20.0	15.3	25.2
去网吧	23.6	22.7	27.8	22.2	32.5	22.1	21.3	28.3	34.7	25.5
与校外无业人员交往	17.7	19.2	18.6	20.2	22.2	14.5	8.0	29.5	29.4	18.5
不请假离校	16.7	14.8	16.7	17.6	13.3	17.1	14.5	16.4	20.2	16.2
谈恋爱	1.3	4.9	3.6	4.6	2.9	2.8	2.2	3.2	6.4	3.3
违反学校纪律	17.5	22.3	14.0	22.4	14.9	15.4	18.7	15.6	15.7	16.9
其他	0.9	0.7	0.8	0.9	0.5	0.9	—	—	—	0.8

无照商贩的食品”，中部地区学校、县镇学校和高中学校教师反映学生“去网吧”，以及初中和高中学校教师反映学生“与校外无业人员交往”等行为也容易引发安全事故。

（二）学校安全管理现状

1. 仍有近一半的学校安全管理政策落实不到位

52.3%的教师反映学校在收到上级发送和传达的关于安全问题的文件后，分管校长会详细解读并贯彻落实。但是也有接近一半的教师认为学校对安全管理政策的落实不到位，仅仅只是在大会宣读或批示给相关人员即了事（见表6）。

表6　学校对安全管理政策的落实情况

选　　项	人次	百分比（%）
不传达	115	2.6
大会宣读	1 191	26.6
批示给相关人员	662	15.4
校长解读并贯彻落实	2 339	52.3
不清楚	138	3.1

2. 学校安全管理机构已较为完善

调查结果显示，84.6%的教师反映学校有安全管理机构，有专人负责且都能负起责任来。70.1%左右的教师认为教育部门布置、检查、落实学校安全管理工作的实效性“好”或者“很好”，83.7%的教师认为本校安全管理工作的实效性“好”或者“很好”。

3. 绝大多数学校能够随时排查或定期排查安全隐患

43.0%的教师认为学校能够“随时排查安全隐患”，46.4%的教师认为学校“定期排查安全隐患”。9.8%的教师选择了“有人报告后排查安全隐患”。但仍有0.8%的教师选择了“从不排查”（见表7）。

表7　学校排查安全隐患的情况

选项	人次	百分比（%）
随时排查	1 945	43.0
定期排查	2 098	46.4
有人报告后排查	445	9.8
从不排查	36	0.8

4. 西部学校和农村学校的操场设施安全隐患较大

在“你校操场上的运动设施全部做过安全防护处理吗”一题中，有64%的学生选择“全部”，但也有10.7%的学生选择“没有”。可见操场设施在大多数学校情况较好，但在部分学校仍然有很大的安全隐患。

从地区来看，东部好于中部和西部：有78.4%的东部学生选择了“学校操场的运动设施全部做过安全防护”，中部为62.7%，西部为57.5%。而选择“没有”的比例在东、中、西部则分别为3.1%、12.6%和13.9%。

从学校位置来看，城市和县镇学校间的差异较小，但农村学校的安全隐患较大，仅有54.4%的学生选择“全部”设施做过安全防护处理，还有12.5%的学生选择“没有”。

5. 近九成学校教师经常提醒学生注意安全，但仅五成左右学校经常有教师监督学生集中时段的上下楼行为

在回答“同学们进行课间和课后活动时，老师经常提醒同学注意安全吗”的问题时，89.9%的学生选择了“经常”。在询问“课间和上下学集中上下楼时段，你校有没有老师在教学楼楼梯处疏导或指挥”时，56.6%的学生选择“每次都有”，12.7%的学生选择“没有”（见表8）。

表8　课外时间安全管理

		老师提醒同学注意安全情况		教师在楼道处疏导或指挥情况	
		人次	百分比（%）	人次	百分比（%）
有效样本	经常	4 627	89.6	2 870	55.6
	有时	367	7.1	1 005	19.5
	偶尔	133	2.6	553	10.7
	从不	22	0.4	644	12.5
	总计	5 164	100.0	5 164	100.0

6. 逾三成学校缺少安全通道、应急灯以及应急疏散示意图等设施和提示

在“你校有下列安全提示和设施吗”一题中，学生反映学校的提示和设施率为：“有上下楼梯迎面墙上的安全提示和安排宣传画，如靠右走、慢走等”的占89.8%、“有安全宣传栏或黑板报”占88.4%、“有安全通道和应急灯”占62.9%和“有应急疏散示意图”占52.8%，还有1.4%的学生选择“没有”（见表9）。

表9　学校内是否有以下的安全提示和设施

选　　项	人次	百分比（%）
有上下楼梯迎面墙上的安全提示和安排宣传画，如靠右走、慢走等	4 616	89.8
有安全通道和应急灯	3 235	62.9
有应急疏散示意图	2 715	52.8
有安全宣传栏或黑板报	4 545	88.4
没有	74	1.4

7. 近两成学生未买保险，一半左右的教师反映学校由当地政府购买了学生意外伤害校方责任险

对学生的调研结果表明，81.8%的学生购买了保险，但是还有19.2%的学生没有购买保险。对教师的问卷调查表明，55.2%的教师反映所在学校由当地政府购买了学生意外伤害校方责任险（见图3）。

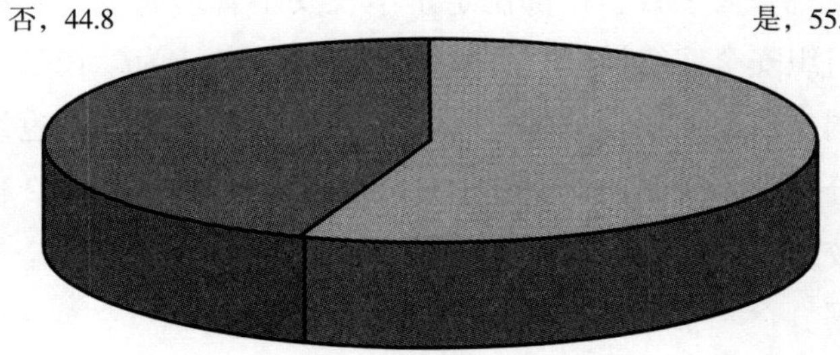

图3　学校购买学生意外伤害校方责任险的情况（%）

8. 近八成学校制订了比较完备的应急预案，中西部地区尚有学校从未组织过安全演练活动

问卷调查结果显示，56.2%的教师反映学校“制订了完备的应急预案并进行演练”。20.2%的教师反映学校“制订了完备的应急预案”，20.3%的教师反映学校只制订了“应对部分事故的应急预案”，此外，还有3.2%的教师反映学校“没有制订应急预案”（见图4）。

约八成的学校都比较重视安全演练活动，每学期会开展1—2次演练活动。初中学校和高中学校组织安全演练的平均次数少于小学；从未组织过安全演练的学校主要集中在中部地区和西部地区。

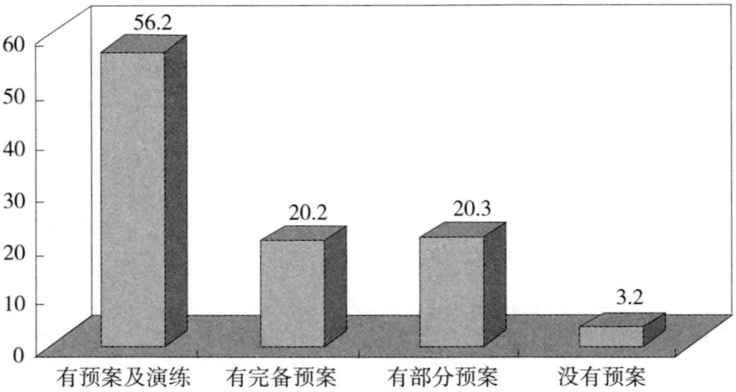

图 4　学校应急预案情况（%）

三、讨论与建议

（一）学校安全状况总体趋好，但仍需常抓不懈

本次调研发现，大多数学校都制定了学校安全管理制度，开展了安全教育活动，能定期组织安全演练活动，并且绝大多数学生认为学校是一个安全的场所，这表明我国中小学的安全状况总体趋向良好。但是调研中也发现学校安全工作存在两极分化现象，例如，有的学校能确保每学期开展 1—2 次安全演练活动，而有的学校从未开展过，这种差异提示我们仍需要重视安全工作，对安全问题要常抓不懈。

（二）学校安全管理应落实到行动中

调研结果显示，中小学基本都制定了一定的安全管理制度，但是其完善性和执行力有待改善，特别是要注意学校日常生活细节的管理。实践表明，有些安全隐患问题的解决需要有一定的经费支持，但是更多的问题可以从严谨、科学的管理中得到很好的预防。例如，课间和课后是意外伤害发生频率相对较高的时间段之一，但目前教师对课间和课后安全的重视还主要是停留在口头提醒上，近年来学校中时有发生的拥挤踩踏事故就是一个惨痛的证明。为此教育部制订了很多有关的管理措施，其中对于预防拥挤踩踏事故最有效的一条措施是“每次课间和上下学集中上下楼时段安排教师值班疏导”，但本次调研发现仅有一半左右的学校能够做到这一点。如果学校能够做到将口头提醒和现场疏导结合起来，将能更好地保证学生的安全。

（三）增加投入，提高学校安保质量

政府加大投入改善学校办学条件在农村地区尤为紧迫。访谈中，西部一农村学校校长说，目前80%左右的农村学校已经对危房进行了改造，但这些学校全都由于危房改造而负债累累。调查还发现，由于缺乏经费，教育行政部门对学校整改措施的支持力度不大，导致很多教师对教育行政部门的安全工作执行情况不甚满意，甚至认为他们对学校安全管理工作的部署和检查工作只是在走过场。经费问题直接影响到学校的安全设施水平，最终会影响到学校整体的安全教育与管理质量。建议政府把对学校的安全保障经费纳入常规的教育预算，确保学校有足够的资金来聘请保安并配置和维护必要的安全防护装备，提高学校人防、物防和技防的水平。

（四）推广校方责任险，缓解学校安全工作压力

根据本次调查统计，东部地区已有相当一部分学校由政府出资购买了校方责任险，这在一定程度上减轻了学校安全工作的压力，深受学校的欢迎。但是广大中西部地区的地方政府很少为学校购买这个保险。我们认为，应该在全国各地推广校方责任险，以此来缓解学校安全工作的压力和减轻安全事故后的学校经济负担。此外，由于义务教育阶段的学校是政府举办的非盈利机构，因此应该由政府出资购买校方责任险；对于非义务教育阶段的学校，可以由政府和学校分担购买资金。

（五）落实联席会议制度，共同营造安全、健康的学校周边环境

改善学校周边环境需要学校和社会有关部门携手共同应对。《中小学幼儿园安全管理办法》明确规定了教育、公安、司法行政、建设、交通、文化、卫生、工商、质检、新闻出版十个部门的不同职责，要求这十个部门“在本级人民政府的领导下，依法履行学校周边治理和学校安全的监督与管理职责”，“建立联席会议制度，定期研究部署学校安全管理工作，依法维护学校周边秩序”。近年来，各地开展了一些积极有效的探索。但是，仍有许多地方的联席会议制度并未发挥效用。落实联席会议制度、创新学校安全工作新机制，是营造安全健康的校园周边环境的一个重要保障，应该引起足够的关注。

（原载《中国德育》2010年第7期）

基于文化情境的儿童道德教育探索

李庆明*

儿童是纯洁的，也是脆弱的，他们需要扶持和教育。但现代社会发展产生许多严峻问题，如社会转型过程中剧烈的价值冲突引起的道德困境，全球化进程对不同文明的冲击，等等，使得儿童道德教育面临挑战。

传统的道德教育一味诉诸知识灌输、诉诸行为训练、诉诸权威控制、诉诸精英式的“美德”教育、诉诸肤浅的感官快乐，背离了德性成长和道德教育的本性，造成道德教育的低效、无效甚至负效。我主张，摒弃这种德育取向和模式，转而通过优化儿童道德境遇，构建一种基于文化情境、回应现代社会对公德伦理素养的迫切诉求，同时又最大限度地传承本土道德文明的全新德育模式。

一、“文化情境”概念的初步厘定

本文把“文化情境”作为核心概念，对它的理解可以从“文化”和“情境”中探寻到线索。

关于“文化”，从词源学分析，在西方，它有耕种、练习、居住、留心和敬神等意思。在中国，“文”通“纹”，“化”从“人”从“七”，七是回首从人的意思。无论是东、西方，“文化”最初都包含着对自然（耕种）和对人（培养与改造）两个层面，都具有改变和摆脱自然状态（外在自然和内在自然）的意味。1871 年，英国文化人类学家泰勒在《原始文化》一书中给出了“文

* 李庆明，中央教育科学研究所深圳南山附属学校校长、特级教师。

化”的经典定义：文化或文明，是作为一个社会的成员所获得的知识、信仰、艺术、法律、道德、习俗及其他能力与习惯的综合体。到了康德时代，随着“人是什么”的问题突出，康德提出“自然向人生成”和“人是目的”的主张。康德认为，一个生存于自由之中的存在者之能力的创造过程称为文化，唯有能够成为最终目的的东西才是文化。[1]康德还特别提出文化和道德的内在联系，并认为只有教育才能创造真正的文化，才能塑造真正的文化人。马克思扬弃康德的文化哲学思想，从本体论、历史论和目的论三者辩证统一的高度提出“人就是人本身”“人是人自己的历史”“人的个性自由全面发展”等命题。这种文化哲学传统启迪了我所理解的道德教育的基本价值追求，即反对任何形式的精神奴役，拒斥心为物役的精神扭曲，崇尚扎根于儿童心灵深处的对自由、高卓、尊严、纯真、圣爱和诗意的精神祈望。

关于“情境”，在国外许多心理学流派，如格式塔心理学、维列鲁学派、建构主义理论等都把“情境”作为基本或核心概念。当代情境认知理论认为，知识是情境性的，学生在一种真实或逼真的文化情境中学习，能有效促使学习者完成对共同体的文化适应。境遇伦理学家弗莱彻则认为，道德规则只有当它们在某一特殊情境中符合“上帝之爱”的要求时才是正确的，但如果在某种情况下不遵守这些规则更符合上帝要求的话，那就应当将它们弃之不顾。弗莱彻强调每一事例的独特性，以及在每一事例中都应当考虑是否符合“上帝之爱”的终极原则而采取行动，不管这种行动是否和传统的道德规则相悖，甚至和法律相抵触。“情境”在中国文化中是一个重要的美学概念，表达的是情与境的相互交融、和谐同一。中国传统文化的“境界说”反映了对人与自然、社会以及人自身的心灵和谐的追求。马克思在《1844 年经济学—哲学手稿》中认为：共产主义“作为完成了的自然主义，等于人本主义，而作为完成了的人本主义，等于自然主义；它是人和自然界之间、人和人之间矛盾的真正解决，是存在和本质、对象化和自我确证、自由和必然、个体和类之间的斗争的真正解决”。马克思的新自然主义思想，强调对象世界或客观环境由于人的活动的全面展开成为一种“人化”的现实环境，这种人化现实环境或人与环境的和谐统一是人健全发展的基础。

据此，我们把教育中的“文化情境”看做儿童作为完整的人全身心地活动于其中，并且处处证明着、显现着和发展着人的生命力量的教育环境，它体现着儿童与教育环境的全面和谐的统一，具有亲和性、审美性、体验性、整体性、生成性等特征。这种文化情境富于深刻的人文意蕴，儿童自由地活动其中，与之相互作用并达到心灵契合，全面确证和伸展儿童的道德生命力量。这样的文化情境本身就具有道德性，因为它指向儿童成长，指向人本身。基于文化情境的道德教育是根据情境的“真”“情”“思”“美”的特点，利用、优化和整合各种自然的、生活的、文本的教育资源，充分发挥它们在促进儿童道德成长中的诱导、激励、弥散、启迪、濡染、整合等功能。这种“真”不是逻辑的真，也不是实证的真，而是生命存在的真；这种“思”，不是逻辑的或观念论的思，而是自我直觉、自我体验的思；这种“思”和“情”是联系在一起的，而这种境界之“美”追求的则是精神上的天人合一。据此理解，道德教育是要建构一种积极的精神生命，因此，必须重视价值引领、信念认同、终极关怀和智慧追求，从而建立起学校道德教育的精神哲学，打造积淀厚重、情理交融、充满活力、风貌独特的学校道德教育文化。我们提出道德教育的“田园化”追求，正是学校教育回眸传统、立足现代、面向未来的一个战略选择，是一种汲取中国田园文化精髓和充满时代内涵的新型文化。

二、文化情境德育的基本主张

境遇伦理学家弗莱彻说过：哪里有了境遇所提出的问题，哪里就有真正的伦理学。道德在本质上是情境性的，道德关涉的人的价值和意义问题，必须和某种情境联系起来才能被人理解，换言之，意义就是人们处理不同境遇问题所表现出的人生态度。进一步说，儿童的道德成长，本质上讲，是主体在自我道德经验和新的道德要求之间充满戏剧性冲突的情境中激活道德潜能并不断获得道德自我实现的一种生命经历。

（一）道德是在情境中激活的自然禀赋

道德潜能存在于每个儿童的自然机体中，是人的社会性本能的有机组成部分。正如康德所说，任何人心里都有这样一种形而上学，虽然经常处在晦暗的状态中。道德内在于人的需要，具有某种先验性，这种先验性部分来自个体的生物性潜能。道德潜能是经过亿万年的生命演化的产物，形象地说，是自然对人的一种“馈赠”。当然，道德潜能只是一种“沉睡着的力量”，它会因为不同的现实情境而在价值取向上表现出很大的差异性。因此，道德教育应当致力于营造具有教育意义的情境，唤醒儿童的道德潜能，使之转变为一种现实性。

（二）道德是在情境中培育的实践理性

道德存在于人与自然、与他人、与社会、与自我的互动中，它以行为规范、行为目的、行为理念或行为信念的形式出现，直接引领人的实践活动。它源于实践，与实践相伴，并回归实践，因而是一种“实践理性”。实践理性存在于人的价值生活领域。价值生活与认知生活不同，涉及的是人的生命意义，进一步说，涉及对物我、人己、有无、色空、虚实、生死、忧乐、荣枯、贫富等的把握，涉及心灵的烦恼、孤寂、畏惧，或惬意、清静、超脱，或自由、不朽、永恒等人生问题。这些超出了人的认知能力范围，需要人在生活中体味、领悟和抉择。实践理性体现了人的道德自主性，但同时也具有一种受动性。道德实践的受动性常常表现为人在各种社会性关系中受制约、磨砺的性质，它与苦恼、畏惧、容忍、艰难等理智、情感和意志活动相伴随。这种受动性是儿童道德发展的重要资源和宝贵财富，它与道德实践的主体性相互滋养，不仅不会成为对人道德发展的压制性力量，反而会成为人的道德生活中的一个自我享用的源泉。因此，道德教育应当植根于儿童社会性实践活动的情境中，在富有价值和意义的各种能动和受动的活动境遇中激活儿童的道德潜能，壮大儿童的道德生命力量。

（三）道德是在情境中濡染的文化品格

道德在文化中占有重要地位，西方早期的“文化”概念中有敬神、完善人内心世界的道德意义，在中国古代，“文化”的意思就是人文教化。事实上，不同类型文化的精神内涵往往都集中反映在其道德取向上，如释家的苦感文化、基督教的原罪文化、儒家的乐感文化等。文化是涵育人性的，人赢得文化的重要表征是道德。所以，摆脱了自然欲望的束缚，按照道德意志自我实现的人才是所谓的“文化人”，即“受过教育的人”。道德教育正是要在多元的文化情境中提升儿童的精神素质，涵养文化品格，高扬道德的理性力量，将培育有道德的“文化人”和有文化的“道德人”作为根本目标。

（四）道德是在情境中丰润的生活意义

真实生活是儿童道德发展的源泉，但人的生活境遇各不相同，有顺境，有逆境，正是丰富多彩的生活情境彰显了人的生存意义和价值。所谓“富贵不能淫，贫贱不能移，威武不能屈”说的就是生活情境与人生意义的关系。只有通过体验真实生活和百味人生，人才能不断超越自身，扩展和丰富个体的精神世界。道德渗透在现实生活的各个领域，包括经济生活、政治生活、精神生活以及充满偶然性的个人日常生活之中，因此，道德教育应当纠正迫使儿童与僵死概念打交道的弊端，回归真实生活世界，让生活成为儿童道德成长的老师。

（五）道德是在情境中生成的情理结构

道德是为了维系人类生存和延续而对个体发出的具有普遍有效性的行动要求或“绝对命令”，但另一方面，道德的要求与具体的社会历史情境和个人生活情境关联着，并且与个人的经验和情感相交织和融通，因而具有相对性和不稳定性。道德抉择往往是根据普遍的道德法则或良知，同时结合具体的道德情境作出的，换言之，道德在具体文化情境中达到情与理的交融。因此，道德教育应当利用或创设特定的文化情境，帮助儿童在个人情感经验（爱、恻隐、同情）的参与下发展出合乎情理的道德品质。

三、儿童道德教育的情境适应原理

儿童的道德学习不是现成地接受结论，而是个体和群体在特定文化情境中激活道德潜能并不断获得道德自我实现的一个生命历程。道德教育应当适合儿童的本性，建立充分反映儿童道德生命成长内在轨迹的“谱系”。否则，即使是最简单的道德要求，也不会真正为他们所接受，甚至会产生适得其反的后果。

（一）儿童的道德成长不是孤立的，而是儿童整个生命历程的有机组成部分，儿童道德文化建设应当尊重其人格发展的特性

儿童的人格发展是分阶段，依次展开，并渐渐成型的。处在不同发展阶段的儿童具有独特的内心生活，并承担一定的社会文化责任。因此，这个过程呈现出一幅阶段性与连续性相统一的发展图景。根据埃里克森的研究，婴儿期的发展任务是获得信任感，克服不信任感。儿童早期的发展任务是获得自主感，克服羞怯与疑虑感。学前期的发展任务是获得主动感，克服内疚感。从学龄期开始，儿童的发展任务是获得勤奋感，克服自卑感。进入青年期，儿童的主要任务是获得自我同一性，克服同一性混乱。自我同一性的确立是个体人格健康发展的标志，同时也意味着儿童期的结束和成年期的开始。[2] 人格发展的这些特性会对儿童道德成长产生深刻的影响，应当在道德教育中得到理解和高度重视。

（二）儿童的道德成长同儿童与他人的人际关系有着密切联系，儿童道德文化建设应当充分考虑儿童人际关系发展，尤其是同伴关系发展的特点

儿童人际关系主要有两种类型：一是与成人之间的“垂直关系”；二是同伴关系或“水平关系”。在与成人交往中，儿童的权威认知对他的社会化和道德发展会产生很大的影响。年龄较小的儿童倾向于遵从权威，随着年龄增长，儿童权威认知随着公正感、平等感的日益增强，表现出更多的理智成分。与这种关系相比，同伴关系对儿童道德发展影响更大。在整个儿童期，随着年龄增长，与同伴的互动成为儿童社会化发展越来越重要的因素。同伴关系从最初简单、零散的、“自我中心”的相互作用逐步发展为复杂、互惠性的、脱离“自我中心”的相互作用。这个过程经历孤立、水平分化、垂直分化、部分团体形成以及团体合并等阶段。[3] 儿童在同伴群体中会出现竞争和合作行为，这种经历对儿童社会化会产生不同作用。研究发现，同伴关系和同辈群体交往随着儿童发展会变得越来越重要，它们可以满足儿童的社交需要，使之获得安全感和归属感，有利于情绪的社会化和培养对社会环境积极探索的精神，有助于儿童获得更广阔的社会认知视野，掌握社会交往技能，获得平等互惠观念，促进儿童自我概念和道德人格发展。

（三）儿童的道德成长与情感有着更内在的关系，儿童时期是个体生命发展历程中最富于情感的时期

儿童道德文化建设应当特别呵护儿童的情感，努力适应儿童情感发展的特点，注重情感的纽带作用。在生命发展的不同阶段存在着不同类型、有助于道德发展的情感体验。在生命早期，联系感、依恋感和归属感的体验对儿童道德的最初成长有着非常重要的意义。儿童从悦纳自己的身体开始，在宽松和友善的气氛中逐步形成对身边环境的信赖，并懂得自我尊重。随着生命的逐步成熟，和道德有关的羞耻感、同情感、敬畏感、仁爱感等情感体验也开始不断丰富。在这些社会化情感的发展过程中，移情发挥了很大的作用。移情是儿童对他人情绪、情感做出的相同或相似的情绪性反应和理解，是一种对道德发展有着深刻影响的社会性情感。儿童移情随着年龄增长经历了一个从自我中心到非自我中心的发展过程。移情帮助儿童学会“从他人的眼中看世界”或者“站在他人的角度看问题”。随着移情能力的发展，儿童的社会交往、社会适应能力尤其是同情心、悲悯感也将得到相应发展。

（四）儿童的道德成长是儿童逐渐学会在具体道德情境中做出积极判断的过程，这个过程显现出一条由他律向自律不断演进的轨迹，儿童道德文化建设应当顺应这一轨迹

根据皮亚杰的研究，儿童道德发展经历了“前道德阶段”“前习俗水平”“习俗水平”和“后习俗水平”四个阶段。“前习俗水平”包括以奖惩与服从为定向和以工具主义、相对主义为定向的两个阶段；“习俗水平”包括以人际和谐为定向（双边的人际期望、人际关系以及人际协调）和以法律与权威为定向（社会系统和良心）的两个阶段；“后习俗水平”包括以社会契约与较高法则为定向（社会契约或社会功利与个人权利）和以普遍的伦理原则为定向的两个阶段。[4]儿童道德文化建设应当遵循儿童道德发展的规律，循序渐进、有针对性地促进儿童道德的自主建构，从而提高道德文化建设的有效性。

（五）儿童的道德成长具有很大的差异性，儿童道德文化建设应当充分考虑不同个体的独特性，因材施教

儿童间道德发展的差异有着非常复杂的成因和机理，有社会的，也有个体心理的，表现形式也各不相同，有所谓“弹性儿童”（能在恶劣环境中经受住考验，而且各方面发展良好的儿童）、亲社会儿童、受欢迎儿童，有争议儿童、受忽视儿童、被拒斥儿童、文化剥夺儿童、欲求不满儿童、品行不端儿童、反社会儿童、“失调儿童”等。这增加了学校道德教育的难度，但真正意义上的道德教育恰恰是需要基于这种独特性，并为了这种独特性，唯有如此，它才可能造就独立的道德自我。相反，如果忽视学生之间客观存在的差异，包括不同的道德需要、问题和生活情境，那么往往会造成道德教育的失误、失效和失败。

四、儿童道德在文化情境中的生成与建构

创造多样化的文化情境对儿童的道德文化建设会产生巨大合力。这些文化情境包括以下几种类型，它们的道德教育作用各不相同，但可以互相补充。

（一）日常文化情境：道德的规训

道德的养成始于日常生活，为儿童订立每日具体的行为规范，在具有威仪的情境中，包括所有教育者和被教育者在内，无一例外地进行或接受严格的日复一日、年复一年、不厌其烦的规训，并施以各种合理的奖惩，令个体行为合乎先行设定的规范标准，形成严明的纪律、操守、仪规、礼节、禁忌，由此逐

渐浸染人的德性。规训和奖惩尽管并不是最好的但却是最基本的熏陶方式。柏拉图的告诫至今仍然值得记取：规训和奖惩本身就是一种快乐和痛苦的训练，教育就是把儿童的最初德行本能培养成正当习惯的一种训练。让快感和友爱以及痛苦和仇恨都恰当地植根在儿童的心灵里，这种“关于快感和痛苦的特殊训练”会使人从小到老都能厌恨所应当厌恨的，爱好所应当爱好的。

（二）学科文化情境：道德的渗透

各种学科文化中都蕴涵着丰富而独特的道德文化质素，应当克服以往学科教学过于注重知识传授，过于注重认知发展，而忽略情绪、情意、情趣尤其是道德情怀和情操等素质培养的倾向，结合各个学科特点，努力创设广阔的、富于美感、智慧和亲和力的文化情境，让儿童在充满生命活力和张力的活动中激活道德潜能。道德渗透特别需要发挥情感和艺术的作用，通过情感的纽带作用和艺术的陶冶作用实现感受与沉思、科学与人文、智性和德性的有机结合与统一。

（三）主题文化情境：道德的凝聚

主题大单元文化情境是围绕人与自我、他人、群体、家庭、社会、世界等关系确立某一文化主题，以德育为主导，以学科活动为中心，从教学到教育，从环境到活动，从课堂到课外，从校园到校外及至家庭、社区，充分利用并统合道德文化资源中的“相似块”，开展形式多样的教育周、节文化活动。主题大单元文化情境可将学科教学、艺术人文活动、儿童个人和群体的研究性学习、社区服务和社会实践、劳动与技术活动、信息媒体等服务于隐性的道德教育，促进围绕主题的各种相关道德文化资源的对话沟通、相互补充、相互迁移，充分利用其主题明确、情感伴随、儿童自主、角色众多、场景转换、活动动态连续以及综合协调等特点，使有限的教育从深度、密度上拓展空间，从而提高道德教育的凝聚力量。

（四）节日文化情境：道德的濡染

节日是一种独特的文化，世界各国的节日大体分为宗教性、政治性和民俗性三大类型。和一般的假日不同，每个传统节日都有特定的文化内涵，节日文化是民族精神和情感传承的重要载体之一。传统节日包含很多文化因素，让儿童沉浸于经过优化的节日文化情境之中，具有接通历史、感受民俗、体验生存、回归传统、宣泄情感、凝聚精神、寄托幽思等丰富的道德濡染效用。例如，清明扫墓祭祖，中秋阖家团圆，端午悼念爱国先人，重阳登高敬老，这些传统节日在弘扬民族精神、增强民族凝聚力方面可以发挥重要作用。

（五）野外文化情境：道德的启迪

“仁者乐山，智者乐水”，自然是人的无机身体，人不仅在物质上而且也在道德智慧、精神人格上接受来自自然的馈赠。人所生存其中的自然已经不是纯粹外在的自然，而是人化了的自然。恢复被学校教育阻隔了的儿童与自然的亲密关系，充分发挥自然的道德启迪作用，帮助儿童融入诗意栖居的大地，开展生存体验，欣赏大千世界，激起丰富的美感和浓郁的人文情怀，如对历史沧桑的感受、对祖国家乡的热爱、对民族文化的认同、对英雄伟人的缅怀、对道德人格的自由联想等，使儿童在与自然世界的对话、沟通中，心灵得到滋润和塑造。

（六）阅读文化情境：道德的积淀

阅读不仅指以文字为载体的阅读，也包括声像阅读；阅读不仅是读，也是看、听或交谈。阅读，尤其是经典阅读，对于德性建构有着特殊的积淀作用。阅读经典能披文入情，倾听悠远的历史回声，接通文化血脉，领略文明演进的波澜壮阔，瞻仰值得后人为之感动与自豪、敬奉与呵护的丰饶不朽的精神生命，从而增加学生的历史深度，使之产生对历史的皈依感或归属感。由于阅读对象多为文学、艺术、历史作品，所以，阅读实际上是在一个特定情境中聆听或观览创作者讲述或描绘的故事，这种叙事与倾听可以改变阅读者的道德生活，丰富儿童对故事的道德生命感受，激发道德反省和自觉，由感性至理性，加深道德积淀。

（七）班级文化情境：道德的自主

班级是学校组织的细胞，它可以折射出整个学校教育的文化内涵。但班级文化又不同于学校文化，它对儿童道德成长的影响更直接，也更深远。班级组织文化应当努力创造一种积极昂扬、融洽和谐的氛围，通过优化班级环境、确立班级信念、订立班训班规、创作班歌班徽、完善班级组织、丰富班级活动（主题活动、公益活动、选举活动、研究活动、阅读活动、艺体活动、节日活动、生日活动、评比活动等）、建立师生沟通和家校互动机制等，培育班级中的社群意识，提高班集体的自组织能力，促进班级每个成员的道德自主建构。在班级中，还有各种类型的儿童自发群体或组织，它们形成各自特有的同辈文化，这种文化与班级组织文化、成人（教师、家长）文化存在很大差异，随着时间推移，它们在学生生活中将占据越来越重要的地位，对于学生价值体系的形成发挥越来越大的潜移默化的作用。学生同伴群体文化常常会以其特有的方法对成员的行为给予奖惩。在积极的班级文化情境里，正规的班级组织和自发的同辈组织是可以实现互补的，前者的价值取向可以影响后者，后者也可以在学校活动及学生生活中发挥一定作用，如提供某种正规组织难以提供的问题解决策略，为学生提供一种可供选择的、有意义的、与学校生活多少有些不同的生活方式，在群体与个人、成年人与未成年人间架设起一座桥梁，等等。健康的自发组织文化会使班级更加充满活力，更有利于儿童道德自主性的发展。

（八）社区文化情境：道德的协同

随着社会的开放程度和现代化水平越来越高，学校的道德影响正在遭遇某种程度的削弱和前所未有的挑战。因此，学校除了应当更好地发挥化育人格的价值引领功能，还必须通过建立家庭、社区和学校的教育协同机制，如家庭、社区和学校教育协商委员会（促进会）、家教研究中心、家长学校、法制学校等组织或机构，制订并实施家庭、社区和学校儿童道德建设公约，并利用现代信息技术建立家庭、学校、社区之间快捷有效的沟通平台，借助对话、交流、疏导、拓展、联合、评价（如评选优秀家长或家庭、优秀校外辅导员、优秀法制校长）等多种方式，将最富有价值的道德文化辐射到家庭和社区，同时争取社会、家庭担当更多的道德教育责任，自觉净化和优化家庭、社会的文化环境，支持、理解、配合和协同学校推进儿童道德文化建设。

道德根源于伦理。在古希腊文里，伦理最初被理解为生物的长期居留地。与伦理具有亲缘关系的一个概念是“习惯”，它是指人在一个持续的居住地的生活态度或德性态度。伦理道德的确是由许多值得赞誉的好的习惯或态度构成的，“习惯成自然”，它久而久之仿佛成为我们的第二“生物本能”，成为我们的第二“自然本性”，它引领和指导我们的生活走向那个令人向往的恒久的“居留地”。道德教育，实际上就是要提供一个德性的恒久居所——儿童的，也是人类的精神家园。

让我们用爱和智慧精心构筑这个家园！

让这个家园成就儿童的第二“自然”！

让这个充满生机的“自然”每天都生长出饱满的精神果实！

注释：

马克思. 1844 年经济学—哲学手稿［M］. 刘丕坤译. 北京：人民出版社，1979. 73.

参考文献：

[1] [德] 康德. 判断力批判（下卷）[M]. 韦卓民译. 北京：商务印书馆，1987. 95.

[2] [美] 埃里克森. 同一性：青少年与危机 [M]. 孙名之译. 杭州：浙江教育出版社，1998. 79－126.

[3] 李幼穗. 儿童社会性发展及其培养 [M]. 上海：华东师范大学出版社，2004. 139.

[4] 陈会昌. 道德发展心理学 [M]. 合肥：安徽教育出版社，2004. 84－87.

（原载《中国德育》2006 年第 1 期）

附录

全球和宇宙背景中的道德教育：两种哲学范式

成中英*

一、人类发展的进化论是道德教育的根基

人之为人，在于人的生命是从向环境学习和向他人学习开始的，人必须学会成为环境的一部分，成为群落或部落的一员。而且，他还必须学会为了环境或部落而超越自我，甚至为了环境或部落的利益，不得不超越他所在的部落或环境。所以，教育是一个复杂而连续的个体自我塑造的过程，这个过程是通过对处于部落生活和自然环境中的个体的理性认识和实践体悟完成的。如果研究物种进化的自然史，我们就会发现，在众多物种中，或在单一物种内，确实是强者生存。但是，我们该如何理解强者？该如何理解幸存者呢？显然，一个物种或一个个体的力量，不单单在于它的体能或生存技能，而在于它适应那个没有其他任何物种可以轻而易举入侵的环境产生的小生境（niche）的能力。这个物种成为生存的能手，也成为这个环境的一部分，它能够在天然环境的保护下以自然的方式活动。这个物种及其成员幸存下来并大量繁衍，是因为没有其他物种具有适应那些环境的生理优势和特定的生存技能，也因为其他物种必须适应它们自己的小生境，而不能在特定的环境区域内超过这个物种。所以，我们可以把物种进化过程看成是对环境的适应，依据环境作出功能分化（differentiation）并特定化（specification）的过程，是个体进行选择和转化的过程。所有

* 成中英，美国夏威夷大学哲学系教授。

这些都可以被看做一种教育的过程。这一过程隐含在物种形成和物种个性化，包括物种的各种形态和基因的预制过程中。

根据物种发展的这一进化模式，要存活并大量繁衍，就要进化；要进化，就要引发潜能（educe）；要使潜能外显，就需要总结（induce）生活经验，能在作陈述时提出理由（adduce），会交换物品（conduce），会吸引异性（seduce），会从事生产（produce），甚至为了达到富有成效和有用的实际目的，还要会推演（deduce）或归纳（reduce）。我不是简单地在玩文字游戏，而是相信，一组词语的构形有一个核心或词根，它表明人的一种根源行动或根源状态。拉丁词根 duce 就是这样一种根源行动，它表明一个实体向另一个实体状态的有效转变，也表明在结束和改变某种处境后一种关系的现实化。因此，按照对一种根源行动本来意义的理解，要使不同的生活方式和进化样式变得可能，应归于人类祖先所预想的不同情境和不同意图。由此，人类可以从前提推出结论，从经历过的事件中总结规律。从吸引异性的方面来说，人类在暧昧的情境中懂得了诱惑。当人类为了获得支持能够很自然地出示一些东西的时候，就懂得了引证；当人类通过设计和劳动制成物品时，就有了生产活动。人类按照根据预定法则提出的社会规范而生活。当人类从某种基本条件出发来解释或接受一些特定情况时，还学会了归纳。最后，人类才有了一种作为身心发展形式的教育活动。教育能够通过各种方式使个体成长和达到一种理想的生存状态，即成为一个有价值的和对自我负责的人，一个可信赖的和有用的社会成员。而且人们认为，一个受过教育的人一般说来将会对其他人的成长和整个社会的发展作出创造性的贡献，他还能够在整个社会和整个宇宙那样更为广阔的生活背景中，通过创造性地改变人类的生活条件展示出自己更大的创造力。

从这个意义上说，教育必须从生活的原动力入手，从生命的最初开始去进行自我塑造和自我定位，而且必须不断努力，直到一个人在人与自然、与社会、与他人的相互作用中找到自己的位置。但是，所有物种的确都经历了同样的进化过程：许多物种由于缺乏适应力和对环境变化的警觉（如气候、地球运动和像陨石撞击等其他因素）而灭绝，另一些物种则为了更好地应对环境危机而改变自身，成为新的物种而生存了下来。作为环境的一部分，一个物种会随着环境的变化而兴衰不定。然而，它能够通过保存或发展自己的潜能克服困难，应对挑战。或许，正是因为有这种超越环境并适应环境的可能性，高级动物，比如人类才能自我发展和进化。一个物种的进化，特别是人类的进化是极具有教育性的，而且在这个进化模式中，必须从这一基本层面对人类教育的本来意义作出解释。人之为人，是因为与其他动物不同，人从环境中学习，并且超越和整合环境要素以适应更大的、变化着的环境。从某种意义上说，人学会做自己的主人，却一直都是环境的学生。人类进化为人不是偶然的，因为这种进化需要在把握环境的实践和知识层面付出许多努力。这意味着人类必须始终对周围环境保持敏感，并且创造性地置身于环境之中，从而使自己既在环境之中又在环境之外。

人类在进化中获取成功的故事是富有教育性的，因为它是一种从适应到超越、再又重新适应的教育活动。它是人学会自我教育的过程，某种意义上说，就是学会从惯常的无意识状态提升到更高水平的生存状态，这种状态需要意识和关于世界的知识（包括其他人、世界上和宇宙中的各种事物），也需要那种不忽略环境中各种事物状况的自我反思意识。从这一点我们发现，如何能够重新界定从有意识的学习中产生的、原始的但又是很重要的和不易被人觉察的教育概念：教育主要是学习，而且是从学习中学习，这就使人不再只是一个接受者，而是既当接受者又做开拓者。人除了做接受者外，还要成为开拓者，而且要成为越来越具创造性的开拓者，甚至就创造力而言，人还要成为一个越来越具创造性的接受者。要实现这一点，在于人要超越自我并且成为一个新的自我，同时，要在适应环境的过程中保护环境免受人类破坏。人变得有创造性要经历一个过程，在这个过程中，要洞悉和践行各种价值观念，以便个人的美德以及个体之间、个体与社会之间的和谐能够得以演化和确立。

教育的进化模式最终是一种教育的相互作用模式。如果同时虑及进化和环境因素，并把它们作为一个背景的话，教育必须被看做既是我们称之为人性的那种属人品质的不知不觉地、自然地、本能地形成和发展，又是人类将自己塑造、规定、提炼成一个真正的人、一个道德生命的一种自觉和认真的努力，因为人性最终被认为是既含有社会性又含有崇高个性的道德性。由于教育的变化带着根深蒂固的进化论倾向，所以教育作为基本的人类活动，以至于我们渐渐忘掉了它的意义，结果就渐渐忽略了它作为一种基本需求的存在，没能处理好它与环境背景和进化资源之间的关系。现在，我们必须将教育重构为一种个人的天然和内在的动力，这种动力必然会导致一项为了个人和社团利益而提出的关于社会、文化甚至是政治的计划。我们必须从对进化过程的反思中重新学习，从而更新我们对基础教育的认识，这种认识同时具有个体性、特定性、多样性、互动性、社会性、环境性和宇宙性。我们必须发现和重新发现教育的自然背景和文化背景，以便使我们在这样的背景中能够重新定义人类自身价值所在，从而重新确认教育要达到的创造性适应和创造性发展的目标。在一个不断变化和充满挑战的背景中，我们必须重新认识天与地、动物生活与人类生活对于自身的意义，也必须重新开发、重新认识为了达到一个高质量、高层次生活所需的能力和智力。在这个意义上，教育是一种自我唤醒，唤醒人类自我改进的努力，唤醒人类重建对于世界和环境是自身一部分的认识。

因此，教育就其本质而言，是自然的、全球的、宇宙的和宇宙本体论的。关键在于：我们能否保持这种视野，在充满创造性适应的开放进化过程中，清醒地认识人类的需求和潜能；我们能否获得睿智的自由意志，以便不会受缚于日常思维定势和习惯，也不会受缚于妄自尊大的意识；我们能否超越自我并关注所超越的环境和社群，并尽力融合各种生存方式，为更好地成长和多向度发展提供开放的时空；如何教育自我具备世间基本的、全面的德性；如何教育自我在一个为他人谋福利的和平、繁荣、和谐的世界里贡献自己的力量。

基于这种既强调参与世界变革，又在全球和宇宙视野下强调个体创造性成长的教育新理念，我在下文中将考察教育哲学的两种基本范式。这两种教育哲学的基本范式是情境性的、以经验为基础的实用主义的杜威范式和以修己为基础的本体宇宙论的孔子范式。这两种范式都有各自的优点，而且都可以参照对方而作改进。我要指出和说明的是，根据人类物种在全球和宇宙环境中的基本进化方式，这种改进一定是既来自于从经验中学习道德，又来自于从道德中学习经验。这是全球和宇宙背景中的道德教育问题，只有这样，是什么和应该是什么，才能够形成一个有机统一体。这也是对全球和宇宙为通向促进人的自我道德转化的教育呈现和提供了什么进行反思的问题。

这一考察所得，可以照亮当今各国和全球通向人类团结和世界和平的道路，也即：对来自现代欧洲传统的、强调逻辑的理性主义进行重新思考并使之富有生气；引导对来自现代美国的、宽泛的新实用主义进行一场开放性反思；为来自中国传统的道德人文主义引入和贯彻一种民主的视角。可以看出，为了建立一个使人类得以长久生存和繁荣的、全面和谐的、创造性的、可持续的全球和宇宙秩序，达到人类团结和文化融合的目标，全球和宇宙意义上的道德教育需要融合上述三种传统。

二、基于人的经验和人与环境相互作用的杜威范式

对杜威（1859—1952）来说，所有的哲学归根到底都是教育的哲学。我要试图阐述的这种教育，是使人进入一种更加现实的完满状态中的教育。这意味着，人必须在与他人以及世界其他事物相互作用的过程中发展自我，这种相互作用便是一种有用的、有意义的经历。事实上，个人只能通过置身于有关人与事的情境中而不是专注于自己，才能够做到这一点。人的存在方式不是静止的，而是探究周边环境的一种活动。自然环境不可避免地会对人类施加影响，因而，正如我们所解释的，大自然要求人类调整自己以适应环境，而且，吸纳和驯服人类顺应环境也是一种自然趋势。人作为一种生物，必须发展智力，以便在与自然和他人互动中获得成功。对杜威来说，成功即是克服与世界和与他人打交道时遇到的困难，通过这种成功的经验来丰富幸福的内容、提升生命的价值。对人类来说，美好的含义，就是通过不断成功的经验去实现理想。

基于这种理解，杜威明确表述了在某些情境中，人们克服困难时大脑活动的五个阶段，即“思维五步法”。像任何大脑活动一样，思维是一种经验形式，它用于反思我们所遇到的情境。在生命进化的过程中，我们经常会遇到各种实践问题和抽象的概念上的问题。之所以存在实践中的问题，是因为我们常会置身于遭遇冲突和障碍的场所（需要把握解决困难的实际经验和行动）；之所以存在概念上的问题，是因为它或许可以反映我们思维的局限性（需要反思来分析、理解和形成计划、寻求办法）。在经历困难时，愿望会受挫，目标也会受阻，这将导致我们超越表象经验，寻求解决途径。问题不仅挑战人们的思维、理解和行动，也是进一步探究和推理的基础。没有问题，人们就不能受到激发，进行有目的的思考，并检验以往的经验或观念。正如美国实用主义创始人皮尔斯（Charles Peirce，1839—1914）所言，问题真正成了自我怀疑的基础，需要我们分析经验和所经历过的情境，以更加清楚问题所在及其起因。所以，问题是智力探究的源泉，也是了解关于自己和世界的知识的开端。

在解决问题过程中，我们更加明确自己的生活目的，也更加清楚自己的价值和能力。正是在解决问题或探究问题的过程中，我们能够运用大脑，发展智力。此外，包括形成假设在内的所有逻辑规则和推理能力都应当得到发展。值得强调的是，形成假设的重要性，它对于形成解决问题的方案至关重要，它代

表着对当前经验的辨认，对过去经验的回顾，也是大脑对未来的谋划。假设不仅要解释已知情境，还要预测即将发生的未来事件，并且需要切合问题的呈现方式和对已有经验的解释。同时，它还暗含着一种控制方式。形成假设需要大脑积极深入地思考。这是科学和技术发展的基础。但是，为了使一个假设合理有据，我们必须确定这个假设可使当前经验与过去经验一致，并经得起检验和证实。为了检验、证实或证伪一个假设，我们需要构建抽象理论或模式，以便适用于广阔的经验范围，这意味着我们必须清晰阐述一个假设的应用条件。为了应用假设，需要建构复杂的实验和程序，如果证实，即是真，如果证伪，即是假。以这种方式寻求解决问题的方案，使理论和行动紧密地联系在一起，这就是通常所说的在情境中寻求真理。

从杜威对“思维五步法”的基本描述——感知困难、确定问题、提出解决方案、进行推理、接受或拒绝假设——我们可以看出，教育正是运用和体现这种思维方式的过程，因为教育是要识别生活和成长中的问题，寻求解决这些问题的途径，以使生活变得完满而有意义。倘若不培养这些思维和反思的能力，教育就会失去与个体发展的关联，就会失去其理论和实践的意义。这五个解决问题的思维步骤，使我们想起了孔子“修己”理念中，成为思维清晰和行为严谨者的五个必要条件。《中庸》说：“博学之，审问之，慎思之，明辨之，笃行之。”对孔子来说，学习是最基本的生存方式，我们要从生活的新旧事物中学习。学习就要经历和体验，在经历和体验中遭遇困难，并学会如何解决困难。人要运用大脑，就会不可避免地运用杜威探究和思维的概念来发现解决问题的途径，根据自身的知识和理解采取行动，以达到预期目的，获得和谐与成功，然后又发现新问题，再用同样的方法予以解决。

显然，杜威关于如何思维的理论是建立在总体反思经验的基础上的，也正是基于此，他才提出应当如何思维的探究的逻辑过程。但对经验的反思不仅仅是一个探究的逻辑过程，因为经验是个体与世界发生动态联系的过程。尽管杜威没有明确举出自然环境中进化性适应和生物发展的例子，但在社会生活中，个体与环境之间的确存在着相遇—产生不安情绪—发现新事物—新旧经验产生关联—调整适应环境与未来的关系，这显然也是对杜威所认为的经验的一种例证。个体通过积极应答并采取正向行动获取成就，这也代表着人类的成就。在与环境的相互作用过程中，个体的这种应答和正向行动构成了杜威理论中经验的意义。

杜威在1917年的论文《哲学复苏的需要》(*The Need for a Recovery of Philosophy*)中列举了人的经验的五个特征，这代表着进化发展的一种观点。首先，经验不只是知识，因为它涉及人与环境在多层次上的相互作用。知识源于对经验的理性反思和组织。第二，经验涉及客观和主观两个方面，是两者并列、排斥或一致的有机统一。在这个意义上，经验在区分主观和客观时，有着形而上学的意味，即不是对体验本身有利，就是对其造成伤害。所以，经验暗含着截然对立的两极，其中主观和客观相互斗争、相互作用，导致明显的后果。第三，经验是暂时的，涉及过去、现在和未来，表现形式是记忆、感知和期待。这种意义上的经验，必然涉及行动的选择，这种选择基于对未来的预见，以及对预见作出的关于过去和现在的比较性评价，反之亦然。第四，经验是连续性的，这意味着正在发生的经验能把所有不同的、分立的经验联系在一起。最后，经验提供了科学探究的基础。在科学探究中，经验和推理可以区别开来，但在检验假设过程中，两者又密不可分。鉴于经验的这些明显特征，正像黑格尔唯心主义逻辑所指出的，经验是个体创造性地发展，具有逻辑理性(logos)的作用。还有一个更为有趣的比较，就是孔子有关“学”的观念。“学”对孔子来讲，恰如经验对杜威而言一样，“学”涉及了杜威经验的所有五个特征：它是人类自身与世界的接触；是在主体和客体两者之中发现新事物；是暂时的；为了确立事物之间的联系；为了拥有知识和采取行动。

杜威对经验的认识潜含着形而上学的因素。为了促进个体或社会的发展，需要实现一系列价值观，如开放、自我调整，以及与他人及变化的世界进行相互调整和适应。同样，孔子的学习观念也隐含着“修己”的形而上学，这种形而上学也是以宇宙本体论为前提的，为了实现自我发展，以及在人与事的相互作用中拥有道德、实现自由的转化，需要创造性时时呈现。学习便是人的自我转化，以及人与世界都发生创造性转变的过程。这种创造性转变的哲学，在儒家关于人的哲学的基础和发端，以及道家对现实的理解中，都有很好的阐述。

在杜威看来，道德教育既是必要的又是必然的。首先，人性和道德都要在经验的背景中思考和定义。如果希望人成为人，能够保持人性的话，人就应该是道德的；如果希望道德的意义和价值是具体的、活生生的，道德就必须是人的道德。经验的内在逻辑，使得我们必须有道德地成长，必须在与他人分享和交流经验过程中成长。道德也成为自我在与他人的联系中实现人生目的的途径。我们需要在一个更广阔的环境和更长远的未来中整体考虑道德问题，而不应仅局限于人本身。道德教育要求从自己的经验和别人的经验中学习，以便能够把个人与社会、未来的需要联系起来。这些作为学习对象的经验，应该是多层次、多维度的，必须涉及行动层面，也包括与推理和思考有关的相互作用。道德教育的最终目标，是使人具备能够维护所有人利益和幸福的能力及行为习惯，作为一个学习过程，它也要塑造人的良好品格。只有当学习条件优化、没有限制、没有外在目的强加于人的时候，这个目标才可能实现，道德教育才可能是卓有成效的。学习是修己的过程，不能存在任何内部限制。道德教育必须是学习者、学习组织或学习社会在行动和相互作用中，表现出内在需求和兴趣等经验，必须通过经验的融会来形成美德性情和道德智慧。因此，道德教育既需要人自身的内在指引，也需要一个由有智慧的人组成的开放社会。为了实现道德的价值观并保持社会的开放性，就必须找到生活的方向，保证智力的成长，而这些都需要上述意义中的道德教育。由此可以帮助我们理解杜威在《民主主义与教育》（*Democracy and Education*，1916）一书中认为的：教育即生活，学校即社会，教育即人的发展。

我们可以进一步看到，杜威的形而上学（metaphysics of experience）和探究逻辑（logic of inquiry）是如何认为教育必然依附于民主社会的形成和民主实践的。杜威的经验观念是一种要求个人在社会中成长并将个人体现为社会发展的动力，因为正是经验的本质和探究的兴趣使得我们作为个人融入社会当中，以便能够与他人分享和丰富经验，实现个人和社会利益。教育的实质就是促进经验的融合和分享，换句话说，教育最重要的是能够促使人们作出为社会利益负责的明智决定。以感悟经验和引领道德成长为目的的教育，解释了组织和设计如何实现这一社会目的的最佳途径，这意味着个人必须约束自我，必须发展和依靠民主。如果要设定教育内在的道德目标的话，民主的教育最终会实现个性自由、社会关怀和社会公正等基本价值观。

为了加强经验与教育、教育与道德教育、道德教育与民主之间的联系，我们必须强调（对杜威来说，经验是要普遍共享和共同开发的，一个迫使社会遵守强制性规则的独裁政治和权威主义是会引起社会敌对的），人类经验的开放性需要互相交流、参与问题解决并达成经得起公众评判的最佳解决方案。因此，经验需要民主的学习机构。杜威认为，民主不仅仅是一种政府生活方式，它首先是一种共同生活的方式，是一种共同交流经验的方式。人们参加一种有共同利益的活动，每个人都必须考虑到他人的行为从而确定自己的行为及方向，这样的人在空间上大量地扩大行动范围，就等于打破阶级、种族和国家之间的屏障，这些屏障在过去使人们看不到他们活动的全部意义。这些数量更大、种类更多的触点表明每个人必须对更多样的刺激作出反应，从而促使每个人改变他的行为。这些接触点使个人的能力得以自由发展。

显然，民主社会是指那些允许多种文化、哲学和实践观点并存的开放社会。这样的社会是有教育意义的经验开放和有秩序地发展的结果，自然会导致多种观点共存。反之，鼓励和维持一种能够唤起和活跃民主理解和实践的教育过程是民主社会的责任。教育过程和民主制度之间，同经验过程和道德教育过程之间一样，也存在着一个假设和必要条件的循环。

教育的内在目的和民主的内在目的在两方面是一致的：打造根植于社会的个性和以个性为中心的社会性，以及由此引起的产生于个性化社会和社会化个人的自由意识。要具有这样的视野，必须跟杜威一样把经验看做存在的总特质。这个观点在他的《经验和自然》（*Experience and Nature*，1925）一书中有所阐发。然而，为了看到以各种形式存在的经验的普遍性，把以人为中心的经验这个提法替换为我们前面提到过的“相互作用”这样一个中立的提法，是有益的。在相互作用中，所有实体的组成部分也都服从于变化和转化。在这个意义上，“相互作用”意味着不同层次之间、跨越复杂的有机系统的不同层次间的内部行动和亚行动，因而也是有组织的相互作用。

在描述自然界所有事物的相互作用时，杜威也提到情境和背景是辨别具有独特品质的单个整体的基础。根据我们的经验和观察，事物的确会形成单个整体并具有个性。对杜威来讲，正是通过相互作用和自然凝聚的过程，那些具有逐渐显现和自我实现的独特品质的单个实体才得以诞生。

杜威认为，一个实体的独特品质不是先天具备或外界强加的。它们是在某种背景和情境中通过各种元素相互归属于彼此而合成产生的。在这个意义上，一个实体的独特品质就是处于一个背景和情境中的新生物。这种独特品质一旦出现，便渗透在单个实体的各组成部分中，使其有别于其他个体。因此，它是创造性的和统一的。

在《作为经验的艺术》（*Art as Experience*，1934）一书中，杜威把经验精炼为“一个经验”（an experience），也就是指渗透于一个新生事物或一件艺术作品中的一个完整品质的圆满完成。品质生成于尚未形成的事物的基本元素中，它是整体上具有美感的、本质上具有创造性的一种内在价值的实现。这是因为，任何开始存在的事物都一定有一种可以被描述为美的，或者的确能够被感知到的品质。这又意味着，任何事物的产生都具有与人的主观性相对照的一个方面。然而，这一主观性（用怀特海的话说是“主观目的”）的形成不是或不能与一个实体的形成相分离，这个实体就是公开存在的客体。也许在这个意义上，我们必须把经验看做本体论的，而把本体论看做创造性的和生成性的。

鉴于对经验和相互作用的深刻认识，我们可以看出，具有各类品质的事物的生成和相互作用是相互关联的，并体现着使经验成为可能的基本的创造性因素。这样的创造性也是偶然的，偶然包含着挑战人的经验的不稳定因素，存在着从物质到身—心再到纯智力这样不同层次间的相互作用。个体内、个体间、个体与团体、团体与团体间的相互作用是同时存在的。所有的相互作用都有创造性潜能，它促使带有渗透性品质的新的有机实体的产生。整个宇宙可以被认为和看做一个具有历时性和共时性的、会引起新的发展变化的各种相互作用的整体存在。杜威认为，像个体一样，社会是一个独特的类别，因为它的品质是社会性的。同样，就相互作用和品质形成可以被观察到这一点（后者实际上规定了这些类别的内容）而言，我们可以看到世界、地球和宇宙是如何成为独特类别的。我们也可以看到，像各种事物的存在一样，相互作用有一个不断扩大的范围，这个范围是由经验和相互作用的相互重叠的层次、维度和层级构成的。作为人，我们通过那些本身就是相互作用的经验，来经历这些相互作用。当自然发生变化并对我们施加影响时，我们了解并体验着自然的这些变化和影响，我们或者取得创造性的进步，或者停滞不前。在这个意义上，我们体验到人与自然的相通。

对杜威来说，存在的品质规定着一个实体的个性。同样，当我们的生命成为具有一种独特品质的整体时，我们就有了个性。由于个性产生于经验的整合，所以它是可以预测的，并可以导致对与事物和世界有关的、开放的经验作出有效的选择。我们处在某个情境中，也受情境的限制。然而，既然没有哪个情境是封闭的，我们就能够运用我们具有创造性品质的头脑，以一种积极体验的方式感知和探究未来，并对未来的发展作出抉择。作为人，即使受自己过去经验和历史条件的制约，也能够对世界上的各种情境作出反应。有能力作出抉择，我们就获得了自由。获得自由并不是要否认过去，正是创造性的行动使我们获得自由，使未来发生变化。在进行抉择时，也不是要违反自然法则，正是利用经验和知识，我们才能够利用自然法则的知识，作出对未来的抉择。

鉴于上述对杜威的经验哲学、人与自然的相互作用、个性与自由观点的理解，我们可以得出杜威道德教育范式的三个主要结论。

第一，教育是一个过程，这个过程可以导致完整人性的实现。成为完人，就是要在社会中获得个性化并体验社会，这个过程可以用个体发展的道德和民主的形式进行创造性地整合。有了个性，我们就可以获得自由；有了自由，我们就可以期待一个未来，这个未来对后代的人性和道德的不断实现来说，既是一种价值，又是一种挑战。教育保证着这个过程创造性地持续下去。

第二，由于经验和相互作用是普遍的、渗透性的，是形成有机整体和有意义个体的完整活动，我们不能把道德教育看做限定在某个地方、某个地区、或某个国家的过程，而要把它视作可拓展到人际间、地区间、国际间，最终是全球和宇宙层面上的教育。在每一个层面上，我们都将目睹一个经验和相互作用的过程，也可以使自己发展和探索这样一个经验和相互作用的过程。教育要成为全球的和宇宙的，这样人们不仅可以获得局部的自由，而且可以获得全球和宇宙的自由，获得一个具有开阔视野的更加有意义的世界，这个世界并不一定能战胜冲突，但是会获得美与善的审美品质。尽管杜威的经验和相互作用的哲学没有在这样一个广度上作出讨论，但是他关于经验的、开放的、创造性思维的精神，已经使在这样一个广度上作出讨论不仅成为一种可能，而且成为一种必要。

第三，我们可能会问，为什么杜威的经验和相互作用的哲学与道德教育有关？是什么使经验具有道德意义？为什么道德在这里最要紧？正像上述强调的那样，在我们的经验和与他人、与环境的相互作用中，道德是固有的，这会引起道德思考和道德规范化。道德是经验，作为经验的相互作用是道德，它会导致根植于社会的个性化和形成以个性为中心的社会。没有离开了真实的人类经验背景和情境的道德，也没有什么重要的人类经验不被看做为取得社会化的个性和个性化的社会团结而付出的努力。因而，道德是我们为获得社会中个体的个性和个体自身社会化的行动和动机，既要获得个性自由，又要获得社会和谐。在这个意义上，任何教育都是为了道德的教育。事实上，当我们谈到道德教育的时候，我们把道德具体化，而忘记了道德发生的背景。在这个背景中，道德是道德化，道德化是使道德品质，如整合、自由和美的体验等成为可能的一种经验。杜威认识到了这一点，并作出了最具洞察力的论述：“所有培养社会生活中可以有效分享的能力的教育都是道德的。教育培养一种品格，这种品格不仅会对社会起到特殊的必要的作用，还会对成长所需的不间断的适应抱有兴趣。向生活中的各种联系学习的兴趣，是至关重要的道德的兴趣。”

三、基于自我修养的本体宇宙论的孔子模式

在阐述孔子教育模式的特点之前，有必要强调一下“为了道德的教育”（education for morality）和“道德教育”（moral education）的区别。“道德教育”有一个明确的道德目标，有相应的道德课程；“为了道德的教育”含义更加宽泛，它是一种为了使人成为一个能够保持并完善其人性的人，营造人与人之间相互信任和尊重的社会氛围的教育，这种教育保证人的发展和完善。

一个人成为道德的人是他成为人的一个自然结果。因此，“为了道德的教育”涵盖了传统的道德教育，但作为指导原则，在认同个人实现和社会发展上，又超越了传统的道德教育，它强调人的提升和教育，使人的道德趋于完善。事实上，没有这样一个为了道德的教育过程，就不可能有对人的道德进行定义的任何条件。在道德实践中可以发现，正是一个人的人性品质引发了道德品质，道德品质导致人们采取道德行为以满足人际关系或社会成员的道德需求。孔子的教育观念主要是“为了道德的教育”，而不只是“道德教育”。儒家思想是一种人的哲学和自我成就的哲学，并不像早期西方学者认为的那样，只是一种道德哲学或道德说教。

孔子的教育观念涉及人的本质发展，即获得个性和社会性的发展。这种教育是要使个体能够体现社会的社会性，使社会实现个体的个性。因而，个体的发展不能与从亲子关系、家庭、社区、社会到国家、全球，直至整个宇宙的不同层次的社会形式分离开来。任何真正意义上的社会联系和社群组织都不能够与从自然人到受过教育的人，再到睿智贤明的人的不同层次的个体存在形式或个性发展阶段分离开来。我们看到，在可以感知的空间世界内，人与人之间的关系是如何生长并延展的。我们一定要理解，在有限的一段时间内和在这段有限时间外，就形成和展示这些关系的实际能力和行为表现来说，一个人是如何形成和成长的。一个人能够树立让后人仿效和爱戴的令人振奋的形象。在一个发展的世界中，一个人所能达到的，就是成为一个社会中的个人或世界中的个人，他体现了赋予人生以意义和精神的价值观和境界。

很多时候，学者们只把社会关系的和谐看做孔子教育的显著特性，而没有

看到在社会和谐建立的同时，个体实现自我的自由与创造力。某些学者把孔子的个体概念解释为一套社会关系，而没有看到个性的德性层面，恰恰是这一点既具有重要的社会意义又具有重要的本体宇宙论意义。或许我们必须强调与个体的道德自由和创造力共存的社会和谐，如孔子和他的学派所主张的道德和谐一样。《论语》首篇提到的“和”，是一种令人向往的道德的社会和谐。这样的“和”，是“礼之用”，“小大由之，有所不行”。这种和谐状态，以社会和个人相统一为特征，社会与个人相互制约、相互支持。这当然是孔子所设想的个人教育的目标和以这种个人教育为基础的社会发展目标。“礼”是一个难以把握的术语，具有祭祀、礼仪、仪式与适当等意义。如果我们把它看做社会中的每个个体所获得的，既有关心又有尊重的内在和谐的综合表述，我们就不难理解其意义，并通过反思将意义深化和扩展。

使一个人认识“礼”，是很重要的。“礼”反映着社会的约定，这种约定尽管在本质上是社会的，但却根植于人的心灵或情感深处。人都有情感，人的情感可以分为两类：一类是《中庸》中所说的喜、怒、哀、乐等自然感情；另一类的自然情感，也包括《乐记》中所说的爱、恶、欲等。一个人在与他人交往中，在面对和处理生活事件时，就会流露出自然情感。他也会以这样的情感对自然作出反应。在孔子哲学里，情感是自然赐予的心灵状态，或者已发，或者未发。当情感未发时，是平静的状态，即“中”。此时，心里和平、宁静，处于一种清醒状态，可以时刻警惕，作出反应。这意味着宁静的心依然有着一个清醒的头脑。朱熹经过三年的反思，认识到了这一点。或许正是由于精神上这种清醒的作用，我们的情感才能够被人、事物甚至是头脑中的形象唤醒。

尽管儒家哲学在公元前4世纪的《中庸》时期还没有得到全面发展，但那时的儒家思想就认为，人会对不公正感到愤慨，会为成功感到兴奋和喜悦。对某种事物产生适当的情感，这是一件和谐的事，是人与自然之间的共鸣。和谐是内心世界对外部刺激的一种情感反应，是内在与外在相遇、体验或相互作用时感情的自然流露。获得内在与外在的和谐，是将“中”的原始状态转化成为“和”的状态的过程。这个过程和结果是积极的、有创造价值的，是个人价值实现了的状态。关于和谐的形成，有三点需要说明。

第一，一个人可能对适当的物体，或在适当情境中不会作出适当的反应，或者，不会对现有情境作出适当反应。因此，一个人需要正确地了解和体验情境，正确地控制和锤炼自己，能够自然而恰当地对情境作出反应，以避免不良后果。这就是说，“和”是一件自我修养的事，需要努力以达到一种自由和具有洞察力的状态。因而，“和”不仅是一件由“礼”支配的有关社会关系的事，也是一个人在面对生活境遇时心智的一种状态。

第二，要实现和外在的“和”一样的内在的“中”，需要看到“内在之中”本身就是“和”的一种美好状态，正像与适当的事物产生适当的共鸣是一种美好的“和”一样。对此要有一种重要的认识，自我锻炼和自由是心智力量的两个方面。正是基于心与智的结合，“礼”才成为可能。这里涉及“仁”（人性、善行、爱）的产生。如果一个人能够达到内在之“中”与外在之“和”，他就一定已达到所谓“仁”的状态，“仁”是对他人的一种感觉。当一个无辜的人受到伤害时，我们会感到忍无可忍，这是一种关心和爱的感觉。

一旦“仁”与自己相关，并对此有过深刻的体验，一个人就能够感受到作为道德源泉的其他种类的道德情感，因为在“仁”中可以看到其他美德的根。这样便有了谦逊的情感，它会导致“礼”的规则或礼节行为；尊严和自尊的情感，它会导致正直、正义的实现能力和美德的发展；判断对错的情感，它会导致道德智慧或道德认知的美德。孟子论述了这几种情感，并将其称为人之“四端”。

正是在培养情感的道德之根的过程中，孟子把人性看做道德情感的天然居所。道德情感是人们对于其他人、为了其他人和以其他人为中心的反应。相比之下，基本的自然情感是人们为了自己而对物和事的自然反应，因而是自我中心的。道德情感和自然情感是密切相关的。为了达到内在之“中”与外在之“和”，两者都是重要的，都是需要培养的。道德的和谐主要是建立在道德情感基础上的，而个人的内在和谐主要是建立在自然情感基础上的。

第三，《中庸》认为“中”的状态及“和”的状态导致宇宙间“中和原则”的形成。《中庸》曰：“致中和，天地位焉，万物育焉。”认识到个人的和谐如何与宇宙的和谐相联，宇宙的和谐如何与个人的和谐以同样的方式运作，这一点是重要的。正如《易经》所描述的那样，天地合一，两者相互作用产生了生命。由此，我们看到了创造性的本体宇宙论是如何隐含在孔子“和”的概念中的。“和”有三个层次：个人和个体的、社会和道德的、本体宇宙的和本体宇宙论的。每个层次都启示了另一个层次，三者共同形成孔子天、地、人三位一体至高和谐的视野，这是孔子教育要达到的终极目标。这个目标无疑是基于本体伦理学基础上的本体宇宙论。

现在的问题是：孔子教育如何实现人的发展这一理想状态？为什么要达到

这一理想状态？我们认识到，人是一个被赋予了情感、思考、认识、反思、愿望、期待等能力的存在体。我们要通过我们的情感、反思和观察，认识我们自身与他人。我们与生俱来就有用以感知的大脑和用以行动的身体。我们有这种天赋，但不完全被天赋所决定。天赋和被决定是孔子所谓的“命”（命令了的、决定了的、秩序、克制），而非天赋和不被决定则是孔子所谓的“性”（本性、性情、创造力、深层秩序）。《论语》并没有过多地谈到本性。但《易传》写道，“继之者善也，成之者性也。”由此，“性”（这里指孔子哲学中的人性）有两方面：它根植于世界之深层本体，因此是“道”（真理的方式）的一种表达，同时也是创造或实现的趋势。正是在这个意义上，孟子对人之“性”作了详述：“性”是适合个体人的自然表达和自然活动。

对“性”的这种理解，要与孟子对感知、愿望、食色及其局限性的认识相对照。他把人生活的这一方面称作“命”，这也是孔子关于“命”的详细阐述。“命”是既定的、不易改变的。然而，在这个世界上，“命”对维持生活和生计也是必要的。“命”作为人生活的决定因素，也受制于物质世界的因果规律，受制于他人的行为，受制于环境条件的偶然性。

对孔子和孟子来说，“命”也许都是不易改变的。但孟子认为，可以通过我们所拥有的知识和寻求个人潜能实现的本性来把握“命”。也就是说，我们可以“改造命运”（“正命”），不去过一种漫无目的、不负责任的生活。“正命”可以进一步理解为：丰富生活，寻求善的实现。另一方面，“性”不仅被体验为实现个人潜能的愿望和能力，还被体验为好善恶恶。我们会体验和了解善，做出利己且利他的行为，从而实现自我，建立家庭和社会团结。所谓“恶”，是其阻碍了我们实现“善”，因此伤害了他人，妨碍了个人生活和人际关系。我们有这样的认识与了解并不是进化理论的一个偶然：人类寻求生存和繁荣发展的人生经验已经走过了漫漫历程，在这一历程中，甚至改变和修正了人体及其内部构造。

虽然人并非天生就具备某种现成观念和知识，但他具有作为一种生活和生存方式的学习和知识迁移能力。我前面提到的适应的概念，意即寻求一种内在能力和外部条件相和谐，以使生活美满。作为适应的结果，是人的智力获得发展，人的生存条件得以改善。这样，人的生存状况（“命”）被人的创造性（“性”）改变了。在“性”改变“命”中，我们必须区分善恶、正误、真假、美丑、正义与非正义、公平与不公平。

所有这些术语都表述着“性”改变“命”，不确定的事物被重新确定或改变确定了的事物。道德只是通过人类创造力对命运和境况进行重新确定和创造性改变的一个方面，然而被确定了的事物对一个人创造力的自由运用始终是一种束缚和限制。人的境况或“命”的任何改变都意味着一种新境况的诞生，同时也意味着将激发出一种新的创造力来面对这种新境况。道德、知识和审美价值在这一“性—命”相互作用的背景下变得有意义，并成为一个人为了发展“性”的创造力而追求的指导原则和目标。因此，对孟子来说，人的生活是天赋的，并且人是具有意识、感知和愿望等大脑能力的。教育就是使人意识到自己的能力，意识到人的自然属性并成为一个好人。它使人更具自我控制力、进行更多的创造活动，成为与他人和自己存在意义相关的更大的自我，这也是竞争与合作的理想目标。

通过人的“性”改变人的“命”，会导致对人的创造性的认识，会导致作为人与世界关系内在维度的道德的确立，还会导致对人的本性或“性”的最终本原，也就是人的局限或人的境况本原的认识。在两个终极本原中，“性”和“命”的统一是“天命”。尽管“天命”观念起源于早期统治者所寻求的对人民进行统治的正当理由，但在儒家经典文本中，它具有高度的本体论、宇宙论甚至是宗教意义。

对于“知天命”，孔子认为，尽管生命有限，但人会渐渐懂得自己人生的使命。“天”作为生命的源泉和目标，赋予了生命的正当性和意义，使人可以带着自信、热情和愿望朝着自己能够和应该做的目标生活。“天命”观念不同于“命”的观念。一个人接受自己的命运和境遇不必强制自己。它指出了一个自我的维度，对一个带有创造性的自我身份的认识。正是在自我理解的基础上，孔子能够进入创造性地灵活处理世事的阶段，进入到在正义与自我约束的框架内保持行动自由和精神自由的阶段。正是在这个意义上，儒家思想的道德教育达到了一个理想的最佳境界。

带着这样一个关于人的发展的基本思想，我们可以回到孔子哲学中关于“修己”的最早阶段。在“修己”的过程中，一个人认识到自己是有创造力的，是要寻求理想境界的人；认识到自己是有自身局限并要克服局限的人；认识到自己是有潜能，要塑造和发展的人。因此，“修己”是在生活和与他人的关系中，自我发展、自我整合、自我应用的过程，因为一个人的生活，从人生一开始，就不能与他人相分离。人的生活和人的本性不可避免地是社会性的，是以社会为根基的。

对孔子来说，一个人在以社会为取向的基础上发展自我是很自然的。但是，为了有意识地沿着社会方向发展自己，人一定要关注他人，而不是本能地只关注自己。关注他人，就是要考虑和关心他人，像对待自己那样对待他人，做到“己所不欲，勿施于人”。一旦人认识到要关注他人，就会认识到，那些不希望别人对自己做的事情，自己也不会对别人去做。在这个意义上，孔子谈到“仁”（善良、人性、爱、慈）是人的本质。

认识到关注他人，把这种认识加以深化和扩展，可以应用到自己亲近的人，逐渐应用到更远的人，甚至应用到世界上的其他生命和事物上。生命是神圣的，任何对生命的毁灭都被认为是一种对自己的毁灭。对于大自然，和谐与美的感觉会阻止人做任何伤害和打扰自然的事。“仁”作为一种情操，可以扩展，到所有事物和谐统一的境界，它使人心从没有自私和晦暗，达到充满光辉德性，进而达到反映天地及其始终的全面和谐与创造性，它是对美与和谐的一种自然感觉。在“仁”的这种深化和扩展意义上，周敦颐（1017—1073）能够做到“庭前草不除”，王阳明（1472—1529）认为击碎岩石也会造成伤害。孔子认为，“仁”是人心中如此微妙和重要的力量，它能够明确我们的生活方向，给予我们每一个人的生命以意义和深度，我们必须严肃对待。

“修己”就是要提高个人自身“仁”的质量。这种质量也决定着人们正确行动和实现善的能力。首先，“仁”的情感是人行动的基础，在适当的情境下，它会带来善。个人内心的“仁”所引发的向善动机需要知识等因素支撑，这是因为世界既是具体的，又是复杂的，由跨越时空、跨越历史的不同关系组成。

我们需要通过一种途径，实现从人的良好愿望和“仁”的动机到适当结果或有益目的的转化。了解这种途径，就要了解人类的共同价值观和有益目的，了解文化（“文”）和语言（“言”）。要了解这种途径，就要了解在正常和非正常情境下，人的情感的特定内容，人们交往的方式。因此，就要了解礼仪或适当的行为（“礼”）和适当的音乐（“乐”），以保持和提高作为“仁”的表现形式的人类分享和回应的情感；就要了解如何公平和正确地对待他人（“义”），以便为了所有人的利益，而保持良好的人际秩序；就要了解作为领导人如何管理和影响人民，以维护人民最大的利益和长治久安。但是，要了解这些，就必须不断学习，必须要向老师学习，以使这种学习变得更容易，更能够登堂入室，得到强化。显然，对孔子而言，教育便是学习，是持续不断地学习，向老师学习，这种学习反过来会促进和丰富人性的形成和实现。

“学”和“教”是人在进化过程中获得的最重要的能力。“学”和“教”这两个字都与教育年轻人、儿童有关，因为正是在年轻人和孩子身上，我们看到自我不确定的创造性可以被开发，其局限性可以被克服。教育，在年轻人这里以“学”开始，在老一辈这里以“教”开始。激发年轻人学习，并为他们的学习提供条件，对老一辈来说既是自然而然的，又是有义务的，这也是“教”的最基本的意义。“教”还有一个更深层的意义，即“教”也是文化价值观和人性道德的代代传承。因此，作为“教”的教育被认为具有启迪学习和传播有价值内容的神圣使命。正是“学而不厌，诲而不倦”的孔子，开启了把“教”作为培养年轻人成为人并向他们传“道”以完善人性的先河。

孔子开创了传“道”的传统，对此韩愈（768—824）、朱熹（1130—1200）都有所阐述。在儒家发展过程中，“教”就是把孔子经典作为“道”的有价值的内容进行传递。因此，“学”主要是传承儒家文化，这种历史保留下来的传统，无疑是僵化地理解了孔子的教育精神。孔子关于“学”和“教”的教育精神，把人类文化看做人性化的形式和载体，以创造出新形式，丰富新生活和新视野。从历史角度思考和关注人类文化与文明，被认为是理解道德行为的新标准和新理由的起点。儒家教育关于文化与文明的这一方面，实际上就体现在孔子所谓“学”与“教”的教育观念中。“礼”作为支配人与人之间社会生活和社会交往的原则，可以被视作文化成就的象征和标志，这也是学习“礼”的重要意义。

孔子说：“不知礼，无以立。”因此，教育就是教“礼”和学“礼”。同时，也是关注他人、约束自己，做到“仁”，把“礼”作为社会秩序和社会价值观来践行和维护。由于人具有关心他人的原始情感，所以就要教会和学会唤醒人的“仁”这种最基本的情感，使人能够对社会联系有自我意识，同时实现作为一个有道德的人的自律。

人的美德的形成是学习的结果，也是修己的结果。学习就是向外物学习，但是学习也可以理解为，当人有自知之时，向学习者自身学习。因此，学习是修己过程中不可或缺的部分，它借助于“教”，通过向经验和事物学习而与外部世界相联系。在学习的这个意义上，学习不是学习知识，而是学习如何行动、如何思考、如何调整自己适应世界，学习如何根据社会目标转变自我。在这些意义上，“学”与“教”是人的心智的创造性活动，其结果是使世界和自身发生变化。因此，《论语》说："君子学以致其道。"《中庸》说："天命之谓性，率性之谓道，修道之谓教。"从这两句话中可以看出，"学"与"教"有相同的核心价值观和目标，就是使个人与社会、世界相和谐。"道"不仅仅是知识，也是实践的力量和能力，是创造世间和谐的方法，因此孔子说："君子学道则爱人。"

同样是谈与社会相关联的个人修己的教育，《大学》所罗列的从研究事物、扩展知识到带来世界和平的八个步骤，是对学习过程和教学计划的反思，则是一种自学和自教的安排。这里我想强调，在学习中，我们积累经验，需要把经验整合成为知识和理解的形式，以便我们依此行事，改变自己和世界。但是，在把经验组织成为知识形式和行动原则的过程中，应当对原则和原理的生成进行反思和自学。我们也需要采纳外在的观点，使我们的心智看到纪律和组织的重要性。另一方面，在学习中，我们还要具备内在的观点，根据这种观点，一个人必须把学过的内容与我们所学到的、所接受的和所依赖的核心价值观联系起来，以使我们可以在自我的重新组织和重新建构中获得成长。我们既需要外在观点，也需要内在观点，才能达到一个情感平衡、结构和原则全面发展的境界。正如《中庸》中提到的，"学"与"教"对于内部与外部的统一是重要的。

朱熹和王阳明都为自我教育和修己作出了各自的贡献。朱熹认为，我们应当从考察外部事物开始，激发我们对外界的理解，最终完全觉醒，直至彻悟，这是一种能够对行为和人际关系作出推理和判断的能力。正是基于这种知识和自我了解，一个人才能真正知晓自己想要的是什么和如何得到自己想要的。对他来说，"诚意"和"正心"是通过对事物原理的探究而来的。王阳明把"正心"和"诚意"作为致善和将知识转化为行动的基础。因而，他创造性地重新解释了《大学》，以至于有些学者认为他是对原有词句的歪曲，如对"格物"与"致知"的诠解。对他来说，"格物"是正人之事，"致知"就是对一个人所追寻的真和善的内在意识的外部引申。他与朱熹的分歧是巨大的，两者的争论绵绵不休。

我们暂时将文本解释放置一边，可以看到，每一位哲学家在结局和起始相连的关系圈中，只看到了起始的一点，而忘记了心智活动的方式实际上是统一的、整合的、多样的和辨别的。为什么人心既从外部了解事物，又同时在内心认识到自己求善的愿望？正如"学"与"教"可以同时进行一样，"知"和"行"也可以同时发生，因为它们始终是我们称之为心智的完整统一体的两个方面。两者同时存在又相互作用，所以，我们可以真正明白做什么和怎样做。道德知识是了解做什么和怎样做的一种知识形式。正如杜威所言，如果一个人不知道达到结果的方法，他是不可能知道结果的。正是通过积极的相互作用，“知”和“行”才统一到一起，道德与智慧才合二为一。回到孔子和孟子，可以看到，知与行、道德与智慧之间积极的统一和创造性的相互依存关系，这就是孔子称之为“修己”的人的发展与教育的最终境界。

必须指出的是，孔子关于“修己”的教育观点产生了许多结果。它使人成为教育的中心，即人既是客体，又是主体；既是目的，又是手段。它是完全以人为本的。但这并不是把教育局限于人本身，而是把具有自我意识的个体培养成为一个具有从家庭到整个宇宙实体的意识的人。而所有的“学”与“教”都是围绕着各类关系进行的。人可以通过扩展自己的情感和性情，极大地践行作为人最高层次的“仁”，就可以和天地统一起来。《大学》强调“治国平天下”，《中庸》强调“赞天地之化育”。但所有这些都必须根植于个人的心智。它必须从人的内心最深处涌流，渐渐向外，直到世界最外部，再回到人的内部和心灵最深处。这意味着我们应当意识到自我的内在和谐，并通过扩大这种和谐和保存其背后的创造力才可以达到世界和谐。

有人可能会提出这样的问题，“仁”的扩展是否会给我们带来关于客观世界的知识。我的回答是否定的。但是，它会给这个世界带来价值观。这样说也不是要低估孔子教育模式的重要性，而是要让它与可以获得科学知识的科学探究模式互为补充。一旦拥有了科学知识，我们就可以把它整合到用善良意志造福人类的项目中来。这表明，在获取和应用知识上面，孔子模式可以与杜威模式整合起来。

四、两种教育范式的互补：经验和实践上的修己

文章到此，要探究的便是上述两种教育范式如何相互支持。孔子教育范式可以通过杜威教育范式在关于客观物体的科学知识方面得到丰富，它也可以提示杜威范式，人需要把修己的过程作为发展的内在方面。事实证明，单一的科学探究活动会将人从价值和自我整合的世界中孤立出去，会使人变成与他人缺乏联系的情感贫困而紊乱的个体，也会导致价值中立或道德价值和道德洞察力的真空状态。杜威范式缺少了“修己”的中心观念，因而会导致个体以牺牲道

德洞察力为代价，仅仅追求对高深知识和科技的占有。因此，极为需要把孔子对教育的人本主义理解作为人成长的新基础，这样，人们才不至于被世界的客观知识所控制。我们需要认识到，基于人的自我认识，把人类从家庭到社区、从社区到世界甚至到大宇宙进行整合的重要性。

很有必要指出，杜威模式强调了不只是在人类经验中，而且在事物间，相互作用作为一种普遍的行动和过程的重要性。同样有必要指出的是，孔子教育模式是建立在《易经》的哲学基础上的，它使我们得以了解和洞察现实本质，首次提高了体验和相互作用的重要性。孔子是在他晚年才开始学习《易经》的，他认为这一古籍提供了理解人性与物性的基础。可以从《易传》（孔子对《易经》的解释）看到孔子及其后学是如何认识到一个本体宇宙论的世界的。根据这样的本体宇宙论，不仅物和人生被解释和理解为天地创造性变化的结果，而且可以看到关心他人的道德和自我修养的道德是如何产生的。宇宙的过程和图景成为道德提升和政治进步的基础，人正是在事物的普遍变化过程中、在事物间、在人与人之间和谐与不和谐的行程中领悟到了创造性与偶然性是相互联系的。因为这样的教育，一个人必须特别留意不要给世界和自己造成伤害。和谐是一个人要学会成为自己必须要学习的最后箴言。正是在这最基础的学习中，我们可以看到杜威的经验和相互作用哲学可以同儒家对《易经》哲学的诠释联系起来。事实上，就同中之异化与异中之同化来说，相互作用这个概念可以简单地描述为一种创造性变化的行动和关系。

就此联系来说，指出在《易传》里所描述的客观真实的、连续变化的世界中，儒家的自我理解和自我修养的经验如何起作用，是很重要的。这种经验可以分为五个步骤。

第一步，观察世界的变化，进行分类，并运用符号系统描述自然界的阴、阳两种力量的变化，这就形成了《易经》中由单卦和复卦组成的卦的系统。这一系统通过解释，与自然界中纷繁复杂的事件和变化过程相统一。解释源于人们对阴阳两种力量消长的反思。或者说，人们通过经验和理解，根据阴阳力量的复杂组合来解释纷繁复杂的事件。

接着是关于活动模式和秩序的经验，它们整体上又源于个人或团体组织化的经验。这是第二步。

如果这种对本体的自然主义动力学的解释是一种秩序，那么第三步就是要看到，建立在人类有目的行为和追求理性理解的需要之上的人生意义和实践意义。这第三步是根据对人类感情进行类比和直觉，但却是整体论意义的描述而提出规范性的结论。人类精神通过“语义上行（semantic ascent）的方式起作用”。“语义上的行”不仅追求理论意义，而且力求在实践上能评价和形成有目的的活动规范。这一点在《易经》里的《彖传》到《象传》的形成过程中得以生动体现。不过，《彖传》是对变化的本体宇宙论陈述，而《象传》在这一陈述中看到了一种个体以解释他的存在以及追求其心目中的善或目标的方法。在这里，存在宇宙论的世界便转化成为道德的和实践价值论的世界，乾卦被重新描述为天的创作性活动，就是一个很好的例子。《象》曰：“天行健，君子以自强不息。”

第四步，是与其他人分享其在存在宇宙论陈述和实践规范性指示上对变化所达到的主体间性或客观性的经验。这一点是通过奎因所谓的“语义认同”获得的。“语义认同”反映了在确认经验（主客观关系）和事物时语言的共同用法。一旦获得这种认同，行为规范便获得道德意义。因为这些行为规范关系到利与害，秩序与无序，生命质量的提高与降低。

最后，是孔子在关心他人、为他人奉献和生命整体方面，将人类自身的内在力量集中在获得作为人性未来发展基础的人类文化和道德价值上。他把人与天看做在一个理想的目的上的整体。在这个整体中，人的因素会被自然化，自然的因素会被人化。这无疑在许多层面上，与人类世界和身处其中的人的变化有关。

这五个步骤代表着与变化的实体相关的人的五个经验水平：变化的经验、秩序的经验、标准的经验、社会和道德的经验、整体创新的经验。根据这五个经验步骤，在一个自然主义现象学的象征体系中的变化的经验导致了一个与实体相关的本体宇宙论体系。通过人脑对经验所作的综合与分析，是一种处于社会中的人的价值与道德行为。这就形成了一个经验的等级体系，这在儒家的人性哲学中很容易看出来，它和杜威提出的经验的、作为人类和自然存在的基本模式的相互作用的前设解释颇为相应。

尽管孔子和杜威可以用相似的语言描述与实体相关的经验，但他们有不同的关注点、方向和阐述。对杜威来说，关于变化的经验会导致对变化世界的经验主义和客观的询问，从而产生科学理论，使我们通过技术设计控制自然。对孔子来说，变化的世界使一个人专注于自己的行为，以及对“为了避免灾难和不酿成大错，人类应该做什么”的反思。此一追求导致了自我修养和自我约束的道德发展计划的产生。更有哲学意味的是，在孔子模式中，关于变化的语言转化成了道德心理学和积极心智的语言。而在杜威模式中，变化的语言变成了科学的物理定律的语言。孔子的语言是第一人称的，是描述行动中人的情感的；而杜威的语言是第三人称的，把经验描述为物质世界中的非永恒性事件。但当我们谈及物理世界和精神世界时，两种语言都是我们所需要的。

关于实然与应然、自然与人、主体与客体、外在与内在的关系，杜威模式和孔子模式是一个铜板的两面。他们起点相同，归宿也相同。

追随自然主义以及在美国开始于皮尔斯并为詹姆斯所继承的实用主义，杜威把人生看做一种解决与环境相互作用时遇到问题的挑战，环境的特征就是变化不拘，充满不稳定因素；人生还是一种对自己的判断力和智力的挑战，他可以理解这些生命中的问题，努力通过组织自己的资源解决这些问题，并朝向一个预定目标行动。相应地，儒家的观点是，这个世界的确是一个变化的世界，如孔子在《易经》中所持的作为其世界观基础的本体宇宙论以及在《论语》中都是这样预先假定的。

由于两种模式有着不同的哲学传统，它们无疑也存在着许多不同的地方。但是，这些不同仅仅使两种途径变得更加有趣，更加有吸引力。因为两者相互重叠，各自丰富了对方。我们可以看到，儒家如何使与儒家许多社会道德价值观如孝、悌、忠、信、仁（也许还有对人类起源和人类终结在宗教情感上的“敬”）相关的杜威的经验和相互作用哲学成为可能。也可以看到，杜威的实用主义和实验主义可以使孔子的与科学、民主甚至宗教相关的，涉及变化和道德—政治的本体宇宙论在现代社会环境中成为可能。

约瑟夫·格兰奇教授在新著《孔子、杜威和全球哲学》（2004）一书中，从杜威的立场上提出了如何理解和应付源于绝对恐怖的恐怖主义。在一个充满恐怖的世界里，人与人之间、国家与国家之间，没有爱、没有相互信任和相互尊重。为了避免人类未来的这种道德堕落，我们必须面对这样一个问题：如何通过消除绝对自由，恢复由善良、爱、相互信任和相互尊重为基础的世界秩序来消除绝对恐怖。要回答这个问题，就要理解儒家和杜威的联系，看到他们之间的相互关联和相互强化；就要看到人性伦理学和和谐伦理学的关系，这就是儒家哲学；就要从思想开放和能动行动重新出发，这就是杜威的实用主义。

格兰其深刻地看到，恐怖主义源于自由的丧失，因为一些人相信“绝对自由”。一个恐怖主义者完全没有孔子所谓的“仁”，不尊重法律和秩序，满脑子都是破坏的念头，也包括破坏自己。他从事着无所忌惮的破坏和暴力事件，更不用说自我约束和顾及他人。这样的一个人，完全丧失了自我反省能力，因为他的仇恨和自私蒙住了他含有爱的种子的生命冲动。仇恨引起仇恨，不受自我反省和受约束的细小伤害会积累成重大灾难。在这个过程中，绝对自由导致破坏，它是诸多原因的结果。其中最主要的一个原因是，一个人开始时就缺乏自我修养。这样会导致一个人丧失善良意志的最初自由。由于私欲和贪婪，武力炫耀会泛滥，会遮蔽人性中最初的“仁”。

我们可以，也许是应该拥有善良意志的自由，这是说，对于所有生命而言，没有一个生命在正常情况下会希望通过结束生命的方式伤害自己，也不会希望伤害他人。而且，我们还可以将这样一种善良意志的自由绝对化，可以在社会制度（如西方的市场经济制度，政治和社会的个人主义价值观体系——这些是经济学理论的基础）的设计中观察到这样的善良意志的自由。由于人的自私，并且缺少深虑和智慧，绝对自由便会由于缺乏自我反省和自我约束而产生，从而导致我们炫耀武力、充满优越感。我们忘记了时刻检查，因而在新的生活环境中无力改善自身。这样，我们逐渐陷入慢性堕落的系统中，其后果就会导致一种绝对自由的灾难性的崩溃（相对于积极的和创造性的意义而言）。

明白这一点，即使我们可以相信最初的善良意志的自由，我们仍然会崩溃。因为我们缺乏持续不断的监督，缺乏培养自我的意志，缺乏对现实秩序和理性的自律计划作出自新的努力。如果我们不作这种努力而造出恶与害，那么意志的积极自由就完全有可能导致一种消极自由，从而与其最初的善良意志不一致。总之，绝对意志，缺乏自我约束、自我调节和自我修养，会陷入自私的境地，会导致伤害、破坏和毁灭，进而会促使反道德或反“仁”情绪的形成；其不受约束，没有限制，最终会产生其对立面：罪恶目的的绝对意志，当然就是绝对恐怖主义。

对于道德教育的全球哲学，或者说，在处理一个有着许多传统和民族的世界中人与人之间的关系问题上，孔子和杜威是如何相关联的?

为了说明孔子，格兰奇严格遵循所谓“银律”的行为标准：“己所不欲，勿施于人”，将违反这一定律称为“伪善”，这使我们想起了《论语》中的“乡愿”一词。“乡愿”是“德之贼”，因为他假装有道德，却利用道德的表现为他反道德的欲望和自私目的服务。这是一种“自欺”的例子。我们最好指出那些因为对其行为动机缺乏自省而意识不到自欺的人对自欺无意识的实例。《论语》

中，曾子强调了每天三次自省的重要性：“吾一日三省吾身，为人谋而不忠乎？与朋友交而不信乎？传不习乎？”也因为认识到了这一内在约束的重要性，子思（《中庸》的作者）强调目的真诚（“诚意”）。在保证真挚感情（“诚”）的自觉努力中，一个人会产生真正的善良意志，一种指向扩展自我的意志，指向通过相互理解、相互尊重和相互支持导向和谐世界之善的意志。这是导向理想世界的起点，如我们的家，在其中的所有人都值得我们关心和爱。

以真诚为起点，并致力于自我省察和自我修养，才可以说“仁”：一种给社会和世界带来秩序的训练自我约束的行为，此之谓“克己复礼”。所以，在儒家那里，“仁”这个核心概念（我称之为“合作人性”）有两个组成部分。它们可以分别描述为自我综合的、做到完全真诚和完整的“忠”和关心他人的部分——“恕”。前者最重要，因为扫除了堕落和自欺的根源，为后者作了准备。《中庸》说：“诚则明。”“明”是获得世界和人类的真正知识的基础，因此成为道德或德性自我的开端。道德自我或德性自我是合乎道德的行为的基础。没有合乎道德的思考或者拥有真诚的心以及真诚地关心他人利益的愿望的道德自我，便没有真正的合乎道德的行为。这就是考虑“仁”时，关心他人的合乎规范的部分，因为其保证了要求不断诉诸行动的自我约束和关心他人。在此意义上，一个人可以选择根据其行为是否出于自我修养、自我提升的愿望和像帮助自己一样帮助他人的愿望行动或不行动。这就是孔子所说的：“己欲立而立人，己欲达而达人。”如果预先假设了推己及人，那么一个人就能够感受到并尊重别人的感情和需要。不只是简单地理解和尊重别人的感情和需要，而且能够主动地帮助别人达成目的，这是“仁”最终的意义。对孔子来说，只要一个人审视自己，“仁”无疑就可以在自己身上找到。“仁”之于我们，正如日夜更迭之于地球。孟子说“仁”是人的自然本性，因为在人的本性中发现了不受自我欲望限制的自由意志的行为，同时也是一种善良意志的行为，它被有意识的自我约束、自我省察和自我修养所引导，所以“仁”是人的本性。“仁”在此意义上，是一种没有被偏见和环境因素污染的自然感情，其根源于自然（展现在宇宙之创造性中的整个实体），在我们对于天的意识中，甚至在我们对于天之命令（“天命”）的意识中，可以想象和确认它。

为了解释杜威，格兰奇强调关键的途径是开放。他说，开放是虚伪的疗药。意思是说，我们应该向实在、事实及其原因开放自我。很明显，还有他未提到的理性的开放：无所畏惧，无有偏见。他要求我们考察“我们的行为如何伤及他人”。他要求我们使用一种“更宽广的道德想象力”，以便发现“紧张关系中的恰如其分”，和从冲突中获得更大的平衡与发展。这里杜威有一个基本观点：在我们关于世界的经验中始终存在着不可靠、不稳定和不安的成分。我们需要发展我们的“感性智慧”（felt intelligence），以发现解决办法，其一定是由“适度”组成的，我也可以称之为公平和公正。没有一套能解决所有问题的观念和原则。而且，我们不必把自己捆在一套固定的价值观上，而无视其他的价值观体系。在这里，格兰奇明确表达了对建立在自由市场经济和以占有为目的的美国精神的批评。他甚至表示，修改学校课程，以使美国人受到教育而能机智有效地应付生活中的各种问题。美国人必须学会“一致地”热爱自由。于此，我们无疑会想到孔子那句：“己欲立而立人，己欲达而达人。”

杜威主义者认为，我们在保证自己的自由的时候，首先要保证他人的自由。当我们寻求自己的自由和利益的时候，牺牲别人的自由和利益，反而会事与愿违。对杜威来说，可取的，而不是想取的，是我们行为的标准。不让自己向与他人相互作用的经验开放的人，是看不到什么是可取的。当然，这也是孔子的观点，如果我们在追求自己成功的时候，不考虑到他人的成功，甚至牺牲他人，那么我们也不会真正成功和获得真正的自由。因为会有机会、资源的不均和不和谐的结果。

最后，要说说孔子和杜威关于人际关系方面的相互联系。如格兰奇所指出的，孔子和杜威把社会关系作为他们思考的核心。然而，孔子希望达成一个“礼”的秩序，即建立在人们相互关心他人的制度、习俗并致力于达成公正和正义的基础之上。杜威也希望促进作为能引导我们朝向一个更大的、适宜的、可以解决冲突、开阔我们共同生命境界的目的和手段的价值观与标准的发展。两者都要求我们富有责任心，对我们的行为负责，以使我们可以导向一个具有创造性的、不断进步的生命，朝向一个秩序与和谐的境界，在其中所有的人都有所立，并得到满足。这种秩序、这种和谐，是我们整个的经验，包括我们的历史、现在和对未来的展望。这意味着，我们的头脑必须保持开放，我们必须时刻准备着当新的冲突和新的问题出现时修正自我。杜威关于经验中有不可靠成分的思想，可以看做一个对涉及他人时我要保持审慎思考和谨慎行动的警告。

在孔子那里，我想说，我们也一定不能忘记，人心是不可靠的。如《大禹谟》中的十六字心传：“人心惟危，道心惟微；惟精惟一，允执厥中”所言。

它的出现，成为任何希望在生命中保持平衡的人的自我修养的基础。“仁”的伟大转化力量，能解决冲突和产生新的人性境界，表现为在人们之间加强创造性的和谐和进一步自由。杜威关于经验的深刻洞见，与孔子在每天的实践中发展“感性智慧”的仁义伦理学绝对相关。经验对所有的人开放，还预示着所有有着不同传统和价值观体系（包括世界宗教）的人都相互尊重，这会导致更大的开放和更深的相互理解。公正等民主概念，对杜威哲学和孔子哲学来说，都必须是一种基本价值。为了一个更好的、更和平的世界和一个更开明的人性，两种哲学最终融合，促进和丰富对方。如果我们真正严肃认真地对待我们的生活经验和我们的人性，即，如果我们关心在全球和宇宙背景中的道德教育的话，作为我们对世界和生命的经验结果，“仁”的价值观终会盛行。

（原载《中国德育》2006 年第 5、6、7 期）

后　记

为了向中央教育科学研究所70华诞献礼，我们选编了这本《当代中国德育研究新进展》。

自2006年正式创刊以来，由中央教育科学研究所主办的《中国德育》杂志择优刊发德育研究最新成果，及时跟踪德育工作典型经验，深度挖掘德育人物先进事迹，生动再现德育实践精彩案例；由中央教育科学研究所主办的《教育研究》杂志多年来也刊发了若干重要的德育研究文章。此次入选的论文，全部选自两刊近五年来发表的文章。引文著录方式和作者的职务、职称以原文为依据。

为增强编选的权威性、公正性，中国德育杂志社、教育研究杂志社于2010年6月联合举行了“当代中国德育优秀论文”评选活动。经过入围初选、专家和读者同步评审、公示公布等环节，最终确定了入选优秀论文52篇。

这些优秀论文，有的对德育的宏观问题作了战略思考，有的对德育的前沿课题作了积极探索，有的对德育的基本问题作了深度诠释，有的对德育的实践问题作了科学调查，问题找得准、思想写得深、方法用得好，可谓精品力作。相信广大德育工作者一定能从中得到启发。

本书是由《中国德育》编辑部和《教育研究》编辑部新老同事通力合作完成的。此次编选工作始终是在中央教育科学研究所所长袁振国教授的领导和指导下进行的。中央教育科学研究所报刊中心副主任、《教育文摘周报》主编酆力处长，给予了大力支持和帮助。广大读者、有关专家热情参与。人民教育出版社有关领导和编审人员给予了一以贯之的指导和支持。在此一并表示感谢。

中国德育杂志社
教育研究杂志社
2011年8月